AMÉRICA LATINA
EN LA ÉPOCA COLONIAL

2. ECONOMÍA Y SOCIEDAD

NICOLÁS SÁNCHEZ-ALBORNOZ, JAMES LOCKHART,
FREDERICK P. BOWSER, CHARLES GIBSON,
PETER BAKEWELL, ENRIQUE FLORESCANO,
MAGNUS MÖRNER, MURDO J. MacLEOD
Y RICHARD M. MORSE

AMÉRICA LATINA EN LA ÉPOCA COLONIAL

2. ECONOMÍA Y SOCIEDAD

CRÍTICA
BARCELONA

Quedan rigurosamente prohibidas, sin la autorización escrita de los titulares del *copyright*, bajo las sanciones establecidas en las leyes, la reproducción total o parcial de esta obra por cualquier medio o procedimiento, comprendidos la reprografía y el tratamiento informático, y la distribución de ejemplares de ella mediante alquiler o préstamo públicos.

Traducción castellana de
AMALIA DIÉGUEZ, NEUS ESCANDELL, y MONTSERRAT INIESTA (capítulos 1-4),
y NEUS ESCANDELL y MONTSERRAT INIESTA (capítulos 5-9)

Diseño de la cubierta: Joan Batallé

© 1984: Cambridge University Press, Cambridge
© 1990 de la traducción castellana para España y América:
CRÍTICA, S.L., Diagonal, 662-664, 08034 Barcelona
e-mail: editorial@ed-critica.es
http://www.ed-critica.es
ISBN: 84-8432-409-5 (obra completa)
84-8432-408-7 (vol. 2)
Depósito legal: B. 42.658-2002
Impreso en España
2003.—A&M Gràfic, S. L., Santa Perpètua de Mogoda (Barcelona)

PREFACIO

Desde que Cambridge University Press publicó la Cambridge Modern History *en 16 volúmenes entre 1902 y 1912, las «Cambridge Histories» en varios volúmenes (Cambridge Ancient History, Cambridge Medieval History, New Cambridge Modern History, así como «Cambridge Histories» de Irán, el Sudeste Asiático, África, China, Japón, India y otras muchas), en ediciones a cargo de historiadores de reputación acreditada, con capítulos individuales escritos por los principales especialistas en cada campo, han sentado las pautas más elevadas de erudición internacional colaborativa en el mundo de habla inglesa.*

A finales del decenio de 1970 Cambridge University Press decidió que había llegado el momento propicio para emprender la publicación de una Cambridge History of Latin America. *Desde la segunda guerra mundial, y en particular desde 1960, las investigaciones y las obras sobre la historia de América Latina habían avanzado a un ritmo sin precedentes: en Estados Unidos (en especial a cargo de historiadores norteamericanos, pero también de historiadores británicos, europeos y latinoamericanos residentes en Estados Unidos), en Gran Bretaña y en la Europa continental, y, cada vez más, en la propia América Latina, donde empezaba a aparecer una nueva generación de historiadores profesionales jóvenes, muchos de ellos formados en Estados Unidos, Gran Bretaña y Europa. Y los historiadores de América Latina adoptaban de forma creciente las innovaciones metodológicas y los nuevos modelos conceptuales sacados de las ciencias sociales (economía, ciencias políticas, demografía histórica, sociología, antropología), así como de otros campos de la investigación histórica.*

La tarea de planificar, coordinar y preparar la edición de lo que sería una historia de América Latina en doce volúmenes se encomendó, excepcionalmente, a un solo especialista: el doctor Leslie Bethell, a la sazón profesor adjunto de Historia de Hispanoamérica y Brasil en el University College, Londres, y en la actualidad Catedrático Emérito de Historia de América Latina, Universidad de Londres, director del Centro de Estudios Brasileños, Universidad de Oxford, y Professorial Fellow, St. Antony's College, Oxford. Los volúmenes I-V de la Cambridge History of Latin America *se publicaron en 1984-1986; los volúmenes VI, partes 1ª y 2ª, VII, VIII y X, junto con el volumen XI (que contiene bibliografías), entre 1990 y 1995. Sólo está pendiente de publicación el volumen IX, que trata de Brasil desde 1930.*

La Cambridge History of Latin America *es un estudio amplio y autorizado de la singular experiencia histórica de América Latina durante los cinco siglos que van desde los primeros contactos entre los europeos y los pueblos indígenas de América (y el comienzo de la trata de esclavos africanos entre las dos orillas del Atlántico) a finales del siglo xv y principios del xvi hasta el último decenio del siglo xx. Cada volumen o grupo de volúmenes se ocupa de un período distinto de la historia económica, social, política, intelectual y cultural de América Latina. La obra presta especial atención al período moderno.*

Los dos primeros volúmenes examinan los tres siglos de dominación colonial española y, en el caso de Brasil, portuguesa; los nueve volúmenes siguientes estudian los doscientos años comprendidos entre la fundación de la totalidad (menos dos: Cuba y Panamá) de los veinte estados latinoamericanos independientes durante los primeros decenios del siglo XIX. El objetivo es producir una síntesis de alto nivel del conocimiento existente que proporcione a los historiadores de América Latina una base sólida para seguir investigando, que resulte útil para los estudiantes de América Latina y que sea de interés para los historiadores de otras regiones del mundo. Tenemos también la esperanza de que la Historia contribuya de forma más general a una comprensión más profunda de América Latina en Estados Unidos, Europa y otras partes y, no en menor medida, a crear una conciencia mayor de la historia propia en América Latina.

En 1990 Editorial Crítica empezó a publicar la traducción castellana de la Cambridge History of Latin America (CHLA) con el título de Historia de América Latina (HAL). Los volúmenes de la CHLA I-V equivalían a los tomos 1-10 castellanos, aparecidos entre 1990 y 1992: HAL 1-4, que tratan del período colonial; HAL 5-6, de la independencia a 1870; y HAL 7-10, de 1870 a 1930. Entre 1997 y 2002 han aparecido, por fin, los seis volúmenes que se ocupan de América Latina a partir de 1930 (HAL 11-16).

Editorial Crítica ha decidido ahora publicar por separado varias «Ediciones para estudiantes», colecciones de capítulos de la Historia de América Latina sobre determinados temas, países o regiones para comodidad de los estudiantes (y profesores) de historia de América Latina y de la América Latina contemporánea.

América Latina en la época colonial: 2. Economía y sociedad reúne nueve capítulos de los volúmenes 3 y 4 de la Historia de América Latina que tratan de aspectos diversos de la historia económica y social interna de la América española colonial: la evolución demográfica, la estructura social, la condición de la población indígena, la esclavitud africana, la minería, la tenencia y la explotación de la tierra en Nueva España y en los Andes, las economías locales y el comercio intercolonial y, por último, el desarrollo urbano.

LESLIE BETHELL
Oxford, julio de 2002

Capítulo 1

LA POBLACIÓN DE LA AMÉRICA COLONIAL ESPAÑOLA

Cuando los españoles pusieron pie en el Nuevo Mundo, abundaba la población indígena. Sin embargo, la distribución de la población era desigual, siendo Mesoamérica y los Andes centrales los puntos de máxima concentración poblacional, al haber alcanzado allí las sociedades autóctonas americanas los más altos niveles de organización económica, social, política y cultural. Según los casos, esta distribución de la población facilitó o entorpeció la conquista española de América, y repercutió igualmente sobre la ulterior colonización. La presencia de una extensa población indígena americana moldeó tanto la propia conquista como las estructuras coloniales. Sería esta misma masa de población la que, a su vez, incidiría sobre el proceso de cambio demográfico. La interacción entre población y colonización constituye el tema central de este capítulo, en el cual los tres siglos de dominio español han sido divididos en dos partes. La primera trata del contacto inicial, brusco y violento, entre invasores e invadidos, que fue seguido por una abrupta mengua de la población nativa americana. Se discute aquí la intensidad y las razones de la catástrofe. Esta sección considera además la repercusión de la inmigración europea y africana en el Nuevo Mundo durante el siglo XVI y primera mitad del XVII. La segunda sección examina la lenta recuperación de la población india, mediada la era colonial, y la expansión rápida de la población mestiza y blanca, especialmente en el siglo XVIII. El capítulo concluye con un examen de las peculiaridades regionales de la población hispanoamericana a finales de la era colonial.

LA POBLACIÓN AUTÓCTONA: DERRUMBE DEMOGRÁFICO

El debate sobre las dimensiones de la población autóctona americana en vísperas de la invasión europea ha durado décadas y sigue dando signos de vitalidad. La importancia intrínseca que dicho debate encierra se ve acrecentada debido a las implicaciones que conlleva para cualquier interpretación de la conquista española, así como de los efectos y características de la posterior colonización de América. Cuanto mayor fuera la población en vísperas de la invasión, más agudo sería su declive durante el primer siglo de colonización española. Historiadores, antropólogos, arqueólogos y ecólogos parecen estar hoy de acuerdo en que la población precolombina estuvo por encima de la reputada por sus colegas de la generación anterior, así como que fue superior a la registrada en el período colonial, aunque al menos para la zona central de México, los estudios más recientes tienden a recortar en cierto modo las cifras más altas propuestas hasta el momento, sin caer por ello en las viejas cifras bajas.[1]

De los 25 millones que según las estimaciones de S. F. Cook y W. Borah poblaban el México central, entre el istmo de Tehuantepec y la frontera con los indios chichimecas, en 1519, solamente quedaban 17 millones de indígenas 4 años después de la invasión; en 1548, siempre según los mismos autores, sólo 6 millones; 20 años después, 3 millones; hacia 1580, 2 millones; y a principios del siglo XVII, hacia 1630, según sus estimaciones más recientes, apenas quedaban en el México central unos 750.000 indios, es decir, sólo el 3 por 100 de la población anterior a la conquista. No todos los lugares siguieron el mismo ritmo de descenso: las tierras bajas cercanas al golfo y a las costas del Pacífico experimentaron antes, y con mayor rapidez, la desaparición virtual de la población indígena; las tierras altas retuvieron a su población india durante más tiempo y en mayores proporciones. Cook y Borah han reconstruido también la historia demográfica de la zona noroeste de México y Yucatán, observando que el declive demográfico de dichas zonas fue comparable al experimentado en el México central. Incluso reduciendo a la mitad las estimaciones de la población autóctona prehispánica del México central, como propone William T. Sanders, las consecuencias de la conquista no pueden dejar de considerarse catastróficas. La merma hubiera supuesto pasar de 12 millones a 750.000 habitantes, un descenso del 90 por 100. Un siglo después de que Cortés desembarcara allí, apenas había sobrevivido uno de cada 16 indios que habitaban la zona. Los cómputos de la escuela de Berkeley sugieren un descenso de uno por cada 33.

Las valoraciones más elevadas de la población de las Antillas y del área circuncaribeña con anterioridad a la conquista nunca han sido, ni mucho menos, totalmente aceptadas. No se discute el hecho de la rápida destrucción de los indios de esta zona, sino solamente su magnitud. Si la isla de La Española (la que ha sido estudiada más sistemáticamente) contaba con una población de 8 millones de habitantes o sólo de 100.000 en 1492, el caso es que tan sólo quedaban unos pocos cientos de supervivientes en 1570. En Centroamérica, el descalabro fue igualmente brusco. En este caso, sin embargo, al parecer se detuvo a tiempo precisamente para que la población indígena no se extinguiera como ocurrió en las Antillas. Irónicamente, el temprano estancamiento económico que afectó a esta región alivió la presión a que estaban sometidos los aborígenes, salvando bastantes vidas.[2]

La historia demográfica de la América andina está mucho mejor documentada que la de las Antillas o el istmo. Las sociedades autóctonas, más complejas, habían

---

1. Véase nota sobre la población indígena americana en vísperas de las invasiones europeas, *HALC,* I, pp. 120-121, y, para las contribuciones más importantes sobre el derrumbe demográfico que inauguró la conquista, véase *HALC,* IV, ensayo bibliográfico 1.

2. Véase Murdo J. Macleod, *Spanish Central America. A socioeconomic history 1520-1720,* Berkeley y Los Ángeles, 1973, partes 1 y 2 *passim* (hay traducción castellana: *Historia socioeconómica de América Central,* Piedra Santa, 1980).

practicado ya recuentos y eran por lo tanto más proclives a ser enumeradas por los españoles. Por lo demás, el clima seco ha ayudado a la preservación de las fuentes coloniales. La información sobre la demografía andina no abunda, con todo, tanto como en México.

En la actual Colombia, la población indígena menguó a una cuarta parte, aproximadamente, en los tres primeros decenios de la conquista. Los naturales de Tunja, de 232.407 disminuyeron a 168.444 entre 1537 y 1564, según las revistas de tributarios estudiadas primero por J. Friede y más recientemente por G. Colmenares. Al cabo de un siglo, en 1636, sólo quedaban allí 44.691 habitantes, menos de un quinto de la cantidad original.[3] Otras tierras altas de la región oriental, como Vélez, Santa Fe y Pamplona, perdieron una proporción equivalente.[4]

Los incas llevaron cuenta cumplida de los súbditos sujetos a tributo. En nudos atados convencionalmente a lo largo de los cordeles que formaban el *quipu*, anotaban las cantidades. Los museos conservan aún bastantes quipus, pero su significado se ha perdido. El hallazgo de una cinta perforada de ordenador tampoco diría nada a quien desconociera el código. Los oficiales reales españoles, al emprender alguna visita, pidieron, por suerte, algunas veces que los caciques descifraran los quipus ante escribano público. Transcrita en papel, la información ha sido en estos casos preservada. De esta manera sabemos, por ejemplo, parcialidad por parcialidad, cuántos tributarios aymará y uros tenía el inca en Chucuito. Antes de las campañas septentrionales de Huáscar, Chucuito contaba con 20.280 hombres tributarios de entre 30 y 60 años de edad, equivalentes a unas 170.000 personas. Díez de San Miguel visitó allí 63.012, en 1567. En unos 40 años la población se había reducido, pues, a poco menos de un tercio.[5] La visita de Chucuito es una de las tantas que mandó hacer el virrey marqués de Cañete. De su antecesor restan algunas más. Para los primeros años del Perú colonial, las fuentes demográficas no proliferan empero. Para estimar la masa aborigen inicial y seguir su evolución posterior, la base documental es todavía endeble. Las investigaciones más recientes de N. David Cook estiman en 9 millones la población con que contaba el Perú actual en el tiempo de la conquista, valoración que sugiere una ocupación relativamente densa de la tierra (aunque no tanto como en el México central), decayendo a 1,3 millones en 1570. A partir de 1570, el margen de duda que aqueja a la información demográfica se reduce. Concluida la congregación en pueblos de los indios dispersos, el virrey Toledo los enumeró entonces con el fin de fijar cuánto debería pagar cada comunidad. A medida que la población indígena se reducía, fue necesario ir ajustando las tasas. De tanto en tanto, un recuento parcial evidenciaba la disminución local. Sin embargo, hasta 1683 no se levantó una segunda matrícula general. En lo que atañe a Perú, Cook ha reconstruido la evolución general de la población entre 1570 y 1620 sobre la base de esas revisitas: llega a la conclusión de que la

---

3. Germán Colmenares, *La provincia de Tunja en el Nuevo Reino de Granada: ensayo de historia social (1539-1800)*, Bogotá, 1970.
4. Darío Fajardo, *El régimen de la encomienda en la provincia de Vélez (población indígena y economía)*, Bogotá, 1969; Germán Colmenares, *Economía y población en la provincia de Pamplona (1549-1650)*, Bogotá, 1969.
5. Waldemar Espinoza Soriano, ed., *Vista hecha a la provincia de Chucuito por García Díez de San Miguel en el año 1567*, Lima, 1964.

población india de las tierras altas decayó de 1.045.000 a 585.000 y la población costera se derrumbó de 250.000 a 87.000.

La distinción que el padrón de 1683 introduce por primera vez entre indios «originarios» —miembros de las comunidades constituidas por el virrey Toledo y, por ende, sujetos a tributo— y los «forasteros» —emigrantes y sus descendientes, exentos de esa carga—, autoriza a discriminar tendencias y a calibrar las migraciones internas. A finales del siglo XVII, los originarios constituían una fracción apenas mayoritaria de la población masculina. Los forasteros eran nada menos que el 45 por 100. Resarcían en parte la merma de los tributarios, aunque antes, al emigrar, habían llevado a menos a sus comunidades de origen. A efectos demográficos, las matrículas que registran únicamente a los tributarios no valen, por lo tanto, para calcular la evolución general. En la parte estudiada de la actual Bolivia, los tributarios disminuyeron en un 57 por 100. Pero si se tiene en cuenta también a los indios migrantes, resulta que el declive de la población masculina adulta sólo fue de un 22 por 100, y el de la población en general —es decir, contando a mujeres, niños y viejos— del 42 por 100. La presencia allí de forasteros migrantes no compensó del todo los desequilibrios demográficos. Por ser inmigrantes, su presencia distorsionaba la estructura demográfica en sexo y edades y, por lo tanto, el proceso reproductivo no era el normal en una comunidad estable.

El declive demográfico se dilató más en Perú que en México. No se detuvo hasta después de la gran epidemia de 1719. Perú registró entonces el mínimo demográfico del período colonial, que en Centroamérica suele situarse a fines del siglo XVI y en las tierras altas de Nueva España y de Nueva Granada a mediados del siglo siguiente. De la Amazonia, las llanuras pampeanas y los valles de Chile, quedan testimonios parcos pero inequívocos de un desplome demográfico durante aproximadamente el primer siglo de dominio colonial español. Las consecuencias no fueron uniformes en toda Hispanoamérica ni en intensidad ni en duración, pero no cabe duda de que no hubo zona que escapara a ellas.

El fenómeno, por su envergadura, no tiene parangón en la historia moderna de la población mundial. Los europeos colonizaron otros continentes —África y Asia— en el siglo XIX, pero el contacto con pueblos más primitivos nunca suscitó tamaña disminución de la población autóctona. Sólo en la ocupación europea de las islas del Pacífico se encuentran analogías. ¿Qué provocó, pues, esta catástrofe demográfica?

Testigo privilegiado de cuanto aconteció en el Nuevo Mundo, el fraile dominico Bartolomé de las Casas escribió su apasionado alegato *Breve relación de la destrucción de las Indias Occidentales*,[6] pronto traducido a varios idiomas. Este libro encabeza una corriente que, siglo tras siglo, ha centrado la explicación del fenómeno en la violencia ejercida por los conquistadores sobre la población indígena. Esta presunción engloba en un solo argumento varios hechos, desde las intervenciones puramente bélicas y su corolario habitual —confiscación de vituallas y mano de obra, botín, violaciones, etc.— hasta otros de orden más económico —exacción pú-

---

6. *Obras escogidas de Fray Bartolomé de Las Casas,* Madrid, 1958, vol. V, pp. 134-181. Sobre la información demográfica en Las Casas, véase Nicolás Sánchez-Albornoz, «La población de las Indias en Las Casas y en la historia», *En el quinto centenario de Bartolomé de Las Casas,* Madrid, 1986, pp. 85-92.

blica o privada de tributos, servidumbre, sobreexplotación en las labores agrícolas o mineras.

Aunque sin duda todas ellas fueron letales, las guerras de conquista no duraron ni afectaron por igual a toda la población. Además, incidieron ante todo sobre los hombres, el sector que determina menos el nivel de reproducción demográfica. La guerra sólo provocó, pues, estragos momentáneos, limitados en cantidad y de duración poco prolongada. No pudo desencadenar por sí sola una larga y profunda contracción, como la observada en el continente americano en el siglo XVI. De haber sido causa única, los aborígenes se hubieran recuperado al cabo de poco tiempo, como ha ocurrido entre poblaciones contemporáneas más duramente golpeadas por la guerra. La incidencia específica de la guerra necesitaría ser demostrada al detalle. La pirámide de edades de comunidades representativas permitiría discriminar por edad y sexo las víctimas de la conquista militar y, por lo mismo, separar los efectos a corto plazo de los de alcance más duradero.

Entre las matanzas provocadas por la guerra, habría que incluir además las suscitadas por las contiendas entre indígenas. A lo largo del período colonial, los indios rebeldes o nómadas hostigaron a los pueblos de sus congéneres sumisos o sedentarios. De estas acciones, también mortíferas, hay numerosos ejemplos en Guatemala, el noroeste de México, Nueva Granada y otras fronteras del continente.

Los apremios a que sometieron los conquistadores a aquellos indios que se mostraban remisos a entregar sus vituallas, proporcionaron otra hornada de víctimas al principio de la colonización. Más grave que esta punción directa fue, sin embargo, la provocada por la confiscación de las reservas alimenticias. El precario equilibrio alimenticio que reinaba en toda la economía de estricta subsistencia se rompía con las exacciones. Sobrevenía el hambre. Los organismos de los nativos quedaban debilitados y eran presa de diversos males que eventualmente cobraban la vida de más o menos individuos.

La movilización de los indios para el acarreo de armas o bagajes o como combatientes auxiliares, antes que maridos restó brazos, más difíciles de reponer que los primeros. En una economía agraria, menos mano de obra suponía menos bienes a disposición de la comunidad. La poligamia podía, en cambio, suplir la falta de esposos, siempre que la carencia no fuera excesiva. Hay padrones coloniales del Perú donde por cada indio casado abundan las «viudas» y «solteras», sin que la población infantil guarde proporción con los matrimonios. Las visitas encubren bajo aquellos términos relaciones que no encuadraban con el esquema de la familia ibérica.

Ejemplo extremo de la requisición de mano de obra lo brinda Nicaragua. A los indios se los obligó allí a acarrear de la selva a la costa los pesados troncos con que se construyó la flota que habría de conducir la expedición conquistadora al Perú. Más adelante, reducidos a esclavitud, otros fueron embarcados a Sudamérica. Se ha estimado que 448.000 esclavos fueron conducidos al Perú en los 1.280 barcos que zarparon de los puertos nicaragüenses entre 1527 y 1536.[7] A consecuencia de esta masiva emigración forzada, la población del istmo se contrajo no sólo

---

7. David R. Radell, «The Indian slave trade and population of Nicaragua during the sixteenth century», en W. M. Denevan, ed., *The native population of the Americas in 1492,* Madison, 1976, pp. 67-76.

de momento, sino por largo tiempo. La reducción de indios a esclavitud no fue privativa de Nicaragua. Ocurrió también en Yucatán y en Honduras para el abastecimiento de trabajadores a Cuba.

La mano de obra fue requisada también localmente para servicios personales o de las instituciones coloniales. La suma de tales punciones fue igualmente calamitosa, fray Toribio de Motolinía llamó a la reconstrucción de Tenochtitlan la «séptima plaga» por las vidas que se cobró. El grandioso programa arquitectónico en que se embarcaron las órdenes monásticas en México de 1530 a 1570 tuvo, en efecto, un costo humano considerable, al punto que las autoridades hubieron de frenar las edificaciones.

Con frecuencia se alega que las labores mineras provocaron la muerte de multitud de indios. Se ha logrado demostrar a través de los censos, cómo, por ejemplo, la minería despobló la zona de Muzo (en la actual Colombia) a mediados del siglo XVII.[8] No obstante, se ha apuntado acertadamente que, en el momento en que las minas empezaron a operar en gran escala y requirieron abundancia de brazos, la población había disminuido ya en más de la mitad. La gran minería agravó el declive demográfico, pero no lo desencadenó.

Los conquistadores abusaron de los aborígenes vez tras vez, sin preocuparles las consecuencias de sus actos. Tanto abundaban los indios que no parecía que la mano de obra fuera a agotarse. Ante el derroche de vidas, algunas autoridades no tardaron en levantar su voz de alarma, obteniendo respuesta de la corona. Se promulgaron leyes que prohibían, por ejemplo, el trabajo forzoso de los indígenas en las minas. Algunos abusos fueron mitigados, pero los naturales no cesaron de disminuir. Por entonces, ello no era tanto consecuencia de los malos tratos recibidos, como del régimen socioeconómico al que se veían sometidos.

La conquista importó un cambio de dieta a la vez que una alteración del modo de producción. Los españoles introdujeron en las Indias la alimentación mediterránea basada en trigo, vino, aceite, carne ovina o bovina y dulces (miel o azúcar). El ganado y la caña encontraron en América condiciones óptimas para su propagación; el trigo menos. Las plantaciones de caña ocuparon en las tierras calientes de las Antillas, por ejemplo, el suelo que la desaparición de los indios había dejado vacante. En zonas densamente pobladas, como las de Nueva España, los hatos de ganado se establecieron en tierras anteriormente habitadas. Tanto los animales de esos hatos como los baguales, que también abundaban, invadían constantemente los cultivos de los pueblos de indios vecinos, destruyendo sus cosechas y forzando el abandono de la tierra. El vacío provocado invitaba a los hacendados a ampliar sus estancias o a fundar otras nuevas. El ganado introducido arrinconaba luego aún más a las comunidades supervivientes. La agricultura y la ganadería europeas se extendían, pues, a expensas del indígena: contra más plantas o más animales, menos hombres. Sólo en un caso el ganado benefició francamente al indio. En el norte de México o en las pampas del Río de la Plata, caballos y vacuno se reprodujeron vertiginosamente. Los cazadores se transformaron en nómadas ecuestres, mejor nutridos y dotados de una movilidad que les hizo temibles.

La introducción del trigo ocasionó una nueva distorsión al forzar a los indios

---

8. Juan Friede, «Demographic changes in the mining community of Muzo after the plague of 1629», en *Hispanic American Historical Review* [HAHR], 47 (1967), pp. 338-343.

a alterar los cultivos. Sus mejores tierras hubieron de producir ese cereal para pago del tributo o para abastecer a las ciudades. Violentados por la imposición, faltos de experiencia en su cultivo y repugnando su consumo, los indios se resistieron a cultivarlo, y cuando lo hicieron, obtuvieron rendimientos inferiores a los que sacaban de granos tradicionales, como el maíz. Los conquistadores optaron en consecuencia, por repartirse tierras de labranza, con detrimento, naturalmente, de la propiedad aborigen.

La despoblación inicial facilitó la apropiación del suelo para producir bienes de consumo para la sociedad colonial o de exportación para la metrópoli. El cacao y el añil de Guatemala constituyen ejemplos de estos cultivos comerciales. La cuña introducida así en la economía indígena de subsistencia profundizó más aún el declive demográfico. Guerra y violencia suscitaron la primera contracción; el reacondicionamiento económico y social aceleró el derrumbe.

A las causas materiales se sumaron motivos psicológicos. Refiriéndose a la despoblación de la provincia peruana de Santa, el virrey marqués de Castelfuerte escribía tardíamente que: «El traspaso que hacen los conquistados del mando, de la estimación, de la riqueza, de la abundancia y lozanía a la nación conquistadora [afectan] naturalmente la propagación y la crianza de los hijos que no pueden mantener».[9] La pauperización, unida a la pérdida de la cultura propia, estrangularon, pues, la capacidad reproductiva de los naturales. La contracción no procede sólo de la mortalidad causada por violencia o desnutrición, sino de una caída de la fertilidad, fundada no tanto en razones biológicas, aunque probablemente también las hubo, como en una decisión personal.

El tamaño de la familia indígena empezó a menguar pronto. El repartimiento de los indios de las haciendas reales de Santo Domingo arroja, en 1514, menos de un hijo por familia, excepto entre los caciques polígamos. Las Casas había observado, sin embargo, que a la llegada de los castellanos las indias solían tener de tres a cinco hijos. En Huánuco, en los Andes centrales, se ha calculado que la familia se contrajo de unos 6 miembros en tiempo incaicos a 2,5 en 1562.[10] La disminución proviene en parte de la desmembración de la pareja, pero sobre todo del menor nacimiento de hijos. En Nueva Granada, a principios del siglo XVII, la mitad de las familias no tenían hijos. Lo común en las restantes eran dos, y una pareja con cuatro era excepción. La familia aborigen se redujo adrede. El aborto y el infanticidio eran prácticas frecuentes, como lo atestigua fray Pedro de Córdoba, quien escribía desde Santo Domingo:

> Las mujeres, fatigadas de los trabajos, han huido de concebir y el parir, porque siendo preñadas o paridas no tuviesen trabajo sobre trabajo; es tanto que muchas, estando preñadas, han tomado cosas para mover y han movido las criaturas, y otras después de paridas con sus manos han muerto sus propios hijos.[11]

---

9. *Memorias de los virreyes que han gobernado el Perú durante el tiempo del coloniaje español*, vol. III, Lima, 1857, p. 132.

10. Elda R. González y Rolando Mellafe, «La función de la familia en la historia social hispanoamericana colonial», en *Anuario del Instituto de Investigaciones Históricas*, 8, Rosario, 1965, pp. 57-71.

11. *Colección de documentos inéditos relativos al descubrimiento, conquista y organización de las antiguas posesiones españolas*, vol. XI, Madrid, 1869, p. 219.

El desánimo no sólo limitó la descendencia. En casos extremos llevó a atentar contra la propia vida. El suicidio por malos tratos o por huir del tributo fue relativamente común. Un hechicero logró incluso inducir a una multitud de indios a cometer suicidio. La frustración cobra aquí una dimensión colectiva.

Las muertes autoinfligidas o la reducción de la fecundidad fueron actos condicionados por el contorno social que, sin embargo, requerían una intervención de la voluntad. Causa nada deliberada del descenso de la población fue, en cambio, la propagación de las epidemias. Estos morbos —especialmente la viruela, la malaria, el sarampión, el tifus y la gripe— que asolaban a Europa regularmente, saltaron pronto al Nuevo Mundo. Vinieron a la rastra de los invasores y encontraron aquí huéspedes sin inmunidad. Por el contrario, los tres continentes del Viejo Mundo compartían un mismo repertorio de enfermedades. África negra y el extremo oriente intercambiaron agentes patógenos con Europa a lo largo de siglos a través de los corredores que cruzan el Sáhara o los desiertos asiáticos, siguiendo las rutas comerciales.

América, igual que Oceanía, estuvo en cambio al margen de este tráfico siniestro. Vivieron estos continentes aislados en sí mismos y en condiciones relativamente salubres. Cuando los europeos los ocuparon, acarreando con ellos sus pestilencias habituales, las poblaciones autóctonas carecían de las defensas apropiadas. Los efectos de aquellos males fueron fulminantes. Poco tiempo después, África hizo llegar sus infecciones tropicales a las tierras bajas de América. La fiebre amarilla vino en los buques de negreros. En contrapartida, América no aportó mal alguno a la panoplia mundial, salvo, según creen algunos, la sífilis, y aun esto se halla en entredicho. En los indios, vulnerables tanto más por la malnutrición derivada del cambio en la dieta y por los abusos de la explotación, los agentes patógenos se ensañaron con virulencia. Los estragos fueron enormes y fulminantes. Tras el paso de la epidemia, o más bien del complejo epidémico, en más de un lugar, de cada diez indios sólo quedó uno. En fechas tan tempranas como mayo de 1519, los oficiales de La Española manifestaban que la viruela había diezmado a los naturales de la isla. Los hombres de Cortés la introdujeron luego en el continente. La epidemia desbarató la resistencia azteca y mató al sucesor de Moctezuma. De México, se propagó a Centroamérica y de ahí pasó al hemisferio sur, donde precedió en más de un lustro a los soldados españoles. Víctima de la peste, el inca Huayna Cápac murió en 1524, abriendo una guerra de sucesión al trono que duraba cuando Pizarró entró en Perú. La viruela abrió el continente americano a la dominación española. Sin su ayuda, los conquistadores no habrían podido someter a las masas indígenas. Una fracción considerable de la población aborigen desapareció en esta epidemia.

La malaria no tardó en instalarse en las costas tropicales. Su acecho explica quizá la despoblación más rápida de las tierras calientes que la de las tierras altas y templadas. Nueva epidemia, el sarampión estalló en 1529 en el Caribe, barriendo una buena parte de la población indígena remanente. México fue alcanzado en 1531, de donde pasó a la América Central. El *matlazáhuatl*, como los aztecas llamaron al tifus, devastó Nueva España en 1545. Un año después azotó Nueva Granada y Perú. La epidemia de gripe, muy severa ya en Europa, cruzó el océano hacia 1558, siendo particularmente letal entre los naturales, quienes, a diferencia de los europeos, la padecían por primera vez. El continente americano también padeció el *coliztli*, una perniciosa variedad de calenturas. La epidemia provocada por este mal en 1576 fue una de las más mortíferas, al punto que la capacidad productiva de Nueva España y Centroamérica quedó gravemente afectada. La epidemia de 1588 partió de un foco distinto: se declaró en Cartagena en un cargamento de esclavos. De ahí trepó a Bogotá, pasó a Quito, Lima, Cuzco, Alto Perú y Chile. Hacia el norte, se propagó luego a Nueva España.

De la secuencia cronológica se desprende que las epidemias tuvieron una recurrencia casi decenal a lo largo del siglo XVI. No se había repuesto una generación de uno de estos males, cuando otro más virulento volvía a barrer a la población. De una a otra crisis, los efectivos disminuían. Caían todas las edades, pero en particular los estratos más jóvenes, comprometiéndose así la futura masa reproductora. Las epidemias no sólo provocaban la muerte repentina de decenas de miles de indios, sino que al concatenarse carcomían las futuras promociones.

Por el contrario, gran parte de las epidemias que brotaron a lo largo del siglo XVII tuvieron un origen local, quedando confinadas geográficamente. En México y América Central se registraron epidemias de tifus, peste o viruela en 1607-1608, 1631, 1686, 1693-1694. La ciudad de Buenos Aires, en el extremo opuesto del continente, sufrió ataques consecutivos en 1642-1643, 1652-1653, 1670, 1675, 1687, 1694, 1700-1705, 1717-1720, 1734 y 1742. Las series podrían multiplicarse. No escasean los registros de defunciones. Las fechas se superponen, pero no por eso responden a una misma causa. Lo que pierden en radio de acción, las epidemias lo ganan en frecuencia. Entre los males que pasaron a ser endémicos destaca la fiebre amarilla. Las costas bajas tropicales americanas brindaron al mosquito portador de la infección condiciones de reproducción similares a las que disfrutaba en África. A mediados del siglo XVII, la fiebre amarilla se había adueñado de las costas de Cuba, Veracruz y Yucatán. El «vómito negro», como también se la conocía, hizo estragos entre la capa alta de europeos de los centros urbanos.

En general, sin embargo, por una serie de razones, los europeos resultaron menos vulnerables que los indios a las epidemias, ya fuera porque llegaron inmunizados de ultramar, ya porque hubieran heredado mecanismos de defensa de sus antepasados, o porque sin duda vivían en condiciones más higiénicas y saludables.

INMIGRACIÓN Y ASENTAMIENTO

Los viajes de exploración y las primeras conquistas arrastraron a un puñado de marineros, soldados, funcionarios y clérigos. Al embarcarse, pocos pensaban establecerse en el Nuevo Mundo. Vivos o muertos, muchos permanecieron, sin embargo, allí para siempre. Estos hombres constituyen la avanzada de una oleada que a lo largo de siglos atraería a millones de europeos a América.

Espontánea en un principio, la corriente fue pronto regulada. La corona castellana prohibió la entrada en Indias de ciertas categorías de personas a fin de mantener la integridad ideológica en las tierras conquistadas. Moros, judíos, gitanos y condenados por la Inquisición vieron así cerrado el paso. La ley impidió también el embarque de extranjeros e incluso en un principio de los naturales de la corona de Aragón. El principio era reservar el derecho a la emigración a América para los súbditos de la corona de Castilla.

Legalmente, el traslado a Indias requería la autorización oficial. Gracias a las matrices de las licencias copiosamente preservadas en el Archivo de Indias de Sevilla, cabe hacer una primera aproximación al número de inmigrantes y a sus principales características. El *Catálogo de pasajeros a Indias* publicado abarca solamente de 1509 a 1559.[12] En tres tomos da noticia de 15.000 nombres, cifra escasamente significativa de la emigración total del período. Faltan parte de los legajos; aún más, el embarque sin papeles o la deserción de marineros fue bastante corriente. P. Boyd-Bowman ha seguido, pues, un procedimiento diferente para completar la lista. Además de los incluidos en el *Catálogo*, expurgó de toda la documentación pública o privada impresa cuantos nombres halló de españoles residentes en el Nuevo Mundo hasta finales del siglo XVI. Su *Índice geobiográfico*, aunque también incompleto, alcanza ya a unas 45.000 entradas. El total de emigrantes durante todo el siglo XVI ascendería, según él, a unos 200.000, es decir, un par de miles por año como promedio.

Esta última cantidad ha sido aumentada por M. Mörner. Habida cuenta de la capacidad creciente de los barcos que cruzaron el Atlántico, asigna a cada viaje un promedio de pasajeros que varía según los períodos. Los 15 viajeros de los años 1506-1540 se elevan a 20 durante los dos decenios siguientes y a 30 de 1562 a 1625, para alcanzar los 40 entre 1626 y 1650. Multiplicados tales coeficientes por el número de barcos despachados conforme al registro editado por Huguette y Pierre Chaunu,[13] obtiene montos parciales y promedios anuales del número de emigrantes. Mörner concluye así que los españoles que emigraron a Indias a lo largo del siglo XVI fueron alrededor de 243.000; 195.000 los que hicieron otro tanto durante la primera mitad del siglo siguiente. Por año salieron, pues, 2.600 en el primer siglo y 3.900 en la mitad siguiente. Los cálculos de Boyd-Bowman y de Mörner son, por tanto, bastante similares, llegando ambos a magnitudes que, dadas las dimensiones de la población española de entonces, resultan modestas y no pueden compararse con las migraciones masivas europeas de los siglos XIX y XX.[14]

Insuficientes para dar una cuenta cumplida del volumen de los desplazamientos, el *Catálogo* y el *Índice* brindan en cambio muestras representativas de la población emigrante. El sexo masculino predomina, por supuesto, en ella. Sólo el 10 por 100 de las licencias de embarque fueron concedidas a mujeres, según el *Catálogo*. P. Boyd-Bowman distingue varias etapas en el proceso migratorio. En la primera, la proporción de mujeres fue muy baja, pero a mediados del siglo XVI aumentó notoriamente, y hacia los años sesenta superó la cuarta parte del total. En destino, la impresión que se recoge de las escasas calas hechas hasta ahora en la población española es, sin embargo, que el desequilibrio fue menor que el registrado en los barcos. La crecida mortalidad de los hombres en las Indias, junto con su mayor dispersión geográfica, tal vez expliquen la discrepancia. Las mujeres españolas siempre fueron, de cualquier manera, bastante más escasas que los hombres de su estirpe en América.

---

12. *Catálogo de pasajeros a Indias durante los siglos XVI, XVII y XVIII*, 3 vols., Sevilla, 1940-1946.
13. Huguette y Pierre Chaunu, *Séville et l'Atlantique (1504-1650)*, 8 vols., París, 1955-1959.
14. Para las aportaciones de P. Boyd-Bowman y Magnus Mörner sobre la emigración española hacia América durante el período colonial, véase *HALC*, IV, ensayo bibliográfico 1.

Para afianzar su dominio en América, la corona intentó desarrollar una población española más estable y equilibrada. Fomentó la emigración a ultramar de mujeres, así como de familias enteras. Funcionarios reales y encomenderos fueron alentados a casar con españolas o a llevar a sus esposas y familiares al Nuevo Mundo. La alta proporción de hombres jóvenes, solteros en su mayoría, que cruzaban de continuo el océano, impidió que esa política tuviera éxito y que se corrigiera el déficit crónico de españolas en tierras americanas. Por culpa del mismo, cundió la unión más o menos duradera de hombres españoles con mujeres aborígenes. Consecuencia de ello fue la formación de una amplia capa de mestizos no siempre tenidos como tales. De hecho, muchos criollos, sobre todo al principio, se integraron al estrato de sus padres, gozando de sus privilegios y pasando por europeos.

El *Catálogo* y el *Índice*, así como los empadronamientos locales, revelan igualmente la procedencia de los migrantes. El puerto de embarque era Sevilla. No debe sorprendernos, por tanto, que Andalucía —especialmente Andalucía occidental— proporcionase más de un tercio de los emigrantes, y Extremadura casi una sexta parte. Ambas Castillas y León aportaron otro tercio, la mayoría procedente de Toledo, Valladolid y Salamanca. De la periferia, el País Vasco, principalmente la provincia de Vizcaya, hizo una contribución de alguna cuantía. La presencia de vascos se notó, empero, más que por el número, por la cohesión que el grupo desplegó en el Nuevo Mundo. En Potosí, por ejemplo, formaron a principios del siglo XVII el bando preponderante, en abierta confrontación con los andaluces en la llamada guerra de las Vicuñas. Catalanes, valencianos, aragoneses, así como gallegos y asturianos, también cruzaron el mar en el siglo XVI, conforme atestiguan las fuentes. Su número fue de todos modos reducido. A pesar de la prohibición, más de un millar de extranjeros pasaron también a Indias abiertamente durante el primer siglo de la colonización.

Entre los inmigrantes abundaron, por lo que sabemos, los hidalgos, algunos de los cuales alcanzaron quizá esa alta condición en América. Aparte de los mercaderes o de los funcionarios, también los estratos populares, campesinos y artesanos afluyeron en gran número. Es notable, por otra parte, el hecho de que más de la mitad de los emigrantes procediera de ciudades o pueblos y no tanto de las áreas rurales. El retorno a la península —con fortuna, con títulos o con cicatrices— no fue infrecuente, pero la mayoría echó raíces en el Nuevo Mundo. Tres cuartos de siglo después del descubrimiento, había en las Indias unos 150.000 individuos de ascendencia española, aunque no todos ellos, por supuesto, habían nacido en Europa. En su *Geografía y descripción universal de las Indias* (1574),[15] el cosmógrafo y cronista Juan López de Velasco menciona unas 225 ciudades y villas de españoles donde moraban unos 25.000 vecinos. A razón de 6 personas por familia extensa, a lo que equivale cada vecino, quedaría redondeada aquella cifra en unos 150.000 habitantes, total que aún podría ser mayor si tomamos en cuenta errores u omisiones. En sí misma, la cifra exacta importa poco; lo que cuenta en realidad es el orden de la magnitud dentro de la cual se halle. Ante los millones de indígenas que habitaban en los dominios castellanos, aun después del derrumbe demográfico, aquellas decenas de miles de españoles se hallaban en franca minoría.

---

15. Juan López de Velasco, *Geografía y descripción universal de las Indias,* [1574], Madrid, 1894; 2.ª ed., Madrid, 1971.

Medio siglo después, Vázquez de Espinosa, carmelita andariego, reiteró de alguna manera el trabajo de López de Velasco. En su *Compendio y descripción de las Indias Occidentales* (c. 1628)[16] consigna un mínimo de 75.000 vecinos (con una población española de 450.000 habitantes). Suponiendo que sus errores u omisiones hayan sido del mismo orden que las de su predecesor, los pobladores españoles del Nuevo Mundo habrían triplicado su número entre 1570 y 1620. Cerca de la mitad de ese incremento, de acuerdo con las estadísticas de Mörner, procedía de la inmigración. El resto era resultado del crecimiento natural de la población ya asentada en América. Siendo así, el número de españoles se habría duplicado en medio siglo por reproducción natural, gracias a una fertilidad elevada nada común en la Europa de aquel entonces.

No todas las áreas crecieron a la par. En algunas, el aumento fue considerable, mientras otras se estancaron e incluso perdieron habitantes. De la comparación entre la obra de López de Velasco y la de Vázquez de Espinosa, se desprende que las zonas donde la población blanca progresó más deprisa fueron la audiencia de Charcas, debido a la bonanza minera, y la de Quito, por el auge de las plantaciones de la costa y de la ganadería serrana. Los españoles aumentaron también en México, aunque tal vez no tan rápido. Las audiencias de Lima y Bogotá ocupan una posición intermedia en los índices de crecimiento de la población blanca a finales del siglo XVI y principios del XVII. Por debajo de éstas se encuentran las audiencias de Guadalajara y Santo Domingo. Esta última creció por el peso que cobró Caracas y el área circundante, ya que las islas del Caribe se hallaban entonces en franca decadencia. Las audiencias de Panamá y Guatemala aparecen estancadas. Chile, parcialmente despoblado, sufría las consecuencias de los sangrientos encuentros que españoles y araucanos venían sosteniendo por más de cuatro decenios.

Los europeos no fueron los únicos pobladores nuevos del continente americano. Al principio, el africano integró las huestes expedicionarias a modo auxiliar, aunque pronto su número se vio incrementado. Su traslado al Nuevo Mundo fue, no obstante, involuntario y obedecía a finalidades ante todo económicas. La desaparición de los indios antillanos coincidió con los comienzos de la agricultura de plantación. Las Casas, con el fin de detener la hecatombe, propuso que fueran reemplazados por mano de obra africana esclava. Los africanos habían demostrado buena adaptación al Caribe y terminaron por ocupar el lugar de los naturales en las tierras calientes del continente. El africano resultó menos necesario en las zonas mineras de las sierras, aunque se llevaron algunos allí para realizar trabajos especializados. El negro fue introducido en todo el continente, incluso en las haciendas ganaderas, ya que por sus características eran mucho más desplazables que los indios. Buena parte pasó a engrosar el cuerpo del servicio doméstico, realzando así el estatus social del amo. El esclavo africano constituyó un bien de capital y su introducción se rigió por las leyes de comercio. Igual que en otras actividades comerciales, el Estado desempeñó un papel regulador en la trata de esclavos.

Los conquistadores o los oficiales reales en Indias recibieron las primeras licencias de importación como premio por servicios prestados o como compensación por los gastos personales incurridos en el descubrimiento o en la conquista. Her-

---

16. Antonio Vázquez de Espinosa, *Compendio y descripción de las Indias* [c. 1628], Washington, D.C., 1948; 2.ª ed., Madrid, 1969.

nán Cortés o Pizarro recibieron tales prebendas. Pronto la concesión adquirió un sello más mercantil y mayor envergadura. No bastaba con comprar esclavos en Sevilla, sino que hubo que ir por ellos al África y conducirlos luego a los puertos especialmente habilitados del Nuevo Mundo, los puertos de las Antillas, Veracruz, Nombre de Dios y Cartagena.

Apremiada por gruesos compromisos financieros, la corona de Castilla instauró, a fines del siglo XVI, un monopolio por el cual obtuvo pingües beneficios. Cada «asiento» estipulaba la duración del privilegio y el volumen de esclavos a transportar. El monopolio duró, con altibajos, hasta bien entrado el siglo XVIII. Las primeras compañías en beneficiarse fueron lusitanas. Los portugueses, súbditos entonces del monarca hispano, disponían de gruesos caudales y tenían una larga experiencia en la trata de Cabo Verde y Santo Tomé. De los depósitos instalados en estas islas, reexpedían a los negros capturados en las costas africanas. La escala forzosa que el cautivo hacía en la factoría portuguesa dificultaba su identificación étnica o territorial. Tampoco los negreros tenían un conocimiento preciso de la geografía o de las sociedades africanas. A grandes rasgos, parece que los negros transportados al Nuevo Mundo durante el siglo XVI procedían de Senegambia, Guinea o la desembocadura del Congo, es decir que fueron mandingas, minas o congos, según la denominación que recibieron en Indias. Al empezar el segundo cuarto del siglo XVII, Angola tomó la delantera y casi monopolizó el aprovisionamiento. Los negros angola aparecieron primero en Brasil, por la proximidad geográfica. De ahí, algunos pasaron bajo cuerda al Río de la Plata e incluso a Perú.

La trata de esclavos africanos culminó en el último quinquenio del siglo XVI, cuando la corona castellana concedió licencias para introducir 26.100 esclavos en sus dominios. Durante un cuarto de siglo, el negocio se mantuvo cerca de ese tope, hasta que la crisis económica mundial de la década de 1620 lo precipitó en un profundo letargo. De 1641 a 1650, la trata estuvo incluso suspendida oficialmente. En su momento de mayor auge, sin embargo, llegaron a entrar 3.500 piezas al año en la América española. Cada «pieza de Indias» equivalía a un trabajador en pleno vigor, pero las mujeres, los niños y algunos de los hombres sólo representaban fracciones de aquella unidad, según su edad y estado físico. De acuerdo con las licencias y asientos estudiados por Pierre y Huguette Chaunu,[17] la corona castellana autorizó la extracción de 170.000 piezas de 1551 a 1640, de las cuales, 100.000 fueron transportadas en los cuatro primeros decenios del siglo XVII. Si bien la alta mortalidad padecida en alta mar redujo el cupo que finalmente ponía pie en tierra, en contrapartida, las restricciones legales también se burlaron más de una vez y no faltó el contrabando. Philip Curtin, supone, por su parte, que la América española recibió unos 75.000 esclavos durante el siglo XVI y unos 125.000 de 1600 a 1650; en suma, unos 200.000 en siglo y medio.[18] Éstos representaban menos de la mitad de la inmigración española en el mismo tiempo. Hay que tener en cuenta, sin embargo, que los datos de la migración española son brutos y los de los africanos netos: no cabía esperar que los esclavos retornasen a su país de origen.

Los esclavos se reprodujeron mal. Aparte de la dureza de sus condiciones de vida y de trabajo, causantes de su deterioro físico y de su alta mortalidad, los sexos

17. Chaunu, *Séville et l'Atlantique*.
18. Philip Curtin, *The Atlantic slave trade: a census*, Madison, 1969.

no estaban proporcionadamente distribuidos. Disposiciones reales obligaron a cargar en los buques negreros al menos un tercio de mujeres, medida que ni aplicada hubiera corregido el déficit. El negro, sin embargo, contribuyó a su manera a la mezcla de razas en América. De su cruce con india nació el zambo, y la unión del blanco con la negra produjo el mulato.

La conquista de las Filipinas abrió un tercer cauce para la inmigración a América, tan poco voluntaria como la que vino de África. A partir del viaje de Legazpi en 1566 —y especialmente tras la unión de las coronas de Castilla y Portugal en 1580—, Acapulco vio llegar por el poniente algunos miles de esclavos filipinos, a los que se añadieron algunos chinos, japoneses e incluso indios orientales. La mayoría permaneció en México. El padrón de Lima de 1613 recoge, no obstante, la presencia de 114 asiáticos: 38 filipinos o chinos, 20 japoneses y 56 de la «India de Portugal», incluidos malayos y camboyanos. Eran en su mayor parte artesanos y sirvientes. Esta corriente, nunca numerosa, se cegó al prohibir Felipe II la trata de orientales en 1597.

Las altas civilizaciones de Mesoamérica y de los Andes habían erigido metrópolis como Tenochtitlan o Cuzco, equivalentes en tamaño y funciones a las urbes europeas o asiáticas de la época. Por debajo de aquéllas se extendía una malla tupida de ciudades y pueblos de categorías decrecientes. La invasión supuso, en el área de los grandes imperios, que los españoles ocupasen esos centros, suplantando a sus dirigentes y ocupándose luego de reordenar su configuración. En términos generales, prefirieron la conquista de las zonas más pobladas y más urbanizadas. Algunas ciudades indígenas desaparecieron; en algunos casos, los españoles fundaron otras. Con todo, la primitiva red urbana sobrevivió. Donde los españoles hallaron una población dispersa —ya fuera entre los cazadores o los agricultores inferiores—, fundaron sus propios núcleos en función de los requerimientos administrativos, económicos o de comunicación del sistema imperial. Zacatecas, Santiago de Chile o Buenos Aires responden a necesidades distintas.

A diferencia de otras colonizaciones, la española fue eminentemente urbana. Gran parte de los inmigrantes, se ha dicho, procedía de ciudades, y aun para los de extracción campesina, la ida a las Indias era ocasión de un salto a la ciudad, a sus comodidades y distinciones. Su asentamiento en grupos era además imperioso. Desperdigados sobre un continente tan extenso, los millares que llegaron a Indias se hubieran diluido y hubieran sido presa fácil de la sociedad aborigen. Agrupados, pudieron conservar su identidad, su idioma y sus costumbres. Aun cuando sus intereses los retuvieran parte del año en el campo, solieron mantener casa abierta en la villa o pueblo más próximos.

Españoles e indios habitaron, por ley, lugares separados. Los españoles tenían prohibido instalarse en pueblos de indios. Éstos tampoco podían hacer lo inverso, salvo los requeridos para servicios en la ciudad. Aun éstos —artesanos, por ejemplo— residían en parroquias aparte. La muchedumbre de operarios o traficantes que acudían a diario a la ciudad moraban extramuros en las poblaciones satélites. La sociedad aborigen dejó de dominar los centros urbanos. Mas no por eso su hábitat fue más disperso. Estado y religión coincidían: a ambos convenía mantener agrupados a los aborígenes. Su gobierno y su adoctrinamiento resultaba así más fácil. Sin perjuicio, además de que el reagrupamiento dejaba vacante, a disposición de la corona, grandes extensiones de tierra, con las que podía gratificarse a los colonizadores. La política de concentración de los indios es tan antigua como las leyes de Burgos de 1512, anteriores a la invasión del continente. A pesar de la insistencia de los monarcas, el proceso tardó en ser completado. En Guatemala, los frailes realizaron la reducción pronto y con éxito. Hacia 1550, la mayoría de los indios residía en pueblos de nueva planta. En México central, el virrey Velasco llevó a cabo una intensa campaña civil entre 1550 y 1564. La tarea debió ser completada por el virrey Montesclaros entre 1603 y 1605. Se ha estimado que la segunda campaña afectó a un cuarto de millón de indios, proporción considerable de la población indígena que todavía permanecía dispersa, aunque ni siquiera esta vez la abarcara totalmente.[19] Las nuevas localidades albergaban a un promedio de 400 a 500 tributarios, unos 2.000 a 2.500 habitantes. A escala mayor y más sistemática fue la reducción general realizada en 1573 por el virrey Toledo en Perú. Por la misma época, Yucatán presentaba la misma situación. En Nueva Granada, el visitador Luis Henríquez intentó, en 1602, llevar la concentración a rajatabla, pero la resistencia local, tanto de los indígenas como de los encomenderos afectados por los trasplantes, frustró su propósito.

La mayoría de los españoles vivían en las ciudades principales, mientras los indios quedaron relegados a los pueblos más pequeños. A pesar de las leyes, la segregación en dos «naciones» no se aplicó con rigor. Nunca faltaron los indios en las ciudades, donde se les necesitaba para un funcionamiento eficaz. Por otra parte, los españoles fueron entrando poco a poco en los pueblos ricos de indios o formaron al pie de sus haciendas pueblos cuyo estrato inferior estaba formado por peones indígenas o mestizos.

RECUPERACIÓN DEMOGRÁFICA

Durante los siglos XVII y XVIII, los índices de mortalidad siguieron siendo altos. La mortalidad infantil en particular arrebataba una fracción regular de los más jóvenes. «Diezmo infantil» solía llamarse, más por exigirse anualmente que porque se cobrara una décima parte. Tasas por encima del doble de esta cuota eran corrientes en aquella sociedad, con diferencias, naturalmente, según estrato social o categoría étnica. En León —población del Bajío— a fines del siglo XVIII, el 19 por 100 de las muertes entre los españoles eran de párvulos; entre las castas el 36 por 100 y entre los indios el 51 por 100. «Párvulos» corresponde en verdad a una categoría más amplia que la simple «mortalidad infantil».

Aparte del goteo que día a día producían las defunciones individuales, cada tanto sobrevenían mortalidades extraordinarias. Los registros de varias parroquias mayormente indígenas de la región de Puebla-Tlaxcala, en el centro de México, muestran la recurrencia de estas zozobras. Han sido analizados los libros de las parro-

---

19. Howard F. Cline, «Civil congregations of the Indians in New Spain, 1598-1606», en *HAHR* 29 (1949), pp. 349-369.

quias de Acatzingo, Zacatelco y Cholula.[20] En tiempo de crisis, el número de bautizos y de entierros mensuales emprendían direcciones inversas. Perturbados la fisiología y los ánimos, la brusca subida de las defunciones acarreaba una disminución inmediata de los nacimientos —o de las concepciones, según se mire—, a la vez que una reducción de los matrimonios. Crisis breves con estos efectos se sucedieron a lo largo de la segunda mitad del siglo XVII y durante el XVIII. Estas alteraciones se espaciaban regularmente. En Zacatelco se registraron en 1692, 1727, 1737, 1762, 1779, 1784, 1797, 1804-1805 y 1813, sin contar episodios menos sobresalientes. Las mortalidades más acusadas fueron las tres primeras. En 1737, los óbitos se quintuplicaron de un año para otro; en 1692 y 1727, las crisis cobraron todavía demasiadas vidas, pero no afectaron tanto a las concepciones. Sus consecuencias fueron, pues, menos perturbadoras. Sin embargo, no fueron ni mucho menos moderadas, ni en su extensión geográfica ni en términos de los perjuicios individuales. En 1813, los entierros volverían a triplicarse en Zacatelco, mientras que los bautizos menguaban casi a la mitad.[21] Las perturbaciones de 1692 y 1727 corresponden a las epidemias de sarampión, las de 1737, 1761 y 1779 al tifus (*matlazáhuatl*), la de 1797 a viruela, y la de 1813 a gripe. El diagnóstico no es absolutamente seguro, pero hay un consenso creciente sobre la etiología de estas epidemias mexicanas. Los episodios de Ciudad de México en 1761 han sido objeto de un detenido estudio.[22] El medio urbano, más documentado, ha legado más testimonios sobre el estallido, modos de contención y efectos de las epidemias que los centros rurales.

El hambre, tan frecuente en la época, era también causante principalísimo de las sobremortalidades. En el Bajío, las puntas de mortalidad se han relacionado con las carestías y, por ende, con la escasez de maíz.[23] Las crisis de subsistencia procedían o seguían a ataques infecciosos. El hambre, en efecto, debilitaba los cuerpos, presa fácil de los virus; la epidemia, por otra parte, al eliminar brazos, desorganizaba la agricultura y, por lo tanto, el abasto. El hambre también impulsaba a los indios a huir. Durante las grandes calamidades de 1627-1631 y 1648-1656, decenas de miles de mayas huyeron tierra adentro en busca de alimento. Años más tarde, tuvieron que ser devueltos a sus pueblos por la fuerza.

Además de las enfermedades y del hambre, calamidades naturales como los terremotos arrasaron de tanto en tanto las ciudades, causando grandes mortandades, especialmente en la zona del Pacífico, donde se encuentran los plegamientos orográficos más jóvenes. Según las noticias que nos han llegado, parece ser que

---

20. Thomas Calvo, *Acatzingo, Demografía de una parroquia mexicana*, México, D.F., 1973; Claude Morin, *Santa Inés Zacatelco (1646-1812). Contribución a la demografía del México colonial*, México, D.F., 1973; Elsa Malvido, «Factores de despoblación y reposición de la población de Cholula (1641-1810)», en *Historia Mexicana [HM]*, 89 (1973), pp. 52-110.

21. Miles de kilómetros al sur de Zacatelco, en el valle andino del río Colca, la parroquia de Yanque registra una letanía similar de tribulaciones: 1689, 1694, 1700, 1713, 1720-1721, 1731, 1742, 1756, 1769, 1780, 1785, 1788 y 1790-1791. Ambas series no son coincidentes, sin embargo. En Yanque, como en todo Perú, 1720 fue una fecha especialmente fatídica; no fue así en México. Véase N. D. Cook, *The people of Colca valley. A population study*, Boulder, 1982, p. 76.

22. Donald B. Cooper, *Epidemic disease in Mexico City, 1761-1813. An administrative, social and medical study*, Austin, 1965.

23. D. A. Brading, *Haciendas and ranchos in the Mexican Bajío, León 1700-1860*, Cambridge, 1976, pp. 174-204.

los terremotos incidieron sobre todo en los siglos XVII y XVIII. En el de 1797, por ejemplo, murieron respectivamente el 9 y el 14 por 100 de la población de los corregimientos de Riobamba y Ambato, en la audiencia de Quito.[24]

El retroceso de la muerte que puede observarse a fines del siglo XVIII, tímido y contradictorio, no se explica fácilmente. No resulta de mejoras sanitarias, por más que el esfuerzo público fuera entonces considerable. Los resultados no pasaron en cambio de limitados. La acción más sonada en este terreno fue la introducción de la vacuna contra la viruela en 1780. A este primer paso siguió una intervención más enérgica en 1797-1798. Cinco años después, las autoridades emprendieron finalmente una ambiciosa campaña cuasicontinental de vacunación. A su cabeza figuró el médico Francisco Javier de Balmis. Éste zarpó de La Coruña en 1803 al frente de un equipo médico. Llevaba consigo además decenas de niños inoculados con virus. En las pústulas formadas en sus brazos se mantenían activos por meses y kilómetros los cultivos de donde se extraía el fluido aplicado a criaturas y a adultos en las Indias.

La campaña de inoculación empezó en las islas Canarias, siguió en Puerto Rico y pasó luego a la costa septentrional de América del Sur. En Barranquilla, la expedición se dividió. Una parte, con José Salvany al frente, se adentró en Panamá y más tarde se dirigió al sur. Salvany visitó Bogotá, Quito, Cuenca, Piura, Trujillo y llegó hasta Lima. Nueva bifurcación aquí: mientras que la rama principal subía a Arequipa y por Puno se internaba en el altiplano para descender hasta el puerto de Buenos Aires, donde llegó finalmente al cabo de cinco años de la partida de España; otra rama recorrió el interior del Perú y luego bajó a Chile. Entre tanto, el equipo dirigido por el propio Balmis recorrió Cuba y Yucatán. En Mérida se desgajó un tercer grupo, que se ocupó de vacunar la capitanía de Guatemala. Balmis pasó a Veracruz, por donde entró en Nueva España. Allí, México y Puebla constituyeron su campo principal de operaciones. Balmis también recorrió Zacatecas y Durango, por el norte, y navegó desde Acapulco hacia Manila. Cumplida su acción filantrópica allí, Balmis regresó por último a Cádiz, habiendo dado la vuelta al mundo mientras propagaba la inoculación salutífera.

Por más que la expedición de Balmis haya recorrido Hispanoamérica casi de punta a punta, mal pudo atender a todos sus habitantes. Los niños tuvieron prioridad. Unos 100.000 fueron inoculados en México entre julio de 1804 y enero de 1806, pero éstos no constituían sino un quinto de cuantos hubieran necesitado la vacuna. Grandes ciudades y puertos fueron los lugares más beneficiados por la campaña y, en ellos, las capas más esclarecidas, naturalmente. La aplicación de la vacuna entre los campesinos y otros estratos populares, aunque gratis, resultó difícil, por el recelo con que se la acogía. Más que las vidas que la inoculación haya podido salvar, el mayor legado del periplo de Balmis quizá sea la difusión del conocimiento entre el público y los profesionales, paso para una lenta pero continua propagación.[25]

---

24. Rosemary D. F. Bromley, «Urban-rural demographic contrasts in Highland Ecuador: town recession in a period of castastrophe, 1778-1841», en *Journal of Historical Geography,* 5 (1979), pp. 292-293.

25. G. Díaz de Yraola, «La vuelta al mundo de la expedición de la vacuna», en *Anuario de Estudios Americanos,* 4 (1947), pp. 105-162. Véase también M. M. Smith, «The "Real expedición marítima de la vacuna" in New Spain and Guatemala», en *Transactions of the American Philosophical Society,* 64 (1974), pp. 1-74.

La muerte dominaba, pero la vida empezaba a levantar cabeza. Pasada cada crisis, los matrimonios y las concepciones proliferaban como tratando de recuperar el tiempo perdido o de colmar el déficit ocasionado. En términos generales, los años favorables compensaban los años catastróficos, sobrepasando, en los primeros, los nacimientos a las muertes. A pesar de que no se rebajaron los altos índices de mortalidad infantil, también padecidos por otros grupos de edad, la población aumentó. En Zacatelco, por ejemplo, la tasa de natalidad excedía los 50 por 1.000 nacimientos, mientras que la de mortalidad se situaba cerca de los 40 por 1.000. El crecimiento vegetativo superaba, por consiguiente, el 1 por 100 anual. Los datos dispersos de que disponemos sugieren una serie de explicaciones de este fenómeno. Hay indicios aquí y allá de que las mujeres indígenas contraían matrimonio más jóvenes, aumentando así el período de posibilidad de la concepción. Las oaxaqueñas se casaron, por término medio, a la temprana edad de 15 a 16 años en el siglo XVIII, meses antes apenas que las indígenas de León. Menor cantidad de mujeres permanecían asimismo solteras. Las familias también solían tener más descendencia, de modo que cada generación se repetía fácilmente en la siguiente o era superada ligeramente por la nueva. Las muestras disponibles prueban que la fecundidad variaba en un mismo lugar de acuerdo con la pertenencia a un determinado grupo social o étnico. En general, las mujeres de ascendencia europea tenían más hijos que las indígenas, y éstas, más que las de origen africano. Los centros urbanos, donde el estrato europeo solía ser más numeroso, también lucían un promedio de hijos por familia más elevado. Al contrario de lo que sucede en las sociedades industriales contemporáneas, las capas sociales inferiores no tenían una prole más abundante que las altas. Los grandes propietarios rurales de Buenos Aires, por ejemplo, tenían doble número de hijos vivos que sus jornaleros o que su servicio doméstico. Más prolíficas, las criollas urbanas no por eso se casaban más o antes.

El matrimonio es escasamente significativo de las tasas de fecundidad de la era colonial. Parte considerable de la procreación se gestó fuera de uniones canónicas. Los libros de la parroquia de San Sebastián de la ciudad de Lima, arrojan a fines del siglo XVI un 40 por 100 de bautismos de niños ilegítimos, proporción que en la centuria siguiente variaría entre 25 y 40 por 100.[26] En el puerto de Valparaíso, el índice de ilegitimidad osciló alrededor del mismo 40 por 100 en el curso del siglo XVIII.[27] En el área minera de Charcas, en el México septentrional, se elevó al 29 por 100 entre 1690 y 1729.[28] En medios rurales, menos móviles y preponderantemente indígenas, descendía hasta el 6 por 100, por ejemplo en el pueblo de Acatzingo, ya mencionado. Las criaturas procedían de progenitores conocidos ambos, o de padre innominado, o eran expósitos abandonados por su madre, que así guardaba el anonimato. Las dos primeras categorías fueron, naturalmente, las más frecuentes.

Las parejas de blancos y de indios concibieron menos hijos extramatrimoniales

---

26. Claude Mazet, «Population et société à Lima aux XVI.ᵉ et XVII.ᵉ siècles», en *Cahiers des Amériques Latines*, 13-14 (1976), pp. 53-100.
27. René Salinas Meza, «Caracteres generales de la evolución demográfica de un centro urbano chileno: Valparaíso, 1685-1830», en *Historia*, 10 (1971), pp. 177-204.
28. Marcelo Carmagnani, «Demografía y sociedad. La estructura social de los centros mineros del norte de México, 1600-1720», en *HM*, 21 (1972), pp. 419-459.

que las parejas mixtas. En Pelarco, parroquia rural de Chile, el 63 por 100 de los niños bautizados como mestizos entre 1786 y 1796 eran ilegítimos y sólo el 37 por 100 había sido procreado dentro de matrimonios regulares. Entre los mulatos, el 48 por 100 era espurio. Este porcentaje descendía al 39 por 100 entre los indios y al 20 por 100 entre los blancos.[29] La ilegitimidad, ciertamente no exclusiva de las castas de mezcla, recogió, sin embargo, una fracción importante del fruto de las crecientes uniones interraciales. A pesar de las barreras legales o del prejuicio, las uniones consensuales fueron comunes a lo largo del siglo XVIII. El mestizo constituye el sector que, al parecer, creció más rápido. Un trasvase permanente venía a engrosar sus filas desde otros grupos étnicos. Sólo inferior socialmente al blanco, como éste gozaba asimismo de una fecundidad más elevada que la de los indios, negros o mulatos.

En el siglo XVIII, las tendencias demográficas de la población indígena no fueron determinantes del tamaño de la población de Hispanoamérica, como sí había ocurrido en los dos siglos precedentes. Sin embargo, no deja de ser significativo que las áreas de mayor implantación aborigen —centro de México (desde las primeras décadas del siglo XVII) y los Andes centrales (desde las primeras décadas del siglo XVIII)— comenzasen a recuperarse desde el punto más bajo del bache demográfico, a pesar de que la tendencia general fuera lenta e interrumpida con frecuencia por brotes epidémicos. Las liquidaciones de medio real que los indios pagaban anualmente para la construcción de las catedrales, han permitido a José Miranda calcular la progresión de la población tributaria en tres obispados de Nueva España. Entre mediados y fines del siglo XVII, aumentó un 32 por 100 en México, un 53 por 100 en Michoacán y sólo un 19 por 100 en Puebla.[30] Las investigaciones de Charles Gibson sobre los aztecas del valle de México y las de Cook y Borah sobre la Mixteca alta arrojan proporciones superiores en un lapso, cierto es, también más extendido, ya que su trabajo abarca hasta mediados del siglo XVIII.[31] Como en el caso de los indios encomendados de Yucatán, su número casi se triplicó entre 1688 y 1785.[32] Su incremento fue bastante notable, del orden del 1,1 por 100 acumulativo anual. Se ha estimado, por otra parte, que la población aborigen se multiplicó en México del orden de un 44 por 100 a lo largo de la segunda mitad del siglo XVIII, más en la periferia de México que en la zona central.[33] Cuando más entrado el siglo XVIII, la intensidad del crecimiento demográfico aumenta. No siempre, sin embargo, ocurrió así: de hecho, las parroquias rurales de la zona de Puebla, ya men-

---

29. H. Aranguiz Donoso, «Notas para el estudio de una parroquia rural del siglo XVIII: Pelarco, 1786-1796», en *Anales de la Facultad de Filosofía y Ciencias de la Educación* (1969), pp. 37-42.
30. José Miranda, «La población indígena de México en el siglo XVII», en *HM*, 12 (1963), pp. 182-189.
31. Charles Gibson, *The Aztecs under Spanish Rule. A history of the Indians of the Valley of Mexico, 1519-1810*, Stanford, 1964 (hay traducción castellana: *Los aztecas bajo el dominio español (1519-1810)*, Siglo XXI, México, D.F., 1967); Sherburne F. Cook y Woodrow Borah, *The population of the Mixteca Alta, 1520-1960*, Berkeley, 1968 (hay traducción castellana: *La población de la Mixteca Alta, 1520-1960*, México, 1968).
32. Sherburne F. Cook y Woodrow Borah, *Essay in population history: Mexico and the Caribbean*, 2 vols., Berkeley, 1974 (hay traducción castellana: *Ensayo sobre historia de la población: México y el Caribe*, 3 vols., Siglo XXI, México, D.F., 1971-1979).
33. Delfina E. López Sarrelangue, «Población indígena de Nueva España en el siglo XVIII», en *HM*, 12 (1963), pp. 516-530.

cionadas, desaceleraron el ritmo a fines de siglo. Evidencias parciales y contradictorias sugieren que también en la zona central de los Andes se produjo una recuperación demográfica, aunque moderada a lo sumo.

La progresión lenta del mundo rural indígena contrasta con otras vivaces observadas en las costas, principalmente de la vertiente atlántica del continente, consecuencia de la presión demográfica del interior y la expansión de la demanda europea de productos agrícolas. Las pampas del Río de la Plata se poblaron de gauchos, en tanto que los puertos gozaban de un formidable auge económico y demográfico. Los llanos del Orinoco vieron multiplicarse el ganado, tras el cual acudían los llaneros. También el litoral septentrional de América del Sur progresaba y, al igual que él, las islas del Caribe —Cuba, La Española y Puerto Rico—. La frontera septentrional de Nueva España avanzó profundamente hacia el norte, habilitando espacios para la colonización.

La presión demográfica existió aun en zonas al margen de la demanda europea, o vinculadas a ella tan sólo indirectamente. En el aislado occidente de Nueva Granada, los excedentes humanos del norte antioqueño se volcaron hacia los valles del sur. J. J. Parsons ha descrito cómo los colonos ocuparon las tierras baldías en las laderas templadas y las pusieron en cultivo.[34] En 1764, la colonización espontánea penetró en Caldas. En 1789, una real cédula encomendó a jueces-pobladores la fundación de colonias agrícolas y la instalación de inmigrantes. Matrimonios tempranos y familias numerosas generaron un crecimiento que los campos antioqueños fueron incapaces de retener. Más al sur, el litoral de Guayaquil experimentó un avance notable cara a la sierra de Quito, respondiendo a la creciente demanda de Lima y de México por el tabaco y el cacao ecuatorianos.[35] Chile constituye un tercer ejemplo de rápido desarrollo. Su población creció más a instancias de los requerimientos de la vecina Lima que de los de la distante Europa. La población del obispado de Santiago se duplicó en medio siglo a partir de 1760.[36]

En esta fase de expansión demográfica, se desplazaron considerables masas humanas, tanto a largas como a cortas distancias. Los indios, forzados a congregarse en pueblos a fines del siglo XVI, optaron de nuevo por dispersarse. Esta disgregación en Yucatán ha sido atribuida a una antigua propensión de los indios en favor del asentamiento disperso.[37] En la sierra del Perú, el abandono de los núcleos establecidos en tiempos del virrey Toledo tuvo motivos menos consuetudinarios. Los indios en verdad procuraban eludir, lejos del alcance de los recaudadores de tasas o de los capitanes de *mita*, las obligaciones impuestas. Como ya se ha dicho, reaparecían luego en tierras «extrañas» con título de «forasteros», exentos ya de esas obligaciones. A mediados del siglo XVIII, el 57 por 100 de los indios del obispado de Chuquisaca y de La Paz eran inmigrantes o descendientes de ellos, según la razón formada por el contador de retasas Orellana y recogida en la memoria de gobierno

---

34. James J. Parsons, *Antioqueño colonization in Western Colombia*, 2.ª ed., Berkeley, 1968.
35. Michael T. Hamerly, *Historia social y económica de la antigua provincia de Guayaquil, 1763-1842*, Guayaquil, 1973.
36. Marcello Carmagnani, «Colonial Latin American demography: growth of Chilean Population, 1700-1830», en *Journal of Social History*, 1 (1967), pp. 179-191.
37. Nancy M. Farriss, *Maya Society under Colonial rule. The collective enterprise of survival*, Princeton, 1984, pp. 206-218.

del virrey conde de Superunda. En Cuzco, lo era el 37 por 100, en Trujillo el 30 por 100, en Lima el 23 por 100, y en Arequipa y en Huamanga el 18 por 100.[38] Los forasteros acudieron a los valles más fértiles, pero también se instalaron en el altiplano, pobre de recursos. A emigrar incitaba, más que las apetencias ambiciosas, la insatisfacción con las condiciones de vida en las comunidades. El forastero pobló, como peón, las haciendas de españoles, pero también reanudó la dispersión por el campo.

En el siglo XVIII, la corona ya no insistió en que se congregara a los indios, salvo en las fronteras, donde una amplia ofensiva misionera secundada por el Estado logró instalar, de California a la Patagonia, cientos de doctrinas o reducciones en territorios insumisos. En un vuelco de su política, preconizó el reparto de tierras entre los naturales a título personal, lo cual, naturalmente, favorecería la dispersión. Expulsados los jesuitas, el estricto orden que habían impuesto en sus misiones se resquebrajó al pasar a tutela de la administración civil o de otras órdenes religiosas. El desbande fue particularmente inmenso en Paraguay, donde los naturales volvieron a la selva o marcharon río abajo a ganar su sustento en las estancias del litoral del Río de la Plata. En 1772, un lustro después del extrañamiento de los jesuitas, el visitador Larrazábal halló todavía 80.352 indígenas en 30 antiguos poblados de misión, pero en 1797 sólo quedaban allí 54.388. Los que faltaban no habían muerto, sino que el deterioro de sus pueblos los había llevado a otras partes.[39] En México, por otra parte, las migraciones parecen haber obedecido a motivaciones más positivas. El Bajío, antiguo campo de correrías de los nómadas chichimecas, reveló la fertilidad de su suelo y fue ocupado por indios sedentarios procedentes de diversos puntos del centro del país. Su próspera agricultura hizo que la población se multiplicara cuatro veces y media durante la segunda mitad del siglo XVII, y cinco veces durante el siglo XVIII. El auge ganadero atrajo población a las «provincias internas» del norte de la Nueva España, algunas situadas hoy más allá de las actuales fronteras de México.

La inmigración en el siglo XVIII

Los aportes migratorios provenientes de Europa siguieron siendo una fuente importante del crecimiento demográfico de finales de la era colonial. Se ha estimado en 53.000 los españoles que emigraron a América en el curso del siglo XVIII. Medio millar por año en término medio parece poco. Desde luego, el número debió de ser inferior a los de los siglos XVI y XVII. Muchos de los recién llegados ocuparon las altas esferas de la burocracia civil, militar o eclesiástica, así como del comercio. Algunos vinieron, sin embargo, en tanto que simples colonos. La corona adoptó una política poblacionista respecto a las Indias, con la que pretendía en parte aliviar la superpoblación de ciertas zonas de España. Fueron numerosos los canarios que cruzaron el Atlántico para establecerse sobre todo en las islas del Caribe y en las costas de la América del Sur septentrional. Gallegos, asturianos y montañeses acudieron a poblar las nuevas plazas o colonias agrícolas. La extracción

38. Nicolás Sánchez-Albornoz, *Indios y tributos en el Alto Perú*, Lima, 1978, p. 52.
39. Censo de Larrazábal, Archivo General de la Nación, Buenos Aires, 9, 18.8.5, 18.8.6 y 18.8.7.

geográfica de la mayoría de los emigrantes fue entonces distinta a la del siglo XVI. El foco de expulsión se había desplazado del sur al norte de España, incluyendo numerosos catalanes. Las manufacturas y productos básicos catalanes encontraban en ultramar excelentes oportunidades. Cualquier lista de comerciantes revela la presencia de muchos apellidos de ese origen en los grandes puertos de la América española. La corona española estaba también interesada en ocupar las extensas zonas sobre las cuales disfrutaba de título legal pero en las cuales no había llegado a asentarse, en una área crecientemente conflictiva. Las frustradas colonias de la Patagonia, establecidas en 1779 y 1786 en parajes inhóspitos, perseguían ese objetivo. La inmigración promovida en tiempos del intendente Ramírez por la Junta de Población Blanca tuvo como propósito contrabalancear la entrada masiva de esclavos africanos en Cuba.

La corriente migratoria más voluminosa entonces fue involuntaria y procedía de África. Levantada la prohibición de introducir esclavos que rigió de 1640 a 1651 en los dominios españoles, la corona vaciló entre varias fórmulas comerciales que aseguraran el flujo necesario de mano de obra a la vez que un suculento rendimiento fiscal. De la administración directa pasó a contratos de corta duración con diversos asentistas. A favor del acercamiento entre España y Francia, motivado por el cambio de dinastía en Madrid, la Real Compañía Francesa del Golfo de Guinea obtuvo, en 1701, el privilegio de introducir esclavos en el mercado hispanoamericano. El tratado de Utrecht concedió, en 1713, ese monopolio a Inglaterra. El gobierno británico cedió sus derechos a la Compañía de los Mares del Sur. Ésta, con ayuda de una empresa de la misma nacionalidad que operaba en las costas de África, surtió de esclavos a las Indias españolas, con breves interrupciones debidas a las guerras marítimas, hasta 1750. La compañía tuvo derecho a mantener factores en Campeche, Veracruz, La Habana, Cartagena, Portobelo, Panamá, Caracas y Buenos Aires. Las factorías se convirtieron en vías de penetración del contrabando inglés, negocio más suculento por momentos que la trata.

La incapacidad de los asentistas de la compañía francesa, e incluso de la inglesa, para introducir los cupos convenidos prueba que la administración había sobreestimado la demanda de esclavos. A medida que avanzó el siglo XVIII, ésta se intensificó, pero los ingleses hallaron entonces que tenían que hacer frente a un activo contrabando dirigido por franceses y holandeses desde sus posesiones del Caribe. Philip Curtin estima que entre 1651 y 1760, entraron unos 344.000 africanos en los dominios españoles, pocos más de 3.000 anuales por promedio. De éstos 144.000 «piezas de Indias» fueron importadas por la Compañía de los Mares del Sur.

El agudo incremento de la trata de esclavos durante la segunda mitad del siglo XVIII se debió a la expansión de los cultivos tropicales, sobre todo de azúcar, en el área caribeña. Entre 1761 y 1810, fueron introducidos unos 300.000 africanos en Hispanoamérica, a razón de poco más de 6.000 anuales. Cuba y, en menor grado, Puerto Rico monopolizaron casi por completo la totalidad de los arribos. La inmigración africana modificó la composición étnica de las islas. Según el censo levantado por De la Torre, el 44 por 100 de la población de Cuba era de color en 1774, representando los esclavos un 37 por 100 del total. En 1817, era de color el 57 por 100 de la población y los esclavos constituían el 49 por 100.[40] Para enton-

---

40. Ramiro Guerra y Sánchez, *Historia de la nación cubana*, La Habana, 1952, vol. I, p. 162.

ces, la sangre negra era ya mayoritaria en la isla. En contraste con Cuba (y más aún con Haití, la parte occidental de La Española) sólo el 3 por 100 de los 100.000 habitantes con que contaba Santo Domingo a principios del siglo XIX eran esclavos, aunque también había un escaso porcentaje de negros libres y de mulatos. El componente africano abundó igualmente en la costa septentrional de América del Sur, no tanto en Barcelona o Cumaná, en el oriente venezolano —donde predominaban los indígenas—, como en los valles y costas centrales o, sobre todo, en el golfo de Maracaibo. El litoral atlántico de Nueva Granada, centrado en Cartagena, contó asimismo con una fuerte proporción de africanos en su población.

Al concluir el período colonial, la población de Hispanoamérica formaba, pues, un rico mosaico étnico. Los indígenas, tronco principal de la estructura demográfica, representaban alrededor del 45 por 100. Aunque la población indígena se había resarcido parcialmente de la larga catástrofe demográfica, no había recuperado todavía el volumen que ostentaba a fines del período precolombino. De algunas zonas había desaparecido por completo o quedaban leves rastros en la sangre de mestizos o zambos. En otras, constituían sólo una fracción, no siempre la más importante, sino una minoría en retroceso a la que poco faltaba para su total asimilación. Allí donde aún prevalecían, aferrándose tenazmente a sus tierras y a sus lenguas —en los valles y montañas del México central, entre el istmo de Tehuantepec y Costa Rica, al sur de Nueva Granada (especialmente en Quito), y a lo largo de los Andes peruanos y el altiplano boliviano— su crecimiento fue generalmente bajo. La prole de los conquistadores y de los inmigrantes subsiguientes seguía siendo minoría. A pesar de haberse multiplicado rápidamente, la población blanca no llegaba a ser la quinta parte de la población total. Los mestizos de uno y otro tipo, y de uno y otro color, superaban escasamente la tercera parte. Los negros tan sólo eran el 4 por 100. En las regiones de población predominantemente indígena, la comunidad hispana, compuesto por españoles y criollos —blancos o mestizos, puesto que no siempre se distinguen las categorías en los censos— quedaba reducida a las grandes ciudades o pueblos y a las grandes fincas. La población hispana predominaba a su vez entre la población diseminada del Río de la Plata y también en el Chile central, en las regiones costeras del sur y centro de Perú, en el valle occidental de Nueva Granada, y en los Andes venezolanos. Fuera de la América del Sur, se hallaban concentraciones de blancos en Costa Rica, en el norte de la Nueva España, donde los americanos autóctonos nunca habían sido numerosos, y también en ciertas zonas de Santo Domingo, Cuba y Puerto Rico.

Hacia 1800, Hispanoamérica contaba con una población cercana a los 13,5 millones de habitantes, según las valoraciones de los censos de la época, una vez sumados, ajustados y redondeados. Es una valoración aproximada que, además, se queda seguramente corta. No corrige, en efecto, el subregistro por defectos del relevamiento censal o por omisión voluntaria debida a diversas razones —fiscales, militares u otras—. Tampoco contempla los indígenas insumisos, ocupantes de territorios bajo jurisdicción, que no serían incorporados de manera efectiva hasta años después. La propia España tenía por aquella época una población de 10,5 millones.

Nueva España, incluidas las remotas «provincias internas» y las dos Californias, albergaba la mayor proporción. Sus 6 millones representaban el 44 por 100 de la población total de Hispanoamérica; de ellos, cerca de nueve décimas partes se concentraban en el centro y sur del país. En algunos distritos, la población exhibía densidades relativamente elevadas: Guanajuato, por ejemplo, contaba con 36 habitantes por kilómetro cuadrado. Las Antillas y la capitanía general de Venezuela reunían cada una unos 800.000 habitantes, que en total sumaban el 12 por 100 de la población hispanoamericana; la mayoría se concentraba en Cuba y en la región circundante de Caracas. Con 1.110.000 habitantes, Centroamérica —de Chiapas a Panamá— alojaba al 8 por 100, dándose en Guatemala la ocupación humana más intensiva. Los Andes, de la costa neogranadina al vasto altiplano peruano, concentraban 3,5 millones, aproximadamente el 26 por 100 del total: 1.100.000 neogranadinos (sin contar a los panameños), 500.000 quiteños —contando tanto a los serranos como a los costeños—, 1.300.000 peruanos, y 600.000 habitantes del altiplano. Área montañosa principalmente, la población se distribuía en ella por altitud, cobijando valles y costas a la mayoría de la población. La zona austral templada de Chile y del Río de la Plata —incluidos aquí la Banda Oriental (hoy Uruguay) y Paraguay con sus decrépitas misiones—, donde el valle central de Chile era el más densamente poblado, concentraba a 1.300.000 habitantes a uno y otro lado de los Andes: algo más del 10 por 100 del total de la población hispanoamericana.

Capítulo 2

ORGANIZACIÓN Y CAMBIO SOCIAL EN LA AMÉRICA ESPAÑOLA COLONIAL

Hace algo menos de dos décadas empezó a explorarse el tema que actualmente se suele denominar «historia social» de los inicios de la América española, el estudio de su estructura social u organización social; un único y meditado artículo reunía casi todos los instrumentos útiles conocidos hasta entonces. La mayoría de ellos extraídos de informes escuetos de contemporáneos en leyes, opúsculos, manifiestos políticos o informes oficiales.[1] Desde entonces toda una corriente académica dentro del campo de la historia hispanoamericana temprana ha concentrado sus estudios precisamente hacia el lado opuesto de estos fenómenos sociales: patrones informales de pensamiento y conducta, los cuales raramente se exponían de forma abierta —algunos, incluso, estaban en el más profundo nivel de lo inconsciente—. Tales trabajos han sido muy específicos, vinculados a cierto tiempo y lugar, dando cuenta detallada de las vidas individuales, de las familias, negocios u otras organizaciones locales en diferentes períodos y regiones.[2] Algunas veces, los casos se escogían por ser representativos de tipos y procesos generales, pero el aspecto tipológico quedaba a menudo implícito.

Después del tiempo transcurrido se hace necesaria una síntesis provisional que ponga énfasis en los procesos y principios, a pesar de que las historias y situaciones individuales hayan proporcionado, en última instancia, las fuentes básicas. Puede argumentarse, con razón, que se ha perdido algo del sabor humano, que la variedad regional ha sido atenuada o que los aspectos concernientes a la cronología han sido olvidados. En la primera parte de este capítulo se examinan de forma deliberada los patrones generales de organización social, siguiendo una línea, en cierto modo, atemporal. En la segunda parte se discute algo de los principios dinámicos de la evolución y el cambio social.

---

1. Lyle N. McAlister, «Social structure and social change in New Spain», en *Hispanic American Historical Review [HARH]*, 43 (1963), pp. 349-370.
2. Véase, *HALC*, IV, ensayo bibliográfico 3.

Estructura de la sociedad española americana

Pocos dudarían de la imposibilidad de encontrar un fenómeno histórico enteramente estático. No obstante, algunos rasgos importantes de la organización social de la América española no cambiaron perceptiblemente durante los 300 años del período colonial. Además, hubo muchas formas que, aunque no fueran exactamente universales o inalterables en su forma dada, fueron inmanentes; bajo condiciones óptimas, éstas aparecieron regularmente y se estabilizaron. Otras, efectivamente, cambiaron, pero fueron tan características del período que su desaparición señaló el fin de una época. Los patrones y estructuras provenían de dos grupos muy distintos entre sí, que en gran parte emanaban de las tradiciones indígena e ibérica, que fueron tomando cuerpo como dos subsociedades recíprocamente diferenciadas en el interior de la América española. Éstas van a ser tratadas separadamente antes de considerar una serie de estructuras totalizantes e interrelaciones.

El mundo español

Concebido en la ley como «república de los españoles», el mundo español fue también una unidad en la práctica social, sostenido por múltiples lazos de refuerzos mutuos, a pesar de su considerable diversidad y fragmentación espacial. Incluso en la generación de los conquistadores, este sector integró a no españoles, no sólo extranjeros europeos, sino también africanos y siervos indígenas. En el período colonial tardío se llegó a una cierta confusión, pero mediante un consenso práctico, el mundo español incluyó a todos aquellos que hablaban bien el castellano, se vestían y comportaban, más o menos, de acuerdo al estilo europeo, y normalmente departían con los españoles. En la última parte del período al cual nos referimos, este grupo (hispánicos en mi terminología) tendió a autodesignarse con el lisonjero término de «gente de razón», o aquellos que llevaban una vida racional y ordenada, tal y como era entendida por los europeos.

La sociedad española en América fue esencialmente urbana. La gran masa de la gente hispánica e hispanizada, especialmente en la primera mitad del período, habitó en los centros urbanos. Ampliamente dispersas, las ciudades españolas estaban separadas por grandes fajas de campiñas indígenas, que iban de las densamente pobladas a las casi vacías. En la medida en que el sector hispánico iba creciendo fueron apareciendo y floreciendo otros centros, concentrándose la población cada vez más en el interior, pero siguiendo el patrón inicial a una escala menor, de tal manera que iba a continuar existiendo todavía una concentración relativa de hispánicos. Como veremos, solamente las áreas muy pobres y marginales presenciaron algo parecido a una verdadera dispersión.

La ciudad misma fue siempre el lugar preferencial de la sociedad hispánica, la cual alargaba sus calles y muros hasta incorporar en ella a los pobladores hispánicos de toda la provincia, terminando sus límites cuando empezaban los de otro municipio. No existió ningún tipo de rivalidad ciudad-campo o urbano-rural; el único y verdadero contrapeso que tuvo la ciudad fue el campo habitado por indígenas. La ciudad no solamente dominaba en lo relativo a los aspectos legales, con su consejo representando a toda la jurisdicción, sino que en todas las situaciones cotidianas se repetía el mismo patrón: lo alto y lo medio en las ciudades y lo bajo en el campo, lo exitoso convergiendo en el centro y lo marginal forzado a estar en las afueras. Las organizaciones más grandes, incluyendo las propiedades agrarias, tuvieron sus centros de decisión en las ciudades. El comercio a gran escala y la producción artesanal, así como el desempeño de profesiones letradas, tendieron a localizarse enteramente en ellas.

El conjunto del sector hispánico de cualquier provincia hizo de la ciudad una unidad centralizada e indivisible para todos los aspectos sociales, económicos e institucionales. Cada red económica o institucional fue también un escalón en la jerarquía social, sirviendo la ciudad como cámara de compensación social de la provincia entera. En una situación estable hubiera habido una tendencia a la convergencia social más amplia, unificando la provincia y sus variadas instituciones. Las familias dominantes formaron y crearon a través de los matrimonios entre sí extensos grupos de parentesco a nivel provincial o, algunas veces, grupos rivales. Cada una de estas familias trataba de colocar a uno o más miembros en la altas esferas de cada jerarquía provincial y, a su vez, éstos y otros miembros también dirigirían un conjunto de empresas económicas integradas entre sí. Además, cada familia tenía parientes pobres, dependientes y semidependientes, a quienes utilizaban apropiadamente en sus diversos asuntos. Los nuevos ricos o poderosos eran atraídos por las viejas familias dominantes y viceversa, siendo lo más común que aquéllos fueran absorbidos a través del vínculo matrimonial. Todo esto no solamente creaba estrechos lazos entre la ciudad y la provincia, sino que significaba que en la vida cotidiana las jerarquías formales podían importar menos de lo que parecía, y los asuntos familiares, tanto uniones, desuniones como conflictos, significaban muchísimo.

La discusión sobre el organismo social mayor nos ha llevado, de este modo, rápidamente a lo más pequeño. La naturaleza de las entidades familiares que se hallaban aliadas, en competencia o en coexistencia dentro de la esfera de la ciudad-provincia, afectó profundamente al funcionamiento de toda la estructura y rangos suprafamiliares. Los patrones estaban óptimamente ejemplificados en el tipo de familia prominente, rica en todo lo que el área ofrecía, que uno encontraría arraigada en alguna provincia. Hasta donde ellas podían, las familias más pequeñas, más pobres o más recientes funcionaban de la misma manera; incluso, un huérfano necesitado llegaba a actuar como representante de la familia que lo acogía. La organización familiar fue inclusiva, creando solidaridades entre elementos que algunas veces eran completamente dispares, otorgándoles al mismo tiempo, a cada uno su propio peso, conservando distinciones.

Apellido y linaje fueron tan importantes entre la familia ibérica como en cualquier otro lado, pero ésta no fue unilineal ni siquiera predominó el aspecto dual (maternal-paternal) de la familia nuclear. Los apellidos de algunos linajes fueron tomando cuerpo a través de sucesivas generaciones, y esta actitud también se reflejó en las propiedades separadas en el interior de las familias. Un matrimonio era una alianza entre dos linajes; el hecho de que una parte estuviera representada por una mujer no afectaba de ninguna manera a la igualdad del arreglo, y la familia de la novia vigilaba muy de cerca las propiedades que ella aportaba como dote.

Tampoco existía una estricta primogenitura típica; al margen de algunos mayorazgos, la norma, hasta para los más ricos, consistía en una relativa redistribución igualitaria de la herencia entre todos los herederos legítimos, hombres y mujeres. Cada cual trataba de encontrar para sí mismo un espacio en la estrategia global familiar, que colocaba a los hombres en las diferentes ocupaciones de los negocios comunes y encontraba las mejores alianzas posibles para las mujeres. Un exceso de hijos podía tener como resultado que algunos de ellos ingresaran en los conventos de monjas o engrosaran las filas del sacerdocio.

Otro medio de mantener la coherencia dentro de la diversidad y flexibilidad fue a través de juntar a todos los miembros de la familia, algunas veces bajo el mismo techo y otras bajo el liderazgo del varón más viejo (aunque no necesariamente), durante tres o cuatro generaciones, incluyendo tíos, primos y parientes más lejanos, que se relacionaban estrechamente, coordinando sus actividades lo mejor posible y sintiéndose responsables por los demás, aunque las luchas por la herencia fueron endémicas. El rasgo más característico del sistema consistía en un conjunto de empresas, cualquiera que fuera su naturaleza, en las cuales el control de la propiedad se ejercía de forma separada por un miembro individual de la familia, pero de hecho todas funcionaban como unidad.

El sentido de la cohesión familiar englobaba diferentes niveles así como diferentes linajes. Especialmente, en las posiciones sociales altas y medias, los hombres contraían matrimonio cuando cumplían con los requisitos establecidos, viviendo frecuentemente hasta entonces en uniones informales con mujeres de posición más baja con quienes solían procrear hijos naturales. Una vez casados, los hombres a menudo solían mantener un segundo hogar. Como resultado de esto, casi todas las familias extensas tenían numerosos parientes ilegítimos. El núcleo familiar no los rechazaba, pero tampoco los trataba como iguales, manteniéndolos como sirvientes o administradores. De la misma manera, en la medida en que una familia extendía su influencia y el tiempo transcurría, era inevitable que a algunos miembros les fuera mejor que a otros, que ciertos miembros del linaje legítimo y del linaje asociado tuvieran malas épocas; en este sentido, estos parientes pobres también encontraban una combinación de asistencia y subordinación.

El papel de la mujer en la familia era similar al de la del sur de Europa en los inicios del período moderno. Las mujeres inmigrantes tomaron parte en la ocupación temprana de la América española; en las áreas centrales, las mujeres españolas empezaron a equipararse, en número, a los hombres a partir de la segunda generación. Efectivamente, en muchos lugares y épocas existían más mujeres que posibilidades de realizar un buen matrimonio, de este modo quedaban muchas mujeres solteras y viudas que no llegaban a contraer segundas nupcias. Resulta algo engañoso el hecho de que las mujeres no aparecieran en las jerarquías formales, salvo excepciones como en el caso de las monjas, ni ejercieran abiertamente profesiones u ocupaciones fuera de las de carácter menor que normalmente se les asignaba, como preparar y comercializar cierto tipo de alimentos, dirigir una tienda al detalle, ejercer de comadrona y algunas otras. En la práctica, no era nada extraño para una mujer, especialmente si pertenecía a un rango económico o social superior, controlar las propiedades o negocios del marido de manera informal, hasta en los detalles. Las viudas podían dirigir abiertamente empresas y desempeñar completamente el papel de cabeza de familia. En el caso de las mujeres solteras, ellas realizaban sus propias inversiones en propiedades reales y otros rubros. Como ya se ha mencionado, las mujeres podían heredar y mantener propiedades separadamente, incluso dentro del matrimonio. Lo cierto es que su posición dominante era a menudo, en gran parte, derivada de su origen familiar, pero ello ocurría también en el caso de los hombres.[3]

En otras palabras, aparte de las cuestiones de etnicidad y del tipo de diferenciación que uno podría llamar el color local (los efectos de las grandes distancias, el escaso número, el volver a empezar, los paisajes exóticos), la familia en el mundo español de las Indias operó a través de las mismas pautas que su equivalente en la península ibérica.

La idea de distinción o nobleza jugó un papel preponderante en las discusiones sobre la posición social de los individuos. A través de la velada, copiosa y constantemente cambiante terminología que se fue usando, el concepto mismo quedó completamente claro, así como el estilo de vida que todo ello implicaba, pero el rango exacto de aplicación era tan sistemáticamente ambiguo que se podía llegar a hacer un máximo de distinciones. Los círculos más altos eran sumamente exclusivistas y estaban restringidos a los niveles más altos del pequeño número de familias prominentes, ya de antiguo establecidas; solamente se podía lograr acceder a ellos a través de un gran aumento efectivo de riqueza u ocupando las posiciones oficiales más altas. No obstante, es difícil hablar de una nobleza estrictamente cerrada con un fuerte espíritu de cuerpo. En la cúspide había unos pocos, con toda la serie de contrastes externos establecidos, quienes a ojos de todos representaban la quintaesencia de la nobleza. En la base del mundo español estaba, obviamente, la «gente baja»: taberneros, arrieros, marineros. Hubo personas modestas que vivían holgadamente y eran respetadas, tales como artesanos, capataces, detallistas y otros similares, pero nunca pensaron en reclamar el rango de caballeros para sí mismos. Pero aquél que en el sector hispánico lograba alcanzar una cierta prominencia o posición se convertía, de alguna manera, en noble, a sus propios ojos y a los del resto. Éste solía usar la terminología nobiliaria común, aunque tímidamente, y sus pretensiones se verían reflejadas en su matrimonio, su séquito y su residencia. Lo nobiliario, en algún sentido, se puede equiparar con prominencia, puesto que del mismo modo que uno podía ser más o menos prominente, uno podía ser, también, más o menos noble, y una gran proporción de la población hispánica se ubicó en algún lugar de esta escala.

Sin embargo, no se redujo el concepto a un sinsentido. Por el contrario, la distinción era el modo por el cual se percibía la prominencia, dando a la persona así considerada una ventaja en la obtención de posiciones y acceso a conexiones. Una familia noble completamente arraigada tenía más conexiones, tanto entre sus iguales como entre sus inferiores, que los que se encontraban en los lugares más bajos de la escala. Los atributos manifestados por cualquier aspirante a noble diferían poco de los mostrados por los nobles europeos. El ideal de poseer una magnífica residencia urbana, un numeroso séquito y una permanente riqueza derivada de una amplia base de propiedades localizadas en todos los sectores productivos o renta-

---

3. Para el tratamiento detallado de la vida de las mujeres de la América española colonial, véase Lavrin, *HALC*, IV, capítulo 4.

bles de la economía local, cobraba un significado social sumamente especial. La nobleza se distinguía de la riqueza, pero ambas se atraían de manera irresistible. Una riqueza grande y duradera, cualquiera que fuera su naturaleza, creaba una posición nobiliaria para sus poseedores, y así las familias nobles ya constituidas usaban cualquier factor viable que redundara en favor de sus riquezas, incluso industrias consideradas plebeyas como los obrajes textiles (en Quito) o la elaboración del pulque (en el México central), llegaron a cambiar con el tiempo la consideración social que tales actividades tenían en sus respectivas regiones. El nexo riqueza-nobleza no parece peculiar de América, sino que responde a una característica de larga tradición ibérica.

Uno de los rasgos más característicos de la idiosincrasia de la nobleza que se forjó en el Nuevo Mundo, fue su estrecha asociación con las primeras etapas de la ocupación española de América. Este hecho, no solamente llevó a que fueran los primeros conquistadores y colonizadores de cualquier región, incluyendo algunas personas de comprobada modestia, los que reclamaron títulos nobiliarios durante su vida, obteniendo escudos de armas y otros signos de distinción, sino que incluso sus sucesores continuaron reclamando a lo largo del período colonial. Los repetidos matrimonios con los recién llegados, de manera frecuente, convertían a la encomiada descendencia en algo artificial, pero un aura de nobleza estaba, efectivamente vinculada a estos linajes, como puede verse, entre otras cosas, en el hecho de que los nuevos ricos y los nobles que de vez en cuando llegaban del extranjero, trataban regularmente de unirse a dicha descendencia. El principio de la posición nobiliaria adquirido a través de la participación en los grandes acontecimientos y realzado por la antigüedad no era nuevo, aunque ello confirió a cada región y subregión de la América española algo similar a una nobleza hispánica específica.

El concepto de plebeyo es todavía más difícil de precisar que el de nobleza, pues aquel, por supuesto, no redundaba en un conjunto de ideales bien definidos; más bien eran los ideales de la nobleza los que predominaban como generales o españoles, y el plebeyo se apropiaba de ellos hasta donde podía. Naturalmente, nadie que estuviera orgullosamente ubicado reclamaba un lugar entre los comunes. Lo importante a resaltar es que aunque no hubiera muchas distinciones legales obvias entre nobles y plebeyos en las Indias, la práctica social, en la mayoría de lugares y épocas, trató a un amplio conjunto de españoles como comunes, menos privilegiados que aquellos que estaban por encima de ellos. Aunque los sectores más altos son historiográficamente más fáciles de abordar y los modelos empleados para ello están más elaborados, debemos recordar que la gran variedad y número de gente hispánica de condición humilde es quizás una característica igual de importante en una provincia totalmente desarrollada que el puñado de grandes familias establecidas. Además, los plebeyos hispánicos tuvieron una importancia crucial en la economía y en la evolución sociocultural; desde cualquier punto de vista, ellos aportaron su propio peso y fueron, sin ninguna duda, los peones de los grandes. El mundo hispánico, e incluso el segmento más estrecho de él que únicamente incorporaba a los totalmente españoles, integró un amplio espectro social y numerosas distinciones sociales.

Una serie de distinciones, más tangibles y frecuentemente más informativas sobre la sociedad o un individuo que la dicotomía noble plebeyo, consistió en las variadas categorías funcionales u ocupacionales existentes, muchas de las cuales ya prevalecían en la península ibérica y otras partes de Europa a inicios de los tiempos modernos. La más alta de tales funciones, más bien amorfa, la podemos denominar «titular de propiedades». Aunque, por supuesto, hubo propiedades de muchos tipos, no todas ellas eran grandes o gozaban de prestigio. Existió una fuerte presunción de que cualquier persona plenamente establecida en la cúpula del mundo español debía ser propietario o copropietario de una gran propiedad. Sin embargo, es necesario tener en cuenta dos cosas para no asociar automáticamente esta propiedad con la tierra. Primero, el prestigio y la influencia del titular de propiedades estuvieron, tal vez, asociados más que con cualquier otra cosa, con el papel de jefe de un grupo de gente, y, luego, con el objeto de su principal inversión, fuera ésta maquinaria, ganado o esclavos. Segundo, el negocio de una propiedad estaba normalmente asociado con cualquier rama de la empresa local que produjera las ganancias fijas más elevadas. Debido a que la propiedad estaba invariablemente diversificada, ésta siempre estaba relacionada con algún aspecto agrario, pero la base de la misma podía ser un molino para refinar plata en Potosí, un obraje en Quito o una cuadrilla de esclavos que extraían oro en Antioquia. Tanto las rentas como el prestigio, estuvieron asociados con la ganadería mucho antes que con la tierra; en la medida en que los mercados urbanos fueron creciendo, la tierra empezó a cobrar valor, producir ingresos y pasó a ser una base completamente distinta de la propiedad. Los propietarios de las empresas más adelantadas de una economía regional comúnmente dominaban los cabildos —en el caso de Antioquía eran los «señores de cuadrilla», etcétera—, aunque, a veces, mantenían el control indirecto a través de miembros recién llegados o de la escala inferior de su círculo.

Las profesiones letradas, como derecho, carrera eclesiástica y (en menor medida) medicina, gozaban de un doble aspecto a su favor. En primer lugar, las familias más grandes y más nobles no vacilaban en mandar a sus hijos a ejercer en estos campos, donde podían esperar un rápido avance hacia altas posiciones; al mismo tiempo que la práctica profesional no imposibilitaba del todo sostener propiedades. En segundo lugar, y más en la línea con la imagen usual que reflejaban estas profesiones, los sectores medios las usaban como un mecanismo de ascenso social, existiendo muchas familias ampliamente dedicadas a estas profesiones, eminencias secundarias rondando alrededor de los grandes. Un aroma similar de rango secundario alto era característico de los numerosos notarios y secretarios del mundo español, aunque algunos de ellos también llegaban a fundar grandes familias.

De todas las ocupaciones, la de comerciante era a la que resultaba más difícil de otorgar una valoración social más o menos fija, dentro del mundo español. Incluso restringiendo la noción de comerciante, tal y como los propios españoles hacían, a alguien involucrado a gran escala en el comercio a larga distancia de artículos de elevado valor en el mercado (normalmente de estilo u origen europeo), nos encontramos con que la persona así definida, aunque siempre letrada y, en algún sentido, respetada, se diferenciaba en tiempo y lugar del extranjero recién llegado, era distinto de un plebeyo, de un titulado, así como de los propietarios que constituían los pilares de la sociedad. El comercio a larga distancia, particularmente su estrecha conexión con Europa, tendía a impedir al comerciante su identificación con cualquier lugar y hacía de él un constante advenedizo, más estrechamente asociado con España que con los propietarios de cualquier tipo de riqueza. Durante ciertas épocas del período colonial, algunas grandes empresas comerciales tendieron, en realidad, a solidificar sus bases en España, y fue allí donde los comerciantes prefirieron establecer sus familias y sus propiedades duraderas. Pero también podía ocurrir, y de hecho ocurrió, que el comercio pasara a ser la fuente más regular en la obtención de grandes ingresos de una provincia y que las firmas comerciales, a la vista de un volumen fijo, la escogieran como su principal centro de operaciones. En este sentido, ello ofrecía al comerciante las condiciones para situarse en los niveles más altos.

Siempre distinto del verdadero comerciante era el pequeño negociante local, conocido, entre otros términos, como «tratante». Humilde, a menudo ubicado en el último escalón de la jerarquía española y probablemente analfabeto, el tratante comerciaba principalmente con aquellos bienes que circulaban dentro de la economía regional, careciendo de capital y de las extensas redes a larga distancia de que disfrutaba el comerciante. Sin embargo, cuando había una elevada demanda de productos locales disponibles, tal y como algunas veces ocurría, el tratante podía avanzar hacia niveles más altos del comercio y de la sociedad.

Los artesanos, de los cuales había una gran variedad en las zonas ricas, estaban integrados por gente humilde, aunque no de manera tan marcada como en el caso de los tratantes. Los plateros, altamente especializados y con capital, podían actuar casi como banqueros y los barberos-cirujanos casi como profesionales; el administrador de un próspero almacén de cualquier ramo podía ser respetado y considerado como un hombre de bien. Sin embargo, había algunos oficios, como el de carretero, donde prácticamente todos los que ejercían esta profesión eran completamente plebeyos. El sistema de talleres en que el propietario ejercía como encargado, empleaba tantos jornaleros y aprendices como permitiera el tamaño de su clientela, convirtiendo al artesano afortunado en una persona considerada. Al igual que los tratantes, los artesanos eran pequeños minoristas y trataban con géneros manufacturados localmente (aunque, a menudo, hechos con materiales importados). También los artesanos entraban algunas veces a formar parte en relaciones comerciales más amplias y, de manera frecuente, intentaban alcanzar una cierta posición personal en la economía territorial de la región. Los artesanos tendían a enraizarse en la sociedad hispánica local en un nivel más elevado que los tratantes, algunos de los cuales sólo llegaban a alcanzar la consideración de transeúntes.

Quizá llegaríamos demasiado lejos si describiéramos la América colonial española como una sociedad organizada enteramente en términos de relaciones de clientela, pero, en realidad, los elementos de tal mecanismo se encuentran en todos sitios. En muchos casos, lo esencial de la actividad de una persona carecía de importancia o, simplemente, era cambiante, y la cuestión básica consistía en que uno trabajaba para alguien más, quizá supervisando a otros en nombre del empleador. Muchas personas eran definidas simplemente como empleadas, en algún nivel, de otros. Estas personas podían ser llamadas «sirvientes», pero ello no implicaba ni siquiera que fueran criados personales de quienes, en su mayoría, ocupaban los estratos más bajos del mundo español; normalmente no eran españoles o, a lo más, mestizos, al igual que aquellos que funcionaban como parte de una estructura de propiedad. Trabajar en tal tipo de institución podía tener, sin duda, el aspecto de un servicio personal, puesto que el personalismo y las relaciones familiares penetraron completamente en la propiedad. Pero mientras cualquier familia prominente disponía de su propiedad y, en parte, de hombres, la propiedad era una estructura más amplia, el conducto a través del cual un individuo o una familia lograba introducirse en el medio ambiente, tanto físico como social, en el intento de sacar beneficio y dominar. La organización de la propiedad era el vehículo social de prácticamente toda la actividad económica española. La propiedad aparece dirigida y ajustada a su propósito respectivo en distintas formas fácilmente reconocibles en todo lugar, desde el rancho ganadero a la producción textil y la minería de la plata, tomando tanto la forma de empresas pequeñas como grandes, truncadas o altamente desarrolladas. Dentro de ella, cada función tuvo un perfil social específico y relativamente constante.

Consideremos su forma total. Ya hemos hablado del propietario y de las intrínsecamente altas connotaciones de su posición. Los propietarios, a menudo, tomaban parte muy activa en sus negocios, pero en la medida de lo posible prestaban más atención al conjunto general, a los asuntos mayores más que a los detalles de la vida cotidiana, y defendían la propiedad en la esfera más amplia de otras propiedades, familias y organizaciones. El principal objetivo del propietario era la consolidación general de un elevado y permanente lugar en todos los aspectos básicos de la economía, sociedad y gobierno provincial.

La supervisión de las operaciones de alto nivel, con frecuencia se delegaba a los parientes jóvenes del propietario, a los colaterales no herederos, o a los parientes realmente pobres o ilegítimos, quienes podían aparecer en un lugar bastante bajo de la estructura. Pero también había el tipo específico de supervisor administrador de alto nivel, una persona de consideración, pero sin ninguna pretensión nobiliaria, hábil para leer y escribir, y cualificado en el manejo de la contabilidad. Las propiedades conglomeradas, verdaderamente extendidas, podían tener un administrador que, desde el punto de vista social, estaba al mismo nivel que el propietario, pero el mayordomo común, responsable de la producción y de la venta al detalle, estaba por debajo del propietario, aunque, por supuesto, tenía sus propias ambiciones.

Los mayordomos, incluso, tenían responsabilidades generales y vivían en constante movilidad. Los supervisores secundarios y terciarios, al nivel de capataces, estaban más vinculados a cierto proceso o subdivisión del trabajo y en un continuo contacto directo con los trabajadores. Verdaderamente humilde fue el papel que jugó el mayordomo en el seno del mundo español, estando asignado a ciertas gentes relativamente marginales de diversos tipos, con poca educación formal, y su función era la más baja que podía encontrarse de entre las posibles que llevaba a cabo una persona completamente española. Su aura general era comparable a la de los artesanos, y, verdaderamente, cuando técnicos y artesanos estaban empleados en una empresa, este espacio normalmente era ocupado por ellos.

El siguiente escalón hacia abajo era el del trabajador permanente, normalmente aquel que disponía de una habilidad u oficio específico para la empresa. Dondequiera que el mundo español estuviera inmerso en el de los indios, ésta era su posición más baja y en raras ocasiones estaba ocupada por personas étnicamente españolas. Sin embargo, estaba claramente localizada en el interior del mundo español, fuera o no la persona culturalmente hispánica; en todo caso, el puesto suponía ciertos grados de hispanización.

En el escalón más bajo de la estructura, en muy diversos tipos de propiedades, estaban los trabajadores temporeros, ocupados por corto tiempo, migrantes, que realizaban las tareas que requerían una menor destreza, especialmente durante los períodos álgidos del trabajo estacional. En la clásica propiedad rural de la América española colonial, tales trabajadores constituían la mayoría del conjunto. Los trabajadores temporeros, en muchos o en la mayoría de los casos, pertenecían más bien al mundo de los indígenas que al de los españoles, pero, dado que eran tan importantes para la organización de la propiedad, no podemos dejar de mencionarlos.

Teniendo en cuenta que en el conjunto de las ocupaciones españolas solamente podemos hablar en términos genéricos de «más alto» y «más bajo», y dado que ciertas personas que están más arriba en un sentido, están más bajas en otro, en lo que respecta a la estructura de la propiedad nos encontramos con una verdadera jerarquía, en la que cada nivel específico da orden a su inmediato inferior; hasta los trabajadores permanentes ayudaban a dirigir a los temporeros. Yendo del nivel más bajo al más alto, en la escala social española cada nivel es sistemáticamente más elevado que el anterior, y hasta el nivel de administrador, al menos, cada nivel implica una habilidad mayor con respecto al inmediatamente inferior, a excepción de aquellas propiedades en que se elaboraban productos originariamente indígenas, como las haciendas de pulque, y en las que los trabajadores del nivel más bajo podían tener un alto grado de especialización para la elaboración de los productos. Allí donde sea pertinente, se podría decir que los niveles más altos son más urbanos y étnicamente más españoles. El tipo de organización descrita tiende a extenderse más allá de lo que, haciendo un esfuerzo de imaginación, podríamos llamar propiedad, hasta organizaciones más amplias de todo tipo, incluyendo las gubernamentales, incluso las eclesiásticas, y, hacia el período colonial tardío, las militares.

La propiedad y la familia condicionaron poderosamente el funcionamiento de los otros principios de la organización social. A veces, en situaciones marcadas por gran riqueza y complejidad, puede verse una tendencia hacia el corporativismo social, es decir, las personas que ejercían ciertas profesiones u oficios se aglutinaban dando forma a un mundo propio, en el interior del cual se dieron las alianzas y conflictos más importantes con normas dictadas internamente. Pero esta tendencia nunca pudo ir más allá de una superficial solidaridad de grupo de presión, debido a que las numerosas familias poderosas y los complejos de propiedades contenían en su interior representantes de prácticamente todas las diversas ocupaciones. De este modo, las categorías funcionales existieron más como agrupaciones que como grupos cohesivos. Su unidad estuvo en el centro de la atención. En este sentido mantuvieron una gran importancia, asegurando a cada categoría el tratamiento bien definido que convencionalmente le correspondía; de aquí la insistencia en el uso de epítetos y títulos de muchas clases.

El principio de la progresión cronológica también funcionó, pero sólo dentro de unos límites. En todas las organizaciones se tenía en cuenta considerablemente la antigüedad, y en la mayoría de las esferas sociales se progresaba con los años, alcanzando la cima en la madurez y permaneciendo en ella hasta la senectud. Aunque uno podía raras veces, durante el corto período de una vida, despojarse enteramente de las categorías funcionales de origen o avanzar muy lejos dentro de la jerarquía de la propiedad. Por otra parte, si bien la edad significaba autoridad y rango, si una persona heredaba una posición importante en la familia tempranamente, ésta aparecía, aun cuando fuera un mero joven, como gran propietario y miembro del concejo municipal.

Una característica muy destacada del mundo español fue el uso abundante de auxiliares, personas que entraban a formar parte de este grupo, realizando muchas de las funciones de bajo y medio nivel, que ya se han expuesto, pero que desde el punto de vista étnico no formaban del todo parte del mundo español. Debido a que este grupo no era enteramente español y a su importancia en la relación entre los dos mundos socioculturales de la América española —hispánico e indígena—, es oportuno discutir su papel con detalle en otra sección. Pero es necesario tratar aquí a un segmento de la población auxiliar —personas de descendencia africana—, no solamente por no haber tenido ninguna relación genética con el mundo indígena, sino que por haber estado, aunque internamente diferenciado, totalmente dentro del sector hispánico.[4]

En la mayor parte de la América española no hubo un mundo africano en el sentido que hablamos de la existencia de un europeo y otro indígena, con excepción quizá de algunas partes del Caribe. Más que existir como un sector separado, los negros eran normalmente distribuidos entre las familias hispánicas y sus propiedades. Aunque a menudo nosotros detectemos un contenido cultural africano en sus vidas, no exhibían un conjunto de patrones sociales distintivos; más bien ellos adoptaban aquellos que podríamos esperar de los españoles marginales. La razón por la cual los negros llegaban a convertirse en un subsector cerrado (con miles de excepciones), fue por la tendencia que tenían a casarse entre ellos mismos y organizar sus propias asociaciones; pero lo mismo se podría decir de los herreros o de los vascos. Ellos también tenían un campo bastante restringido de funciones, ya que por su obvia diferencia física de los españoles generalmente se los mantenía excluidos de las aspiraciones superiores, incluso cuando eran libres o racialmente mestizos, y el elevado coste de importación de esclavos africanos redundaba en que se les ubicara en buena parte en tareas remunerativas, de habilidad y responsabilidad. Las posiciones arquetípicas para los negros fueron las de artesano y las de supervisor de escaso nivel (los sirvientes personales de confianza constituían un subgrupo del último). El comercio al detalle, al nivel del tratante, fue otra de sus especialidades, principalmente entre las mujeres. Con frecuencia descendían hasta el nivel de mano de obra permanente y especializada, pero siempre en algo intensivo y bien capitalizado, y sólo ocasionalmente lograban alcanzar el puesto de mayordomo de toda una empresa.

Esclavitud y manumisión no necesitan ser detalladas aquí, aunque la abrumadora mayoría de negros que al principio entraron en la América española lo hicieran como esclavos, y, en este sentido, la manumisión fue un fenómeno suficientemente significativo como para asegurar que en todos los lugares donde hubo esclavos negros, también hubo algunos negros libres. Aquí sólo necesitamos introducir dos aspectos. En primer lugar, el perfil socioétnico del esclavo hispanoamericano corresponde al de una persona étnicamente ni española ni del grupo aborigen local,

---

4. Véase también Bowser, *HALC*, IV, capítulo 5.

nacido (él o sus antepasados inmediatos) en zonas geográficamente muy lejanas; podía cambiar de amos con la misma frecuencia que los beneficios económicos de éstos dictaran; y funcionaba completamente integrado en el seno de las estructuras españolas. El esclavo africano, y para el caso, el fenómeno menor pero persistente del esclavo indígena, estaba en el polo opuesto del indio de las comunidades rurales, quien permanecía dentro de su propio contexto con una baja movilidad, muy probablemente desconocía la lengua española y carecía de las habilidades hispánicas.

En segundo lugar, la cuestión de la libertad o esclavitud marcó pocas distinciones en el papel social de los negros. No sólo por el hecho de que los negros y mulatos continuaron siendo artesanos, capataces y sirvientes de confianza, sino que hay que tener en cuenta la otra cara de la moneda, ya que algunas veces los negros, mientras continuaban siendo esclavos, llegaban a alcanzar funciones tan altas como las de supervisor general. Dentro del conjunto de la sociedad hispanoamericana, el esclavo, al margen de algunas obvias desventajas, disfrutaba de un nivel más bien medio.

Entre los indígenas, los parientes funcionales más cercanos a los negros eran aquellos que, al no ser esclavos, vivían y trabajaban a tiempo completo en el mundo español. Ellos también tuvieron bastante movilidad y eran trasladados fuera de su contexto original, pero no tan lejos como en el caso de los esclavos o libertos. Este sector de indígenas constituyó uno de los elementos más significativos y dinámicos de todo el complejo hispanoindio, al que se le prestará más atención después de haber aludido al contexto del cual procedían.

El mundo indígena

Dentro de una división general de la humanidad, comparable a la de los habitantes de todo el continente europeo o del africano, los aborígenes del hemisferio occidental fueron más un universo que un mundo. Sólo revisando el sector indígena de la América española de forma exhaustiva, tomando una región específica durante un tiempo determinado, sería posible lograr una descripción unificada y detallada de su fenomenología social. Para este propósito se van a bosquejar brevemente tres tipos de situaciones comúnmente vistas, mirando en cada uno de ellas primero la forma de la sociedad anterior a la conquista y su posterior desarrollo colonial.[5]

En nuestro primer tipo, la sociedad completamente sedentaria, los modos de organización se superpusieron, en muchos aspectos básicos, con los de la sociedad ibérica, hecho que no pasó inadvertido a los españoles. Las zonas sedentarias disfrutaban de una unidad provincial bien definida, en general más autónoma e independiente que el equivalente español, con una cabeza dinástica autorizada para exigir trabajo y tributo (podía darse un asentamiento urbano central fuerte y dominante, o una carencia casi absoluta del mismo). La distinción noble-plebeyo también existió aquí, estando en cualquier caso más profundamene arraigada e insistente que entre los españoles. En muchos lugares había ciertos plebeyos que se diferenciaban

---

5. Véase también Gibson, *HALC*, IV, capítulo 6.

del resto al vivir principalmente de un oficio particular o del comercio más que de la prevalente agricultural intensiva.

La mayoría de las sociedades sedentarias de América, desde las grandes islas del Caribe hasta México y Perú, también conoció el tipo social de persona que, al ser dependiente de un gobernante o de algún noble, estaba fuera del marco general de los derechos y deberes públicos. El sistema español no tuvo un fenómeno totalmente paralelo, sin embargo, éste poseyó algunos aspectos similares, pudiéndose mencionar, en ese sentido, las disposiciones antiguas, no traídas al Nuevo Mundo, por las cuales algunos españoles eran vasallos de un señor en lugar de serlo directamente del rey. En efecto, mucha gente dentro de la organización de la propiedad española participaba en la sociedad mayor sólo como dependientes de la propiedad y la familia. La posición de los dependientes indígenas permanentes era algo ambigua; podían ser considerados por debajo de los plebeyos comunes, ya que normalmente así lo estaban, pero en casos individuales podían ser poderosos y partidarios bien recompensados de un señor noble. Dado que algunas veces pertenecían a un grupo étnico minoritario o recién conquistado o buscaban refugio al superpoblarse su espacio vital, parece ser que los dependientes se originaban en situaciones principalmente marginales y que eran, en esencia, una variedad de la gente común. Verdaderamente, en el caso del México central no existió un término especial universalmente aceptado para definir a este sector, y a menudo se lo definió con el mismo término usado para el resto de la gente común. En La Española, el término fue *naboría*, y en los Andes centrales *yana*, plural del singular *yanacona*; palabras todas ellas que se incorporaron al vocabulario general de la América española.

Aunque la sociedad de las áreas centrales y sedentarias pudo resultar muy familiar a los españoles, aquellas que les resultaron relativamente más extrañas fueron igualmente importantes. Una ciudad-provincia española, especialmente en la forma existente en el mundo español de las Indias, carecía de subdivisiones firmes, caracterizándose más bien por un gran número de ramificaciones y estructuras que partían de un núcleo y se extendían hacia los márgenes. La provincia indígena en realidad tenía, hasta cierto punto, estructuras equivalentes, pero estaba organizada de forma más celular. En el interior de la provincia existía un número de subdivisiones territoriales, al igual que sociales, siendo cada una de ellas un razonable microcosmos del conjunto (dos nombres bien conocidos para tales unidades son el *calpulli* en el México central y el *ayllu* en el quechua hablante de los Andes). Con cada subunidad firmemente enraizada en un territorio y con un acentuado sentimiento de microsolidaridad, el mundo indígena, a nivel local, era muy resistente y estable, incluso en aquellos momentos que las presiones causaban movimientos masivos de gente hacia dentro y fuera de las unidades o reducciones del número global de sus habitantes.

Otras peculiaridades de la organización social derivaban del principio básico de la subdivisión igualitaria. La típica unidad provincial estaba estructurada por una distribución algo simétrica de las subunidades, las cuales podían entonces dar y recibir funciones recíprocas dentro del conjunto mayor en que se hallaban. La división provincial en cuatro partes era un mecanismo clásico, pero también existían, muchas otras combinaciones numéricas.⁶ Con bastante frecuencia, la provincia estaba dividida en dos partes, no en un sentido estrictamente territorial, sino que cada mitad estaba representada por subunidades en todos los sectores del territorio, y cada una de ellas encabezada por distintos linajes dinásticos. En muchos casos, estas divisiones correspondían a subgrupos étnicos históricamente separados, de lo cual los habitantes locales todavía eran conscientes. Otro artificio de la organización provincial española era que una o más de las subunidades podía no ser contigua con las restantes, ello era normal en los Andes centrales.

Al nivel de lo individual, todavía existieron más diferencias. En la organización familiar, a pesar de similitudes tan fuertes como la presencia habitual de rivalidades multiliniales y complejos familiares con múltiples niveles, también hubo grandes diferencias, tales como un menor énfasis en las herencias de padres a hijos que en las del hermano mayor al menor. Para los hombres prominentes, la poligamia era formal, pero entre los españoles era más bien informal. En el México central, al menos, existía el *teccalli* o casas nobiliarias, que eran subsociedades casi completas en sí mismas, llegando a eclipsar, a veces, al calpulli, y estaban organizadas de forma más elaborada que cualquier equivalente existente en España en los inicios de la época moderna, y mucho más que en el mundo español de las Indias. El principio de la progresión u orden cronológico fue, de lejos, más sistemático en muchas sociedades indígenas que entre las españolas, ordenando funciones personales y tipo de actividades de modo más rígido y con mayor detalle. En ningún lugar, la división sexual de funciones fue idéntica a la de los españoles, ni las relaciones consanguíneas fueron conceptualizadas de la misma manera, con las consecuentes diferencias en la definición del papel del parentesco. Cualquier función eclesiástica o nobiliaria tenía prerrogativas específicas, las cuales no se correspondían totalmente con las de los españoles, y lo mismo sucedía con las ocupaciones; los mexicanos del centro, por ejemplo, se inclinaban a considerar algunos oficios como condición intrínseca de nobleza.

Cuando los españoles llegaron a ocupar las zonas sedentarias continuaron con el funcionamiento de la sociedad provincial indígena como base del proyecto global. Reconociendo una «república de indios» separada, los españoles en cada subregión dividieron la comunidad indígena en muchos municipios distintos, organizados casi al estilo español, constituyendo juntos el *hinterland* de una ciudad española. Se pretendía que los indígenas vivieran aislados de los españoles, y al menos en los inicios del período, los patrones sociales españoles relacionados con la nuclearización urbana se sustentaron en gran medida en esta pretensión. El papel de la nobleza, al igual que el pago del tributo y el suministro de mano de obra, encontró un amplio espacio en el nuevo sistema. La unidad provincial indígena fue entonces, no sólo el campo de su propia vida interna tradicional, sino también el de casi todas las estructuras internas españolas; sus límites dictaron la encomienda, la parroquia, el pueblo indígena de estilo hispánico y la unidad administrativa local con sus mecanismos que hicieron funcionar todas estas estructuras. En pri-

---

6. El mismo tipo de organización fue característico de la expresión artística y literaria indígena, al menos en el México central. Véase Frances Karttunen y James Lockhart, «La estructura de la poesía náhuatl vista por sus variantes», en *Estudios de Cultura Náhuatl*, 14 (1980), pp. 15-64, y John McAndrew, *The open-air churches of sixteenth-century Mexico*, Cambridge, Mass., 1965, p. 199.

mer lugar, entonces, la principal presión para el cambio social radicó en la introducción de nuevas técnicas y conceptos, en especial las funciones recientemente definidas para los indígenas, tales como las de alcalde, sacristán y otras por el estilo. Pero cada vez que los indígenas ocupaban alguno de estos cargos, lo ejercían con un espíritu plenamente fiel a la tradición de su sociedad. De este modo, la reorganización social interna fue más aparente que real. Aquellas pautas sociales que no entraban en conflicto directo con el funcionamiento de las estructuras rurales españolas, tendían a persistir, mientras los españoles las ignoraban o entendían equivocadamente. Por ejemplo, la organización por mitades desarrollada con todas las de la ley, perduró en algunos lugares hasta fines del período colonial.

El impacto en la sociedad indígena corporativa fue sólo un lado de la cuestión; el otro, la absorción de los indígenas individuales dentro del mundo español como servidumbre permanente, trabajadores y dependientes de varios tipos —un movimiento facilitado por el papel previamente existente del naboría o yanacona— fue a largo plazo igualmente significativo.

Un segundo grupo incluye lo que podríamos llamar las sociedades semisedentarias, a menudo localizadas en las áreas boscosas; los tupí de Paraguay y de la costa brasileña son, quizás, los más conocidos y estudiados, pero el tipo general está ampliamente distribuido, en el entorno de pueblos plenamente sedentarios y en otros lugares. Al igual que en las sociedades sedentarias, allí también hubo poblados y se practicó la agricultura, pero, en cambio no hubo mayores puntos de coincidencia con la organización española. El cultivo cambiaba de lugar rápidamente, y con el tiempo ocurría lo mismo con los poblados. Nada de lo que había era permanente, ni contaba con una unidad provincial bien definida que sirviera de espacio y medio ambiente; incluso en los poblados individuales, aunque pudieran disponer de jefes guerreros y estar algunas veces organizados en sofisticadas subunidades simétricas, no disponían de jefes dinásticos que exigieran tributo, que dieran estabilidad a la unidad y unificaran la dirección. No había ninguna distinción entre gente noble y plebeya, como tampoco había otros grupos especializados. La unidad más sólida de la sociedad radicaba en el grupo extenso del mismo linaje, que a veces vivía bajo el mismo techo en una casa grande y normalmente bajo el liderazgo del varón más viejo. Esta unidad estaba tan vagamente integrada en el poblado que los individuos a veces abandonaban el asentamiento para juntarse a otro grupo o para vivir aislados. La progresión cronológica, las convenciones de parentesco y la división sexual, determinaban casi todas las funciones de los individuos. Un aspecto sorprendente de la división sexual del trabajo fue que, mientras en las sociedades sedentarias el hombre ejercía las tareas más duras del trabajo agrícola, en las semisedentarias era la mujer la que asumía esta función, ayudada por el hombre en tareas tales como la limpieza, puesto que el hombre, más que agricultor, era cazador, pescador y guerrero.

El modelo social que los españoles siguieron en la ocupación de las zonas sedentarias, el de una sociedad española separada, básicamente urbana, asentada en un espacio alrededor del cual las entidades sociopolíticas indígenas funcionaban semiautónomamente de modo separado, no era viable en una situación tal como la descrita arriba. No sólo estaban ausentes los mecanismos del tributo y dominio, sino que tampoco había ninguna estructura indígena permanente, del tipo que fuera. Las diferencias entre la sociedad india local y la sociedad española eran demasiado grandes como para otorgar beneficios significativos a los españoles sin tener la contrapartida de algún tipo de intervención drástica directa de éstos.

Una de las estrategias que siguieron los españoles fue la de reconstruir la situación a semejanza de México y Perú. En las áreas que estamos tratando, establecieron ciudades y trataron de forjar un interior indígena en el espacio circundante a las mismas, aunque en algunas regiones estas ciudades se vaciaban o cambiaban de ubicación con la misma frecuencia que lo hacían los asentamientos indígenas, ya que no había ningún lugar que tuviera más ventajas que otro. Los españoles intentaron crear sólidas jefaturas dinásticas con la finalidad de reorganizar las formas de gobierno, en las cuales la encomienda vendría a ser el equivalente de las unidades provinciales de las áreas centrales, y desde el campo circundante remitían bienes y mano de obra al interior de la ciudad española. En Paraguay trataron de propagar específicamente la *mita* andina central, o reclutamiento rotativo de mano de obra a larga distancia, mecanismo que implicaba una base organizativa social totalmente distinta a la de los guaraníes locales.

Normalmente la población española local se las arreglaba de algún modo para hacer que funcionaran las estructuras introducidas, pero no siempre del mismo modo que se siguió en las áreas centrales originales. Por ejemplo, en la variante de encomienda de estas áreas, desde Paraguay a Venezuela, la mujer tributaba en mano de obra, siguiendo la definición del papel aborigen, a pesar del hecho de que el modelo de encomienda, basado en los papeles sociales de las áreas centrales, tenía solamente a los hombres como tributarios.

En esencia, el modelo de sociedad doble colapsó. Por una parte, los españoles penetraron profundamente en la sociedad indígena; en las etapas más tempranas, algunos fueron tan lejos que llegaron a ser cabezas de linaje, siendo el parentesco el único medio efectivo para ejercer autoridad. Los españoles, incluyendo los de rango más elevado, experimentaron la mezcla racial mucho antes que en las áreas centrales, y absorbieron mucho más las técnicas, comida y lenguaje indígenas. Por otra parte, puesto que la organización local indígena, incluso con todas las adaptaciones, no servía muy bien a los intereses españoles, y la población aborigen total era mucho más reducida que en las áreas centrales, los indígenas tendían a ser atraídos al interior de la sociedad española local (entonces algo modificada), algunas veces hasta el punto de que un sector indígena separado dejaba de existir completamente. Dentro de las estructuras españolas, los indígenas se convirtieron en siervos dependientes y en otro tipo de trabajadores permanentes, muy similares a los naboría-yanaconas de las áreas centrales, aspecto que los españoles captaron con rapidez. En toda la región del Río de la Plata y Chile, a tales trabajadores, efectivamente se los llamó yanaconas, y en este desarrollo, también los españoles recrearon una faceta vinculada a las áreas centrales que no tenía ningún precedente directo con la sociedad aborigen local. En todo caso, el resultado global del movimiento en ambas direcciones redundó en una única continuidad indígena-española, en la cual se pueden distinguir elementos que son dominantes o subordinados, intrusos o indígenas, pero difícilmente se distinguirán dos economías y sociedades separadas.

Nuestro tercer tipo de sociedad indígena fue el de la población no sedentaria, que erraba en su territorio en pequeñas bandas, viviendo de la caza o de la recolección. Sus lenguas y muchos elementos de su tecnología y cultura estaban estrechamente relacionados con los de otras sociedades americanas, pero debido a su alta movilidad, a su completa carencia de asentamientos estables, a su adaptación a un medio natural específico (con su correspondiente carácter distintivo) y a su naturaleza belicosa, tuvieron pocos puntos de contacto social con la población sedentaria, fuera indígena o europea. Los grupos sedentarios y no sedentarios apenas compartían papel social alguno, provocando que estos dos tipos de sociedad fueran impenetrables el uno del otro. El resultado fue el evitarse mutuamente, cuando no el conflicto. Algunos grupos no sedentarios permanecieron completamente al margen de la influencia española durante siglos o se mantuvieron independientes mediante una constante resistencia, experimentando sólo un cierto tipo de cambio social autogenerado, tal como el de la evolución hacia confederaciones más grandes y liderazgos más sólidos para propósitos militares.

Al no estar dispuestos o ser capaces de rendir tributo y aportar mano de obra sedentaria como una sociedad corporativa, y debido también a la naturaleza de sus costumbres tradicionales, a este tipo de grupos que estamos describiendo le fue difícil penetrar en la sociedad sedentaria como individuos. La población no sedentaria no pudo constituir un entorno ambiental que circundara la ciudad española, ni ser llevada allí para trabajar. Cuando los españoles estaban presentes entre grupos de población no sedentaria, el orden imperante era normalmente el constante y duradero hostigamiento y conflicto mutuo, al tiempo que casi todos los mecanismos sociales mediante los cuales los españoles intentaban dominarlos, absorberlos o explotarlos, tomaban la forma de eliminación brutal y total de su propio contexto. Como individuos, puesto que los mecanismos del naboría-yanacona no funcionaban, los españoles regularmente recurrían a la esclavitud para someter a este tipo de población en los límites no sedentarios, desde el sur de Chile hasta el norte de México. Este era el único tipo de situación por el cual la esclavitud de indígenas persistiría significativamente después del período de conquista. Aunque algunas veces a este sistema se lo encubría bajo el término de servidumbre como castigo a la resistencia, sin embargo, ello fue una verdadera esclavitud, mantenida con ventas y reventas. Al esclavo casi siempre lo mandaban a las lejanas áreas centrales, donde no le quedaban otras alternativas que la de adoptar la lengua española y la vida sedentaria. Una vez allí, el esclavo indígena era casi tan extranjero como el esclavo africano, y ocupaba un nivel social ligeramente más bajo, aunque realizaba las mismas funciones que el africano.

La otra institución, más corporativa, para convertir a los grupos no sedentarios en población sedentaria, fue la creación de un asentamiento totalmente nuevo, llevada a cabo bajo los auspicios oficiales (en general eclesiásticos), en lugar arbitrariamente escogido y con gente recogida de cualquier subgrupo que lograban atraer hacia el mismo. El establecimiento, «misión», carecía de una compleja subdivisión interna, y en muchos sentidos fue la exacta oposición del municipio indígena de las áreas centrales, el cual estaba construido sobre una sólida base étnica, territorial y social; sin embargo, la misión estuvo inspirada en las formas indígenas de estilo hispánico de las áreas centrales y disfrutó exteriormente del mismo tipo de gobierno y oficiales indígenas. En las partidas de indígenas sedentarios, que habían migrado o habían sido recogidas de áreas más antiguas, algunas veces había presente un espíritu transformador. Lo que se intentó fue una revolución social total sin una gran fuerza de ocupación, un movimiento destinado desde el inicio al fracaso o como máximo a tener un éxito muy limitado. La fuga individual y masiva desde los nuevos asentamientos fue endémica, y las enfermedades en tales concentraciones de gente, pequeñas en su totalidad, causaron a menudo su casi extinción. En la mayoría de los casos en que los asentamientos florecieron durante largos períodos, los indígenas eran más semisedentarios que no sedentarios. En cualquier caso, las misiones generaron cierto número de indígenas preparados para vivir y realizar tareas al estilo hispánico.[7]

Un área con predominio de indígenas no sedentarios no era apropiada para atraer una sustancial inmigración española, a menos que estuviera en una ruta comercial importante o tuviera buenos depósitos de minerales. A pesar de eso, tales áreas casi siempre contaron con algún tipo de presencia civil española, y una vez que las misiones empezaron a generar gente susceptible de ser empleada, los españoles adquirieron algunos de ellos como sirvientes y trabajadores. Sin embargo, hubo límites severos para la magnitud de esta clase de interacción, y con el tiempo, la sociedad española en zonas de este estilo permaneció más pura en términos étnicos, lingüísticos y en otros sentidos que en cualquier tipo de contexto americano, siendo modificada solamente por elementos indígenas traídos de las áreas sedentarias y semisedentarias. Si se producía un influjo masivo español en tales regiones, los grupos indígenas no sedentarios estaban pronto listos para desaparecer, dejando pocas huellas de su existencia.

La interacción de los dos mundos

Las interrelaciones entre el mundo español y el indígena ya han sido insinuadas en este trabajo; se ha manifestado tan imposible discutirlas por separado como lo fue mantener ambos sectores separados durante el período colonial. Pero ha llegado el momento de analizar directamente las maneras en que ambos constituyeron un conjunto, operaron dentro de las mismas estructuras o se interrelacionaron de una forma u otra.

El concepto social que abarcaba casi todos los aspectos de las Indias españolas era el de la jerarquía en la cual cada uno de los tres grupos étnicos principales —europeos, africanos y amerindios— tenía su posición fija. Este, por supuesto, fue un concepto hispanocéntrico; el principio general de su construcción era que cuanto más español fuera uno, en cualquier sentido, más alta sería su posición. Las tres categorías eran concebidas como español, negro e indio. Se ha de remarcar el hecho de que la cúpula es española en lugar de blanca, pues el término «blanco» raramente aparece en el lenguaje popular u oficial hasta fines de siglo XVIII. La importancia de este hecho es que el esquema abarcaba tanto la cultura como el fenotipo, contrarrestando cada uno el peso del otro y, si era necesario, evaluando una categoría o individuo dado. Esta es la razón por la que no es posible dar una res-

---

7. El mejor estudio del fenómeno característico de las áreas de indios no sedentarios continúa siendo el de Philip Waine Powell, *Soldiers, Indians and silver: the northward advance of New Spain, 1550-1600*, Berkeley y Los Ángeles, 1952.

puesta inequívoca a la pregunta de cuál era el rango más alto, el del negro o el del indio. Los indígenas se parecían más a los españoles, los negros se comportaban más como ellos. El uso de la categoría «negro», más que algunos términos tales como el de «moro» o «guineo», sirvió, en este caso, como un indicador por el cual la distinción física era considerada la más importante. La categoría «indio» es interesante en el sentido que creó una unidad donde no existía e ignoró vastas distinciones de sociedades muy diversas, haciendo posible una evaluación y un trato uniforme de toda la infinita variedad de gente que fue identificada por el hecho de estar habitando en el hemisferio occidental.

La naturaleza de la categoría «indio», verdaderamente, puso de relieve la necesidad de saber en qué medida la población no española de origen aceptaba el esquema étnico español. Los indios eran notablemente reacios a aceptar esta designación, ni para ellos ni para otros así denominados (a excepción de cuando ocasionalmente hablaban español). En inscripciones coloniales hechas en náhuatl, la lengua del México central, la población aborigen estaba identificada a través de subunidades o unidades provinciales y, algunas veces mediante negocio, oficio o por la categoría noble-plebeyo, pero no como «indios». Sin embargo, todas las otras designaciones étnicas españolas que aparecen en las fuentes náhualt, están usadas con el mismo sentido y connotación que entre los españoles. En el caso del náhualt, hacia mediados del período colonial, la palabra *macehualli*, que originalmente significaba plebeyo, vasallo, empezó a usarse como una designación de grupo, aproximadamente con el mismo campo de referencia de «indio», aunque sin las mismas connotaciones. En el caso de los negros, ellos, sin lugar a dudas, tuvieron sus propias evaluaciones internas; aquellos que integraron la primera generación que provino de África poseyó un conjunto de conceptos y terminologías totalmente diferentes, pero, a juzgar por los signos externos, parece que éstos captaron, utilizaron y, en este sentido, aceptaron el esquema imperante.

Una faceta crucial del esquema étnico hispanoamericano fue el del reconocimiento del mestizaje en el sentido amplio del término. En los contactos sociales concretos, todos los aspectos discernibles de variación, tanto desde el punto de vista cultural como físico, fueron tomados en consideración de un modo sumamente flexible. Por otra parte, en el esquema, ciertas mezclas fueron concebidas como grupos étnicos separados, mantenidas bajo actitudes y terminologías uniformes fijas. Pero uno no debe esperar una gran estabilidad de tales conceptos; de hecho, la mera incorporación de mezclas en el esquema hizo de él una herramienta de transición destinada a desaparecer progresivamente después de unas cuantas generaciones. Las dos categorías intermedias más importantes fueron la de mestizo, para definir la mezcla entre español e indio, y la de mulato, para definir la mezcla entre negro y español (la mezcla de indios con negros recibió más tarde sólo un reconocimiento parcial como categoría separada, siendo más bien, en muchos casos, subsumida bajo el término mulato; no se sabe si ello fue por simple falta de interés en la distinción o porque esta mezcla también condujo al africano a acercarse más al tipo físico europeo). Las categorías de mestizaje, aunque en general a simple vista parezcan referirse principalmente al cruce biológico, tuvieron connotaciones culturales importantes. En Guatemala se desarrolló la categoría «ladino», adjetivo aplicado para definir en todas partes de la América española al negro e indio de habla española, pero aquí vino a usarse como sustantivo para referirse a las mismas gentes que en otros lugares eran definidas esencialmente bajo el término de mestizos; así, en este caso particular, la categoría de mezcla es más bien cultural que biológica.

En todo ello, el lugar de las categorías de mezcla es, como era de esperar, intermedia entre los grupos étnicos de los padres. Es cierto que hubo opiniones enfrentadas, pudiéndose encontrar muchos escritos, realizados tanto por españoles como por indígenas, en donde se critica a los tipos mezclados como si fueran la escoria del mundo, unos degenerados de las estirpes más puras. Sin embargo, con mucha frecuencia, estas quejas emanaban de la gente altamente ubicada, cuyos intereses se nutrían de la estructura de dos sociedades separadas, y veían a los mestizos y mulatos como simples perturbadores. No podemos aquí entrar a analizar cuál fue la conducta que era contemplada como incitadora de problemas; pero nada podía ser más claro que las mezclas, por su sola existencia, fueron la principal, y en última instancia la indiscutible amenaza a la estructura de sociedad doble. La opinión despectiva, entonces, es más una posición política que parte de un concepto social; quizá como estereotipo público podría haber sido la primera opinión vertida por cualquier indígena o español en torno al tema en cuestión. Pero también existió una evaluación más privada, posiblemente menos consciente, de las categorías mixtas, la cual puede ser corroborada desde su posición relativa en las jerarquías existentes en las propiedades españolas y similares. En este sentido, las gentes identificadas por términos que indicaban mezcla normalmente estaban por encima de aquellos que respondían a las categorías de negro e indio, al tiempo que estaban por debajo de aquellos que eran llamados españoles.

Entonces, y dadas las ambigüedades observadas en la posición relativa de negros e indios, se podría considerar el esquema empezando con los españoles en el vértice y bifurcando hacia abajo dos líneas: una, atravesando al mestizo para llegar al indio, y otra, atravesando al mulato para llegar al negro. Esto es, posiblemente, lo más lejos que uno puede llegar al usar un esquema vertical. Sin embargo, también se puede mirar el esquema indicando, no el nivel *per se,* sino el grado de españolidad, que mediría la intensidad bajo la cual una persona estaba incluida en el mundo español. Esto lo podemos medir de la misma manera que lo anterior, por la posición relativa de la población que acarreaba con sus designaciones respectivas. Cuando se aplica tal criterio, la combinación resultante es simple, lineal y sin ambigüedades; la progresión es español, mestizo, mulato, negro, indio. Notamos que las dos agrupaciones étnicas subordinadas invierten la posición después de las mezclas. Los integrantes de ambas categorías mezcladas normalmente eran instruidos bastante a fondo en la cultura española, de este modo ello podía ser decisivo para el fenotipo que tuviera a un nivel más compacto, mientras que esto no ocurría con los grupos básicos.

Después del período de conquista, la sociedad española manipuló las categorías étnicas cada vez que tuvo la necesidad de hacerlo, de este modo una persona no era necesariamente identificada mediante la designación que la estricta aplicación del criterio de descendencia biológica dictaba. Ello permitió flexibilidad en los límites de las categorías, aunque retuvo —verdaderamente reforzó— sus connotaciones y alineamientos. Al darse la primera gran manipulación, una gran parte de las primeras generaciones de mestizos fue aceptada (con algunas reservas) como española, habiendo, sin embargo, plena conciencia de la relación de sangre con los individuos españoles, situación que se hace más importante por la necesidad material de construir una familia. Durante la mayor parte del siglo XVI, la tendencia era llamar mestizo sólo a aquellas personas que eran abandonadas, destituidas o, de otro modo, desafortunadas. A lo largo del período colonial, los mestizos y mulatos que tenían parientes españoles influyentes o aquellos que habían adquirido algún tipo de riqueza o posición, podían escapar de las categorías biológicas y ser considerados españoles.

Sin embargo, más común que el uso concreto de una designación nueva, especialmente una vez que la persona era colocada en una cierta categoría, fue el abandono de la designación antigua a través del concenso de la costumbre local. Una persona que tuviera cualquier tipo de contacto con el mundo español, normalmente era denominada mediante un epíteto étnico en cualquier ocasión imaginable, tanto es así que con los negros e indios la designación frecuentemente desplazaba al apellido. La única categoría cuyo uso tuvo menos consistencia fue la de español. Puesto que «español» era el punto de referencia, cuando se usaba un nombre sin epíteto étnico, se asumía que éste pertenecía a una persona de la categoría mencionada, quien emplearía como signo de posición más alta, en lugar de la designación étnica, el nombre de un oficio u ocupación, un título académico o militar, «don», o en el caso de las mujeres, el estado civil. Cuando una persona ubicada en una de las categorías étnicas más bajas alcanzaba una cierta riqueza, prominencia o grado de hispanización mayor que la que estaba en consonancia con el estereotipo de su categoría, la comunidad omitía la categoría y dejaba su nombre inmodificado, y el resultado de ello, entonces, era que éste sonaba como si fuera español (hasta cierto punto, aquí no podemos entrar a hacer distinciones precisas al mencionar las pautas de los distintos grupos étnicos, ni siquiera para los españoles prominentes en relación con los más modestos). La omisión de designación étnica no era admitida para aquellas personas que estuvieran plenamente inmersas en cualquier otra categoría, pero le permitía aspirar a un matrimonio sin oposiciones, a un círculo social y honores correspondientes a sus características culturales y posición económica.

Si comparamos la escala étnica con la funcional, nos encontramos con que cada categoría étnica combinaba con diversas funciones. Si bien las personas llamadas «españolas» tendieron a monopolizar las funciones altas (en raras ocasiones, junto a indios hispanizados pertenecientes a la alta nobleza), también es cierto que éstas aparecieron ocupando rangos medios y bastante más bajos. Y si los «indios» tendieron a ser habitualmente labradores, también ejercieron muchísimas otras funciones en ambos mundos. Solamente las unidades locales de indígenas en el campo, al margen del mundo español, representaron grupos que funcionaban totalmente separados. Las personas de categorías mezcladas eran más fácil de caracterizar como las que realizaban principalmente las funciones de nivel intermedio, pero, aquí también, la categoría «mestizos» se nos escapa constantemente de las manos al observar su estrecha asociación o identidad con los españoles. Dejamos de lado al grupo combinado de negro-mulato como uno en los que regularmente coincide bastante bien la etnicidad y función, dado que entre los así designados hubo una masiva tendencia (como ya se ha visto anteriormente) a involucrarse en ocupaciones artesanales u otros trabajos intensos, que requerían una especial destreza, o como supervisores de bajo nivel, todos ellos situados de la misma forma en el mundo español.

Aparte de los indígenas más o menos campesinos, quizás el modo por el cual los grupos étnicos alcanzaban más fielmente la realidad de grupo, fue mediante las interrelaciones matrimoniales básicas. Dicho de otra manera, la mayoría de los integrantes de todos los grupos étnicos escogían su pareja matrimonial dentro de su propio grupo, y en consecuencia, los parientes más cercanos, las amistades y otros semejantes sustentaban la misma designación étnica de los contrayentes. Sin embargo, no siempre había disponible una pareja adecuada dentro del grupo, y de acuerdo con lo que dictaba la posición y riqueza, la gente buscaba casarse con alguien perteneciente al grupo más cercano, más alto o más bajo, según fuera el caso. Existen estudios de algunas situaciones específicas, de mediados y fines del período colonial, que indican que en los grupos urbanos de nivel medio y bajo, entre un tercio y la mitad de los matrimonios pudo haberse dado normalmente fuera de las categorías étnicas.[8] Entre los españoles, entre los indígenas campesinos y hasta en las grandes concentraciones indígenas en los márgenes de las ciudades, se tendía con mucha frecuencia a contraer matrimonio dentro de su propio grupo, pero no se puede olvidar la costumbre de uniones informales y la existencia de hijos ilegítimos; en este tipo de uniones, generalmente la mujer era escogida de cualquier categoría más baja que la del hombre. El «compadrazgo», o parentesco ritual a través del padrinazgo, mostraba las mismas ambigüedades. Aunque posiblemente el uso más frecuente de tal mecanismo fuera para reforzar los vínculos existentes dentro del mismo grupo étnico, éste también a menudo siguió las especialidades ocupacionales sin considerar el origen étnico, y sirvió para crear o fortalecer los lazos patrón-cliente entre personas muy separadas en la escala étnica.

Los aspectos de la formación de la subcomunidad étnica pueden verse también en la historia de las cofradías o hermandades religiosas, las cuales otorgaban a ciertos grupos de la población un lugar de encuentro, festividades comunes, proyectos de grupo, facilidades de ayuda mutua y espíritu de cuerpo. Al igual que con el parentesco ritual, este elemento organizativo, ya en el período colonial avanzado, se expandió por toda la sociedad, incluyendo al sector indígena, facilitando la creación de pequeñas cofradías. Aquí no podemos hablar en terminos atemporales. Originariamente las cofradías fueron globales. En los primeros años sólo hubo una o dos de tales organizaciones, incluso para los asentamientos españoles más importantes. En los libros donde se registraban los miembros de una cofradía temprana de Lima, uno puede llegar a encontrar al «gobernador don Francisco Pizarro» y a «Juan indio» en la misma página. Muy pronto proliferarían nuevas fundaciones en las ciudades españolas, especializándose de acuerdo con dos líneas: de profesión (por ejemplo, sastres) y grupo étnico (por ejemplo, negros). Posteriormente, pasó a haber tantas cofradías en el mundo español que, algunas veces, la especialización llegó a realizarse incluyendo los dos criterios: el étnico dentro del profesional, y también por sexo. Entre la población designada como española también existió este tipo de solidaridad basada en el nivel de riqueza y prestigio social. En las ciudades más grandes hubo, por lo tanto, cofradías especializadas para cada grupo étnico, llegándose a situaciones tan extremas como la formada por negros procedentes de

---

8. Véase Edgar F. Love, «Marriage patterns of personas of African descent in a colonial Mexico City parish», *HAHR*, 51 (1971), pp. 79-91; D. A Brading y Celia Wu, «Population grow and crisis: León, 1720-1860», en *Journal of Latin American Studies*, 5 (1973), pp. 1-36; y John K. Chance, *Race and class in colonial Oaxaca*, Stanford, 1978, pp. 136-138, p. 169.

una parte específica de África. La excepción, sin embargo, fue la de los mestizos, quienes muy raramente conformaban cofradías específicas, hecho que cuadra con su falta de existencia corporativa, mencionada anteriormente. En el mundo indígena, después del período de transición en el cual hubo sólo una cofradía por unidad provincial, con gente prominente de todo el área comprendida, cada subunidad o aldea desarrolló la suya propia, hallando en este hecho una clara expresión de su propia potencia organizativa social. De este modo, mientras algunas veces las cofradías dieron una expresión corporativa separada de los grupos étnicos, en otras la categorización siguió otros criterios, y allí donde no hubo un ámbito suficientemente adecuado para la especialización, la organización actuó en un sentido diametralmente opuesto, uniendo los diferentes grupos en un marco único.

Con los patrones de residencia, el cuadro que se presenta es otra vez muy similar. Solamente los indios campesinos vivieron en lugares donde todo el mundo tenía posiblemente la misma designación étnica. Desde la época de su fundación, las ciudades españolas estuvieron divididas en una sección central, la «traza», para los españoles, y los suburbios, para los indígenas (que iban desde los municipios indígenas totalmente organizados a las aglomeraciones desordenadas de chozas). En las zonas residenciales y comerciales de la sección española vivía y trabajaba gente de todas las categorías étnicas, agrupada de forma más vertical que horizontal. A medida que crecía la ciudad, ésta se expandía hacia la zona indígena, de modo que siempre había gente que habitaba en los límites del mundo español, incluyendo a españoles, gente de raza mezclada y negros, que vivían y disfrutaban de sus propiedades entre los indígenas. Por otra parte, los indios que vivían en los márgenes de la ciudad se ganaban la vida principalmente trabajando para la gente que habitaba en el centro o vendiendo artículos en el mismo, de tal manera que, aunque tuvieran sus casas en la zona indígena, muchos pasaban más tiempo en la traza que en su propio hogar. Una ciudad grande, establecida desde tiempo y relativamente floreciente, pudo desarrollar un esquema residencial algo más especializado, pero al igual que con las cofradías, la especialización tuvo tanto una base ocupacional como de origen étnico. En aquellos lugares en que los negros eran especialmente numerosos, pudo desarrollarse una zona de la ciudad para la gente negra y mulata, como en el caso de Lima. No obstante, al igual que en el sector indígena, ésta no incluyó todos los negros de la ciudad. Muchos de los que vivían en esta zona trabajaban en otros lugares al tiempo que aquí había también residentes no negros.

En las áreas centrales, a mediados del período colonial había población no indígena en la mayoría de los asentamientos importantes de las unidades provinciales indígenas, ubicadas en las inmediaciones de cualquier ciudad española. Éstas empezaron a tener una fisonomía estructural similar a la ciudad, con los españoles congregados en el centro, a pesar de que podían no estar oficialmente representados en la comunidad local, mientras que los prominentes indígenas locales se verían forzados a retirarse hacia los extremos de la ciudad. Solamente las aldeas de las unidades provinciales indígenas no se verían afectadas por este hecho, pero, de manera harto frecuente, hasta éstas estarían sujetas al mismo proceso, debido a su vecindad con una propiedad u otra empresa española.

Un tipo importante de interrelación entre los mundos español e indígena, básica para su acercamiento gradual, estuvo en manos del grupo de gente que funcionó en el sector español, pero que provino originariamente del sector indígena. A éstos los hemos venido llamando naboría-yanacona, palabras que les fueron aplicadas por los españoles de las primeras generaciones, tomadas de las lenguas indígenas para designar a los dependientes permanentes que se encontraban fuera del contexto común de la unidad y subunidad provincial. A menudo, sin embargo, a los indígenas entre españoles se les llamaba simplemente sirvientes o mediante otro nombre profesional, o dándoles una serie de sinónimos parciales (tales como el de «gañán» en México, ya en el período colonial avanzado, para designar a un indígena alquilado permanentemente en un establecimiento rural); o bien podían ser dejados sin una denominación especial, al margen de la de indio.

La existencia de un papel análogo en las sociedades sedentarias, seguramente facilitó el ascenso del naboría-yanacona; al parecer, cuando se llevó a cabo el primer encuentro entre españoles y americanos en la isla de La Española, ellos en realidad eran naborías de individuos pertenecientes a la nobleza indígena, apropiados luego por los españoles. Casi inmediatamente, los españoles, de una manera u otra, tomaron para sí mismos muchos indios que nunca habían sido naborías, pero la familiaridad que éstos tenían en este tipo de papel en sus propias sociedades, hizo posible, sin embargo, que los nuevos dependientes se adaptaran rápidamente a la situación, en algunos casos con una buena dosis de convicción. El precedente aborigen debe haber jugado un papel importante en el origen de la práctica americana española, por medio de la cual los indígenas que fueron vinculados a los españoles estuvieron libres de las obligaciones corporativas indígenas, ya sea de la unidad provincial, encomendero, corona, o sea en trabajo o tributo; a pesar de un intento algo serio, en las épocas intermedia y tardía, de recaudar un impuesto monetario universal por cabeza a todas aquellas personas definidas como indias, la exoneración de tales obligaciones fue la norma para el grupo que estamos tratando. Este tipo social pasó a ser tan generalizado e importante dentro del esquema general, incluso en áreas que nunca habían conocido algo análogo durante la época que precedió a la conquista, que debemos considerarlo, a pesar del precedente, como algo resultante de las necesidades del mundo español.

Allí donde hubo una densa población indígena sedentaria, los españoles tuvieron una necesidad casi ilimitada de gente especializada en tareas propiamente hispánicas para ocupar posiciones intermedias en las amplias estructuras que construyeron sobre la base indígena. En el caso de los espacios relativamente vacíos, los españoles necesitaron el mismo tipo de gente para construir todo de forma apresurada. La persona ideal para este tipo de función tenía que ser suficientemente no hispánica para que la subordinación a la estructura hispánica le resultara normal, pero a la vez suficientemente divorciada de la escena local como para poder otorgar sus primeras lealtades al mundo español, con el cual tenía que estar en permanente contacto para aprender los oficios necesarios. El tipo perfectamente calificado para ello era el africano, pero debido al gasto que suponía la importación de esclavos se limitó de forma considerable el número de éstos, teniendo los españoles que buscar otras alternativas. A excepción de algunos indígenas que fueron movilizados a grandes distancias durante la conquista y el continuo goteo de esclavos indígenas no sedentarios provenientes de las fronteras lejanas, los naboría-yanaconas, quienes fueron sacados del mundo indígena, pero que todavía estaban inmersos dentro de su área cultural general, constituyeron la primera solución, al menos hasta que se incrementó el número de los racialmente mezclados. Quizás es necesario añadir que éstos no fueron esclavos. Bajo ciertas condiciones, fueron asignados casi legalmente a un individuo, especialmente en Perú, pero no fueron comprados ni vendidos como esclavos. Este grupo fue en todos los sitios la primera categoría de indígenas que trabajó para los españoles a cambio de un salario.

El naboría-yanacona era movilizado, y con frecuencia llevado fuera de su contexto geográfico. A menudo seguía los pasos de su amo español, y al cortarse los lazos que mantenía con su propia unidad provincial, podía entonces errar libremente y lejos, en busca de oportunidades en el mundo español. Sus habilidades especiales podían ser requeridas en cualquier lugar. En este sentido, en la medida que la producción textil de Puebla y Ciudad de México se expandió hacia otras partes del virreinato, los tejedores indios fueron atraídos de los antiguos centros hacia los nuevos. Parte de la población indígena de una ciudad española grande era originaria de regiones dispersas de todo el país. El movimiento arquetípico fue hacia la ciudad española desde la unidad provincial indígena ubicada en el *hinterland* de dicha ciudad.

Sin embargo, el desplazamiento físico no fue un requerimiento absoluto. Cuando una parte del mundo español se sumergía en una unidad indígena, se lograba casi el mismo efecto. Una estancia ovejera podía ocupar una cierta área que contuviera dos o tres cabañas, cuyos habitantes serían considerados por los españoles como vigilantes del rebaño antes que como miembros de una comunidad indígena local. Este proceso afectó, sobre todo, a los habitantes que a menudo estaban firmemente organizados que vivían en los lugares que los españoles escogieron para fundar sus ciudades. Con el tiempo, y dado que estaban ubicados en el mismo centro del mundo español y rodeados por indígenas empleados de los españoles, los habitantes locales pasaron a comportarse igual que el resto. De hecho, en Perú, algunos usaron el término yanacona para designar a todos los pueblos indígenas, y es cierto que incluso aquellos que no estaban empleados por los españoles, pero ejercían oficios o alguna actividad comercial por su cuenta, generalmente lo hacían usando técnicas españolas o con el mundo español como mercado.

Esto no niega que el funcionamiento del «mundo indígena» pudiera continuar su existencia en el interior de la ciudad española por un largo tiempo, incluso en Ciudad de México y todavía más en la sierra andina. En México, en la ciudad española de Puebla, el mundo indígena, en realidad, tomó cuerpo donde antes no había habido nada; los elementos migratorios se fundieron allí, llegando a constituir un municipio completo con subdivisiones, manteniendo sus registros en náhuatl, muy influenciados por el estilo de las crónicas de la época precolonial, y ello avanzado el siglo XVIII.[9] Asimismo, los suburbios de una ciudad española, en áreas que poseían una población indígena sobreviviente, en un momento dado podían contener algunos flujos relativamente independientes y desordenados de recién llegados del campo.

Consecuentes con su razón de ser original, los naboría-yanaconas se caracterizaron por hacer todas las mismas cosas que hacían los negros, generalmente en un nivel algo inferior. En los años iniciales y durante el siglo XVII, una imagen co-

---

9. Museo Nacional de Antropología (México, D.F.), Colección Gómez de Orozco 184.

mún era encomendar a un negro los principales trabajos cualificados y responsabilidades de una unidad intermedia y diversos indígenas como sus ayudantes; esta disposición se dio en los talleres artesanales, en los obrajes y en las casas urbanas españolas. En cierto modo predominaron los indígenas, puesto que ellos fueron, en gran parte, los suministradores de las primeras generaciones de sirvientas-ama de casa para los españoles. La función del trabajador permanente de las haciendas en las zonas templadas fue ejercida por ellos durante largo tiempo, con la sola excepción de los ingenios azucareros que se proveían de grandes cantidades de negros.

Con el transcurso del tiempo, los «indios entre españoles», debido a sus máxima exposición al mundo español, fue el grupo que cambió más rápidamente en la sociedad colonial. Su experiencia en las habilidades hispánicas fue acumulándose a través de generaciones, convirtiéndose en la principal fuente del número creciente de mestizos, quienes, a su vez, pasaron a ser candidatos para cumplir con las mismas funciones. Gradualmente perdieron su primacía como amas de casa en favor de los que provenían de categorías mixtas, mientras que, en general, ellos y los mestizos alcanzaban o ganaban en aptitud a los negros y mulatos para las funciones de carácter intermedio.

Pertenecer a organizaciones españolas y aprender sus oficios e incluso la lengua castellana, no significaba necesariamente el abandono de las costumbres indígenas. Las «culturas» no son monolíticas ni mutuamente exclusivas, y una persona puede llegar a poseer completamente dos culturas dadas o cualquier combinación de distintos subsistemas de cada una de ellas. El dominio de la lengua indígena fue en realidad una ventaja para el naboría-yanacona al servir ésta de mediadora en sus contactos con los trabajadores temporeros (en las primeras épocas y en regiones aisladas, la ruptura del idioma era posible al nivel de los capataces, pero incluso entre los trabajadores permanentes hablaban poco o nada la lengua castellana). Tanto en México como en Perú, las disposiciones laborales al nivel de trabajadores permanentes y temporeros incluyeron una gran cantidad de ambas terminologías y de sistemas de organización aborigen, mostrando que la cultura indígena estaba todavía claramente viva y capacitada para imponer su costumbre o estilo en esta parte del mundo español. Esto ocurrió incluso en el norte de México donde los empleados indígenas estuvieron permanentemente sin ningún contacto con su tierra natal ubicada en el México central. Nuevamente, aunque no podemos hablar de los indígenas del mundo español sin mencionar los cambios que se produjeron en el transcurso del tiempo, los indígenas en las ciudades españolas y otras estructuras fueron ganados en favor de la cultura española y en detrimento de la indígena, de manera lenta cuando el interior indígena era sólido, y de forma rápida cuando era débil.

La mezcla racial no es sólo inseparable de la mezcla y fusión cultural, sino que es más una función de otros procesos que un proceso autónomo y bien definido en sí mismo.[10] La formación de núcleos españoles en los lugares en que había bienestar, el uso que hicieron de numerosos auxiliares procedentes de otros grupos ét-

---

10. Hay que tener en consideración que Magnus Mörner, en su libro *El mestizaje en la historia de Iberoamérica*, Estocolmo, 1960, trata de abarcar un amplio panorama de los temas centrales de la historia social.

nicos, la distribución relativa de las poblaciones nativas de América y de África, la costumbre ibérica de hacer distinciones sutiles antes de trazar una línea separadora entre grupos étnicos, determinaban cuántas personas de descendencia mezclada debía haber en una localidad concreta y qué papeles y clasificaciones debían asignárseles.

La organización de la familia ibérica, transpuesta al Nuevo Mundo, favoreció el reconocimiento limitado y la absorción parcial de personas étnicamente mezcladas entre los españoles, que son el fruto inevitable cuando grupos de origen étnico distinto entran en estrecho contacto durante largo tiempo. Como hemos visto anteriormente, el hombre español de todos los niveles altos ha mantenido tradicionalmente relaciones secundarias con mujeres de una posición algo inferior, en especial antes de contraer matrimonio legítimo, reconociendo el fruto de tales uniones mediante la adjudicación a los vástagos ilegítimos de un lugar entre los sirvientes y los parientes. En América, al principio, estas mujeres de posición más baja fueron mayormente sirvientas indígenas permanentes o negras esclavas, y sus hijos mestizos y mulatos, respectivamente, heredaron naturalmente las mismas funciones que la descendencia ilegítima de las uniones secundarias en la península ibérica, llevando el apellido familiar, ejerciendo como administradores de la familia, trabajando en los negocios, o recibiendo una porción de la propiedad para sí mismos, pero marcadamente subordinada, sin competir con los legítimos y plenos herederos españoles. De acuerdo con el uso general del matrimonio como parte de la estrategia familiar, los padres españoles de hijas mestizas, de manera frecuente, arreglaban matrimonios para ellas con hombres que fueran españoles, pero de un rango inferior al del padre, muy a menudo con personas que, en realidad, trabajaban para él. Aunque en las arraigadas prácticas familiares españolas podía, incluso, difuminarse este principio vital de «reconocimiento más subordinación» como destino común de los étnicamente mezclados. En el sistema ibérico, cuando no había herederos legítimos, la suerte de los ilegítimos mejoraba drásticamente, pudiendo alcanzar una posición casi idéntica a la de la familia paterna, tanto en riqueza como en posición social. Lo mismo ocurrió con la descendencia mezclada en el Nuevo Mundo, especialmente durante la época en que una sociedad local estaba en la etapa de formación y con una apremiante necesidad de personas que pudieran pasar por parientes españoles, para así poderlas emplear en la cimentación del entramado local de las conexiones interfamiliares.

Con lo expuesto, hemos mostrado el aspecto central concerniente a la mezcla étnica en la América española, lo cual es también el dilema historiográfico central para aquellos que intentan estudiarla. No existió un papel especial permanente para los étnicamente mezclados. Más bien, por una parte, tuvieron papeles intermedios como los que tuvieron los «indios entre españoles» o los negros, grupos de los cuales descendían y a quienes reemplazaron parcialmente. Por otra parte, muchos de ellos entraron en el grupo español y pasaron a ser, ni más ni menos, españoles con diversos grados de marginalidad. Como ya se ha visto, los mestizos, en particular, carecieron de señas de identidad corporativas.[11] Dondequiera que se hayan revisa-

---

11. Yo lo suscribo totalmente, y generalizaría la siguiente exposición de John Chance sobre Antequera de Oaxaca, de la que estudió meticulosamente los censos y documentos parroquiales: «Los mestizos no constituyeron un grupo en el sentido sociológico del término, y su elevado índice de matrimonios con miembros de otros grupos étnicos indica que ellos no compartieron una identidad común» (traducido de *Race and class in colonial Oaxaca*, p. 138).

do los registros censales, el resultado es que se encuentran mucho menos mestizos de los que esperábamos (los mulatos están registrados de manera mucho más precisa debido a su fenotipo más marcado). Los mestizos denominados abiertamente de este modo, representaron sólo una parte pequeña de un segmento de la población de dimensiones desconocidas, el cual incluyó un gran número de personas designadas como españolas; esto es, si definimos al mestizo en términos biológicos y no aceptamos simplemente la apreciación contemporánea, pues, en este último análisis era la aceptación de una persona como española por parte de la sociedad la que la convertía en miembro de este grupo. Ninguna compilación de cifras censales, por más cuidado que se ponga, puede llegar a la raíz del problema, porque, en definitiva, se están simplemente contando designaciones. Solamente una extensa reconstrucción de las familias en localidades dadas, más una investigación biográfica suficiente que aclare el perfil económico y social de estas familias, nos va a permitir ver los sutiles patrones de integración y discriminación que, sin duda, estuvieron presentes dentro del grupo ostensible de españoles.

Mientras tanto, existen ciertas tendencias y secuencias generales que, *grosso modo*, son suficientemente claras. En lugares periféricos, donde había muy pocos españoles entre un elevado número de indígenas, cualquier persona con influencia cultural y rasgos reconocibles como europeos era considerada española, al tiempo que la categoría de mestizo apenas existió. En el caso de Paraguay, tal y como normalmente nos han descrito, se dio una situación de este tipo. En un aspecto importante, el trato de los mestizos en la periferia fue un caso especial de la tendencia general encaminada a minimizar distinciones ante la ausencia de riqueza o de numerosos españoles. Los extranjeros europeos y los negros también entraron más fácilmente a formar parte de la población española general, y a niveles más altos en las zonas marginales. En cambio, en las sociedades hispánicas locales ricas y bien desarrolladas, los mestizos estuvieron más claramente subordinados y más propensos a ser designados como tales; una muestra más de la elaboración general y complejidad de estas situaciones.

Existe también una secuencia que puede ser observada en diversas sociedades hispánicas locales, y que empieza desde la época de su formación efectiva y se extiende hasta su consolidación y madurez. Cuando los diversos grupos étnicos se juntan en las primeras generaciones, los mestizos y mulatos son de forma arrolladora ilegítimos, hijos de padres españoles y madres no españolas. Con el transcurso del tiempo, muchas de las personas de las categorías mixtas nacieron de matrimonios legítimos, cuyos padres pertenecieron a categorías mezcladas, o de un padre o madre procedente de las «castas» que se había casado con un español o española humilde o con un o una indígena. En muchas partes de las Indias, durante el siglo XVII, se entró en una segunda etapa, pero por entonces en algunos remotos campos mineros y en otros asentamientos periféricos la secuencia estaba sólo empezando. Las implicaciones de todo este proceso social general están pendientes de un estudio detallado. Durante la segunda etapa, se puede imaginar al hombre español eligiendo pareja, en lo que a las uniones informales se refiere, más de entre los grupos mezclados o de entre las mujeres humildes españolas en familias afectadas por la mezcla de razas, que de entre los negros e indígenas. También parece que el promedio de absorción de personas pertenecientes a categorías de ascendencia mixta decreció, dado que proporcionalmente pocos de ellos tenían lazos de parentesco directo con los españoles.

De cualquier modo, podemos conjeturar con ciertas garantías que hacia finales del siglo XVIII, en muchas áreas, el número de personas de descendencia mezclada, sobre todo mestizos biológicos, creció de forma explosiva. Incluso el número de los así designados se expandió rápidamente. El resultado fue que los mestizos fueron empujados o forzados a traspasar, esencialmente, el nivel de posiciones intermedias que hasta entonces normalmente habían ocupado. Dentro de la estructura de la propiedad y otras empresas, a partir de este momento había un número excesivo de mestizos en relación al de supervisores y operarios especializados necesarios, a pesar de que estaban capacitados para llevar a cabo tales funciones. Desde Chile a México, algunas veces, los mestizos tomaron en arriendo los márgenes de las haciendas, alcanzando plena independencia, pero a menudo ello desembocó en la necesidad de asumir obligaciones económicas y laborales en favor de las propiedades. De manera similar, el exceso de mestizos (exceso desde el punto de vista de sus expectativas, restringidas a ciertas posiciones a medio camino entre españoles e indios) condujo a éstos a la invasión y dominación parcial del mundo indígena, siendo un primer ejemplo la entrada en masa en los «resguardos» o reservas de indios de Nueva Granada, donde se convirtieron en el principal factor que puso fin a todo este sistema.

No se puede negar el papel central que jugaron las mezclas étnicas en la constitución de la América española, pero falta algo por explicar que sea más que una simple aclaración, un resultado de la organización social de la América española y de las variaciones regionales y temporales más que un agente causal independiente. Además, la persona étnicamente mezclada fue sólo uno de los diversos tipos que, en distintas situaciones, ocuparon posiciones hispánicas marginales y mediaron entre los sectores indígenas y españoles.

Es necesario enfatizar un último aspecto de la relación entre los dos mundos. A nivel provincial o regional, desde el principio el sector español fue el heredero de las grandes confederaciones e imperios que desaparecieron de la escena con la conquista. No debemos ignorar el constante movimiento de gente que salía de una unidad provincial indígena y entraba en otra; ni los continuos conflictos de larga duración entre unidades vecinas por la posesión de las subunidades; ni las redes mercantiles indígenas de alcance regional; ni los matrimonios interdinásticos que prevalecieron por generaciones y, en algunos lugares, durante todo el período colonial, ni las uniformidades en los desarrollos lingüísticos en grandes áreas indígenas, implicando todo ello una interacción continuada.[12] Por otra parte, incluso en el caso en que toda una provincia había estado unida de alguna manera antes de la llegada de los españoles, ésta, en muchos aspectos, después de la conquista continuó siendo una entidad sólo en función de sus vínculos con la ciudad española. La mayor parte de los contactos que una unidad provincial indígena mantenía con el exterior, normalmente consistía en la confrontación con los representantes de los niveles más bajos de las diversas jerarquías españolas asentadas en la ciudad. En este sentido, la unidad sociopolítica indígena del período colonial avanzado, inclu-

---

12. Para el último aspecto, véase Frances Karttunen y James Lockhart, *Nahuatl in the middle years: language contact phenomena in texts of the colonial period*, University of California Publications, en *Linguistics*, 85, Berkeley y Los Ángeles, 1976, especialmente pp. 49-51.

so la unidad estable y definida de las áreas centrales, fue incompleta. A través del mundo español se dio una integración más amplia; hasta los miembros pertenecientes a la alta nobleza indígena lo reconocieron a su debido tiempo por su tendencia a establecerse ellos mismos en la ciudad española. Después de casi un siglo de presencia española fue raro encontrar los tipos más generalizados de expresión política, histórica o literaria en lenguas indígenas y, menos aún, escritos por personas identificadas como tales, a pesar de que el mundo indígena retuvo durante largo tiempo la capacidad de hacerlo. Siguiendo a los naboría-yanaconas, la nobleza indígena local adoptó las costumbres españolas, sumándolas a las suyas propias, y los asuntos que trascendían al ámbito local fueron cada vez más expresados de ese modo.

LAS DINÁMICAS DEL CAMBIO SOCIAL

Ya hemos abordado algunos de los factores dinámicos básicos de la vida social en la América española: la tensión creada por la profunda yuxtaposición de dos sociedades; la mezcla de razas y el reconocimiento de diferentes categorías étnicas; la continuidad social y el encauzamiento rural-urbano inherente a la organización de la propiedad y otras jerarquías. Otros elementos esenciales, que no se han discutido, son los patrones demográficos y el constante cambio de los mercados europeos para las exportaciones coloniales. Entonces se produjo un constante crecimiento global del mundo español, alimentado desde dentro mediante los recursos indígenas y europeos —un aspecto de la situación que motivó muchos procesos de la evolución social, siendo éste indispensable para entenderlos y requiriendo, a su vez, una explicación—.

Atracción

Empecemos por considerar algunos de los tipos regulares de desplazamiento físico-social de individuos relativos al núcleo del mundo español. Tal vez la manera fundamental bajo la cual las dos sociedades estuvieron conectadas fue mediante el desplazamiento de individuos hacia fuera del mundo indígena para trabajar, durante períodos cortos, en el interior de las organizaciones españolas, regresando después a sus hogares. La distancia que ello podía implicar era de medio kilómetro, si era hacia una posesión española cercana, o muchos, si se trataba de una ciudad o un centro minero. En un principio, en el lado español, el mecanismo formal por el cual se hizo frente a la obligación del tributo fue mediante el sistema de encomienda, mientras que en el lado indígena, dicha obligación tomó la forma de reclutamiento rotativo de mano de obra, sistema bien conocido por los indios, llevado a cabo por las unidades provinciales a través de sus mecanismos tradicionales y bajo su propia supervisión. Pero debido a que muchas de estas tareas se hicieron al estilo europeo, desde construir la casa en la ciudad para el encomendero, hasta sembrar trigo, allí también hubo españoles, negros y naboría-yanaconas para supervisar y ejecutar los trabajos especializados. Bajo posteriores disposiciones, gubernamentales o informales, las autoridades indígenas cesaron en el reclutamiento laboral, y los trabajadores temporeros fueron dejados enteramente en manos del personal permanente de la empresa hispánica. Fuera la ciudad, la hacienda o la mina el lugar común, lo cierto es que la relación entre estos dos grupos, el temporal y permanente, fue clave para el cambio social en la América española. Los trabajadores temporeros engrosaron el cuerpo de mano de obra permanente y, por lo tanto, el del mundo español; en las minas de Potosí, algunos trabajadores de la mita se quedaron para convertirse en yanaconas, y lo mismo ocurrió en todas las áreas y con cada grupo, desde los sirvientes domésticos hasta los pastores. Incluso en aquellos lugares en que no había indígenas sedentarios, y, de esta manera, tampoco existía una fuente obvia de trabajo temporal, a menudo solía aparecer alguna forma del mecanismo habitual para satisfacer las necesidades. De este modo, las minas de plata del norte de México fueron explotadas casi enteramente por trabajadores a tiempo completo, separados del espacio interior indígena. Aún con una fuerza de trabajo dividida en dos partes y cambios relativamente rápidos, una fracción de los trabajadores fue reclutada para desempeñar las tareas permanentes y especializadas de las refinerías.

Debido a que los mercados y la rentabilidad eran limitados, las empresas españolas mantenían la plantilla de trabajadores permanentes tan reducida como les era posible. Cuando las haciendas u otras propiedades estuvieron cerca de las unidades indígenas y la situación fue lo suficientemente estable, hubo un largo período intermedio en el que los trabajadores de períodos cortos fueron empleados por tiempos más largos, casi como permanentes, aunque mantuvieran la residencia y afiliaciones tradicionales, saliendo de su mundo indígena para realizar trabajos limitados y permaneciendo subordinados a una plantilla permanente mejor remunerada.[13] Sin embargo, dado que con el tiempo creció el mundo hispánico y las ciudades, incluso cuando cayó la población total, y consecuentemente se expandió el mercado para los productos peninsulares, incrementándose con ello la necesidad de actividades de estilo europeo y, por lo tanto, la proporción de trabajadores permanentes que pasaron a ser temporeros aumentó considerablemente, aunque de manera lenta. Sólo en ciertas industrias altamente tecnificadas, o en zonas donde no había una gran población indígena sedentaria, el personal permanente de las empresas españolas alcanzó una mayoría numérica hacia finales del período colonial; pero aun así, la población sufrió una gran transformación cultural y social (todo ello sin producirse el más ligero cambio en los principios de la organización de la propiedad), que todavía sería mayor en las próximas centurias.

Los desplazamientos laborales también dieron origen a migraciones que no estuvieron conectadas con un empleo específico, como los indígenas que en tiempos de poca actividad o dificultad se movilizaban hacia los límites de los asentamientos españoles con la sola esperanza de encontrar un trabajo, convirtiéndose algunos de ellos en un sector permanente de la población indígena urbana. El tema está todavía poco estudiado, pero parece ser que tal migración empezó a fluir a través de canales regulares desde el principio. Estudios sobre el *hinterland* de dos ciuda-

---

13. Para una situación de este tipo, véase John Tutino, «Provincial Spaniards, Indians towns, and haciendas: interrelated sectors of agrarian society in the valleys of Mexico and Toluca, 1750-1810», en Ida Altman y James Lockhart, eds., *Provinces of early Mexico: variants of Spanish American regional evolution*, Los Ángeles, 1976, pp. 190-191.

des españolas, Lima y Mérida (Yucatán),[14] muestran la formación gradual de barriadas a lo largo de las rutas migratorias indígenas. Empezando desde una distancia a las afueras de la ciudad, cada pueblo (al menos, nominalmente indígena) servía como avanzada para el siguiente más cercano a ella, hasta que finalmente desde el pueblo más próximo la gente se desplazaba hacia la misma ciudad. Aquellos que llegaban a la ciudad podían haber pasado años en diversas estaciones del camino, progresivamente más hispanizadas, incluso, a veces, la migración podía llegar a avanzar una etapa por generación, reemplazando un pueblo dado a la gente que la barriada había perdido a través de los matrimonios con los recién llegados procedentes del pueblo inmediatamente anterior de la cadena.

Si el efecto mayor del vínculo laboral permanente-temporal fue el crecimiento del mundo español, también se dio un impacto correspondiente en el mundo indígena. Los constantes movimientos hacia dentro y hacia fuera relajaron las estructuras locales autocontenidas, y mientras los trabajadores temporeros llevaron consigo su propia lengua y costumbres organizativas a las empresas españolas, también regresaron a sus puntos de origen influenciados por algunas formas organizativas españolas, enlazando los dos mundos en una unidad más compacta. Las propiedades organizadas más a la manera española, al reclutar los trabajadores del mismo conjunto y servir a los mismos mercados, consiguieron subsistir dentro del mundo indígena, dominado generalmente por la nobleza. Los indígenas comunes se involucraron en el pequeño comercio regional de la misma manera que lo hicieron los tratantes españoles y arrieros.

La atracción también funcionó en los niveles más altos. Como ya hemos visto, el personal clerical en el transcurso de sus carreras avanzaba desde el campo a la ciudad; la gente que ejercía en diversos tipos de comercio y en la administración local hacía lo mismo, y si un modesto propietario que vivía en un pueblo nominalmente indígena prosperaba más allá de cierto punto, podía reubicar su residencia en la ciudad junto a los propietarios realmente grandes. Los ideales y vías de promoción centrados en torno a un eje urbano fueron básicos para tales desplazamientos, pero también existió un mecanismo específico de movimiento físico en las actividades mencionadas, que al estar conectadas con varias jerarquías de base urbana, las condujo constantemente hacia la ciudad. Este mismo proceso se repitió en una escala regional más amplia, consiguiendo éxito a lo largo de las diversas redes, que iban desde las ciudades provinciales hasta la capital.

Marginalización

Los procesos de atracción ayudaron al crecimiento y nuclearización del mundo español de un modo muy directo. La marginalización, es decir, la expulsión de la población española marginal desde el centro a los límites de la ciudad, pudo, en principio, actuar en sentido contrario, pero en realidad ello ayudó a la nucleariza-

---

14. Véase Karen Spalding, «Indian rural society in colonial Peru: the example of Huarochiri», tesis doctoral inédita, University of California, Berkeley, 1967, y Marta Espejo-Ponce Hunt, «Colonial Yucatán: town and region in the seventeenth century», tesis doctoral inédita, University of California, Los Ángeles, 1974.

ción mediante el principio de congregar a las personas de nivel más alto en la ciudad, y forzar a las de nivel más bajo hacia el interior indígena, reforzando de este modo el entretejido español. Podría contemplarse el proceso simplemente como el lado opuesto de la atracción, disponiendo del exceso urbano para reemplazar los vacíos rurales producidos por el último desplazamiento, pero en la práctica, las relaciones no tuvieron un corte tan claro. El envío, por parte de organizaciones y familias, de sus miembros jóvenes y de sus pobres contratados para realizar tareas subordinadas en el campo, puede ser visto, en principio, como un mecanismo cíclico de renovación, ya que en última instancia, la mayoría de los que habían mandado solían regresar una vez cumplido con el trabajo. Pero no todos volvían. Solía enviarse al campo, para regresar a la ciudad al jubilarse, o incluso para no regresar nunca, a mucha gente de una educación bastante elevada y de familias importantes que, sin embargo, estaba alejada del núcleo familiar por razones diversas, como ilegitimidad, por pertenecer a una línea no hereditaria, o por ser de los últimos de una familia numerosa. No contentos con un interminable y espartano exilio, éstos trataban de imitar las condiciones urbanas de manera más fiel que lo que la estructura general normalmente dictaba. De un modo u otro, diversificaron los recursos de sus organizaciones para así hacerse con viviendas y mobiliarios verdaderamente elegantes, y especialmente con sirvientes urbanizados. Por otro lado, con el consentimiento de sus superiores o a sus expensas, trataban, a través de acciones independientes, de acelerar su propio retorno, siendo el medio más frecuente el establecimiento de empresas subsidiarias separadas, al principio con base en el campo e incluso abasteciendo a los mercados rurales cuando éstos llegaron a existir. El resultado fue la creación de un movimiento tendente a incrementar la españolización y la urbanización del campo.

Lo que podemos llamar el sector marginal educado no fue, sin embargo, la parte importante del movimiento. El proceso general —asignando las funciones de nivel más bajo a aquellos que momentáneamente pertenecían a un rango social inferior— fue más visible en el movimiento hacia fuera de aquellos que estaban ubicados en los niveles más bajos del mundo español. Los hispanos de rango social bajo, voluntaria o involuntariamente, adoptaban tipos de actividades que eran básicamente rurales, que requerían viajar por el campo o que resultaban más fáciles para abrirse paso en él. Las supervisiones de baja categoría, pequeño comercio o transporte, y las funciones gubernamentales inferiores, al nivel de alguacil o subastador, cubrían la mayoría de las posibilidades. La actividad podía ser practicada de forma independiente o como parte de una organización; un hortelano podía ser casi lo mismo que un patrón de hacienda, y se podía oscilar entre las dos funciones, e incluso desempeñarlas simultáneamente. El pequeño comercio normalmente se desarrolló sobre una base independiente. Con ello, la importancia del factor riqueza es muy claro: los empresarios modestos simplemente carecían de dinero para invertir en empresas más rentables. Sin embargo, la marginalidad no puede ser equiparada con la pobreza, ya que ciertos atributos sociales propiciaban el acceso al crédito, mientras que otros no. De forma arquetípica, la persona marginal ambiciosa empezaba de la nada, ahorrando algo a través de su trabajo en alguna de las jerarquías urbano-rurales, para después independizarse de manera humilde. En la medida que éstos adquirían alguna posición, fuera dependiente o no, al carecer de conexiones urbanas, tendían irrevocablemente hacia la vida campestre, convirtiéndose de este modo en la mayor fuerza hacia la subnuclearización, la creación de centros hispánicos secundarios en los márgenes de las ciudades españolas ya existentes.

En este sentido, el núcleo del proceso de marginalización es sumamente simple. Lo que produce una aparente complejidad viene dado por el hecho de que, debido a los mecanismos de cambio étnico y cultural previamente mencionados, la definición de la persona hispánica marginal cambia constante y sistemáticamente, y tiende, de manera especial, a ampliarse en la medida que crece el mundo hispánico. En todo momento, la diferenciación étnica y la novedad fueron características definidas importantes. En 1550, dentro del sector español las distinciones étnicas o nuevas eran: españoles recién llegados en contraste con los españoles que habían llegado hacía tiempo, extranjeros europeos y negros. En general, los naboría-yanaconas no habían entrado suficiente en el mundo español, ni siquiera como para ser marginales. Un siglo después, los mismos tipos anteriores continuaban siendo importantes en los márgenes hispánicos, se añadieron los mestizos y mulatos, y el recién llegado es el inmigrante procedente directamente de España, diferenciado ahora del español que había nacido en América, el cual prácticamente no existía a mediados del siglo XVI. Los indios hispanizados también empiezan a hacerse notar. Hacia mediados del siglo XVIII, el límite social del mundo hispánico todavía tenía muchos aspectos de esta constitución, aunque ahora los tipos estaban tan profundamente entremezclados, hasta el punto de que en algunos lugares no se distinguía a unos de otros; en general, las categorías mixtas e indios eran ahora más prominentes que antes, mientras que los otros lo eran menos. Una vez más debe enfatizarse que una persona perteneciente a una categoría tendente a la marginalidad, de ningún modo estaba destinada a ser marginada si existían factores compensadores para su caso individual.

De acuerdo con la naturaleza de la ciudad-provincia española, el proceso de marginalización actuaba con completa uniformidad y en la misma dirección sobre el conjunto, empezando en el centro y extendiéndose hacia los bordes. La gente que habitaba en los márgenes de la ciudad era de la misma clase que aquellos que ocupaban las estructuras rurales españolas y estaban allí por las mismas razones; el crecimiento de la ciudad y la hispanización de la zona rural formaban parte del mismo movimiento. Dicho proceso se repitió en un nivel más amplio, desde la capital regional hacia las ciudades menores y hacia los despoblados limítrofes, si es que existían. En el período de la conquista, aquellos a los que las generaciones posteriores algunas veces han llamado aventureros, por haber abandonado México central y Perú para dirigirse hacia el desierto y la selva, eran solamente los nuevos y los extranjeros quienes habrían sufrido el típico proceso de marginalización.

Dentro de una unidad hispánica dada, la atracción y marginalización actuaban aproximadamente de forma complementaria. Dependiendo de las condiciones climáticas y económicas, una de las dos podía prevalecer por encima de la otra durante un tiempo; también periódicamente producían una sobrecarga en uno u otro extremo, que se ajustaba con el movimiento en dirección opuesta. Pero ambas estaban siempre presentes, fomentando el crecimiento indefinido del mundo español, manteniendo siempre el predominio en el centro.

Inmigración

Aunque esté relacionada con los procesos arriba mencionados, la inmigración difiere de ellos en cuanto que es un aumento absoluto del sistema local, y no una redistribución. Dada la exaltación de los hispanoamericanos de antigüedad en las Indias, se podría esperar encontrar una evaluación social relativamente baja de la primera generación de inmigrantes procedente de España. Y así fue en muchos sentidos, tal y como hemos aludido en la sección anterior. El español nuevo era principalmente joven, un principiante y un extranjero, que trataba de construir una vida nueva. Las compilaciones del período colonial tardío muestran muchos más españoles en posiciones humildes y medianas que en las altas.[15] Verdaderamente, durante la mayor parte del período colonial hubo escasa conciencia del nuevo español como alguien radicalmente distinto; éste no dispuso de una posición legal separada, ni de muchas funciones peculiares a él, e incluso careció hasta fines del período de una definición subétnica propia. Además, durante la generación de la conquista, antes de que existiera un número significativo de españoles nacidos en América, los mecanismos generales de atracción y absorción de los inmigrantes nuevos fueron completamente desarrollados, así como su posición relativa para con la población española residente, que fue definitivamente establecida. Omitiríamos una línea vital de continuidad si no viéramos que lo nuevo es a lo viejo, en los primeros años, como el nacido español es al nacido americano en las generaciones posteriores. En aquellos lugares en que había competencia para ciertas posiciones entre españoles locales y de fuera (por largo tiempo limitados a las órdenes mendicantes), la línea era normalmente trazada entre los nativos de la localidad inmediata y la gente procedente de todos los lugares, fueran de la capital regional, de otras partes de las Indias o de España. Los inmigrantes no gravitaron sobre todos los españoles de la primera generación en América, sino específicamente sobre la población procedente de su propia región de origen. Ello fue como si el mismo regionalismo español simplemente se hubiera extendido a las Indias, y que todas las diversas regiones de ambos hemisferios construyeran un sistema único artificial en el cual no hubiera una aguda dicotomía.

En consecuencia, la valoración local del español nuevo no fue monolítica. Se hicieron distinciones en los mismos niveles en que generalmente operaron dentro del mundo español de las Indias. El recién llegado podía tener un rango social alto o bajo, y estar preparado para ejercer una profesión de nivel alto o bajo; podía pertenecer o no a una jerarquía local (como en el caso de funcionarios o comerciantes), e incluso podía disponer o no de conexiones familiares locales.

Aunque la inmigración en realidad se dio con frecuencia, las conexiones familiares —y en ausencia de éstas, aquellas que procedían del mismo lugar de origen— parecen haber sido la norma general; en cualquier caso, también podía ocurrir que uno que ya estuviera en América realizara una invitación específica a alguien que estuviera en España. Este parece haber sido el mecanismo para prácticamente toda la inmigración femenina. Las mujeres recién llegadas ascendían dentro del círculo social de sus parientes o amigos y rápidamente contraían matrimonio, si es que no

---

15. Véase, por ejemplo, J. Ignacio Rubio Mañé, «Gente de España en la Ciudad de México, año de 1689», en *Boletín del Archivo General de la Nación*, 7 (1966), pp. 5-406.

llegaban para reencontrarse con su marido o, en gran parte, venían ya casadas. Pero a pesar de la importancia capital de las mujeres inmigrantes en la ayuda a la creación de una subcomunidad en el Nuevo Mundo, la cual fue completamente española étnica y culturalmente, a través de los siglos la corriente más importante de inmigrantes estuvo constituida por hombres jóvenes solteros.

Muy a menudo, los nuevos españoles llegaban a través de la clásica secuencia tío-sobrino, la cual primero fue totalmente identificada como específica del mundo del comercio de importación del siglo XVIII, y luego fue considerada como característica de todo el período y de personas de toda clase de ocupación. El inmigrante afortunado necesitaba personas dignas de confianza para ayudarle en sus negocios, pero una vez casado y establecido, y en ausencia de hijos adultos, optaba por escribir a su casa en solicitud de un sobrino. Con los años, el sobrino se convertía en socio, muy apropiado para contraer matrimonio con su prima nacida en América (hija de su tío), y ambos terminaban encabezando el negocio en la generación posterior, mientras los hijos del tío estaban destinados a ocupar un puesto más alto en la escala social local. El ciclo podía entonces repetirse. No necesariamente tenía que ser un sobrino; cualquier hombre joven desligado de su hogar estaba en condiciones de cumplir con este papel, ya que los vínculos regionales eran casi tan fuertes como los familiares. De vínculos como éstos surgieron tradiciones de larga duración mediante las cuales ciertos pueblos de España mandaban hijos a determinadas partes de las Indias, reforzándose aún más los lazos por aquellos inmigrantes que regresaban a España. De este modo, el español aparentemente nuevo, podía tener conexiones familiares y regionales tan sólidas como las de los nacidos allí; mientras tenía que pasar por un período de subordinación y aprendizaje, podía esperar asumir con el tiempo una posición ya destinada para él.

Otro tipo de inmigrantes recibía su entrada por haber sido nombrado desde fuera para ejercer un puesto en las redes transimperiales, o del gobierno o de la Iglesia. Él también podía tener conexiones informales en la nueva área, pero lo más probable es que las influencias familiares y regionales se ejercieran en el otro extremo, donde se hizo el nombramiento. A diferencia del inmigrante tipo «sobrino», éste no era necesariamente, ni normalmente, joven. Está claro que una posición elevada en una jerarquía local importante, más las ventajas de pertenecer a una buena familia y de una buena formación, daban inmediatamente a los recién nombrados prestigio social y acceso a riqueza e influencia. Por otro lado, ellos también eran en algún sentido forasteros; de ninguna manera se les puede considerar como la cumbre de la sociedad. Casi todos llegaban profundamente endeudados. Como todos sabían, muchos permanecían en un lugar determinado durante un cierto período y después iban a otra parte de acuerdo con la costumbre de su jerarquía. Otros, aunque radicaran allí de por vida, todavía carecían de las conexiones locales familiares y económicas que necesitaban, no sólo para alcanzar sus metas particulares, sino para poder cumplir bien con sus deberes oficiales. A menudo, al llegar, se introducían en un círculo familiar-regional, inmediatamente se empeñaban en establecer vínculos fuera del mismo y, puesto que tenían mucho que ofrecer a cambio, generalmente tenían éxito. Aunque en cierto modo no eran menos suplicantes, en su esperanza de unirse a círculos establecidos, que los comerciantes, artesanos y agricultores inmigrantes en sus niveles respectivos.

Una minoría de inmigrantes regresaba a España; los que más solían hacer esto eran los de nivel social más elevado, de mayor liquidez y con vínculos más estrechos con las redes transoceánicas. Los virreyes y los comerciantes internacionales eran figuras típicas de aquellos que regresaban, mientras que los españoles nuevos desconectados y humildes eran los que más a menudo y rápidamente quedaban marginados en ocupaciones rurales de las cuales raramente salían. Con el transcurrir del tiempo, cada vez regresaban menos, incluso de las jerarquías oficiales. Como muchos de los comerciantes más importantes de las Indias eran al principio representantes de negocios en Sevilla y tenían ocupaciones equivalentes, con el tiempo los negocios transoceánicos se fragmentaron, dejando a los grandes comerciantes de importación con sedes en las capitales hispanoamericanas, y desde entonces ellos empezaron a instalarse en el Nuevo Mundo de manera mucho más firme, aunque todavía hasta el fin del período colonial el mecanismo del sobrino y los vínculos mercantiles directos con Europa los mantenía predominantemente españoles de primera generación. En algunas áreas menos desarrolladas que Perú y México, el modelo inicial de firmas radicadas en España pudo haber persistido hasta bien entrado el siglo XVIII.

Aparte de representar un movimiento de población mayor y más duradero, la inmigración española fue un mecanismo común del proceso de renovación familiar en América. Este es el papel del recién llegado en casi todas las sociedades, y debido a la magnitud de la inmigración, fue más que nadie el inmigrante de España el recién llegado en las diversas provincias del mundo español de las Indias. En los niveles bajos, los nuevos agricultores, artesanos o comerciantes modestos, después de alcanzar una posición económica, se casaban con las hijas de sus socios (algunas veces mestizos) u otras mujeres de nivel similar a ellos, o lograban acceso a los límites lejanos del grupo prominente local. En los niveles más altos, aquellos que disponían de posición o riqueza, los cuales estaban más estrechamente conectados con el mundo exterior —los funcionarios, grandes importadores y, algunas veces, mineros—, a menudo se casaban dentro del rango superior de la sociedad española. Entre estos dos tipos de absorción, sería difícil de encontrar, a fines del siglo XVIII, una familia española que no hubiera sido penetrada de esta forma más de una vez. El proceso de entrada y renovación, quizás fue más agudo en los centros de gran riqueza, sin embargo también funcionó totalmente en áreas secundarias y remotas como Chile, Popayán en Nueva Granada y Yucatán. Una familia prominente de cualquier parte en la América española colonial tardía fue propensa a unir lo viejo y lo nuevo, yendo las líneas maternales hacia los primeros colonizadores de la región, y las paternales hacia los recién llegados de diversas épocas. Como los movimientos centrípetos y centrífugos más locales, descritos arriba, e incluso más directamente que ellos, la inmigración fue una fuerza estable para el mantenimiento y crecimiento del sector español. Una vez más, al igual que otros movimientos, la inmigración permitió cambios y ajustes, mientras retenía el carácter esencial del panorama local.

Estos tres procesos juntos —atracción, marginalización e inmigración— hicieron de las Indias españolas un mundo en el cual lo normal era una gran movilidad, y en el que personas de todos los niveles sociales a menudo vivían y trabajaban en lugares que, muchas veces, no serían su último destino. Cuando se abría una nueva región o una nueva oportunidad económica, tal movilidad se aceleraba rápidamente. En estos y otros tiempos, el proceso de atracción tenía una gran tendencia a sobrepasar los límites de la necesidad, dejando a personas momentáneamente sin trabajo en el lugar de atracción. Estos fenómenos causaban el vagabundeo tan frecuentemente mencionado en los informes de los funcionarios y en las relaciones de la época. La investigación más reciente de las fuentes primarias suelen encontrar exagerados en exceso los relatos, tanto del alcance del vagabundeo, como su propia naturaleza; los funcionarios y los grupos de presión económica, aparentemente denominaban vagabundeo a cualquier movimiento de individuos que pareciera ir en contra de sus intereses inmediatos. Para el encomendero peruano, aquel tratante que compraba la lana de llama de sus indios y, como consecuencia de ello, dificultaba la recaudación del tributo, era un vagabundo.

Aunque el vagabundeo no está estudiado y casi es imposible hacerlo, algunos de sus aspectos están claros. De hecho, muchos de los vagabundos llevaban a cabo ciertas actividades económicas —especialmente mano de obra temporal y venta ambulante— de manera absolutamente normal; otros, y seguramente casi todos, seguían vías establecidas con la razonable esperanza de encontrar oportunidades, y no vagaban sin rumbo fijo. Ya que había un gran número de transeúntes, existía una gran capacidad para absorberlos. El gran negociante se enorgullecía del número de invitados, sirvientes y seguidores (todos ellos eran lo mismo, según su punto de vista). Las conexiones familiares y regionales aseguraban ayuda y hospitalidad a todos los niveles. Un estado de emergencia no era endémico, a no ser que se tratara de períodos de hambre, fiebre de oro, u otras cosas similares, al igual que en otras sociedades.

Una vez reconocidas estas limitaciones, vale la pena mencionar dos aspectos más de la situación. Primero, los diversos mecanismos sociales ya discutidos, tenían una tendencia a largo plazo a producir mayor cantidad de personas de cultura totalmente hispánica que los que la economía podía emplear en puestos dignos de los estereotipos étnicos del período colonial tardío; así que, personas ubicadas en las partes medias y bajas de la escala, tendían a considerar sus posiciones como muy bajas y buscaban impacientemente algo mejor. Segundo, el movimiento constante de gente y artículos de valor a través de espacios subdesarrollados era esencial al sistema total, y este hecho, más la extrema marginación social de los transportistas, era propicio para el bandolerismo, aunque este fenómeno tampoco se debe exagerar; su influencia en formar estructuras o tendencias es mínima. Una característica persistente del campo era el robo a gente humilde que iba y volvía de trabajos temporales o mercados locales, por parte de trabajadores permanentes de hacienda alienados, especialmente esclavos huidos o naboría-yanaconas.

Consolidación y dispersión

Ya se han discutido las pautas y tendencias de los desplazamientos de los individuos. Existen también ciertas configuraciones globales del mundo español que aparecen regularmente bajo condiciones apropiadas. Dado el marco y procesos organizativos ya descritos, la sociedad española tuvo la tendencia a formar núcleos, desarrollarse y estabilizarse dondequiera que hubiera una constante fuente de riqueza negociable. Este proceso puede ser llamado consolidación. En aquellos lugares donde escaseaba la riqueza, la sociedad tendía a ser difusa. Puesto que los hispánicos no se asentaban allí donde no hubiera ningún tipo de riqueza, todo lugar en que los españoles hubieran estado durante un largo período estaba destinado a tener un cierto grado de consolidación. Las variables decisivas, tal y como hemos mantenido, eran económicas; factores de distancia a menudo se traducían en económicos, ya que ciertas actividades que resultaban rentables en un área aislada no podían resistir la competencia de una metrópoli cercana, mientras que por otro lado, productos que podían venderse de manera provechosa cerca de un gran centro, se devaluaban con la distancia. Se podría pensar también que en términos numéricos la cantidad de personas de cultura hispánica era crucial. Realmente existe una correspondencia entre grandes números y elevados grados de consolidación. Sin embargo, en los años inmediatamente posteriores a la conquista se dieron elevados grados de consolidación con cantidades relativamente bajas.

Posiblemente podría resultar útil dar definiciones a ciertos grados de consolidación. Lo que podríamos llamar «consolidación menor» ocurre cuando un área comprendida en la esfera de una ciudad española ya existente manifiesta determinados aspectos suficientemente aptos para que la gente de nivel bajo y medio se identifique con ella de forma persistente, aunque permanezca la dependencia del conjunto hacia la ciudad más grande, en la que reside cualquier persona que esté por encima de un determinado nivel socioeconómico, la cual continúa siendo la base de jerarquías mayores de todo tipo. Hasta este punto, personas de propiedades de nivel medio y pequeños comerciantes veían todas las actividades en el área como temporales; después de unos años querían regresar a la ciudad, con la que mantenían vínculos ceremoniales y sociales. Si no volvían, trataban de llevar a cabo actividades similares en áreas distintas. Por ambas razones, el regreso es extremadamente elevado. Entonces, en la época de lo que estoy definiendo como consolidación menor, esta gente empieza a desarrollar algunas organizaciones ceremoniales locales, exige entierros en iglesias predilectas locales en lugar de la ciudad, se casan principalmente entre ellos, convierten uno de los establecimientos de la zona en su asiento principal y, en general, imitan muchos de los fenómenos sociales de la ciudad madre, aunque siempre de forma secundaria, estrechamente ajustada a las influencias y estructuras que emanan del centro más importante. En el México central, las importantes subregiones de Toluca y Tlaxcala alcanzaron una consolidación menor a fines del siglo XVI y desde entonces permanecieron muy estables a este nivel para el resto del período colonial, sin avanzar hacia otra etapa.[16]

Para un establecimiento dado, convertirse en una ciudad española con su propio concejo municipal autónomo era a menudo el símbolo de un grado mayor de consolidación, pero, en épocas de fundaciones efímeras o menores se superaba este contraste; en este sentido debemos buscar otros síntomas de «consolidación normal», lo cual ocurre cuando una ciudad pasa a ser el centro economicosocial principal de un área grande circundante. Las familias prominentes estrechaban sus lazos a través del matrimonio, desarrollaban aristocracias locales orgullosas de sí mismas, incluso si en algún sentido se inclinaban por una gran capital lejana, esta-

---

16. Los ejemplos de las etapas de consolidación que anotamos en esta sección, se limitan principalmente a México; en Altman y Lockhart, eds., *Provinces of early Mexico*, se encuentran capítulos dedicados a varias de las regiones mencionadas.

blecían capellanías y mayorazgos, adquirían títulos nobiliarios y funciones honoríficas, construían palacios, y se aseguraban de que el personal que tenía que ocupar los puestos gubernamentales y las organizaciones eclesiásticas locales procediera de sus propios círculos. Una independencia llegaba o se trataba de alcanzar en muchas ramas de actividad: un número considerable de combinaciones mercantiles hacían de la ciudad su base principal; se alcanzaba una relativa autosuficiencia en las artesanías y profesiones; la ciudad podía disponer de un obispo, y si no, su establecimiento religioso principal bien podía convertirse en catedral. Las jerarquías de todo tipo, proyectadas hacia el exterior, se reforzaban y superponían con el personal de unas y otras. Guadalajara y Mérida de Yucatán, ambas en México, lograron una consolidación normal en época temprana, mientras que Querétaro, más cerca de Ciudad de México, alcanzó esta fase sólo en el siglo XVIII, habiendo persistido hasta entonces en el tipo de consolidación menor, característico de Toluca.

La «consolidación mayor» responde al mismo fenómeno que el de la consolidación normal, pero a un nivel macrorregional, teniendo lugar bajo el estímulo de grandes y duraderos bienes de capital de la economía internacional. Una ciudad predominante acoge a las otras dentro de su órbita, y al tiempo que les concede una autonomía interna, tiende a apartar a sus habitantes más ricos o los integra en las familias, negocios y otras jerarquías radicadas en la capital. Se levantan magníficos establecimientos sociales y físicos como centros de operación regional de cada jerarquía. A través de todo el entramado que desde la capital se extiende hacia el exterior en todas direcciones, el área entera se convierte en un entretejido mucho más estrecho, y la convergencia personal-familiar en los niveles altos llega al máximo. En la capital se da una extrema especialización ocupacional en todos los niveles. El poder de succión que ejerce el centro mayor es tal que impide que en una extensa área alrededor del mismo se pueda dar una consolidación normal. Para la América española colonial los dos ejemplos de consolidación mayor son, por supuesto, Ciudad de México en lo que respecta a la órbita mexicana, y Lima para una amplia área sudamericana, estando ambas ciudades a medio camino entre los grandes centros mineros argentíferos y los puertos atlánticos principales.[17] Ambas alcanzaron dicha posición bastante antes de finalizar el siglo XVI. Ningún complejo económico singular podía contener más de un centro de este tipo; por lo tanto, pueblos mineros importantes, tales como Zacatecas y Guanajuato, no lograron ir más allá de la consolidación normal hasta que no se conoció el alcance de sus depósitos. Otras regiones tendrían que aguardar algunas centurias para comprobar que sus ventajas traían correspondientes desarrollos. Buenos Aires y la región del Río de la Plata empezó a mediados del siglo XVIII, completando el movimiento ya bien avanzado el siglo XIX; para Santiago de Chile la consolidación mayor fue aproximadamente contemporánea.[18]

---

17. Sobre los aspectos de consolidación en las capitales, véase Fred Bronner, «Peruvian encomenderos in 1630: elite circulation and consolidation», *HAHR*, 57 (1977), pp. 633-658; Paul B. Ganster, «A social history of the secular clergy of Lima during the middle decades of the eighteenth century», tesis doctoral inédita, University of California, Los Ángeles, 1974; Dominic A. Nwasike, «Mexico City town government, 1590-1650: a study in aldermanic background and perfomance», tesis doctoral inédita, University of Wisconsin, 1972.
18. Sobre la discusión de desarrollos específicos y aspectos de los procesos generales, véase Balmori y Robert Oppenheimer, «Family clusters: generational nucleation in nineteenth-century Argentina and Chile», en *Comparative Studies in Society and History*, 21 (1979), pp. 231-261.

Dondequiera que hubo indios sedentarios, se dio alguna forma de consolidación normal, e incluso entre las sociedades semisendentarias hubo ciudades que se desarrollaron como núcleos españoles (aunque débiles, no desarrollados e inestables); los dos casos siempre permitieron a los españoles la posibilidad de conseguir alguna ventaja económica. Pero donde no había indios o eran no sedentarios y otros bienes económicos eran extremadamente débiles, pudo darse una dispersión bastante radical. Tales áreas podían carecer totalmente de los dos elementos esenciales para la nuclearización: la ciudad-provincia y la propiedad urbana-rural. La migración hispánica hacia estas zonas fue mínima, ya que ésta estuvo motivada y subsidiada por el interés general de autoprotección y expansión de las áreas más centrales. Los establecimientos eclesiásticos y militares cobraron mucha importancia, constituyendo núcleos separados y conteniendo personas del rango social más alto, quienes permanecieron como forasteros comprometidos con sus propias jerarquías en lugar de convertirse en habitantes locales. Los asentamientos urbanos para la población hispánica contuvieron principalmente personas muy humildes, y lejos de dominar una región, raramente mostraron signos de consolidación menor. Al no haber mercados locales apreciables, las propiedades no eran ni beneficiosas ni prestigiosas; un cierto número de personas del tipo de las que en cualquier otro lugar proporcionaba supervisores de nivel bajo, mantenía propiedades rurales en las que, con pocos o ningún empleado, vivían y trabajaban relacionados tanto con los establecimientos oficiales como con los pueblos españoles. En el lejano norte mexicano, la Alta California del período colonial tardío fue de este tipo, mientras que Santa Fe de Nuevo México, rodeada en un principio por los indios pueblo más sedentarios, se acercó a un mínimo de consolidación normal.

Variación regional

En las secciones precedentes se ha abordado repetidamente la variación regional, básica para el panorama global del fenómeno social español americano. Al discutir el mundo indígena ya se ha visto la razón e incluso la naturaleza de gran parte de esta variación. En áreas sedentarias, la sociedad indígena podía persistir *in situ* y servir de apoyo a la construcción de una sociedad con centro urbano elaborado al estilo español, con funciones cruciales para el tipo intermedio de naboría-yanacona, y para personas que llegaban temporalmente del mundo indígena para trabajar en el interior de las estructuras españolas. Las sociedades indígenas semisedentarias no podían soportar tal elaboración ni tal separación, la sociedad española aquí tuvo que ser más simple y más pequeña, y las dos tuvieron que interpenetrarse más, afectando los modos de organización de cada una de un modo más directo, mientras que las formas características fueron moldeándose lentamente a través de generaciones. Entre los indios no sedentarios podía no haber ningún tipo de presencia española; allí donde la hubo, debió de ser sumamente rudimentaria, a no ser que hubiera otros factores que atrajeran a los migrantes. En este último caso, la sociedad hispánica sería más puramente española que en cualquier otro lugar, sin ninguna conexión real con el espacio indígena. Con negros y naboría-yanaconas expatriados, como tipos del nivel social más bajo, y ausencia de indios corporativizados, el conjunto de la sociedad fue más móvil que en otro tipo de zonas, tanto desde el punto de vista físico como organizativo.

Casi todas las diferencias sociales entre las regiones no directamente atribuibles a la base indígena, son producidas por los mecanismos que ya se han examinado: atracción-marginalización, inmigración y consolidación como respuesta a la riqueza. Todas las Indias españolas fueron un único campo de acción social, en las cuales lo alto fue hacia el centro y lo bajo hacia la periferia, y en lo que respecta a la inmigración, fue atraída hacia las regiones ricas y no hacia las pobres. Las zonas de mayor riqueza rápidamente se encaminaron hacia una elaboración y nuclearización máximas, estabilizándose en lo que ha sido llamado fase de consolidación mayor, mientras que en otras áreas, correspondientes al grado de relativa pobreza, la sociedad fue truncada, menos diferenciada y más difusa o fragmentada.

No es necesario permanecer enteramente en un plano de abstracción. Para la sociedad americana española hasta, al menos, la mitad del siglo XVIII, hubo dos fuentes de riqueza abrumadoramente importantes: la plata y las estructuras de las sociedades indígenas sedentarias. La combinación de ambas dio a Perú y a México tales ventajas sobre todas las otras regiones que no es exagerado denominarlas simplemente áreas centrales, con regiones tales como el lejano norte mexicano, el área del Río de la Plata y Venezuela como periferias, mientras que otras regiones como Chile y Nueva Granada fueron intermediarias. En un principio, las periferias fueron penetradas y ocupadas por población marginal procedente del centro, a menudo inmigrantes nuevos, extranjeros europeos, mestizos y naboría-yanaconas. Debido a esta conexión histórica directa, las periferias, como ya se ha visto, frecuentemente tomaron el centro como modelo de organización social, aunque con poco éxito. En la periferia, el conjunto de ramas especializadas de la vida de las áreas centrales fue débil o no existió: las profesiones, gremios, comercio de larga distancia (especialmente transatlántico). Se observa lo que parece ser la «democratización» de la periferia. En el Chile del período de la conquista, por ejemplo, extranjeros, mestizos, e incluso uno o dos negros, sostuvieron encomiendas y otros honores, los cuales les habrían sido negados en Perú. Pero esta apariencia es meramente el resultado del hecho de que los recursos mayores de las áreas centrales permitieron trazar distinciones de forma más consistente. También en las zonas periféricas, las distinciones usuales reemergieron al primer signo de crecimiento económico y demográfico.

Con el tiempo, la diferencia entre el centro y la periferia tendió a crecer, ya que el cambio que operaba en el centro fue mucho más rápido, debido a que fue el sitio donde se dio en primer lugar el incremento de población hispánica, y la inmigración se dirigió de forma abrumadora hacia el centro como el lugar de riqueza. A lo que siguió, se le podría llamar crecimiento en lugar de cambio, puesto que en conjunto fue simplemente la consolidación inherente a cualquier sociedad hispánica, coloreada por la absorción de componentes étnicamente distintos. Pero aún en el caso en que las estructuras básicas fueran constantes, las formas evolucionaron hacia la complejidad y adaptación flexible para los intereses más variados. En el centro, la primera forma de propiedad dominante, la encomienda, disminuyó rápidamente bajo la presión de demandantes nuevos, algunos desde fuera y otros desde dentro. Casi inmediatamente, los encomenderos perdieron el derecho a la mano de obra, seguido de los ingresos en concepto de tributos, y, antes de muchas generaciones, incluso llegaron a perder la capacidad para heredar. En la periferia, por otra parte, la encomienda (aunque en gran medida modificada para adaptarla a las poblaciones indígenas, como ya se ha visto anteriormente) tendió a permanecer como institución importante, reteniendo tanto la fuerza laboral como la transmisibilidad hasta fines del período colonial. Así sucede también en otros aspectos: en los períodos medianos y tardíos se espera encontrar en la periferia muchos rasgos sociales arcaicos no característicos del centro desde el siglo XVI. Verdaderamente, a excepción de los rasgos tomados directamente de la base indígena local, mucho de la diferenciación regional puede reducirse a lo cronológico, ya que formas y procesos similares aparecieron en todos los lugares y en la misma secuencia, pero en proporción distinta.

El centro es quizás más una línea que un área —una línea troncal que va de la mina de plata hasta la gran capital o al puerto mayor—. La elaboración e hispanización van a concentrarse a lo largo de esta línea, y va a ser menos intensa en las zonas que quedan al margen, a pesar de estar ubicadas en México o Perú. Algunas partes del sur de México y de la sierra central peruana, que contaban con una densa población indígena, pero estaban fuera de la línea de la plata, a fines del período colonial todavía conservaban el aspecto del siglo XVI, su mundo indígena permanecía intacto y no estaban inundadas de españoles.

De acuerdo con los patrones que ya se han discutido, cualquier grupo étnico dado, con forma organizativa u ocupacional, va a tener unas pautas de distribución diferencial. Con el elemento africano, si tomamos la tierra firme como nuestro campo (reconociendo las distinciones parciales de las islas del Caribe), encontramos que, debido a los requerimientos de dinero que comportaba la importación de esclavos, los negros se concentraron en las áreas centrales o en cualquier otro lugar por el que pasaran las líneas troncales. La concentración más importante se dio en las partes costeras del centro, las cuales perdieron su problación indígena a causa de las enfermedades; aquí los negros pudieron convertirse en el grupo de población mayoritaria, haciéndose cargo totalmente de aquellas funciones que normalmente habían compartido con los mestizos e indios hispanizados. Hoy en día, en un dialecto náhuatl de la costa del golfo de México, la palabra para nombrar al mestizo es *tiltic*, «negro».[19] Franjas costeras idénticas no relacionadas con las áreas centrales, contaron con pocos o ningún negro, tal y como fue el caso de la periferia en general.

No se debe, por supuesto, tomar los conceptos «centro» y «periferia» de forma totalmente rígida. Las oportunidades nuevas de riqueza tendieron a producir áreas centrales nuevas. La creciente viabilidad del volumen de las exportaciones y las distintas condiciones de transporte del siglo XVIII, produjeron hacia la última parte del período colonial posibilidades de riqueza en las periferias antiguas, las cuales fueron comparables a las más tempranas de México y Perú. Todo el fenómeno de centralización y consolidación, a excepción de aquellos vinculados a los indios sedentarios, aparecieron puntualmente en las áreas afectadas, aunque en la época de independencia los procesos estaba lejos de su culminación, y quedaron muchos vestigios de la situación periférica.

---

19. Antonio García de León, *Pajapán: un dialecto mexicano del Golfo*, México, D.F., 1976, p. 105.

Pautas cronológicas

En vista de los ritmos sistemáticamente variados, no se puede esperar tener una cronología absolutamente uniforme de la evolución de las formas sociales de la América española, sean ciudades, propiedades o combinaciones mercantiles. Hubo, sin embargo, un proceso vital de cambio social, la entremezcla biológica y cultural de varios grupos étnicos, los cuales se adelantaron inexorablemente, casi como una simple función del paso del tiempo. Los hombres en todas las categorías, desde los españoles hacia abajo, continuaron produciendo niños a través de uniones informales con mujeres de categorías más bajas que ellos, mientras que en lo que respecta a las categorías medias e indígenas entre españoles los matrimonios mixtos fueron tan prevalentes como para convertirse en la norma. El hecho de que las mujeres fueran numerosas en la categoría española y que la mayoría de los matrimonios se diera dentro del grupo étnico, no tiene una relación directa con el progreso de las mezclas raciales; posiblemente, todavía haya que enfatizar que el cruce de razas no ocurrió por la ausencia de mujeres españolas. La gran multiplicación de gente en las categorías mezcladas tuvo lugar durante el último período, mucho después de la efímera representación de la mujer española en la generación de conquista.

Aunque se puedan hacer excepciones para un cierto número de áreas aisladas, no se puede decir que, en la época de la independencia, el sistema de categorización étnica del período colonial tardío de toda la América española, a través de su propia operación normal, entrara en crisis. Basado en el reconocimiento de las mezclas raciales, el sistema respondía naturalmente por las mezclas posteriores a través de otros reconocimientos, es decir, creando distinciones más sutiles. Más allá de cierto punto, sin embargo, las categorías étnicas basadas en ligeras distinciones genealógicas, entre la gente humilde con genealogías cortas o nulas, demostró ser poco realista, y el sistema volvería a la simplicidad o se abandonaría. Con la progresiva fusión cultural y étnica como una constante realidad subyacente, de hecho la reacción de la sociedad no fue agudizar distinciones hasta el límite y después abandonarlas, sino que hizo ambas cosas casi simultáneamente.

Con el transcurso del tiempo, empezaron a proliferar categorías para definir grados sutiles de mezclas y entrecruzamientos, teniendo su apogeo a fines del siglo XVIII. Un subgrupo étnico tenía que lograr una cierta importancia numérica antes de recibir una denominación y un estereotipo. Los grupos escindidos jugaron contra una cierta realidad de la opinión pública. Algunas veces aparecían incluidos en cofradías separadas o eran tenidos en cuenta en sobrios registros parroquiales. Aunque la larga lista de tipos, denominados de forma sumamente extraña, fue reunida por curiosos extranjeros a fines del período colonial, nunca llegó a constituir una descripción seria de la sociedad. Al mismo tiempo que fueron multiplicándose las distinciones, los grupos étnicos más bajos del interior del mundo hispánico fueron progresivamente asimilándose mutuamente, tanto en lo que afecta a las funciones que desempeñaban como a la subcultura. Y de hecho, la sociedad cada vez más los reconoció como grupo bajo el concepto de castas, término que incluía todas las mezclas además de los negros, o dicho en otras palabras, a todo el mundo, a excepción de los españoles e indios.

El dinamismo de algunas de estas distinciones nuevas cortó vías de ascenso. Desde los inicios del período colonial tardío, los artesanos empezaron a crear gremios y prohibir a los étnicamente mezclados su ingreso en calidad de miembros plenos o adquirir la posición de maestro. Hacia fines del período existía un considerable cuerpo de ordenanzas que excluía a los grupos étnicos más bajos de las funciones altas, por ejemplo, negando a cualquiera que tuviera ascendencia africana acceso a la universidad. En este sentido, sobre el papel, el período último parece más restrictivo que el inicial. Sin embargo, no hubo ningún ajustamiento nuevo involucrado en ello. En el período inicial, no hubo ocasión de entrever restricciones, por la simple y obvia ausencia de cualificaciones en los grupos más bajos. La legislación última representa un intento algo alarmante e ineficaz para mantener el *status quo*, frente al reto de quienes varios siglos de cambio cultural calificaban totalmente para hacer lo que hacían los españoles locales; su creciente acceso es la razón verdadera de las restricciones. Otra evidencia de la fuerza y aculturación de las castas (junto con los indios hispanizados) fue el desplazamiento gradual de los negros, al cual ya se ha aludido anteriormente. Hacia fines del período colonial, ciertos tipos de trabajo intensivo especializado, que antes habían sido un verdadero monopolio de los negros, los estaban desempeñando personas de ascendencia mezclada o indios. La proporción de la importación de esclavos disminuyó y, a excepción de las costas y las antiguas periferias que estaban ahora expandiéndose, personas de discernible descendencia africana empezaron a retroceder, a través de las entremezclas, como elemento de la población.

Para los indios que todavía se mantenían dentro de las unidades provinciales, su categoría étnica no era más problemática a fines del período colonial de lo que lo había sido en las centurias anteriores, tal vez menos entonces, ya que la autoconciencia de la ciudad-estado local se había agotado algo a través de la mezcla de las estructuras españolas provinciales, y se incrementó el contacto con los hispánicos de diversos tipos que tenían un conocimiento mayor de la etnicidad india en general. Pero en áreas anteriormente ocupadas por población no sedentaria, tales como el norte de México, había mucha gente llamada india cuyos antepasados habían migrado de otras regiones generaciones antes, quienes hablaban principalmente, o exclusivamente, español y desempeñan las mismas funciones que las castas. En el interior y alrededor de las grandes ciudades de las áreas centrales, había indios que desempeñaban funciones idénticas entre las castas e incluso entre los españoles humildes. El «indio entre españoles» desarrolló las connotaciones del estereotipo; en la medida en que los españoles lo ciñeron y subordinaron por debajo del nivel de otras castas, él fue, con razón, uno de los elementos más volátiles y que llevó el descontento a la sociedad colonial tardía.

Con los españoles, al igual que con otras categorías, en la última parte del período se tendió a elaborar más distinciones. Español significa el español de la época, persona supuestamente española, sin considerar si había nacido en el este o en el oeste del océano Atlántico. Hasta el día de la independencia, no hubo una distinción radical, ni una división aguda de funciones. Criollo, término tan corriente en el vocabulario académico actual, permaneció como un apodo derogatorio, tomado originalmente del término para nombrar a los africanos nacidos fuera de África; hacia fines del período colonial, los nacidos localmente algunas veces se apropiaron del término para sí mismos en declaraciones políticas públicas, pero incluso en esta época «criollo» carecía de una posición legal y de modo cotidiano no era usado por nadie para definirse a sí mismo.[20] En el transcurso de siglos, los españoles nacidos en América fueron ocupando cada vez más funciones, no con el espíritu de eliminar a los rivales, sino como parte de un proceso de maduración y crecimiento natural, el mismo que causó que algunos inmigrantes regresaran a su tierra natal. Hacia el último tercio del siglo XVIII, los criollos controlaban y dominaban todos los cargos y actividades, incluyendo los gubernamentales y eclesiásticos, salvo aquellos que tenían representaciones en ambos lados del Atlántico. Solamente el virrey, el arzobispo y los grandes comerciantes importadores continuaron siendo predominantemente peninsulares. Tal situación llegó al extremo que produjo una reacción, en la cual la madre patria repobló muchos altos cargos con gente nacida en España. Esto, posiblemente, aceleró la polarización. En el último período colonial empezó a reconocerse una categoría de censo separada de los peninsulares o europeos distinta de la de los españoles nacidos en América. Con la independencia, algunos de los peninsulares fueron expulsados. Sin embargo, la distinción nunca fue tan aguda, ni la enemistad tan grande, como podría imaginarse de las consignas políticas del período de la independencia.

Al finalizar la época colonial, la estructura social consistente de dos mundos separados, articulada por una jerarquía étnica bien definida estaba en ruinas, en el sentido de que ambos se habían penetrado mutuamente de forma irreversible, como era previsible desde un principio. Pero todos los procesos que habían provocado este estado de cosas continuaron estando totalmente en vigor, al igual que las estructuras organizativas básicas e incluso la multitud de distinciones, pero desde entonces de un modo más flexible. Mientras tanto, las zonas más aisladas de la América española continuaron evidenciando los rasgos del sistema clásico hasta muy adelante.

---

20. Este término se encuentra frecuentemente en la frase «criollo de», seguido del nombre del lugar, significando, entonces, «nacido en» tal lugar, y, en México al menos, durante el siglo XVIII, fue una práctica común describir de este modo a los indígenas (entre otros grupos, principalmente en los estratos bajos de la sociedad).

Capítulo 3
LOS AFRICANOS EN LA SOCIEDAD DE LA AMÉRICA ESPAÑOLA COLONIAL

Los africanos participaron como esclavos en los primeros viajes y expediciones al Nuevo Mundo. Sin embargo, hasta el último cuarto del siglo XVI, ante una numerosa, aunque ya en declive, población nativa americana a la que explotar, la demanda de trabajo esclavo africano en Hispanoamérica fue modesta, excepto, hasta cierto punto, en las islas del Caribe y las costas tropicales del continente, de las cuales los indios desaparecieron virtualmente durante las primeras etapas de la colonización. Para el período de 1521 a 1550, el cálculo más fiable, el de Philip D. Curtin, ofrece un total de 15.000 negros desembarcados en Hispanoamérica (un promedio anual de 500), y para los años que van de 1551 a 1595, la cifra se eleva sólo a 36.300 individuos (un promedio anual de 810).[1] Sería una temeridad calificar a los esclavos africanos de artículo de lujo en este período —los esclavos lavaban oro, trabajaban en las plantaciones (principalmente de azúcar) y también en el servicio doméstico—, pues los negros estaban regularmente distribuidos y, hasta entonces, ninguna región en particular dependía de la esclavitud como institución laboral. No obstante, hacia finales del siglo XVI, mientras la población india en los principales centros del imperio español, México y Perú, iba declinando con rapidez, colonos y funcionarios del gobierno elevaron a la corona un número cada vez mayor de peticiones exigiendo un acopio de mano de obra adicional, y la fuente indiscutible era África.[2]

La introducción, en gran escala y de un modo sistemático, de esclavos africanos en Hispanoamérica planteaba dos problemas, uno moral y otro económico. El problema moral presentaba varios aspectos, el primero concernía al posible impacto del creciente número de africanos sobre la cristianización de los nativos americanos. A los indios cada vez les resultaba más difícil vivir todo el año en pueblos aislados bajo la tutela de un fraile, pues los sistemas obligatorios de trabajo orde-

---

1. Las cifras de la importación de esclavos africanos en la Hispanoamérica colonial se han extraído de Philip D. Curtin, *The Atlantic slave trade: a census,* Madison, 1969.
2. Sobre la catástrofe demográfica que siguió a la conquista y a la colonización española de América, véase Sánchez-Albornoz, *HALC,* IV, capítulo 1.

naban que dejaran sus hogares para realizar los servicios requeridos. Este proceso los puso en contacto de modo automático con la sociedad española, una conexión que la Iglesia esperaba ingenuamente evitar en el primer período de actividad misionera. Para algunos misioneros lo peor consistía en que, si una gran cantidad de población africana era trasladada a Hispanoamérica, no podrían evitar la contaminación de las almas de los nativos recién convertidos, frente a las prolíficas hordas con creencias paganas teñidas de un leve barniz de cristianismo.

También hay que tener en cuenta la preocupante cuestión de la magnitud del comercio de esclavos. Aunque la esclavitud africana apenas era conocida en la sociedad ibérica bajomedieval, existía un tráfico de negros a pequeña escala (quizás no superaba los varios cientos de esclavos al año) y se complementaba con un flujo de esclavos blancos, algunos de ellos cristianos, procedentes de algunas zonas del Mediterráneo oriental y del mar Negro. La reducida proporción y la imparcialidad étnica determinó que rara vez se cuestionara la moralidad de estas operaciones, al margen de una ocasional excomunión pontificia contra la esclavización de cristianos, y que los desafortunados individuos implicados fueran, o asimilados por la sociedad en su nivel más bajo, o ignorados (en un sentido cultural). Pero la moral es a menudo una cuestión más de grados que de principios, y el comercio de esclavos a América suponía una brusca fractura en la cómoda tradición. Para ser eficaz, su magnitud debía ser mucho mayor que el comercio realizado por los españoles en el Mediterráneo y de sólo una raza, la africana. ¿Era moralmente justificable un incremento tan grande en la esfera de la esclavitud humana a expensas de un solo grupo étnico?

En realidad, rara vez se planteó esta cuestión, hasta el momento en que el comercio de esclavos americano pareció irreversible. E incluso cuando los horrores cometidos en la costa africana y en la travesía del Atlántico fueron mejor conocidos, sólo existió una minúscula y apenas leída colección de literatura crítica sobre el tráfico de esclavos. Además, es importante destacar que ni siquiera estos críticos dudaban de la legitimidad de la esclavitud en sí misma y estaban de acuerdo en que la propagación de la verdadera fe a lo largo de la costa africana, sustento moral de la esclavitud, era una finalidad encomiable. Sin embargo, creían que las incesantes y elevadas demandas del comercio de esclavos estaban convirtiendo en más bárbaro a un pueblo que ya lo era. En busca de beneficios, los africanos se cazaban entre sí como si fueran ciervos, aplicando la estructura de la ley y de la costumbre hasta hallar todavía más fundamentos para la esclavitud. La guerra tribal aumentó en esta búsqueda de prisioneros e incluso se inducía a los padres a vender a sus hijos como esclavos. Argumentaban que seguramente con un movimiento misionero más vigoroso en la propia África (algo que los portugueses parecían no querer o no poder iniciar) tendría más éxito impartiendo entre los africanos un conocimiento de Cristo y sus enseñanzas, que el ejercicio de la esclavitud. En lo que respecta a las condiciones de los barcos de esclavos, fueron descritas con todo lujo de detalles y consideradas injustificables.

No obstante, más de un casuista (normalmente un clérigo) encontraba los medios para disolver estas dudas morales. Se declinó en los gobernantes de África toda la responsabilidad legal y moral con respecto a la esclavitud. Según este razonamiento, los negros tenían que ser vendidos por su propia gente en el mercado por una causa justa. No era asunto de los europeos divagar sobre el sistema de justicia africano o intervenir en los asuntos políticos africanos. Bien podía ser —continuaba la argumentación— que los negros fueran vendidos como esclavos sin justificación moral, pero era problema del vendedor africano el determinarlo, no del europeo que los compraba de buena fe. En cualquier caso, los africanos adquiridos por los comerciantes de esclavos eran liberados de una existencia primitiva y recibirían instrucción en la fe cristiana. Según este arreglo, las condiciones que prevalecieron en el comercio atlántico fueron evitadas con delicadeza. Los detractores del comercio no tardaron en condenar las falacias de este argumento, pero mantuvo su vigencia, y fue aceptado con presteza por los españoles cuya meta principal era enriquecerse.[3]

Tanto los críticos como los defensores del comercio de esclavos coincidían en un punto: la esclavitud de los africanos podía justificarse sólo por la propagación simultánea de la religión católica. Los sensatos y los diligentes, los sacerdotes en el terreno, pronto comprendieron que éste era un propósito más fácil de proclamar que de cumplir. Catequizar superficialmente a un pequeño número de esclavos resultaba muy sencillo en España, pero la labor se hizo muchísimo más difícil entre los cientos de africanos que cada año fueron embarcados hacia las Américas. En primer lugar, los negros de la costa occidental de África hablaban una variedad asombrosa de lenguas y dialectos. Ni siquiera los misioneros más voluntariosos podían aprenderlos todos, y el mero hecho de localizar y educar intérpretes constituía una formidable tarea. Existía también el mayor e igualmente irritante problema de la diversidad cultural. La cristianización significaba aprender, al menos de un modo rudimentario, una serie de abstracciones definidas con bastante precisión y para muchos negros los principios de la fe cristiana resultaban incomprensibles. Por ejemplo, la explicación de la santísima trinidad a un neófito es difícil en cualquier idioma, pero todavía lo es más si ha de ser filtrada a través de intérpretes cautivos asustados y desmoralizados. El misionero debía considerarse satisfecho de realizar lentos y costosos progresos con sus numerosos discípulos, problema que a menudo se complicaba por una escasez crónica de personal y la brevedad del tiempo. Un africano arrancado del interior de Angola y conducido hasta el puerto de esclavos de São Paulo de Luanda, podía permanecer allí sólo unos meses o unas semanas antes de emprender la travesía del Atlántico hasta (por ejemplo) Cartagena, donde quizás pasaría un intervalo parecido antes de ser embarcado de nuevo hasta su destino definitivo según las veleidades del mercado.

En estas circunstancias, incluso el más entusiasta de los misioneros pronto se resignaba a una instrucción rudimentaria de los esclavos, que llegaba hasta el bautismo, y esperaba que sus colegas de algún lugar tuvieran el tiempo y la paciencia para impartir un conocimiento más amplio y profundo de la doctrina cristiana. Sin embargo, otros frailes simplemente desistían de sus obligaciones en todo, excepto tan sólo de nombre, y se convirtieron a la larga en un reflejo de la actitud de la población, tratando con indiferencia a los negros recién llegados. De hecho, con mucha frecuencia las etapas iniciales de la conversión distaban mucho del ideal. De las órdenes religiosas del período colonial, tal vez sólo la Compañía de Jesús cumplió sus responsabilidades y con más notoriedad en el gran puerto de esclavos

---

3. Para una excelente discusión sobre la dudosa justificación moral del comercio de esclavos, véase David Brion Davis, *The problem of slavery in Western culture,* Ithaca, 1966.

de Cartagena, en la costa de Colombia. En efecto, la condena más detallada del comercio de esclavos escrita por un español (*De instauranda Aethiopium salute*) salió del jesuita Alonso de Sandoval (1756-1651), que permaneció en Cartagena durante 40 años.[4] La obra de su colega, Pedro Clavero, fue tan merecedora de admiración que le valió la santidad.

No obstante, fue el número de esclavos y la organización del comercio, y no su moralidad, lo que presentó problemas a los funcionarios españoles durante el período colonial. En 1494, cuando por el tratado de Tordesillas España y Portugal se repartieron entre ellos el inmenso mundo colonial, la primera de estas naciones cometió un error significativo. Por este acuerdo, España cedía a Portugal todos los derechos de explotación de la costa occidental africana y, con esta concesión, cedió cualquier participación directa en el comercio de esclavos. Durante décadas no se percataron del error. En esa época, España tenía poca necesidad de esclavos y, a principios del siglo XVI, los ojos de las autoridades se dirigieron hacia el oeste, en dirección al otro lado del Atlántico, no hacia el sur en dirección a África. El limitado número de esclavos importados a las colonias hispanoamericanas durante el siglo XVI fue abastecido por los portugueses, con autorización real. Durante el último cuarto de siglo, a medida que la demanda de esclavos se intensificaba, la unión dinástica que en 1580 convirtió a España y Portugal en el primer imperio colonial donde verdaderamente el sol no se ponía jamás, no pudo ser más fortuita. El abastecimiento portugués de negros se reconciliaba con la demanda colonial dentro de la misma estructura del imperio, permitiendo que la esclavitud africana en la América española deviniese una fuente de trabajo y de ingresos gubernamentales más importantes de lo que había sido en el pasado. Durante la fusión de las dos coronas, que duró hasta 1640, España controló, por contrato del gobierno, el número de negros embarcados hacia las colonias americanas y aseguró al mismo tiempo su propio beneficio. Dicho brevemente, un empresario portugués, a cambio del pago a la corona de una sustanciosa suma, disfrutaba de un contrato de monopolio para conceder licencias a sus asociados mercantiles, normalmente establecidos en Sevilla o Lisboa, que a su vez les facultaba para vender cierto número de africanos en Hispanoamérica. El detentador de este contrato, que se denominaba «asiento», obtenía beneficios de dos modos: se le permitía cargar a sus clientes más de lo que él pagaba al gobierno y, si lo deseaba, tenía derecho a comerciar directamente en esclavos. Durante el período de 1595 a 1640 (cuando se concedió el primero de estos contratos), el promedio de la importación anual de negros alcanzó las 2.880 personas (un total de 132.600). México y Perú, ricos en plata pero con varios sectores de sus economías pidiendo mano de obra a gritos, absorbieron el grueso de este incremento; los restantes se repartieron por toda Hispanoamérica.

El gobierno español desestimó invariablemente la demanda colonial de esclavos, propiciando un extendido comercio de contrabando que durante muchos años duplicó o triplicó las cuotas de importación autorizadas. La corona hizo lo que pudo para controlar estas ilegalidades. Permitieron sólo dos puertos de entrada de

---

[4]. Alonso de Sandoval, *Naturaleza, policía sagrada y profana, costumbre y ritos, disciplina y catechismo evangélico de todos Etiopes*, Sevilla, 1927, 2.ª ed. revisada, 1647. Reeditada bajo el título *De instauranda Aethiopium salute: El mundo de la esclavitud negra en América*, Ángel Valtierra, ed., Bogotá, 1956.

primera magnitud para el comercio de esclavos, Cartagena y Veracruz, donde no sólo se contaban los esclavos, sino que se registraban los buques en busca de mercancías no autorizadas procedentes del norte de Europa. Los reglamentos se apilaron unos sobre otros, pero no podía rechazarse la voraz demanda del mercado. Los esclavos fueron llegando a otros puertos, y no sólo en el Caribe. En concreto, Buenos Aires cerrado oficialmente a todo comercio excepto a una reducida cantidad, se convirtió en una herida abierta en el sistema comercial español. Esclavos —y manufacturas— entraban por Buenos Aires y cruzaban los Andes desafiando cualquier intento de control del gobierno.

Pero sucedió algo todavía peor: la guerra de los Treinta Años (1618-1648) anunció el toque de réquiem de la dominación lusohispana del mundo colonial. Aunque indiscutiblemente se trataba de un conflicto europeo, durante estos años de guerra los súbditos holandeses de España, sumidos en una amarga lucha contra el dominio Habsburgo durante medio siglo, encontraron por fin la fuerza y la voluntad para establecer un imperio colonial propio. El poder español, expandido tenuemente por el mundo, no pudo reunir los recursos necesarios para sostenerlo. Por ejemplo, en las décadas centrales del siglo XVII, el noreste de Brasil, rico en azúcar pero militarmente débil, fue una zona ocupada por los holandeses, y sus nuevos conquistadores descubrieron lo que los portugueses sabían desde hacía ya tiempo: no puede haber azúcar sin esclavos. Los holandeses utilizaron su excelente fuerza naval para romper de una vez por todas la dominación portuguesa del comercio de esclavos africanos. En 1640 Portugal reconquistó su independencia de una España cada vez más impotente, restableció su control en una parte considerable de la costa occidental africana (de modo especial en Angola), e incluso expulsó a los holandeses de Brasil. Pero el comercio de esclavos nunca volvería a ser el mismo. En África, donde los holandeses habían abierto camino, ingleses y franceses no se rezagaron, y el tráfico de esclavos se convirtió en un asunto internacional. A partir de este momento, para España el comercio de esclavos se transformó en el poco envidiable asunto que tenía que tratar con sus pasados y potenciales enemigos. La reacción española fue predeciblemente orgullosa y poco realista: casi un cuarto de siglo después de 1640 la importación de africanos a Hispanoamérica, donde la demanda era en ese momento baja, estuvo terminantemente prohibida. Sin embargo, los esclavos se importaban de modo ilegal a través de las recién establecidas colonias holandesas, inglesas y francesas del Caribe. En 1662, España cedió con reticencia a la realidad y resucitó el sistema del asiento. No sólo los comerciantes portugueses, a quienes los españoles se habían acostumbrado, sino también los genoveses, holandeses, franceses e ingleses intentaban ahora probar suerte en la venta de negros en Hispanoamérica, legal e ilegalmente. En el último período colonial, el contrato más famoso de empresa esclavista fue el de la Compañía de los Mares del Sur, cuyos privilegios adquirió Inglaterra en 1713 como principal concesión del tratado de Utrecht, que señaló el fin de la guerra de Sucesión española.

A mediados del siglo XVIII, España reconoció de forma oficial el carácter indispensable de una afluencia constante de esclavos africanos a sus colonias americanas. Tras prolongadas negociaciones revocó el derecho de la Compañía de los Mares del Sur al comercio en Hispanoamérica; la corona española intentó en varias ocasiones, nunca con éxito, cerrar otro asiento general y en los intervalos confió en mercaderes particulares españoles que compraban sus esclavos básicamente a proveedores franceses e ingleses en las Indias occidentales. Por fin, en 1789, convencido del valor del azúcar en el mercado europeo, el gobierno español cambió drásticamente, reconociendo el potencial agrícola de Cuba y su necesidad de mano de obra. Abandonó el antiguo y vano esfuerzo por regular escrupulosamente la cantidad de negros importados a Hispanoamérica, y abrió el comercio de esclavos a todos los interesados. Desaparecieron las obligaciones de importación y las cuotas arbitrarias del asiento, y españoles e hispanoamericanos fueron libres para comerciar con cualquier proveedor de esclavos extranjero que en ese momento satisficiera su conveniencia mercantil. El resultado fue un espectacular incremento del volumen del tráfico en ciertas regiones. Ni siquiera la sangrienta revuelta racial que se desató en Haití dos años más tarde, aunque despertara un profundo recelo entre los propietarios de esclavos y los funcionarios análogos, alteró la nueva política del gobierno. En realidad, la eliminación de Haití como proveedor de azúcar a Europa contribuyó a la prosperidad y al crecimiento del tráfico cubano de esclavos.

El cálculo de la magnitud del tráfico de esclavos hispanoamericano, desde la disolución del monopolio portugués en 1641 hasta la independencia a principios del siglo XIX, es una empresa difícil y delicada. Después de 1739, el historiador no cuenta ni siquiera con la referencia de las falsamente bajas cifras oficiales del asiento, y existe el problema añadido de la reexportación (es decir, esclavos en apariencia transportados a las islas azucareras inglesas o francesas, pero en realidad destinados a ser vendidos a los españoles). Philip Curtin, el más preciso estudioso del tema, prefiere dividir este período en dos partes. La primera se extiende desde 1641 a 1773, momento en que se percibe poca variación regional en la demanda de esclavos, y en el que cifra un volumen de importación total de 516.000 individuos, o un promedio anual de 3.880. La segunda parte de lo que Curtin denomina los «números del juego», abarca los años comprendidos entre 1774 y 1807, y en los que cifra un total de 225.100 negros importados, o un promedio anual de 6.600. Sin embargo, los promedios anuales pueden ser engañosos. Durante la segunda mitad del período colonial, con la parcial recuperación de la población india y el rápido crecimiento de la población mestiza,[5] los antaño importantes mercados de Perú y México, el último en particular, perdieron gran parte de su antigua importancia. Por otro lado, ante la creciente demanda europea de sus exportaciones, Venezuela, Colombia (en menor grado) y, sobre todo Cuba, tomaron el relevo. Por ejemplo, durante el período de 1774 a 1807, Cuba respondió de más de la mitad de los esclavos africanos introducidos en Hispanoamérica (119.000 de 225.100). Debido al contrabando y a la naturaleza parcial de los testimonios escritos, nunca se sabrá el volumen preciso del comercio de esclavos a Hispanoamérica durante el período colonial, pero aceptamos aquí el cálculo de Curtin, según el cual algo menos de un millón de africanos fueron importados entre la conquista y los primeros años del siglo XIX. En gran medida debido al auge repentino del azúcar cubano, esta cifra aumentó hasta un total de un millón y medio hacia 1870, cuando Gran Bretaña por fin fue capaz de asumir la meta largamente deseada de abolir el comercio de esclavos.

Por razones que todavía deben ser satisfactoriamente exploradas, la población

---

5. Sobre la recuperación demográfica de Hispanoamérica a partir de mediados del período colonial, véase Sánchez-Albornoz, *HALC,* IV, capítulo 1.

esclava de la mayoría de las regiones de la América española (aunque no en todas), habría declinado con el tiempo sin las infusiones constantes de nuevos esclavos procedentes de África. Pero incluso este intento de compensar un descenso natural de población esclava no resolvió el problema e, irónicamente, aseguró que la tendencia persistiera, pues los nacidos en África sufrían tasas de morbilidad y mortalidad más elevadas que los nacidos en América, y los cargamentos de esclavos importados por lo general contenían bastantes más hombres que mujeres, proporción de sexo desfavorable a una abultada tasa de natalidad. Dicho de otro modo, la importación de miles de esclavos en Cuba para cualquier año, no aumentó la población negra en una cantidad equivalente, pues una porción oscilante de la cifra simplemente sofocaba el exceso de muertes con respecto a los nacimientos entre los negros que ya se encontraban en la zona. De este modo, un elevado volumen de importación no implicaba un incremento proporcional de la población esclava. Por el contrario, el número de personas libres de color en Hispanoamérica creció de modo sostenido en cada década, fenómeno debido no sólo a la manumisión, sino quizás resultado de una mayor inmunidad a la enfermedad, mejores condiciones de vida y mayores deseos de tener hijos.

Es difícil establecer el tamaño de la población esclava de la Hispanoamérica colonial en cualquier período. En primer lugar, España nunca tuvo motivos para determinar el número de esclavos en sus dominios de América. Una vez satisfechas las deudas de importación, los propietarios de esclavos no tenían ninguna obligación, excepto pagar las muy variadas tasas locales de impuestos sobre sus negros. Además, los burócratas y observadores de la época estaban más acostumbrados a los números redondos que a la exactitud estadística y, en las raras ocasiones en que se hizo un cómputo, los negros esclavos y libres fueron con frecuencia incluidos en el mismo grupo. Es necesaria otra reflexión: la esclavitud africana no tuvo la misma importancia en todos los lugares ni en todas las épocas. Por ejemplo, en 1774 Cuba tenía, según una valoración, sólo 38.879 esclavos, cifra que se dispara a unos 212.000 hacia 1811 y a 286.000 hacia 1827 como respuesta a las crecientes necesidades de las plantaciones de azúcar. Por el contrario, en un recuento característicamente impreciso de México en 1645, un observador coetáneo aventuraba un cálculo de 80.000 esclavos, total que se reduce a unos 10.000 hacia 1793. Si deseamos conocer los resultados demográficos de más de 300 años de esclavitud en todo el imperio, sólo son posibles ilustradas conjeturas, pero parece razonable fijar la población esclava a principios del siglo XIX en unas 550.000 personas, con un número de negros libres que iguala y probablemente supera esa cifra.[6]

Para la comprensión de la importancia del esclavo africano en Hispanoamérica es más importante la actuación de los esclavos en la actitud económica de sus diversas regiones, que su simple cómputo. En el subsuelo de las minas de plata en el Alto Perú (la moderna Bolivia) y México, el esclavo africano tuvo una importan-

---

6. Véanse las cifras de Sánchez-Albornoz, *HALC,* IV, capítulo 1. El cálculo más reciente, 538.735 esclavos, para los años 1728-1812, puede hallarse en Leslie Rout, Jr., *The African experience in Spanish America, 1502 to the present day,* Cambridge, 1976, pp. 95-98. Véase también la obsoleta pero útil obra de Wilbur Zelinsky, «The historical geography of the Negro population of Latin America», en *Journal of Negro History,* XXXIV, 1949, pp. 153-221.

cia marginal. Tras la inicial veta mineral, los márgenes de beneficio fueron mucho más bajos que lo que algunos esperaban, el índice de accidentes laborales fue alto y en las gélidas altitudes de las regiones de minería de plata, el terrible índice de mortalidad se creía resultado de que los esclavos de África tropical no podían adaptarse al clima, aunque las enfermedades tenían tanta o mayor culpa. Como reacción, los propietarios mineros tendieron a confiar en el mercado de trabajo libre en el caso de México y en la *mita* en el caso de Perú, en lugar de comprar costosos esclavos de mortalidad incierta.[7] En las zonas de minería de oro de Nueva Granada —Antioquía, Popayán y el Chocó— la situación era muy diferente. En el siglo XVIII eran necesarios esclavos para sustituir a una población nativa diezmada por las enfermedades y hostil por añadidura, y los negros constituían una inversión relativamente segura, pues se encontró oro en los depósitos de aluvión, lo cual entrañaba escasos riesgos durante la extracción. Como estos yacimientos se agotaban rápidamente, los amos y su grupo de esclavos (tanto hombres como mujeres) vagaban de un filón a otro y fundaban pocos establecimientos permanentes. Según el censo de 1778, el 60 por 100 de la población esclava de Nueva Granada, de un total de unos 70.000 individuos, estaba implicada en la extracción de oro.[8]

En la agricultura, el trabajo negro fue de vital importancia. Las dos colonias más ricas de Hispanoamérica, México y Perú, proporcionan quizás los ejemplos más interesantes de los variados modos de utilizar a los esclavos. La mano de obra empleada en la muy dispersa industria azucarera mexicana era predominantemente negra, debido, al menos en parte, a que el gobierno era reacio a autorizar el empleo de indios en una ocupación tan ardua. En las prósperas provincias agrícolas de México central, zonas donde la producción estaba menos especializada, se dio un modelo diferente. Los hacendados mantuvieron un equipo de mano de obra negra para colaborar durante todo el año, y durante las temporadas álgidas del año contrataban trabajadores indios y mestizos temporeros para ayudarles en el cultivo, la siembra y la recolección. El litoral de Perú ofrece otro aspecto. Allí, tras haber diezmado la población indígena en el siglo XVI, el trabajo esclavo determinaba prácticamente todas las ocupaciones agrícolas, sobre todo en la producción de vino, azúcar y trigo, y en la horticultura de mercado. En el siglo XVII, el virrey del Perú explicaba que no existía «otro servicio más que el de ellos [los esclavos]», y así fue hasta el final del dominio colonial, aunque la importancia del trabajo esclavo en México declinó a medida que avanzaba el siglo XVIII. Se estimaba que en 1793 México tenía sólo 10.000 esclavos, mientras que en 1812 Perú tenía 89.241.

En los siglos XVII y XVIII, los esclavos negros jugaron un papel importante en la producción de cacao en Venezuela y Quito, y destacaron en el cultivo de trigo, el cuidado de ganado y la elaboración de vinos en las regiones argentinas de Tucumán, Córdoba y Mendoza. En las economías de pastoreo de Uruguay y Paraguay, y en el Chile triguero, los negros no constituían una cifra insignificante, aunque (a excepción de Panamá), no ocurría lo mismo en las economías domésticas de América central. Como hemos visto, la esclavitud africana fue, de modo más drástico,

---

7. Véase Bakewell, *HALC*, III, capítulo 2, también Colin A. Palmer, *Slaves of the white God: blacks in Mexico 1570-1650*, Cambridge, Mass., 1976.
8. Sobre las minas de oro en el Chocó véase William F. Sharp, *Slavery on the Spanish frontier: the Colombian Chocó, 1680-1810*, Norman, Okla., 1976.

el núcleo del auge súbito del azúcar cubano que empezó a finales del siglo XVIII, para transformar la isla de una sociedad con esclavos en una sociedad esclavista.

La esclavitud en Hispanoamérica también era en gran medida una institución urbana. Entre las familias con pretensiones de respetabilidad, la posesión de criados negros proporcionaba cierta distinción social: mujeres para hacer la limpieza, cocinar, cuidar y vigilar a los niños; hombres para atender el huerto, pulir los objetos de bronce, cepillar los caballos y conducir el carruaje. En efecto, en algunas ocasiones los funcionarios gubernamentales temieron la agitación esclava que se podía producir por el número excesivo de sirvientes domésticos negros, a pesar de lo cual los mantuvieron a veces más por ostentación que por utilidad.

Sin embargo, los esclavos urbanos no sólo eran útiles por una cuestión de prestigio. Para beneficio de sus amos, los esclavos se convirtieron en vendedores de fruta y quincallería; eran trabajadores no cualificados, por ejemplo acarreaban ladrillos, pero no sabían cómo colocarlos; o eran trabajadores en los famosos talleres textiles (obrajes) que salpicaban el paisaje allí donde se podía disponer de algodón o lana para el vestuario. Si creemos en el testimonio de los observadores, a menudo las mujeres eran obligadas a prostituirse, pagando una cuota fija de dinero a sus amos. Con suerte y, por lo general, bajo asesoramiento español, los negros esclavos (y libres) se convirtieron en artesanos especializados: hacían vestidos, zapatos, tejas, objetos de hierro y muebles. Cualquiera que fuese su ocupación, está claro que los negros de las ciudades formaban una parte esencial de la economía. Quizás al adaptarse a la vida urbana con mayor facilidad que los indios, dependían de los trabajos que era necesario hacer, pero que los hombres blancos despreciaban. Aunque la mención de Perú evoca la imagen de una sociedad india, a mediados del siglo XVII, más de la mitad de la población de Lima era negra y (entre otras cosas) la belleza de las iglesias que han sobrevivido es en gran medida un tributo de su industria y su artesanía. Lima y Ciudad de México contaban con las mayores concentraciones de negros del hemisferio occidental. Y las cifras de otras ciudades y pueblos de la Hispanoamérica colonial, a veces cómputos supuestamente precisos pero a menudo impresiones casuales de sagaces observadores, indican grandes poblaciones negras.[9]

En resumen, el historiador de la esclavitud en Hispanoamérica se enfrenta a una institución introducida y mantenida por los cambiantes requerimientos económicos regionales de mano de obra. Importante para cualquier tipo de empresa rural y para el funcionamiento de las áreas urbanas, la esclavitud se convirtió en una costumbre, una tradición, casi un modo de vida para muchos amos. Eran negros quienes abrían las puertas, servían la comida y llevaban en literas a las damas a la misa matinal. Se adquirió con facilidad el hábito de la dominación y pronto llegó a parecer el natural e indispensable orden de cosas.

Ahora debemos preguntarnos qué recompensas, si es que tenían alguna, recibían los esclavos por su trabajo. O, dicho de otro modo, ¿tenían como mínimo en sus vidas posibilidades de compensar las realidades del trabajo incesante y la muerte?

---

9. Sobre la esclavitud en Lima, véase Frederick P. Bowser, *The African slave in colonial Peru, 1524-1650*, Stanford, 1974. Sobre Ciudad de México véase Palmer, *Slaves of the white God*.

En 1947 el difunto Frank Tannenbaum sostenía en un libro que habría de ejercer enorme influencia, *Slave and Citizen: the Negro in the Americas*, que los negros de Latinoamérica fueron más afortunados que sus compañeros del sur de los Estados Unidos. Con frecuencia, el profesor Tannenbaum basó sus conclusiones no en materiales de archivo, sino en falaces fuentes impresas y su obra reflejaba fuertes influencias de las magníficas investigaciones de Gilberto Freyre para Brasil, pero se advierte cierta validez en sus afirmaciones. Los españoles (y los portugueses), a diferencia de los ingleses, se habían acostumbrado cada vez más a la esclavitud negra, sintiéndose casi cómodos ante ella, siglos antes de la colonización del hemisferio occidental, y el rango de los sometidos a esclavitud estaba definido con más o menos precisión. El Estado y la Iglesia reconocían la esclavitud como nada más que una desafortunada condición secular. El esclavo era un ser humano que poseía un alma, igual que cualquier persona libre ante los ojos de Dios. La Iglesia alababa la manumisión como un acto noble, y muchos amos, pensando en su salvación, la complacían en algún momento de sus vidas. Según Tannenbaum, esta indulgencia, esta tolerancia, también facilitaba la incorporación de los exesclavos en una sociedad más tolerante. Curiosamente, casi pasa por alto el crecimiento, durante el período colonial, del prejuicio racial, tan importante para la comprensión del desarrollo de la esclavitud. Pero señala otros temas dignos de destacar: en su opinión, Latinoamérica contrastaba violentamente con el viejo sur, donde las instituciones de la Iglesia y el Estado se mostraban inmaduras e indiferentes hacia los esclavos, y donde los ingleses convertidos en americanos no sabían qué hacer con respecto a la emancipación y el rango de los negros libres en una sociedad esclavista.

El libro causó un enorme impacto dentro de un círculo limitado, y con el paso de las décadas influyó en la publicación de un gran número de monografías sobre la esclavitud en Hispanoamérica y unas cuantas tentativas de hacer una historia comparada más detallada, muchas de las cuales discrepaban de uno u otro aspecto de la tesis general de Tannenbaum. El problema de este debate sobre la relativa liberalidad de la esclavitud latinoamericana radica en que a menudo discípulos y detractores malinterpretaron el significado de lo que Tannenbaum había dicho, e intentaban razonar o destruir este argumento con hechos relativos a la condición material del esclavo. La calidad de la dieta, la incidencia del matrimonio, los índices de mortalidad, la severidad del castigo corporal y cosas por el estilo se empleaban, no siempre de un modo consciente, para defender, refutar o modificar la tesis de *Slave and citizen*. El resultado ha sido un debate académico bastante estéril sobre los dudosos méritos de la esclavitud hispanoamericana, un intento de medir los grados de inhumanidad. Sin embargo, Tannenbaum estaba interesado al máximo en cuestiones de mayor importancia. El hecho de que los esclavos comieran más plátanos que cerdo, carecía de importancia sobre el impulso de su trabajo. Tannenbaum estaba interesado en problemas de aceptación e integración humana. Se puede argumentar que las condiciones materiales y espirituales no pueden separarse, y es cierto que su estática y noble aproximación al tema esencial de la igualdad y las gradaciones intermedias, arruinan su obra. No obstante, quienes han seguido sus pasos han caído con frecuencia en la misma trampa, al no comprender lo impracticable que resultan las generalizaciones que incluyen a toda Hispanoamérica en todas las épocas. Por ejemplo, un esclavo urbano en Ciudad de México, producto de generaciones de esclavitud, imbuido del lenguaje y como mínimo de una parte de la cultura de los blancos, tenía, casi con certeza, una idea de su situación distinta a la de un negro recién desembarcado de África, que lavase oro en las tierras vírgenes de Colombia. Las mejores historias de la esclavitud hispanoamericana han sido, y serán, aquellas que combinan planteamientos culturales y materiales con un intenso sentido de lugar y de época.

Los historiadores de todas las creencias coinciden en un punto: los códigos legislativos formulados en España no podían definir y, de hecho no definían, la realidad hispanoamericana. Debemos suponer, con Tannenbaum, que el mismo espíritu con el que se concibieron las leyes que ordenaban al amo cristianizar a sus esclavos, tratarlos bien e incitarlos al matrimonio, también guiaba y motivaba al propio propietario de esclavos. Pero la verdad es que aunque la ley imperial resulta muy clara, también era relativamente breve y poco detallada en lo que respecta al trato de los esclavos en Hispanoamérica y, excepto para negar el derecho a ejercer la pena de muerte, el sistema legislativo colonial concedía una autoridad casi absoluta al propietario de esclavos. Y los amos trataron de que así permaneciera: por ejemplo, en 1789, cuando Carlos IV proclamó un nuevo código de esclavitud que limitaba el castigo corporal que un amo podía infringir, la tormenta de protestas coloniales fue tan grande que el decreto se convirtió en letra muerta. Los códigos de esclavitud locales eran más detallados, pero en general giraban en torno a poco más que el toque de queda, la buhonería ilegal y —por supuesto— el castigo corporal.

Así, la suerte de los esclavos en Hispanoamérica fue determinada no tanto por la ley, como por la personalidad del amo y por el entorno social y económico que variaba enormemente de una región a otra, y de una década a otra. Para algunos esclavos, la relación con sus amos era semejante a la de un criado con su jefe, con todas las variantes y sutilezas; esto equivale a decir que no le afectaba demasiado el hecho de la esclavitud. Por ejemplo, un esclavo doméstico inteligente y fiel, disfrutaba de todas las prerrogativas de un mayordomo inglés, y aunque existían amargas cuestiones legales, fueron mitigadas por la seguridad económica, la perspectiva de manumisión, el respeto humano mutuo y (sobre todo en el caso de los hijos de los esclavos) incluso amor. Por otro lado, un cortador de caña de una inmensa plantación durante el auge repentino del azúcar podía incluso no conocer a su amo. Era el capataz quien representaba a la sociedad blanca, y lo más probable era que la aversión y la crueldad, y no el afecto, dominaran la relación entre blancos y negros.

A pesar de que a algunos negros les iba mejor que a otros, sería difícil argumentar una existencia fácil para la mayoría de los esclavos africanos. En general, dormían sobre una tabla que les servía de lecho, ya fuera en barracones en el patio o en cabañas detrás de la casa principal. Los negros urbanos comían la comida más barata que se podía conseguir en el mercado, mientras que a los esclavos de las zonas rurales muchas veces se les permitía, y a veces se les obligaba, a cultivar su propio alimento, prácticas que implicaban una abundancia de hidratos de carbono y un mínimo de proteínas. Vestían ropas de una pobreza patética, que se reponían como máximo dos veces al año, y sólo recibían atención médica cuando era absolutamente necesario, y, con frecuencia, demasiado tarde. Además, muchos amos hispanoamericanos suponían que sus derechos de propiedad sobre las esclavas incluían el acceso carnal, idea que explica el crecimiento de la población mulata durante el período colonial.

Sin embargo, el historiador debe recordar que la población libre pobre de Hispanoamérica, fuese del color que fuese, compartía la mayor parte de esta existencia. El mandato del amo definía la vida del esclavo. Para las personas libres pero de baja extracción, las realidades socioeconómicas obraban hacia un fin parecido. Existen pocas razones para dudar que el equivalente a la violación era tan común entre los pobres libres como entre amo y esclavo. También debe observarse que no todos los amos eran ricos propietarios de casas en la ciudad, vastas plantaciones y grandes minas. En realidad, una gran cantidad de negros era propiedad de individuos de medios modestos, cuyas condiciones de vida no eran mucho mejores que las de sus propios esclavos: un lecho más blando en una habitación más espaciosa, mayores raciones de alimento con un poco más de proteínas, vino y las azucaradas conservas tan estimadas por los hispanoamericanos; las ropas eran quizás respetables pero poco lujosas, y tenían mayor acceso a una atención médica de dudosa eficacia. En otras palabras, las condiciones de vida miserable eran una realidad para la mayoría de hispanoamericanos y la distinción crucial no era tanto entre esclavo y libre, como entre rico y pobre.

Al enfrentarse ante las realidades de la esclavitud, la Iglesia se contentaba con ofrecer las recompensas del más allá a quienes eran pacientes en la tierra. Incluso Alonso de Sandoval, aunque lamentaba la inmoralidad del comercio de esclavos y de las sórdidas prácticas de las que había sido testigo en Cartagena, no cuestionaba la legitimidad de la esclavitud africana. En cambio, el devoto sacerdote dedicaba su cuidado y su interés a la conversión y al buen trato de una raza que todos suponían inferior.

Cuando se trataba del cuidado espiritual del africano, el problema se convertía en una cuestión de mandato e interés. En teoría, los esclavos que llegaron de África eran ya cristianos inteligentes y bautizados, y en consecuencia, estaban bajo la administración del clero secular de Hispanoamérica. Pero, ni siquiera la corona, con su tendencia a las mentiras legalistas, estaba preparada para aceptar este mito, y por tanto, aunque no estuvieran específicamente autorizadas, permitía e incluso apreciaba las actividades de los jesuitas en los puertos de esclavos. Aunque durante mucho tiempo los jesuitas fueron los mayores propietarios de esclavos del hemisferio occidental, hasta su expulsión de América en 1767, la Compañía de Jesús tomó en serio sus responsabilidades misioneras, sobre todo entre los africanos recién llegados (los llamados «bozales»), tanto en los puertos de esclavos como en su destino definitivo. Por ejemplo, en Lima, uno o más jesuitas asistían a diario a los obrajes y mercados para predicar la fe, y parece ser que los esclavos los contemplaban con una mezcla de gratitud, respeto y fe. Un jesuita, favorito del virrey Toledo, solía acudir a la plaza central de Lima los domingos y días de fiesta, se sentaba en un banco de piedra, y predicaba a los negros que se acercaban y le rodeaban. El padre Portillo era conocido como «la trompeta de Dios», debido a que con su estentórea entonación era capaz de inspirar temor en el corazón del negro más recalcitrante cuando describía los castigos del infierno. Su colega, el padre González adquirió tal reputación que, según parece, los amos sólo tenían que invocar su nombre para someter a los esclavos insumisos. Careciendo de autorización y (quizás) de determinación, las demás grandes órdenes religiosas —los dominicos, los franciscanos y los agustinos— fueron menos consecuentes con su trabajo y prefirieron dirigirse a las necesidades espirituales de los negros «ladinos», aquellos que tenían cierto conocimiento del idioma y la cultura española. En cualquier caso, allí donde hubo un número suficiente de estas órdenes, se dio una imagen de catolicismo e interés.

Con respecto al brazo secular de la Iglesia, cuya responsabilidad nominal era el cuidado del bienestar espiritual de los negros, el veredicto no puede ser unívoco. Durante siglos de esclavitud, la corona fue muy crítica con los esfuerzos del clero secular entre los esclavos, y de Madrid salió un torrente de cartas exhortando a una mayor diligencia y cuidado. La respuesta de los obispos era invariablemente la misma: la población esclava crecía demasiado deprisa como para ser atendida con los fondos y el personal disponible, y se instaba al gobierno a ceder una parte de sus diezmos para corregir la deficiencia. La corona se negó a hacerlo y hasta finales del siglo XVIII, cuando aumentó el número de sacerdotes seculares y la población esclava más o menos se estabilizó, apareció la práctica del rito cristiano de un modo que los españoles consideraron normal. Por ejemplo, si medimos la salvación en función del número de bautismos y matrimonios que se dieron entre los negros, el clero secular de Cuba se comportó muy bien durante los primeros años del auge del azúcar.

Nunca se conocerá el resultado de los esfuerzos misioneros entre los africanos, tanto esclavos como libres, para quienes la cultura europea era, en muchos sentidos, una abstracción. No obstante, abundantes testimonios en varias zonas indican un cierto éxito, al menos en la superficie de las cosas, y en particular entre los negros ladinos de las ciudades. Los africanos esclavos y libres eran analfabetos en una proporción abrumadora y, en consecuencia, no llevaron sus plumas al papel para firmar sus creencias, pero es cierto que los negros prefirieron un marco católico para las necesidades humanas de asociación con los demás. Las hermandades religiosas que se establecieron por toda Hispanoamérica eran tan puntillosas en su devoción al catolicismo como sus homólogas españolas; no carecían de velas, incienso, flores, altares y plegarias murmuradas. Sobre la convicción interior, el historiador sólo puede especular, aunque puede citarse el excepcional pero notable ejemplo del famoso santo negro de Perú, san Martín de Porres.

Es difícil hacer una valoración de la obra de la Iglesia entre los negros de Hispanoamérica, y el historiador siempre vuelve a una antigua pregunta: ¿se trata de una institución que de algún modo alivia, pero a la larga apoya, un mal que de cualquier modo existiría para ser alabado o condenado? En este caso, la Iglesia fue la justificación definitiva de lo que habría de considerarse una servidumbre injustificable, pero sus intentos por mejorar, aunque ligeramente, la humillación fundamental de la esclavitud no se pueden menospreciar a la ligera.

Por supuesto, esto no equivale a decir que todos los negros en todas las épocas aceptaron su condición. Aparte de reacciones espontáneas al trato cruel o al trabajo excesivo, se dieron frecuentes rebeliones. De hecho, la resistencia organizada negra a la esclavitud ha sido tema de una abundante atención erudita en los últimos años.[10] En Panamá a mediados del siglo XVI, la agitación entre los esclavos fue tan grave y difundida, que la corona prohibió temporalmente la importación de negros. A principios del siglo XVII una gran zona de México pasó a manos de los

---

10. En Rout, *The African experience,* cap. 4, puede hallarse una lista de las revueltas y motines de esclavos más importantes. Para un obligado relato comparativo véase Eugene Genovese, *From rebellion to revolution,* Baton Rouge, 1979.

negros rebeldes, obligando al virrey a negociar cuando fracasaron los esfuerzos militares por remediar la situación. En 1749 en Venezuela, una revuelta masiva de esclavos fue abortada en último extremo sólo cuando uno de los conspiradores reveló, bajo tortura, detalles de la trama. Más seria fue la revuelta de esclavos que se desató en 1795 en Coro, pues por aquel entonces los acontecimientos de Haití habían asustado a los plantadores de todo el Caribe. No obstante, cuando se analizan estos disturbios por región y por década, la inevitable conclusión es que la mayoría de esclavos africanos se resignaron a su destino. La inquietud manifiesta de los amos hispanoamericanos y las autoridades en relación con la agitación esclava no debe disimular el hecho de que fueron raras, aunque muy temidas, las revueltas de esclavos en la mayoría de las regiones. Además, aunque los españoles en general temían los comportamientos de sus esclavos, pronto aprendieron una realidad esencial sobre quienes estaban por debajo de ellos. Los africanos de entornos tribales diferentes estaban tan enfrentados entre sí como resentidos con las autoridades blancas, y los españoles se cuidaron mucho de cultivar esta enemistad. Las hermandades religiosas, incluso las raras veces en que se permitieron danzas en las calles, se separaban cuidadosamente por linajes tribales, como vagamente percibían sus amos blancos. A los africanos de Guinea no se les permitía congregarse formalmente con los de Angola. La estrategia dio resultado. Entre los africanos de Hispanoamérica jamás surgió nada parecido a la unidad y, en consecuencia, las revueltas de esclavos estaban en última instancia destinadas al fracaso.

Dos manifestaciones distintas de la agitación esclava afectaron enormemente a sus amos. La primera podía calificarse de resistencia pasiva. A pesar de entender las órdenes del amo a la perfección y a la primera, un esclavo pedía que se las repitiera dos o tres veces para después realizar mal la tarea. Las herramientas se rompían o se perdían, el ganado aparecía misteriosamente asesinado o tullido, las zanjas y canales de irrigación se desviaban, y el incendio premeditado no era desconocido. La lista era larga y sólo la constante vigilancia del amo o de un supervisor de confianza podía evitar que se repitiera. Lo mismo ocurría entre el servicio doméstico. Por ejemplo, una cocinera podía negarse a realizar ciertos quehaceres no relacionados directamente con la cocina y, si finalmente era obligada, lo hacía tan mal, que su ama lo pensaba dos veces antes de volver a obligarla. Así los esclavos aprendieron a dar salida a sus frustraciones sin cruzar la delgada línea entre la indolencia reconocida y la insolencia. La primera era tolerada a regañadientes por el amo blanco como una característica racial imposible o difícil de corregir, pero la segunda recibía las tiernas gracias del látigo o algo peor.

Más turbador para los propietarios de esclavos hispanoamericanos era el problema de los esclavos que, cansados de las cargas y la monotonía que delimitaban sus vidas, huían para liberarse. Estos fugitivos se denominaban «cimarrones» y algunos escaparon con éxito. Los amos respondían con ojos vigilantes y candados en las puertas, pero es evidente que los esclavos debían disfrutar de cierta movilidad para ser de alguna utilidad. Los trabajadores agrícolas debían salir al campo y el capataz no podía estar en todas partes al mismo tiempo; la cocinera debía ir al mercado. Las autoridades hicieron lo posible para colaborar. Se impusieron severos castigos legales (incluidas la mutilación y la muerte) por deserción y, en muchas zonas se estableció una policía civil denominada la «santa hermandad» para capturar y devolver a los fugados. En el mejor de los casos, estas medidas constituyeron éxitos parciales, pero el problema persistió y nunca fue resuelto. En las ciudades de Hispanoamérica, los negros que habían escapado a la esclavitud se refugiaban en el anonimato urbano y recibían trabajo de cínicos patronos que no hacían preguntas sobre su condición. En zonas rurales como Panamá, el este de México y Venezuela, los cimarrones tendieron a agruparse en asentamientos conocidos como «palenques» o *cumbes* con el fin de conseguir ayuda y camaradería. Por ejemplo, en 1720 se estimaba que sólo en Venezuela existían como mínimo 20.000 fugitivos dispersos en cumbes por toda la colonia.

Aunque irritantes, estas agrupaciones no suponían una seria amenaza para la autoridad blanca. Era evidente que los propietarios de esclavos perdían dinero y orgullo cuando los esclavos escapaban a su cautiverio (fuera temporal o permanentemente), pero los negros fugitivos estaban desarmados y no deseaban desafiar a la autoridad blanca, sino escapar de ella. El problema consistía en que rara vez las comunidades de cimarrones eran autosuficientes, y sus incursiones a las plantaciones vecinas obligaban una y otra vez a los furiosos agricultores a solicitar una acción por parte del gobierno. Los gobernantes de Hispanoamérica eran complacientes, pero por la misma razón no deseaban perder la preciosa renta de la corona en confrontaciones armadas con los bien organizados palenques de zonas remotas. En más de una ocasión se alcanzó un compromiso por el cual el campamento de fugitivos reconocía la autoridad española, admitiendo (y algunas veces solicitando) un sacerdote, y convirtiéndose en una comunidad autogobernada. Pero donde no había campamento al que unirse, un pobre e incapacitado fugitivo, ante el temor constante de ser descubierto, solía estar dispuesto a cambiar su terrible libertad por la espantosa seguridad de la esclavitud. Al menos en Cuba, tenemos la curiosa costumbre del «compadrazgo», por el cual un cimarrón reflexionaba sobre lo que había hecho, se procuraba los servicios de un tercero para pedir disculpas al señor, acelerando su regreso a la servidumbre sin castigo.

A medida que avanzaba el período colonial, la esclavitud dejaba de ser la condición predominante de los africanos en la Hispanoamérica continental. Este fue en primer lugar el resultado de la manumisión, aunque las cifras de negros libres se reforzaban década a década con la procreación. No debe sorprendernos el crecimiento sostenido de una población de color libre. Como notablemente plantea el famoso código legal de Alfonso X el Sabio (1221-1284) conocido como *Las siete partidas* (1263-1265), quizás los españoles y los hispanoamericanos supusieron que la esclavitud no era más que un infortunio de nacimiento, un defecto secular no permanente, que nada tenía que ver con el alma. Sin embargo, se proclamaba la libertad como ideal. Así, tras intervalos variados y con frecuencia en sus últimas voluntades ya en el lecho de muerte, cuando el beneficio económico de repente parecía menos importante que la salvación espiritual, los amos liberaban voluntariamente a sus esclavos especificando que la compasión y el fiel servicio motivaban el acto. Datos basados en testamentos y cartas de manumisión en los archivos notariales indican que durante el período comprendido entre 1524 y 1650 el 33,8 por 100 de los esclavos africanos de Lima fueron liberados sin condiciones. Las cifras de Ciudad de México ofrecen un porcentaje de un 40,4 por 100 durante el mismo período y en la provincia mexicana de Michoacán el total entre los años de 1649 a 1800 alcanza el 64,4 por 100. Se liberaron cantidades más pequeñas de esclavos bajo la promesa de un futuro servicio hasta la muerte del amo, o en otros casos legados a parientes pobres hasta sus muertes. Estas disposiciones quizá no tuvieran ningún valor en el caso de los esclavos ancianos, pero al menos aseguraban que los descendientes que le sobrevivieran, serían libres. El resto de los negros (el 39,8 por 100 en Lima, el 31,3 por 100 en Ciudad de México y el 34 por 100 en Michoacán), o vieron comprada su libertad por terceras partes cuyos motivos rara vez se aclararon, o compraron su libertad a un precio pactado al permitírseles trabajar por su cuenta para acumular capital con este fin.[11]

Pero la caridad cristiana tenía sus límites y pruebas convincentes indican que la manumisión era principalmente una oportunidad accesible a niños y mujeres. El trabajo de un esclavo adulto era demasiado valioso como para ser cedido con ligereza. Investigaciones en Perú y México proporcionan amplias pruebas de este fenómeno. Por ejemplo, los niños menores de 15 años y las mujeres constituyeron el 92,2 por 100 de los esclavos liberados en Lima entre 1524 y 1650. Los resultados para Ciudad de México, aunque fragmentarios debido a la pérdida de muchos archivos en las terribles inundaciones de los siglos XVI y XVII, ofrecen testimonios semejantes. En Michoacán durante los años que van desde 1649 a 1800, las mujeres y los niños todavía constituían la mayoría (cerca de un 70 por 100) de los esclavos liberados, y la cifra más baja refleja probablemente la creciente irrelevancia del trabajo negro ante la recuperación demográfica de los nativos y la mayor disponibilidad de trabajo mestizo, hipótesis que se basa en el gran porcentaje de esclavos que fueron liberados sin condiciones.

Debe señalarse que a pesar de que según la ley la liberación era una oportunidad accesible por igual a los esclavos rurales y urbanos, investigaciones más detalladas revelan que en la práctica era muy diferente. Los esclavos rurales se llevaron la peor parte. Ignorantes, aislados, en general con una capacidad lingüística y unos recursos financieros mínimos, no sabían prácticamente nada sobre los tribunales de justicia de Hispanoamérica, y los preceptos morales por los cuales mantenerse a la expectativa. En general, los negros de las plantaciones de Hispanoamérica vivían y morían según la voluntad de sus amos y capataces. Existía poco diálogo, simplemente un cambio de órdenes y aceptaciones, aderezado sin duda por chanzas sin sentido. Por el contrario, para el esclavo urbano más versado en los usos sociales y el modo de operar de la justicia hispanoamericana, fue más fácil obtener la liberación. Los negros de las ciudades trabajaban más cerca de sus amos, y con frecuencia sus posiciones inspiraban y exigían sinceridad y confianza mutua. El oído del amo humano estaba en general disponible y se esperaba de él justicia, indulgencia y muy a menudo una oportunidad de libertad, aunque quizás a un precio. La mayor sofisticación del esclavo urbano está ilustrada por casos más sórdidos. Por ejemplo, cuando los amos llevaban el principio de acceso carnal hasta el extremo de la procreación, las madres esclavas imploraban la libertad del hijo, y a veces la lograban.

El presente estado de la investigación no permitirá generalizaciones sobre el índice de manumisión, es decir, sobre el número de esclavos liberados en relación con

---

11. Frederick P. Bowser, «The free person of color in Mexico City and Lima: manumission and opportunity, 1580-1650», en Stanley L. Engerman y Eugene D. Genovese, eds., *Race and slavery in the western hemisphere: quantitative studies,* Princeton, 1975, p. 350.

el tamaño de la población negra en una zona determinada. Pero las investigaciones de otros estudiosos parecen confirmar la afirmación de Tannenbaum de que los latinoamericanos aceptaban de buena gana la presencia de negros libres, para asimilarlos en una sociedad más tolerante (aunque en sus niveles más bajos) e incluso otorgarles cierto respeto como artesanos o como oficiales de la milicia. No hubo linchamientos en Hispanoamérica y la ruidosa oposición a los negros libres que prevaleció en el sur de los Estados Unidos no llegó, ni mucho menos, a un extremo parecido, aunque eso no niega una gran dosis de sutiles prejuicios. Sin embargo, esto se borró con el proceso de mestizaje entre españoles, africanos e indios que continuó a través de los siglos, insensible a las exigencias de la corona y la Iglesia. A pesar de comentarios como el de un observador del Perú del siglo XVII que afirmaba que la forma de la oreja invariablemente delataba a los descendientes de africanos, con el tiempo se hizo muy difícil en la mayoría de los casos distinguir la herencia racial de los individuos. Prevalecía la sospecha y la murmuración, pero no la certidumbre. En lugar de las definiciones estrictas de negro y blanco que evolucionaron en el sur de los Estados Unidos, los hispanoamericanos desarrollaron lo que puede denominarse una «escala resbaladiza» de color de la piel y rasgos, y un individuo ascendía o descendía dentro de un objetivamente amplio abanico, dependiendo tanto o más de su situación económica y su posición social, que de su aspecto físico. Sin embargo, no hay duda de que, a pesar de ser libres, a las personas de tez oscura les era difícil ganarse la vida.

En resumen, la benevolencia, el hecho de comprar la libertad y el incremento natural contribuyeron al crecimiento del número de hispanoamericanos libres descendientes de africanos, desarrollo más evidente y significativo en las zonas urbanas que en el campo. Afrontando grandes dificultades para obtener su libertad, los negros rurales una vez libres continuaban trabajando en condiciones de inferioridad. Raras veces poseían una propiedad agrícola. Tras la recuperación demográfica, los indios fueron muy reacios a renunciar a lo que los hispanoamericanos blancos no habían comprado o robado durante los primeros siglos del período colonial, salvo en circunstancias desesperadas. Con suerte, un negro libre podía comprar una miserable parcela de tierra, podía hacerse aparcero, podía volver a trabajar de modo remunerado para su antiguo amo o para otro terrateniente, pero poco más. Se dieron casos más extremos. Por ejemplo, en el siglo XVIII, en la región minera de Chocó los negros libres, ambivalentes hacia los esclavos que estaban por debajo de ellos y despreciativos de los blancos que estaban por encima de ellos, se retiraban a las partes más remotas de la región y allí se ganaban la vida como mejor podían.

Por otro lado, en las zonas urbanas encontramos personas libres descendientes de africanos que poseían ciertos recursos. Sacaban relativamente buenos beneficios como buhoneros, se hacían artesanos y poseían casas modestas. Por ejemplo, en 1759 en Morelia (Michoacán) un mulato compró un terreno por 290 pesos, construyó tres casas en él (una para residencia propia y las demás para alquilar) y en 1781 revendió la propiedad por 1.200 pesos,[12] pocos blancos se manejaron tan bien en el mercado de la propiedad urbana. Los negros libres de las ciudades eran miembros fieles de sus hermandades religiosas, cuidadosamente segregadas, en su ori-

---

12. Notas de investigación del autor no publicadas, del Archivo de Notarías, Morelia, Michoacán.

gen divididas sobre la base del origen tribal africano y luego cada vez más sobre criterios como la palidez de la tez y la situación económica, mientras el mestizaje y la asimilación en los niveles superiores de la economía dominada por los blancos creaba clases dentro de su grupo étnico. Hubo gente que hizo testamento, pagó sus impuestos de venta y por lo general fueron considerados miembros respetables de la comunidad.

En las zonas urbanas, raras veces existían oportunidades de educación a un nivel secundario, aunque las escuelas blancas eran muy ambivalentes en esta cuestión. Por supuesto, ciertas posiciones estaban más allá de los límites. Los negros servían como oficiales en las unidades de una milicia en que todos eran de color, pero no mandaban sobre blancos. La asistencia a la universidad estaba fuera del alcance de todos, excepto de los de tez más pálida y más favorecidos, de modo que las profesiones les estaban negadas. Ser miembro del consejo de la ciudad habría sido impensable. Pero, salvo entre las altas jerarquías, existía cierta dignidad y confort al alcance de las personas libres de color afortunadas y de talento.

La documentación de este período sugiere que los negros libres demostraron poca o ninguna simpatía hacia sus camaradas étnicos esclavizados. No existió ningún sentido de la solidaridad étnica. En cambio, el objeto de la libertad, promovida con una astucia inconsciente por la sociedad más tolerante, consistía en «empalidecer». Sin duda, en raras ocasiones un negro libre se casaba con una esclava, ni reconocía el parentesco, sino que en general estos descendientes de africanos que obtenían la libertad, se esforzaban por desconectarse de la población esclava. Imitaron la cultura española con tanta fidelidad como les fue posible, aprendieron con interés el castellano, fundaron hermandades y dispusieron matrimonios con quienes, como mínimo, eran tan blancos y ricos como ellos. En Hispanoamérica, las luchas de un individuo negro por la emancipación, la verdadera independencia, el respeto propio y el privilegio, hasta lograr cierto nivel de aristocracia, fueron largas y solitarias.

A principios del siglo XIX, en las batallas por la independencia de Hispanoamérica, los esclavos eran, en general, meros reclutas, luchando por los realistas o por los llamados patriotas con más o menos la misma falta de entusiasmo, probablemente movidos por las promesas de libertad a cambio de lealtad. Aunque estaba predispuesto hacia la emancipación de los esclavos, hacia el fin de su vida, Bolívar escribió con horror sobre la «enemistad natural de los colores» y temió el día «en que la gente de color se alzase y pusiera fin a todo». A medida que el dominio español se derrumbaba, la esclavitud negra era abolida en zonas como Argentina y Chile, donde nunca había gozado de una vital importancia, y en América Central y México, donde la población india y mestiza había sido durante mucho tiempo privada de su lugar y su función económica. En las naciones recién independizadas, como Venezuela y Perú, donde la esclavitud estaba fuertemente arraigada, la emancipación de los negros encontró más resistencia y no se consiguió hasta mediados del siglo XIX, cuando la esclavitud africana en la Hispanoamérica continental dejó de existir.

En las islas de Cuba y Puerto Rico los patéticos pero aprovechables restos del imperio español en América, donde la industria del azúcar en expansión estimuló el comercio de esclavos y un crecimiento enorme de la población negra, la esclavitud africana no fue definitivamente abolida hasta 1886. Defendida durante siglos con farisaicos sofismas en las raras ocasiones en que fue desafiada, la esclavitud en Hispanoamérica fue abolida en todas partes con una retórica florida y teñida de indiferencia hacia una población negra que ya no era vital para los intereses blancos.

Capítulo 4

LAS SOCIEDADES INDIAS BAJO EL DOMINIO ESPAÑOL

En los estudios sobre la América española, la historia de la sociedad india del período colonial es un tema relativamente nuevo. A lo largo de los siglos XIX y XX se ha considerado, de forma bastante generalizada, que poco o nada de la vida india sobrevivió a las conquistas del siglo XVI. Este punto de vista es coherente con los relatos clásicos de conquistas, famosos por sus descripciones de masacres, torturas y victorias militares, sin conexión con los acontecimietos anteriores o posteriores. En esos relatos, las conquistas parecían tan intensas, tan convulsivas, tan dramáticas en cuanto a la confrontación de los soldados europeos con los nativos americanos, que nadie cuestionaba su poder de aniquilación. Los escritores clásicos sabían que sobrevivieron indios que fueron utilizados por los conquistadores como esclavos, como mano de obra y como pagadores de tributos. Pero el punto de vista prevaleciente era que ninguno de los valores políticos, sociales o culturales de las civilizaciones americanas escapó de la destrucción. La consecuencia clara era que, para los indios, los resultados de las conquistas fueron la aculturación y el estancamiento.

El punto de vista de que ningún rastro de cultura india pervivió era coherente con la leyenda negra, tradición de la crítica antiespañola que se desarrolló en el siglo XVI, floreció en los siglos XVII, XVIII y XIX, y continuó influyendo en las interpretaciones de la historia española e hispanoamericana del siglo XX. Los críticos del colonialismo español argumentaban que los conquistadores fueron inhumanos, y que una consecuencia importante de su inhumanidad fue la innecesaria destrucción de las civilizaciones indias americanas. De esta manera, la leyenda negra acentuaba la falta de sensibilidad española, como si un conquistador menos cruel, o con un mayor aprecio por las culturas aborígenes americanas, hubiera salvado algo de las mismas para los tiempos posteriores a la conquista. Es interesante señalar que la apologética leyenda blanca, en casi todos los aspectos reverso de la leyenda negra, también resaltaba el carácter destructor de las conquistas. Los defensores del colonialismo español sostenían que las civilizaciones de América, con su canibalismo, sus sacrificios humanos y otras barbaridades, sólo podían merecer su destrucción.

En el siglo XIX, esa misma idea se vio reforzada por la literatura de los viajeros a la América española. El indio que en ella se describía era una persona miserable y deprimida, esencialmente la misma que en tiempos de Hernán Cortés. La conquista había eliminado todo lo bueno de la sociedad india y el resto se había ido anulando. Uno de los primeros y más perspicaces viajeros del siglo XIX, Alexander von Humboldt, relataba:

> Al principio de la conquista de los españoles, la mayor parte de los indios más acomodados, y en quienes se podía suponer alguna cultura de entendimiento, perecieron víctimas de la ferocidad de los europeos ... Así no quedó de los naturales del país sino la casta más miserable, ... las heces del pueblo ... llenaban ya en tiempos de Cortés las calles de todas las grandes ciudades del imperio mexicano.[1]

Viajeros posteriores utilizaron las observaciones de Humboldt como propias. Sus comentarios a menudo tomaban la forma de asombro retórico de que los indios que encontraban en la América española pudieran ser los descendientes de los opulentos, espléndidos aztecas e incas.

Cien años después de Humboldt, a principios del siglo XX, se conocía mucho más sobre los indios americanos y sobre la historia de la América española. Pero este conocimiento estaba institucionalizado y compartimentado, y había grandes vacíos en los siglos posteriores a la conquista. Una disciplina, la arqueología, se concentraba exclusivamente en las civilizaciones previas a la conquista. Desde el punto de vista arqueológico, las sociedades indias eran «puras» hasta el momento del contacto con los blancos, a partir del cual quedaron contaminadas y carecían de interés para el estudio. Una segunda disciplina, la historia, relataba largamente los detalles de la conquista, y proseguía estudiando el período posterior desde una perspectiva administrativa e imperial. Hubo historiadores que prestaron atención a la encomienda y a las misiones cristianas, instituciones en contacto directo con la población india. Pero tenían un conocimiento muy imperfecto de las sociedades indias del período que sucedió a la conquista. La historia del hombre se entendía como un proceso que implicaba cambios, y especialmente cambios progresivos y, aunque ciertos sectores de Latinoamérica podían contemplarse como sujetos de cambio histórico, éstos contrastaban con los sectores indios, que eran vistos como inalterables, sin progreso, y en cierto sentido, ahistóricos. Una tercera disciplina, la etnología, retomó el tema indio en tiempos contemporáneos. Sus preocupaciones fueron los rasgos que pudieran identificarse como de origen indio o español, y la proporción existente entre los rasgos de origen supuestamente indio y los de origen supuestamente español, se convirtió en un tema de estudio principal. Pero lo máximo a que la etnología estaba preparada para llegar en su conocimiento del pasado era este tipo de historicismo taxonómico. Se prestó una atención mínima a los verdaderos antecedentes, y uno de los rasgos más evidentes de esta disciplina fue su orientación contemporánea.

Así, hasta hace muy poco, el conocimiento del indio americano ha permanecido fragmentado y disperso. Las tres disciplinas han continuado su función por separado, y ninguna ha hecho inteligible la transición de la sociedad indígena desde

---

1. Alejandro de Humboldt, *Ensayo Político sobre el reino de la nueva España,* Porrúa, México, D.F., 1975, pp. 60-61.

el período de conquista hasta el presente. Los pocos que estaban preocupados por los aspectos de la vida colonial india eran los estudiosos de los códices, como Eduard Seler, líder de la investigación de códices y epígrafes a fines del siglo XIX y principios del XX. O bien eran estudiantes de las lenguas nativas, como Remi Simeón, que tradujo los anales del México colonial del náhuatl al francés en el siglo XIX; o bien, tras las secuelas de la revolución mexicana de 1910, eran indigenistas como Manuel Gamio, partidario de un estudio profundo de todo lo indígena, combinando arqueología, historia y etnología, y cuya investigación en tres volúmenes, *La población del valle de Teotihuacán* (1922), fue la primera en examinar una comunidad nativa desde sus inicios arqueológicos hasta la época moderna. En los estudios peruanos, unos pocos especialistas, tales como Clements Markham, Hiram Bingham y Philip Means, trataron ocasionalmente temas indígenas coloniales. Pero nadie consideró que la historia indígena posterior a la conquista mereciera estudiarse por separado, con carácter propio e identidad en sí misma.

La investigación formal de la historia indígena colonial se ha iniciado principalmente a partir de 1940. En México empezó como una ampliación de los estudios institucionales referentes a la mano de obra y a los tributos, y a los estudios demográficos que usaban las estadísticas de los registros tributarios. Las cifras demográficas, o su gran mayoría, estaban disponibles desde hacía tiempo, pero fue en las décadas de 1940 y 1950 cuando fueron recopiladas y comparadas de un modo que demostró la existencia de una gran población en la época de la conquista, y un brusco declive posterior. Los estudios tomaron un rumbo nuevo, centrando la atención en localidades y en la toponimia, dimensión de la familia india, tendencia a elevar los tributos, estructura social interna, descenso de la productividad y en la economía del siglo XVII. En Perú, donde los estudios coloniales indígenas de la mayoría de los temas empezaron más tarde y ahora continúan de forma menos desenvuelta, las visitas de inspección han supuesto un importante estímulo documental. En ambas zonas, las últimas décadas han presenciado la aparición de una disciplina intermedia llamada etnohistoria. En los estudios hispanoamericanos, como ocurre en otras partes en lo concerniente al estudio de las ciencias sociales, ha comenzado a haber una concienciación mayor de la dimensión cronológica, y en todas las disciplinas relevantes la moda por los estudios campesinos, muy evidente en las décadas de 1960 y 1970, ha ejercido un efecto estimulante sobre la historia colonial indígena. No obstante, el hecho es que continuamos tratando sobre una temática nueva, todavía conocida de forma inadecuada y desigual.

LOS CONTACTOS INICIALES Y LAS INSTITUCIONES COLONIALES

El primer encuentro que tuvieron los indios con los españoles ocurrió en 1492, fecha en la que Colón descubrió América. A partir de este momento y durante un período de 25 años, la expansión española hacia otras zonas, y el aumento de los contactos entre españoles e indígenas se dio de forma gradual, de manera que todavía en 1517 el número de nativos que se encontraba en asociación directa o indirecta con los españoles, probablemente alcanzaba menos de un 10 por 100 del total de la población aborigen de América. En los siguientes 25 años, entre 1517 y 1542, con las rápidas incursiones españolas en la América central, México, Perú, el norte de Sudamérica y el norte de Chile, y con la penetración temporal de España en la Amazonia y al norte del Río Grande, el porcentaje de indios afectados se elevó a 90 por 100 o más. Después de 1542, las relaciones españolas con los indios se modificaron de muchas otras maneras, pero quedaban pocos contactos por hacer, y aquellos que se hicieron tuvieron lugar a un paso mucho más lento.

En general, los primeros encuentros que tuvieron lugar entre los españoles e indios en las Indias occidentales y en las zonas costeras de tierra firme, eran semejantes, y en la zona española derivaban de los contactos con los nativos de la costa atlántica de África y de las islas Canarias. Los nativos de las islas occidentales eran agricultores sedentarios, distribuidos en comunidades de pequeño y mediano tamaño, en las que había clases sociales, curas, una religión desarrollada, preparación guerrera, un comercio servido por canoas, y autoridades locales hereditarias o elegidas. La primera isla que cobró importancia en las Indias occidentales fue La Española, en la que indios pertenecientes a todas las clases sociales fueron capturados, esclavizados y forzados a trabajar en la agricultura, minería, transporte, construcción y en otras tareas relacionadas con las anteriores. Carecemos de información fidedigna acerca de la compulsión, desbaratamiento de las familias, enfermedades, mortalidad y de la dislocación económica de la sociedad indígena en las Indias occidentales. Pero es prácticamente seguro que todo ello existió en grado extremo, y sabemos que, ya desde el principio, la población de las islas emprendió un precipitado descenso que, en pocas generaciones, terminaría con la desaparición total de los indios de esta parte de América. Como la población descendía, las incursiones españolas en busca de esclavos se trasladaron a las islas más lejanas, y una zona todavía más extensa cayó bajo el dominio español. Diversas incursiones militares en otras islas culminaron en la conquista militar de Cuba (1511), suceso que sirvió como precedente y como modelo para las principales conquistas del continente. La conquista, en su fase principal, terminó en 1542 con la expedición de Coronado hacia el oeste americano y la expedición de Orellana descendiendo el Amazonas. En general, la conquista procedió con mayor rapidez y probó ser más efectiva contra los estados indígenas que estaban organizados, porque éstos cayeron en manos españolas como entidades unificadas. Cuando caía una capital urbana, el resto de la zona imperial perdía mucho poder para ofrecer resistencia. En las sociedades más disolutas, por otra parte, los indios podían seguir luchando y cada comunidad podía resistir separadamente. La conquista fue intensa y destructiva, pero su principal efecto para la historia a largo plazo, es que puso a los indios bajo la jurisdicción española, se sometieron a su ley y todo su territorio quedó bajo control e influencia española, legal e ilegal. Además, debido a que el imperialismo español era en sí mismo conscientemente monopolístico, la conquista trajo consigo el rechazo, explícito o implícito, de otras influencias sobre los indios que no fueran hispanoeuropeas.

Hubo algunas excepciones significativas a estas generalizaciones. En algunos lugares de la América española (La Española, zonas periféricas de los imperios azteca e inca, California), donde no hubo una conquista militar abierta, o ésta fue escasa, el territorio fue ocupado por los españoles con una fuerza suficiente como para lograr una subordinación indígena equivalente. Los indios de algunas áreas (norte de México, Florida, centro de Chile) resistieron a la conquista durante largos períodos, retardando de este modo la imposición del control español. En unos pocos lugares (zonas de la pampa argentina, sur de Chile y regiones remotas y marginales en todas partes) la población nativa nunca llegó a ser conquistada y permaneció efectivamente separada durante todo el período colonial español. Las rebeliones indígenas (Perú en los años de 1530 y en el siglo XVIII, Nuevo México a fines del siglo XVII, y muchas otras) desbarataron los controles españoles después de que éstos se hubieran logrado imponer, devolviendo a las selectas sociedades indígenas, siempre temporalmente, una posición independiente y hostil. Personas y grupos, y en el Perú del siglo XVI un «Estado» indio entero, a veces eran capaces de huir de las zonas que se hallaban bajo control español, y encontrar refugio en zonas remotas.

La conquista no era un antecedente necesario para la conversión al cristianismo, pero en la práctica, en la experiencia indígena, aquella estuvo seguida de cerca por la conversión, y tanto desde la perspectiva española como desde la indígena, hubo una conexión entre ambas. Para los indios, el cristianismo parecía ser lo que hacía fuertes a los españoles. El cristianismo era especialmente impresionante desde la perspectiva de aquellos cuyos propios dioses de la guerra les habían fallado. Del lado español, los misioneros cristianos respondieron al inmenso desafío de la América pagana con un esfuerzo de conversión sin precedentes en los 1.500 años de cristianismo. La campaña principal tuvo lugar en los primeros años, aunque fueron comunes los esfuerzos posteriores en los siglos XVII y XVIII, encaminados a extirpar los vestigios de las idolatrías paganas. En cada zona, la conversión *per se* estuvo restringida al período inicial del contacto europeo-indígena, ya que los españoles estaban decididos a que los indios debían ser incorporados a la sociedad colonial como vasallos cristianos de la monarquía.

La encomienda o repartimiento fue la institución secular más importante que reguló las relaciones entre españoles e indios. Su rasgo básico y universal fue la asignación de grupos de indios a colonos españoles escogidos (encomenderos) para recibir tributos y mano de obra. Los términos encomienda y repartimiento se referían esencialmente a la misma institución, aunque el último remarcaba literalmente el acto de distribución y asignación de indios; mientras que el primero enfatizaba la responsabilidad del encomendero hacia sus indios. La palabra encomienda era el término preferido en la legislación española y en el uso metropolitano ordinario. La responsabilidad del encomendero incluía la asistencia cristiana de sus indios encomendados, y esto implicaba que tenía que haber un clérigo residente o itinerante que la proveyera. El carácter básicamente secular de la encomienda, sin embargo, nunca fue cuestionado.

La encomienda se desarrolló en las Indias occidentales durante la segunda década del siglo XVI. Empezó como un sustituto de la esclavitud, o como un compromiso oficial entre la esclavitud extrema que practicaban los primeros colonos y el sistema de trabajo libre, teóricamente, aprobado por la corona. Con respecto a los arawaks, caribes y otros indios de las islas y de las costas del continente, desde el norte de Venezuela a La Florida, las primeras encomiendas sirvieron de cobertura para continuar con las incursiones armadas, las capturas, traslados y esclavitud de los primeros años. Las encomiendas de México y de la América Central se diferenciaban del prototipo insular en su énfasis sobre la comunidad indígena, establecida como la unidad de asignación, y en su dependencia de los recursos y estructuras sociales de las comunidades. De este modo, en el continente, la vida india sedentaria se mantuvo de forma más estable que en las islas. En Perú, la encomienda siguió el modelo institucional de Nueva España, pero se retrasó en su establecimiento definitivo por la prolongación de la conquista y de las guerras civiles. En otros lugares de Sudamérica, dicha institución podía suponer cualquier grado de asimilación. Donde la población era poco densa, donde los habitantes eran parcial o totalmente migrantes, la encomienda era inapropiada o apropiada sólo como mecanismo de captación de esclavos. En Paraguay, donde la encomienda logró su forma más estable en tierras bajas, los indios sirvieron a los encomenderos como mano de obra, sirvientes y mujeres polígamas. Aquí se desarrolló una sociedad mestiza con vínculos de parentesco derivados de la sociedad indígena. En casos extremos, la encomienda sólo proporcionó un permiso para comerciar con la población india asignada. Así la institución tomó una variedad de formas, dependiendo del grado de presión por parte española, y del tamaño y carácter de la población india. Pero el tipo clásico, el que se desarrolló en las áreas de influencia inca y azteca y sus regiones adyacentes en el México occidental, América Central, Venezuela, Colombia, Ecuador y norte de Chile, fue la institución explotadora a gran escala, que abarcaba una sociedad indígena desde ahora fragmentada en comunidades independientes, cada una de ellas dominada por un encomendero español y su séquito.

El declive de la encomienda en la segunda mitad del siglo XVI fue consecuencia de varios factores. Por una parte, el catastrófico descenso de la población indígena redujo el valor de las propiedades rurales; por otra, la legislación real progresivamente más efectiva, motivada por el humanitarismo cristiano para con los indios y el temor de que creciera en América una clase de encomenderos, controló la encomienda con regulaciones todavía más estrictas. La exigencia del tributo y las demandas de mano de obra fueron cada vez más limitadas. La transmisión, vía herencia, de una generación a otra fue regulada o prohibida, y el poder judicial estableció una legislación imperial más eficaz. A fines del siglo XVI el proceso de declive de la encomienda estaba en una fase sumamente avanzada. En Yucatán, Paraguay y otras pocas áreas más, la institución persistió sin grandes cambios, pero en el resto fue desapareciendo gradualmente o convirtiéndose en un sistema de concesiones a personas a las que todavía se seguía llamando encomenderos, pero que no ejercían control alguno sobre la vida de los indígenas.

En la medida que las encomiendas individuales fueron revirtiendo a la corona, sus indios cayeron bajo la autoridad real directa. Ésta normalmente tomó la forma de corregimiento (o alcaldía mayor), en la que un oficial real nombrado corregidor (o alcalde mayor) era designado para ejercer el cargo de la jurisdicción colonial local. Sus deberes incluían el ejercicio de la justicia local, la exacción de los tributos de los indios, la ejecución de la legislación real y el mantenimiento del orden en la comunidad indígena. Aunque, algunas veces, el corregidor estaba ayudado por tenientes y otros miembros de su séquito, él era considerado el funcionario real que poseía el control más directo de las localidades indígenas. Los corregidores representaban la autoridad real en lugar de la personal, de la autoridad privada de los encomenderos, y la intención era que ellos trataran a los indios de forma más humanitaria. En la práctica, la explotación de los indios por los corregidores, con desprecio de la ley, pasó a ser aceptada e institucionalizada.

A partir de la segunda mitad del siglo XVI, el sector privado adquirió un inmenso poder al margen de las encomiendas, a través de la propiedad de la tierra, de la explotación de las minas y del comercio. Este sector privado, principalmente blanco, dependía de la sociedad indígena para obtener materias primas y mano de obra. Los funcionarios reales, aunque tenían prohibido dedicarse a la explotación práctica relacionada con el desarrollo de los nuevos sectores económicos, lo hicieron con total impunidad. Tales prácticas, fueron en muchas partes toleradas por la ineficacia de la monarquía, al menos hasta las reformas borbónicas de finales del siglo XVIII, lo que contribuyó a la aplicación de los tipos clásicos de subordinación, reorganización y aculturación indígena, sobre las cuales vamos a dedicar la mayor parte de nuestro estudio.

Estructuras políticas

La dominación española rápidamente fragmentó todas las grandes estructuras políticas de la América nativa. Ello se cumplió con los imperios azteca e inca, al igual que en los menores y menos desarrollados chibchas, tarascos, araucanos del norte y otras organizaciones políticas. La unidad indígena mayor que sobrevivió al proceso de fragmentación fue generalmente el «pueblo», o la localidad principal, llamada «cabecera». Al menos en teoría, y hasta cierto punto en la práctica, la fragmentación reestableció una organización política indígena basada en discretas comunidades, siendo su justificación, el hecho de que estas unidades existían con antelación a la creación de los imperios azteca e inca, y otros estados que habían sido obligados a unirse a los mismos contra su voluntad. De este modo, el nuevo Estado español puede entenderse como un medio de liberación, devolviendo a los gobernantes de las comunidades locales su «independencia». La teoría española postulaba una alianza entre el rey y el soberano indígena local, entendiendo que cada uno de ellos era un «señor natural», en oposición a la ilegítima y ahora rechazada burocracia imperial de los aztecas e incas y otros señores indios.

El cambio del gobierno precolonial al colonial supuso una «decapitación» de la estructura aborigen, realizando este corte precisamente por encima del nivel de la comunidad local. En el lugar de Moctezuma, Atahualpa y sus consejos, servidumbre y auxiliares, así como el equivalente de todo esto en otras zonas, la organización colonial introdujo virreyes españoles y el aparato colonial subordinado al corregidor o a su teniente. Sólo raras veces la jurisdicción colonial que existía por encima del nivel del «pueblo» manifestó una continuidad con el indianismo. Uno podría decir, por supuesto, que en las dos grandes jurisdicciones virreinales de la colonia (reinos), estaban reflejadas las dos grandes áreas imperiales anteriores a la conquista. Otros ejemplos podrían ser los primeros nombramientos de algunos «gobernantes títeres» hechos por los españoles como Juan Velázques Tlacotzin en México, y Manco Inca en Perú, o bien la zona afectada por un requerimiento de mano de obra, o una conexión política especial entre un pueblo y otro. Pero tales supervivencias son interesantes principalmente como vestigios aislados o como excepciones a la normal, que fue que los españoles destruyeron los sistemas nativos más importantes y se concentraron en el pueblo como unidad.

El término cabecera, pueblo principal, es más específico que el término pueblo, que puede referirse a cualquier localidad, incluyendo una población subordinada a la cabecera. En los casos normales, se permitió subsistir a las organizaciones políticas subsidiarias por debajo del nivel de la cabecera. En la terminología española, los pueblos más pequeños que estaban incluidos dentro de la jurisdicción de la cabecera eran sus «sujetos», y se entendía que éstos debían lealtad a la cabecera y que eran gobernados por ella. Los sujetos podían ser por ejemplo, barrios, barriadas, distritos o subdivisiones de la misma cabecera o, también, podían ser estancias, ranchos o rancherías situados a una cierta distancia. Otros términos podían ser sustitutos de éstos, pero el concepto básico de pueblo de indios independiente, subdividido en barrios y que gobernaba a una red local de poblados satélites o de familias, aparecía como un principio fundamental y universal de la estructura política colonial. Ello fue aceptado por ambas partes, los indios y los españoles. En general fue esta unidad política, individualmente o en combinación de dos, tres, o más, la que fue dada en encomienda, la que se convirtió en parroquia en la organización eclesiástica colonial, y la que pasó a ser objeto de la jurisdicción de un corregimiento en la organización política colonial. La verdad es que las jurisdicciones geográficas de la encomienda, parroquia y corregimiento raramente coincidían en su totalidad. Pero las diferencias entre ellas eran más bien consecuencia de distintas combinaciones entre cabeceras y de desviaciones menores en sus límites o estructuras, que consecuencia de algún cambio real en el funcionamiento de la unidad cabecera-sujeto.

En teoría, los caciques de estas unidades —con los títulos de *tlatoani* en México y *curaca* en Perú, y con otras denominaciones en otros lugares— heredaron sus posiciones de acuerdo con las normas de sucesión indígenas. Pero incluso en los inicios del período colonial, fue frecuente que algunos de estos caciques fueran intrusos. Esto ocurría porque las normas de sucesión eran flexibles y manipulables, ya que las dinastías locales llegaron a su fin con la conquista o en el período inmediatamente posterior a ella, y porque los encomenderos y otros españoles tuvieron interés en introducir a sus propios indios «protegidos» como autoridades locales. *Cacique*, término arawak originario de las islas occidentales, progresivamente fue reemplazando a las diversas denominaciones locales del continente para tales jefes. La nueva costumbre pudo ser favorecida por las muchas usurpaciones de cargos dinásticos locales, ya que un aspirante podía asumir más fácilmente el título de cacique, del que se había apropiado, que el título local al que no tenía derecho a reclamar propiamente. Por supuesto, según las normas aborígenes, no todos los caciques eran gobernantes ilegítimos. Sin embargo, hay una cierta ironía, desde el punto de vista español, en que los caciques regionales fueran identificados como «señores naturales».

Los jefes indígenas locales, fuera cual fuera su título, eran instrumentos en la promoción de las instituciones españolas de la Iglesia, la encomienda y el corregimiento. El clero, los encomenderos y los corregidores dependían de los gobernadores locales para hacer efectivas las instituciones coloniales. En casos de no cooperación o de abierta resistencia, el clero, los encomenderos y los corregidores, estaban en condiciones de hacer uso de la fuerza o, en casos extremos, desterrar o asesinar a los jefes locales e instalar sucesores más dispuestos a cooperar. Tales prácticas, con certeza, contribuyeron a las usurpaciones y a los caciquismos ilegítimos que hemos hecho referencia anteriormente. Pero esto también ayuda a explicar cómo los españoles fueron capaces de establecer el cristianismo, la encomienda y el corregimiento con tan poca oposición por parte de los nativos. Los caciques locales, incluso los ilegítimos, eran personas que ostentaban un tremendo poder en sus comunidades, y los españoles se los ganaron deliberadamente, bien sea a través de favores o bien por la fuerza.

Una nueva hispanización política en los pueblos de indios tuvo lugar a mediados y a finales del siglo XVI. Empezó en Nueva España, donde los pueblos fueron inducidos —por virreyes, clero, encomenderos y corregidores— a desarrollar las instituciones gubernamentales de los municipios peninsulares ibéricos. Esto supuso cabildos (consejos municipales) con alcaldes (jueces), regidores (concejales) y otros funcionarios inferiores, todos indios. Los pueblos de indios respondieron positivamente a las demandas de tal política hispanizadora, y también pudo reflejar la presión ejercida por los españoles sobre los principales jefes indios y la presión equivalente ejercida por éstos sobre las comunidades. Hacia fines del siglo XVI, las cabeceras grandes en Nueva España comúnmente apoyaban cabildos con 2 o 4 jueces indios, y con 8, 10 o 12 regidores indios. Las cabeceras menores podían contar solamente con un juez, y 2 o 4 regidores. Todos ellos pertenecían a la clase alta de la sociedad indígena. Como en la España peninsular, los regidores podían representar a barrios particulares o sujetos. Los jueces indios veían las causas criminales que afectaban a los indios, manteniendo así un tribunal distinto de primera instancia. Parte de lo intrincado y complicado del prototipo municipal español, se reflejaba en las instituciones políticas indias de mediados del siglo XVI y de después, así como en los esquemas de representación y de rotación para la elección y el servicio. Normalmente, los jueces y regidores eran elegidos por el mismo cabildo del pueblo o por un grupo de votantes indios, los vecinos o vocales de la comunidad indígena.

En el siglo XVI, el nuevo gobierno nativo por medio del cabildo pasó a servir como principal intermediario entre el Estado español y la población india. En algunos lugares, los nuevos funcionarios indígenas, llamados generalmente gobernador o alcalde mayor, eran elegidos por los vecinos o por el cabildo en intervalos de uno, dos o más años, o en algunos casos, eran designados por la autoridad virreinal para períodos más largos. Este nuevo funcionario indio presidía el cabildo y, a la larga, rivalizaba y sobrepasaba al cacique en poder e influencia local. Cada vez más estos caciques fueron derrotando a los consejos de los pueblos en la lucha por el control político, lo que significó un declive en el principio del cacicazgo hereditario. Durante el siglo XVII, un cacique todavía podía ser una personalidad local influyente en virtud de sus tierras y riquezas, pero en el siglo XVIII su nieto o biznieto podía ser casi indistinguible entre la masa de la población india. Así, en el gobierno interior de los pueblos de indios, la adopción de los principios españoles de institucionalidad, ya sea a través de elección o mediante nombramiento del consejo de gobierno, prevalecieron por encima del principio indígena original de gobierno personal, dinástico y hereditario. En algunos casos, este proceso se llevó a cabo en unos pocos años durante el siglo XVI, en otros, requirió un largo período de tiempo. Al igual que muchas otras cosas introducidas por los españoles, apareció en forma más pronunciada y efectiva en las principales comunidades de las zonas densamente pobladas. Por el contrario, en las zonas menos desarrolladas, menos densas en población y más remotas, el dominio original por parte de los caciques locales continuó hasta el final del período colonial.

En grandes pueblos de indios de Nueva España, la hispanización política del siglo XVI fue todavía más allá. Los consejos municipales fueron instalados en las casas del cabildo, construidas siguiendo los estilos de los municipios españoles y situados en las plazas principales. Los consejos contaban con salas de justicia y alojamientos, varias cámaras o despachos, un salón de actos para el cabildo indio y, frecuentemente, una cárcel. Los jueces y regidores entraban en sus salones ceremoniosamente, siguiendo las formas de los miembros del consejo español en las ciudades de españoles. Los procedimientos españoles de llamar al orden, registro, discusión y voto, fueron imitados en los consejos municipales indios. Algunas veces, las actas se conservaban en lengua indígena, ahora transcritas a la lengua escrita. Los alcaldes legislaban sobre los asuntos locales en su totalidad, asignaban parcelas, regulaban mercados, fijaban celebraciones, organizaban la recaudación del tributo y provisión de mano de obra, y disponían sobre numerosos asuntos que requerían la atención del gobierno municipal.

Debe recordarse, no obstante, que un cabildo indio, por muy hispanizado que estuviera, nunca fue una institución verdaderamente poderosa. Su autoridad estaba limitada a una reducida serie de opciones. Las principales decisiones locales eran tomadas por el clero local, el encomendero y el corregidor, de forma singular o en conjunto. Además, al igual que muchos otros aspectos de la historia colonial de la América española, el siglo XVII y principios del XVIII presenciaron un estancamiento o retroceso con respecto a la hispanización política. Ello no parece que sea una cuestión de retorno a las prácticas originales indias de gobierno comunitario, puesto que la mayoría ya estaban olvidadas en el siglo XVII. Los cabildos en todo el mundo hispánico, tanto en la sociedad blanca como en la india, perdieron algo de su significado en el siglo XVII, y pasaron a ser todavía más formales, conservadores y limitados. Las pérdidas demográficas sufridas por los indios americanos y las deprimentes condiciones de la sociedad indígena, en su conjunto, quedaron reflejadas en la pérdida de categoría de los gobiernos indígenas locales. La creciente mezcla de razas empezó a cuestionar el concepto de gobiernos «indios» en los pueblos. La ley requería que los caciques y miembros del cabildo fueran indios. Pero aquí, como en cualquier otro lugar, el concepto de «indio» permitía una interpretación variable. Los casos de mestizos haciéndose pasar por indios, infiltrándose en los gobiernos indígenas ocasionalmente en el siglo XVI, y con una frecuencia mayor después, son bien conocidos.

Los recursos económicos correspondientes a los gobiernos de los pueblos de indios fueron siempre precarios, y los consejos locales estaban constantemente al acecho para obtener fuentes de ingresos suficientes. Los fondos comunitarios estaban constituidos por las cajas de comunidad, al igual que en los pueblos españoles. Recibían ingresos de cada cabeza de familia indígena, que contribuía con una cantidad fija para mantener al gobierno local, a menudo mediante el mismo proceso por el que se hacían los pagos del tributo al gobierno español. Algunas veces, los pueblos de indios requerían a sus residentes para que suministraran maíz y otros artículos, los cuales el cabildo podía vender para obtener ingresos monetarios. Con este propósito se podían asignar parcelas de tierra en los pueblos. Los rebaños de ovejas u otros animales en las propiedades del pueblo y el arriendo o venta de las tierras comunitarias a los españoles u otros indios, eran métodos adicionales mediante los cuales las localidades obtenían fondos. Los administradores españoles presumían que las comunidades usarían tales fondos para los gastos municipales

—tales como salarios para los miembros del cabildo, construcción de edificios del pueblo, o para pagos pendientes— y en la expresión colonial, el «ornato del culto», o el mantenimiento de la Iglesia y en la celebración de los oficios religiosos. Las tesorerías podían ser totalmente accesibles al corregidor local, al clérigo local, o a ambos, pudiendo estos españoles ordenar la disposición de los fondos. Los documentos financieros sobre pueblos durante los siglos XVII y XVIII muestran gastos elevados destinados a la Iglesia y al provisionamiento de materiales para celebración de fiestas —vino, flores, comidas, regalos para el clero, fuegos artificiales, atuendos—, así como los gastos corrientes para las operaciones políticos seculares.

Los gobiernos de pueblos de indios proporcionaron, además, una estructura para el mantenimiento de los sistemas de las clases indias. En el centro de Nueva España, se distinguía entre los indios pertenecientes a la clase alta, llamados generalmente «principales» y los pertenecientes a la clase baja, llamados generalmente *macehuales*. Los principales eran los descendientes de los aztecas de la clase alta de antes de la conquista, cuyos miembros eran denominados *pipiltin* (en singular *pilli*). Los numerosos militares especializados y los otros títulos de los pipiltin cayeron en desuso o desaparecieron totalmente durante el siglo XVI. Pero en los gobiernos municipales hispanizados solamente los principales eran elegibles para ocupar cargos en el cabildo. Los principales sirvieron como funcionarios del cabildo a mediados del siglo XVI y después, y para la mayoría, la posesión de dicho cargo era testimonio de pertenecer a la clase alta. Pero la restricción de tales puestos a los principales pronto estuvo cuestionada, ya que las normas españolas también requerían elecciones anuales y prohibían la reelección de las mismas personas para servir en el cabildo. Con el descenso de la población, particularmente en las poblaciones pequeñas, se hizo imposible ajustarse a estas regulaciones inconsistentes, y la solución normal no fue la admisión de los macehuales para la posesión de tales cargos, como puede suponerse, sino más bien una enérgica oposición contra la norma que prohibía la reelección. Así, a pesar de la ley, una aristocracia indígena local controló con éxito los gobiernos de los pueblos durante un tiempo, y las mismas personas, año tras año, ocuparon los nuevos cargos.

Pero los principales del centro de Nueva España fueron incapaces de mantener su situación en las circunstancias de deterioro que presenció la época colonial tardía. De forma progresiva, cabildo tras cabildo, y en la sociedad en general, se fueron desvaneciendo las distinciones entre principales y macehuales. En un principio, los españoles enfatizaban las distinciones entre ellos, no sólo en los cargos del cabildo, sino con respecto a otra clase de privilegios, exenciones y categorías. El declive de los cabildos en el siglo XVII fue paralelo al declive de los principales y la eliminación o abandono de sus privilegios. Algunos perdieron sus tierras, criados y riquezas, y pasaron a ser indistinguibles de los macehuales. Otros abandonaron la comunidad india y migraron a la ciudad, engrosando las filas de mestizos, mulatos y negros y del proletariado urbano. Mientras tanto, los mestizos, mulatos y negros se infiltraron en los cabildos, contribuyendo a la ruptura del concepto de gobierno «indio», pero lo que hicieron fue particularmente poner en peligro el papel tradicional de los principales, puesto que ellos eran los que habían dominado los puestos gubernamentales.

En Perú, los *curacas* surgieron como poderosas autoridades locales en el mundo posterior a la conquista, y desempeñaron el papel de cacique universal como «gobernantes títeres», haciendo de mediadores entre la sociedad española e india. En el siglo XVI, sus territorios coloniales normalmente retenían las subdivisiones existentes antes de la conquista, y los cargos subalternos continuaban funcionando de forma ininterrumpida. Al igual que sus equivalentes en México, los curacas peruanos fueron entonces amenazados por los gobiernos indios recientemente hispanizados e institucionalizados. Los cabildos indios, contituidos a mediados del siglo XVI, primero en los pueblos principales, proliferaron rápidamente. Hacia 1565, la ciudad de Lima tenía tres, uno para los residentes indios, otro para aquellos que habían inmigrado procedentes de cualquier lugar y un tercero para los habitantes de los alrededores más próximos. Las atribuciones de los cabildos tenían que ver con las propiedades, mercados, cárceles y otros asuntos locales, por supuesto bajo la jurisdicción superior de las autoridades españolas. Los alcaldes indios administraban justicia en primer lugar y los alguaciles constituían el cuerpo de policía local. La mayoría de las comunidades tenía dos alcaldes, pero Cuzco, a principios del siglo XVII, contaba con ocho, y Huancavelica, en el siglo XVIII, disponía de 18 alcaldes de minas.

Los curacas eran capaces de sacar provecho de su situación de una forma que sus equivalentes en México nunca consiguieron. Empezando por los años sesenta del siglo XVI, los indios nobles del Perú solicitaron y recibieron títulos de alguaciles y alcaldes mayores. Una petición típica describía el linaje aristocrático y los servicios que el indio interesado había prestado a Pizarro u otros conquistadores. Un candidato elegido para el cargo de alcalde mayor tenía autoridad para nombrar anualmente jueces y regidores, y para administrar justicia local en nombre del rey. A otros se les otorgaba la responsabilidad del mantenimiento de los caminos, puentes y tambos construidos en el imperio incaico. Hacia 1600, los alcaldes indios se habían instalado por toda el área de influencia incaica, desde Quito a Potosí. Los cargos pasaron, en efecto, a estar monopolizados por los curacas, quienes podían prevenir que estos puestos cayeran en manos de indios inferiores. De este modo, la institución peruana sirvió para apoyar y prolongar a la clase de los curacas más que a ninguna otra clase. Pero hacia finales del período colonial, ésta también se había deteriorado. Españoles y mestizos se apropiaron de algunos cargos del cabildo e, incluso, del de alcalde mayor.

Un tema que todavía está poco entendido y que requiere una profunda investigación comparativa concierne al *calpulli* y al *ayllu*. Estos términos se refieren a las unidades sociales básicas por encima del nivel de la familia, en México y en Perú, respectivamente. Los investigadores han discutido el carácter de estas unidades, sobre si representaban o no grupos de parentesco, o si pueden ser consideradas como «barrios» o «distritos», en relación con la jurisdicción que ejercían. Dichos términos necesitan diferenciarse cautelosamente de otros términos como, por ejemplo, *tlaxilacalli,* que en el caso de México parece haber tenido un significado muy similar al de calpulli. La distribución y uso necesitan ser estudiados (parece ser que, en el siglo XVI, el término calpulli era más común en Guatemala que en el México central). No obstante, aquí el punto de especial interés, una vez sepamos lo que realmente eran estas unidades, concierne a su duración en el período colonial y después. Se ha venido sosteniendo que tales unidades constituían los elementos esenciales de la sociedad indígena, sin los cuales la vida y cultura indias no hubieran logrado sobrevivir hasta las épocas modernas.

Religión

Fue con respecto a la religión que los españoles realizaron su más enérgico esfuerzo para modificar la sociedad indígena. Esto fue debido a que muchos aspectos de su religión resultaban ofensivos desde el punto de vista del cristianismo, y porque el cristianismo era considerado por los españoles la única religión verdadera. Los españoles estaban dispuestos a hacer uso de la fuerza para destruir templos, extirpar idolatrías, sacrificios humanos y otras prácticas, y castigar a los recalcitrantes. Pero, en principio, los españoles creyeron en una cristianización sin coacciones, y el esfuerzo misionero, a pesar de su intensidad y universalidad, fue, en general, una operación pacífica. En esto se distinguía, y los indios podían apreciar claramente esta diferencia, de las conquistas militares que los precedieron.

Las religiones americanas nativas estaban lejos de ser uniformes, pero se pueden caracterizar fundamentalmente por ser politeístas y animistas, con veneración de cuerpos celestiales y fenómenos naturales, propiciación de deidades, chamanismo y participación ceremonial. Las religiones americanas más sofisticadas incluían objetos de culto, calendarios complejos, templos y edificios religiosos igualmente complicados, clases sacerdotales y literatura narrativa y astrológica sumamente ricas. Algunos elementos fueron adoptados por los españoles por la existencia de aspectos similares a los del cristianismo, especialmente el bautismo, la confesión, el matrimonio y el símbolo de la cruz.

En la década de 1520, en México empezaron a desarrollarse serios esfuerzos de conversión a gran escala, que se extendieron rápidamente a través de América siguiendo aquellos lugares por donde habían pasado los ejércitos de la conquista. La tarea principal de los misioneros era eliminar las evidencias más relevantes del paganismo y frenar o reducir el poder de los sacerdotes nativos, y en su mayor parte, estos pasos fueron satisfactoriamente cumplidos durante la primera generación. Después, los misioneros pusieron un gran énfasis en los dogmas esenciales y en los rasgos más visibles de la religión cristiana. La presunción era que las cuestiones más sutiles de la fe y la doctrina podían ser razonablemente pospuestas. Unos pocos misioneros podían dedicar tiempo a la prolongada preparación que se necesitaba para una plena conversión. Especialmente al principio, los misioneros se concentraron en los bautismos en masa y en la rudimentaria instrucción sacramental. Hay evidencias, en diversas partes de la América nativa, de que los indios se reunían voluntariamente y con entusiasmo para recibir el bautismo en masa. En cambio, otras evidencias sugieren que los informes de tan entusiasta asistencia de los indígenas al bautismo en masa, pueden haber sido exagerados por los misioneros más optimistas. Los elementos de la religión nativa que se asemejaban al cristianismo eran, algunas veces, utilizados como ayuda o guía en la instrucción cristiana, pero también es cierto que los misioneros temían a las prácticas paganas similares como si fueran obra del demonio, ideadas para aprisionar al incauto y distorsionar el propósito cristiano. Con el transcurso del tiempo, la necesidad y la ocasión para el bautismo en masa y el aprendizaje inicial, por supuesto, disminuyeron.

Con respecto a la creencia religiosa indígena, el resultado final fue el sincretismo, es decir, la fusión de la fe cristiana y de la pagana. Éste se dio de distintas formas. Los indios podían mantener una posición politeísta mediante la aceptación cristiana como un miembro adicional del panteón, o prestando la atención principal a la santísima trinidad o a la comunidad de santos más que al dios cristiano. La crucifixión podía parecer como una forma de sacrificio humano. Los indígenas, que parecían estar venerando según el rito cristiano, podían llegar a colocar ídolos tras los altares a la espera de una respuesta en caso de que la religión cristiana les fallara. Elementos de la fe cristiana podían ser incorporados dentro de la perspectiva de un mundo esencialmente pagano. A lo largo del período colonial, el clero buscó y descubrió evidencias del paganismo que sobrevivía en objetos de culto escondidos o en prácticas encubiertas.

Los primeros misioneros iban de ciudad en ciudad y de una zona a otra, pero, a medida que su número aumentaba, fue desarrollándose un sistema episcopal y parroquial disciplinado, con un clero residente en las comunidades indígenas mayores. De este modo, se lograba llegar a zonas lejanas mediante visitas regulares o esporádicas. Los misioneros prestaron una atención especial a los hijos de la clase alta indígena, con la idea de que éstos se convertirían en los líderes de las generaciones posteriores y que estarían en posición de ejercer en el futuro una influencia cristiana sobre la comunidad. Según el mismo principio, los indios de clase alta que se oponían a la cristiandad o regresaban, después de la conversión, a las formas de veneración pagana, estaban sujetos a severos castigos. Existen documentos de numerosas flagelaciones y encarcelamientos, así como de ejecuciones ocasionales. Al principio, el clero dirigía los servicios religiosos en edificios temporales o en capillas abiertas; más tarde, en las iglesias, a menudo amplias e impresionantes, construidas con mano de obra indígena. Frecuentemente, en el siglo XVI, el clero local funcionaba dentro de la institución de la encomienda. Esta circunstancia determinó, algunas veces, la ubicación de las iglesias o influyó de otras maneras en el desarrollo de la cristianización.

En el siglo XVII, en cualquier comunidad indígena de la América española, el cristianismo jugaba un papel dirigente. En todas partes la Iglesia era la estructura mayor y más imponente. Dominaba un complejo de edificios subordinados, que algunas veces incluía un monasterio. Todas habían sido construidas por indios, a menudo mediante mano de obra voluntaria y no remunerada, y el mantenimiento y reparación había sido fruto del trabajo indígena. De no tratarse de una comunidad de grandes dimensiones, habría tenido sólo un sacerdote blanco permanente. Estaba prohibido que los indios fueran ordenados sacerdotes, pero todas las tareas menores eran llevadas a cabo por ellos, y, para el mantenimiento de la comunidad religiosa, era básica la existencia de una jerarquía de cargos ocupados por los indios. Los principales ritos religiosos, incluyendo bautismos, matrimonios y funerales, tenían lugar en la iglesia y proporcionaban un ritual ordenado y previsible para la vida de los indios. El día del santo patrón de la localidad —que a menudo era el santo que daba nombre al lugar—, se celebraba una gran fiesta, que distinguía a una comunidad india de sus vecinos, algunas veces en un ambiente de competitividad. Determinadas imágenes de santos eran veneradas por sangrar, sudar, hablar o sanar a los enfermos. Algunas localidades —Guadalupe en México, y Copacabana en Perú, son ejemplos relevantes— se convirtieron en lugares de peregrinación indígena. En todas las comunidades, las fiestas eran ocasiones semirreligiosas, que proporcionaban una relajación de la rutina y promovían una lealtad colectiva a la Iglesia, al Estado y la sociedad en general.

Una institución cristiana a la que los indios de la América española dieron una especial atención fue la cofradía. Parece ser que las cofradías no fueron establecidas por los primeros misioneros, ni fueron consideradas apropiadas para los indígenas durante los primeros 50 años, aproximadamente, de cristianismo en la colonia. Se extendieron en la sociedad indígena a fines del siglo XVI y en el siglo XVII, y, más adelante, se multiplicaron y esparcieron. Ningún investigador ha catalogado todavía la historia y distribución de estas hermandades en las colonias españolas. Pero no hay duda de que hacia mediados del siglo XVI, ya se había establecido un gran número de ellas en los pueblos indígenas. Una sola parroquia, dependiendo de las circunstancias, podía tener de una a seis o más. Cada una tenía sus funciones en el mantenimiento de la Iglesia y en el cumplimiento de la vida cristiana. Las cofradías financiaban y controlaban capillas, misas, festividades eclesiásticas, beneficiencia y ciertas propiedades territoriales y otros bienes de la Iglesia. Los miembros indígenas apoyaban el tesoro de la cofradía mediante cuotas de admisión y pagos regulares, siendo los fondos distribuidos por el mayordomo de la hermandad para hacer frente a los gastos designados. En algunos casos, el ser miembro de una cofradía confería indulgencia plenaria y los fondos se usaban para proporcionar mortajas, ataúdes, misas, vigilias y enterramientos cuando algún miembro moría. De este modo, además de otras funciones, las cofradías podían ser instituciones de previsión individual, garantizando condiciones favorables para el cuerpo y el alma después de morir. Sus rasgos comunales reflejan el cristianismo desarrollado, penetrante e institucionalizado de los siglos XVII y XVIII. Proporcionaban un modo de vida organizado, y los indios eran, quizás, más atraídos hacia ellas en la medida que las instituciones seculares de la sociedad indígena dejaban de proporcionar satisfacciones equivalentes. Los documentos de la hermandad algunas veces revelan un indianismo deliberado, un sentimiento de separación y desconfianza de los indios para con la sociedad blanca.

TRIBUTOS

El hecho de que los indios tuvieran que pagar tributos fue una de las primeras y más fundamentales convicciones españolas en el mundo colonial. La tradición provenía de España, donde los campesinos eran pecheros, pagadores de pecho o tributos. En América, donde los colonos no pagaban pecho, la obligación de pagar el tributo cayó sobre la nueva clase baja no española. En teoría, los indios pagaban el tributo como obligación de «vasallos» de la corona (este término fue usado en el período colonial) a cambio de beneficios, o supuestos beneficios, de la civilización española. En la época anterior a la conquista, muchos indios tenían que pagar tributo, hecho que facilitó en teoría y en la práctica la exacción tributaria.

La incautación de mercancías, especialmente oro, en la fase inicial, período de conquista y de asentamiento caribeño, gradualmente pasó a ser regulada a través de la encomienda, por la que el rey concedía a un intermediario, el encomendero, el privilegio de recibir el tributo que, de otra manera, los indios debían a la corona. El tributo se convirtió en uno de los principales mecanismos de control ejercido por los encomenderos sobre los indígenas, y sus recaudadores tributarios, que normalmente eran indios, se hallaban entre los agentes de los encomenderos más temidos. Una gran parte de los comentarios acerca de la encomienda de mediados del siglo XVI, se refiere a los excesos en la recaudación del tributo.

Al igual que en otros aspectos de la encomienda, los excesos que se hacían en la recaudación del tributo fueron posibles debido a la dependencia de los encomenderos respecto de los jefes indios locales. Durante el primer período, el tributo era entregado al cacique, y bajo su dirección se extraía una parte del mismo, para luego transferirla al encomendero. En la ausencia de dicha cooperación de los caciques o de sus equivalentes, los españoles no tenían los medios adecuados para exigir de los indios los pagos del tributo. Por otra parte, esta cooperación también permitía a los caciques absorber gran parte de los tributos indígenas para su propio enriquecimiento. Las primeras críticas hacia los encomenderos, refiriéndose al hecho de que sus demandas eran desorbitantes, a menudo dejaron de tener en cuenta a los caciques indios, quienes podían ser incluso más extorsionadores. Tal situación proporciona uno de los ejemplos más destacados de la opresión colonial dentro de la misma sociedad indígena.

Los esfuerzos de la corona para poner límite a la actuación de los encomenderos supuso que se legislaran cantidades fijas de tributo, normalmente basadas en cuentas o estimaciones de la población indígena encomendada. Dados los métodos de recaudación, los cuales eran bien conocidos, la corona se vio obligada a establecer límites en los ingresos tributarios de encomenderos y caciques. En la medida que los gobernadores indios absorbían el poder de los caciques, los pagos de los tributos fueron cada vez más regularizados y limitados dentro de un marco legal. Los ingresos de los caciques, al igual que otros indicios de su autoridad, disminuyeron a finales del siglo XVI y a lo largo del XVII. La sustitución del gobierno del cacique por el del cabildo fue un paso significativo en el proceso del establecimiento del control real sobre la exacción tributaria. En aquellos lugares donde los consejos de los pueblos no llegaron a españolizarse, se utilizaron otros métodos, que incluían la coacción, recompensa y sustitución, para segurar que los caciques pudieran recibir y transmitir el tributo sin explotar excesivamente el sistema en su propio beneficio.

Los cabeza de familia eran tributarios plenos en la sociedad indígena colonial. Viudos, viudas, solteros y solteras eran medios tributarios. En la segunda mitad del siglo XVI, las encomiendas fueron limitadas legalmente a un tributo calculado mediante la multiplicación del número de tributarios por la cantidad que cada uno tenía que pagar. La cifra cambiaba constantemente, puesto que la población tributaria indígena descendía, hecho que explica la razón por la que se hicieron tantos recuentos de población en la segunda mitad del siglo XVI. Pero las irregularidades familiares y dificultades persistieron. Debido a que los indios continuaban siendo los recaudadores, por ejemplo: las personas que visitaban a los tributarios individuales y recibían sus pagos, en un sistema básicamente indígena de tasación podían ser frecuentemente retenido bajo el disfraz de un impuesto de capitación uniforme. Ello significó la perpetuación encubierta de exenciones de grupo, cómputos basados sobre la tierra o riqueza, malversación de fondos y prácticas adicionales que los españoles no estaban en posición de controlar. En lo que a los españoles se refiere, también había muchos obstáculos que imposibilitaban a los indígenas tributarios un sistema de pago equitativo. La cantidad tributaria se componía normalmente de un pago en dinero y de un pago en especie, y los valores de éstos variaban considerablemente de un lugar a otro. Además, el gobierno español, siempre con la necesidad de encontrar más fondos, a fines del siglo XVI y durante el

XVII, impuso nuevos impuestos a los indios bajo títulos tan especiales como servicio, para la defensa naval, y ministros, para los costos de litigación indígena. Al igual que el tributo original, éstos estaban sujetos a variación local. Las obligaciones indígenas hacia los impuestos diseñados por los españoles, tales como la alcabala (impuestos sobre las ventas), de igual manera diferían en tiempo y lugar, y muchas otras exacciones locales, en un principio impuestas temporal y arbitrariamente por funcionarios del Estado o de la Iglesia, quedaron permanentemente establecidas por la aduana. No se trata simplemente de que los indios en Chile pagaran distintas cantidades a las pagadas por los indios en México. Los habitantes de dos poblaciones vecinas en la misma colonia podían también pagar cantidades bastante distintas. El esfuerzo español para poner en práctica una uniformidad de tasación nunca llegó a tener éxito.

Las prácticas tributarias descritas antes están relacionadas con la encomienda, pero hay que resaltar que la reversión de las encomiendas a la corona no significó detener las irregularidades en la exacción del tributo. Los observadores contemporáneos, a menudo encontraban a los corregidores más exigentes que los propios encomenderos. Los corregidores, al igual que los encomenderos, confiaban en los caciques o en los cabildos, y conspiraban con ellos para recompensar a los recaudadores del tributo indígena con una porción del exceso conseguido. Ellos imponían exacciones ilegales en dinero, comida u otros artículos, y ordenaban ventas del tributo a precios ilegales mediante pagos en secreto. Exigían derechos (cuotas o sobornos) para los recuentos de población, pagos por desempeñar cargos oficiales, por la aprobación de cierta legislación en el consejo y otras funciones que por ley debían ser gratis. Los corregidores encontraban cómplices que estaban dispuestos a corromper a los miembros del consejo indígena, quienes cobraban ilegalmente para la realización de fiestas, votaban aumentos en sus salarios y, de distintas maneras, utilizaban sus cargos para incrementar y desviar los fondos tributarios en su propio beneficio.

Dentro de la comunidad india, las exacciones tributarias tenían una influencia importante sobre la productividad local. Muchos artículos producidos por indígenas —maíz, cacao, tejidos nativos y muchos otros productos— continuaron siendo pagados como tributo. Algunas veces, los requerimientos del tributo eran para pagar en productos europeos, tales como trigo, tejidos de lana, dinero, pollos o huevos. Los indios producían artículos europeos para poderlos vender a cambio del dinero que necesitaban para pagar el tributo. Indudablemente el cultivo o fabricación de productos europeos constituía un paso en dirección a la hispanización. Aunque está claro que los bienes eran producidos o hechos exclusivamente por indios como artículos tributarios, no había ninguna intención de integrarlos en la vida indígena.

Mano de obra

La esclavitud legal e ilegal de los indígenas como mano de obra se dio principalmente en las Indias occidentales y en la parte adyacente de tierra firme, desde la América Central hasta Venezuela. En México y Perú, los conquistadores estuvieron más preocupados con la encomienda que con la esclavitud declarada, pero convirtieron en esclavos a indios capturados en las guerras, justificando la acción a través del requerimiento (el cual amenazaba con la esclavitud a los indios que rehusaran someterse y recibir el evangelio cristiano) o por el principio de que los cautivos hechos en una guerra justa y cristiana podían ser legitimamente esclavizados. Los conquistadores también sostenían que los indios que eran esclavos en su propia sociedad nativa debían continuar siéndolo después de la conquista, puesto que esto implicaba simplemente la perpetuación de una posición preexistente y no un acta nueva de esclavitud. Durante un tiempo, la corona permitió la esclavitud de los indios en casos de rebelión y como castigo por delitos concretos. A lo largo del siglo XVI y durante el XVII encontramos ejemplos de esclavitud indígena entre los cautivos que habían sido capturados en guerras de frontera y entre individuos sentenciados por crimen. Pero, en general, después de las Leyes de Burgos (1512), el principio prevalente fue que los indios fueran personas libres y no esclavos.

La información acerca del uso que los españoles hacían de la mano de obra indígena en las Indias occidentales, después del establecimiento de la encomienda, deja mucho que desear. Los críticos sostenían, probablemente de manera acertada, que el trabajo en la encomienda raramente difería de la esclavitud, y que los indios continuaban sobrecargados de trabajo e igual de maltratados que durante los primeros años. En contra de la ley, a veces, los indios de encomienda eran vendidos o alquilados por sus encomenderos; poco se hizo para asegurar la cristianización de los trabajadores o para proporcionarles el bienestar que requería la ley. Las principales categorías de trabajo eran: la explotación de las minas, transporte, agricultura, construcción y servicio militar. En las Indias occidentales las encomiendas concluyeron al cabo de dos generaciones, debido a la extinción de la población aborigen. No obstante, no se debería presumir que las condiciones duras de trabajo, tanto de la esclavitud como de la encomienda, fueron una causa directa de tal extinción. Al igual que en cualquier otro lugar, las enfermedades introducidas por los españoles fueron la causa principal. Obviamente, las enfermedades pueden haber tenido consecuencias más mortales debido a la fatiga, desnutrición y otras condiciones que se daban de acuerdo con las prácticas laborales españolas.

En el continente, la encomienda fue una institución onerosa para los indígenas, pero en las zonas principales su componente laboral estuvo limitado a las primeras generaciones coloniales. Para el caso de México central, existe abundante documentación sobre esta cuestión, que incluye algunos puntos de vista de los mismos indios. Está bastante claro que los encomenderos explotaron a sus indios con respecto al trabajo, al igual que lo hicieron en lo que se refería al tributo. Al igual que en el tributo, dependían de los caciques u otros indios como intermediarios y jefes locales. Desde el principio, la corona consideró la parte laboral de la encomienda como un expediente temporal e insatisfactorio, pendiente del establecimiento de una mano de obra asalariada libre; fue esta posición real la que tuvo como resultado la supresión del control de los encomenderos sobre la mano de obra indígena. Esto tuvo lugar a mediados del siglo XVI en la parte central del virreinato de Nueva España y una generación después en los Andes centrales. De este modo, hacia fines del siglo XVI, en las zonas densamente pobladas, la encomienda se había convertido en una institución para la exacción del tributo, que ya no podía ser considerada como una fuente de trabajo privado. Los encomenderos, deseosos de poseer indios como mano de obra en esas áreas, estaban ahora obligados a depender en la nueva institución de la *mita* o «repartimiento» laboral. Una vez más, nos encontramos con diferencias entre las zonas centrales y las alejadas del centro. Al margen de estas zonas, en regiones donde los encomenderos eran menos numerosos, la encomienda continuó siendo una institución para regular la mano de obra, al igual que una institución para recaudar el tributo. Incluso en el período colonial muy tardío, los encomenderos sobrevivientes ejercían todavía este poder laboral en Chile, Paraguay, Yucatán, y en los otros lugares donde hubiera encomienda. Los vestigios marginales pueden quizás explicarse como ejemplos de rebeldía. Desde el punto de vista metropolitano, éstos no eran suficientemente importantes como para constituir una amenaza a la corona o como para provocar una legislación represiva. Además, eran regiones donde las estructuras sociales nativas no se prestaban a los reclutamientos laborales organizados a gran escala para la agricultura o para la minería. La encomienda laboral a pequeña escala era la institución más apropiada en estas áreas, debido a que carecían de mercados y minas, y de fuentes para sostener un tributo extenso u organización laboral.

El repartimiento laboral, como fue llamado en Nueva España, o mita, acabó siendo usado en el Perú y fue la nueva institución diseñada para regular la mano de obra de los indios en el sector público, tras la separación de este trabajo del sector privado o encomienda. El repartimiento fue una respuesta al incremento del número de españoles y al reducido número de trabajadores indígenas. Este fue un sistema más económico para la distribución de trabajadores indígenas, después de los excesos y desgaste de la mano de obra de la encomienda. En el repartimiento, cada comunidad indígena se responsabilizaba de liberar una parte de su población masculina para trabajar por intervalos periódicos. Cada grupo laboral trabajaba para su patrón durante un período concreto, que iba de una semana a cuatro meses o más. Los trabajadores indios recibían un salario modesto y regresaban a sus comunidades al tiempo que un nuevo contingente, reclutado y asignado de la misma manera, ocupaba sus puestos. Como se ha visto, los encomenderos de las áreas principales estaban ahora obligados a solicitar trabajadores de repartimiento, de la misma manera que otros españoles.

La mita laboral, para las minas peruanas de Potosí, representa el repartimiento en su forma más impresionante. A fines del siglo XVI y durante el XVII, el flujo de trabajadores, hacia y desde la mina, asumió las proporciones de migraciones masivas. Los funcionarios indígenas locales dirigían la selección y organización. Cuando llegaba el día señalado, los trabajadores formaban una enorme procesión con sus familias, llamas, y otras provisiones. Desde una provincia lejana, el trayecto requería varios meses. A lo largo del siglo XVII, miles de personas y animales estaban constantemente yendo y viniendo de Potosí. Los trabajadores y sus familias estarían alejados de sus comunidades durante un año o más. No existe otro grupo de refuerzo de mano de obra colonial que pueda compararse a éste en número de personas, duración e intensidad. Sus rivales más cercanos en México fueron los que reconstruyeron Tenochtitlan en el siglo XVI y los que llevaron a cabo el drenaje del valle de México, a principios del XVII. El repartimiento satisfizo las necesidades laborales de la colonia de modo más efectivo de lo que lo había hecho la encomienda, pero estuvo cada vez más sujeto a tensiones en la medida que la población nativa continuaba descendiendo. Una comunidad indígena de 400 tributarios, que originariamente podría haber tenido que proporcionar 8 o 12 o 16 trabajadores para cada cuadrilla de repartimiento, se encontró inevitablemente cada vez menos capaz de reunir ese contingente, puesto que la población descendió a 200 o 100, o incluso menos. Los funcionarios españoles hicieron ciertos esfuerzos por rebajar las cuotas, pero estos ajustes fueron siempre por detrás de la pérdida de población y, en cualquier caso, una disminución de la cuota reducía necesariamente la efectividad del repartimiento como medio de reclutamiento de mano de obra. Las comunidades indígenas buscaban contratar trabajadores de fuera o enviar jóvenes, viejos, o mujeres al repartimiento para cumplir sus obligaciones. La tensión sobre las comunidades y sus gobiernos indígenas se agudizó, especialmente en aquellas zonas mineras y agrícolas donde la pérdida de la población fue mayor.

En el centro de Nueva España los patrones agrícolas ya no podían asegurarse los trabajadores que necesitaban mediante el repartimiento, hacían contratos laborales con trabajadores individuales, prestaban dinero a los indios para ser devuelto en forma de trabajo y otros medios, y de otras maneras desafiaban o burlaban el sistema. El repartimiento agrícola se deterioró todavía más y, finalmente, en 1633 fue abolido. La industria minera de Nueva España ya había dejado de depender de él y ello significó que sólo unas pocas operaciones controladas por el Estado, entre las que sobresalía el drenaje del valle de los lagos de México, continuó recibiendo un número considerable de tales trabajadores.

De este modo, a fines del siglo XVII y en el XVIII, en el centro de Nueva España, la mayor parte de la mano de obra indígena era «libre». En la medida en que la población nativa volvió a incrementarse, las condiciones del mercado de trabajo rural se invirtieron en relación con lo que habían sido. Ahora había demasiados trabajadores respecto a la oferta de trabajo. Los trabajadores sin empleo desbordaban de sus pueblos y erraban por el campo. Debido a la competencia en el empleo, el salario de los trabajadores rurales, que había aumentado regularmente desde principios del siglo XVI hasta mediados del XVII, permaneció casi constante durante los 150 años posteriores. Esta situación fue ventajosa para los hacendados, que mantenían un núcleo de trabajadores en sus propiedades durante todo el año laboral y podían alquilar un número adicional de trabajadores para hacer frente a las tareas estacionales.

En la zona central de los Andes prevaleció una situación diferente. La mita continuó siendo el principal instrumento para reunir a los trabajadores en Potosí y otras minas peruanas a lo largo del período colonial. La tecnología minera estaba mucho más atrasada que la mexicana. En México, en el siglo XVIII, grandes montacargas elevaban el mineral a la superficie, mientras que en Perú los indios continuaban subiendo las gradas de las escaleras llevando el mineral sobre sus espaldas. En la agricultura, los patronos peruanos encontraron muchas de las mismas deficiencias en el sistema laboral que ya habían encontrado sus correspondientes mexicanos. Pero las propiedades agrícolas del Perú se acomodaron a una clase especial de trabajadores, los *yana* o *yanaconas*, antiguamente sirvientes y trabajadores de la clase alta incaica. Los yanaconas aumentaron en número relativamente, si no absolutamente, en el siglo XVI, puesto que otros indígenas escaparon de las presiones de la vida comunitaria para juntarse con ellos. Estaban protegidos por la ley, favorecidos por los españoles, dispensados, al menos en teoría, del tributo y de la mita, y ligados a la tierra. Las implicaciones de las diferencias en las condiciones laborales entre la sierra andina y el México central, áreas densamente pobladas atractivas para los patronos y titulares de las propiedades españolas, requieren un estudio histórico y explicación más detenida.

De manera harto frecuente, los investigadores han identificado el peonaje como la forma de mano de obra clásica de la América española rural. La hipótesis ha sido que los hacendados y otros terratenientes, de forma característica, forzaban a los indios a trabajar para ellos mediante el sistema de adelantarles dinero y exigirles su reembolso en trabajo. La servidumbre «clásica» la constituyen: 1) un hacendado autoritario incapaz o poco dispuesto para mantener una fuerza laboral de trabajadores contratados, y 2) un grupo de trabajadores indios necesitados deseosos de salir de sus apuros, pero retenidos a través de sus deudas contraídas. Mediante una serie de préstamos posteriores, el hacendado se aseguraba de que la deuda nunca fuera pagada del todo. En casos extremos, después de morir el peón original, su hijo todavía heredaba la deuda no redimida, y así generación tras generación todas las familias indígenas estaban obligadas a permanecer en la hacienda, entregadas durante toda su vida al trabajo. El peonaje ha sido considerado como una institución mediante la cual, los patronos sin escrúpulos, extraían el máximo de servicio de una fuerza de trabajo controlada con un mínimo coste. Pero recientemente los estudios sugieren que el peonaje en estos términos fue menos extenso en el período colonial de lo que se había creído. Los documentos coloniales proporcionan muchos ejemplos del peonaje en la agricultura, minería y otros sectores. Pero en determinadas zonas, la complejidad de las presiones sobre la vida india eran tales que los trabajadores no necesitaban ser retenidos a través de las deudas. Un indio del siglo XVII, sin tierras, incapaz de pagar su tributo, sin recursos para alimentar a su familia, estaba dispuesto a trasladarse de su pueblo a la hacienda. Él podía considerarse afortunado de llegar y permanecer allí, de trabajar una parcela de terreno, recibir un salario o un adelanto del salario, y de estar bajo la protección del propietario. La hacienda, algunas veces, asumía la responsabilidad del pago de su tributo y funcionaba además como una institución de crédito, que le permitía atrasarse en los pagos de sus obligaciones sin ser castigado o perder su trabajo.

En las ciudades de la América española, al igual que en las zonas rurales, los indios realizaban la mayor parte del trabajo. No obstante, las condiciones urbanas fueron bastante diferentes de las del campo. Para las tareas urbanas el trabajo a través del repartimiento fue común en el siglo XVI, y persistió de manera intermitente, algunas veces con largas interrupciones, durante el período colonial. Los alimentos, combustibles, piensos y otros productos para los funcionarios de la ciudad y otros residentes, eran a menudo suministrados a través de una institución de repartimiento, la que combinaba el tributo en especie con las tareas de transportarlo y almacenarlo. Algún sector de la mano de obra se orientó hacia la construcción o expansión de la zona urbana. Un tipo de indios, especializados en albañilería, carpintería y en ocupaciones afines, pasó rápidamente a servir como maestro y jefe de la masa inexperta. Las ciudades necesitaban constantemente trabajadores. Había que construir y mantener las casas en buenas condiciones. La construcción de iglesias y catedrales duraba décadas. Las tiendas y edificios públicos, calles y puentes, los sistemas de suministro y drenaje del agua requerían mano de obra, primero para la construcción, después para la reparación y finalmente para la reconstrucción. Los residentes indígenas de los pueblos y de los alrededores de las ciudades fueron siempre considerados como los trabajadores adecuados para la realización de estas tareas. Eran requeridos por el repartimiento, e incluso después de que los repartimientos formales para estas tareas fueran abolidos, como lo fueron en algunas ciudades, otros nuevos mantuvieron a los indígenas para trabajos especiales.

Una diferencia importante existente entre la mano de obra indígena en las ciudades, en los pueblos y en el campo se refiere a los oficios y a los gremios. Los oficios en las áreas rurales estaban centrados en las artes utilitarias de la vida doméstica y agrícola nativas: el tejido de telas, la fabricación de cerámica y cestos, todos ellos realizados con herramientas simples. Los oficios en las ciudades eran mucho más complejos. Los españoles estaban sorprendidos de la rapidez con que los indios adquirían las técnicas de fabricación españolas. En Ciudad de México, los indios aprendieron con rapidez a fabricar guantes, zapatos, sillas de montar y artículos de vidrio y de hierro. Una generación después de la caída de la capital azteca, los indios producían chaquetas, chalecos, calzones y todas las prendas de vestir para vender en los mercados españoles de la ciudad. La competencia afectó seriamente a los sastres, zapateros, plateros y otros artesanos españoles, quienes se organizaban en gremios y trataban de resistir o controlar la nueva producción indígena. Pero, gradualmente, los indios fueron admitidos en los gremios, como aprendices y oficiales, e incluso como maestros de algunos oficios, y se fueron fusionando progresivamente en estos y en otros niveles sociales con negros, mestizos y mulatos en las condiciones de vida de la ciudad densa, variada y concurrida.

Todavía hay otra institución de trabajo que es relevante en la vida indígena. Se trata del «obraje», un taller creado especialmente para la producción de tejidos de lana. Los obrajes comenzaron a desarrollarse en el siglo XVI con mano de obra indígena. Las principales tareas que se realizaban en el obraje eran las de limpiar, cardar, hilar y tejer. Hacia el siglo XVII, los obrajes se habían convertido en fábricas de explotación y pasaron a ser famosos por sus bajos salarios y por sus horribles condiciones. Indios y no indios, culpables de crímenes, eran condenados a trabajar en el obraje, durante meses o años, y a lo largo de la época colonial, los indios que se encontraban en estas condiciones eran considerados como trabajadores esclavos.

Tierras

En teoría, el gobierno imperial español respetó la propiedad de la tierra de los indígenas, y trató de limitar la de los españoles a las zonas vacías o a extensiones cuya transferencia a manos españolas no perjudicara los intereses indígenas. Pero en la práctica este principio no se cumplió. Naturalmente, los españoles se apropiaron de las valiosas zonas urbanas conquistadas en Tenochtitlan y Cuzco, y los indígenas se vieron totalmente incapaces para resistir la apropiación de los bienes que, en estas ciudades y en otras, llevaron a cabo Cortés, Pizarro y sus respectivos seguidores. Las autoridades del gobierno colonial español que se ocuparon de la concesión de tierras —cabildos, virreyes y sus agentes— se caracterizaron por anteponer los intereses españoles a los indígenas. Los colonos españoles sostenían que ellos necesitaban más tierra para la agricultura a gran escala y para los pastos del ganado que la que requerían los indígenas para sus cultivos intensivos a pequeña escala. Desde la perspectiva de los españoles, las tierras que los indígenas usaban para cazar u otros menesteres comunitarios estaban «vacantes» y, por lo tanto, disponibles para ellos. Existe la idea de que todas las tierras de América, que a la larga pasaron a manos de los españoles, fueron usurpadas a los indios. No obstante, hubo una amplia diversidad de «usurpaciones», que incluyó la compra, el comercio y la donación voluntaria por parte de los indios. En este sentido, resulta extremadamente compleja la cuestión de las «reclamaciones» contrarias de indígenas y españoles.

En buena parte, la atención histórica se ha centrado en la enajenación de las «tierras de los pueblos» (tierras que antiguamente estaban bajo la jurisdicción de las comunidades indígenas y que después perdieron), normalmente por los hacendados blancos u otros terratenientes. En casos extremos, todas las tierras de la comunidad pudieron perderse, puesto que una hacienda podía llegar a rodear completamente el emplazamiento de un pueblo, forzando a la comunidad a que se incorporara a la jurisdicción de la hacienda. Pero el resultado más común era la pérdida de una parte de las tierras de la comunidad. Ello permitía la supervivencia de la comunidad en una posición políticamente independiente, pero aumentaba la probabilidad de su subordinación económica a la hacienda. La relación de separación política y dominación económica servía a los intereses de la hacienda, puesto que el hacendado, de este modo, se libraba de la obligación de proveer al pueblo, al tiempo que se aseguraba el suministro continuo de mano de obra cercana.

En un principio, los colonizadores españoles fueron atraídos hacia las zonas densamente pobladas del México central y de los Andes centrales, donde dieron más importancia al botín, mano de obra y tributos que a la tierra. Por consiguiente, fueron estas zonas las que sufrieron las conquistas mayores y las que más pronto se vieron afectadas por las encomiendas más prolongadas del continente. La encomienda fue la institución inicial adecuada aquí, y de modo significativo no comportaba la concesión de tierra, sino la concesión de indios para tributos y trabajo. Según el sistema hereditario español de la península, la propiedad de la tierra suponía tradicionalmente beneficio económico y posición social. Pero el trasplante de esta tradición al Nuevo Mundo, en lo que afecta a las zonas centrales de la colonia, fue retrasado precisamente por la existencia de una amplia y densa población indígena propietaria de tierras. Sólo con el descenso de este sector de la población en el siglo XVI, habría una gran cantidad de tierra disponible. Una de las primeras y más consistentes consecuencias del descenso demográfico indígena fue la toma de tierras abandonadas por parte de los colonos españoles.

El proceso no fue sencillo. En la tradición indígena, una parcela de tierra vacante por muerte de su ocupante, normalmente, revertía a la comunidad, hasta que ésta asignara un nuevo titular. La disponibilidad de ocupación no era considerada motivo para que fuera ocupada desde fuera. Si no había dentro de la comunidad un candidato al que se le pudiera asignar la parcela, los ancianos, el cacique, o el cabildo indígena, podían mantenerla como un bien comunitario, hasta que apareciera un titular adecuado. En cualquier caso, el poseedor sólo dispondría del usufructo de la propiedad. Podía mantenerla mientras la cultivara y la usara para mantener a su familia. La forma de considerar el uso de la tierra que tenían las comunidades indígenas estaba en conflicto con la noción de propiedad absoluta que tenían los españoles, y complicaba cualquier simple sustitución de propiedad hispánica por propiedad india cuando la tierra llegaba a estar inocupada hasta la muerte.

Por otra parte, la capacidad de la comunidad para retener sus tierras fue severamente deformada bajo las circunstancias coloniales. Las comunidades indígenas se debilitaron, no sólo por la reducción de su tamaño, sino también por la despoblación. Cuando las dificultades se hicieron suficientemente graves, las comunidades indígenas se vieron obligadas a someterse. Cuando el cabildo indio necesitaba dinero para pagar los tributos del pueblo, parecía preferible alquilar o vender propiedades a los españoles que ir a la cárcel a causa de los atrasos en los pagos. Los miembros del cabildo podían, además, retener en su comunidad propiedades de algunas personas, para poderlas alquilar o vender. Normalmente, con el tiempo los problemas fueron cada vez más acuciantes. Aunque, hasta cierto punto, un año de abundancia podía aliviar los problemas, en los años de escasez se convertían progresivamente en más críticos. Era especialmente en los años de tensión cuando los españoles ganaban tierras en detrimento de los indígenas. En tales períodos, las comunidades indígenas estaban más dispuestas a vender tierra a los colonos españoles, y éstos estaban ansiosos por comprar, especialmente a precios reducidos. La ley colonial española, derivada como siempre de los precedentes europeos, tendía a considerar la venta como un arreglo contractual legítimo entre dos personas voluntariamente dispuestas sin tener en cuenta por ello las circunstancias que mediaban en el asunto.

La ley colonial española, que al principio apoyaba y protegía a la propiedad indígena, posteriormente aportó nuevos medios para la transmisión de las tierras indígenas a manos españolas. Tanto en México como en Perú, la política de «congregación» (reducción), a fines del siglo XVI y XVII, supuso la destrucción de emplazamientos indígenas enteros, el traslado de sus ocupantes a otros lugares y la confiscación de sus tierras. La justificación era que los indígenas debían vivir en unidades sólidas para alcanzar el orden social y político, la instrucción religiosa, el control municipal y una aceleración del proceso civilizador. En principio, todos los propietarios indígenas reubicados en la congregación tenían que conservar sus posesiones, o si el lugar del nuevo establecimiento estaba demasiado lejos, tenían que ser compensados con tierras equivalentes cerca de la nueva localización. Los españoles siempre negaron que la congregación fuera ideada como medio de transferir la propiedad, pero ésta fue su consecuencia universal.

Cuando la congregación fue, además, llevada a cabo mediante los mecanismos legales de la «denuncia» y la «composición», para las tierras indígenas el resultado fue todavía más negativo. La denuncia permitía a cualquier colono español reclamar las tierras desocupadas, y después de algunas formalidades y del pago de los derechos de propiedad, mantenerla como propietario legal. La composición le permitía ganar la plena posesión legal de cualquier parte de su propiedad que padeciera títulos de propiedad incompletos o defectuosos. La denuncia y la composición eran particularmente apropiadas en el siglo XVII, período de población indígena reducida, en que abundaban las tierras desocupadas y la resistencia indígena se había debilitado. Aquellas tierras que permanecían desocupadas por la despoblación podían ser denunciadas o simplemente ocupadas y mantenidas, y posteriormente compuestas. Es cierto que los indios, y no sólo los blancos, estaban autorizados para emplear ambos medios para asegurarse la propiedad. Pero, de hecho, muy pocos indios lo hacían, ya que, en general, desconocían la ley, carecían de los fondos requeridos, y tenían relativamente pocas oportunidades para cambiar la situación a su favor. Ni siquiera el incremento de la población indígena en el siglo XVIII estimuló de manera apreciable a los nativos a recurrir a la denuncia o composición, tanto por las razones señaladas, como por el hecho de que, por esta época, muchas tierras, y especialmente aquellas que eran productivas y aprovechables, habían pasado a otros propietarios.

Al margen de las transferencias legales, los registros coloniales sobre las transacciones de tierras están repletos de pruebas falsas, amenazas y otras prácticas ilegales. Los indígenas fueron persuadidos para que «vendieran» a los españoles porciones de las tierras del común de las comunidades. Los españoles negociaban la venta de una propiedad y recibían, o tomaban, otra más conveniente. Los españoles sobornaban o forzaban a los indios para que donaran tierras. Los indios alquilaban tierras a los españoles y, después de recibir el pago del alquiler durante unos años, se les daba a entender que ellos habían estado recibiendo los plazos de una venta, y que ahora se les exigía la plena transferencia de la propiedad. Contra tales prácticas, algunas veces, la comunidad indígena era capaz de ofrecer resistencia o retrasar el efecto. Se sabe que los indios subrepticiamente cambiaban de lugar los mojos, presentaban títulos de propiedad falsificados y, de otras maneras, intentaban engañar a los españoles. Las comunidades indígenas con recursos suficientes para hacer frente a los gastos, emprendían acciones legales, y sabemos de muchos casos en los que las comunidades indígenas ganaron pleitos en los tribunales coloniales contra los colonos españoles que les habían arrebatado sus tierras. Pero a la larga, el lado español salía favorecido, ya que los españoles eran más ricos y más poderosos, podían ofrecer sobornos y precios más elevados, disponían de abogados más hábiles y podían aguardar la próxima oportunidad que les favoreciera. Las tierras que llegaban a caer bajo el dominio de los españoles, raramente revertían a manos de los indígenas.

Aculturación

La mayoría de las instituciones educacionales que los españoles establecieron para los indígenas, estaban asociadas con las campañas destinadas a la conversión religiosa. Este era el caso en las zonas con densa población indígena durante el período inicial, y, más tarde, en las fronteras, donde los misioneros continuaban contactando con los indios no conversos. Además de la instrucción religiosa, en las escuelas de las misiones se llevaron a cabo algunos esfuerzos encaminados a proporcionar los rudimentos de una educación laica. De estas escuelas salieron miembros escogidos de la clase alta indígena, especialmente hijos de caciques, con conocimientos de la lengua castellana y con la habilidad para leer y escribir. Una escuela ejemplar y destacada de este tipo fue la de Santa Cruz de Tlatelolco (Ciudad de México), donde los estudiantes pertenecientes a la clase alta indígena aprendían latín y se les ofrecía una educación humanística más o menos comparable a la que se proporcionaba en los colegios aristocráticos de España. Pero el período efectivo de Santa Cruz de Tlatelolco estuvo limitado a mediados del siglo XVI, y, aunque en el siglo XVII el Colegio del Príncipe, en Lima, tuvo algunos objetivos similares, no se conoce nada igual a Santa Cruz, en otra parte ni en otra época.

Uno de los líderes del trabajo misionero del siglo XVI fue Vasco de Quiroga, que intentó establecer en Nueva España sociedades utópicas indias en dos comunidades pequeñas que recibieron el nombre de Santa Fe. Sus reglas apuntaban hacia una población indígena letrada, donde la propiedad fuera común, los cargos rotativos y una economía basada en la agricultura y las artes manuales. Su ideal era poner en práctica la sociedad ideal concebida por Tomás Moro para la doctrina de la perfectibilidad de los indios. El trabajo de Quiroga destaca por lo que revela de la mentalidad misionera y de la filosofía del humanismo cristiano en la forma de un Nuevo Mundo. Pero, en la práctica, la trascendencia que tuvo para el cambio de la sociedad india fue mínima.

Las historias de Santa Cruz de Tlatelolco y de las dos comunidades de Santa Fe sugieren que la aculturación a gran escala, donde tuviera lugar, no fue el resultado de los esfuerzos españoles mediante una educación formal. Más bien fue el resultado de otras clases de interacción entre españoles e indígenas. La adaptación de los nativos, en lo que al lenguaje, indumentaria, actividades sociales, productividad económica y vida cotidiana se refiere, dependía de la clase y posición que disfrutaran los indios, su proximidad a los centros de población española y el carácter de las relaciones relevantes entre indios y españoles. Sólo con respecto a la religión encontramos una enseñanza extendida en el lado español y una aceptación, aunque parcial, de esta enseñanza en el lado indígena.

En el siglo XVI, los indígenas de la clase alta, particularmente los caciques, fueron quienes tuvieron las mayores oportunidades para la hispanización. Los caciques sabían que jugando el papel de gobernador local títere obtendrían privilegios, y fueron rápidos en explotar esas posibilidades. A los caciques, y a otros miembros de la clase alta india, se les permitía llevar armas de fuego, espadas, usar vestimenta de corte español, montar a caballo y confraternizar con colonos blancos. En el siglo XVI, un número sorprendente de indios pertenecientes a la clase alta viajaron a España para presentarse a la corte real, donde solicitaron privilegios adicionales, títulos de nobleza y escudos de armas, como reconocimiento oficial de su rango y del apoyo real o supuesto, que ellos o sus padres habían jugado en la conquista española. Los caciques vivían en casas construidas al estilo español y amuebladas con camas, mesas, sillas y tapices españoles y otros accesorios que, por otra parte, eran desconocidos para los nativos. Eran propietarios de tierras, algunas veces a gran escala, con criados, trabajadores, rebaños de ovejas y empresas agrícolas. Incluso, unos pocos, pasaron a ser encomenderos. Poseían esclavos negros, hacían cuantiosas donaciones benéficas a instituciones españolas, compraban y vendían artículos caros y formalizaban sus contratos ante notario. Contraían matrimonio dentro de la clase alta indígena y legaban sus bienes a sus sucesores.

El declive de los caciques en los siglos XVII y XVIII fue resultado del cúmulo de nuevas circunstancias en las postrimerías de la historia colonial. Los caciques perdieron a sus criados, bien por enfermedad, en el repartimiento, o en las haciendas de los españoles. Su poder político se vio afectado por la competencia de los cabildos que habían sido hispanizados en las ciudades. Sus comunidades dejaron de apoyarles y fueron dejados a merced de empresarios blancos o mestizos. A fines del siglo XVIII, hubo un número limitado de familias de caciques, especialmente en Perú, que sobrevivió con sus riquezas, poder, prestigio y con sus empresas económicas intactas. Pero hubo muchas otras que fracasaron, preservando solamente el recuerdo del pasado familiar y una ineficaz pretensión de una cierta posición. Un factor crucial parece haber sido el hecho de que los caciques ya no eran de utilidad a la sociedad española, y ésta ya no les necesitaba para que desempeñaran el papel de títeres.

Para la inmensa mayoría de la población indígena, la adopción de rasgos y productos españoles fue un proceso mucho más lento y más selectivo que para los caciques u otros indios pertenecientes a la clase alta. La mayoría de los indígenas no aprendió la lengua castellana. Las lenguas nativas llegaron a incluir términos en español, pero se trataba principalmente de palabras prestadas para las que estas lenguas no tenían equivalente. La mayor parte de las casas indias y de los métodos de construcción que se usaban en el siglo XVIII, diferían muy poco de los del siglo XV. En lo que a la indumentaria se refiere, algunos indios usaban pantalones, camisas, sombreros y tejidos de lana, mientras otros conservaban completamente, o en parte, la vestimenta india originaria. Los pollos europeos estaban ampliamente aceptados por toda la América indígena, y pollos y huevos se incluían frecuentemente entre las mercancías del tributo que los indios pagaban a los españoles. El trigo, algunas veces requerido también como pago del tributo, tuvo para la vida indígena menos importancia que los pollos. Durante la colonia se generalizó el consumo de muchos productos que en la época anterior habían estado limitados a las clases dirigentes, siendo ejemplos destacados de ello el pulque, en México, y la coca y la chicha en Perú. Los indios criaban cerdos y ovejas a escala limitada. Parece ser que la crianza de caballos y de ganado se convirtió en una costumbre india más propia del Perú que del México central, quizá debido a que la llama nativa sirvió como una preparación psicológica. En las zonas agrícolas sedentarias de México, donde los españoles establecieron haciendas y estancias, los indios temían y odiaban a las vacas y los bueyes, al menos en parte, por la intrusión destructiva que causaban en las tierras agrícolas. Pero, como es bien sabido, los caballos se convirtieron en un complemento importante de la vida india migratoria, más allá de la frontera mexicana, entre los navajos y los apaches, ya que estos animales facilitaban las incursiones, el robo y el contrabando. Una adopción similar del caballo, y por razones parecidas, se dio en Venezuela, Chile, en el este del Chaco y otros lugares donde podían mantener actitudes de hostilidad en torno a los límites de las zonas sedentarias, y llevar una vida migratoria y merodeadora.

Las razones que explican las diversas formas de aceptación y rechazo son bastante complejas, y continúan sin ser estudiadas adecuadamente. En el caso de los caciques, tenemos, tal vez, una explicación suficiente en la fuerte motivación por la hispanización y en la ausencia de obstáculos o preventivos materiales. En el caso de las grandes poblaciones sedentarias de México y Perú, podemos aducir, por una parte, una motivación menos poderosa y, por otra, muchos más obstáculos. La masa indígena, a diferencia de los caciques, no necesitaba motivación alguna para conservar poder y posición, puesto que carecía de uno y de otra. Los españoles les prohibieron que dieran pasos hacia la hispanización, debido a su pobreza y, a menudo, por su intensa lealtad hacia la sociedad indígena tradicional. La sociedad indígena en general, continuó funcionando según sus normas, y la presión de éstas imposibilitaba que alguna persona pudiera avanzar en dirección hacia la hispanización.

Los españoles prohibieron a los indios comunes que portaran espadas o armas de fuego. Pero, para la mayoría de aquellos que vivían dentro de la sociedad indígena, el hecho de llevar espadas o armas de fuego habría sido un acto antisocial. Sin embargo, en general no contaban con medios para obtenerlas, aunque las hubieran querido. Por otro lado, los españoles no prohibieron a los indios el uso de arados, y los indios podrían haber construido fácilmente los simples arados españoles, sólo con la utilización de unas pocas piezas de madera. Pero los obstáculos eran muchos. El arado habría implicado el uso de animales de tiro, junto con los problemas de alimentación, almacenaje y manutención, con los cuales los indios no estaban familiarizados. Una agricultura de arado habría significado un cambio en la asignación de las propiedades en las zonas de pequeñas parcelas agrícolas. Habría supuesto el abandono de los métodos agrícolas intensivos existentes y una posterior adaptación a este cambio. El arado habría modificado el ritmo del calendario agrícola, del que dependía la vida tanto a nivel individual como colectivo. Para los indios, las prácticas agrícolas estaban íntimamente relacionadas con las ceremonias tradicionales y con el comportamiento del grupo. Dada la situación global, no es sorprendente que los indios en el siglo XVI prefirieran la nativa estaca de cavar de tipo familiar.

La comunidad indígena misma era una institución conservadora que impedía la aculturación. La nostalgia de los esplendores desaparecidos del pasado nativo era más propia de los pueblos del Perú que de los de México, ya que los gobernantes incas continuaban siendo recordados en los dramas, boatos, retratos, y cuando actuaban escenificando la vida del imperio inca anterior. La ideología incaica, hasta cierto punto, estuvo presente en la principal rebelión indígena del siglo XVIII, la de Tupac Amaru. Pero incluso en la ausencia de este tipo de reminiscencias, la comunidad indígena, de forma característica y positiva, mantenía los valores indios. Podía absorber un gobierno indio hispanizado y la religión cristiana y alguna que otra influencia del mundo español, y conservar al mismo tiempo su dominante y penetrante carácter indio de forma integral. Tanto el compadrazgo como las cofradías indias pueden considerarse como instituciones defensivas. Promovían solidaridad y un cierre de filas de los indios contra cualquier tipo de presión externa. Contra españoles y otros indios la comunidad india podía proclamar su identidad y afirmar su superioridad según el carácter de su santo patrón, el tamaño de su iglesia, o la brillantez de sus fuegos artificiales durante las fiestas. Los santos, iglesias y fuegos artificiales, al igual que el compadrazgo y la cofradía, eran introducciones españolas y, por lo tanto, representaban un cierto grado de aculturación. Pero todas ellas reforzaban el sentido de la comunidad india, de igual forma que los bailes, trajes y máscaras, y otros medios genuinamente indios para realizar las mismas cosas.

El repartimiento (o reparto) de efectos fue un importante instrumento colonial tardío de aculturación forzada. En éste, los corregidores, aunque tenían prohibido emprender actividades comerciales, eran los promotores y agentes principales de la distribución económica entre los indios. En algunos casos, éstos sustituyeron a los comerciantes indios, a intermediarios blancos o vendedores ambulantes, cuya práctica, en los siglos XVI y XVII, consistía en visitar a las comunidades indígenas y distribuir mercancías en los mercados nativos. En los siglos XVII y XVIII, los corregidores podían disponer de excedentes y, en general, de productos que obligaban a comprar a los indios. En algunos distritos, los corregidores eran los socios encubiertos de los comerciantes privados en estas operaciones; en otros, mantenían un monopolio eficaz e ilegal en el comercio indio, controlando los abastecimientos, las ventas y los precios. La venta forzada que implicaba el repartimiento, estaba dirigida a liquidar cualquier producto fruto del intercambio de la economía española, a costa de la economía india, y a arrebatar de las manos indias cualquier cantidad de dinero que les quedara después de satisfacer el tributo, las cuotas eclesiásticas, los pagos a las cofradías y otro tipo de gastos. Los indios estaban obligados a aceptar y a pagar precios desorbitantes por animales, productos domésticos, ropa y artículos de lujo, tales como medias de seda y joyas, que eran totalmente superfluos en la vida indígena. En la última parte del período colonial, se legalizó, de manera limitada, el sistema de repartimiento de efectos, pero la práctica continuó siendo la misma que anteriormente, y los límites legales colocados en las cantidades y precios de las mercancías distribuidas nunca fueron restrictivos.

Debería observarse que los cambios que se operaban en el transcurso del tiempo, tenían una relación importante con la aculturación india. Los obstáculos, fueran físicos o bien psicológicos, que impedían la adopción de determinados productos españoles durante el siglo XVI, pudieron desaparecer o cambiar de manera apreciable en las dos centurias posteriores. Los indios fueron familiarizándose progresivamente con los métodos agrícolas españoles en el repartimiento laboral del siglo XVI y en las haciendas y plantaciones del XVII. Las haciendas destinadas a la producción de trigo y las plantaciones azucareras eran las dos instituciones clásicas, pero había muchas otras. Aparte de la agricultura, la migración acelerada hacia las ciudades, la mayor penetración de los españoles hacia el interior, la extensión del mestizaje, los numerosos productos españoles que se abrían camino en los mercados indios, eran, todos ellos, factores que provocaban una progresiva aculturación india. El proceso fue lento, pero acumulativo y acelerado. Extremadamente raros eran los casos de retroceso, que redundaran en una vuelta al indianismo. La aculturación avanzaba más rápido donde hubiera pocos indios, y los blancos, mestizos, negros y mulatos fueron numerosos; en este sentido, las poblaciones indias siempre tendían a disminuir en relación con las otras. Los indios aculturados, dejaron de «ser» indios desde el punto de vista cultural, o según lo que se entendía por ello en la época, y, con el tiempo, mucha de la pérdida de población indígena podía ser atribuida a la aculturación misma, a la dispersión gradual de individuos dentro de otros grupos, a la salida de los indios de sus pueblos, y al «paso» de personas que dejaban de comportarse como indios y empezaban a adoptar comportamientos propios de los mestizos. Con el tiempo, aquellos que abandonaban el pueblo y hablaban español serían considerados como mestizos, y los que se quedaban y hablaban lenguas nativas serían considerados como indios. De este modo, el criterio cultural sustituyó al criterio biológico, y la sociedad que fue denominada «india» permaneció como un residuo en proceso de disminución constante. Una y otra vez, los rasgos de este residuo, incluso aquellos que eran de origen europeo, eran identificados como rasgos indios.

Durante los siglos posteriores a las conquistas, la vida en las comunidades indígenas tendió a ser abiertamente pacífica, pero, algunas veces, estallaron rebeliones locales, dirigidas contra controles específicos, tales como nuevos impuestos, demandas laborales, repartimiento de efectos y usurpaciones de tierras. Mujeres y niños participaron de forma característica, al igual que los hombres. Como muchos otros acontecimientos de la vida indígena, las rebeliones eran iniciativas que partían de la misma comunidad, que expresaban una protesta india colectiva. Eran emotivas, intensas y de corta duración, a menudo duraban unas pocas horas. La típica sublevación no afectaba seriamente al gobierno español y era suprimida con rapidez. La más famosa, la de Túpac Amaru en Perú a principios de la década de los ochenta del siglo XVIII, tuvo numerosas consecuencias para la comunidad, pero se distinguió de las otras por el hecho de afectar a un área más extensa, la zona central y norte de la sierra andina, y duró más tiempo, de 1780 a 1782.

Frecuentemente, las generalizaciones acerca de los indios bajo el mandato español producen situaciones conflictivas, debido a la variedad de condiciones existentes en la América española colonial. Había diferencias importantes que distinguían un área de otra y, en cada una de ellas, la situación cambiaba con el transcurso del tiempo. Los especialistas del tema han considerado como especialmente relevantes algunos factores decisivos: la densidad y organización social de la población india original; la proximidad de estos habitantes a las minas y a las ciudades españolas; y el hecho de que la zona fuera considerada idónea para el establecimiento de haciendas y plantaciones españolas. Incluso en regiones que se encuentran geográficamente muy distanciadas entre sí, si las condiciones dichas eran similares, el historiador puede llegar a encontrar relaciones bastante similares entre los españoles y los indios. En este sentido, las áreas densamente pobladas de México y de Sudamérica revelan varios puntos en común, y lo mismo se puede decir de las tierras bajas de ambas costas. Los chichimecas, que habitaban en la frontera norte, eran más parecidos a los araucanos de la frontera sur que unos y otros con respecto a las poblaciones intermedias localizadas dentro del espacio de 3.200 km de distancia que les separaba.

Las populosas y organizadas sociedades de las tierras altas mexicanas y andinas, resistieron vigorosamente a la conquista española, pero sucumbieron relativamente intactas. Al caer en manos españolas, sus estructuras e instituciones internas todavía estaban en funcionamiento, al menos a nivel local. Ello supuso que las familias e individuos indígenas raramente llegaron a entrar en contacto directo con los españoles. Las familias y pueblos de indios sobrevivieron, y los individuos mantuvieron sus relaciones con sus familias y sus pueblos. La capacidad que la sociedad tenía para satisfacer el tributo y distribuir mano de obra, básicamente, no fue modificada por la conquista. Los indios habían entregado tributos y mano de obra a sus propios gobernantes, y así continuaron haciéndolo hasta después de la drástica despoblación y las presiones sufridas a fines del siglo XVI y en el siglo XVII. Tanto la despoblación como las presiones que se dieron en las zonas centrales de los dos virreinatos fueron aproximadamente paralelas, y las reacciones de los indios continuaron siendo básicamente similares. A partir de la época de la conquista, podemos apreciar un retraso cronológico entre México y Perú, y ya hemos hablado de algunos puntos diferenciales concretos, pero incluso en los siglos XVII y XVIII las áreas centrales de México y del Perú pueden ser clasificadas juntas y contrastadas con otras zonas.

En las zonas costeras, las poblaciones originarias eran menos densas y las pérdidas demográficas fueron más acusadas que en las zonas altas. La técnica agrícola tendía a ser la de roza y los pueblos indios estaban menos estructurados y eran menos capaces de proteger sus tierras. Esto supuso una pronta y mayor oportunidad para que los españoles se apropiaran de los valles fértiles y establecieran haciendas y plantaciones. La agricultura y tecnología indias eran insuficientes para suministrar los excedentes que eran necesarios para que la recaudación del tributo fuera satisfactoria. La escasez de mano de obra también era más aguda. Los españoles trataron directamente con los indios, pero cuando descendió la fuerza laboral, la suplieron mediante la importación de negros esclavos. Otros trabajadores indios migraron de las tierras altas y formaron comunidades nuevas o vivieron en las haciendas españolas. Las epidemias, el trabajo forzado, el peonaje, la mezcla de razas, y a la larga la virtual eliminación de la población india, caracterizó las zonas costeras de la América Central y del Sur. Las tierras bajas dejaron de ser indias y se convirtieron en mestizas. Procesos semejantes afectaron a muchas zonas del norte de México, donde la población original india era poco densa y los españoles se sintieron atraídos por las minas de plata. En el norte de México, los trabajadores indios, importados del sur, pasaron a trabajar en las haciendas o en las minas, y, con el tiempo, desaparecieron dando lugar a las mezclas de mestizo y mulato.

Las zonas altas y bajas, debido a las distintas condiciones climáticas y ecológicas que presentaban y a los diferentes tipos de sociedades nativas que sostenían, pueden distinguirse claramente con respecto a la historia indígena bajo el dominio español. Pero deberían observarse otras soluciones. Las congregaciones jesuitas en la región guaraní, en la América del Sur, proporcionan uno de los ejemplos principales de la historia del tutelaje benévolo bajo los auspicios eclesiásticos. Los jesuitas impusieron un control estricto de supervisión y un régimen comunal por el cual los indios se encontraron sin alternativa después de que la Compañía de Jesús fuera expulsada en 1767. Asimismo, en la región yaqui del norte de México, una sociedad de misión fue mantenida mediante el trabajo agrícola comunal. Durante los siglos XVII y XVIII, los jesuitas y los indios se mantenían a través de las ganancias de las misiones. En aquellas áreas marginales de misión, la aculturación avanzó en ausencia, o virtual ausencia, de encomienda, corregimiento, tributo, hacienda, minería y población civil, instrumentos que, todos ellos, tan decisivos habían sido en la aculturación de otros lugares. Los casos no son importantes en cuanto a la cantidad de indios, puesto que sólo involucraban a poblaciones minúsculas, en contraste con los grandes establecimientos densamente poblados pertenecientes a los imperios azteca e inca. No obstante, indican algo de la variedad tipológica entre las influencias españolas y reacciones indígenas.

Lo que sobrevivió de la cultura india en la América española puede identificarse principalmente a nivel individual, familiar y de comunidad. Para las comunidades, la tendencia fue a independizarse una de la otra, resistir las presiones españolas de forma colectiva, y sobrevivir como depositarias de los vestigios del indianismo. La cultura de la clase alta nativa desapareció, no, como pensaba Humboldt, a causa de las muertes durante la época de las conquistas, sino gradualmente con el paso del tiempo, y a través de los procesos históricos de extirpación y adaptación. Salvo algunas excepciones, los caciques, principales conductores de la hispanización, abandonaron a la sociedad indígena por sus propios intereses privados. Otros que no eran caciques, ni tan sólo principales, abandonaron los pueblos para incorporarse a las haciendas, plantaciones, minas, o ciudades, o para ocultarse en los bosques, o para errar por los caminos. Pero los supervivientes de los pueblos se apoyaron mutuamente, oponiéndose al cambio. Mientras pudieron, conservaron sus propios sistemas agrícolas, indumentaria, vida cotidiana, comida y costumbres locales. Es un error, por supuesto, formarse una idea de lo ocurrido en la América india exclusivamente en términos de lo que sobrevivió y de lo que no. Estamos tratando con un cúmulo de relaciones sumamente complejas, dentro del cual un simple vestigio representa sólo una de las características significativas de cualquier rasgo. Otra cuestión es el lugar que ocupa dicho rasgo en la configuración total, su origen y significado, la atención, o escasa atención, concedida a éste, y su convergencia o interacción o desviación con respecto a otros rasgos. Estos temas y las modificaciones de todos ellos a lo largo del tiempo, están todavía en una fase de comprensión muy temprana.

Capítulo 5

LA MINERÍA EN LA HISPANOAMÉRICA COLONIAL [1]

«El oro es el más subido y estimado metal que nace en la tierra... Entre otras virtudes que la naturaleza le comunicó, tiene una particular, que conforta la flaqueza del corazón y engendra alegría y magnanimidad, quita la melancolía [y] limpia las nubes de los ojos...»[2] Así se expresaba un orfebre medio siglo después de la conquista de Nueva España. Quizá Cortés hablaba con menos cinismo del que se le supone al decirle al mensajero de Moctezuma que «tenemos yo y mis compañeros mal de corazón, enfermedad que sana con [oro]».[3] Pero no era tanto el oro como la plata lo que esperaba a los españoles en América. El oro acumulado durante siglos fue objeto del pillaje a lo largo de las dos décadas comprendidas entre 1520 y 1540, momento en que se llevó a cabo la conquista militar de Meso y Sudamérica. A partir de entonces, aunque se extrajeron cantidades de oro variables, y en ocasiones sustanciosas, el valor y volumen de la plata fue siempre considerablemente mayor.

1. Este capítulo se refiere a la minería de los metales preciosos: plata y, en menor medida, oro. Los minerales de baja ley, aunque eran corrientes en Hispanoamérica, no solieron explotarse durante la época colonial. La región más rica en dichos minerales era la zona central de los Andes, especialmente Charcas, y probablemente la de mayor producción en cobre, estaño y plomo. También se producía cobre en Chile y en Cuba, sobre todo en el siglo XVI, y en Nueva España en diversas minas de Puebla, Jalisco y Michoacán. Los abastecimientos de hierro se importaban casi totalmente desde España. De hecho, parece que resultaba mucho más barato importar los metales de baja ley que producirlos en América. Se descubrió una zona rica en perlas alrededor de la isla Margarita frente a las costas venezolanas, durante los inicios de la exploración del Caribe, pero se agotó en las primeras décadas del siglo XVI. Las minas de esmeraldas en la zona oriental de Nueva Granada, de las cuales tuvieron noticia los españoles en el siglo XVI, siguen siendo explotadas hoy en día.

Se han empleado aquí los nombres coloniales de las provincias americanas. Nueva España corresponde a México, Nueva Granada a Colombia, Quito a Ecuador y Perú al Perú actual aproximadamente, Charcas a las tierras altas de Bolivia, Río de la Plata a la Argentina central y del norte.

2. Juan de Arfe y Villafañe, *Quilatador de plata, oro y piedras*, Valladolid, 1572; reproducción facsimilar, Madrid, 1976, fo. 23v.

3. Francisco López de Gómara, *Historia de la conquista de México*, con una introducción y notas por D. Joaquín Ramírez Cabañas, 2 vols., México, D.F., 1943, vols. II, p. 106.

Principales distritos mineros de la América del Sur hispana

Los españoles recorrieron de punta a punta las Américas en busca de yacimientos de ambos metales. Ello explica en parte la asombrosa rapidez con que exploraron y poblaron los territorios del continente que les correspondieron. Poblaron el Caribe con la esperanza de encontrar oro; al encontrar poco en las islas, fueron seducidos por visiones de oro que les llevaron hasta el istmo, después a Nueva España y más tarde al Perú. Tanto Nueva España como el Perú y el norte de Nueva Granada, rindieron buenas ganancias en oro. Pero incluso antes de que Pizarro recibiera el rescate en oro de Atahualpa, Nueva España ya había empezado a proporcionar importantes yacimientos de plata. Sultepec y Zumpango se descubrieron en 1530, cerca de Ciudad de México. En 1534, Taxco y Tlalpujahua estaban en plena explotación; y hacia 1543-1544, las minas del extremo occidental de Nueva Galicia (Espíritu Santo y otras). Se produjo entonces el gran auge de la plata del norte: Zacatecas (1546), Guanajuato (c. 1550), Sombrerete (c. 1558), Santa Bárbara (1567), San Luis Potosí (c. 1592), por mencionar sólo algunas. Más al sur, en 1552, vería la luz Pachuca. No todas ellas resultaron prósperas o funcionaron desde un principio; pero la distribución de los depósitos quedó determinada en unas pocas décadas. Lo mismo ocurrió en Sudamérica. A finales de la década de 1530, ya se habían localizado los primeros grandes yacimientos auríferos de Nueva Granda, en las cuencas del Cauca y del Magdalena; hacia 1541, el oro del centro de Chile; en 1542, el oro de Carabaya al este de los Andes centrales. Por aquel entonces, la plata también estaba en escena: Gonzalo Pizarro explotó los viejos yacimientos incas de Porco hacia 1538. Cerca de allí, en Potosí, se encontrarían en 1545 los yacimientos argentíferos más ricos de todos, hallazgo al que sucedieron muchos otros de menor importancia en Charcas. En Perú, el de Castrovirreina, en 1555, fue el primero de numerosos hallazgos importantes. Durante la mayor parte de la época colonial, sin embargo, la mayor contribución minera que hizo Perú al imperio no fueron los metales preciosos, sino el mercurio descubierto en Huancavelica en 1563. Otros hallazgos en Nueva Granada, Chile y Honduras resultaron insignificantes en comparación con los ya descritos.

A medida que estos ricos distritos empezaron a arrojar metales preciosos, surgieron poblaciones en varias regiones inhóspitas —como el litoral neogranadino, las tierras altas de Charcas o el norte del altiplano mexicano, por ejemplo—, habitadas con anterioridad solamente por una población dispersa y primitiva. Las carreteras y el comercio se extendieron rápidamente a medida que los nuevos circuitos económicos, potenciados por la minería, se fueron desarrollando. Tejidos, vino e hierro de España, esclavos de África, sedas y especias de Oriente, todo ello afluía a las poblaciones mineras. Para pagar dichos artículos, empezó a circular una corriente de metal precioso, principalmente plata, siguiendo las direcciones inversas. Pero no todo el comercio era exterior. La minería también estimuló el desarrollo interno: cultivo de grano en el Bajío y Michoacán, elaboración de vino en la costa peruana y chilena, cría de ganado vacuno y mular en Río de la Plata, textiles en Perú y Quito; y en todas partes transporte y artesanía. Muy pocas regiones eludieron la influencia de los flujos de metales preciosos.

La naturaleza, mediante la orogénesis terciaria, había dispersado la riqueza minera que habría de hacer emerger dichas corrientes. Durante el levantamiento de las cordilleras andinas y mexicanas en la Era Terciaria, las fallas producidas en varias regiones se rellenaron con minerales metalíferos, plata entre otros. Los filones resultantes no fueron, ni mucho menos, todos ellos ricos, pero sí suficientes como para hacer de los centros de extracción de plata un modo característico de asentamiento en buena parte de Nueva España y de los Andes. En ocasiones, los filones se encontraban a gran altura —hasta cerca de 4.800 metros en Potosí, por ejemplo—, y por tanto las poblaciones mineras también estaban a altitudes considerables. La mayoría se encontraba por encima de los 3.000 metros en Perú y Charcas, y entre 1.800 y 2.400 metros en Nueva España. Por el contrario, el oro se extraía a menor altura, ya que en su mayor parte procedía de yacimientos aluviales situados al pie de las cordilleras, desde donde había sido transportado por acción hidráulica. Dichos yacimientos se encontraban frecuentemente en selvas pluviosas que dificultaban el acceso y las condiciones de vida. El oro, debido a su composición química, aparecía en bruto o en aleación, cosa que no ocurría con la plata, que sólo ocasionalmente se encontraba en estado bruto, siendo más normal hallarla combinada con otras substancias. Algunos de estos compuestos eran minerales útiles. Un breve repaso de su formación y de su naturaleza servirá como útil introducción a la minería colonial y a las técnicas de refinado.

El mineral argentífero original depositado en las fallas de la roca procedente de zonas muy profundas de la tierra, se conoce como mineral hipogénico o mineral primario, generalmente sulfuros. Pueden ser ricos —como era el caso de Guanajuato—, pero no suelen serlo. La mayoría de los grandes centro argentíferos de Hispanoamérica extraían su riqueza de mineral hipogénico enriquecido. Ello podía ocurrir de dos maneras. La primera resultaba de la acción oxidante del agua sobre los sulfuros, convirtiéndolos normalmente en cloruro de plata (cerargirita), con un alto contenido de plata. Este tipo de enriquecimiento por oxidación cesaba sin embargo por debajo del nivel freático, al desaparecer el oxígeno libre. Pero un segundo proceso de enriquecimiento entraba aquí en acción. Este proceso, mucho más complejo, se denomina enriquecimiento supergénico secundario, y produce sulfuros de mayor contenido en plata que los sulfuros hipogénicos. Simplificando, el resultado de dichos procesos era que se creaba una zona de mineral rico por encima y por debajo de la capa freática: cloruro de plata encima, y sulfuro debajo. Los mineros conocían bien las diferencias entre los dos tipos de mineral. Los minerales del primer tipo se llamaban «pacos» en los Andes y «colorados» en Nueva España (las tonalidades rojas o pardas a que hacen referencia dichas denominaciones provienen de la limonita, mezcla de óxidos de hierro dulce, generalmente presente en la zona oxidada). Eran pacos, por ejemplo, los minerales extraídos en la montaña de Potosí, que estaban oxidados hasta 300 m por debajo de la cima. Los cloruros eran generalmente fáciles de refinar mediante fusión o amalgama. Los sulfuros se conocían universalmente como «negrillos». Aunque podían ser enriquecidos mediante el proceso supergénico, su componente sulfuroso planteaba serios problemas para refinarlo. Así pues, los mineros esperaban obtener, por lo general, una mayor productividad según aumentaba la profundidad, hasta las inmediaciones y por debajo de la capa freática, que solía estar a unos centenares de metros de profundidad. Pero los cloruros que yacían sobre la capa freática eran más aprovechables porque se

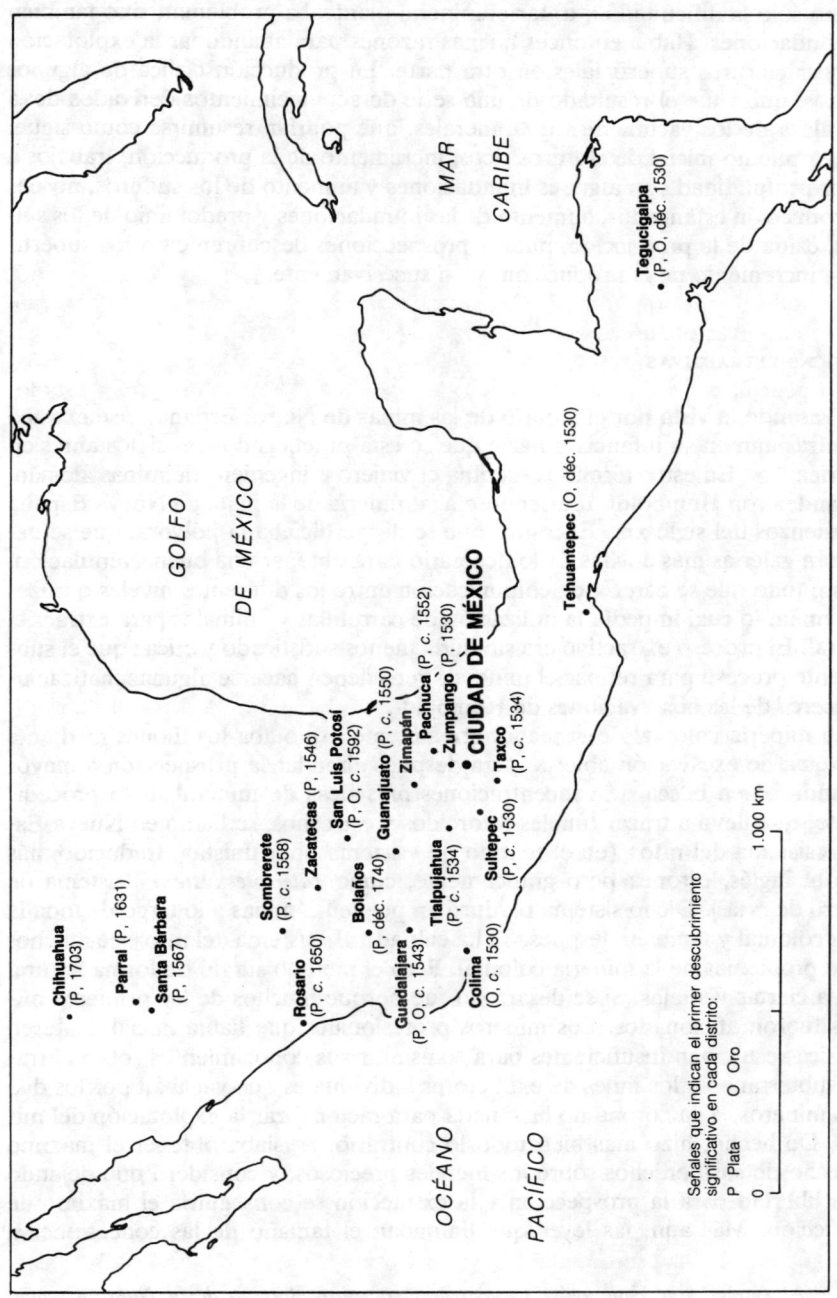

refinaban con mayor facilidad. Una vez una mina había franqueado la capa freática, no sólo la dificultad en tratar el mineral planteaba problemas, sino también las inundaciones. Había entonces buenas razones para abandonar la explotación y buscar cloruros superficiales en otra parte. La producción cíclica de algunos distritos, quizá fue el resultado de una serie de acontecimientos derivados de la naturaleza de los yacimientos de minerales, que podrían resumirse como sigue: descubrimiento inicial de cloruros ricos, incremento de la producción, trabajos a mayor profundidad con algunas inundaciones y aumento de los sulfuros, niveles de producción estancados, aumento de las inundaciones y predominio de los sulfuros, caída de la producción, nuevas prospecciones descubren cloruros superficiales, incremento de la producción, y así sucesivamente.

TÉCNICAS EXTRACTIVAS

«Pasando la vista por el laborío de las minas de Nueva España... se extraña encontrar aún en su infancia un arte que se está practicando tres siglos antes en América...»[4] En estos términos escribía el viajero e ingeniero de minas alemán, Alexander von Humboldt, refiriéndose a la minería de la plata de Nueva España a comienzos del siglo XIX. Encontró que se desperdiciaba la pólvora, que se excavaban galerías más anchas de lo necesario para obtener una buena ventilación, y sobre todo que se carecía de comunicación entre los diferentes niveles o pozos de la mina, lo cual impedía la utilización de carretillas y animales para extraer el mineral. El proceso extractivo era sin duda menos sofisticado y eficaz que el subsiguiente proceso para refinar el mineral. Pero deben hacerse algunas matizaciones acerca de las observaciones de Humboldt.

La minería colonial de la plata normalmente explotaba los filones mediante el sistema de excavación abierta, para después ahondar la prospección a mayor profundidad en busca de concentraciones más ricas de mineral. Este procedimiento, que llevó a trazar túneles retorcidos y estrechos, se llamó en Nueva España «sistema del rato» (en el sentido de «sistema oportunista», traducido más tarde al inglés, errónea pero gráficamente, como *rat-hole system* ['sistema de agujero de rata']. Dicho sistema perduró en pequeñas minas a lo largo de toda la etapa colonial y también después. Se ha culpado al «sistema del rato» de muchos de los problemas de la minería colonial. Pero el método surgió de forma natural y tenía ciertas ventajas. Si se desarrolló fue porque muchos de los primeros mineros fueron aficionados. Los mineros profesionales que había inicialmente en América resultaban insuficientes para transmitir sus conocimientos sobre el trabajo subterráneo a los miles de extractores individuales que vagaban por los distritos mineros. Y la corona no hizo nada para racionalizar la explotación del mineral. De hecho, hizo más bien todo lo contrario. Ansiaba obtener el máximo provecho de sus derechos sobre los metales preciosos, y consideró que dejando plena libertad para la prospección y la extracción se conseguiría el máximo de producción. Más aún, las leyes que limitaban el tamaño de las concesiones a

---

4. Alexander von Humboldt, *Ensayo político sobre el reino de la Nueva España*, México, D.F., 1966, p. 365 (libro 4, cap. 11).

unas dimensiones aproximadas de 100 por 45 m, condujeron a la proliferación de pequeñas minas, que apenas valía la pena explotar con cierto cuidado. Por último, la disponibilidad de mano de obra indígena no favorecía la buena planificación de las explotaciones: resultaba más barato, por ejemplo, emplear el «sistema del rato», haciendo que los trabajadores sacaran el material a través de una cadena serpenteante, que cavar pozos verticales especiales. Ello fue así especialmente en las primeras décadas, mientras abundó la mano de obra indígena; hacia finales del siglo xvi ésta se fue haciendo escasa y cara, y los indicios de racionalización que se evidenciaron entonces en las explotaciones fueron probablemente consecuencia, al menos en parte, de esta contracción de la oferta de mano de obra.

La primera mejora que condujo a una notable racionalización de las explotaciones subterráneas fue la excavación de socavones: túneles ligeramente inclinados que, desde la superficie, intersectaban las galerías inferiores de la mina. Los socavones permitían la ventilación y el drenaje, y facilitaban la extracción del mineral y los escombros. Resultaba mucho más ventajoso en las explotaciones concentradas, ya que entonces podía cortar varias minas al mismo tiempo. Concentraciones de este tipo existían en la cima de la montaña de Potosí. No debe sorprender, por lo tanto, que en 1556 se iniciase la excavación de un socavón en dicha mina, ni que a principios de la década de 1580 funcionasen nueve. En Nueva España, incluso los grandes centros carecían de semejante concentración de minerales y de minas. No obstante, el homónimo mexicano de Potosí, San Luis Potosí, utilizó con excelentes resultados un socavón a principios del siglo xvii para la explotación de su fuente principal de mineral, el Cerro de San Pedro. Para entonces, el socavón se había convertido en una técnica normal de la explotación subterránea llamada a perdurar. Los socavones también sirvieron para consolidar las explotaciones como sistemas más amplios. Los mineros comenzaron a proponerse tal consolidación hacia mediados del siglo xvii, comprando las concesiones adyacentes y conectándolas mediante socavones y galerías. Las dimensiones de estas explotaciones integradas fue creciendo con el tiempo, haciéndose considerables en algunos casos hacia finales del siglo xviii, momento en que aparecieron grandes compañías mineras. Estas compañías podían reunir a numerosos socios cuyo capital servía para financiar extensas explotaciones subterráneas. La empresa La Valenciana de Guanajuato que según un historiador era una «ciudad subterránea», es el mejor ejemplo.[5] Esta era precisamente la mina que Humboldt criticaba. Pero, con sus galerías con apuntalamiento de obra, sus muchas fuentes de ataque, sus pozos verticales (especialmente el gran pozo octogonal de San José con 550 metros de profundidad y 10 metros de ancho), La Valenciana distaba mucho del primitivo «sistema del rato». La integración a gran escala tuvo lugar en otros lugares de México, pero fue infrecuente en Sudamérica, por razones aún no elucidadas.

Deben mencionarse otras tres mejoras aplicadas a la extracción, de tipo puramente tecnológico. Hacia finales del siglo xvi, se utilizaban ocasionalmente bombas para el drenaje de las minas. Probablemente eran bombas aspirantes,

---

5. D. A. Brading, *Miners and merchants in Bourbon Mexico, 1763-1810*, Cambridge, 1971, p. 287.

impelentes o de cadena y trapos, según los modelos mostrados en el sexto libro de la obra de Agricola *De re metallica*, consultada por los mineros españoles.[6] Por lo menos algunas de las bombas eran accionadas mediante fuerza humana. El agua era elevada mediante grandes bolsas de cuero, que podían arrastrarse a lo largo de túneles inclinados, mientras que las bombas requerían pozos verticales especiales. También podían emplearse malacates impulsados por fuerza animal, para este cometido. Los malacates* fueron la segunda mejora tecnológica importante. Hacia el siglo XVIII, se habían convertido en Nueva España en un recurso habitual para la extracción tanto del agua como del mineral, aunque son menos frecuentes en las minas andinas. Los malacates se hicieron más potentes a medida que crecieron las explotaciones mineras. En el gran pozo de La Valenciana, operaban no menos de ocho malacates simultáneamente, siendo accionados por mulas o caballos. El vapor no llegó a Hispanoamérica hasta la segunda década del siglo XIX. El tercer avance tecnológico digno de mención fue la voladura. La primera utilización de esta técnica tuvo lugar en Hungría en 1627; pero se desconoce exactamente cuándo se adoptó en América. Existen alusiones de su utilización en Huancavelica hacia 1635, pero se sabe de su presencia indudable en el distrito de Potosí en la década de 1670. En el siglo XVIII era una técnica generalizada que probablemente contribuyó en gran medida a la reanimación de la producción de plata en Hispanoamérica durante la primera mitad del siglo, y a su crecimiento extraordinario durante la segunda.

Las prácticas descritas hasta aquí eran aplicables a los filones auríferos, aunque dichas explotaciones fuesen considerablemente menores que las minas de plata. Además, las minas de filones de oro eran infrecuentes; los principales ejemplos se encontraban en las tierras altas de Nueva Granada. La mayor parte del oro procedía de yacimientos aluviales, de donde se extraía mediante técnicas relacionadas con el placer o lavadero de oro.

PROCESOS DE TRANSFORMACIÓN

El mineral de plata era desmenuzado en la mina con el fin de eliminar los materiales inútiles. El concentrado resultante quedaba entonces listo para ser sometido al proceso de transformación, que normalmente se llevaba a cabo en una refinería conocida en Nueva España como «hacienda de minas» y en los Andes como «ingenio». La refinería para la amalgama tenía una planta compleja. Normalmente consistía en una amplia plaza cercada por un muro, donde había almacenes, establos, una capilla, alojamiento para los amos y los trabajadores, maquinaria para triturar el mineral, tanques o patios pavimentados para amalgamarlo y cisternas para lavarlo. Las refinerías se emplazaban en poblaciones mineras, donde se beneficiaban de la concentración de los servicios y los suministros, como la mano de obra, los artesanos (especialmente carpinteros y forjadores), y la comida. Alrededor de 1600, Potosí, que entonces se encontraba en su apogeo, tenía 65 refinerías; y Nueva España un total de 370. En cualquier

---

6. Georgius Agricola, *De re metallica*, Basilea, 1556.
* Cabrestante movido por caballería para extraer agua o mineral. (*N. de la t.*).

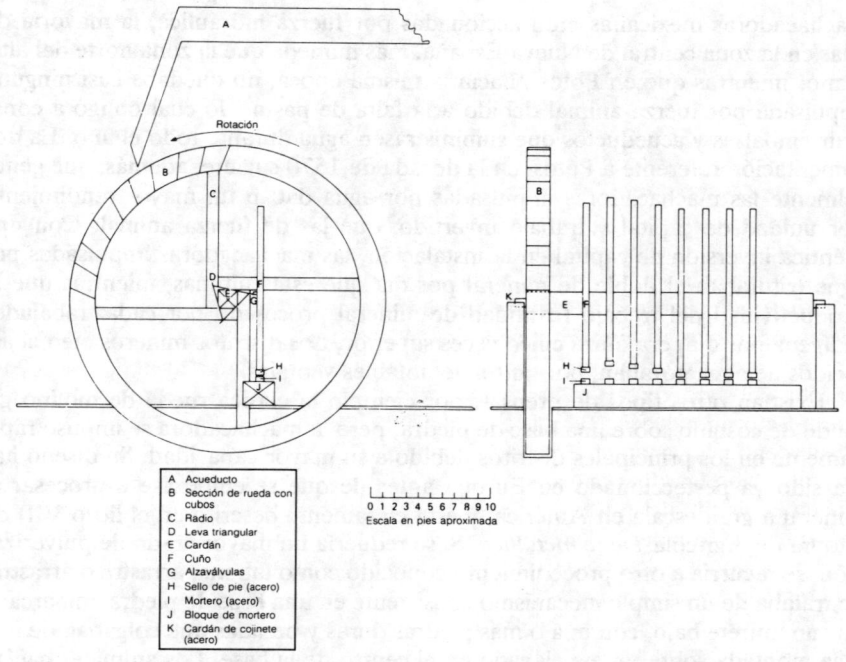

FIGURA 1. *Vista esquemática de un molino hidráulico de cuño*

momento de su historia colonial es probable que Hispanoamérica contara con 400 a 700 refinerías en activo, variando la cantidad según las condiciones imperantes de auge o depresión.

El mineral concentrado en la refinería era triturado hasta quedar reducido al tamaño de los granos de arena, para garantizar así el máximo contacto entre la plata y el mercurio en la amalgama y obtener la máxima producción de plata. El sistema comúnmente empleado era el bocarde o machacadora, máquina simple pero maciza consistente en un cierto número de martinetes de pilones con pesado revestimiento de hierro (generalmente seis u ocho) levantados alternativamente mediante levas fijas en un pesado eje rotatorio, y que caían sobre un lecho de piedra, provisto en ocasiones de bloques de hierro (véase figura 1). Cada revestimiento podía llegar a pesar aproximadamente hasta 70 kg. En algunos casos se montaron prensas dobles, en las cuales un solo eje era accionado por una rueda hidráulica dispuesta en el centro verticalmente. En estos casos, el número de martinetes podía llegar a dieciséis.

Las machacadoras eran impulsadas por agua, por caballos o por mulas. A comienzos de la década de 1570, existían en Potosí machadoras accionadas mediante fuerza humana, pero desaparecieron debido a su ineficacia. La elección de la fuente de energía dependía de las circunstancias locales. Eran muchas las zonas de Nueva España que carecían del agua suficiente para impulsar la maquinaria, mientras que muchas regiones andinas eran demasiado áridas para sustentar a los animales necesarios. Así pues, hacia 1600, solamente un tercio de las machacadoras mexicanas eran accionadas por fuerza hidráulica, la mayoría de ellas en la zona central de Nueva España, más húmeda que la zona norte del altiplano; mientras que en Potosí, hacia la misma época, no quedaba casi ninguna impulsada por fuerza animal debido a la falta de pastos, lo cual obligó a construir embalses y acueductos que suministrasen agua durante todo el año. La documentación referente a Potosí en la década de 1570 sugiere, además, que generalmente las machacadoras impulsadas por agua daban un mayor rendimiento por unidad de capital y trabajo invertido, que las de fuerza animal. Con una idéntica inversión de capital en la instalación, las machacadoras impulsadas por agua trituraban el doble de mineral por día que estas últimas, mientras que la productividad del trabajo (cantidad de mineral procesado por cada trabajador indígena por día) era quizá cinco veces superior. Los distritos mineros bien abastecidos de agua gozaban, por tanto, de notables ventajas.

Existían otros tipos de prensas, por ejemplo la clásica rueda de molino girando de costado sobre una base de piedra; pero la machacadora se impuso rápidamente en los principales distritos debido a su mayor capacidad. Su diseño había sido ya perfeccionado en Europa antes de que se empezase a procesar el mineral a gran escala en América, y está claramente descrito en el libro VIII de la obra de Agricola *De re metallica*. Si se requería un mayor grado de pulverización, se recurría a otro procedimiento conocido como tahona, arrastre o arrastra. Se trataba de un simple mecanismo consistente en una base de piedra enmarcada por un murete bajo, con una o más piedras duras y pesadas que colgaban de una viga montada sobre un eje clavado en el centro de la base. Los animales hacían girar la viga, arrastrando la piedra sobre la base. Según Humboldt, la finura de grano conseguida en estas instalaciones no era igualada por ningún centro minero europeo. Sin embargo, la tahona, aunque conocida desde los comienzos de la etapa colonial, se utilizó sobre todo en el siglo XVIII en Nueva España, pero no en todos los centros. Su ausencia en otros momentos y lugares carece aún de explicación.

Una vez triturado, el mineral ya estaba listo para la amalgama. Este proceso lento pero seguro era la base de la producción de plata, porque permitía refinar con costos bajos las grandes cantidades de mineral de baja calidad de que se disponía en Hispanoamérica. Se sigue discutiendo sobre la identidad de los introductores de dicho proceso en América, y sobre si, de hecho, era un invento totalmente original. La opinión general es que su «invención» fue debida a Bartolomé de Medina, sevillano que, con los consejos de algún técnico alemán, introdujo la técnica en Nueva España a comienzos de la década de 1550. No se discute el hecho de que, a pesar de que los principios de la amalgama se conocían desde la antigüedad, su primera utilización a escala industrial tuvo lugar en el Nuevo Mundo. En este sentido, se puso en práctica en varios centros mexicanos a finales de la década de 1550, en los Andes centrales desde 1571. Este retraso se debió posiblemente a que las minas andinas fueron descubiertas más tarde, y por tanto se dispuso en ellas hasta una fecha más tardía que en México de buen mineral de fundición, por lo que durante un tiempo la amalgama fue innecesaria.

El clásico proceso de amalgama realizado en América tenía lugar en un patio —superficie amplia, llana y pavimentada en piedra, techada en ocasiones—. Según se nos relata, era allí donde se depositaba el mineral triturado (harina) formando montones de entre 1.000 y 1.750 kg; entonces se añadía sal común en una proporción, por cada quintal de mineral, de 1 a 1,5 kg. También podían usarse otros reactivos. El más corriente era el magistral, calcopiritas calcinadas, que se añadía en una proporción de entre 3,5 y 5,5 kg por cada montón. A continuación se exprimía sobre el mineral el mercurio, haciéndolo pasar por la trama de sacos de tela resistente, en una proporción de entre 4,5 y 5,5 kg por montón. Por último, se le añadía agua y se extendía, formando una «torta» de hasta 27 m. La combinación de la plata y el mercurio se ejercía entonces por afinidad química. Durante la mayor parte de la época colonial, fueron los indígenas los encargados de provocar la agitación que debería favorecer este proceso. Para ello, removían, con las piernas desnudas, la mezcla espesa y resbaladiza. Hasta la década de 1780 no se les reemplazó por caballos o mulas. Transcurrido algún tiempo, normalmente seis u ocho semanas (aunque podían darse casos extremos desde tres semanas hasta varios meses, según la pericia en el refinado, la temperatura ambiental o la naturaleza del mineral), el supervisor de la refinería (azoguero o beneficiador) precisaba el momento en que se alcanzaba el grado máximo de fusión entre la plata y el mercurio. La mezcla era entonces introducida en un aparato destinado a su lavado, y dotado de una pala rotatoria impulsada por fuerza animal o hidráulica, denominada generalmente tina. Se hacía pasar agua a través de la tina, de forma que arrastrase las impurezas, quedando depositada en su interior la «pella» o amalgama depurada. La pella se empaquetaba en un saco de lienzo en forma de media, que se retorcía para eliminar los restos de mercurio. La separación final de plata y mercurio tenía lugar mediante un proceso de volatilización consistente en aplicar calor bajo la pella, tras haber dispuesto sobre ella una cubierta de barro o de metal, consiguiéndose así la vaporización del mercurio. Dicha cubierta era refrigerada con agua para recuperar el mercurio que, en forma de vapor, se condensaba en su superficie interior.

El proceso realizado en el patio fue el modelo técnico en toda Nueva España desde principios del siglo XVII. Hasta entonces, la amalgama se había realizado en cubetas de madera o canoas. En los centros andinos, rara vez se utilizó el patio, si es que se llegó a conocer. Por lo general, en los Andes se empleaban «cajones» para la amalgama. Cada uno de estos cajones era un depósito de piedra que podía llegar a contener hasta 2.300 kg de mineral, y que a menudo, al menos en el siglo XVI, se construía en alto, para que se pudiera prender fuego debajo. Este procedimiento tenía por objeto mitigar las bajas temperaturas de las alturas andinas, acelerándose así la amalgama. Sin embargo a partir del año 1600 aproximadamente, y debido posiblemente a la creciente escasez y carestía de combustible, la calefacción artificial cayó en desuso, pasándose a utilizar exclusivamente el calor solar.

El proceso químico de la amalgama es complejo. Según Modesto Bargalló, una autoridad en la refinería colonial, las ecuaciones básicas para el caso de los sulfuros de plata son las siguientes:

$$CuSO_4 + 2NaCl \rightarrow CuCl_2 + Na_2SO_4$$
$$CuCl_2 + Ag_2S \rightarrow 2AgCl + CuS$$
$$2AgCl + nHg \rightarrow Hgń -_2Ag_2 \text{ (amalgama)} + Hg_2Cl_2$$

mientras que se producían simultáneamente otras reacciones productoras de plata.[7] Los refinadores coloniales ignoraban desde luego estos procesos químicos. Sus conocimientos eran puramente empíricos. Surgieron rápidamente una serie de medidas basadas en la experiencia y que fueron reconocidas como válidas para ser aplicadas según tuviera el mineral una u otra apariencia, o según el color que adoptase el mercurio durante la amalgama. Estas prácticas, a menudo eficaces, eran el resultado de la experimentación continua. No siempre daban resultado, pero se obtuvieron unos cuantos descubrimientos importantes, el más provechoso de los cuales fue el descubrimiento de la utilidad del magistral, sulfato de cobre obtenido mediante la calcinación de las piritas. Dicha substancia, como evidencian las ecuaciones expuestas más arriba, era parte integrante de la amalgama, especialmente en el tratamiento de los minerales sulfúricos. Puede que su valor fuese descubierto en Potosí en la década de 1580. En este caso, la práctica de añadir magistral se difundió rápidamente, puesto que antes de 1600 ya se utilizaba en el norte de Nueva España, donde contribuyó notablemente al incremento de la producción. Hasta ese momento, las refinerías mexicanas debieron contar, sin saberlo, con cualquier sulfato de cobre natural que contuvieran los minerales, con resultados insatisfactorios.

El descubrimiento del magistral fue la innovación más eficaz. Pero en toda Hispanoamérica se efectuaron pequeños ajustes de la amalgama a las condiciones locales, con resultados positivos. De manera que cuando la corona envió a finales del siglo XVIII a expertos alemanes para que enseñaran en América el método más innovador de amalgama (el del barón von Born, que era en realidad una elaboración de la técnica de «cazo y cocimiento» llevada a la práctica por el refiner Álvaro Alonso Barba en Charcas en el siglo XVII), los alemanes debieron finalmente reconocer que los procedimientos tradicionales americanos eran los mejores para las circunstancias americanas. De hecho, uno de los alemanes, Friedrich Sonneschmidt, tras una larga experiencia en Nueva España, escribió con un exceso de entusiasmo que: «No es de esperar que jamás se experimente un método mediante el cual se pudieran [refinar] todas las calidades de minerales con menores, ni aun iguales costes que exige el beneficio por patio».[8] Según decía, el método era lento, pero podía instalarse en cualquier parte, requería poca agua y maquinaria sencilla y fácil de obtener, y empleaba técnicas que incluso los ignorantes aprendían rápidamente. Si Sonneschmidt hubiera viajado hasta los Andes, hubiera dicho lo mismo de los métodos de refinado utilizados allí.

Es imposible calcular la eficacia absoluta de los procesos coloniales de amalgama —es decir, la proporción total de plata contenida en el mineral que se llegaba a extraer—, puesto que las únicas valoraciones del contenido en plata del mineral con que contamos son las facilitadas por los propios refinadores, y que calculaban según los resultados que obtenían de la misma amalgama. Sin embargo, el hecho de que los refinadores aprovechasen incluso aquellos minerales que no

---

7. Modesto Bargalló, *La minería y la metalurgia en la América Española durante la época colonial*, México, D.F., 1955, p. 194.
8. Citado en Modesto Bargalló, *La amalgamación de los minerales de plata en Hispanoamérica colonial*, México, D.F., 1969, p. 505.

producían más de 45 gramos de plata por cada 45 kg de concentrado tratado con mercurio, nos da una idea de la propiedad esencial de la amalgama, es decir, permitir el tratamiento de grandes cantidades de mineral pobre.

Una técnica de refinado secundaria, pero persistente y útil, era la fundición. En este terreno, al principio los españoles fueron deudores de la tecnología indígena, por lo menos en los Andes centrales, donde la minería había superado considerablemente las primitivas técnicas de tratamiento con fuego empleadas por los indígenas mexicanos y otros indios andinos para la obtención de algunos metales, principalmente oro, plata y cobre. En Perú y Charcas, se había desarrollado una verdadera fundición. Primeramente, el mineral era triturado bajo un *maray*, canto rodado de base curva, que se balanceaba a un lado y a otro; entonces se fundía en un pequeño horno, de forma cónica o piramidal, que a menudo no sobrepasaba el metro de altura. En los costados se horadaban varios agujeros de aireación, a través de los cuales podía pasar el viento cuando el horno se situaba en algún lugar expuesto. Se empleaba estiércol de llama o carbón de leña como combustible, y se obtenían temperaturas suficientes para fundir los minerales. En esto consistía el famoso *wayra* (aire en quechua) de los Andes. En hornos de este tipo se producía toda la plata de Potosí hasta la introducción de la amalgama en 1571.

No obstante, la tecnología de fundición que habría de predominar fue aportada por Europa, e introducida en su mayor parte por los mineros alemanes enviados en 1528 por la compañía de los banqueros Fugger a las islas del Caribe y Venezuela. La corona había requerido los servicios de estos expertos para mejorar los conocimientos mineros y metalúrgicos en América, de los que estaban muy necesitados los primeros colonos. Algunos de estos alemanes pudieron haberse instalado en Nueva España; otros seguramente llegaron allí en 1536, asentándose en Sultepec, donde construyeron hornos y prensas. La base de las fundiciones era el horno castellano, antigua técnica consistente en una columna hueca y vertical de aproximadamente 1 m de sección y entre 1,2 y 1,8 m de altura, construida con piedras o adobes. Los costados estaban horadados para los fuelles, la escoria y el metal fundido. El mineral, triturado a mano o mediante una prensa mecánica, se cargaba en el horno con carbón de leña. Los fuelles eran imprescindibles; en todas las instalaciones importantes eran accionados mediante fuerza animal o hidráulica, mediante ruedas y manivelas. La plata fundida no era pura, ya que contenía plomo del propio mineral o que había sido añadido como fundente. Se procedía por tanto a refinarla mediante copelación, normalmente en un horno de reverbero, aunque también podía servir el modelo castellano.

La fundición tuvo mayor vigencia de la que se cree durante la época colonial. Era la técnica preferida por los mineros pobres y sin medios o por los trabajadores indios, que recibían mineral como parte de su salario. No costaba demasiado hacerse con una «parada de fuelles»; aparecieron centenares en las ciudades mineras y en sus alrededores. Pero la fundición a gran escala también sobrevivió a la introducción de la amalgama, reanimándose considerablemente cuando escaseaba el mercurio, cuando se descubrían yacimientos de mineral muy rico, y allí donde abundaba el combustible. Estas circunstancias condujeron, por ejemplo, a un importante resurgimiento de las fundiciones en algunas zonas de Nueva España a finales del siglo XVII.

El tratamiento del oro consistía meramente en separar el metal puro del material en el que se encontraba: arena o grava en las corrientes o terrazas aluviales, o algún tipo de roca en los filones. Lavar la tierra en artesas era la técnica básica en el primer caso. En el segundo, se precisaba el prensado, que podía realizarse a mano o mediante una machacadora. Podía procederse después a la amalgama para desgajar el oro del material de filón triturado. El oro aparecía a menudo asociado a minerales de plata; la amalgama producía entonces una aleación de ambos metales. El procedimiento preferido para separarlos, al menos hasta mediados de la época colonial, fue el empleo de ácido nítrico.

Materias primas

El tratamiento del mineral de plata requería una cierta variedad de materias primas, alguna de las cuales eran limitadas. La sal, imprescindible para la amalgama, se conseguía fácilmente, ya fuera de las salinas del norte de Nueva España o de los Andes centrales, o de depósitos costeros, como en otras zonas de Nueva España. Las piritas, a partir de las cuales se extraía el magistral, se hallaban en cantidades por lo general suficientes en las mismas regiones argentíferas. Lo mismo ocurría con el plomo, utilizado como fundente en las fundiciones (aunque con frecuencia el propio mineral contenía suficiente plomo para el proceso). El hierro empleado para la maquinaria y, ocasionalmente, pulverizado, como reactivo en la amalgama, procedía de España en su totalidad, pero de todos modos no solía escasear.

Madera y agua eran bienes mucho menos abundantes. La madera era el principal material de construcción y combustible. Por consiguiente, los alrededores de las grandes zonas mineras se veían despojados rápidamente de árboles; en alguna de las cuales —altas zonas de los Andes y la meseta seca mexicana— nunca han vuelto a ser abundantes. A partir de entonces, la leña debía acarrearse desde grandes distancias y a un elevado coste. A finales del siglo XVI, los ejes de las prensas utilizados en Potosí, de 6 m de largo por 50 cm de sección, eran transportados desde los valles bajos andinos a más de 160 km de distancia. Una vez en Potosí, cada eje costaba entre 1.300 y 1.650 pesos, lo que equivalía al valor de una casa de tamaño mediano. También se precisaba madera o carbón de leña para los hornos; y los carboneros recorrían muchos kilómetros desde las minas, aprovechando el matorral allí donde no quedaban árboles.

El agua era fundamental para el lavado de los minerales refinados, y era muy apreciada como fuente de energía. Mediante soluciones ingeniosas —pequeños embalses, tinas de lavado accionadas por animales—, en todas partes el agua disponible era suficiente para realizar el lavado. Pero solamente en algunas zonas era posible utilizar el agua como fuente de energía —sobre todo en el centro de Nueva España y en algunas regiones de los Andes—. Hacia 1600, casi toda la energía utilizada en Potosí era de origen hidráulico, pero ello sólo fue posible tras la construcción de 30 presas interconectadas por canales, lo que permitía la acumulación del agua de lluvia caída durante el verano.

Una substancia más crucial que todas las anteriores era el mercurio. Casi todo el mercurio utilizado en Hispanoamérica provenía de tres fuentes: por orden de las cantidades que abastecían, Almadén en el sur de España; Huancavelica, en las tierras altas del centro de Perú; e Idrija en Eslovenia, bajo el dominio de los Habsburgo por aquel entonces. También llegaban pequeñas cantidades, de vez en cuando, de China y de diversos depósitos menores de Hispanoamérica. En general, Almadén suministraba a Nueva España, Huancavelica a Sudamérica, y se recurría a Idrija cuando no bastaba con las dos primeras.

En general, el abastecimiento de mercurio cubrió la demanda de las minas de plata (la amalgama de oro era comparativamente insignificante) durante dos de los tres siglos coloniales. En el siglo XVI, el yacimiento casi virgen de Huancavelica experimentó un notable crecimiento; y la producción de Almadén se incrementó a un ritmo acelerado hasta alrededor de 1620. Y en el siglo XVIII, Almadén como resultado del descubrimiento de una cuantiosa capa de mineral en 1698, superó a partir de entonces su capacidad productiva anterior, lo que compensó con creces la debilidad de Huancavelica. Pero en el período intermedio, para la mayor parte del siglo XVII, escaseó el mercurio, especialmente en Nueva España. La causa fue la baja producción de Almadén (como resultado del agotamiento de los minerales conocidos y de la ineficacia del refinado), y por el debilitamiento del papel que Huancavelica había jugado en el siglo XVI (provocado por dificultades similares, unidas a problemas de aporte de mano de obra).

La escasez resultante fue en parte atenuada gracias al mercurio procedente de Idrija, que fue enviado a América en cantidades substanciales desde 1621 a 1645 (véase figura 2). Este mercurio fue a parar principalmente a Nueva España, mientras que la producción de Almadén se desvió hacia Perú, que resultó favorecido por ello, puesto que hasta entonces había sido la principal fuente de plata de ambos virreinatos. La corona encontró dificultades para pagar el mercurio de Idrija, de manera que debieron cesar las compras en 1645. El mercurio «alemán», presumiblemente de Idrija, aparece de nuevo en Nueva España en la década de 1690, como de hecho ocurrió con el mercurio peruano, que se importó hasta alrededor de 1730. Pero los grandes cargamentos procedentes de Idrija no se reanudaron hasta 1786, gracias a un contrato realizado en 1785 para el suministro de 10.000-12.000 quintales anuales a Hispanoamérica. Este mercurio fue a parar tanto a Nueva España como a Sudamérica.

La corona no solamente ejerció un estrecho control sobre la producción y distribución de mercurio, sino que también determinó el precio de venta. En principio, el precio en un determinado centro minero equivalía a la suma de los costes de producción y de transporte a dicho lugar; pero el gobierno pretendía fijarlo en beneficio propio. En realidad, los precios del mercurio siguieron una tendencia a la baja a lo largo del período colonial, ya que los refinadores solicitaban constantemente reducciones y la corona hacía concesiones ante el argumento de que los bajos precios del mercurio se verían compensados con creces por el incremento de la producción de plata. Pero el declive fue lento. Entre 1572 y 1617 se redujeron los precios en Nueva España de 180 a 82,5 pesos. Pero no se produjeron más descensos hasta 1767, al bajar el precio a 62 pesos. En 1778, se impuso el último recorte, haciéndolo descender hasta 41 pesos. En los Andes, los precios eran considerablemente superiores, quizá debido a los costes del transporte en terreno montañoso, a pesar de la relativa proximidad de

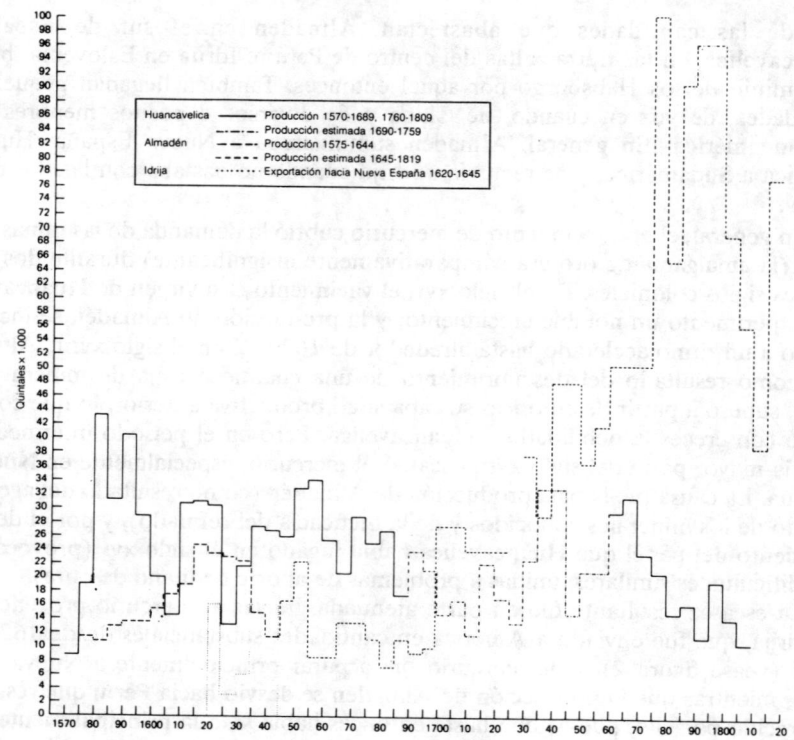

FIGURA 2. *Producción quinquenal de mercurio, 1570-1820*

FUENTES: Huancavelica, 1570-1789: Guillermo Lohmann Villena, *Las minas de huancavelica en los siglos* XVI y XVII, Sevilla, 1949, pp. 452-455; 1690-1759 (estimaciones): Manuel de Mendiburu, *Diccionario histórico-biográfico del Perú*, Lima, 1933, Vol. 6, pp. 454-455; 1760-1809: John Fisher, *Government and society in colonial Perú. The ntendant system, 1784-1814*, Londres, 1970, p. 257. Almadén, 1575-1644: A. Matilla Tascón, *Historia de las minas de Almadén, I: Desde la época romana hasta el año 1645*, Madrid, 1959, pp. 107, 111, 121, 122, 137, 171, 182; 1645-1819 (estimaciones): M. H. Kuss, «Mémoire sur les mines et usines d'Almadén», en *Annales des Mines*, serie séptima, Mémoires, 13 (1878), pp. 149-150. Idrija, 1620-1645: exportaciones a Nueva España: P. J. Bakewell, *Silver mining and society in colonial Mexico, Zacatecas, 1546-1700*, Cambridge, 1971, p. 256. También hubo importantes exportaciones de Idrija a Hispanoamérica después de 1786, en cantidades que aún deben precisarse.

Huancavelica de los centros argentíferos. En Potosí, los precios decayeron de 104,25 pesos a finales del siglo XVI, a 97 en 1645, permaneciendo estables hasta 1779 en que bajaron a 79 pesos, y en 1787 a 71 pesos. Sólo en 1809 llegó a ser casi tan barato el mercurio en Perú, a 50 pesos, como lo había sido en Nueva España en las postrimerías del siglo XVIII.

El aumento general de la producción de plata a finales del siglo XVIII, especialmente en Nueva España, coincidió estrechamente con reducciones del precio del mercurio. Este hecho no puede ser totalmente fortuito, y sugiere que las reducciones anteriores habían sido provechosas para la corona, especialmente a partir del momento en que Almadén empezó a producir en abundancia después de 1700.

Sistemas de trabajo

La minería dependía de la fuerza de trabajo indígena. Los negros, esclavos o libres, representaban tan sólo una pequeña proporción, excepto en las minas de oro, donde integraban la mayor parte de la mano de obra. La ocupación más cercana al trabajo físico de las minas que realizaban los blancos era la prospección; por lo general eran supervisores y propietarios. También podían encontrarse mestizos ejerciendo tareas físicas en las minas hacia el siglo XVIII, pero cuanto más españoles parecían, más difícil era que se dedicaran a dichos trabajos.

Los sistemas comunes de trabajo implantados en la etapa colonial proporcionaron a la minería sus trabajadores indígenas: generalmente, por orden cronológico, dichos sistemas fueron los de encomienda, esclavismo, trabajo forzado y trabajo a jornal. La minería inicialmente practicada en las Antillas antes de 1500, de placer o de excavación para la extracción de oro, era realizada por indios que Colón había distribuido entre los colonos, según una temprana y despiadada forma de encomienda. Se añadieron rápidamente aborígenes esclavizados de las Pequeñas Antillas y rápidamente se agregaron los del mar Caribe. Y después, cuando la población nativa se derrumbó, bajo circunstancias entre las que la demanda de las minas de oro no es la menos culpable, se recurrió a los esclavos negros. Mientras tanto, el empleo de indios en la minería en régimen de encomienda o esclavitud se extendió por Centro y Sudamérica según estas tierras se iban incorporando al imperio. Por supuesto, el avance de la conquista produjo esclavos, ya que en todas partes hubo indígenas que se resistieron obstinadamente, justificándose así su esclavización cuando eran capturados en la batalla. Así pues, Cortés, por ejemplo, podía emplear cerca de 400 indios en los yacimientos de oro de Tehuantepec en la década de 1540.

El reclutamiento forzado de trabajadores indígenas sucedió a la encomienda, aunque no se puede distinguir una separación neta entre ambos sistemas. En los dos virreinatos, el reclutamiento de mano de obra para la minería estaba ampliamente organizado hacia finales de la década de 1570: se trataba del «repartimiento» en Nueva España y la *mita* («turno» en quechua) en el Perú. Pero los orígenes de estos sistemas precedieron con mucho a la década de 1570. Hacia 1530 en Guatemala; por ejemplo, los colonos y oficiales españoles simplemente obligaron a cuadrillas de indios nominalmente libres a lavar oro durante períodos determinados. Y hacia 1549, los indios de encomienda enviados a Potosí por sus amos desde ciertas zonas del Perú y de Charcas, se referían a su estancia en las minas como mita, estancia de 6 a 12 meses tras los cuales eran substituidos por otros y regresaban a sus hogares. La utilización del término quechua, indicaba claramente que se asociaba el trabajo para los españoles a la mita impuesta previamente por los incas, reclutamiento para diversos tipos de obras públicas, incluida la minería. Los aztecas habían establecido un tipo parecido de reclutamiento (*coatequitl*) en sus dominios. Sin duda la existencia de estos antecedentes autóctonos facilitó la imposición de sistemas de reclutamiento.

A lo largo del siglo XVI, la mano de obra reclutada superó gradualmente a la de encomienda y a los esclavos indígenas en las minas. A medida que finalizaba la fase militar de la conquista, los suministros de esclavos fruto de las guerras justas decayó; y simultáneamente se reforzaron las leyes que limitaban la esclavización de los indígenas. Mientras tanto, la corona y muchos colonos empezaron a encontrar ventajas en los sistemas de reclutamiento de mano de obra, ya que su consecuencia inmediata era la de apartar a los indios del arbitrario control de los encomenderos y ponerlos a disposición del creciente número de españoles no encomenderos. En ello, la corona veía tanto una satisfactoria reducción de la riqueza y poder político de los encomenderos, como una utilización más productiva de la menguante mano de obra indígena. Los reclutamientos oficiales también proporcionaban a la corona la posibilidad de cumplir otros objetivos: primeramente, crear una fuerza de trabajo nativa asalariada en América, ya que otra diferencia entre los reclutamientos oficiales y la encomienda era que los indios reclutados recibían un salario; por otra parte, limitar la duración de los períodos de trabajo de los indios, puesto que se asignaban los reclutamientos para períodos determinados, aunque variables, según las necesidades locales de trabajo.

El más extenso, organizado, famoso y —según las estimaciones generales— infame de los reclutamientos forzados mineros fue la mita de Potosí. Puede tomarse como modelo de otros reclutamientos tanto en Nueva España como en Sudamérica, aunque cada uno tuviera detalles específicos. Normalmente se responsabiliza personalmente de la mita de Potosí y de su crueldad, al virrey peruano que implantó el sistema, don Francisco de Toledo. Pero Toledo actuaba de acuerdo a instrucciones generales de la corona para forzar a los indios a la minería —instrucciones que le crearon tales cargos de conciencia que vaciló durante dos años antes de llevarlas a la práctica—. Finalmente, en 1572, mientras viajaba del Cuzco a Potosí realizando una inspección general del Perú, empezó a organizar la mita, instruyendo a los jefes (*curacas*) de los altos pueblos andinos para que enviasen hombres bien capacitados a Potosí. La zona que finalmente se designó como fuente de trabajadores era enorme, y comprendía unos 1.300 km, entre Cuzco en el norte y Tarija en el sur, y un máximo de 400 km a lo ancho de los Andes; a pesar de todo, sólo se incluyeron 16 de las 30 provincias que componían la zona, descartándose principalmente las más bajas y cálidas, porque se temía que los habitantes de estas provincias fueran demasiado propensos a contraer enfermedades si se les enviaba a las altas y frías tierras de Potosí. Aproximadamente un 14 por 100 (la séptima parte) de la población sometida a tributo en dichas 16 provincias (los varones entre 18 y 50 años) debía trasladarse a Potosí para prestar servicio durante un año. Según el censo elaborado por Toledo, mediante este sistema Potosí obtendría mano de obra suficiente, cerca de 13.500 hombres al año. Esta cantidad componía la *mita gruesa*, que, una vez en Potosí, era dividida en tres partes, cada una de ellas denominada *mita ordinaria*, que trabajaban alternativamente, descansando dos semanas por cada una trabajada. De manera que en cualquier momento había 4.500 *mitayos* trabajando en minas e ingenios.

Toledo distribuyó a los mitayos entre las minas y las refinerías según las necesidades, práctica seguida por muchos de sus sucesores, y estableció una tarifa de jornales: por el trabajo en el interior de la mina, 3,5 reales; por acarrear mineral a las refinerías, 3 reales; por el trabajo en las refinerías, 2,75 reales.[9] El valor real de estos jornales es difícilmente estimable, puesto que se desconocen incluso los precios de los artículos básicos de consumo indígena (maíz y patatas). Sin embargo, con el jornal de una semana, el mitayo podía comprar unos 14 kg de harina de trigo, que no deja de ser una cantidad considerable. Pero una estimación contemporánea valora el coste del viaje de un indio a Potosí y su residencia allí durante un año en 100 pesos, mientras que el salario total de un mitayo por 17 semanas de 6 días ascendía tan sólo a unos 45 pesos. La semana normal de trabajo pasó de 6 a 5 días. El domingo era un día de descanso o, según observadores españoles divulgadores de las críticas convencionales contra los indios, un día de ociosidad y embriaguez. El lunes, los oficiales indios de cada provincia reunían la mita ordinaria de la semana para proceder a su distribución. El trabajo comenzaba el martes por la mañana y se prolongaba ininterrumpidamente hasta el sábado por la noche. La normativa establecida por Toledo estipulaba una jornada de trabajo de sol a sol; pero los propietarios de las minas pronto forzaron a los mitayos a extraer y acarrear mineral de acuerdo a una cuota que se mantenía elevada, de manera que se escatimaban el descanso y la comida al máximo.

La mita exponía claramente a los indios a un exceso de trabajo, a pesar de las salvaguardas legales previstas por la corona y los funcionarios. Los datos parecen probar que los salarios se pagaban. Pero la carga de trabajo se incrementó, especialmente a medida que la población indígena andina iba en declive, y que el turno de un trabajador volvía a repetirse antes de transcurridos los siete años. Hacia 1600, en casos extremos los mitayos debían pasar uno de cada dos años en Potosí. Evidentemente, la mita contribuyó a la despoblación, ya que aceleró el declive ya existente al provocar la huida de las gentes de las provincias en las que se realizaban las levas, y al impulsar a algunos mitayos a permanecer en Potosí al amparo anónimo que les proporcionaban las masas de población india de la ciudad, y al desarticular los ritmos agrícolas y de la vida familiar. A esta sobrecarga de trabajo le siguieron flagrantes abusos. Los indios capaces de hacerlo compraban su exención de la mita, contratando a sustitutos o pagando a sus propios curacas o amos el dinero necesario para hacerlo. Muchos mineros resultaron favorecidos por esta práctica en el siglo XVII, ya que, una vez agotada la mina

---

9. Un peso equivalía a ocho reales. Tanto aquí como en el resto del capítulo nos referimos al «peso de a ocho» (conocido en Nueva España como «peso de oro común»), equivalente a 272 maravedíes.

o estropeada la prensa, las sumas que pagaban los mitayos para librarse del trabajo podía ser mayor que el valor de la plata que hubiesen extraído en caso de trabajar. Los españoles llamaban cínicamente al pago de estas cantidades de dinero «indios de faltriquera». Esta práctica generalizada era ilegal, así como la costumbre igualmente corriente de incluir en la venta de una mina o prensa a los mitayos que le habían sido destinados. La ley se esforzó por defender la libertad de que en teoría gozaban los indios; pero el mitayo recibía un trato —como cuando se le incluía en una transacción comercial— de un semiesclavo, a la vez que se le privaba de los beneficios materiales de la esclavitud y de la exención de impuestos.

Después de la mita de Potosí, la de Huancavelica ocupaba el segundo lugar en cuanto a la cuantía de los indios reclutados. También ésta fue creada por Toledo. Absorbía, a principios de la década de 1620, unos 2.200 indios cada año, cerca de una sexta parte de los enviados a Potosí. Pero los mitayos de Huancavelica debieron padecer muchas más calamidades que los de Potosí, a juzgar por los extraordinarios riesgos que comportaba el trabajo en estas minas de mercurio: vapores tóxicos y roca blanda propensa a los corrimientos. También existieron reclutamientos forzados menores en otras partes, como por ejemplo para la producción de oro en Chile a finales de siglo XVI y comienzos del XVII; para el oro de Quito desde, según parece, el siglo XVI; para la plata de Nueva Granada desde principios de la década de 1600; y para la plata de Nueva España desde mediados del siglo XVI.

La corona no ignoraba las iniquidades de las levas; y, de hecho, a pesar del atractivo económico y político que el reclutamiento de mano de obra tenía para la corona, su imposición fue arduamente debatida en España, ya que contradecía el principio de la libertad fundamental de los indios. Generalmente, sin embargo, prevaleció el criterio de que el bien público requería el reclutamiento forzado de indios para las minas. Su abolición no se produjo hasta 1812, aunque hubo intentos de acabar con él mucho antes, como por ejemplo en el caso de una orden real de 1601 dirigida a Nueva España, que sólo fue retirada cuando el virrey hizo comprender que una medida semejante significaría un desastre. Pero la corona sostuvo su oposición, anulando, por ejemplo, la concesión de 500 mitayos a Oruro por el virrey Esquilache en 1617. Podrían citarse otros casos similares.

En la orden de 1601, la corona expresaba su deseo de que la mano de obra minera fuera voluntaria. Desde luego, el trabajo voluntario de los indios en todos los sectores productivos era el ideal que se perseguía desde los comienzos de la era colonial. Pero la falta de hábito de los indígenas en los trabajos que de ellos se esperaba, la falta de familiaridad con los salarios en moneda, y su natural anhelo de rehuir las pesadas tareas que se les confiaban (interpretado por los españoles como pereza innata), no favorecían el trabajo voluntario. Sin embargo, siempre hubo un cierto grado de trabajo voluntario originado en la propia sociedad indígena. En las culturas caribeñas, los españoles encontraron al *naboría*, «plebeyo dependiente de un noble y que por tanto no participaba plenamente en los derechos y obligaciones generales de la comunidad».[10] Los españo-

---

10. Ida Altman y James Lockhart, eds., *Provinces of early Mexico*, Berkeley y Los Ángeles, 1976, p. 18.

les aplicaron el mismo término a una categoría social similar en Nueva España, y que más tarde se hispanizaría llamándose laborío. En territorio inca, el *yanacona* ocupaba más o menos la misma posición. Los indios pertenecientes a dichas categorías no tardaron mucho en mostrar su fidelidad a los nuevos señores, los conquistadores españoles, mientras que muchos otros indígenas imitaban esta actitud, aunque no fueran sino plebeyos comunes, creyendo que una dependencia personal y directa de los españoles sería más beneficiosa que la servidumbre indirecta de la encomienda. Naborías y yanaconas asumieron rápidamente una amplia gama de funciones en la sociedad colonial, a cambio de muchas de las cuales recibían un salario, convirtiéndose así en los primeros trabajadores asalariados. Una de sus ocupaciones características era la minería, de manera que, por ejemplo, inmediatamente después del descubrimiento de los yacimientos de Zacatecas y Potosí, a mediados de la década de 1540, había naborías y yanaconas, respectivamente, trabajando en las minas, mezclados entre esclavos indígenas y trabajadores de encomienda.

Esta forma incipiente de trabajo asalariado en la minería se incrementó rápidamente por dos razones. En primer lugar, la minería requería habilidades que una vez adquiridas eran muy apreciadas. Cualquier propietario estaba dispuesto a recompensar a un indio que hubiera aprendido a picar el mineral o los procesos de refinamiento, y a pagarle salarios suficientemente altos como para hacer atractivo el trabajo fijo en la mina. Mucho antes de 1600, ya existían grupos profesionales de mineros y de refinadores indios en los centros principales. En segundo lugar, muchos de los centros mineros se encontraban en zonas donde la población no era susceptible de ser reclutada o sometida a la encomienda, ya fuera por su dispersión o por su belicosidad. Este era el caso del norte de Nueva España, donde las minas fueron trabajadas principalmente por trabajadores asalariados desde un principio. Las valoraciones sobre la composición de la fuerza de trabajo mexicana extraídas de un informe de 1597, aproximadamente, demuestran la importancia del trabajo asalariado en aquella época. La mano de obra total ascendía a 9.143 hombres, de los cuales 6.261 (68,5 por 100) eran naborías, 1.619 (17,7 por 100) eran trabajadores de repartimiento, y 1.263 (13,8 por 100) eran esclavos negros. También es sorprendente el hecho de que todos los trabajadores de repartimiento se concentrasen en el México central, y no existiese ninguno en el norte y el oeste. La razón era que solamente en la zona central la población era lo bastante densa y sofisticada como para organizar reclutamientos. Además, era esta población la que proporcionó la mayor parte de los naborías a las zonas del norte y del oeste.

En Potosí se daba una situación similar. En 1603, había entre 11.000 y 12.000 trabajadores activos en todo momento, de los cuales sólo unos 4.500 procedían de la mita ordinaria. El resto eran hombres contratados o *mingas*. Sin duda, muchos mingas formaban parte de los dos tercios «sobrantes» (de huelga) de la mita gruesa; pero no cabe duda de que por aquel entonces existían contingentes permanentes de mingas en Potosí, compuestos principalmente por mitayos que habían permanecido allí tras su año de servicios. Su paga podía ser hasta cinco veces superior a la del mitayo: para los mineros, 88 reales por semana, contra 17. Tanto en Potosí como en Nueva España se aumentó el salario en metálico de los picadores de mineral experimentados, que normalmente eran asalariados, mediante el mineral que, legalmente o no, tomaban de las minas.

El trabajo asalariado fue la forma preponderante de empleo en los grandes distritos mineros desde finales del siglo XVI en adelante. Los sistemas primitivos no desaparecieron por completo, especialmente en los distritos secundarios o más apartados: la encomienda neogranadina del siglo XVII, la esclavitud en las zonas fronterizas del norte de Nueva España, donde la lucha contra las incursiones de los indios seguían proporcionando esclavos legalmente. Pero el trabajo asalariado se convirtió en la norma, especialmente en Nueva España, donde el crecimiento minero sobrevenido desde finales del siglo XVII generó tal demanda de mano de obra especializada, que a finales del siglo XVIII el costo del trabajo acaparaba hasta las tres cuartas partes de los gastos totales de algunas empresas. En Nueva España siguieron practicándose los reclutamientos forzados, aunque en escasas ocasiones. En los Andes centrales, la pervivencia de la mita fue más evidente, abasteciendo Potosí y Huancavelica de una preciada mano de obra barata hasta finales del período colonial, mientras que probablemente los funcionarios gubernamentales locales seguían organizando de manera informal (y estrictamente ilegal) levas de menor importancia, para beneficiar a otras minas. Pero también aquí predominaba el trabajo asalariado. Hacia 1789, tan sólo 3.000 trabajadores formaron la mita gruesa de Potosí, lo que suponía una mita ordinaria de 1.000 trabajadores. Pero en 1794, la fuerza de trabajo total con que contaba Potosí era de 4.070 en las minas y de 1.504 en las refinerías. Estas cifras sugieren que más de las tres cuartas partes de los trabajadores eran remunerados. También en los distritos peruanos menores, el trabajo asalariado ocupaba un lugar importante a finales del siglo XVIII.

Casi el 14 por 100 de los mineros mexicanos eran negros al finalizar el siglo XVI, proporción en modo alguno despreciable. Pero, a excepción de las minas auríferas de las tierras bajas, esta proporción puede haberse superado en contadas ocasiones. Muchos de los grandes distritos argentíferos se encontraban a considerable altitud, 2.400 m o más; y se creía que los negros no podían realizar trabajos pesados, ni sobrevivir mucho tiempo a tan bajas temperaturas, con una atmósfera tan enrarecida. Aunque no queda clara la verdadera razón, parece ser que los esclavos negros obligados a realizar duros trabajos subterráneos en altitudes considerables, no llegaban a rendir lo suficiente como para amortizar su precio de compra y su manutención. En Potosí, por ejemplo, no se empleaba a los negros para las labores subterráneas. Se les ocupaba en las refinerías, pero normalmente formaban parte del artesanado, sobre todo como carpinteros y forjadores, fabricantes de herramientas y maquinaria, o como sirvientes personales de los mineros y refinaderos, como signos de fortuna. En los distritos mexicanos más bajos (entre 1.800 y 2.400 m), algunos negros trabajaban bajo tierra. En Zacatecas se tiene constancia de picadores de mineral negros (barreteros). Pero también aquí, era mucho más corriente encontrarlos realizando tareas en la superficie. En 1602, un observador señalaba respecto a Zacatecas: «en lo que más se ocupan los negros, es en asistir a la molienda y al incorporar y lavar los metales».[11] La artesanía también ocupaba a muchos negros en las minas mexicanas.

La alta mortalidad y la baja productividad de los negros en las minas de plata

---

11. Alonso de Mota y Escobar, *Descripción geográfica de los reynos de Nueva Galicia, Nueva Vizcaya y Nuevo León* [MS 1605?], Guadalajara, 1966, p. 68.

de las tierras altas entorpecían las intenciones de la corona para substituir a los indios de reclutamiento por esclavos africanos. Pero en el caso de las minas de oro de las tierras bajas, se daba la situación contraria: los negros tenían una buena resistencia a las enfermedades y a los trabajos duros, mientras que los indígenas perecían (especialmente los indios de las tierras altas trasladados a los trópicos, pero también indios de las tierras bajas sometidos a una intensidad de trabajo inhabitual). Otra dificultad que presentaban estos últimos era que no estaban integrados ni económica ni políticamente, lo que impedía organizarlos como fuerza de trabajo. La minería aurífera de las tierras bajas era, pues, el dominio de los trabajadores negros. La mayor concentración se dio sin duda en el siglo XVIII en Nueva Granada, donde en 1787 las tres principales regiones auríferas (Antioquia, Popayán y el Chocó) reunían un contingente de unos 17.000 negros, muchos de los cuales estaban ocupados en la minería. En esta época, ni mucho menos eran todos esclavos. En el Chocó, en 1778 por ejemplo, el 35 por 100 de un total de 8.916 negros eran libres; hacia 1808, el 75 por 100. Chile era la única región aurífera de las tierras bajas donde no predominaban los negros. En el siglo XVI, los yacimientos chilenos eran trabajados por indios, tanto esclavos como de encomienda; y con el nuevo auge del oro en el siglo XVIII, la fuerza de trabajo se componía esencialmente de mestizos, ya que existía en la época una cuantiosa población deseosa de trabajar en la minería a falta de otras oportunidades de empleo.

Condiciones de trabajo

Según se desprende de lo dicho anteriormente, las condiciones de trabajo en la minería y las refinerías eran siempre incómodas y a menudo peligrosas. Bajo tierra, el trabajo más desagradable correspondía a los trabajadores más especializados, los «barreteros», quienes extraían el mineral de los filones con picos, cuñas y barras. Esta tarea requería un esfuerzo físico considerable, y se desarrollaba siempre en espacios reducidos, con frecuencia a temperaturas elevadas, y siempre mal iluminados y peor ventilados. Pero mucho peor era el papel de bestias de carga asignado a hombres sin pericia que acarreaban el mineral hasta la superficie; los barreteros estaban mejor remunerados, tanto por sus salarios más elevados como por la oportunidad, a veces lícita y a veces no, de llevarse trozos de mineral. La suerte de los acarreadores (*tenateros* en Nueva España, *apires* en las zonas de habla quechua) era poco envidiable. Portando diversos tipos de recipientes para el mineral —cestas de enea, *tenates* (bolsas de piel), sacos o incluso frazadas de lana de llama en Charcas— trepaban por túneles retorcidos, apenas del ancho de un hombre. Se subía por escalones escavados en la roca o por escaleras escarpadas hechas de troncos con muescas o con fajas de cuero atadas a dos palos paralelos. A medida que crecía la mina, se formaban grandes cavidades en su interior, y las caídas podían suponer la muerte. Las cargas eran pesadas. Los propietarios de las minas exigían la extracción de cantidades mínimas, aunque estuviera prohibido hacer tal cosa. Aunque resulte increíble, existen indicios de que los tenateros de finales del período colonial cargaban 140 kilos a sus espaldas. Trabajaban en la oscuridad, a menudo alumbrados solamente por la luz de una vela atada en la frente o en un dedo, y estaban sometidos a grandes riesgos. Muchos caían muertos o quedaban mutilados, aunque se desconoce exactamente cuántos. Pero el peligro físico no era el único riesgo. En las altas minas andinas, especialmente, los cambios de temperatura entre el fondo y la superficie podían provocar enfermedades. En Potosí, por ejemplo, incluso antes de 1600, algunas minas tenían más de 200 m de profundidad, en el fondo de las cuales la temperatura era considerable. Al subir con su carga, el apire salía a casi 5.000 m a temperaturas glaciales. El resultado más frecuente eran las enfermedades respiratorias, a menudo intensificadas por el polvo, especialmente tras la introducción de las voladuras. Las caídas y las enfermedades eran riesgos mucho mayores que los derrumbamientos de las minas, que no parecen haber sido demasiado frecuentes.

Las minas de oro y mercurio comportaban riesgos particulares. Puesto que muchos yacimientos auríferos eran placeres en zonas bajas y húmedas, los trabajadores se encontraban expuestos a contraer enfermedades tropicales. Además debían permanecer largo rato trabajando en el agua. Las minas de mercurio de Huancavelica eran, sin embargo, más desagradables y peligrosas. Afortunadamente para los trabajadores, eran las únicas minas de mercurio en toda América. Sin duda, eran estas las minas más malsanas y peligrosas de todas. La roca que rodeaba el mineral era blanda e inestable, lo cual hacía que los derrumbes fueran frecuentes. Pero lo peor de todo era que los túneles estaban llenos de gases venenosos, lo que aumentaba enormemente los riesgos del trabajo.

El refinado también encerraba sus riesgos, de los cuales dos eran especialmente graves. Las machacadoras producían mucho polvo, que inevitablemente provocaba silicosis. Por otra parte, en varias etapas de la amalgama los trabajadores estaban expuestos al envenenamiento por mercurio: en la mezcla del mercurio con el mineral, cuando los indios pisaban la mezcla descalzos; en la destilación del mercurio de la *pella*; y en la calcinación para recuperar el mercurio. En los dos últimos procesos, se intentaba atrapar y condensar el vapor de mercurio, pero siempre escapaba una cierta parte.

REPERCUSIONES SOCIALES

Tanto para los individuos como para las comunidades afectadas por ella, la minería tenía consecuencias sociales profundas. Para los emigrantes españoles o los colonos pobres la minería suponía una forma rápida, aunque peligrosa, de ascenso social. Las pocas docenas de afortunados que alcanzaron la riqueza en el norte de Nueva España en la segunda mitad del siglo XVI, se convirtieron en símbolos nacionales. Adoptando un estilo caballeresco, pusieron a disposición del rey sus riquezas y sus vastos territorios, encabezando la lucha contra los pueblos nómadas del norte; reunieron grandes propiedades desde las cuales exportaban a gran escala carne de vacuno hacia la zona central de Nueva España; contrajeron matrimonio en capas sociales elevadas —uno de los primeros fundadores de Zacatecas se casó con una hija del virrey Velasco I; otro con una hija de Cortés y de doña Isabel Moctezuma—. La riqueza de la minería reportó a quienes la ostentaron no sólo el reconocimiento social, sino también autoridad política. Por ejemplo, el mayor propietario minero del siglo XVII en Potosí, el gallego Antonio López de Quiroga, llegó a dominar en sus últimos años de vida el gobierno local del sur de Charcas. Había situado a todos sus parientes y yernos como corregidores de varios distritos. Sin embargo, al igual que elevaba a un hombre a los puestos hegemónicos de la sociedad y de la política, la minería podía también precipitarlo en el abismo. Si se perdía un filón o se inundaban inesperadamente los túneles, la mina engullía la plata con la misma velocidad con que antes la arrojaba. Irrumpían los acreedores, embargando tierras, casas y pertenencias. Fueron escasas las familias que siguieron siendo prósperas gracias a la minería durante más de tres generaciones.

También para los indios la minería podía suponer cambios sociales profundos. El más radical era el traslado del medio rural al urbano que imponía la minería, que suponía el abandono de las comunidades agrícolas tradicionales y el paso a ciudades dominadas por los españoles. Dicho cambio les fue impuesto a muchos indios afectados por las levas, pero una vez efectuado, algunos decidían quedarse, de manera que desde finales del siglo XVI se formó un contingente de mineros profesionales en los centros principales, que trabajaban por un salario y que tendieron a asimilar las costumbres españolas. Compraban ropas de estilo español y quizás incluso prefirieran el vino al pulque. Al adoptar esta actitud, fueron perdiendo gradualmente su identidad india e integrándose en la categoría cultural de los mestizos, aunque no pertenecieran a ella por características genéticas. Esta proletarización y aculturación de los indios fue corriente en las ciudades coloniales, ya que éstas eran núcleos de presencia española, mientras que las zonas rurales seguían siendo predominantemente indígenas. Pero las poblaciones mineras contribuyeron extraordinariamente en dicho proceso porque atrajeron a grandes cantidades de indios, ofrecían un poder adquisitivo relativamente alto a los trabajadores asalariados, y además porque eran los únicos asentamientos españoles en regiones muy extensas —por ejemplo, el norte de Nueva España, el altiplano de Charcas, o el norte de Chile.

A pesar de las posibles ventajas que algunos indios encontrasen en establecerse en las poblaciones mineras, las repercusiones de la minería sobre la comunidad nativa fueron con frecuencia penosas. Resulta difícil evaluar las pérdidas de la población indígenas provocadas por la minería, puesto que otras fuerzas destructivas estaban actuando simultáneamente, y además las condiciones variaban de un lugar a otro. De manera que, por ejemplo, el declive más brusco de la población india mexicana tuvo lugar, según parece, antes de que se extendiera la minería en Nueva España. Por otra parte, no cabe duda de que la demanda de indios antillanos para la producción de oro durante las primeras décadas coloniales fue la causa directa de su práctica extinción hacia mediados del siglo XVI; lo mismo ocurrió dos siglos después en la zona central neogranadina de Chocó, donde la población indígena disminuyó de 60.000 en 1660 a 5.414 en 1778, tras haber sido obligada primero a participar en el lavado del mineral, y más tarde a abastecer de alimentos, alojamiento y medios de transporte las minas trabajadas por negros. Probablemente el mayor quebrantamiento de las comunidades indias tuvo lugar en el área de la mita de Potosí, simplemente porque era aquí donde se realizaban las levas más masivas. Los 13.500 mitayos asignados normalmente a la mina llevaban sus familias consigo cuando abandonaban el hogar para ir a servir a Potosí durante un año. Por lo tanto, podría estimarse sin exageraciones que unas 50.000 personas entraban y salían de Potosí anualmente. La agricultura del poblado se interrumpía cuando las gentes marchaban, llevándose consigo las reservas comunitarias de alimentos para sustentarse en el viaje, que podía durar hasta dos meses si acudían desde regiones alejadas. Muchos de ellos no regresarían jamás. Seguramente no llegará a saberse nunca con exactitud cuántos murieron como consecuencia directa de su actividad en la mina o la refinería. El porcentaje que anualmente permanecía en Potosí también es difícil de valorar; pero a principios del siglo XVII, se calcula que había unos 37.000 varones indígenas no procedentes de la mita. Esta estimación sugiere que dicho porcentaje era considerable. Junto a los que se quedaban había muchísimos más que emigraban a lugares aislados dentro del área de la mita, o que huían fuera de ella para eludir los reclutamientos, lo cual perjudicaba aún más a sus comunidades de origen.

La minería y el Estado

La corona obtenía ingresos directos substanciales de la minería; el estímulo del comercio le reportaba indirectamente impuestos de venta y derechos de aduana; los impuestos indígenas pasaron pronto a ser pagados en especies; todo ello contribuyó a dinamizar las diversas zonas de la economía colonial. No es de extrañar, por tanto, que los reyes mostraran un ávido interés por la suerte que corría la industria. En principio, la corona hubiera obtenido el máximo provecho de la minería explotando las minas por sí misma. Aunque era una empresa demasiado ambiciosa para los medios con que contaba, se llevó a cabo hasta cierto punto. La ley obligaba en el siglo XVI a reservar una parte de todo nuevo filón para la corona. Esta norma cayó en desuso en Nueva España, pero fue observada en Perú y Charcas, donde las minas reales fueron subarrendadas. Por lo que respecta a las refinerías, en la década de 1570 en Potosí había por lo menos dos refinerías reales, regidas por administradores asalariados. La corona conservó siempre un interés particular en la producción de mercurio. La propiedad de los yacimientos de Almadén y de Huancavelica permaneció totalmente en manos del rey, aunque hasta 1645 en Almadén y 1782 en Huancavelica las minas fueran de hecho explotadas por contratistas a los cuales la corona compraba el mercurio a un precio negociado. Después de las fechas indicadas, el gobierno pasó a explotar directamente las minas, sin grandes resultados en Huancavelica, pero considerablemente buenos en Almadén después de 1700. Además, la corona monopolizaba la distribución del mercurio y determinaba el precio de venta a los refinadores.

Sin embargo, los grandes yacimientos de oro y plata en América quedaban fuera del alcance de la gestión real directa. Invocando su antiguo derecho de propiedad universal de los yacimientos de metales preciosos, la corona exigió un derecho sobre la producción, a cambio de conceder la libertad de prospección y explotación de los yacimienos a los súbditos españoles. De este modo el gobierno se deshacía de los costos de producción, al tiempo que alentaba la actividad prospectiva. Tras haberse fijado en un principio en hasta dos tercios de la producción, fue establecida finalmente en 1504 la regalía de una quinta parte, el famoso quinto real. Sobre él se aplicó brevemente una sobrecarga de 1 a 1,5 por 100. La regalía experimentó posteriormente frecuentes reducciones, con las que se pretendía incentivar la minería, y algunas de las cuales llegó a la cantidad mínima de una veinteava parte. Más tarde, se impuso el diezmo. La primera concesión de este tipo fue hecha a favor de los mineros mexicanos en 1548, con carácter temporal primeramente, pero renovada hasta que se convirtió en costumbre. Los comerciantes y otras personas que no fueran mineros o refinadores que entregasen plata para el derecho real debían pagar todavía un quinto. Pero esta norma resultó impracticable y, a mediados del siglo XVII, en Nueva España ya se recaudaban muy pocos quintos sobre la producción de plata.

Sin embargo, en las minas andinas la exacción siguió siendo de una quinta parte hasta el siglo XVIII. Se concedió el pago del diezmo a determinadas minas a las cuales se consideró necesario proporcionar un incentivo (por ejemplo, a Castrovirreina en 1594 y a Nuevo Potosí en 1640). Pero en las grandes minas de Charcas, es decir, Potosí y Oruro, se mantuvo la totalidad del quinto hasta 1736, a pesar de la clara crisis que padecieron. Finalmente, se introdujo como norma el diezmo en Perú y Charcas. Los reformadores borbones efectuaron varios recortes más después de 1770 para alentar la producción mexicana. Varios individuos emprendedores se beneficiaron de un total exención del derecho real, hasta que recuperasen el coste de los esfuerzos invertidos en el intento de poner de nuevo en explotación viejas minas. Zacatecas, entre otras, se benefició considerablemente de esta medida. Hasta ahora, las investigaciones no han puesto de manifiesto este tipo de concesiones a las minas andinas.

Los derechos reales sobre el oro siguieron equivaliendo a la quinta parte hasta que en 1723 se redujeron a una décima parte en Nueva España, y en 1738 a una veinteava parte en Nueva Granada. Sin embargo, en los Andes se siguió recaudando el quinto hasta 1778, momento en que se ordenó una reducción general para toda Hispanoamérica: un 3 por 100 en las colonias y un 2 por 100 más a la llegada del oro a España. Gracias a su poder para reajustar los derechos reales, la corona podía ejercer —y de hecho lo hacía— una notable influencia sobre la minería. Las reducciones de los derechos reales solían anunciar un crecimiento de la producción, y en algunos casos se aplazaron imprudentemente, como en Potosí. La negativa a reducir las tasas perjudicó seguramente los ingresos de la corona, que se hubieran visto incrementados a raíz del aumento de la producción. Igualmente, la pretensión de la corona de sacar provecho del control que ejercía sobre la distribución del mercurio mediante la fijación de un precio, superior al coste de producción y de transporte, reducía indudablemente la producción de plata y por tanto también los ingresos derivados de diversos impuestos.

La ostentación por la corona de tres poderes legales sobre la minería —control de los derechos reales, control de la distribución del mercurio y de su precio, y poder de conceder o denegar los reclutamientos de mano de obra— confería a dicha industria un cierto aire de empresa estatal. La administración —virreyes, audiencias y oficiales del tesoro tendía a considerarla como tal, tratando a los mineros y refinadores quizá no como empleados, pero sí como una categoría especial de servidores de la corona. Los explotadores de minas se sentían agraviados por las disposiciones gubernamentales, dejando oír sus protestas, por ejemplo, contra las tasas de los derechos reales o contra los decretos sobre la mano de obra; mientras tanto, intentaban, normalmente sin éxito, aprovecharse de su situación privilegiada, como cuando recurrieron a su estrecha relación con la corona para solicitar que se les subvencionara el abastecimiento de esclavos negros.

Por lo general, la política de la corona relativa a la minería carecía de coordinación, lo cual creó un clima de incertidumbre entre los mineros. Algunas medidas tuvieron efectos particularmente adversos, como fue el caso de las tasas excesivamente altas de derechos reales. Un caso excepcional fue la política de minas aplicada por los Borbones después de 1770, que perseguía incrementar la producción de metal precioso, mediante una serie de estímulos complementarios. Algunos de ellos eran obvios: abaratamiento del mercurio; exención de derechos reales para aquellos mineros especialmente emprendedores; creación de bancos reales para comprar la plata de los explotadores de minas con moneda, de manera que se les evitaran los fuertes descuentos aplicados por los compradores privados de plata en bruto; creación de bancos para la financiación de la industria; intentos de mejorar las técnicas mineras y de refinado, mediante la organización de «misiones» mineras con fines educativos, e integradas por expertos europeos —generalmente no españoles— especializados en las nuevas técnicas; y la creación en Nueva España de una escuela técnica especializada en minería, donde los primeros cursos empezaron a impartirse en 1792. También se experimentaron otras medidas más sutiles encaminadas a elevar el rango de la minería, y a partir de ahí hacerla más atractiva. Tanto en Nueva España como en Perú, se creó un gremio minero, según la pauta de los gremios del patriciado mercantil. En especial, los mineros gozarían a partir de ahora de un alto privilegio reservado hasta entonces a los grandes entes sociales de Hispanoamérica, la Iglesia y los comerciantes: tribunales propios en México y Lima, que habrían de absorber los litigios relativos a la minería, anteriormente tratados en el foro público de las Audiencias. Además, la propia ley de minería fue renovada, siendo finalmente desechadas las normativas del siglo XVI. En 1783, apareció un nuevo código elaborado por el tribunal minero de México tras consultar con la corona; dicho código, modificado para adecuarse a las condiciones locales particulares, se convirtió en ley tanto en Perú como en el virreinato del Río de la Plata en 1794.

Esta conjunción de reformas no fue la única responsable del resurgimiento de la minería a finales del siglo XVIII. De hecho, en Perú, parece haber sido bastante inútil; y en Nueva España, fracasaron varios elementos de la reforma (por ejemplo, el banco financiero). De todos modos, debe atribuirse parte del auge experimentado por México en las postrimerías de la época colonial a los cambios borbónicos. Sin duda, este esfuerzo regio por estimular la producción de metales preciosos fue la actuación más extensa y convincente de todo el período colonial.

El capital

No hay tema más importante para comprender el funcionamiento de la minería que el del capital, sus fuentes, coste y disponibilidad en diferentes épocas y lugares. Pero ningún tema dispone de fuentes manuscritas más escasas y enigmáticas. Excepto en el caso de la Nueva España tardocolonial, los conocimientos sobre el capital minero son poco más que conjeturas generales.

La producción de plata mediante el primitivo sistema de fundición requería escasas inversiones de capital: el mineral se encontraba generalmente cerca de la superficie, y era muy sencillo construir un horno de fundición, pieza esencial del proceso de refinado. La primitiva minería del oro, consistente en placeres trabajados por mano de obra indígena, requería igualmente inversiones mínimas; sin embargo, la producción de oro que se desarrollaría más tarde, consistente en placeres trabajados por esclavos negros, o las minas de filón y el uso de machacadoras, exigió inversiones en mano de obra y en instalaciones. Pero tales inversiones no alcanzaban los niveles requeridos por la amalgama de la plata. En este caso, las minas se hicieron más hondas y con frecuencia requerían la construcción de costosos socavones; el refinado precisaba un amplio conjunto de instalaciones; resultaba imprescindible el uso de potentes prensas machacadoras; y debía suministrarse una fuente de energía, ya fuera animal o hidráulica; también era necesario reunir una cierta cantidad de mercurio. Los precios de todos estos elementos variaban según el momento y el lugar, pero en general una hacienda de refinería figuraba entre los bienes más costosos que podían comercializarse en las colonias, junto con las propiedades agrícolas, las grandes mansiones urbanas y los barcos. A principios del siglo XVII, una hacienda de minas podía costar, en Zacatecas y Potosí, desde 10.000 a 50.000 pesos, dependiendo de su tamaño y estado.

A juzgar por el caso de Potosí, el capital inicial necesario para realizar el proceso de la amalgama, no debió ser difícil de reunir, a pesar de lo que podría esperarse. Mientras se empleó la fundición para el refinado, se extraían grandes cantidades de mineral demasiado pobre para ser fundido, pero que reportaba buenos beneficios cuando era amalgamado. Bastaban máquinas baratas de reducido tamaño para triturarlo, y los beneficios eran reinvertidos en prensas mayores para así poder procesar crecientes cantidades de mineral cada vez más pobre. En Potosí, durante los seis primeros años en que se practicó la amalgama (1571-1576), el 30 o 40 por 100 de la producción, una vez descontados los impuestos, se destinaba probablemente a construir nuevas refinerías.

Si no se descubrían nuevos filones de mineral rico, esta fase de financiación autónoma se prolongaba durante dos o tres décadas en cualquier distrito. Así pues, cuando se agotaban los minerales de mayor calidad, comenzaba la búsqueda de fuentes crediticias externas para financiar las prospecciones, la excavación, las reparaciones de la maquinaria, la compra de animales, etc. Generalmente se recurría a la comunidad de comerciantes de los centros mineros. Así es como entra en escena el «aviador» (abastecedor de mercancías y créditos), personaje omnipresente en la minería hispanoamericana. La aparición de los aviadores fue un proceso absolutamente natural. Los primeros eran comerciantes que concedían créditos a los mineros sobre el género que les abastecían como parte normal del negocio. Pronto empezaron a prestar también dinero. Como pago, aceptaban plata refinada pero sin acuñar, puesto que la mayoría de los centros mineros estaban demasiado alejados de las cecas para que los mineros llevasen allí la plata refinada para acuñarla. Por tanto, el aviador se convirtió también en un comprador de plata en bruto o «rescatador». El aviador-rescatador cobraba intereses por sus préstamos, pero es imposible afirmar en qué cuantía. Al recibir el pago en plata no acuñada, debía cubrir los gastos de la ceca y del transporte. En algunos casos incluso pagaba los derechos reales. Los productores de plata denunciaron constantemente la práctica de la usura por parte de los aviadores, y de hecho, se comprueba con frecuencia cómo prosperaron éstos, mientras los mineros se arruinaban. Por otra parte, también sufrían las consecuencias de tener que absorber deudas impagadas. El número de aviadores acaudalados que pudiera haber en cualquier centro minero y en cualquier momento, probablemente no era mayor que el número de mineros acaudalados.

A medida que maduraba el sistema de «avío» (abastecimiento y crédito), se fue desarrollando una jerarquía de negociantes. En la cumbre se encontraban los mercaderes de plata, que normalmente residían en las ciudades que contaban con una ceca: en Nueva España, solamente en Ciudad de México; en Sudamérica, principalmente Potosí, pero también Lima a partir de 1683. También hubo mercaderes de plata en Nueva Granada en el siglo XVIII, si no antes. No había más de una o dos docenas de tales mercaderes en cada ciudad. Su negocio consistía en comprar plata sin acuñar con descuento, que pagaban en moneda, hacerla acuñar, comprar más plata, y así sucesivamente, siempre sacando provecho de los descuentos. Las fuentes de plata sin acuñar podían ser las propias refinerías, pero era más corriente que recurrieran a los aviadores-rescatadores de las poblaciones mineras. Estos últimos a su vez compraban a mercaderes de distritos más pequeños y también de las refinerías. Gran parte de los créditos concedidos a nivel local provenían de los capitales de los mercaderes de la plata centrales. Estos personajes fueron habituales en el siglo XVII y también posteriormente. En el siglo XVIII, en Nueva España, unos cuantos habían convertido sus negocios en algo parecido a un banco. La familia Fagoaga de Ciudad de México comerciaba a este nivel, concediendo amplios créditos a importantes explotadores de minas, así como préstamos al 5 por 100 de interés a instituciones o personas privadas. Sin embargo, incluso en la próspera Nueva España del siglo XVIII no hubo más de tres bancos de este tipo operando simultáneamente. A medida que avanzaba el siglo XVIII, los explotadores de minas y los refinadores intentaron fundar sus propias instituciones crediticias para evitar ser víctimas de la rapacidad de los mercaderes. Así se hizo, por ejemplo, en Potosí en 1747 con un cierto éxito, especialmente en 1752, momento en que la compañía de crédito dejó de dedicarse exclusivamente al préstamo y empezó a comprar plata a los productores para acuñarla. Más avanzado el siglo, cuando la corona organizó los gremios mineros de Nueva España y del Perú, les fueron asignados capitales destinados a conceder préstamos a los productores. La mala gestión financiera unida a la oposición política, limitaron seriamente el éxito de los gremios como entidades financieras. Sin embargo, la corona también comenzó, desde 1780 aproximadamente, a destinar capitales propios a la compra de plata (bancos de «rescate»), depositada en las dependencias regionales del tesoro. Se pretendía así liberar en lo posible a los refinadores de su dependencia de los mercaderes para la obtención de moneda. De todos modos, siguió predominando hasta finales de la época colonial la financiación minera directa, realizada por los mercaderes. Según parece, en los distritos andinos, la financiación estuvo mayoritariamente a cargo de los aviadores. En Nueva España, los grandes casas que los mercaderes tenían en la capital generaban gran parte de la financiación, especialmente tras la aplicación de la ley de libertad de comercio de 1778, que perjudicó su control del comercio ultramarino, y que les forzó a buscar otro tipo de inversiones.

LA PRODUCCIÓN DE PLATA

La fuente más fidedigna sobre la producción de oro y plata es el registro de la recepción de los derechos reales, elaborado por las oficinas de tesorería. Normalmente la población principal de una región minera importante disponía de su propia oficina, y se crearon más cuando emergía un nuevo distrito o cuando uno de los ya existentes experimentaba un notable crecimiento. Otra fuente, aunque más alejada de lo que es hoy en día la producción de metales, son los registros de acuñación. El inconveniente de estos últimos es que no todo el metal precioso era acuñado, excepto quizás a partir de 1683, momento a partir del cual la acuñación se hizo obligatoria. Por tanto, generalmente los derechos reales son preferibles como indicadores de la producción. No puede saberse qué cantidad de plata eludió su pago, aunque evidentemente fue considerable. Pero las estimaciones de los derechos reales ofrecen al menos valoraciones mínimas de la producción, al tiempo que reflejan las tendencias a largo plazo. Los gráficos que reproducimos (figuras 3 a 5) han sido elaborados principalmente a partir de los registros de los derechos reales.[12] Indican la producción por quinquenios de la mayoría de los grandes centros productores de plata y de algunos de los productores de oro. Todavía quedan muchos vacíos por completar, especialmente referentes a las regiones auríferas y a los centros menores de producción de plata. Son escasas las series de recepción de derechos reales anteriores a la década de 1550, ya que hasta entonces el sistema de tesorería americano estuvo en proceso de formación. Se necesitan altas dosis de interpolación, interpretación de los datos y de pura conjetura para estimar la producción de los primeros tiempos de la colonización. Haring realizó un cuidadoso cálculo a partir de los libros de registro del Archivo de Indias, rectificando y reduciendo las anteriores estimaciones de Adolf Soetbeer y W. Lexis.[13] En el cuadro 1 se ofrecen las estimaciones de Haring sobre las cantidades de oro y plata producidas en Hispanoamérica hasta 1560, teniendo en cuenta las evasiones del pago de los derechos reales. En una investigación posterior, Jara consiguió separar la producción de plata de la de oro en Charcas y Perú desde 1531 hasta 1600.[14] Las cifras no tienen en cuenta la evasión del pago de los derechos reales (cuadro 2).

12. El autor agradece al profesor J. J. TePaske el haberle proporcionado antes de su publicación, la transcripción de las valoraciones de las tesorerías mexicana y andina, tomadas por las oficinas del tesoro regionales. Algunas de estas valoraciones se han publicado posteriormente en John J. TePaske (en colaboración con José y Mari Luz Hernández Palomo), *La Real Hacienda de Nueva España: La Real Caja de México (1576-1816)*, Instituto Nacional de Antropología e Historia, SEP, México, D.F., 1976; y John J. TePaske, *The Royal Treasuries of the Spanish Empire in America*, 3 vols., Duke University Press, Durham, N.C., 1982.
13. C. Haring, «American gold and silver production in the first half of the sixteenth century», en *Quarterly Journal of Economics*, 29 (1915), pp. 433-479.
14. Álvaro Jara, «La curva de producción de metales monetarios en el Perú en el siglo XVI», en *Tres ensayos sobre economía minera hispanoamericana*, Santiago de Chile, 1966, pp. 93-118.

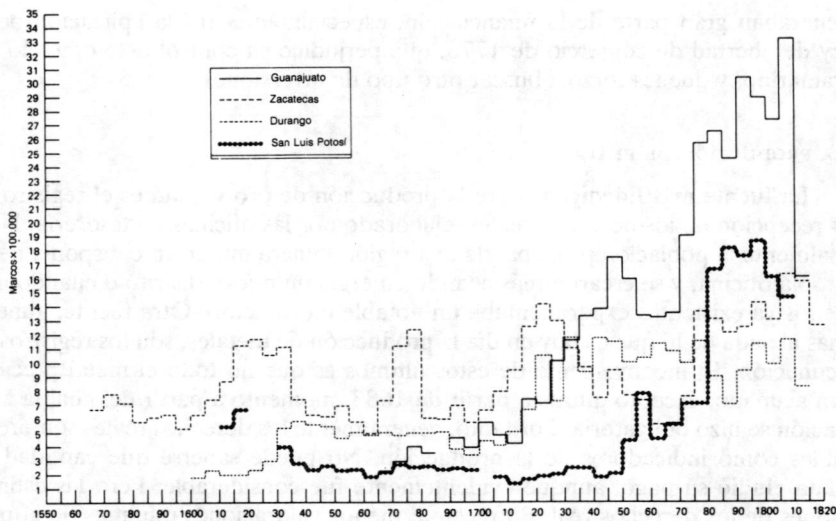

FIGURA 3a. *Producción quinquenal de plata. Nueva España: las grandes minas del norte, 1565-1820*

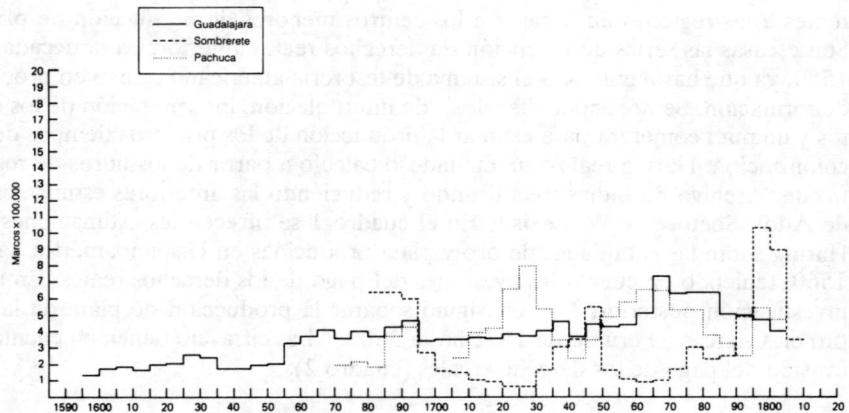

FIGURA 3b. *Producción quinquenal de plata. Nueva España: las minas medianas, 1595-1810*

Cuadro 1

Región	Pesos (1 peso = 272 maravedís)	Equivalente en marcos de plata (1 marco = 2.380 maravedís)
Nueva España		
Oro	5.692.570	650.579
Plata*	26.597.280	3.011.429
Perú y Chile	28.350.000	3.240.000
Charcas	56.000.000	6.400.000
Nueva Granada	6.081.000	694.971
Antillas y Tierra Firme	17.000.000	1.942.857
Totales	139.720.850	15.939.836

* Las valoraciones no permiten la distinción entre oro y plata, excepto en el caso de Nueva España.

Cuadro 2

Período	Oro (millones maravedís)	Plata (millones maravedís)	Total (millones maravedís)	Equivalente del total en marcos de plata (de 2.380 maravedís)
1531-1535	1.173	1.016	2.189	919.748
1536-1540	325	371	696	292.437
1541-1545	547	235	782	328.571
1546-1550	406	4.371	4.777	2.007.143
1551-1555	363	3.050	3.413	1.434.034
1556-1560	52	1.439	1.491	626.471
1562-1565	120	2.224	2.344	984.874
1567-1570	65	2.106	2.171	912.185
1571-1575	13	1.748	1.761	739.916
1576-1580	181	7.930	8.111	3.407.983
1581-1585	109	12.218	12.327	5.179.412
1586-1590	56	14.463	14.519	6.100.420
1591-1595	11	14.281	14.292	6.005.042
1596-1600	23	14.024	14.047	5.902.100

Tanto Jara como Haring demuestran claramente que los metales preciosos de la primera década posterior a la conquista procedían en realidad de los saqueos, y no de la producción de las minas. Los conquistadores se apropiaron de grandes reservas de oro, en particular en Nueva España, Nueva Granada y Perú. Gran parte de los yacimientos, especialmente en Nueva España y el Perú, habían sido explotados durante mucho tiempo por los pueblos autóctonos, de manera que cuando los españoles se hicieron cargo de ellos ya estaban parcialmente agotados. Por tanto, la producción de oro tendió a disminuir en el siglo XVI, excepto en aquellos lugares donde los españoles localizaron yacimientos escasamente explotados, como ocurrió en Nueva Granada. Por el contrario, la producción de plata tendió a aumentar, ya que los yacimientos se habían explotado muy poco

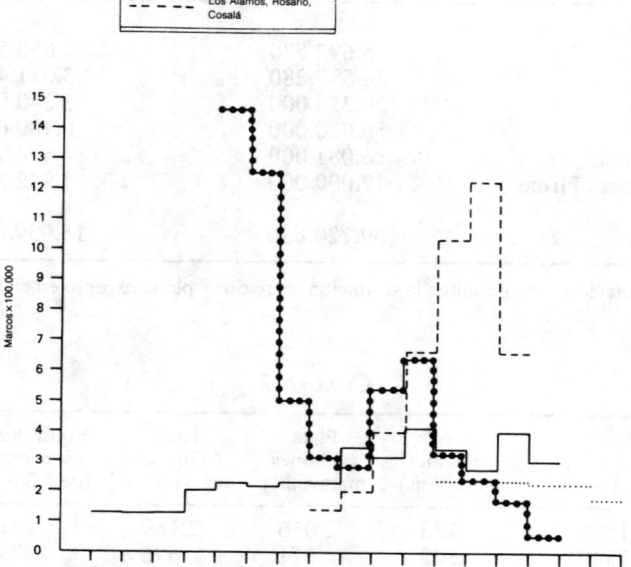

FIGURA 3c. *Producción quinquenal de plata. Nueva España: las minas menores, 1730-1815*

FUENTES: Gráficos 3a, 3b y 3c: Zacatecas, 1565-1719, y Sombrerete, 1681-1719: Bakewell, *Silver mining and society*, pp. 246 y 250. Todos los otros datos proceden de los recuentos de tesorería de los centros mineros correspondientes. Su preparación para la publicación ha corrido a cargo del profesor John J. TePaske.

anteriormente, y se adaptaron bien a las nuevas técnicas. Probablemente fue a finales de la década de 1530 en Nueva España y a mediados de la década de 1540 en los Andes centrales, cuando el valor de la producción de plata superó por primera vez a la de oro; en dichas zonas, esta tendencia se prolongó durante el resto del período colonial. En otras regiones, como Nueva Granada y Chile, siempre predominó el oro. Tras la década de 1540 (como máximo), el valor total del oro producido en Hispanoamérica siempre fue inferior al valor de la plata.

La técnica de la amalgama garantizó la preponderancia de la plata. No pueden evaluarse las consecuencias de su introducción en Nueva España, debido a la falta de registros detallados relativos a la década de 1550. Pero su influencia en el Perú y en Charcas tras la introducción de dicha técnica en 1571 fue considerable, según se desprende de las cifras proporcionadas por Jara y del enorme crecimiento de la producción de Potosí (véase figura 4). Tras un período de crisis provocada por el agotamiento de los minerales de fundición, la producción de Potosí pasó a ser seis veces mayor a lo largo del período comprendido entre

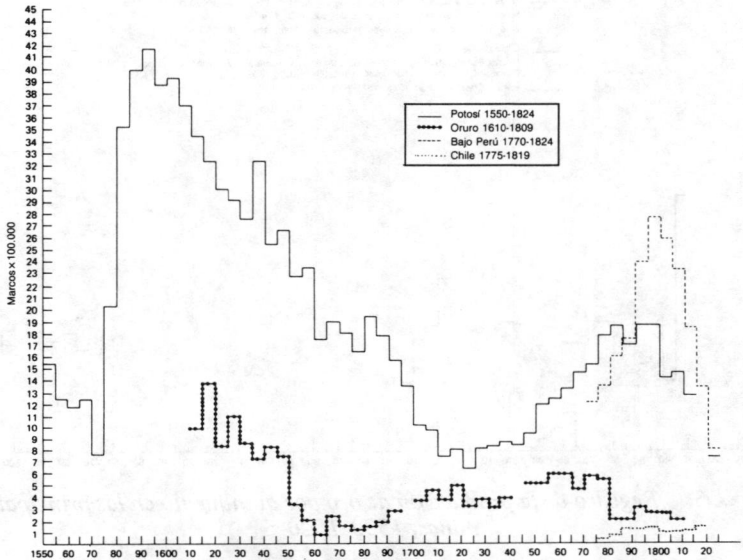

FIGURA 4. *Producción quinquenal de plata en Chile, Perú y Charcas: las minas mayores, 1550-1824*

FUENTES: Potosí, 1550-1735 y Oruro, 1610-1715: P.J. Bakewell, «Registered silver production in the Potosí district, 1550-1735», *JGSWGL*, 12 (1975), pp. 63-103; Potosí, Casa Nacional de Moneda, Cajas Reales MS 417. Bajo Perú, 1770-1824: John R. Fisher, *Silver mines and silver miners in colonial Perú, 1776-1824*, serie monográfica núm. 7, Centre for Latin American Studies, Liverpool, 1977, pp. 124-125. Chile, 1775-1819, Marcello Carmagnani, *Les mécanismes de la vie économique dans une société coloniale: le Chili* (1680-1830), París, 1973, p. 309.

1575 y 1590, alcanzando en torno a 1592, no sólo el mayor índice de producción de su historia, sino superior al de cualquier otra zona minera en toda la época colonial. Entre los años 1575 y 1600, Potosí produjo casi la mitad de toda la plata hispanoamericana. Tal profusión de plata no hubiera sido posible de no ser por la abundancia del mercurio de Huancavelica, que por aquellos años alcanzó una producción que no volvería a igualar (véase figura 2). La abundancia y bajo costo de la mano de obra, suministrada por la mita instituida por Toledo, también actuó como incentivo para Potosí. Pero sin la amalgama, sólo una pequeña cantidad del mineral extraído por los mitayos hubiera podido ser aprovechada. Antes de 1600, el mayor rival de Potosí probablemente fuera la zona de Zacatecas en Nueva España (véase figura 3a), aunque Pachuca y Taxco les iban a la zaga. Todavía no se dispone de información específica sobre sus niveles de producción. Hacia 1600, sin embargo, Potosí se adentró en un decaimiento que habría de durar 130 años, interrumpido ocasionalmente, pero no detenido, por nuevos hallazgos de mineral en la zona. La concentración de mineral fácilmente accesible de la cima de la montaña de Potosí fue agotándose paulatinamente a lo largo del siglo XVII, hecho que condicionó una diseminación cada vez mayor de

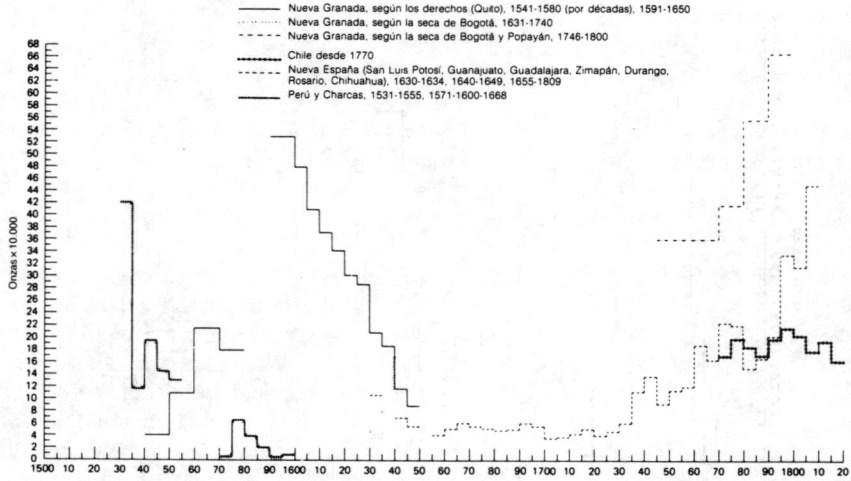

FIGURA 5. *Registro de la producción de oro por quinquenio en las principales minas, 1530-1820*

FUENTES: Perú y Charcas, 1531-1555, 1571-1600: Álvaro Jara, «La curva de producción de metales monetarios en el Perú en el siglo XVI», en *Tres ensayos sobre economía minera hispanoamericana*, Santiago de Chile, 1966, pp. 93-118. Nueva Granada, 1541-1580, 1591-1740: Germán Colmenares, *Historia económica y social de Colombia, 1537-1719*, Medellín, 1973, cap. 5; Nueva Granada, 1746-1800: Vicente Restrepo, *Estudios sobre las minas de oro y plata de Colombia*, 4.ª ed., Bogotá, 1952, p. 197. Nueva España, 1630-1634, 1640-1649, 1655-1809: las valoraciones de la tesorería de San Luis Potosí 1630, Guanajuato 1665*, Guadalajara 1670, Zimapán 1735*, y Chihuahua 1800, según la edición preparada por John J. TePaske. Las fechas con asterisco se refieren a la fecha de fundación de la oficina de tesorería de la ciudad; si no, a la primera aparición significativa del oro en las valoraciones de las oficinas correspondientes. Chile, 1770-1819: Carmagnani, *Les mécanismes de la vie économique*, p. 367.

la industria de Potosí, que se extendió sobre la región sureña de Charcas. Hacia 1660, el 40 por 100 de la plata que pagaba derechos reales en Potosí se producía en las minas de su distrito (aunque más tarde esta proporción habría de descender de nuevo). No se considera Oruro como parte integrante del distrito de Potosí, puesto que contaba con su propia oficina del tesoro, casi desde el momento en que adquirió importancia (1606-1607). Fue quizás el centro de mayor producción después de Potosí en el sigo XVII, aunque también sufrió las consecuencias del agotamiento del mineral. No se dispone de las series de producción de las minas peruanas, ni de cualquier otro lugar de Sudamérica, pero según las referencias, parece que fueron comparativamente pobres.

Potosí y Oruro no sufrieron ninguna carestía de mercurio en el siglo XVII, a pesar de los rendimientos irregulares de Huancavelica (véase figura 2). Sin embargo, esto fue posible sólo a expensas de Nueva España. Al fallar Huancavelica a partir de 1595, la corona decidió finalmente desviar, a partir de 1630, gran parte de la producción de Almadén destinada a Nueva España, hacia las minas de los Andes, que eran, con mucho, las que más producían. Nueva España se aprovisionaba de mercurio en Idrija, pero en cantidades que no bastaban para mantener los suministros a los niveles anteriores. La interrupción de las compras a Idrija en 1645 privó a Nueva España también de esta fuente de mercurio. Por lo tanto, la producción de plata decayó en México a partir de la década de 1630, especialmente porque la carencia de mercurio coincidió con el agotamiento del mineral en algunas zonas. La gran excepción fue el distrito de Durango, donde se descubrieron nuevos yacimientos en Parral que contribuyeron a aumentar la producción en la década de 1630. En Nueva España, la crisis se prolongó hasta la década de 1660, momento en que fue contenida por una circunstancia inesperada: el resurgimiento de la fundición. Este hecho está muy claro en los registros de los derechos reales de Zacatecas desde 1670, y seguramente se inició bastante antes. En la década de 1670, el 60 por 100 de la producción del distrito de Zacatecas provenía de la fundición. Para ello, el centro principal era Sombrerete, con una producción tan prolífica que en 1681 le fue adjudicada una oficina del tesoro propia. Para entonces, el resto del distrito de Zacatecas también se había reorientado hacia la fundición, procesando un 48 por 100 de su producción por dicho método entre 1680 y 1699. Después de 1700, la fundición seguía siendo una práctica corriente en Nueva España, como lo demuestran las cifras siguientes:

Distrito	% producción por fundición en la década de 1720	% producción por fundición en la década de 1760
Guadalajara	26 (déc. 1730)	8 (déc. 1770)
Guanajuato	35 (déc. 1730)	27 (déc. 1770)
Pachuca	27	23
San Luis Potosí	86 (déc. 1730)	54
Sombrerete	68	33
Zacatecas	c. 30	30
Zimapán	90 +	94 (1795-1799)

Este notable regreso a la fundición tras un largo predominio de la amalgama era evidentemente una respuesta a la escasez de mercurio que se experimentó a partir de la década de 1630. Pero para explicar el éxito de esta inversión se requeriría una profundización de las investigaciones. No parece haberse producido ninguna mejora técnica en el proceso de fundición; esto supone que debieron encontrarse grandes cantidades de mineral de alta calidad, para permitir tan altos rendimientos de la fundición. ¿Cómo pudieron financiarse las prospecciones y la ampliación de las minas existentes, después de un largo período de declive de la producción? Posiblemente la respuesta radique en una aceleración de las prospecciones subterráneas mediante sistemas de voladura.

La utilización de la voladura figura sin duda entre las causas del extraordinario crecimiento generalizado y casi ininterrumpido de la producción de plata en Nueva España en el siglo XVIII.[15] Es la única innovación radical del proceso de

---

15. Véase Brading, *HALC*, III, capítulo 3.

producción que se conoce. Otro elemento que habría de conducir a un incremento de la producción fue el mayor tamaño y mejor ordenamiento de las explotaciones, tendencia que ya se vislumbraba en el siglo xvii y que resultó potenciada en el siglo siguiente a raíz de la adopción, al menos entre algunos mineros, de una actitud más racional y metódica respecto a la minería y sus problemas. Aunque esta actitud no es cuantificable, el cambio puede haber sido fundamental para el éxito de la minería mexicana en el siglo xviii; basta comparar las valoraciones serenas, razonadas y precisas que sobre sus empresas presentaban los explotadores mineros a mediados del siglo xviii, con los informes confusos, incoherentes y a menudo ininteligibles del siglo anterior. Tras el espectacular auge mexicano del siglo xviii, también destaca la abundancia de mercurio y de mano de obra. El cuadro presentado más arriba muestra claramente cómo la fundición, a pesar de ser frecuente después de 1700, tendió a decaer con el tiempo. Explicación evidente de este hecho es el extraordinario incremento de la producción de mercurio de Almadén, que puso fin a la escasez padecida desde la década de 1630. Sin embargo, aun esta abundancia resultó insuficiente ante la demanda de fines del siglo xviii, de manera que volvió a comprarse el mercurio de Idrija; a tal fin, se estipuló un contrato en 1785 para el suministro de 10.000 a 12.000 quintales anuales a Hispanoamérica. Este mercurio estaba presente en varias minas mexicanas en 1786. La abundancia de mercurio se asociaba a la abundancia de mano de obra, ya que la población de Nueva España se duplicó a lo largo de la segunda mitad del siglo xviii (2,6 millones en 1742 a 6,1 millones en 1810). Es quizá significativo que la población de la intendencia de Guanajuato, donde estaban localizadas las minas más importantes del siglo xviii, se triplicase en el período comprendido entre los años 1742 y 1810. Aunque no existe ningún estudio general sobre los salarios mineros de este siglo (como no lo hay tampoco para ningún otro siglo), es razonable pensar que este considerable crecimiento de la población debió favorecer la congelación de los salarios, en beneficio de los explotadores mineros. Esta suposición se ve respaldada por la estabilidad generalizada de los salarios observada en Zacatecas después de 1750, y por el aparente declive de los salarios de los trabajadores en Guanajuato en las últimas décadas del siglo. Las medidas gubernamentales ya descritas también contribuyeron a impulsar aún más la producción mexicana a partir de 1770: reducciones del precio del mercurio, recortes de los derechos reales, mejoras del estatus de los explotadores mineros, y la importancia concedida a la educación en temas mineros, geológicos y de ingeniería. Algunas de dichas medidas estimularon inversiones crecientes en la minería, que se tradujeron en explotaciones mayores y mejor organizadas. A dichos estímulos, posiblemente debiera añadirse una creciente demanda de plata. Este aspecto requiere un análisis más detallado, pero puede argumentarse que el incremento de la población podría haber impulsado la demanda de artículos importados, lo cual incrementó a su vez la demanda de plata, principal producto de exportación, para pagarlos.

La gran mina La Valenciana en Guanajuato ejemplifica diversos aspectos de la minería mexicana de fines de la época colonial. Era sin duda la mayor mina que nunca se explotó en Hispanoamérica durante la colonia. Empleaba en su momento álgido a 3.300 trabajadores en los túneles, y entre 1780 y 1810 produjo entre el 60 y 70 por 100 de la producción total de Guanajuato, capital argentífera indiscutible de Nueva España (véase figura 3*a*). La Valenciana debió su éxito a inmensas inversiones de capital, en la línea de las que intentaban promover los estímulos fiscales de la corona. Se gastaron más de un millón de pesos en el trazado de tres pozos verticales que abarataron la extracción del mineral y sirvieron de foco para numerosas galerías espaciosas. Al final, estos pozos resultaron ser inadecuados, de modo que después de 1800 otro pozo, el de San José, se había hundido. Hacia 1810, había alcanzado una profundidad de casi 580 m. El diámetro era lo bastante ancho (10 m) como para permitir simultanear el funcionamiento de ocho remontadoras de tracción animal. La Valenciana era una empresa sin precedentes de integración horizontal. Ninguna mina individualmente había poseído antes tantos pozos de semejante tamaño, ni había visto tal profusión de galerías. Había también una considerable integración vertical: los socios de La Valenciana regían refinerías que procesaban parte del material procedente de la mina. El resto se vendían a refinadores independientes. Sin embargo, en otras empresas de Guanajuato se desarrolló aún más la integración vertical.

Segun Humboldt, en el primer quinquenio del siglo XIX, se producía en Nueva España el 67,5 por 100 de la plata de Hispanoamérica, porcentaje confirmado por la información parcial presentada en las figuras 3*a*, 3*b*, 3*c* y 4.[16] Este fue el punto culminante de la producción. Después de 1805, la interrupción de los suministros de mercurio debido a la guerra, el propio incremento de la presión fiscal ejercida por la corona sobre Nueva España, y por último, los daños provocados por los insurgentes en 1810 y 1811, hicieron derrumbarse la producción.

La historia de la minería andina durante el siglo XVIII es menos conocida, especialmente antes de 1770, que la de Nueva España. Parece, sin embargo, que la primera década del siglo XVIII presenció una recuperación de la minería argentífera andina considerablemente mayor de lo que se había creído. La producción de Potosí casi se triplicó entre 1720 y 1780; las minas del Perú experimentaron un notable auge a partir de entonces (figura 4). Potosí y Oruro debieron beneficiarse de la introducción de la voladura, y ambas sin duda respondieron a la reducción de los derechos reales de un quinto a una décima parte en julio de 1736. A esto hay que añadir un claro aunque irregular crecimiento de los suministros de mercurio de Huancavelica entre 1700 y 1770 (figura 2). Después de esta fecha, Huancavelica entró en crisis, pero se importó mercurio de Almadén y de Idrija, de manera que las minas peruanas, y probablemente también las de Charcas, no padecieron escaseces. La notable vitalidad de las minas peruanas después de 1770 puede haberse debido en gran parte a la abundancia de mercurio. A estos aspectos, como en Nueva España, debe añadirse un incremento de la población en el siglo XVIII, con la consiguiente restricción de los costes de la mano de obra. Y también en el Perú, el siglo XVIII presenció un aumento de los aportes de capital en la minería, que llevaron a mejorar las explotaciones. Aunque las minas peruanas nunca alcanzaron los tamaños de las de Nueva España, las inversiones introdujeron cambios muy provechosos en las instalaciones subterráneas, en particular nuevos accesos de drenaje en Cerro de Pasco, que se destacó como el

---

16. *Ensayo político*, p. 425 (libro 4, capítulo 11).

centro más dinámico. Este abundante caudal de capital se originó, según parece, entre la comunidad de mercaderes de Lima; aunque las inversiones no eran realizadas directamente, sino que llegaban a las explotaciones mineras a través de los aviadores. Estas nuevas inversiones podrían reflejar el crecimiento de la demanda de plata provocada por la separación de Charchas del Perú, tras la incorporación de aquella provincia al nuevo virreinato de Río de la Plata en 1776. Al ver su fuente tradicional de aprovisionamiento de plata cortada, ya que la producción de Charcas debió exportarse desde entonces a través de Buenos Aires, los mercaderes peruanos quizá se vieron obligados a desarrollar las minas más cercanas. La crisis de la producción peruana después de 1805 tuvo causas generales similares a las que operaron en Nueva España, además de una específica: la profundidad cada vez mayor y la consecuente inundación de la explotación de Cerro de Pasco después de 1812.

En el debate sobre la producción, se ha omitido hasta aquí una influencia importante pero difícil de aprehender: el valor de la plata. Es un aspecto huidizo porque son escasas las series de precios y salarios de la época colonial, lo que dificulta el conocimiento del poder adquisitivo de la plata. No cabe duda, sin embargo, de que los precios (calculados en plata) experimentaron una intensa subida a finales del siglo XVI y comienzos del XVII en diversos lugares, dentro de una tendencia inflacionista provocada por una alta producción de plata. Esta pérdida de valor influyó indudablemente en las crisis de producción de plata del siglo XVII. A finales del siglo XVII, los precios se estabilizarían, por lo menos en Nueva España; prolongándose la misma tendencia en el siglo XVIII. Esta estabilidad podría haber favorecido la recuperación de la minería. La evolución de la relación bimetálica europea respalda estas suposiciones: 1500-1550 - *c.* 10,5 : 1; 1600 - *c.* 12 : 1; 1650 - *c.*, 14 : 1; 1700 - *c.* 15 : 1; 1760 - *c.* 15 : 1. Es decir, que la plata sufrió una rápida depreciación hasta mediados del siglo XVII, en relación al oro; a partir de entonces, la relación se estabilizó.

La producción de oro

Nuestros conocimientos sobre la producción aurífera no son tan extensos y certeros como los que poseemos sobre la plata, y no parece que esta situación vaya a mejorar, ya que, al ser el metal más valioso, era mucho mayor la tentación de eludir el pago de los derechos reales, y de dedicarse al contrabando. Los derechos reales y la acuñación son, por tanto, indicadores de la producción real de oro menos fiables que en el caso de la plata. A falta de otros mejores, se han utilizado estos datos para elaborar la figura 5, donde se muestra la producción en cuatro importantes regiones auríferas de la época colonial: Nueva España, Nueva Granada, Perú y Charcas, y Chile. Estas fueron, sin duda, las mayores zonas productoras de oro. Nueva Granada ocupaba el primer lugar. Durante las primeras décadas que siguieron a la colonización, fueron varias las zonas de tierra firme que tuvieron un buen rendimiento en oro: por citar sólo las más importantes, el sur de Nueva España (Colima, Tehuantepec), Centroamérica (Honduras), el sur de Quito (Zaruma), la zona oriental del centro del Perú (Carabaya), el sur de la zona central de Chile (Valdivia). Pero solamente Nueva Granada disponía de yacimientos lo bastante abundantes como para permitir un incremento constante de la producción a lo largo del siglo XVI; y tras un hundimiento en el siglo XVII, experimentó un auge aún mayor en el XVIII. En el siglo XVI, el principal distrito neogranadino fue Antioquia, entre los ríos Cauca y Magdalena. Se empleaba mano de obra de encomienda y esclavos negros. El siglo XVII presenció una crisis debida en parte al derrumbe de la población indígena ante las enfermedades, y también al agotamiento del filón aurífero de Buriticá y de los yacimientos de placer de los ríos. La recuperación del siglo XVIII se produjo en gran parte gracias al Chocó, las selváticas laderas andinas encaradas hacia el Pacífico en el centro de Nueva Granada. En esta zona las arenas fluviales ricas en oro fueron trabajadas por esclavos negros y también por hombres libres a partir de la década de 1670. También otras zonas de Nueva Granada, especialmente Popayán, desarrollaron una importante minería aurífera.

Hacia mediados del siglo XVII, la producción de oro chileno era insignificante, pero se reanimó en el último decenio del siglo, experimentando una constante alza en el siglo XVIII. Esta recuperación se debió a la necesidad de incrementar las exportaciones para equilibrar el comercio chileno, y también al crecimiento de un sector de la población compuesto por mestizos pobres que, en busca de un medio de subsistencia, se dedicaron a la explotación de minas auríferas a pequeña escala en la zona norte del centro de Chile (Norte Chico).

La zona norte de Nueva España fue también una importante región aurífera en el siglo XVIII. Con frecuencia, el oro aparecía asociado a minerales de plata. Recientes investigaciones han demostrado que San Luis Potosí fue el primer gran centro productor de oro en México, a partir de los primeros decenios del siglo XVII. Entre 1630 y 1635, produjo casi tres toneladas. Alrededor de las fechas indicadas, diversos centros, todos ellos en el norte, excepto Guadalajara, empezaron a tener una producción considerable: Guanajuato (1665), Guadalajara (1670), Zimapán (1735), Durango (1745), Rosario (1770), Chihuahua (1800). Este crecimiento de la producción mexicana, tal como queda reflejado en la figura 5 (que no tiene en cuenta las minas del centro y sur de Nueva España), fue sin duda estimulado por las reducciones de los derechos reales de un quinto a una décima parte (c. 1720), y más tarde a un 3 por 100 (1778).

Fueron pocos los aspectos de la vida colonial sobre los que no repercutió la minería. El oro y la plata brillaban en los ojos de los conquistadores y exploradores. «Pueden preverse grandes dificultades ... en su satisfactorio poblamiento y crecimiento, puesto que no hay minas que estimulen la ambición que facilitaría y haría progresar toda la empresa», escribió el virrey de Nueva España en 1601, refiriéndose a la entrada española en Nuevo México, haciendo patente el modelo general que caracterizó el poblamiento español de América durante el siglo XVI.[17] No se equivocó en sus predicciones. Nuevo México siempre fue un sector del imperio escasamente poblado, pobre e insignificante, en gran parte porque no era una fuente importante de mineral monetarizable. Nuevo México, sin embargo, dependía estrechamente de la minería, ya que basaba su existencia en el

---

17. Archivo General de Indias, México 24, conde de Monterrey al rey, México, D.F., 2 agosto 1601.

mercado de productos animales y vegetales con los que abastecía las ciudades mineras del norte de Nueva España. Otras regiones igualmente poco dotadas de metales preciosos mantenían una relación similar con las zonas mineras (Quito con Perú, Tucumán y Buenos Aires con Charcas), excepto Paraguay, cuyo aislamiento geográfico extremo le impidió beneficiarse de las oportunidades del mercado de Charcas.

Las prospecciones mineras impulsaron la conquista, exploración, poblamiento y explotación de Hispanoamérica, y fue la minería la que determinó en gran parte el ordenamiento económico interno de las colonias. Asimismo, su influencia sobre la estructura política y administrativa interna fue apenas menor, puesto que la producción de metales preciosos permitió la acumulación de riqueza en zonas que hubieran carecido de todo peso específico. Es casi innecesario hacer hincapié en las consecuencias sociales de la minería: la movilidad, tanto remontando como descendiendo en la escala social, a que estaban expuestos los explotadores de minas; la desarticulación de las comunidades indígenas y el desplazamiento de sus gentes a regiones lejanas; la aculturación sufrida por los indígenas al ser desplazados a ciudades mineras esencialmente españolas. Tampoco debería olvidarse que muchas de estas poblaciones ostentan extraordinarios ejemplos del arte y la arquitectura coloniales. Las grandes iglesias de los centros mineros, en particular de aquellos que florecieron en el siglo xviii en Nueva España, son testimonios de la riqueza minera colonial, y monumentos a los prósperos mineros con cuyo patrocinio fueron construidas.

Por supuesto, las consecuencias externas de la minería son casi incalculables, ya que la plata y el oro eran los fundamentos de la riqueza que España extraía de su Imperio americano, y que a su vez suscitaba la intensa envidia de otras potencias europeas. No se ha calculado el porcentaje representado por los derechos reales en los ingresos que la corona obtenía de América; la cifra tampoco tendría mayor interés, ya que la producción de metales preciosos también proporcionaba el dinero que habría de servir al pago del resto de los impuestos. No se conoce tampoco la proporción de los metales preciosos en el valor total de las exportaciones hispanoamericanas, pero debió ser elevada, superior al 75 por 100 casi siempre. Los rivales de España conocían perfectamente esta corriente fulgurante que atravesaba el Atlántico, y no cejaron en los intentos de hacerse con ella, ya fuera interceptándola o acudiendo a sus fuentes. Los corsarios, en particular los ingleses, obtuvieron notables éxitos en las incursiones perpetradas en el Caribe a lo largo del siglo xvi. En 1628, la Compañía Holandesa de las Indias Occidentales infligió un extraordinario golpe a España al capturar en la costa de Cuba la flota que transportaba a España el tesoro de México, aunque su plan inicial (concebido en un exceso de ambición y de ignorancia geográfica), consistente en capturar Potosí desde la costa brasileña, resultó irrealizable. Fue mucho más práctica y afortunada la estrategia seguida por franceses e ingleses en el siglo xviii, y que se proponía drenar la riqueza hispanoamericana a través del comercio, algunas veces lícito, pero la mayor parte ilícito. Finalmente, la independencia permitió el acceso directo de las legendarias zonas mineras a los extranjeros. La afluencia de capitales ingleses a las minas mexicanas y andinas en las décadas de 1820 y 1830 es un episodio tópico de la historia decimonónica Hispanoamericana. Pero el éxito fue impalpable. No resultó sencillo adaptar el vapor, los mineros de Cornualles y la experiencia inglesa. Cuando se derrumbaron las arriesgadas empresas acometidas con tanta seguridad, los decepcionados accionistas constataron cuán difícil resultaba arrancar los metales preciosos de las entrañas de América, y la magnitud de la hazaña española al superar las dificultades.

Capítulo 6

FORMACIÓN Y ESTRUCTURA ECONÓMICA DE LA HACIENDA EN NUEVA ESPAÑA

Transformación económica

La primera revolución que transformó el suelo en Mesoamérica fue la invención de la propia agricultura y unas décadas después de la conquista se produjo la segunda revolución, al combinarse el descenso brutal de la población nativa con la penetración de los españoles en el territorio y la propagación en éste de las plantas y animales europeos. La rapidez de este proceso puede quizás explicarse por la previa aclimatación de la flora y fauna europeas en las islas Canarias y en las del Caribe y por las condiciones naturales que presentaba el suelo americano, pues ofrecía múltiples nichos ecológicos para la reproducción de plantas y animales. Lo cierto es que, a mediados del siglo XVI, los valles de Puebla-Tlaxcala y la cuenca de México sorprendían a los viajeros por su paisaje agrícola mestizo, donde el maíz, el frijol, las calabazas y el chile alternaban con el trigo, la cebada, las legumbres y las frutas europeas.

Los granos europeos se expandieron por las tierras altas e irrigadas del sur de Puebla (Atlixco-Tepeaca) y del norte de Ciudad de México (Tlalnepantla, Huehuetoca), y de ahí traspasaron la frontera chichimeca (San Juan del Río, Querétaro). A fines del siglo XVI, las espigas del trigo y del maíz doraban las tierras negras del Bajío, y se cosechaban en los alrededores de Morelia y Guadalajara, en el oeste, y de Oaxaca, en el sur. En pocos años el grano transformó el paisaje tradicional de los campos indígenas, inauguró la explotación de riquísimas tierras, introdujo el uso permanente de técnicas de cultivo españolas, tales como el arado, el riego y las yuntas. A mediados del siglo XVII, las tierras antes desoladas del Bajío se habían convertido en las tierras agrícolas más modernas, importantes y prósperas de Nueva España.

La caña de azúcar fue otro de los vehículos que contribuyó a la gran transformación del medio natural y social. Se introdujo desde la década de 1530 en las tierras templadas y calientes del sur de la capital (Valle de Cuernava,

Atlixco), en las tierras bajas de Veracruz, y pocos años más tarde se cultivó en los valles templados de Michoacán, Nueva Galicia y Colima. Al margen de sol, de agua y tierras extensas y llanas, la zafra exigió también de grandes inversiones para convertir el jugo de la caña en cristales azucarados. Por lo tanto, desde un principio, la explotación y procesamiento de la caña estuvo asociado a los señores poderosos. Hernán Cortés fue uno de los primeros introductores de la caña de azúcar en Cuernavaca y en las tierras bajas de Veracruz, y a su ejemplo otros encomenderos y funcionarios ricos invirtieron elevadas sumas de dinero en la adquisición de tierras, construcción de extensos sistemas de irrigación, importación de maquinaria para rudimentarios «trapiches» o los más complejos «ingenios», y edificación de la «casa de prensas», la de calderas, las «casas de purgar» donde se refinaba el producto, además de las viviendas que albergaban a los administradores y numerosos esclavos. Se estima que el coste de un ingenio azucarero era de 50.000 pesos o más al finalizar el siglo XVI, y es por ello sorprendente que por las mismas fechas ya hubiera docenas de ingenios funcionando. Esta primera agroindustria que floreció en Nueva España producía antes de concluir el siglo XVI el volumen de azúcar más grande de todas las posesiones españolas de América. La mayor parte de la producción quedaba en Nueva España, pues como decía el padre Acosta, a fines del mismo siglo, que «es cosa loca lo que se consume de azúcar y conserva en Indias». Otra parte, la que se elaboraba en la costa de Veracruz, iba a España.

La penetración europea en las tierras templadas y calientes fue también estimulada por la demanda de productos tropicales, como el tabaco, el cacao, el índigo, el añil, el palo tinte y otras plantas, que desde la segunda mitad del siglo XVI pasaron a explotarse a escala comercial. Sin embargo, el impacto más violento en el paisaje natural y cultural de Nueva España lo produjo la introducción del ganado, que llegó a través de las Antillas, siguiendo el camino de los otros conquistadores del suelo. Entre muchas de las sorpresas que aguardaban a los colonizadores, ninguna tuvo un impacto similar como la que produjo la prodigiosa multiplicación de las vacas, caballos, ovejas, cabras, cerdos, mulas y burros, que en pocos años repoblaron Nueva España y cambiaron súbitamente la fauna original y el uso del suelo. Durante las dos décadas que siguieron a la conquista, el ganado europeo se esparció rápidamente por toda la cuenca de México y los valles de Toluca, Puebla, Tlaxcala, Oaxaca y Michoacán. En estas áreas densamente pobladas por agricultores indígenas tradicionales, los animales europeos invadieron y destrozaron los cultivos abiertos de los indios, transformaron tierras de cultivo en campos de pastoreo, dislocaron el sistema de asentamiento y redujeron los recursos alimentarios indígenas. Es cierto que los indios pronto incorporaron a los cerdos, ovejas, cabras y gallinas a sus modos de vida, pero resultaron más perjudicados por los cambios que transformaron su relación con el medio.

En las tierras bajas de la zona tropical, donde las epidemias ya habían diezmado a la población india, la presencia de caballos, vacas y mulas, tuvo consecuencias menos adversas, ya que los animales encontraron, al lado de ciénagas y ríos, hierbas y pastos nutritivos durante todo el año. Estas condiciones cambiaron las planicies costeras de Veracruz y del Pacífico en áreas de «ganado mayor», llamadas «estancias» por los españoles, donde vacas, caballos y mulas pudieron reproducirse. No obstante, la expansión del «ganado mayor» (princi-

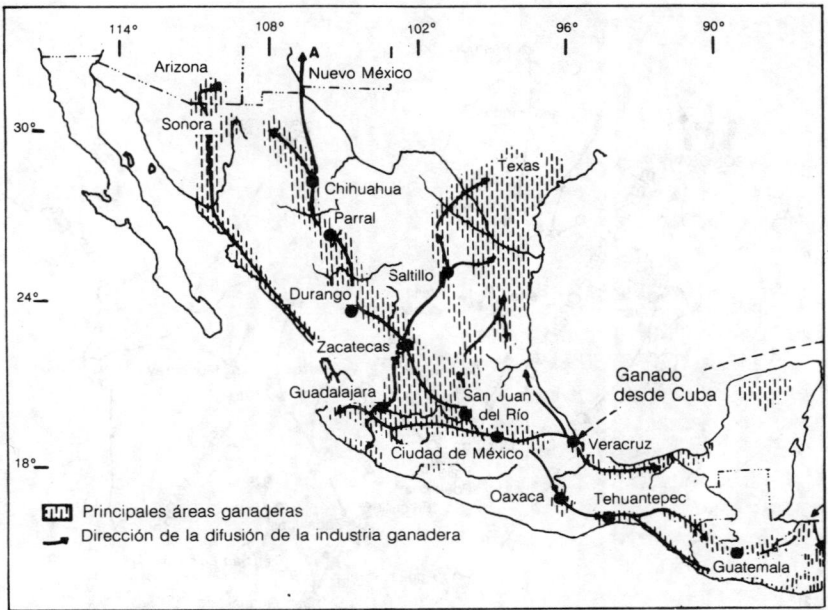

La difusión de la economía ganadera en México y América Central durante el período colonial

FUENTE: Robert C. West y John P. Augelli, *Middle America: its lands and people*, © 1966, p. 287; reimpreso con la autorización de Prentice-Hall, Inc., Englewood Cliffs, N.J.

palmente ovejas y cabras) fue más atractiva en las extensas praderas del norte, abiertas por la colonización minera. Desde 1540, los rebaños siguieron la ruta del norte de los buscadores de plata y, después de 1550, se desbordaron por las llanuras semiáridas del norte del Bajío. Del valle de México, el ganado emigró al valle de Toluca, instalándose en tierra chichimeca (San Juan del Río y Querétaro); se expansionó hacia el noroeste, en los territorios de San Miguel, Dolores, San Luis de la Paz y Valles; y se multiplicó en las planicies del norte de Zacatecas, en Durango, Parral y Chihuahua. A finales del siglo XVI, en todos esos nuevos territorios, había ya cientos de miles de ovejas, cabras, caballos y vacas. Una nueva y extentísima porción de tierra fue así incorporada a la economía colonial. El ganado, la agricultura y, sobre todo, las minas de plata, atrajeron numerosas oleadas de población blanca, india y negra a estos territorios, completando el proceso de colonización y de integración de la economía.

La expansión y multiplicación del ganado permitió la introducción de las técnicas españolas de pastoreo: la utilización común de los pastos, montes y baldíos y la mesta o agrupación de ganaderos. Estos últimos fueron quienes establecieron las reglas de pastoreo, tránsito y arcaje del ganado y las normas para solucionar los conflictos entre los ganaderos. En Nueva España también se desarrolló una nueva técnica de cría y selección de los animales: el «rodeo», sistema que

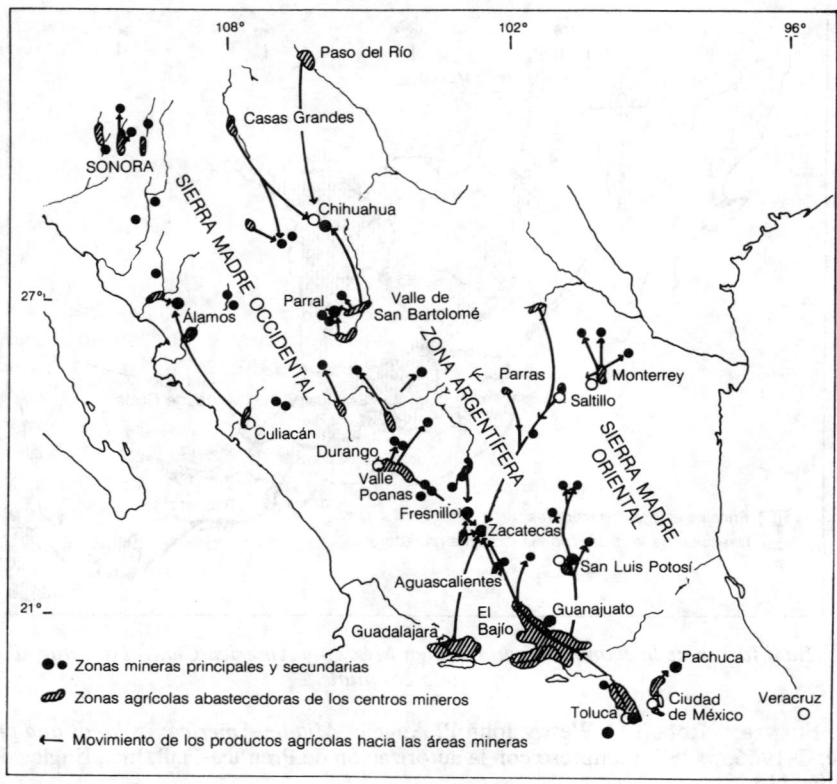

Minería y agricultura en el norte de Nueva España: siglos XVII y XVIII

Fuente: Robert C. West y John P. Augelli, *Middle America: its lands and people*, © 1966, p. 287; reimpreso con la autorización de Prentice-Hall, Inc., Englewood Cliffs, N.J.

consistía en acorralar anualmente a las crías para marcar y seleccionar las que debían ser destinadas a la venta y las que debían ser sacrificadas.

Estas nuevas actividades crearon el hombre a caballo, el vaquero, que junto al minero y el misionero, fue una de las figuras centrales de la colonización del norte. Al mismo tiempo, las carretas y carros tirados por bueyes, caballos o mulas revolucionaron el sistema de transportes, acortando distancias y facilitando el traslado de mercancías y productos. Estos animales fueron la primera fuerza de tracción no humana que se utilizó en México, y con ellos se comenzaron a mover molinos para triturar minerales, trapiches e ingenios, para el prensado y procesamiento del azúcar. Las pieles de oveja y cabra dieron lugar a un activo comercio de exportación, y proporcionaron artículos indispensables para la extracción y transporte de los minerales. La lana de los borregos creó la manufactura de telas y vestidos cuyo uso se generalizó entre la población blanca y entre indios y mestizos. La carne de vaca, abundante y barata, hizo de los españoles y criollos del norte hombres carnívoros, y la de cerdos, gallinas, corderos y cabras transformó rápidamente los hábitos alimentarios de la población aborigen. Una idea cuantitativa de los cambios operados en el paisaje físico y humano la proporciona Lestey B. Simpson, quien calcula que en 1620 el número de cabezas de ganado mayor era de 1.228.000 (cifra equivalente a la de la población indígena en esas fechas), mientras que las ovejas y cabras alcanzaron la estratosférica suma de 8 millones de cabezas.

El fraile evangelizador fue otro de los agentes que contribuyó a la gran transformación ecológica que se experimentó en Nueva España. Franciscanos, dominicos y agustinos, y más tarde jesuitas y carmelitas, y todos los misioneros, fueron sumamente activos en la introducción y adaptación de plantas y animales, de las técnicas agrícolas y de regadío. Cada misión, convento, monasterio o pueblo de indios, que los misioneros fundaron, vio nacer su huerto de árboles frutales europeos, tales como naranjos, limoneros y perales, como también viñedos y huertas con nuevos tipos de vegetales. Además, la incorporación de sistemas de diques, acueductos, acequias y presas permitió la extensión de tierras cultivables e incrementó la oferta estacional de productos de la tierra. En el centro y el sur de Nueva España, los misioneros colaboraron en la rápida incorporación de plantas, técnicas y animales a la cultura material de los indios sedentarios. En el norte, dichas innovaciones fueron adoptadas por los pueblos de misión, pequeñas poblaciones alejadas y aisladas que se convirtieron en unidades autosuficientes, dedicadas a la agricultura de subsistencia (trigo, maíz, frijol, huertas y hortalizas), a la cría de ganado, pastoreo, fabricación de tejidos para su propio uso, jabón y productos artesanales. Entre mediados y fines del siglo XVI, los dominicos, agustinos y jesuitas, también crearon sus propias haciendas azucareras y estancias ganaderas.

Distribución de la tierra

Si bien en los días que siguieron a la toma de la capital azteca Cortés se apoderó para sí y sus soldados de algunas de las mejores tierras (principalmente aquellas que habían pertenecido al Estado o funcionarios militares y religiosos), los españoles no se interesaron por la agricultura. Por entonces, la agricultura indígena era más que suficiente para satisfacer la demanda. En principio, sólo Cortés y unos pocos más sembraron semillas traídas de Europa en estas tierras fértiles. Ellos cosecharon irregularmente y con dificultad, y de manera frecuente abandonaban los cultivos para dedicarse a otras actividades más lucrativas. Por otra parte, estas explotaciones carecían de límites precisos, equipamiento y mano de obra fija. Más tarde, con el mismo propósito de interesar a los conquistadores en la agricultura y fijar los lindes de las propiedades, Cortés dispuso el reparto de terrenos llamados «peonías», a todos los soldados de a pie que habían participado en la conquista, y «caballerías» a los que habían combatido a caballo éstas eran cinco veces más grandes que las peonías), pero esta disposición tuvo escaso éxito.

La primera distribución regular de tierras fue hecha por los oidores de la Segunda Audiencia (1530-1535). Siguiendo la tradición de la Reconquista en Es-

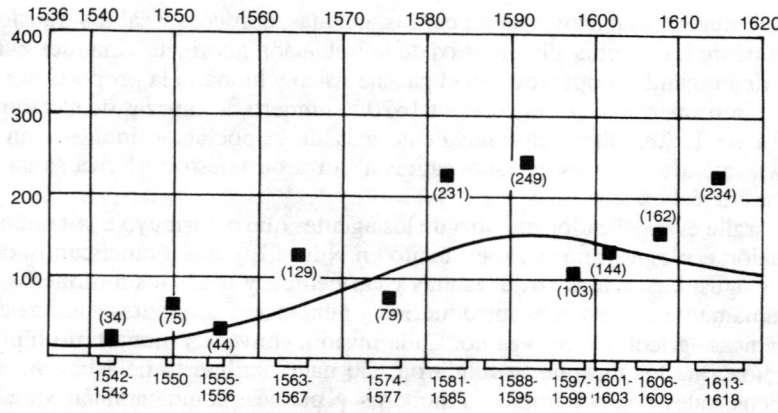

FIGURA 1. *Caballerías de tierras agrícolas concedidas a los españoles, 1536-1620*

FUENTE: L.B. Simpson, *Exploitation of land in central Mexico in the sixteenth century*, Berkeley y Los Ángeles, 1952, p. 8.

paña, y con el propósito de estimular la «guarda y conservación de la tierra», se autorizó a los cabildos de los nuevos pueblos y villas la concesión de mercedes de tierras a todo aquel que deseara asentarse en ellas permanentemente. Así, los cabildos, y más adelante los virreyes, repartieron títulos de vecinos a los nuevos pobladores, con derecho a disponer de un solar donde poder construir una casa junto a un huerto, a la vez que se les otorgaba merced de una o dos caballerías para «romper y cultivar la tierra». Además, las nuevas poblaciones recibieron un terreno amplio para ejidos y pastos. Este fue el modelo que se adoptó en la fundación, en abril de 1531, de Puebla de los Ángeles, que fue el primer pueblo de agricultores donde se aró y cultivó la tierra sin indios de encomienda. Posteriormente, trataron de extender dicho modelo en los nuevos pueblos fundados en el norte, y desde 1573 se generalizó, a raíz de la promulgación de las Leyes Nuevas de asentamiento. Por su parte, los vecinos debían comprometerse a residir en la nueva villa, a no vender las caballerías por un plazo de diez años (más tarde reducido a seis), ni enajenar la tierra a la Iglesia, monasterio o persona eclesiástica alguna.

A partir de la segunda mitad del siglo XVI, el desinterés de los españoles por la tierra y las actividades agrícolas cambió repentinamente, y empezaron, cada vez más, a solicitar nuevas mercedes de tierras. Se generalizó la distribución de caballerías de tierra cultivable, cuya superficie quedó fijada en poco menos de 43 hectáreas, y desde mediados hasta fines del siglo XVI hubo una ininterrumpida concesión de este tipo de mercedes (véase figura 1). Los dos períodos de extensiva distribución de la tierra, 1553-1563 y 1585-1595, estuvieron estrechamente relacionados con las grandes epidemias de 1545-1547 y 1576-1580, que diezmaron a la población indígena. Los subsiguientes programas destinados a acomodar a la población india en torno a las congregaciones dejó miles de hectáreas libres, que bien fueron retenidas por la corona o bien fueron distribuidas entre los colonizadores españoles. De acuerdo a las estimaciones de Lesley Simpson, entre 1540 y 1620, por medio del sistema de concesiones de mercedes, se repartieron 12.742 caballerías de tierra cultivable a los españoles, y 1.000 a los indígenas, que en total se aproximan a las 600.000 hectáreas. El fundo legal limitó la extensión de cada uno de los nuevos pueblos de indios a un máximo de 101 hectáreas, tal y como especificó una orden virreinal de 1567. La tierra de estos pueblos debía distribuirse siguiendo unas directrices concretas: una parte debía reservarse al núcleo del pueblo, es decir, casas, huertos y solares individuales para los habitantes de éstos; otra debía ser de tipo comunitaria, destinada a actividades agrícolas y ganaderas; las consistentes en áreas no cultivables, tales como laderas, bosques, pastos y las dedicadas a plantas y frutos silvestres; por último, la parte más importante fue dividida en solares individuales para cada cabeza de familia, como propiedad privada, pero con limitaciones, pues, al igual que en los tiempos prehispánicos, los beneficiarios sólo poseían el usufructo de la tierra, por lo tanto, ello no implicaba propiedad, tal y como era concebida en el derecho romano.

Los cambios que se operaron en el uso de la tierra, como consecuencia de la extensión de la ganadería, estimulada por la corona, virreyes y cabildos, fueron imponentes y radicales. Aunque desde 1530 hay constancia de dotaciones de «asientos», sitios, y más adelante, estancias de ganado mayor o de ganado menor, no fue hasta 1567 que las ordenanzas al respecto fueron explícitamente promulgadas, determinando la extensión y características de cada estancia (véase figuras 2, 3 y 4). François Chevalier en su magistral análisis del largo proceso que se inició con la multiplicación de las manadas, y que terminó en la formación de la gran estancia ganadera, observa que ésta fue establecida en Nueva España entre 1560 y 1600. Sin embargo, esta estancia no tuvo las características territoriales de la hacienda o latifundio posteriores. Según los cálculos de Simpson, alrededor de 1620, las mercedes de estancia de ganado mayor (de 1 legua cuadrada, equivalente a 17,49 km^2) habían creado un nuevo espacio que abarcaba 2.576 leguas cuadradas; en tanto que las estancias de ganado menor (equivalente a 0,44 de legua cuadrada) para el pastoreo de ovejas y cabras sumaban 1.081 leguas cuadradas. Una gran parte de estas enormes extensiones de tierra no fue cultivada o dedicada a la ganadería de una vez, pero ya la concesión en sí a propietarios privados reforzó y aceleró la gran transformación agrícola que se estaba operando. El reparto de tierras a gran escala dio lugar a que cientos de nuevos colonos se beneficiaran de ello, dando lugar a la aparición de un nuevo grupo de propietarios agrícolas, que casi siempre fue antagónico al de los grandes encomenderos, quienes, por otra parte, también se beneficiaron de la distribución de la tierra. A la vez, ambos grupos entraron en disputa, tanto por la obtención de tierras como para conseguir trabajadores y mercados.

La decisión de la corona de llevar a cabo una masiva distribución de la tierra entre muchos colonos institucionalizó el proceso original de ocupación desordenada de la tierra, y dio estabilidad a los propietarios agrícolas, precisamente en un momento que el descubrimiento de minas, la expansión colonizadora y la decadencia de la agricultura aborigen requerían la creación de nuevos recursos alimentarios. La demanda y oferta de mercedes de caballerías y estancias atrajeron

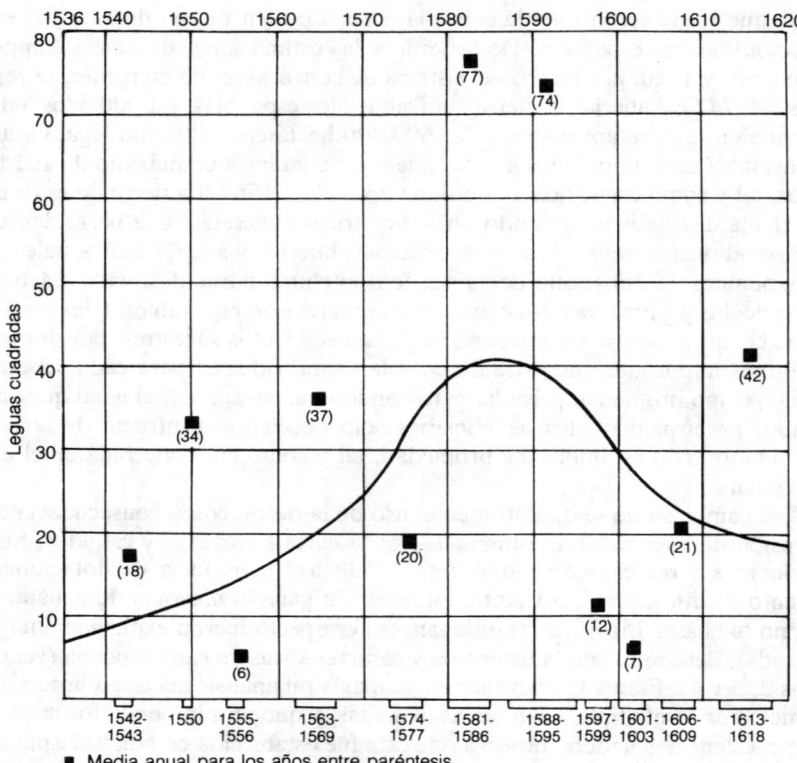

FIGURA 2.   *Estancias de ganado vacuno concedidas a los españoles, 1536-1620*

FUENTE: Simpson, *Exploitation of land*, p. 9.

tanto a viejos como a nuevos colonos sin recurso alguno a los nuevos pueblos agrícolas, que desde 1560 en adelante fueron estableciéndose en el Bajío y más al norte, dedicados principalmente a abastecer a los centros mineros. Del mismo modo, el alza de los precios de los productos alimentarios y la abundante disponibilidad de tierra, estimuló la formación de haciendas y ranchos mixtos, es decir, agrícolas y ganaderos, que rodearon las ciudades y capitales administrativas del centro y sur del virreinato. Bajo estos estímulos, las haciendas ganaderas empezaron a incluir dentro de sus límites a las manadas errantes de caballos, ovejas, cabras y vacas, que siguiendo la tradición medieval española se les permitía pastar libremente en los yermos, e incluso introducirse en las tierras labrantías después de la cosecha, para alimentarse con los rastrojos. En Nueva España, esta costumbre dio lugar al reconocimiento de los pastos, bosques y tierras cubiertas con rastrojos como tierras de uso comunal. Ello tuvo como consecuencia prolongadas querellas de los indios agricultores en contra de la invasión en sus campos abiertos de manadas de ganado. Más tarde, los propios agricultores españoles mantuvieron este mismo tipo de pleitos, que fueron mitigados en 1567 al fijarse

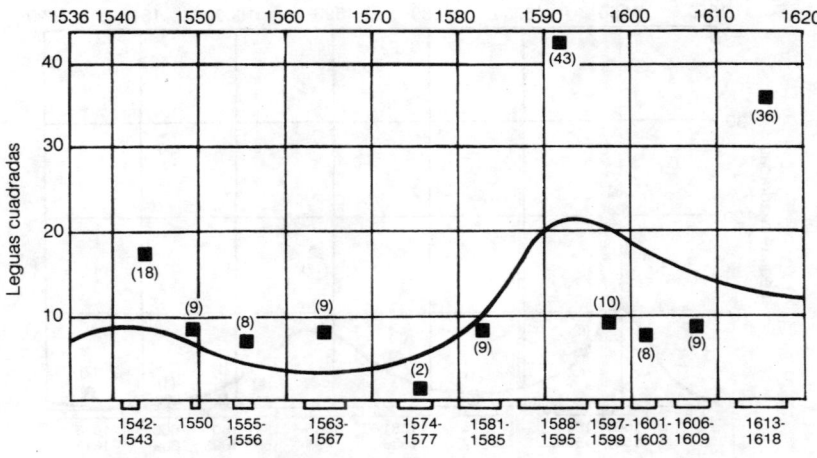

FIGURA 3. *Estancias de ganado bovino concedidas a los españoles, 1536-1620*

FUENTE: Simpson, *Exploitation of land*, p. 10.

los límites de las haciendas ganaderas. Los virreyes Luis de Velasco (1550-1564) y Martín Enríquez (1568-1580) promulgaron severos decretos para reducir los perjuicios que causaba el ganado, particularmente en las áreas de población indígena. En Toluca y Tepeapulco, donde la concentración de indígenas y ganado estaba en oposición, se levantaron cercas para impedir la entrada del ganado en las sementeras. También se fijaron fechas concretas para los períodos de transhumancia y los tiempos de pastar en los rastrojos. Se requirió a los propietarios ganaderos a que emplearan a un número fijo de pastores a caballo, para que interceptaran la invasión del ganado en los campos de cultivo. Durante estos años se adoptó una política que reducía claramente las concesiones de estancias ganaderas en las zonas de comunidades indígenas del sur y del norte, pero en cambio, las prodigó libremente en las nuevas áreas colonizadas del norte y la costa. En el norte, estas grandes extensiones sin cercas, estaban cubiertas de matorrales, y en el sur eran sabanas y bosques. Tanto los corrales de los animales, como las chozas donde habitaban los trabajadores estancieros (mulatos, negros o mestizos), estaban lejos de los campos de pastoreo. En la mayoría de los casos, el ganado pastaba en los campos yermos y en aquellos sobrantes que quedaban entre una y otra estancia, ocupando algunas veces enormes espacios por el mero hecho de que nadie los reclamaba.

En el siglo xvi, la ocupación de la tierra sin título legal fue la práctica más común para extender la propiedad. Sin embargo, la ocupación ilegal empezó a ser regulada por la corona entre 1591 y 1615, al dictar ésta nuevos procedimientos para la adquisición de la tierra. En este sentido, la disposición más importante fue la ordenanza de 1591, bajo la cual todas las tierras poseídas de forma irregular, tales como las compradas ilegalmente a los indígenas, las «sobras», «demasías» y malos títulos, pudieron legalizarse mediante el procedimiento de la

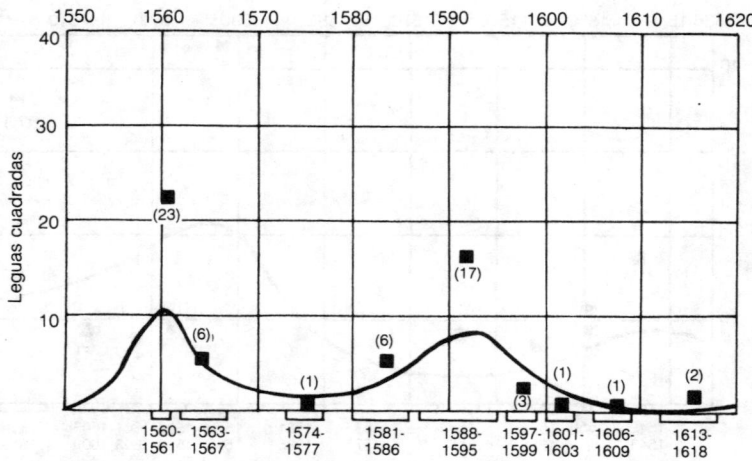

FIGURA 4. *Estancias de ganado bovino concedidas a los indios, 1550-1620*

FUENTE: Simpson, *Exploitation of land*, p. 11.

composición, que consistía en pagar al fisco una cantidad de dinero. A lo largo del siglo XVII, la mayoría de las grandes haciendas agrícolas, estancias ganaderas y las grandes propiedades eclesiásticas fueron regularizadas a través del sistema de la composición. Así, en poco menos de un siglo la corona española realizó un vasto programa de redistribución del suelo, que sentó las bases del desarrollo posterior de la agricultura y de la propiedad en la colonia.

MANO DE OBRA

La hacienda logró estabilizarse cuando consiguió crear su propio sistema de atracción, mantenimiento y reposición de los trabajadores. Tardó poco más de un siglo en lograrlo, debido a la lucha constante mantenida por la comunidad indígena, surtidor principal de energía humana durante esa época.

De 1521 a 1542, los encomenderos dispusieron libremente de la energía de los indios de encomienda. No se modificó el sistema aborigen preexistente para la producción de bienes y la prestación de servicios. Bajo el sistema de encomienda, el indígena conservó sus vínculos con el pueblo y grupo al que pertenecía, estableciendo con el encomendero una relación temporal, que consistía en un trabajo estacional y sin especialización, que debido al carácter político de vasallaje no implicó remuneración salarial alguna. Los indios encomendados se alimentaban con lo que producía la comunidad, y ésta tenía que sufragar los gastos que ocasionaba el traslado de los trabajadores desde su pueblo de origen hasta el lugar donde prestaban sus servicios. En suma, los indios de encomienda continuaron siendo productores campesinos, radicados en su aldea, que de manera forzada y temporal realizaban trabajos múltiples para el encomendero. Sin embargo, este sistema aumentó la explotación de los indígenas ya que los pueblos y familias campesinas tenían que producir para su propia subsistencia y reproducción, además del excedente que se transfería a los encomenderos, sin recibir por ello ningún beneficio a cambio.

Esta situación empezó a cambiar cuando la corona valoró la diferencia entre la renta en tributos que proporcionaba los indígenas, y la renta en moneda que comenzaba a dar la explotación agrícola, ganadera y minera. Pero en la medida en que estas actividades necesitaban una mano de obra fija y permanente que la encomienda no podía proporcionar, los españoles introdujeron el esclavismo, tanto para los indios como para los africanos. La explotación inicial de placeres de oro, minas de plata e ingenios azucareros fomentó la formación de una significativa población de esclavos en Nueva España, que hacia 1550 pasó a ser la fuerza de trabajo permanente en esas actividades. En 1548, se prohibió la esclavitud de los indios, y muchos de los indios liberados se convirtieron en los primeros «naborías», quienes vivieron y trabajaron permanentemente en las haciendas y en las minas a cambio de un salario. No obstante, fueron los esclavos provenientes de África los que se convirtieron en trabajadores permanentes, y especialmente, durante los años críticos entre 1570 y 1630, cuando la población india se desplomó. Hacia 1570, se calcula que en Nueva España ya había alrededor de 25.000 esclavos africanos, y que entre 1595 y 1640 debieron llegar unos 100.000 más.

Los esclavos africanos conformaron una parte importante de la fuerza de trabajo permanente, pero el desarrollo de la agricultura, ganadería y minería hubiera resultado imposible sin la disponibilidad de un número elevado de trabajadores temporeros, que en este caso sólo podían ser indios. Para terminar con el monopolio de la mano de obra india, la corona, en 1549, decretó la abolición de los servicios personales de las encomiendas. En 1550, se ordenó al virrey Velasco la implantación de un sistema, mediante el cual los indios debían trabajar a jornal en las explotaciones españolas, disponiendo a la vez, que si no lo hacían voluntariamente las autoridades deberían forzarlos a hacerlo. Este sistema, conocido como «repartimiento» o *coatequitl*, pasó a generalizarse desde 1568 a 1630.

Durante la mayor parte del año, las comunidades de indios fueron obligadas a contribuir, entre un 2 y un 4 por 100 de su mano de obra activa, y en un 10 por 100 en las épocas de escarda y cosecha. Este porcentaje de trabajadores se distribuía en turnos semanales, así que cada trabajador cumplía con una media de tres o cuatro semanas anuales, pero distribuidas en plazos cuatrimestrales. Los indios debían ser bien tratados, y ellos sólo estaban obligados a cumplir con el trabajo asignado en el momento de hacer el requerimiento. A cambio, ellos debían ser compensados con un jornal diario, el cual varió entre 1575 y 1610, de medio real a un real y medio (1 peso = 8 reales). Entre 1550 y 1560, también fue decretado que, en lugar de pagar los tributos mediante productos diversificados, éstos deberían pagarse sólo a través de dos formas: pagos en dinero y pagos en especie, los últimos preferentemente en productos agrícolas, como, por ejemplo, maíz y trigo. Teniendo en consideración que la única vía para que los indios pudiesen obtener dinero era trabajando en las minas, haciendas y servicios públicos, esta disposición fue otra de las maneras de forzar a los indios a trabajar en las explotaciones españolas.

Como lo demostró la historia posterior, los indígenas no hubieran consentido separarse voluntariamente de sus pueblos y métodos tradicionales de producción, de no haber sido forzados a hacerlo, pues ni la retribución económica ni los otros atractivos del trabajo en las empresas españolas eran superiores a las condiciones de vida que mantenían en sus pueblos. La adopción del nuevo sistema de trabajo introdujo cambios radicales en los pueblos de indios, debido principalmente a que antes de la conquista y durante el período de la encomienda los indios producían sus propios medios de subsistencia, como también los excedentes requeridos por sus dominadores, en un mismo espacio y con los mismos métodos de producción. Sin embargo, con la imposición del repartimiento, los indígenas se vieron obligados a trabajar en sectores sumamente especializados de la economía española (minería, agricultura y ganadería), con medios de producción ajenos. Con todo, la comunidad campesina no permaneció al margen de este nuevo proceso productivo; por el contrario, se insertó en él con cargas y funciones específicas.

Bajo el sistema de repartimiento, el pueblo de indios asumió la función de reproducir, con sus propios medios, la fuerza laboral requerida por las empresas españolas y la de suministrar los trabajadores temporeros en las diferentes haciendas, minas, obras públicas y las crecientes actividades de las órdenes religiosas. La transferencia masiva de trabajadores a la economía española redujo la capacidad de autosostenimiento que la comunidad de indios había disfrutado anteriormente. La extracción constante de trabajadores impidió a las comunidades producir para su propio consumo, por lo tanto, incrementó su dependencia de los bienes producidos por la economía española. De este modo, para poder substituir lo que dejaban de producir los indios que iban a trabajar para los españoles, las comunidades se vieron obligadas a exigir más trabajo e incremento de la producción de sus miembros, para así compensar estos desequilibrios. Por añadidura, una gran parte de esta producción tenía que ser destinada a los mercados españoles, para poder obtener los ingresos necesarios para hacer frente a los pagos monetarios, exigidos a los pueblos en forma de tributos, y, a la vez, comprar aquellos bienes que ellos habían dejado de producir o los que la coacción política de los dominadores les obligaba a adquirir.

A fines del siglo XVI y en las primeras décadas del XVII, los hacendados empezaron a oponerse al reparto forzoso de los trabajadores indígenas llevado a cabo por los corregidores y reclamaron el derecho de contratación en un mercado libre de trabajo, sin interferencias de las autoridades. Exigían que los indios fueran «libres para trabajar como quieran y en cualquier actividad que elijan, y a ir con aquellos patrones que ofrecieran las mejores condiciones». Los hacendados necesitaban más trabajadores para poder dar abasto a la demanda de productos agropecuarios que los mercados nuevos y más amplios requerían, y que, por otra parte, las comunidades indígenas no podían satisfacer, ya que éstas estaban doblemente debilitadas, tanto por las catástrofes demográficas como por la sustracción de trabajadores a la que estaban sujetas. Así, los hacendados empezaron a retener a los trabajadores indios en sus haciendas y a compensarles con un jornal. En 1632, la corona ratificó este sistema nuevo de trabajo, al decidir la supresión del repartimiento forzoso de trabajadores agrícolas, y aprobar la contratación voluntaria de los mismos mediante el pago de un jornal. Esta decisión benefició a los grandes propietarios, ya que al disponer de más créditos y recursos financieros pudieron atraer a los trabajadores, mediante el adelanto de ropa y dinero. De esta manera, aquéllos se erigieron en los vencedores, en la intensa lucha para acaparar el recurso más escaso: la mano de obra. Pero en cambio, los pequeños y medianos propietarios se vieron obligados a incrementar la explotación familiar o crear formas combinadas de producción, tales como aparcería o medianería. Así, los propietarios de grandes haciendas agrícolas y ganaderas pudieron disponer, por primera vez, de una fuerza de trabajo permanente, y no esclava, a lo largo de todo el año. La expansión territorial de la hacienda se reforzó con la adquisición de estos trabajadores, que a partir de 1630 en adelante pasaron a residir y a reproducirse en los confines territoriales de la propiedad, constituyendo el peonaje encasillado, trabajadores que prácticamente carecieron de toda libertad de movimiento.

Bajo este nuevo sistema, la corona no sólo perdió el poder que hasta estos momentos había tenido de asignar y distribuir, a través de sus funcionarios, la mano de obra, sino que, además, dejó sin ninguna clase de protección a los trabajadores en manos de los hacendados. Desde entonces, los propietarios se convirtieron en amos, jueces y legisladores de los habitantes que residían en la hacienda. La hacienda dejó de ser una mera «tierra de labor» o «estancia de ganado», tal y como la documentación del siglo XVI y principios del XVII la menciona, para transformarse en una unidad de producción independiente. En adelante, ésta pasó a ser un territorio permanentemente habitado, con zonas de barbecho y cultivo, trojes donde guardar los productos de las cosechas, viviendas para los propietarios y administradores, chozas para los trabajadores e instalaciones para las herramientas y pequeñas artesanías.

La conversión de la hacienda en una unidad económica y social, dedicada a la producción de alimentos para abastecer a los mercados urbanos y mineros más cercanos, no aseguró, sin embargo, una disponibilidad permanente de trabajadores. La principal dificultad continuó estando en la inexistencia de un verdadero mercado de trabajo, pues los indios que podían constituirlo disponían de sus propios medios de subsistencia y compartían una cultura campesina, que tenía como base la organización corporativa de la comunidad indígena. No obstante, en el norte, donde no había poblaciones de indios sedentarios susceptibles de ser forzados a trabajar en las empresas españolas, los ranchos agrícolas, haciendas ganaderas y minas se activaron inicialmente, mediante el desplazamiento obligado de los indios sedentarios del sur, la adquisición de esclavos negros y la esclavización de cientos de indios nómadas. Posteriormente, la propiedad de las minas y la expansión de las haciendas que las abastecían atrajeron un flujo continuo de hombres desarraigados, producto del mestizaje étnico y cultural. En efecto, las haciendas ganaderas y agrícolas, como las minas y centros urbanos, fueron el crisol donde se fraguó la nueva población novohispana. Durante el siglo XVII, los trabajadores permanentes de las haciendas ganaderas del norte, de las azucareras de las costas y los valles tropicales eran esclavos negros, mulatos, criollos y mestizos, hombres todos ellos sin una posición estable dentro del grupo de los españoles y de los indios, sectores que constituían los dos polos de la jerarquizada sociedad. Aunque este amplio grupo inestable estaba suficientemente adaptado al medio cultural como para emprender el manejo de las nuevas técnicas y el de la nueva situación económica, convirtiéndose en los operarios especializados y de confianza, en capataces y supervisores de las tareas del campo y en los pioneros de una nueva generación de trabajadores. Sin embargo, las investigaciones disponible muestran que, incluso en el norte, donde existía una gran movilidad laboral, el medio más común para atraer a los trabajadores fue a través del «peonaje por deudas», que consistía en adelantar dinero y ropa a cuenta del futuro jornal. Además, en la medida en que se les continuaba avanzando dinero o artículos, el endeudamiento se convertía en la forma más habitual de mantener a sus trabajadores permanentemente entrampados, retenidos y atados a la hacienda.

Por lo que respecta al Bajío, la zona más cercana al núcleo indígena de campesinos sedentarios, pero zona de colonización y de frontera con los indios en guerra, los hacendados se vieron obligados a ofrecer más incentivos para los trabajadores permanentes, dándoles una ración adicional de maíz a la semana y poniendo en práctica el sistema de deudas acumuladas. Si bien las haciendas ganaderas requerían principalmente trabajadores fijos, en contraste, el gran problema de las agrícolas era el de disponer de un número considerable de jornaleros estacionales para las temporadas de siembra, escarda y cosecha. En el siglo XVII, los hacendados del Bajío resolvieron el problema, mediante el arrendamiento de parte de sus tierras a los campesinos, bajo un compromiso por el cual éstos se comprometían a trabajar para la hacienda durante los períodos estacionales. Esta solución fue seguida en muchas otras zonas de frontera, y también en las regiones indígenas del centro y sur, y dio lugar a la existencia de los llamados «arrimados» y terrazgueros, como también a formas de tenencia de la tierra, que en realidad encubrían relaciones laborales, tales como el peonaje por deudas y la «tienda de raya» (comercio dentro de la hacienda donde los salarios eran pagados en especie). De este modo, el propietario usaba su recurso más barato y abundante: la tierra, para atraer el recurso más caro y escaso: los jornaleros temporeros, que en la mayoría de las haciendas agrícolas constituía el gasto corriente más elevado.

En el centro y sur del virreinato, en general las haciendas formaron sus plantillas permanentes de trabajadores con individuos fruto del mestizaje de indios, negros y europeos, quienes no recibían un salario específico, sino adelantos en dinero, ropa o compensaciones en especie, tales como raciones suplementarias de maíz, vivienda y una pequeña parcela de tierra dentro de la hacienda, para que la explotase el propio trabajador. Junto a estos procedimientos, los hacendados emprendieron otras acciones compulsivas, encaminadas a retener a los jornaleros. Una de las más frecuentes era a través del compromiso, adquirido por los propietarios, de pagar a los funcionarios de la Real Hacienda el tributo anual de la mano de obra residente, o los pagos que ésta debía al cura en concepto de gastos de matrimonio, bautizo o defunción. Estas prácticas reforzaron el peonaje por deudas; la primera fue usada en Puebla y Tlaxcala, como pretexto para retener a los trabajadores permanentemente en calidad de «siervos adscripticios» de la hacienda. Otras formas de relaciones laborales sumamente arraigadas, durante los siglos XVII y XVIII, en el México central, fueron la retención de las retribuciones monetarias o parte de ellas (es el caso de varias haciendas endeudadas con sus trabajadores), la negativa de los propietarios a aceptar la liquidación de las deudas contraídas por los operarios para así poder abandonar la hacienda, la manipulación de los libros de raya en favor del hacendado y los acuerdos de las autoridades reales con los caciques indios para retener indebidamente a los trabajadores. Teniendo en consideración todo lo dicho hasta aquí, lo que hoy se sabe sobre los mecanismos usados para atraer y retener a los operarios de forma permanente en las haciendas, indica la inexistencia de un mercado libre de trabajo y el predominio, no de una remuneración salarial en dinero, sino de medios de subsistencia (préstamos, raciones, vivienda y derecho de usufructo de las tierras de la hacienda) a cambio de la fuerza de trabajo. Es importante también observar que la fuerza laboral permanente de las haciendas no fue extraída de los pueblos de indios, que conservaron sus propios medios de producción y que practicaron una economía corporativa y de autosubsistencia, sino de aquellos grupos racialmente mezclados que por su origen carecieron de derecho a la tierra.

La presión que las haciendas del centro y sur ejercieron sobre las comunidades indígenas recayó sobre los trabajadores estacionales, y a medida en que se extendían los mercados y aumentaba la necesidad de producir más se fueron agravando los conflictos, lo que repercutió en un incremento de la demanda de trabajo estacional no cualificado. En un principio, el pueblo de indios pudo eludir esta presión, mientras la extensión de sus tierras productivas y el tamaño de la población estuvieron equilibrados, pero cuando la tierra no fue suficiente para mantener a los habitantes de la comunidad, los indios tuvieron que emigrar a las haciendas, a las minas o a las ciudades. De ahí que una de las principales estrategias de los hacendados para hacerse con trabajadores fue precisamente la de apoderarse de las tierras de la comunidad. Otra, pero ya impuesta por la corona desde la segunda mitad del siglo XVI, fue la de requerir a los indios el pago del tributo en dinero, con lo cual éstos estuvieron forzados a emplearse, al menos temporalmente, en las empresas españolas. En los siglos XVII y XVIII, esta presión se incrementó aún más debido a que las obvenciones religiosas tuvieron que ser pagadas en dinero, además también porque los indios tenían que comprar bajo coacción las mercancías que les imponía el alcalde mayor, a través del conocido sistema de «repartimiento», que dio lugar a varias sublevaciones indígenas.

Aun cuando la continua extracción de trabajadores redujo progresivamente la capacidad de autosuficiencia de las comunidades y les impuso una mayor dependencia de los recursos exteriores, la mayoría de los pueblos del centro-sur aceptaron pacíficamente esta relación que el sistema de dominación impuso sobre ellos. En aquellas zonas donde los trabajadores escaseaban más, ellos incluso lo usaron en su propio beneficio, exigiendo a los propietarios a que les dieran acceso a los bosques, canteras y aguas, que la hacienda se había apropiado. Todo ello a cambio de proporcionarles trabajadores en las temporadas de siembra, escarda y cosecha. En otros casos, los hacendados arrendaban una parte de sus tierras a los pueblos de indios a cambio de trabajadores estacionales. Otras veces, los hacendados establecieron un sistema de reclutamiento temporal de trabajadores, usando para ello a un enganchador o contratista, que visitaba los pueblos, y con la complicidad de los caciques y gobernadores indios reunía cuadrillas de jornaleros para laborar en las haciendas.

Mediante estos procedimientos, el sistema de dominación impuso a las comunidades la costosa tarea de procrear y alimentar a la mano de obra futura, como también la de ejercitarla en las tareas agrícolas y de tenerla disponible durante las épocas de siembra o cosecha, y todo ello a cambio de una retribución monetaria que apenas cubría las cargas tributarias y el pago de las mercancías españolas que les obligaba a adquirir el alcalde mayor. Los medios de subsistencia que realmente sustentaban a los trabajadores estacionales provenían de su propio trabajo en las parcelas de la comunidad indígena. De forma semejante, los peones o trabajadores estables de las haciendas produjeron la mayor parte de sus medios de subsistencia, pues las raciones de maíz, los terrenos que el hacendado les asignaba dentro de la hacienda, junto al trabajo de otros miembros de sus familias, constituían los verdaderos recursos de sostenimiento. Así, gran parte del éxito económico de la hacienda fue consecuencia del valor excedentario extraído de la larga jornada laboral de los peones, de la explotación de la familia y de la comunidad campesina. El resto vino dado por la adaptación de la hacienda al mercado.

El mercado y el funcionamiento económico de la hacienda

La hacienda surgió para satisfacer la demanda interna de los mercados urbanos y mineros. Ciudad de México fue el primer mercado que impulsó a su alrededor la formación de un cinturón de haciendas mixtas, agrícolas y ganaderas. Más tarde, el continuo crecimiento de la población dio paso a la creación de una red comercial que canalizó hacia la ciudad los suministros de azúcar, algodón, cacao, frutos tropicales y ganado del norte, de la costa del Pacífico y de Veracruz; la lana, las ovejas y carneros del noroeste; los trigos y granos de Puebla y del Bajío; y maíz y alimentos básicos de las tierras fértiles que rodeaban la propia capital. Los grandes centros mineros de Zacatecas, Guanajuato, San Luis Potosí, Parral y Pachuca, junto a otros centros más pequeños que en un principio fueron alimentados por las regiones agrícolas indígenas del centro, desde fines del siglo XVI y durante el XVII y XVIII, impulsaron en sus cercanías el desarrollo de las haciendas agrícolas y ganaderas, el surgimiento de poblados de agricultores y la formación de grandes extensiones agrícolas y ganaderas en el Bajío y alrededor de Guadalajara, destinadas principalmente al abastecimiento del mercado minero.

Las capitales administrativas de provincias, tales como Puebla, Guadalajara y Valladolid (Morelia), que fueron pobladas por funcionarios, religiosos, centros educativos y un amplio sector de comerciantes, artesanos y sirvientes, también constituyeron mercados locales y regionales de importancia. Sin embargo, éstos nunca llegaron a rivalizar, ni en tamaño ni en importancia, con el gran mercado de la capital, que concentraba el mayor número de habitantes y gran parte de los beneficios monetarios de la actividad económica del virreinato. Aún así, la capital no pudo competir con los dinámicos mercados mineros, donde se realizaban las inversiones más elevadas, se pagaban los salarios más altos y la mayoría de la población usaba dinero o créditos para sus actividades comerciales. En aquellos lugares donde no hubo grandes inversiones o concentración de riqueza importante y la población no aumentó, los reducidos mercados apenas dieron lugar a pequeñas estancias ganaderas que requerían poca inversión y escasa mano de obra, como en el caso de Mérida, donde la mayor parte de los alimentos que entraban en la ciudad procedían de los agricultores indígenas. El resto del virreinato fue tierra de pequeños agricultores y de comunidades de indios, de población productora y consumidora de sus propios productos agrícolas.

El sector agrícola mercantil de Nueva España se concentró, pues, en torno a dos ejes que vinculaban la colonia con la metrópoli: los complejos mineros y los centros político-administrativos. La producción agrícola estaba condicionada, no sólo por el área cultivada, sino también por las frecuentes oscilaciones climáticas: sequías, heladas, granizadas, lluvias escasas o abundantes, que afectaban sustancialmente el volumen de la producción, provocando cosechas que variaban considerablemente en calidad de un año a otro. Teniendo en cuenta que Nueva España dependía exclusivamente de la producción agrícola interna para satisfacer sus necesidades, las abismales fluctuaciones cíclicas determinaron el volumen de la oferta, las características de la demanda, el nivel y fluctuación de los precios y la estructura del mercado de los productos de primera necesidad: maíz, trigo y carne. En los años de lluvias abundantes y regulares se recogían buenas cosechas que daban lugar a generosas ofertas de granos y productos agrícolas en los mercados. Aunque los grandes hacendados trataban de evitar la venta en los meses inmediatos a las cosechas (de noviembre a abril), la abundante oferta de los indios y de los pequeños y medianos agricultores derrumbaban a sus niveles más bajos el precio del maíz: el alimento básico de la mayor parte de la población, como también de las bestias de carga y tracción, del ganado, puercos y gallinas. En estos años de abundancia, el comercio de granos disminuía considerablemente en los mercados urbanos, debido a que buena parte de la población indígena y mestiza podía contar con sus propios cereales, cultivados en pequeñísimas parcelas de propiedad familiar o individual. Así pues, una buena cosecha significaba maíz abundante y barato y contracción del mercado debido al autoconsumo, lo que muestra que una parte considerable de la población urbana continuaba en posesión de pequeñas parcelas agrícolas.

Sin embargo, los años de buenas cosechas fueron interrumpidos por años de lluvias escasas, sequías prolongadas, heladas tempranas, granizadas o una combinación de varios de estos factores. En los peores casos (1533, 1551-1552, 1579-1581, 1624, 1695, 1749-1750, 1785-1786 y 1809-1810), la cosecha esperada se vio reducida a la mitad o menos, algunas veces en toda la zona agrícola o en sus áreas principales. Entonces, aunque el mal temporal golpeaba parejo a todas las tierras, sus efectos eran desiguales. Las tierras fértiles, irrigadas, bien fertilizadas y sembradas con las mejores semillas, eran siempre las menos dañadas; pero, en cambio, el mal tiempo afectaba duramente a las tierras pobres, propiedad de indios y pequeños agricultores, que carecían de irrigación, estiércol y semillas seleccionadas. Por esto, y porque el área de cultivo destinada al comercio era incomparablemente más grande en las haciendas que en las tierras de comunidad, el volumen de la oferta comercial de granos de las haciendas, en tiempos de crisis agrícolas, excedía desmesuradamente lo que las comunidades indígenas o pequeños propietarios podían ofrecer. No obstante, en años de crisis de la agricultura, los primeros granos que llegaban a los centros urbanos y mineros provenían de los agricultores indígenas y de los pequeños propietarios mestizos y criollos.

Éstos llevaban al mercado lo poco que habían podido salvar de las cosechas, para obtener el dinero con que pagar los tributos, las deudas, o liquidar los créditos adquiridos para la siembra, viéndose por ello obligados a imponer el resto del año una dieta rigurosa a sus familias. Por otra parte, los grandes hacendados retenían sus cosechas en los graneros, y sólo las colocaban en el mercado en la época en que los precios llegaban a su nivel más alto (de mayo a octubre), cuando la escasez estacional coincidía con la crisis agrícola. Lo contrario de lo que ocurría en los años de cosechas abundantes, en los que casi toda la población se convertía en consumidora neta, a excepción de los grandes propietarios, cuyo volumen de producción y gran capacidad de almacenamiento les permitía, en tanto que únicos suministradores, imponer la «ley de los precios». En las crisis más severas del siglo XVIII, los precios del maíz y del trigo aumentaron un 100, 200 e incluso en algunos momentos en un 300 por 100, en relación al precio más bajo del ciclo agrícola. En otras palabras, los grandes hacendados obtenían sus mayores beneficios precisamente en las épocas en que la mayor parte de la población sufría los estragos de la carestía, el hambre y la desocupación. En los casos de considerable disminución de las cosechas, eran el maíz y el trigo los que iniciaban rápidamente el alza de los precios, seguidos después por los de la carne, ya que las sequías y heladas destruían también los pastos y causaban gran mortandad de ganado.

Los años de malas cosechas significaban una escasez general de productos alimentarios básicos, una subida galopante de los precios y dilatación del mercado de productos agrarios. En estos años, el volumen de las ventas de grano de los mercados urbanos y mineros duplicaba o triplicaba al de épocas de buenas cosechas. Aquellos que en épocas de abundancia nunca compraban, por ser productores y autoconsumidores de sus propios frutos, en períodos de malas cosechas se convertían en puros consumidores de productos ajenos. Además, en años de crisis agrícolas, todo el sistema de abastecimiento de alimentos funcionaba a favor de los centros urbanos y mineros, dotados de pósitos, cuya función consistía en acaparar grano con fondos municipales para mantener un suministro constante y barato, y de alhóndigas o mercados municipales, donde los agricultores estaban obligados a vender sus granos. El poder adquisitivo de estas instituciones, la presión ejercida por las autoridades para asegurar que las cosechas fueran llevadas y vendidas allí, los altos precios y la creciente y apremiante demanda de alimentos, se conjugaban para esparcir toda la producción del campo en las principales ciudades y centros mineros. De manera particular, los precios elevados de los mercados urbanos hacían rentable el transporte de larga distancia de los productos agrarios, cosa que en tiempos normales no lo era. Esta secuencia de buenos y malos años, con su variedad de efectos sobre el volumen de la producción, oferta, demanda y fluctuación de los precios, se convirtió en un fenómeno regular, en un ciclo agrícola periódico e inalterable, que afectó de lleno a la organización de la hacienda como unidad productiva, que emergió precisamente para contrarrestar las consecuencias más catastróficas del ciclo agrícola. En el corto plazo, la estrategia seguida por la hacienda consistió en sacar el máximo beneficio de la tendencia estacional de la oferta, demanda y precios agrícolas, mediante la construcción de enormes graneros, que permitían a los hacendados almacenar la cosecha, en lugar de venderla durante los meses de precios bajos.

Sin embargo, para combatir los obstáculos que ocasionaba la variedad de las cosechas, la estrechez de los mercados y la oferta masiva y barata de los productores indígenas y de los pequeños agricultores, la hacienda fue desarrollando una estrategia cada vez más elaborada, que definió sus características específicas como unidad de producción.

Al igual que toda empresa dedicada a la venta de sus productos, la hacienda se organizó para obtener un excedente neto (producto bruto menos autoconsumo y menos la inversión destinada a la renovación de la capacidad productiva), que debería beneficiar a los propietarios. Para la obtención de este excedente se requería incrementar el volumen de la producción comercial dentro de la propia hacienda y ampliar la gama de artículos necesarios para la producción y consumo doméstico, encaminado todo ello a evitar la compra de éstos en otros lugares. Es decir, los hacendados necesitaban aumentar los beneficios en concepto de ventas y reducir al mínimo la compra de insumos, para así poder mantener su rango y condición social y adquirir los artículos europeos que ellos no producían.

Una manera de alcanzar estos objetivos era a través de la ampliación territorial de la hacienda. Como ya se ha visto, las pérdidas o las ganancias de la hacienda eran impredecibles y dependían de las oscilaciones climáticas y de los altibajos de la oferta y la demanda. Por consiguiente, los propietarios buscaban proveer sus haciendas con los recursos necesarios para contrarrestar los efectos que producían los factores desestabilizadores. En el acaparamiento de la mayor variedad posible de tierras (regadío, estacionales y pastoreo) y de recursos naturales (ríos, manantiales, bosques y canteras), los propietarios buscaban precisamente una economía equilibrada, de la que carecía la estructura agraria de Nueva España. Por una parte, la multiplicidad de recursos hizo disminuir la adquisición de insumos del exterior y, por otra, dotó a la hacienda de mayores defensas frente a las fluctuaciones del clima, pues con la disponibilidad de terrenos más extensos y diversificados, los más fértiles y mejor irrigados podían ser destinados a los cultivos comerciales, otros a cultivos de autoconsumo, dejando el resto en barbecho. Todas las haciendas estudiadas de Nueva España muestran la característica del policultivo: al lado de los cultivos comerciales (caña de azúcar, maíz, trigo, maguey o ganadería), aquéllas produjeron una serie de cultivos destinados al autoconsumo (maíz, frijol, chile) y también explotaron todos los otros recursos de la hacienda, tales como los bosques, hornos de cal y canteras. La adquisición de extensiones enormes de tierra sirvió a los hacendados para combatir a sus competidores en el mercado. Así, cada parcela de tierra que perdía el pequeño agricultor o el ranchero y las que arrebataban a las comunidades, ampliaba los mercados de los grandes propietarios, a la vez que reducía la capacidad productiva de las pequeñas haciendas. Las grandes extensiones de tierra acaparadas por la hacienda y las numerosas hectáreas que ésta mantenía en barbecho, obedecían, por lo tanto, a una lógica económica. Como ya se ha visto, la usurpación de las tierras de los indios vino a ser la mejor forma de crear manos trabajadoras para la hacienda y el medio adecuado de multiplicar los consumidores de sus productos. Para los indios despojados de sus tierras no había otra alternativa que la de alquilarse como peones en las haciendas, ir a las ciudades y engrosar el número de consumidores urbanos, o bien huir y refugiarse en las zonas aisladas del país. Pero en la selva, las montañas o el desierto, los cultivos de los indios no competían con los de la hacienda.

Por otra parte, la división de los extensos territorios de la hacienda en distintas áreas de cultivo: comercial, autoconsumo y barbecho, posibilitó a los propietarios una serie de combinaciones, mediante las cuales podían hacer frente a los problemas que la estructura agraria y comercial de la colonia planteaba. Así, durante los siglos XVI y XVII, cuando los mercados eran pequeños, la demanda débil y los precios bajos, la mayoría de los agricultores se concentró en el aprovechamiento máximo de los sectores reservados al autoconsumo y los dejados en barbecho, reduciendo los dedicados a actividades comerciales. Los terrenos empleados para el consumo doméstico excedían a los que se usaban para fines comerciales, para evitar precios bajos y la compra de insumos en el exterior. También, se explotaron al máximo las posibilidades de diversificación de los cultivos, pues así, la suerte de la hacienda no dependía exclusivamente de un solo producto, que en caso de clima desfavorable podía resultar ruinoso. En los años de demanda escasa y precios bajos, a menudo los propietarios arrendaban una buena parte de las tierras incultas de la hacienda, con el doble propósito de asegurarse otros ingresos, y disponer de trabajadores que, a cambio de tierras arrendadas, trabajaban las de la hacienda sin recibir remuneración en dinero. Como lo más importante era evitar los pagos en dinero fuera de la hacienda, los propietarios limitaron los desembolsos en efectivo a lo estrictamente necesario: adelantos en dinero para atraer mano de obra.

En períodos de expansión demográfica, crecimiento de los mercados, incremento de la demanda y alza de los precios, se modificaban las combinaciones y usos de los recursos de la hacienda. Tal y como demuestran los casos del Bajío y la zona de Guadalajara, a fines del siglo XVIII, los sectores destinados a cultivos comerciales y de autoconsumo se extendían en detrimento de los de barbecho, y entonces se creaba la necesidad de arrendar o adquirir nuevas tierras. La tierra aumentaba de valor, y, en consecuencia, la más fértil se destinaba a aquellos bienes más comercializables, mientras que para los productos de autoconsumo y para la ganadería se ponía en uso la menos fecunda. El empleo de tierras marginales aumentaba y generalmente las ya cultivadas se ampliaban, pues había que incrementar el volumen de los bienes destinados al mercado, como también los de autoconsumo para poder abastecer a un mayor número de jornaleros que se empleaban en la hacienda. Entonces, los propietarios elevaban el precio de los arrendamientos, exigían mayores prestaciones de trabajo a los arrendatarios o simplemente los desalojaban para explotar directamente la tierra y beneficiarse del alza de los precios en los mercados urbanos. Durante estos períodos, la presión de los hacendados sobre las tierras de comunidad se agudizaba, y cuando no podían apropiárselas, a menudo las tomaban en arriendo, tal y como ocurrió en la zona de Guadalajara, donde una gran parte de éstas fueron arrendadas a los hacendados y rancheros.

Por consiguiente, tanto en las épocas de disminución de la demanda y de los precios, como en las de alza sensible de ambos, el propietario de la hacienda trataba de reducir al máximo las erogaciones monetarias en concepto de insumos; y por otra parte, aumentar los ingresos monetarios mediante las ventas directas en el mercado. Esto quiere decir que los límites económicos de la hacienda los fijaban, por un lado, los costos monetarios de los insumos, y por otro, los ingresos en efectivo que obtenían a través de la comercialización de las cosechas en el mercado. Si el propietario poseía territorios amplios y diversificados, éste podía adquirir mano de obra sin tener por ello que desprenderse de grandes cantidades de dinero y, mediante la combinación apropiada de ambos recursos, producir a precios suficientemente bajos como para que éstos resultaran competitivos en el mercado. Pero si por el contrario, las tierras del hacendado eran escasas o estériles, o ambas cosas a la vez, entonces estaba obligado a buscar trabajadores y a adquirir insumos a cambio de dinero, elevando con ello los costos de producción. Otra alternativa, a la que de manera frecuente recurrieron rancheros y pequeños propietarios, fue la de aumentar la explotación de la mano de obra familiar. En el caso del propietario de grandes extensiones de tierras diversificadas, éste trasladaba a los peones y jornaleros estacionales la carga de la producción destinada al consumo interno y la dirigida a la comercialización; pero en cambio, en el caso de los pequeños agricultores o rancheros, era la propia familia la que asumía esta carga.

Los estudios sobre las haciendas coloniales muestran que todas ellas intentaban ser autosuficientes en productos básicos, especialmente maíz, pues los hacendados entregaban raciones de este producto a los jornaleros permanentes y a los estacionales, en lugar de salarios. Una gran parte de las haciendas de tamaño mediano, y casi todos los grandes latifundios, eran a la vez autosuficientes en carne, productos lácteos, cueros y sebos, como también en animales de tracción, carga y transporte. Las grandes propiedades territoriales y las pertenecientes a las órdenes religiosas, además de ser autosuficientes en granos y productos ganaderos, se autoabastecían de muchos otros artículos básicos, pues las haciendas poseían talleres de carpintería y herrería, donde se fabricaban instrumentos agrícolas y carretas, fábricas de jabón, curtidurías y obrajes.

Las haciendas crearon, en beneficio propio, un complejo productivo complementario e interrelacionado. En este sentido, lo que una no producía en cantidades suficientes, era proporcionado por otras, y viceversa, sin necesidad de recurrir, por lo tanto, al mercado abierto. Del mismo modo, para evitar el mercado, los mineros del norte adquirieron extensas haciendas especializadas en cereales y ganado para proveer alimentos a sus trabajadores; además de leña, carbón, animales de carga y tracción, cueros, sebo y otros materiales que requería la extracción y refinado de metales. El dinero fue usado como medida de valor, pero sin que éste cambiara efectivamente de manos. Esta práctica, que pasó a generalizarse en el siglo XVII, regulaba las relaciones entre los grandes hacendados y los poderosos comerciantes de Ciudad de México, siendo estos últimos quienes acaparaban la mayor parte de la moneda circulante, controlaban el sistema de crédito y disfrutaban del monopolio de las mercancías importadas de Europa. Así, por ejemplo, los propietarios de los inmensos latifundios del norte, dueños de enormes manadas de ovejas y cabras, mandaban ganado en pie, pieles y lana a los obrajes de Querétaro, San Miguel y Ciudad de México, recibiendo a cambio tejidos, ropa, zapatos, artículos de piel y otras mercancías. El saldo a favor de uno u otro lo efectuaba el comerciante de la capital, quien actuaba para ambos como casa de crédito y cámara de compensación. Dicho mecanismo funcionaba así: el dueño del obraje abría una cuenta de crédito en una casa comercial de

Ciudad de México en favor del ganadero, por el valor de pieles, leña o ganado recibidos. A su vez, cuando el propietario ganadero recibía los tejidos y otros artículos remitidos por el obrajero, el primero expedía un crédito o «libranza» en favor del último por el importe de las mercancías, que se liquidaba en las casas comerciales de la capital, o bien se negociaba por otro crédito. Esta clase de operaciones se hizo común entre los hacendados y entre éstos y los comerciantes, pero los últimos, gracias a la experiencia adquirida y el control que tenían sobre la moneda circulante, el crédito y los artículos de importación, terminaron por monopolizar las transacciones con los productores. De este modo, la ausencia de un intercambio comercial en efectivo convirtió a los productores en dependientes de los comerciantes. Los que producían azúcar, algodón, cereales y otros bienes agrícolas en el interior del país mandaban grandes volúmenes de sus cosechas a los comerciantes de la capital, quienes a cambio les remitían artículos manufacturados locales e importados. Estos últimos, entonces, hacían negocio doble, y por lo tanto, sus ganancias eran considerables; ya que, por una parte, revendían los productos agrícolas a precio de monopolio en los mercados controlados de la capital y de los centros mineros, y por otra parte, sacaban sustanciosos beneficios del intercambio de alimentos y materias primas por artículos manufacturados y de importación. Sin embargo, también el productor a gran escala de alimentos, cereales y productos agrícolas de primera necesidad, obtenía ganancias considerables. Primero, porque a pesar del intercambio desigual con el comerciante, este último era un comprador regular, que anualmente aseguraba la salida de los excedentes y el pago inmediato de los mismos, o su equivalente en mercancías o crédito. En segundo lugar, debido a que el comerciante surtía al hacendado de ropa, tejidos, zapatos y artículos manufacturados, que éste revendía a sus trabajadores a precio más alto y a menudo a cuenta del salario. Y también, porque a veces el propio hacendado abría una tienda en la región, y trataba con los otros productores en los mismos términos que lo hacía el comerciante de la capital: recibía productos agrícolas a cambio de bienes manufacturados. Finalmente, el propietario de la hacienda no perdía porque el costo del intercambio desigual recaía sobre la mano de obra y la comunidad indígena. En última instancia ganaba la metrópoli, donde finalmente iban a parar los excedentes del conjunto social. Ganaban la ciudad y los intermediarios. Perdían los agricultores y, sobre todo, los trabajadores y los pueblos de indios.

Los agricultores, además de vender grandes volúmenes de sus cosechas a los comerciantes, disponían de mercados locales, que a lo largo del año les permitía obtener ingresos monetarios. Muy pronto, los grandes terratenientes controlaron el monopolio de la oferta, debido al acaparamiento que hicieron de las mejores tierras cercanas a los mercados urbanos, el acceso que tenían al crédito, y también gracias a los nexos familiares y económicos que éstos habían contraído con los funcionarios encargados del abastecimiento alimentario de las ciudades. Durante el siglos XVI, las principales ciudades de la región central, tales como Ciudad de México y Puebla, eran abastecidas por los agricultores indígenas, pero ya en los siglos XVII y XVIII, éstas estaban dominadas por la producción de las haciendas que habían crecido en sus alrededores. De las 200.000 fanegas de maíz (1 fanega = 55,5 litros) que consumía Ciudad de México anualmente a fines del siglo XVIII, provenían en su mayor parte de las haciendas de Chalco y del valle de

Toluca, propiedad de criollos, mestizos y españoles. Igual resultaba ser el caso de Guadalajara, pues más de la mitad de las 80.000 fanegas de maíz que cada año entraban en el mercado venían de las haciendas de los grandes propietarios criollos. Por otro lado, entre 1750 y 1770, la producción de los indígenas ya sólo representaba alrededor de un 25 por 100 del total del maíz introducido en la ciudad y hacia 1810 había descendido a casi nada. A lo largo del siglo XVIII, todas las ciudades medianas y grandes mostraban el mismo proceso de concentración de la oferta del maíz en manos de los grandes hacendados. Además, una buena parte de la producción de maíz y de cereales de los indígenas y de los pequeños agricultores era, también, acaparada por los hacendados, comerciantes y funcionarios que los revendían en los mercados urbanos. Este proceso se consolidó por la continua simbiosis de intereses entre los hacendados y las autoridades de la ciudad, que permitió a los primeros ocupar los cargos principales del cabildo, lo cual dio como resultado que los reglamentos que regulaban el sistema de abastos favorecieran a los grandes propietarios. Así, las instituciones municipales, alhóndigas y pósitos, que en teoría estaban destinadas a mantener un suministro barato y constante de maíz para los consumidores, en la práctica favorecieron a los grandes productores, a quienes compraban la mayor parte del grano, y les permitía actuar como grupo de presión en la fijación de precios y como monopolio en la oferta y venta del grano.

Los casos del trigo y la harina son buenos ejemplos de ello. Desde fines del siglo XVI, los hacendados españoles, y criollos después, prácticamente monopolizaron la venta del trigo en las ciudades. En el siglo XVIII, mientras los grandes propietarios que suministraban a la capital, normalmente cosechaban algo más de una media de 1.000 cargas de trigo (1 carga = 149,5 kg), los medianos lograban escasamente de 200 a 400 cargas. La preeminencia productiva de los grandes terratenientes los indujo a construir molinos para la molienda del trigo, que se convirtieron en los mercados y en los centros de almacenamiento de la harina que se consumía en las ciudades. De este modo, en el siglo XVIII, los principales molinos de los alrededores de la capital tenían una capacidad combinada de 50.000 cargas de harina, que representaba el 40 por 100 del consumo anual de la ciudad. Dos molinos, propiedad de una sola familia, controlaban el 30 por 100 de la capacidad de molienda y almacenaje de la ciudad. Lo que ocurría en la capital del virreinato, también es aplicable para Puebla, Valladolid, Oaxaca, Guanajuato, Zacatecas y Guadalajara. A principios del siglo XVIII, la mayor parte del trigo y la harina que entraba en el mercado de Guadalajara pertenecía a los pequeños y medianos agricultores, pero ya a fines del mismo siglo éstos habían prácticamente desaparecido, siendo reemplazados por los grandes hacendados, quienes a su vez eran los propietarios de los molinos más importantes. De ahí que los precios de los mercados urbanos estuvieran determinados por la capacidad productiva de trigo, de molienda y de almacenamiento de la harina.

La matanza y venta del ganado estaban también controladas por las autoridades municipales, entre cuyos principales funcionarios había agricultores y ganaderos. El «abasto de carne» era un monopolio municipal que controlaba las entradas y ventas de toda la carne que se consumía en la ciudad, y que las autoridades cedían bajo contrato a un individuo, generalmente ganadero, que estaba obligado a introducir una cantidad fija de cabezas de ganado, durante un número específico de años. Unas cuantas familias reunían en sus manos las haciendas ganaderas más extensas y numerosas de los alrededores de la capital del virreinato, del Bajío y del norte, y por consiguiente controlaban el abasto de carnes; y a la vez, éstas eran propietarias de los tres mataderos autorizados para funcionar. En Guadalajara, a fines del siglo xviii, un solo ganadero, que al mismo tiempo era regidor y alférez real de la ciudad, aportaba un 32 por 100 del ganado legalmente introducido en la ciudad para la matanza; y cinco haciendas contribuían con más del 70 por 100 del consumo de la carne. Aquí, el suministro de ovejas estaba incluso más concentrado, pues sólo dos haciendas acarreaban con más del 50 por 100 del total. En la segunda mitad del siglo xviii, los hacendados del valle de México decidieron explotar las enormes potencialidades que ofrecía el mercado de la capital, que por entonces aglutinaba a unos 100.000 habitantes, a través de la venta del pulque, que era la bebida popular entre los indios y castas o grupos mezclados. Para aprovechar este mercado, transformaron el uso de las tierras semiáridas del norte y noreste de la capital, dedicadas en un principio al pastoreo y ocasionalmente al cultivo del maíz, en magueyales. Hacia 1760, las haciendas de los jesuitas concentradas en esa área producían el 20 por 100 del pulque que se vendía en la ciudad, y otro tanto más procedía de las propiedades del poderoso hacendado, conde de Jala. Al finalizar el siglo, las de la familia Jala se integraron con las del conde de Regla, y conjuntamente producían más de la mitad del pulque que entraba en la capital del virreinato. El monopolio de la producción se completó con el control del mercado urbano, pues las mismas familias que ostentaban la propiedad de las haciendas habían acaparado las principales tiendas de la ciudad autorizadas para vender pulque.

Sin embargo, a lo largo del siglo xviii, el monopolio de los grandes hacendados se fue desintegrando en la capital del virreinato, como también en otras ciudades importantes de la colonia. Casi todos los centros urbanos presenciaron cómo los comerciantes iban suplantando a los productores en el suministro de la carne, comercialización del maíz, trigo y harina, y también en la venta al por mayor del azúcar, cacao, pieles y lana. Todos los casos estudiados muestran que los grandes comerciantes desplazaron a los pequeños y medianos productores de la comercialización y venta directa de sus productos. Este proceso se llevó a cabo, por una parte, a través de los préstamos o «habilitaciones» que adelantaba el comerciante al productor, bajo condición de que la mayor parte de la cosecha debía ser vendida al comerciante. Este último, gracias a la capacidad de liquidez de que disponía, era el único que podía comprar en efectivo el total o la mayor parte de la producción del hacendado. Cualquiera que sea el procedimiento adoptado, de lo que no hay duda es del hecho de que a fines del siglo xviii las principales transacciones comerciales estaban en manos de los comerciantes.

El crédito

Como se ha visto, si el propietario no poseía tierras extensas, fértiles y diversificadas, si no reducía al mínimo los gastos en metálico, ni disponía de dinero acumulado o créditos suficientes para invertir en la compra de tierras y equipamiento, y así sortear con habilidad los períodos de caída de la demanda y de los precios, simplemente, su hacienda no era un buen negocio. Es decir, no producía excedentes monetarios con los que obtener los bienes y servicios que imponía el estilo de vida de la elite colonial urbana, en la que el consumo suntuario era una de las manifestaciones esenciales del poder y la posición que ostentaban. Sin embargo, era muy difícil reunir en una sola persona todas las condiciones necesarias que aseguraran la estabilidad de la hacienda, tal y como han demostrado los estudios recientes. En éstos se observa que, después de dos o tres generaciones, muy pocas familias lograban conservar intactas las haciendas creadas por sus progenitores.

El problema central en la formación de la hacienda fue, sin duda, la disponibilidad de dinero en efectivo para crear, desarrollar y mantener la hacienda. Por lo tanto, la historia de la hacienda está estrechamente vinculada a aquellos individuos que estaban en posesión del recurso más escaso de toda la economía colonial: capital disponible y facilidades de crédito. Todo lo que hoy sabemos de la economía colonial de Nueva España indica que las grandes propiedades no surgieron solamente de los recursos generados por la agricultura, sino de la inversión en ésta de los ingresos provenientes de la encomienda, los cargos públicos, la minería y el comercio. Los primeros españoles que acumularon tierras y las explotaron fueron los conquistadores-encomenderos del siglo XVI, caracterizados por el tipo de Hernán Cortés. Éstos eran individuos que disfrutaban de elevados ingresos anuales, en concepto de los puestos públicos que ocupaban en recompensa de las hazañas realizadas, que tenían cientos de indios encomendados que les proporcionaban mano de obra y tributos y, además, disponían de ingresos monetarios procedentes del comercio y la minería. Los fundadores de los enormes latifundios del norte eran hombres del mismo calibre: primero, capitanes y gobernadores de vastas provincias que conquistaron y pacificaron, luego, prósperos mineros, y finalmente propietarios de verdaderos estados territoriales, donde pastaban miles de cabezas de ganado y crecían los cultivos que alimentaban a los establecimientos de extracción y beneficio de metales. Más tarde, cuando terminó la era de la conquista y pacificación, los virreyes, oidores, funcionarios reales, cabildos y funcionarios municipales, adquirieron tierras y, gracias a su posición, recibieron indios de repartimiento, créditos y concesiones especiales que les permitió especular en los mercados. Los descendientes de los conquistadores-encomenderos se unieron mediante lazos matrimoniales y relaciones político-económicas con este poderoso grupo que otorgaba tierras, concedía trabajadores y el acceso a los mercados controlados de las ciudades, y en este sentido, los más afortunados pudieron mantener e incluso ampliar los patrimonios territoriales. A fines del siglo XVI y a lo largo del XVII, la generación de grandes terratenientes pudo resistir y hacer frente al ascenso de una nueva generación de hombres ricos y poderosos: mineros, comerciantes y obrajeros, ante quienes, sin embargo, tuvieron finalmente los primeros que doblegarse y pactar nuevas alianzas matrimoniales, económicas y políticas para poder sobrevivir.

La base de la progresiva simbiosis entre hacendados, funcionarios, mineros, comerciantes y miembros de la Iglesia fue el crédito. Las características del mercado antes mencionadas muestran que la principal dificultad afrontada por los hacendados era la de obtener dinero en efectivo para la siembra, compra o alquiler de aperos de labranza y el pago de trabajadores estacionales. Además, éstos necesitaban conseguir cuantiosas sumas de dinero para construir cercas, graneros y presas, o la compra de más tierras. En estas circunstancias, la escasez de liquidez y la ausencia de transacciones de dinero obligaba a los agricultores a solicitar préstamos. Ante la inexistencia de instituciones crediticias, durante los siglos xvi y xvii, los agricultores tenían que recurrir a los funcionarios, propietarios mineros y comerciantes o miembros de la Iglesia para obtener créditos. Como garantía, el agricultor era avalado por una persona económica y socialmente solvente, o dejaba que sus propiedades urbanas o rurales quedaran hipotecadas. Es decir, el agricultor tenía que recurrir a personas ajenas a la agricultura para conseguir dinero o créditos. Esta situación parecería apoyar la tesis de que la agricultura colonial, por sus características intrínsecas, era incapaz de producir ganancias monetarias suficientes para cubrir los gastos de explotación de la hacienda, para proporcionar al propietario un excedente que le permitiera ahorrar, hacer inversiones productivas o dedicarlo a gastos suntuarios. De hecho, la agricultura sí producía excedentes, pero éstos eran desviados hacia otros sectores extraagrícolas, debido a la política económica llevada a cabo por la corona y por la propia estructura económica de Nueva España.

Una decisión de política económica que afectó a la agricultura fue la prohibición de intercambiar productos entre las posesiones españolas de América. Esto agudizó los efectos del ciclo buenas-malas cosechas, caída-alza de los precios y contracción-expansión de la demanda. Es decir, la imposibilidad de exportar grano en épocas de cosechas abundantes, o la de importarlo junto a otros alimentos en los años de crisis agrícola, hizo más crítico el ciclo agrícola en Nueva España, y más acusadas las fluctuaciones de la producción y de los precios que tan gravemente afectaron a la economía. Otra de las medidas de carácter político-económico que repercutió negativamente en el desarrollo comercial de la agricultura novohispana fue la prohibición de cultivar ciertas plantas cuya elaboración fuera susceptible de competir con las manufacturas exportadas por la metrópoli. En realidad, todas estas medidas que restringían la agricultura, única y exclusivamente al cultivo de productos básicos para abastecer a los centros urbanos y mineros, significaban que ésta actuaba como subsidiaria de la producción de plata. Pero sobre todo, fue la decisión de la corona de apropiarse de casi todo el oro y la plata acuñados en Nueva España la que frustró el desarrollo de una verdadera economía mercantil, ya que ello creó un flujo permanente de desmonetización. Además, a todo esto hay que añadir la concesión otorgada al gremio de comerciantes del monopolio de la escasísima moneda circulante que quedaba en la colonia.

La concesión del monopolio a los comerciantes del consulado de Ciudad de México del tráfico mercantil con España, Asia y temporalmente con las posesiones del sur del continente y del Caribe, permitió a éstos realizar las mayores transacciones en dinero y recoger las más altas ganancias resultantes del intercambio desigual del comercio entre España y su colonia. Por ejemplo, las manufacturas eran vendidas a precio de monopolio en un mercado cautivo, a cambio de metales preciosos y materias primas producidas a bajos costos a través de la explotación de la mano de obra y predominio del comerciante sobre el productor. Para la agricultura, dicha política económica comportó la transferencia del excedente generado en este sector a los comerciantes, escasez permanente de circulante monetario en los mercados y la dependencia del productor respecto al capital y al crédito monopolizados por los comerciantes.

La relación entre la Iglesia y la agricultura agudizó las distorsiones del desarrollo agrario e hizo más inestable la situación de la hacienda. Incapaz de financiar con recursos propios el proceso de adoctrinamiento, pacificación, reorganización social y legitimación política emprendida por la Iglesia, la corona otorgó a ésta el derecho de recaudar en su propio provecho el diezmo. De este modo, la Iglesia sustrajo el 10 por 100 de la producción agropecuaria, debiéndose pagar este impuesto sin deducir «simiente, ni renta, ni otro gasto alguno», y del que no escapaba ningún agricultor, ni tan siquiera los miembros del clero regular o secular. El desarrollo agrario fue todavía más gravado por las innumerables y a veces sustanciosas donaciones monetarias hechas por los agricultores a las iglesias, conventos, monasterios, hermandades, cofradías, hospitales y a otras instituciones religiosas; pero teniendo en consideración que los hacendados no disponían de dinero en efectivo, éstos recurrían al procedimiento de gravar sus propiedades con censos, los cuales podían ser redimibles o perpetuos. De este modo, miles de agricultores cargaron sus propiedades con censos pagaderos a la Iglesia, consistentes en gravar la hacienda con un capital prescrito, que ni se invertía ni era reintegrable, pero sobre el cual el propietario se comprometía a pagar un interés anual del 5 por 100 al receptor de la piadosa donación. En otras palabras, sin perder el dominio directo ni el útil sobre su hacienda, el propietario deducía de los ingresos anuales de la misma un 5 por 100 de interés y los donaba a una institución religiosa. Esta manera de satisfacer los sentimientos piadosos fue tan socorrida y ampliamente usada, que a fines del siglo XVIII se decía que no había hacienda que no estuviera gravada por uno o más censos.

Lo cierto es que la multiplicación desenfrenada de los censos sobre las propiedades rurales generó un proceso de continua desmonetización de los ingresos de los agricultores, que acabó por desestabilizar la ya precaria situación de las haciendas y ranchos. Como reconocían las autoridades civiles y eclesiásticas, los hacendados y rancheros se habían convertido en meros administradores de sus propiedades, dejando a las instituciones religiosas como verdaderas propietarias y beneficiarias efectivas de los ingresos rurales. Además, la acumulación de censos sobre las haciendas provocó de hecho la desaparición de las ventas y compras de propiedades rurales mediante transacciones monetarias, puesto que en realidad lo que se transmitía eran los censos acumulados, con la obligación por parte del nuevo comprador de desembolsar los intereses anuales, pues poco dinero pasaba de una mano a otra en este tipo de operaciones. A través de este proceso, la propiedad rural se fue convirtiendo en «bienes de manos muertas», como los españoles liberales calificaron a aquellas propiedades territoriales acumuladas por la Iglesia que nunca entraban en la circulación del mercado. En resumen, aun cuando la agricultura producía excedentes, éstos eran canalizados fuera de ella, lo que desencadenó un continuo drenaje de capital que, sumado a la ausencia de operaciones comerciales en moneda, convirtieron a la hacienda, y especialmente al rancho, en unidades productivas extremadamente vulnerables a las fluctuaciones del ciclo agrícola y del mercado. La combinación de estos procesos, junto a la falta de acceso al crédito, parecen ser hoy la mejor explicación de las continuas bancarrotas y desmembraciones de los ranchos y haciendas.

Sin embargo, los grandes propietarios encontraron medios eficaces para combatir estos males y asegurar la estabilidad de la hacienda a expensas del pequeño y mediano agricultor. En primer lugar, los grandes propietarios trataron de conseguir que la generación siguiente heredara íntegro el patrimonio territorial acumulado por ellos. Todos los estudios acerca de la propiedad de la tierra muestran que al morir la mayoría de los agricultores subdividían las tierras entre sus hijos. Así, este sistema hereditario se convirtió en una causa más de la inestabilidad de la hacienda. Aun cuando los pequeños y medianos propietarios no transmitieron deudas o hipotecas sobre sus propiedades, las cuales forzaban a los herederos a venderlas, la partición de tierras en pequeños fragmentos determinaba la pérdida futura del patrimonio, pues el minifundio y el rancho pequeño no estaban suficientemente acondicionados para resistir las violentas fluctuaciones del clima y de los precios. Ante esta amenaza, muchos hacendados adoptaron en Nueva España la institución española del mayorazgo, a través del cual las propiedades urbanas y rurales de una familia se convertían en bienes indivisos, que se transmitían de generación en generación, por vía del hijo mayor. Es conocido que más de 1.000 mayorazgos fueron creados a lo largo del período colonial, radicados la mayoría de ellos en propiedades rurales de modestas dimensiones, establecidas por agricultores, religiosos y miembros de las elites de provincia. Sin embargo, los mayorazgos más importantes que consolidaron verdaderos estados territoriales, propiedad de una sola familia, fueron originariamente fundados por los descendientes de los primeros conquistadores y encomenderos, que estaban emparentados con los ricos mineros y funcionarios. Más tarde, en el siglo XVIII, a través de los enlaces matrimoniales de los miembros del grupo antes mencionado con los de las nuevas familias de mineros y comerciantes, crearon otros mayorazgos importantes. Por una parte, el carácter indivisible e inalienable de las propiedades vinculadas en el mayorazgo confirió estabilidad económica al patrimonio territorial acumulado por una generación, impidiendo la fragmentación o pérdida de éste; por otra, anuló las aspiraciones fomentadas por el sistema de herencia divisible, haciendo converger los intereses de cada miembro de la familia en la conservación de la riqueza, poderío, prestigio y distinción de la familia, a través de la perpetuación del linaje. En los siglos XVII y XVIII, los hacendados ricos, mineros, comerciantes y funcionarios compraron títulos nobiliarios y los vincularon a uno o más mayorazgos. De este modo, tierra, riqueza, prestigio social y poder político se fusionaron en torno a pequeños núcleos familiares, que en el siglo XVIII poseían los territorios más extensos y fértiles, monopolizaban el control de los mercados urbanos y mineros, controlaban las únicas fuentes crediticias disponibles y obtenían los mayores ingresos monetarios por la manipulación de las redes del comercio interior y exterior.

El fundamento de esta oligarquía fue la fusión de los grandes terratenientes con los acaparadores de los ingresos monetarios procedentes de la minería y del comercio. La integración de grandes haciendas y de conjuntos de haciendas en manos de una sola familia, transformó la inestabilidad de la pequeña y mediana propiedad en una institución estable, poseedora de múltiples recursos y capaz de enfrentar los desafíos del mercado, si disponía de crédito. Éste llegó a las familias poseedoras de grandes propiedades, tanto por las continuas alianzas matrimoniales que unieron a sus hijos con ricos mineros y comerciantes, como por la tierra misma que habían acumulado. En comparación con las cambiantes fortunas originadas en la minería y en las arriesgadas aventuras comerciales, la gran propiedad territorial fue, en efecto, el medio adecuado de conservar un patrimonio y transmitirlo a las generaciones siguientes, como también la prueba evidente de solvencia económica. Además, los nuevos funcionarios, mineros y comerciantes enriquecidos, no fueron los únicos que cooperaron en la consolidación de los grandes patrimonios territoriales creados por los primeros hacendados, puesto que la Iglesia y las órdenes religiosas convirtieron la propiedad rural y urbana en la «caja de seguridad» de las innumerables donaciones que recibieron de los particulares. Una parte de los ingresos monetarios recibidos en concepto de censos, donaciones piadosas, legados y capellanías, fue invertido por la Iglesia y las órdenes religiosas en fincas urbanas y rurales; otra parte considerable, fue destinada a la concesión de préstamos a toda aquella persona que pudiera ofrecer, como prenda o hipoteca, propiedades urbanas o rurales, que a fin de cuentas resultaban ser la garantía más aceptada de la época. De esta manera, el dinero que los hacendados, mineros, comerciantes, fabricantes de productos manufacturados y funcionarios donaban a la Iglesia a modo de donaciones piadosas, retornaba a las familias más ricas bajo la forma de préstamos garantizados por sus propiedades. Ello era debido, no sólo por el hecho de que las dichas familias controlaban los patrimonios territoriales más extensos y valiosos, sino también por pertenecer los miembros de éstas a los cuerpos de las órdenes religiosas que decidían a quiénes debían ir dirigidos los préstamos. Los estudios recientes sobre el monto de los préstamos cedidos por la Iglesia y las órdenes religiosas a particulares, y sobre la forma en que se realizaban estos préstamos, muestran, sin lugar a dudas, que las grandes familias de hacendados, mineros, comerciantes y funcionarios fueron los principales beneficiarios de estos fondos, y que, a su vez, este núcleo reducido de familias emparentadas era el que absorbía una gran parte del capital disponible en Nueva España y el que participaba en las decisiones de las instituciones religiosas.

El hecho de estar los comerciantes estrechamente ligados al sistema económico que volcaba hacia España la mayor parte del excedente que producía la colonia, impidió a éstos fusionarse totalmente con los hacendados, mineros y manufactureros locales, y formar conjuntamente una oligarquía colonial con intereses comunes. Además, los privilegios que la corona otorgó a los comerciantes, los colocó en la cima del sistema económico colonial dominante, y la nueva posición económica, política y social que alcanzaron a lo largo del siglo XVIII terminó por enfrentarlos a los otros miembros de la oligarquía. La concentración del crédito y moneda circulante en manos de los comerciantes les otorgó un poder político superior a la de cualquier otro sector de la oligarquía, tanto porque hizo depender de ellos a los funcionarios virreinales, provinciales y locales que requerían fianzas en dinero para comprar los puestos públicos, como porque la enorme riqueza de los comerciantes les permitía adquirir puestos en beneficio propio y presidir las principales instituciones civiles. Además, esta misma riqueza acumulada empezó a financiar las actividades de los cabildos municipales, de la hacienda virreinal y hasta las del propio rey de España.

Aunque el crédito y la disponibilidad de capital líquido preparó el terreno para la fusión de los comerciantes con los mineros, el control absoluto que los primeros tuvieron sobre estos recursos los convirtió a la postre en los principales beneficiarios de la minería. A cambio de créditos y mercancías que suministraban a los mineros, los comerciantes terminaron apropiándose de la mayor parte de los excedentes generados por el sector minero. Crédito, más dinero, más monopolio del comercio exterior, fueron también los instrumentos claves para subordinar a los productores agrícolas. Primero, los comerciantes impidieron a los agricultores participar en el comercio de exportación; luego, los desplazaron del mercado interno. A lo largo del siglo XVIII y hasta la independencia de Nueva España, los grandes hacendados dependieron económicamente de los créditos y capitales acumulados por los comerciantes.

Capítulo 7

ECONOMÍA RURAL Y SOCIEDAD COLONIAL EN LAS POSESIONES ESPAÑOLAS DE SUDAMÉRICA*

La cordillera de los Andes constituye la espina dorsal de Sudamérica. Sus cadenas centrales y el altiplano fueron el corazón del Imperio Inca. En gran parte, ésta mantuvo el mismo rol dentro del dominio español a lo largo del período colonial, merced a sus enormes depósitos auríferos y abundante disposición de mano de obra indígena. Cierto es, que las extensiones septentrionales y meridionales de los Andes, junto con las cuencas adyacentes del Orinoco, el Magdalena y el Río de la Plata crecieron en importancia económica. Pero, sobre todo, las instituciones y la sociedad colonial en general llevaron el estigma de la conquista castellana del reino incaico. En las tierras altas de los Andes centrales (la parte de la sierra de lo que hoy constituye Perú, Bolivia y Ecuador), la vegetación, la fauna y las condiciones humanas están determinadas ante todo por la altitud. El porcentaje de tierra cultivable es extremadamente pequeño. Además, la zona agrícola antes de la conquista estaba confinada entre los 2.800 y los 3.600 m sobre el nivel del mar. Después de 1532, el trigo y otras plantas se añadieron a los cultivos nativos del maíz y los tubérculos. Por encima de dicho nivel, la tierra sólo podía ser destinada al pastoreo. De este modo, el ganado europeo fue sustituyendo gradualmente a la llama aborigen como recurso principal. La ceja de montaña oriental y los valles profundos presentan zonas apropiadas para el cultivo de una gran variedad de productos tropicales, tales como azúcar, cacao y café. Los diversos nichos verticales, entonces, proporcionaron una base alimentaria para la civilización sumamente variada, tanto a nivel local como regional. La costa peruana, situada entre las barreras montañosas y las frías corrientes marítimas, es un desierto natural. Sin embargo, a lo largo del primer milenio a.C., la construcción de sistemas de irrigación y el uso de fertilizantes permitió el desarrollo de una agricultura que sostuvo a una densa población y a sociedades cada

* Texto original en inglés, que inicialmente fue revisado y reducido por el editor de la versión inglesa.

vez más estratificadas. Entre costa y sierra existió una interacción cultural continua hasta que ambas se fusionaron bajo una estructura política común: el Imperio Inca. Más al norte, la costa de Quito (Ecuador) comprende tierras bajas calientes y húmedas, particularmente adecuadas para cultivos de plantación. A las zonas del norte del continente, Nueva Granada (Colombia) y Venezuela no se las puede caracterizar de manera singular. La parte central de la primera comprende las tres cadenas norte-sur de la cordillera y entre ellas los valles del Magdalena y del Cauca. No existe un acceso fácil al Pacífico ni al Atlántico. En Venezuela, las tierras altas siguen la línea costera del norte. Ellas están separadas por los extensos llanos del único gran río, el Orinoco, que fluye lentamente de oeste a este. Geográfica y culturalmente, la Colombia nórdica y Venezuela entera, a excepción de las zonas más occidentales, son parte del Caribe.

Al sur de los Andes centrales, Chile es una franja estrecha que se extiende a lo largo del océano con tres zonas contrastantes: desierto, al norte; un área central mediterránea óptima para la agricultura; al sur, una zona húmeda de bosques. Las tierras altas del noroeste argentino forman una continuación de la sierra andina central, pese a lo cual las áreas de Tucumán y Mendoza constituyen enclaves fértiles y húmedos. Más hacia el sur y hacia el este se hallan los ondulados llanos de Paraguay, que estaban habitados bastante densamente por una población indígena campesina. Por otro lado, las llanuras de pastos (pampas) de Argentina carecían prácticamente de habitantes durante la época de la conquista y así permanecerían durante mucho tiempo.

A pesar de que cada una de estas regiones es inmensa y variada, haremos uso de ellas para así poder mostrar algunas de las variaciones que se observan en la tenencia de la tierra, en el sistema laboral, en la producción agrícola y ganadera y en la actividad comercial de la Sudamérica española.

Tenencia de la tierra, fuentes de capital y mano de obra

Durante la conquista, la adquisición de tierra no fue el principal objetivo de los españoles. Ante todo, los españoles quisieron establecer en el Nuevo Mundo una sociedad organizada en torno a núcleos urbanos, a semejanza de los existentes en el sur de España. Estos pueblos dispondrían en sus alrededores de una población indígena campesina, sujeta a un sistema de dominio colonial indirecto, que proporcionaría el abastecimiento de alimentos. El sistema de «encomienda» parecía ser la fórmula ideal para las relaciones hispanoindias. Así, los encomenderos percibirían tributos o servicios personales. A cambio de ello, el encomendero debía cuidarse de la instrucción y evangelización del indio encomendado. Como institución legal, la encomienda no implicó derechos sobre las tierras de los indios. Durante largo tiempo, la demanda de tierra fue extremadamente limitada, en vista de la gran densidad de agricultores indígenas en comparación a los diminutos grupos de los colonos europeos.

No obstante, el instrumento legal para la redistribución de la tierra fue un rasgo propio del proceso mismo de la fundación de pueblos. Justo al recibir los vecinos sus parcelas de tierra a través de la «merced real», ellos tenían derecho a obtener grandes o pequeños terrenos en las áreas circundantes del pueblo que todavía no habían sido cultivadas por los indios. Estas concesiones tuvieron el carácter de «mercedes de tierra» y debían ser usadas para la subsistencia de los propios concesionarios. Dependiendo del posible uso que se pudiera hacer de tales donaciones, éstas fueron calificadas como «mercedes de labor» o «mercedes de estancias de ganado», respectivamente. El tipo de donaciones hechas reflejaron el carácter de recompensa que tuvieron las mercedes y el enfoque cauteloso de la corona respecto a ello. Originalmente, una «peonía» era una pequeña porción de tierra labrantía cedida a los soldados de a pie; y una «caballería» era la que se concedía a los hombres de a caballo, y era cinco veces más grande que la peonía. Sin embargo, una simple merced, a menudo, podía comprender más que una de dichas unidades. El pastoreo también podía darse dentro de las dehesas, pero ello no comportaba derechos de propiedad individual.

Hacia mediados del siglo XVI, la emigración española hacia el Nuevo Mundo alcanzó niveles elevados y de manera acelerada aparecieron pueblos de españoles. Aumentó la demanda de alimentos, en particular de aquellos productos que todavía los agricultores indígenas no podían suministrar, tales como carne, trigo, azúcar y vino. Un número creciente de españoles encomenderos, como también otros menos privilegiados, se aprovecharon del mecanismo de la distribución de tierra. Si bien en un principio la terminología al respecto fue imprecisa, con el tiempo a las tierras destinadas para pastos se las conoció como «estancias», mientras que las dedicadas a los viñedos, cultivo de granos y vegetales se las denominó «chacras».

El tipo de mano de obra utilizada para el desarrollo de la producción, todavía en pequeña escala, fue diversa. Algunos encomenderos hicieron uso de los indios, pero desde 1549 ello quedó prohibido. A otros, se les concedió parte de los repartos oficiales de indios *mitayos* que servían por turnos en trabajos privados como también en los de necesidad pública. Había asimismo reserva de mano de obra de jornaleros indígenas. Otra fuente de trabajo fue la de los indios *yanaconas*, institución de origen incaico. Los negros que bajo otras circunstancias eran importados para servir como criados y como artesanos urbanos, también compartieron las faenas rurales de los alrededores de los pueblos españoles. Sin embargo, el elevado coste de la compra de esclavos limitó claramente el uso de éstos a aquellas empresas agrícolas económicamente rentables.

Mientras tanto, después de la primera mitad del siglo XVI, la encomienda fue declinando aceleradamente, al menos en las áreas nucleares, no sólo como sistema de trabajo, sino también como vía fácil de enriquecimiento y dominación. En cierto modo, ello fue consecuencia del drástico descenso de la población indígena. El suministro de mano de obra a través del «repartimiento» se volvió cada vez más necesario en vista de la rápida expansión del sector minero, después del descubrimiento de la rica mina de Potosí, en el Alto Perú, en 1546. Al mismo tiempo, la concentración en Potosí de miles de personas, quizá más de 100.000 en algunos momentos, en un entorno de lo más inhóspito, a unos 4.000 m sobre el nivel del mar, elevó estrepitosamente la demanda de alimentos, agua, ropa y estimulantes como el vino, aguardiente, hojas de coca y yerba mate, todos ellos de gran utilidad para el clima frío de la zona en cuestión. Además, dicho centro minero requería combustible, materiales de construcción y bestias de carga. A pesar del considerable descenso a partir de la segunda mitad del siglo XVII, Potosí y otras minas mantuvieron su función de centros de consumo hasta el mismo final del período colonial. El crecimiento gradual de la agricultura y de la ganadería comercial en gran escala tiene que ubicarse dentro de este contexto. Hay pocos argumentos que apoyen el punto de vista de que el desarrollo de las unidades agrícolas comerciales en gran escala y el desarrollo de las grandes estancias ganaderas representen una renuncia señorial a incorporarse a la actividad económica para perseguir el ideal de autosuficiencia del modelo medieval temprano. Al igual que en Nueva España, las grandes haciendas parecen haberse desarrollado como unidades integradas dentro de los mercados de las áreas circundantes de los centros mineros y político-administrativos. A medida que se ampliaron los mercados agrícolas, los grandes hacendados trataron de extender sus propiedades, especialmente cuando hubo tierra disponible, como consecuencia de la despoblación de los indios y de los precios bajos de la tierra. Así, el elemento especulativo pudo cooperar con la creación de una hacienda. Sin embargo, el principal incentivo de los terratenientes en la adquisición de más tierra fue, lo más probable, eliminar la competencia de otros terratenientes o forzar a los indígenas, una vez despojados de sus tierras, a proporcionarles mano de obra barata. Los grandes latifundios se formaron mediante la usurpación de tierras colindante, a menudo de los indígenas, como también a través de la donación de mercedes de tierra y compras. No obstante la irregularidad de los títulos de propiedad de la tierra, desde 1590 empezaron a legalizarse a consecuencia de las crecientes necesidades financieras de la corona.

Después de las debidas inspecciones, los terratenientes pudieron ver confirmados sus hasta entonces cuestionables derechos de propiedad a través del sistema de «composición» de tierra, que consistía en un pago a la Hacienda Real. Obviamente, este proceso legalizó muchos abusos escandalosos, aunque, por otro lado, puso algo de orden en la caótica situación existente. Las últimas composiciones se llevaron a cabo a fines del siglo XVIII.

Algunos hacendados, en particular los grandes, no vivían en los pueblos, pues arrendaban sus propiedades o las dejaban en manos de los mayordomos. No obstante, la gran mayoría probablemente residió en sus propiedades, al menos durante una buena parte del año. Algunos trataron de asegurar que su patrimonio se transmitiera completo y sin divisiones de generación en generación, aprovechando para ello la institución española que vinculaba las propiedades a un mayorazgo. Pero las investigaciones recientes sugieren que incluso era más común el fenómeno opuesto, el de frecuentes cambios en la propiedad mediante compra-venta. En las provincias productoras de azúcar de Lambayeque, situadas en la costa norte del Perú, entre 1650 y 1719, sólo el 22 por 100 de las haciendas cambió de manos mediante el derecho de sucesión, en contraste con el 62 por 100 que lo hicieron por ventas. Las restantes respondieron a composiciones, donaciones y dotes. A menudo, también, los cambios en la propiedad se debieron a los elevados niveles de endeudamiento de los propios latifundistas. Se sabe que en el caso de Lambayeque, las deudas que gravaban las haciendas ascendían en un 36 por 100, entre 1681 y 1700, y éstas se hincharon en no menos de un 69 por 100, en cuestión de un siglo. Asumiendo el pago de varias obligaciones adscritas a la propiedad, tales como censos u otras obligaciones autoimpuestas a la Iglesia, como capellanías para la celebración de misas y otros cultos religiosos, algunas veces el comprador de una hacienda sólo tenía que pagar en efectivo una pequeña cantidad. Pero al mismo tiempo, la gran extensión de estos gravámenes convirtió la división de la propiedad en más complicada y costosa, evitando de este modo la excesiva fragmentación. Desconocemos cuál fue el alcance real de los créditos no eclesiásticos concedidos a los hacendados. En el siglo XVIII, al menos, los comerciantes se arriesgaron a ceder préstamos a terratenientes sin suficiente solvencia económica como para recibir créditos de la Iglesia, pero éstos se realizaron con un elevado porcentaje de interés. Una variedad del crédito fue la «habilitación» (institución que combinaba las características de la comisión y del préstamo) que los comerciantes otorgaban, por ejemplo, a los propietarios de plantaciones azucareras.

El tamaño e importancia relativa de las grandes extensiones, normalmente denominadas «haciendas», desde el siglo XVIII en adelante no debería exagerarse. En primer lugar, la mayoría de las fincas así llamadas, eran probablemente bastante modestas y pequeñas, y sólo disponían de un simple puñado de trabajadores. En segundo lugar, los asentamientos indígenas, reorganizados en «reducciones» o «pueblos de indios», desde 1600, controlaban la mayor parte de las tierras altas y quedaron integrados a los mercados regionales en desarrollo. A menudo, el descenso de la población aborigen llevó consigo una discrepancia entre, por una parte, la disminución del número de asentamientos indígenas y, por otra, por la tenencia legal e inalienable de la tierra que éstos poseían. Pero algunos colonizadores, a pesar de la prohibición legal, se establecieron entre los indios y cultivaron parte de sus tierras. Muchas de las primeras reducciones indias se transformaron en pueblos mestizos, poblados por pequeños y medianos agricultores. Otras, bien que debilitadas, conservaron su carácter corporativo indígena, y constituyeron las comunidades indígenas de los tiempos modernos.

Durante el período colonial, la Iglesia y, en particular, las órdenes religiosas, tales como los jesuitas, fueron los que más sobresalieron de entre los terratenientes. El estímulo que había detrás de la adquisición de tierras por parte de los jesuitas provenía de la necesidad de asegurarse ingresos constantes para mantener los colegios y otras actividades urbanas. Las donaciones de tierra y de dinero hechas por los miembros de la elite cooperó en la acumulación de tierra a favor de la Compañía de Jesús. A veces, también la transferencia de la tierra a la Iglesia era consecuencia de que el hacendado no podía cumplir con las obligaciones financieras contraídas con algún cuerpo eclesiástico, pues éstos eran la principal fuente creditica rural hasta finalizar, al menos, el siglo XVIII. La política de adquisición de tierra llevada a cabo por los jesuitas era, a menudo, notablemente sistemática, de modo que sus explotaciones se especializaron en distintos productos, que se complementaban unas con otras. Por norma, los jesuitas administraron sus posesiones directamente, mientras que otras órdenes optaron por arrendarlas. En las posesiones españolas de América del Sur, las propiedades rurales sostenidas por la Iglesia nunca llegaron a constituir una vastedad tan grande de tierra como la que lograron acumular en Nueva España. Pero aun así, las propiedades eclesiásticas abarcaban una gran parte de las mejores tierras bien situadas en relación a los principales mercados.

En 1767, la corona decretó la expulsión de la Compañía de Jesús de Hispanoamérica y confiscó todas sus propiedades. Éstas pasaron a control estatal, bajo la administración del Ramo de Temporalidades. Tarde o temprano, sin embargo, las antiguas posesiones de los jesuitas pasaron a manos particulares, cuyo proceso está todavía por investigar de manera sistemática. Se ha sugerido que fueron adquiridas por propietarios privados «casi siempre en las grandes unidades originales... en una fracción de su valor».[1] No obstante, se sabe que en el caso de Cuyo (Mendoza), los compradores eran personas relativamente modestas y no de la elite local existente. En todo caso, la pérdida de los jesuitas significó el fortalecimiento del sector de la propiedad laica y, también, la práctica desaparición de la coordinación que caracterizó a sus distintas unidades productivas y que había sido una importante fuente de solidez y beneficios. En la persecución de una política regalista contra la Iglesia, la administración borbónica intentó también reducir y regular la creciente cantidad de obligaciones del terrateniente para con la Iglesia. En 1804, se decretó la amortización de las obligaciones autoimpuestas: obras pías y capellanías, y los hacendados tuvieron que pagar el valor capital a la corona, la cual asumiría, entonces, las responsabilidades financieras respecto a la Iglesia. Si bien en el caso de Nueva España han sido estudiados los efectos de esta medida revolucionaria, que costó sus propiedades a muchos terratenientes, por lo que se refiere a la Sudamérica española hasta ahora casi nada se sabe.

Por lo que respecta a la mano de obra rural también se sabe mucho más de Nueva España que del sur de Hispanoamérica. En términos generales, los esclavos negros desempeñarían un papel importante en el laboreo de las tierras bajas tropicales, mientras que indios y mestizos proporcionarían la mayor parte de la fuerza de trabajo en las tierras altas. Después de la desaparición de la *mita*, la mano de obra rural fue legalmente libre. Para Nueva España, la idea tradicional de que el peonaje por deudas había sido el mecanismo por el cual los terratenientes retenían la mano de obra indígena en las haciendas, está siendo cada vez más cuestionada por las recientes investigaciones. En el caso del Perú, es claro que el fenómeno opuesto, la retención de salarios, pudo haber servido exactamente para los mismos propósitos. Sin embargo, es probable que, después de que el constante descenso de la población indígena empezara lentamente a recuperarse a partir de mediados del siglo XVII, hubiera otras razones por las que el hacendado pudo competir éxitosamente con los mineros y otros empresarios en la obtención de mano de obra. Las condiciones del trabajador de una hacienda, indio u otro, que recibía en usufructo una parcela de terreno de la que podía obtener alimentos y algunos ingresos en efectivo o en especie, eran simplemente menos duras que las del trabajador de una mina. En relación a eso, las condiciones eran también mejores que las de los habitantes de las comunidades indígenas, continuamente acosados por las autoridades que reclutaban trabajadores para la mita, que recolectaban el tributo y que velaban por el cumplimiento de otras obligaciones.

En la costa peruana, en el siglo XVI, mientras la población indígena disminuía y los encomenderos veían menguar sus ingresos en concepto de tributos, la po-

---

1. Arnold Bauer, «The church and Spanish American agrarian structure, 1767-1865», *The Americas*, 28, 1 (1971), p. 89.

blación de Lima, fundada en 1535, crecía rápidamente: en 1610 contaba con alrededor de 25.000 habitantes y en 1680 llegaba a unos 80.000. Así que muchos y grandes encomenderos trataban de explotar las ventajas de esta situación, mediante el establecimiento de estancias y charcas, en las tierras irrigadas del valle de Rimac y otros valles cercanos encaminadas a abastecer las necesidades de Lima. El descenso de la población indígena como trabajadores rurales se sustituyó con la importancia de esclavos. En los valles del norte, también aparecieron las huertas de hortalizas españolas, pero con escasos estímulos de mercado éstas no lograron desarrollarse. Al final fueron absorbidas o convertidas en grandes unidades, algunas de las cuales se destinaron a la ganadería; otras, a las cada vez más rentables plantaciones de algodón y de azúcar. La expansión territorial de estas haciendas fue sumamente facilitada por el continuo descenso de la población indígena que dejó las tierras de comunidad vacías. Por ejemplo, en la comunidad de Aucallama (Chancay) fundada en 1551, con 2.000 habitantes, en 1723 ya no quedaban indios y sus tierras fueron poco a poco subastadas.

Al lado de la propiedad laica, se desarrolló la de carácter eclesiástico. En el valle de Jequetepeque, justo al norte de Trujillo, los agustinos mantuvieron a lo largo de dos centurias un verdadero monopolio de las mejores tierras. Sin embargo, desde 1780, estas explotaciones pasaron a propietarios laicos mediante contratos de arrendamiento enfitéutico. En el valle de Chancay, por otra parte, varias órdenes religiosas se repartieron entre ellas algunas de las mejores haciendas. En 1767, en el momento de la expulsión de los jesuitas, éstos poseían en los valles central y del norte no menos de once haciendas azucareras. El crecimiento de la propiedad eclesiástica, como también la reducción de los ingresos de los hacendados particulares a causa de los gravámenes de sus propiedades en censos y capellanías, fue principalmente resultado de las donaciones piadosas. Pero, en particular, los jesuitas también adquirieron muchas propiedades mediante compras financiadas por sus propios beneficios o a través de préstamos obtenidos dentro o fuera de la Compañía. En 1767, el valor total de las 97 haciendas jesuitas de todo el Perú ascendía a 5,7 millones de pesos. Las propiedades de la costa sur tendían a ser más pequeñas, pero vendían más que las del norte. El cultivo más rentable era la vid. En un principio, Arequipa disfrutó especialmente de una buena ubicación para la agricultura diversificada, al encontrarse a lo largo de la ruta de Lima a Potosí. Así, los encomenderos establecieron en los valles circundantes prósperos latifundios. Sin embargo, posteriormente, desde 1570, la canalización del comercio del Alto Perú a través del puerto sureño de Arica y la escasez de mano de obra contribuyeron a la decadencia de Arequipa. Pero a mediados del siglo XVIII, la situación volvió a invertirse, al pasar a ser Arequipa el núcleo central del circuito comercial que conectaba Bajo Perú, Alto Perú y Río de la Plata. Los esclavos negros configuraron una parte importante de la fuerza de trabajo rural en la costa peruana. Los jesuitas, en 1767, empleaban a 5.224 esclavos, de los cuales un 62 por 100 estaba destinado a las plantaciones de azúcar y un 30 por 100 trabajaba en los viñedos. A menudo, los esclavos recibieron parcelas para cultivar sus propios alimentos, al igual que los trabajadores indígenas permanentes (agregados a las haciendas). Progresivamente, se incrementó la participación de los negros libres, mulatos y mestizos como fuerza de trabajo.

En el interior del norte de Perú, en la sierra central andina, la expansión de la ganadería dio lugar a la creación de numerosas estancias, como también de obrajes y chorrillos. Al igual que lo que ocurrió en la costa, las haciendas españolas se extendieron a expensas de las tierras indígenas. Los indígenas configuraron la principal fuerza de trabajo de las estancias ganaderas, así como de los obrajes. Al mismo tiempo, la población no india iba incrementando de manera continua, de modo que al finalizar el período colonial igualaba en número a la población indígena, la cual, por otro lado, se había convertido en el peonaje de las grandes haciendas al pasar sus tierras a manos de los españoles.

De manera frecuente, las haciendas se establecieron alrededor de las minas a las que abastecían con alimentos. A la vez, las comunidades indígenas también fueron atraídas dentro de esta red comercial de carácter local. Tal fue el caso de Cerro de Pasco, al noreste de Lima, donde las minas de plata estaban en pleno auge hacia fines del siglo XVIII. Las minas de Huancavelica, el gran depósito de mercurio, fueron también circundadas por haciendas, las cuales se caracterizaron por los cambios frecuentes en la propiedad a través de compra-ventas. Pero en este caso, la mayoría de las veces éstas sirvieron como reserva de mano de obra para las minas, pues en lo relativo a los bienes de consumo, Huancavelica tuvo que depender de los productores de la costa.

Más al sur, la ciudad de Cuzco constituyó un mercado importante y, ya desde tiempos tempranos, fue rodeada por chacras. Hacia 1689, en la región de Cuzco, había 705 haciendas; en 1786, el número de ellas había disminuido ligeramente a 647. La mayoría de las haciendas estaban concentradas a lo largo del Camino Real, la ruta que a pesar de sus numerosos pasajes difíciles conectaba Cuzco con Lima y Potosí. En 1689, una quinta parte de estas unidades era propiedad de caballeros con derecho al tratamiento de «Don»; un 15 por 100 era de mujeres (en general viudas) y no menos de un 7 por 100 estaba en manos de la Iglesia y de las órdenes religiosas. Sin embargo, las haciendas eclesiásticas incluían algunas de las más extensas y más rentables de todo el conjunto. Los jesuitas eran dueños de la hacienda azucarera más importante, la de Pachachaca, localizada en un valle templado de la provincia de Abancay, y propietarios también del gran obraje anexo a la hacienda de Pichuichuro, en la parte más alta y fría de la misma provincia. Ambas propiedades fueron centros de redes agrícolas y ganaderas, cuya función era suministrar las provisiones que necesitaban los trabajadores de las haciendas azucareras y de los obrajes. La diversidad ecológica de las áreas donde estaban ubicadas este tipo de explotaciones facilitaba claramente su integración económica. Pero ese también fue el caso en algunos de los enormes mayorazgos que existieron, tales como el del marqués de Vallehumbroso. No obstante, la mayor parte de las haciendas eran probablemente bastante modestas y pequeñas. En 1689, una mano de obra de 15 a 20 indios adultos parece haber sido un número frecuente en las haciendas de Cuzco. Además, en vísperas de la independencia, la mayoría de los indígenas estaba viviendo todavía en sus comunidades. La población no india de la región de Cuzco incrementó lentamente pasando de un 5,7 por 100, en 1689, a un 17,4, en 1786.

En la región fría de Puno, la cría de llamas y ganado lanar de las comunidades indígenas fue la principal característica de la sociedad rural, aunque allí también había estancias españolas dispersas. En el Alto Perú, el valle de Cochabamba fue uno de los principales graneros de Potosí. De acuerdo con un cronista del siglo XVII, estas haciendas eran grandes y valoradas normalmente entre 40.000 y 80.000 pesos. Pero más tarde, empezaron a fragmentarse al cesar las exportaciones de grano a Potosí y al optar los terratenientes por arrendar la mayor parte de sus tierras.

La fuerza de trabajo existente en las haciendas, situadas en la sierra central andina, comprendía tres categorías principales: los mitayos (o séptimas) de las comunidades indígenas, que servían por turnos en las haciendas, del mismo modo que lo hacían en las minas; los yanaconas, institución de origen inca que se usó cada vez más a lo largo del período colonial, constituían una mano de obra adscrita de manera permanente a la hacienda y, de hecho, atados a ella, recibían en usufructo pequeñas parcelas de tierra para su propia subsistencia, pero sin remuneración salarial alguna; por último, habían algunos trabajadores o jornaleros libres que se alquilaban de manera voluntaria y se les compensaba casi o totalmente en especie y frecuentemente estaban endeudados con los hacendados. Por otra parte, los arrendatarios o subarrendatarios realizaban ciertas jornadas en las tierras administradas por el propietario (*demesne*).

En ausencia de minería, la vida económica de la audiencia de Quito (actual Ecuador) se ajustó a la especialización de dos productos: cacao en la húmeda provincia tropical de Guayas, y tejidos de lana en la sierra. En la costa se desarrollaron plantaciones trabajadas por esclavos. En la sierra, las haciendas y, en menor grado, los pueblos de indios, intentaron combinar la agricultura de subsistencia y la ganadería con la producción textil. Al igual que en Perú, las haciendas de Quito se formaron, en parte, por medios extralegales y posteriormente se legalizaron mediante el sistema de composiciones. En el caso de la gran hacienda de Gualachá (Cayambe) se sabe que varias generaciones de una misma familia mantuvieron el patrimonio y los derechos de sucesión desde 1640 hasta 1819. Pero no se sabe hasta qué punto ello fue o no representativo. Las propiedades eclesiásticas eran impresionantes; así, los jesuitas, en 1767, poseían un centenar de haciendas, estancias y obrajes. Éstas fueron tasadas en 0,9 millones de pesos, pero se vendieron en sólo 0,5 millones de pesos. Algunas pasaron a manos de criollos aristócratas, como el marqués de Selva Alegre. Al igual que en Perú, la mano de obra rural derivaba de las instituciones incaicas de yanaconaje y mita. Pero en Quito, los yanaconas prácticamente desaparecieron a lo largo del siglo XVII. En su lugar, los mitayos, aquí llamados «quintos», configuraron el grueso de la mano de obra. En el caso concreto de Quito no hubo competencia procedente de la demanda laboral de las minas. Mediante la concesión, en usufructo, de pedazos de tierra, denominadas aquí *huasipungos*, y haciendo que los mitayos contrajeran deudas, los hacendados lograban, a menudo, desplazar a los indios de sus pueblos, atándolos a las haciendas. Así que su situación fue asemejándose cada vez más a la de los primeros yanaconas. Hacia 1740, dos viajeros españoles proporcionarían un detallado relato sobre este proceso de las haciendas productoras de grano y de las estancias ganaderas. Los pastores son presentados como los que posiblemente menos abusos sufrían, aunque en relación a sus homólogos españoles su situación resultaba ser peor aún. Las peores condiciones eran las de los mitayos, sujetos a trabajar forzosamente en espacios similares a cárceles, tales como los obrajes. Aquellos indios, o cualquiera que sea el origen, que estuvieron atados a las haciendas empezaron a ser conocidos como «conciertos», término algo irónico, puesto que ello implica contrato. Más adelante, a estos indios se les llamaría *huasipungueros*. A fines del período colonial, alrededor de la mitad de la población indígena demográficamente estable de las tierras altas de Quito se había convertido en siervos de las haciendas.

En Nueva Granada, después de la conquista (1537), los encomenderos jugaron un papel decisivo en el proceso de apropiación de la tierra. Mediante el control de los cabildos, los encomenderos se asignaron tierras de sus encomiendas. La evolución de la estructura agraria de Nueva Granada muestra considerables variedades, debido a la heterogénea naturaleza del área. Antes de la última década del siglo XVI, la mitad del altiplano, denominado la sabana, de los alrededores de Santa Fe de Bogotá había pasado a manos de los encomenderos, al ser los indios congregados en reducciones, llamadas en este caso «resguardos». La consolidación de las haciendas españolas se llevó a cabo mediante el sistema de composición. De este modo, un aristócrata obtuvo la legalización de la propiedad de 45.000 hectáreas, simplemente con 568 pesos de oro. Sin embargo, los mayorazgos fueron pocos y, a lo largo del siglo XVII, algunas tierras fueron ocupadas por hacendados más modestos. La Iglesia también adquirió aproximadamente la mitad de la tierra. Los pueblos indígenas desaparecieron en su mayoría.

Hasta la última década del siglo XVI, los indios de encomienda configuraban el principal recurso laboral de la sabana. Posteriormente, la mita pasó a ser el medio de reclutamiento laboral para las tareas agrícolas, como también para la minería y servicios urbanos. Al igual que en Quito, los hacendados, de manera frecuente, convirtieron a los trabajadores «concertados» por seis meses en peones residentes y permanentes de las haciendas. En el siglo XVIII, también apareció la mano de obra libre, voluntaria, integrada en su mayoría por mestizos, que por entonces constituían el grueso de la población.

La característica de la sabana diferiría sólo en cierto grado de la de Tunja, específicamente en la parte este. Aquí, los resguardos sobrevivieron más tiempo, pero fueron ocupados por un elevado número de arrendatarios mestizos. Durante la última parte del siglo XVIII, las autoridades permitieron a éstos ocupar la mayor parte de la tierra. Los más humildes, los campesinos sin tierra, y los indios al igual que los mestizos empezaron a ser conocidos como «agregados».

Las regiones menos habitadas presentaban algunas características distintas. En el valle del Cauca, el control de los grupos de indios de encomienda existentes fue el punto de partida para la formación de los enormes latifundios que pronto fueron ocupados por ganado. En el siglo XVIII, estas enormes extensiones territoriales fueron fragmentadas en unidades de tamaño más racional, dedicadas en su mayoría a plantaciones azucareras. Éstas fueron trabajadas por esclavos negros, provenientes, en parte, del sector minero. Mineros y comerciantes fueron notables entre los terratenientes, y las tierras que los primeros adquirieron fueron utilizadas como garantía para la obtención de préstamos a bajo interés. De este modo, los tres sectores económicos estuvieron tan diversamente entrelazados que el declive de la minería, hacia finales del siglo XVIII, afectaría negativamente a la agricultura de Cauca.

Las posesiones de los jesuitas estaban esparcidas por toda Nueva Granada e incluían estancias ganaderas, haciendas productoras de grano, como también plantaciones de azúcar y de cacao. Éstas se valoraron, en 1767, en 0,6 millones de pesos. En las plantaciones trabajaban esclavos, pero en menos cantidad que en aquellas más rentables de los jesuitas de Perú.

Durante el siglo xvi, el proceso de colonización española fue particularmente desordenado y destructivo. La población indígena, nunca densa, vióse severamente reducida. Dedicados a la infructuosa búsqueda de minas o absorbidos por la industria de perlas, los colonizadores satisficieron sus necesidades a través de los tributos de la encomienda. Sin embargo, hacia 1600, con el cultivo del cacao, que se extendió desde Caracas a los valles de la costa central, la estructura de la economía venezolana se estabilizó hasta finales del siglo xviii. Al mismo tiempo, la ganadería se extendió de las tierras altas hacia el sur, en las zonas norteñas de los llanos. Las mercedes de tierra se concedieron en primer lugar a muchos de los individuos que habían recibido encomiendas.

Sabemos como la creciente riqueza agrícola se distribuyó, en 1684, entre los ciudadanos de Caracas. Una cuarta parte de estos vecinos, que sumaban en conjunto 172 personas, poseían un total de 167 plantaciones de cacao con 450.000 árboles y 28 hatos con 38.000 cabezas de ganado. En términos comparativos, la riqueza representada por las labranzas de trigo y los trapiches azucareros era insignificante. Alrededor de la cuarta década del siglo xvii, cuando la producción del cacao, en la provincia de Caracas, se había multiplicado por diez, el número de propietarios del cacao, sólo había incrementado en tres. Algunos de ellos eran a la vez propietarios de extensas fincas destinadas a la ganadería, llamadas aquí «hatos». El proceso de concentración de la tierra destinada de manera predominante al cultivo comercial del cacao continuó hasta finales del siglo xviii. Hacia 1740, los «señores del gran cacao» pasaban de 400, pero ya en 1800 no sumaban más de 160. Los plantadores se beneficiaron de las composiciones y también de los pequeños pueblos de indios, a los que habían privado de algunas de sus tierras. La Iglesia controlaba parte de la riqueza territorial, que por lo que respecta a toda el área destinada al cacao representaba aproximadamente una quinta parte alrededor de 1740. Pero una sola familia, los Pontes, contaba con un patrimonio territorial todavía mayor que el de la Iglesia. Los terratenientes criollos y absentistas, concentrados en Caracas, formaban una elite compacta y ambiciosa que luchó firmemente contra los funcionarios reales y los comerciantes españoles que, desde 1728 a 1784, monopolizaban el comercio exterior a través de la Real Compañía de Caracas.

La riqueza agrícola de la que disponían los terratenientes de Venezuela, al final del período colonial, tenía poca semejanza, en términos comparativos, con la de sus homólogos de Hispanoamérica. Un visitante francés no se dejó impresionar por dicha riqueza. En la zona francesa de Santo Domingo, un área infinitamente más pequeña, el valor de la producción rural era diez veces superior que el de la provincia de Caracas. ¿Cuáles eran las causas de este atraso? Primeramente, los célebres perniciosos censos y capellanías, en comparación con los cuales los diezmos e impuestos a las ganancias eran menos onerosos ya que se ajustaban a las vicisitudes de la producción. Por otro lado, las implicaciones propias del absentismo, los elevados costos para mantener a administradores muchas veces deshonestos e ineficaces, así como también a propietarios interesados en mejorar única y exclusivamente su posición sociopolítica. Finalmente, el francés también señala una razón externa: la arriesgada dependencia del continuo suministro de esclavos negros, debido a su baja fertilidad y a la frecuencia de manumisiones.[2]

Claramente, la agricultura comercial en Venezuela pasó a depender cada vez más de la mano de obra esclava africana. Aparte de las extensas zonas misioneras, en el este y extremo sur de Venezuela, el resto de los indígenas se recluyeron en las antiguas unidades familiares que practicaban una agricultura de subsistencia, basada en la mandioca, el maíz, las legumbres y plátanos, perpetuada a través del sistema de roza. También muchos mestizos pobres, negros libres y mulatos se convirtieron en «conuqueros» (minifundistas) en lugar de alquilarse como jornaleros. Por lo tanto, los esclavos negros eran imprescindibles para la producción de cacao, cuya productividad era relativamente alta. Por otra parte, por lo que respecta a la ganadería de los llanos, el suministro de mano de obra nunca llegó a ser un gran problema. A mediados del siglo XVIII había un total de 3.500 peones pagados básicamente en especie y 400 esclavos que cuidaban algo más de 300.000 cabezas de ganado en las zonas de Guarico, Apure y Cojede.

En Chile, la población aborigen disminuyó bajo el dominio de los españoles; de este modo, un pequeño número de encomenderos y otros españoles pudieron obtener mercedes de tierra y repartirse entre ellos las tierras más fértiles del Chile central. En 1614, Santiago estaba rodeada por cerca de 100 chacras productoras de vegetales y granos, y 350 estancias de ganado y también productoras de grano. La mano de obra estaba integrada por indios de encomienda, indios mapuches del sur hechos prisioneros y convertidos en esclavos, indios procedentes del otro lado de la cordillera, negros y mestizos. Sin embargo, los pueblos españoles proporcionaban sólo un exiguo mercado para la producción agrícola. El principal producto de exportación era el sebo, el cual podía ser vendido de manera rentable en Perú, donde era usado para la fabricación de velas, indispensables para la minería. La cría extensiva de ganado para la obtención de sebo tenía también la ventaja de requerir muy poca mano de obra, recurso sumamente escaso en el Chile del siglo XVII.

El gran mercado para el trigo chileno se abrió a raíz del terremoto de 1687, que afectó inclusive las entonces regiones trigueras de la costa peruana. En respuesta a la demanda externa, el cultivo del trigo en Chile se extendió desde los puertos, reemplazando en buena medida a la ganadería. A lo largo del siglo XVIII, sin embargo, los precios tendieron a disminuir, y también la producción, en algunos lugares. En este contexto, la subsiguiente concentración de tierras, de acuerdo a un estudio reciente, debe ser interpretada como un esfuerzo para reducir los costos de producción.[3]

También se puso en práctica una nueva manera de asegurar la mano de obra. En el marco de una ganadería extensiva, los terratenientes, a menudo concedían derechos de usufructo en pedazos de tierra marginal a españoles o mestizos con escasos recursos, a cambio de la realización de ciertas tareas no dificultosas rela-

---

2. Francisco Depons, *Viaje a la parte oriental de Tierra Firme en la América Meridional*, II, Caracas, 1960, pp. 82-88.
3. Véase Marcello Carmagnani, *Les mécanismes de la vie économique dans une société coloniale: le Chili (1680-1830)*, París, 1973.

cionadas, por ejemplo, con los rodeos, a lo que se le llamó «préstamo de tierra». Bajo el impacto de las exportaciones de trigo, y coincidiendo con un crecimiento demográfico, aumentó el valor de la tierra y los arriendos encarecieron. Obligados a pagar pesados arrendamientos en especie o dinero, de los terrenos marginales, los arrendatarios pronto tuvieron que optar por alquilarse en forma de jornaleros. Hacia fines del siglo XVIII, en algunas zonas, los llamados «inquilinos» ya constituían un recurso laboral más importante que el de los habituales peones agrícolas.

En vísperas de la independencia, la estructura de la propiedad territorial, en la región de Santiago, mostraba un elevado grado de concentración. Un 78 por 100 del número de unidades, valía menos de 3.000 pesos y comprendía menos del 10 por 100 del valor total. Por otro lado, el 11 por 100 de las unidades, valoradas en más de 10.000 pesos, ocupaban más del 75 por 100 del valor global. Además, esta estructura parecía ser bastante estable. En el valle de Putaendo, en el Chile central, la hacienda más grande se transmitió intacta de una generación a otra, entre 1670 y 1880. Algunas veces, los mayorazgos contribuyeron a mantener los bienes patrimoniales dentro de la familia, pero normalmente éstas no lo necesitaban. Aunque en otros casos, la repetida fragmentación de la propiedad inició un proceso que dio lugar al minifundio contemporáneo. Finalmente, la composición del grupo terrateniente fue considerablemente modificado en el transcurso del siglo XVIII, cuando los inmigrantes españoles reemplazaron, en parte, a las antiguas familias descendientes de los encomenderos.

La inmensa región del Río de la Plata cosechó frustraciones al no encontrarse allí minas. En la parte norte occidental, la colonización fue meramente una extensión de la del Perú y de Chile. Entre 1553 y 1573 se fundaron todos los pueblos importantes, se distribuyeron indios agricultores sedentarios en encomiendas y en las áreas de los alrededores de los pueblos se repartieron mercedes de tierra. Mientras tanto, las expediciones directas de España sólo consiguieron establecer un centro permanente: el de Asunción, en 1541. En Paraguay, una población indígena, bastante densa, pudo abastecer a los españoles con productos agrícolas: maíz, mandioca y batata. Una generación posterior, la de los paraguayos mestizos, fue la fundadora de Buenos Aires, en 1580, pero después de la clausura de su puerto, catorce años después, la ciudad permaneció como si fuera una isla en medio del mar de los pastizales de la pampa, dependiendo del contrabando para poder sobrevivir.

Los pueblos occidentales del norte se vincularon, casi desde los inicios, al mercado peruano, especialmente con Potosí. En un principio, éstos sirvieron como abastecedores de tejidos, hechos con la lana de Córdoba y con el algodón de Tucumán y Santiago del Estero; luego, como suministradores de ganado, especialmente mulas. En el siglo XVII, Paraguay también participó en la red comercial de Potosí, como proveedora de yerba mate, cuyas hojas se usaban para preparar una bebida estimulante. La yerba mate llegaba de dos lados: de los ciudadanos de Asunción y otros pueblos, que usaban indios de encomienda para realizar el duro trabajo que requería la cosecha de la yerba en los lejanos bosques, y de las misiones jesuitas, al sur y este del área.

Los otros productos comercializables del Río de la Plata eran pastoriles. Hacia mediados del siglo XVII, se formaron rápidamente rebaños medio salvajes (ganado cimarrón) que al parecer constituyeron inagotables vaquerías hacia el suroeste de Buenos Aires, en Entre Ríos y en la costa norte del Río de la Plata, en la Banda Oriental (Uruguay). El modo de explotación de las vaquerías era brutal. Los vecinos de Buenos Aires o de Santa Fe, en lo alto del río, solicitaron al cabildo una licencia («acción») para acorralar y matar cierto número de bestias. Pero sólo tenían valor comercial las pieles, lenguas y sebo, debido al incremento de la demanda externa. No fue hasta mediados del siglo XVIII que un considerable número de estancias fueron establecidas por las misiones jesuitas alrededor de los pueblos españoles, los cuales incluían Montevideo, en la Banda Oriental. A menudo, las acciones previas fueron tomadas como base para reivindicar la propiedad de la tierra («denuncias»). La unidad mínima, la «suerte de estancia», constaba de unas 1.875 hectáreas con capacidad para 900 cabezas de ganado. Mientras el valor de la tierra permaneció extremadamente bajo, grandes áreas mantuvieron dudosos títulos de propiedad debido a lo caro que resultaba la medición de la tierra. Por norma, los propietarios vivían en los pueblos cercanos. Estos estancieros estuvieron claramente subordinados al sector de los ricos comerciantes. Alrededor de 1800 decíase que una estancia de 10.000 bestias no necesitaba más de un capataz y diez peones para funcionar. Mientras la mano de obra urbana era en gran parte esclava, los peones ganaderos eran normalmente libres con un nivel salarial alto, en términos de Hispanoamérica.

Producción

En las áreas centrales de agricultura precolombina desarrollada, los indios no producían sólo para cubrir sus propias necesidades, sino que lo hacían también para aquellos que pertenecían a los estratos altos que desempeñaban funciones ceremoniales y militares, de carácter no productivo. La conquista no provocó fundamentalmente ninguna orientación nueva de producción. En las áreas periféricas, por otra parte, a los agricultores primitivos, cazadores y recolectores que sobrevivieron a la conquista hubo que enseñarles a producir excedentes para sus dominadores.

Los cultivos básicos precolombinos eran tubérculos, como mandioca y patata, y también maíz, calabazas y frijoles. Los animales domésticos eran escasos y satisfacían sólo una pequeña parte de las necesidades alimentarias. Los españoles, sin embargo, se negaron a depender de los cultivos americanos nativos. En 1532, se requería que cada barco que salía hacia el Nuevo Mundo transportara semillas, plantas vivas y animales domésticos para asegurar el abastecimiento de todos los alimentos que normalmente consumían los españoles. En las tierras altas, los cultivos europeos fueron cuidadosamente adaptados al sistema de altura de la agricultura precolombina. El trigo podía crecer a 3.500 m sobre el nivel del mar, la cebada a 4.000. El gobierno disuadió, sólo algunas veces, la producción en el Nuevo Mundo de unos pocos cultivos comerciales porque ello afectaba negativamente a las propias exportaciones de aceitunas, sedas, cáñamo y vino. El hecho de que los españoles exigieran que los tributos indígenas en especie incluyeran trigo y otros productos europeos, hizo que los nativos tuvieran que aprender a producirlos. Obviamente, el proceso de aculturación fue más rápido y profundo cuando los españoles dirigieron directamente la producción en las chacras o haciendas. Cambiar los hábitos de consumo fue, sin embargo, más difícil, aunque justo en el momento en que los españoles empezaron a apreciar los productos americanos nativos, los indígenas empezaron a cultivar algunas plantas europeas para sus propias necesidades.

La propagación de los animales domésticos del Viejo Mundo fue todavía más revolucionaria debido a la ausencia de animales semejantes, a excepción de las llamas de los Andes centrales. El ganado se multiplicó con una increíble rapidez en los pastizales de América del Sur. Las ovejas fueron más aceptadas por los indios de las tierras altas debido a su similitud con las llamas. Los caballos también fueron aceptados, incluso por los más encarnizados enemigos de los españoles, tales como los indios mapuches. La carne no sólo proporcionó el principal alimento de la población no india, sino que también el libre suministro de ella se convirtió en una condición frecuente fijada por las tribus indígenas al permitir que los misioneros los congregaran en reducciones.

La organización de la producción en las comunidades indígenas de la sierra siguió el modelo precolombino, sólo ligeramente modificado por la introducción de instituciones municipales hispánicas. En las chacras, estancias, haciendas y plantaciones prevalecieron los sistemas europeos. Se introdujo el arado, pero prácticamente sólo se usaba en las estancias españolas. En las laderas de los Andes, la *chaquitaccla* o arado a pie incaico fue claramente superior. La transferencia de la tecnología europea del momento estuvo lejos de ser completa. Mientras, por ejemplo, se introdujo la trilla con el uso de bestias, la irrigación con la ayuda de la noria tirada por caballos no llegó. Debido al bajo nivel tecnológico, capitalización y administración, el número de trabajadores fue el principal determinante de la producción agrícola. También había actividades que requerían variedades especiales, normalmente de organización productiva más simple, como es el caso de las vaquerías del Río de la Plata. Bajo la dirección de empresarios y misioneros, los estimulantes, como coca y yerba mate, eran cosechados en áreas periféricas por indios forzados, bajo condiciones muy severas y peligrosas. Poco se sabe en torno a volúmenes de producción-horas invertidas, y menos incluso sobre niveles de productividad. Además, para que ello puede tener sentido, todo dato de este tipo ha de relacionarse con información similar de otras áreas de dentro y fuera de América Latina. El hecho de que dos novenas partes de los diezmos fuesen registrados en la hacienda real podría darnos una pista. No obstante, es bastante arriesgado estimar el volumen de la producción en base a las cifras que se encuentran en estas cuentas. El derecho a recolectar los diezmos era normalmente vendido al mejor postor, lo que implicaba un fuerte elemento de especulación en la transacción. La propiedad territorial del postor o fiador valía como garantía para este tipo de empresas arriesgadas que, algunas veces, eran muy rentables.[4]

---

4. De modo excepcional, la recaudación del diezmo también fue confiada a los funcionarios diocesanos. Las estimaciones de las cosechas y ganado, hechas a partir de las «tazmías de diezmos», proporcionan excelentes fuentes para la producción, como es en el caso de la diócesis de Cuzco, 1781-1786.

En la costa peruana, el proceso de cambio de la producción agraria, después de la conquista, fue particularmente profundo. Los principales cultivos, como el de la caña de azúcar y el de la vid, junto a los animales domésticos, las técnicas agrícolas y la mayoría de los propios productores y consumidores llegaron de fuera.

Ya en 1550, Cieza de León comentaba sobre las muchas plantaciones azucareras que había en la región de Nazca. Hacia finales del siglo XVIII, la producción azucarera de la costa del Perú llegaba a alrededor de 450.000 arrobas (1 arroba = 14,5 kg). Sin embargo, el nivel tecnológico de los trapiches azucareros peruanos podría haber sido inferior al de otras zonas productoras de azúcar de la época. El cultivo de la vid y la producción de aguardiente y vino se concentró en Ica y Moquegua, al sur de la región costera. La cría de ganado abarcó toda la variedad de los animales domésticos del Mediterráneo. Plantas forrajeras, como la avena y la alfalfa, se cosecharon en gran escala. Aunque el maíz permaneció como alimento importante, los colonos blancos prefirieron el trigo, que creció en grandes cantidades, a pesar de que el clima era menos que ideal. Hacia fines del período colonial, el arroz pasó a ser también un cultivo alimentario importante que se desarrolló especialmente en la zona de Trujillo. Todavía más al norte, en Lambayeque, desde el siglo XVII el algodón se extendió en gran escala y se usó para la preparación de mantas.

Se ha dicho que el terremoto de 1687 produjo una extendida esterilidad del suelo, provocando así severas crisis agrícolas. No obstante, la destrucción parece haberse limitado a los alrededores de Lima, y los efectos fueron probablemente sólo temporales. En los años cincuenta del siglo XVII, dos visitantes españoles escribieron que Lima estaba rodeada por «huertas, que producían toda clase de hortalizas y frutos conocidos en España, y de la misma calidad y hermosura, al lado de aquellas que eran comunes en América». Los extensos olivares, también producían un «aceite ... más preferible que el de España».[5] Junto a la irrigación, de ningún modo abandonada, aunque menos extensiva probablemente que en la época precolombina, el guano de las islas Chincha todavía se usaba como fertilizante, a pesar de que frecuentemente se rechace esto.

De modo considerable, en la sierra central andina se conservaron más características de producción precolombina que en la costa. Un cronista del siglo XVII subraya que en el Alto Perú, el arado español tirado por bueyes y la chaquitaccla nativa se usaban uno junto a la otra. La combinación de dos tradiciones agrícolas se expresó igualmente en la dicotomía de maíz-trigo, habas-patatas, coca-azúcar y llama-oveja. En cada nicho ecológico se podía elegir entre las plantas o animales del Viejo Mundo o las propias del Nuevo Mundo. Sin embargo, hubo un elemento distorsionador cuando, por ejemplo, el ganado español invadió los terrenos que estaban reservados a la agricultura. Además, a menudo, se destruyó la complementariedad indígena con sus unidades de producción verticalmente integradas. Por otra parte, las más grandes de las haciendas españolas que aparecieron lograron incorporar en ellas diferentes tipos de terreno para asegurarse de este modo una amplia variedad de productos. Las terrazas y la irrigación conti-

---

5. Jorge Juan y Antonio de Ulloa, *A voyage to South America*, ed. Irving A. Leonard, Nueva York, 1964, pp. 216-220.

nuaron siendo usadas, aunque en menos grado que durante el período incaico. Las zonas sin irrigación, «temporales», dieron rendimientos inferiores.

En este momento no se puede trazar ninguna aproximación general de la producción de las tierras altas. Por ejemplo, la parroquia de Ccapi (Paruro, Cuzco), en 1689, produjo una cosecha de 212 kg de grano por habitante. En otra zona de Cuzco, en Calca y Lares, en 1786, se produjeron 148 kg de maíz, 35 kg de trigo y 509 kg de patatas por habitante. Estas estimaciones no son inferiores a las condiciones actuales, presionadas por el exceso de población, erosión y otros factores. Vale la pena observar que en Calca y Lares, en 1786, una cuarta parte de la producción de trigo creció en las comunidades indígenas y, a la vez, éstas también mantuvieron un tercio de los caballos y la mitad del ganado. Por otra parte, las haciendas españolas proporcionaron el 60 por 100 del maíz y casi el 30 por 100 de los tubérculos. Al parecer, el proceso de aculturación estaba en marcha.

Las oscilaciones de la producción agrícola eran de manera frecuente violentas, a causa de los cambios climáticos, en un medio ambiente muy severo, donde los extremos eran verdaderamente muy rigurosos. Las sequías, las heladas tempranas o las inundaciones extendían el hambre y abonaban el terreno a las epidemias, que a su vez comportaban la reducción de la mano de obra. Es importante anotar que la desatrosa cosecha de 1782-1783 causó en la ciudad de Cuzco una subida de los precios de los alimentos más desorbitante que la ocurrida dos años antes, a raíz de la rebelión y sitio de los indios de Tupac Amaru. También, a pesar de la destrucción causada por la guerra, el total de los ingresos en concepto de diezmos de la diócesis, fue mayor en 1786 que en 1779.

Una característica sorprendente de la sociedad rural andina era la gran extensión de la producción textil basada en la lana de las llamas, vicuñas, alpacas y ovejas. Tanto los pequeños como los grandes obrajes textiles de las haciendas o comunidades estuvieron, a excepción de algunos pueblos, estrechamente integrados en la economía rural. Donde no se desarrolló la minería, la producción textil o, tal vez, la de azúcar, limitada a los profundos valles templados, o la coca producida en las laderas orientales de los bosques, proporcionaron el dinamismo de la sociedad rural.

En la audiencia de Quito, la gran variedad y riqueza de la producción de las tierras bajas tropicales costeras, alrededor de Guayaquil y en Esmeraldas, más al norte, nunca dejó de impresionar a los visitantes. En primer lugar estaba el árbol del cacao que producía «frutos dos veces al año, en la misma abundancia y calidad».[6] También las tierras fértiles, aunque acosadas por las fiebres, producían algodón, tabaco, caña de azúcar, bananas, cocos, mandioca, cacahuetes y muchos otros frutos. En las tierras altas, la característica de la producción apenas difería de la de la sierra peruana. En el caso de la hacienda Guachalá, la producción se estancó durante la época final del período colonial. Esto pudo haber sido un fenómeno generalizado. Después de todo, en estas áreas aisladas, la producción agrícola recibió muy poco estímulo.

A principios del siglo XVII, se consideraba que vivir en Bogotá resultaba barato, gracias al abundante suministro de toda clase de provisiones. Ello reflejaba

---

6. *Ibid.*, p. 94.

claramente el elevado número, en la sabana, de pequeños y grandes productores y, también, la proximidad de las tierras altas, al igual que las bajas, con los diferentes cultivos. Al observar Nueva Granada en su conjunto, es sorprendente la gran variedad de productos agrícolas que había, sin dominar ninguno de ellos por encima del otro. Uno podría pensar que con el rápido descenso de la población indígena en toda la región, el modelo tradicional de consumo se debió alterar en favor de los cultivos del Viejo Mundo. No obstante, un testimonio de finales del siglo XVIII sostiene que el consumo de trigo, en Bogotá, permaneció bajo debido a que sus habitantes preferían el maíz nativo. En la sabana, el trigo no se producía meramente para los habitantes de Bogotá, sino que también se mandaba a los mercados lejanos, a lo largo del río Magdalena y a los centros mineros de Tolima y Antioquia. Así, en el siglo XVIII, la disminución de la minería y la competencia, en Cartagena, en la costa de Caribe, de los granos importados de América del Norte afectaron negativamente la agricultura de la sabana. De hecho, la agricultura en la mayor parte de Nueva Granada, más allá de la subsistencia local, ante todo sirvió como auxiliar de la minería. En los distritos mineros del oeste había siempre parcelas donde los indios o negros cultivaban maíz, frijol y mandioca para abastecer algunos centros mineros. Además, el desarrollo de la ganadería extensiva en Cauca y valles altos del Magdalena abasteció a la población urbana y minera con alimentos abundantes y ricos en proteínas. El tabaco, que desde 1774 estaba en manos del monopolio estatal, se produjo en gran escala y resultó ser la fuente de ingresos más importante del virreinato de Nueva Granada.

La población de Venezuela permaneció relativamente dispersa a lo largo del período colonial. Los centros urbanos eran bastante pequeños y el sector minero apenas existente. Así, el problema de la subsistencia se resolvió fácilmente. El mantenimiento de la mayoría de la población procedía de la producción de mandioca, maíz y frijoles de los *conucos* (parcelas de tierra), basados en la agricultura de roza; a la vez, del suministro abundante de carne de la manadas de ganado de los llanos que facilitó la subsistencia, incluso a aquellos pobres que vivían en los centros urbanos. En contraste con el paisaje rural, utilizado de manera extensiva, las pequeñas áreas destinadas al cultivo del cacao requerían una inversión relativamente grande de capital y conocimiento, siendo la compra de esclavos la que representaba los desembolsos más elevados. El suministro de mano de obra fue en gran parte resuelto al ofrecer a los trabajadores el cuidado de los espacios situados entre las hileras de los árboles, donde podían cultivar sus propios productos. La plantación de cacao requiere un constante abastecimiento de agua y, para ello, hacia fines del período colonial se realizaron complicadas obras de irrigación y drenaje. A juzgar por las cifras de exportación, la producción incrementó a un ritmo acelerado, pasando de 1.000 a 2.000 fanegas (1 fanega = 110 libras = 50 kg, aproximadamente) en los años treinta del siglo XVII, a 125.000 fanegas alrededor de la última década de la centuria posterior.

Más adelante, a la sombra de los cacaotales se desarrollaron otros cultivos comerciales. No obstante, no fue hasta fines de la colonia que se amplió el panorama agrícola, tanto en superficie como en importancia comercial, en torno a la explotación del café, azúcar, añil, algodón y tabaco. Como ya se ha dicho, el tabaco pasaría, en 1779, a ser parte del monopolio estatal. A diferencia del cacao, el café, que se convertiría durante el siglo XIX en el principal cultivo de Venezuela, no exigía irrigación y podía crecer en las laderas donde no era necesario el drenaje.

En Chile, a principios del siglo XVII, la producción agrícola en las áreas de los alrededores de Santiago ya era bastante variada, aunque los únicos mercados para la mayoría de los productos, tales como granos, vegetales y vino, eran los de la propia ciudad, todavía relativamente pequeña, y el ejército en la frontera con los mapuches. Se calcula que en el área de Santiago había alrededor de 40.000 cabezas de ganado, no menos de 320.000 cabras y 620.000 ovejas. Pero en conjunto, a excepción del sebo que se exportaba, el resto sólo cubría necesidades locales. La expansión del cultivo del trigo para la exportación, hacia fines del siglo XVII, transformó naturalmente este modelo de producción. A juzgar por los registros de los diezmos, el valor de la producción agropecuaria experimentó un aumento notable. En el caso de Santiago, se ha estimado, entre 1680 y 1690, una media anual de 140.000 pesos; y, entre 1730 y 1739, de 341.000 pesos, representando ello un ritmo de crecimiento anual del 1 por 100, que en términos de una economía técnicamente primitiva es un logro considerable. Desde los años setenta del siglo XVIII, el ritmo de crecimiento bajó al 0,5 por 100. En la zona más hacia el sur, alrededor de Concepción, se notaron los efectos de la demanda externa con algo de retraso y en un grado menor. Más hacia el norte, en torno a La Serena, por otro lado, la agricultura estuvo principalmente condicionada por la minería, la cual experimentó una recuperación a lo largo del siglo XVIII. Así que aquí, el ritmo de crecimiento más elevado en la agricultura, 1,3 por 100, se logró tan tarde como la última década del siglo XVIII. Todavía hasta mediados de la centuria decimonónica, en Chile, la capacidad productiva agrícola estuvo por debajo de sus posibilidades. La demanda global estaba simplemente demasiado limitada.

La población en el Río de la Plata, permaneció sumamente dispersa a lo largo del período colonial. La gran excepción fueron las 30 misiones guaraníes de los jesuitas, situadas entre el alto Paraná y el alto Uruguay. En el siglo XVIII, su población alcanzó y, ocasionalmente sobrepasó, los 100.000 habitantes. Éstas estuvieron económicamente bien organizadas y eran mayoritariamente autosuficientes, aunque producían yerba mate en gran medida destinada a la exportación. En conjunto, la ausencia de mercados internos restringió la producción de la mayoría de las mercancías agrícolas. Aquellas ramas que lograron desarrollarse estaban ajustadas a la demanda exterior. En la provincia de Tucumán, se producían tejidos para Potosí hasta que disminuyó la mano de obra, a principios del siglo XVII, y los productores mejor situados asumieron el control de este mercado. Entonces, Tucumán se convirtió en una región productora de mulas para el mercado de Alto Perú.

La excesiva explotación de las vaquerías de las pampas, en la primera mitad del siglo XVIII estaba adaptada a la demanda de ultramar. La producción alcanzó su cenit durante el período de 1700-1705, cuando se exportaba una media anual de 75.000 pieles. Después de 1750, al desarrollarse la producción en torno a las estancias, las exportaciones pronto lograron alcanzar un nivel incluso más alto, de más de 100.000 pieles anuales. Además, en esto momentos se exportaba no sólo grasas y sebo, sino también carne. A la vez, en los saladeros de la Banda

Oriental se preparaba la carne, tasajo, para la exportación a ultramar. En contraposición, las vastas estancias de los jesuitas, después de la expulsión, en 1767, se desvanecieron con rapidez. En la misión más grande, la de Yapuyú, de las 57.000 cabezas de ganado existentes, se redujeron a 13.000, y de las 46.000 ovejas sólo quedaban 2.000 en 1798.

Mercados y actividad comercial

Debido a la pobreza de las comunicaciones terrestres y al gran volumen de las mercancías agrícolas y ganaderas, la distancia a los centros de población española se convertía en un factor crucial, que en gran parte condicionaba el valor de la tierra y el de la producción. Cuando decaía la minería o descendía la población de una ciudad, inevitablemente ello afectaba de manera negativa al sector rural de las áreas circundantes. Por otra parte, la producción especializada de artículos de escaso volumen y de elevado valor a la vez, como el vino y el azúcar, que se prestaba al comercio de larga distancia, aun así proporcionaba considerables beneficios. También el transporte de animales vivos, mulas y ganado, a pesar de la lentitud, podía ser un negocio a larga distancia. Finalmente, la comunicación marítima, si estaba disponible, reducía considerablemente el problema del transporte de las mercancías agrícolas a los mercados. Tanto el Pacífico como los grandes ríos cumplieron con esta función. Por otra parte, en relación a los costos de producción de muchos bienes locales, la existencia de un gran número de impuestos sobre el consumo y los aranceles internos, siempre obstaculizaba el comercio de larga distancia.

El movimiento de los precios de los productos agrícolas, en las posesiones españolas de América del Sur, permanece todavía sin investigar, pues sólo se conocen algunas series. Una muestra realizada recientemente sobre Cochabamba, a fines de la colonia, sugiere agudas variaciones estacionales y cíclicas como las ya conocidas de Nueva España. Los precios, probablemente, presentaban grandes diferencias locales. El impacto de las oscilaciones de los precios se atenuaba, por una parte, a causa de la economía de subsistencia sumamente extendida, y por otra, a causa de la extendida práctica del trueque. A nivel municipal se trataba continuamente de regular los precios de los alimentos, en beneficio de los consumidores y, también, de los productores internos.

Poco se sabe en torno al modo en que se realizaban las transacciones comerciales de los productos. Los grandes hacendados, tanto los laicos como los eclesiásticos, vendían la mayor parte de sus mercancías a través de sus agencias corresponsales en Potosí y otros pueblos («remisiones»). Otros preferían realizar las ventas de sus productos en su propio lugar o en el de los compradores. El sistema de celebración de ferias regulares desempeñaba un papel clave en algunas actividades comerciales, tales como las relacionadas con la venta de mulas y ganado. Los religiosos, en general, parece ser que preferían vender sus artículos directamente a los consumidores, en lugar de depender de los comerciantes. El sistema llamado «repartimiento forzoso de mercancías» a los indios y mestizos pobres constituyó el elemento más importante del comercio interior, hasta que dicho sistema se suspendió legalmente, en 1780. En Perú, las mulas procedentes del Río de la Plata y los tejidos de Quito y Cuzco integraban las principales mercancías de este tipo de comercio. Se ha calculado que los repartos, en Perú, eran más importantes, como medio de desplazamiento de la mano de obra indígena al sector español de la economía, de lo que representaban los pagos en tributo o las obligaciones que imponía la mita. El reparto implicó una masiva redistribución de las mercancías andinas, tales como el tejido y la coca, desde las áreas productoras a las no productoras. Los corregidores, responsables de los repartos, eran, probablemente en gran medida, las caras visibles de los comerciantes profesionales.

El comercio interregional abarcó una amplia gama de bienes agrícolas, al igual que tejidos. Posiblemente, un tercio de la producción azucarera de los valles occidentales del Cuzco, todavía en 1800, se dirigía al mercado de Potosí. La sierra peruana estaba suministrada por continuas importaciones de mulas en gran escala, criadas en los llanos y colinas andinas del área rioplatense, como también de yerba mate procedente del Paraguay. Chile exportaba trigo a la costa peruana. Por otro lado, los productos agrícolas representaban una mínima, aunque creciente, parte del comercio exterior de la Sudamérica española. A lo largo del siglo XVIII se amplió vigorosamente el comercio de exportación con Europa y Nueva España, a través de las pieles del Río de la Plata y del cacao de Venezuela. Aparte de eso, el aislamiento geográfico de Sudamérica puso a los productores en desventaja, en comparación con los que en Nueva España se dedicaban al comercio de ultramar, de manera que las importaciones que llegaban a la América del Sur española tenían que ser pagadas en metálico.

La rentabilidad de la agricultura y de la ganadería sólo puede calcularse en términos de relación con el marco general de rentabilidad de otras ramas de la economía. El beneficio «normal» en cualquier actividad de Hispanoamérica, durante el siglo XVIII, probablemente no excedía el 5 por 100. Nosotros sabemos, por ejemplo, que las haciendas de los jesuitas especializadas en el cultivo de la caña de azúcar y de la vid obtenían fácilmente beneficios más altos, pero bajo ningún modo las podemos considerar típicas. No disponemos de suficientes datos todavía como para aventurarnos a hacer una generalización sobre los beneficios de las haciendas de propiedad privada. Las cifras disponibles sugieren, sin embargo, que los excedentes productivos eran escasos. Además, una gran parte de éstos era absorbida por las obligaciones contraídas con la Iglesia. Para los hacendados, la posibilidad de obtener considerables ingresos dependía de la imposición de precios desorbitantes durante las épocas de malas cosechas o de las exitosas especulaciones que hacían a través de los arrendamientos de la recaudación de los diezmos.

Hacia 1550, el cronista Pedro Cieza de León, profundamente impresionado por la fertilidad de los suelos irrigados de la costa peruana y de la sierra, expresó la creencia de que la siguiente generación presenciaría la exportación hacia otras partes de la América española de «trigo, vinos, carne, lana e incluso seda».[7] Este sueño, sin embargo, no se cumpliría, debido en gran parte a que estos bienes eran los mismos que se producían en Nueva España. No obstante, el comercio agrícola pronto se desarrolló en el interior de la región en una escala bastante

---

7. Cieza de León, *La crónica del Perú*, Buenos Aires, 1945, p. 27, capítulo 113.

importante. Por ejemplo, en Lima, con una población de 25.000 habitantes en 1610, se consumieron alrededor de 240.000 fanegas de trigo, 25.000 de maíz, 3.500 cabezas de ganado, 400 ovejas, 6,9 toneladas de arroz y 200.000 botellas de vino. Estas mercancías procedían de zonas tan lejanas como Chile, al igual que de otras más cercanas. Desde la costa norteña se exportaba azúcar a Guayaquil y a Panamá, y también a Chile. Los barcos que transportaban azúcar a Chile regresaban con cargas de trigo, de esta manera reducían costos. En Lambayeque, donde había pocas haciendas, incluso las comunidades indígenas aprendieron a producir azúcar para comercializarlo. El algodón se exportaba a los obrajes de Quito. Desde la costa sureña se mandaba pisco a los mercados de Nueva Granada y a los de Chile, y los vinos lograban incluso introducirse en Nueva España. Entre las regiones de Cuzco, Puno y Arequipa se desarrolló otro conducto comercial con Alto Perú y el Río de la Plata. Se ha dicho que en los años setenta del siglo XVIII, los plantadores azucareros de Cuzco y Arequipa competían en el mercado potosino. La coca de la ceja de montaña del Cuzco también tropezó con una creciente competencia procedente de los productores altoperuanos.

Sin embargo, la gran amenaza para los intereses comerciales peruanos se produjo hacia finales del siglo XVIII, con la saturación gradual de tejidos ingleses y azúcar brasileño en el nuevo virreinato del Río de la Plata. La apertura legal, en 1776, del puerto de Buenos Aires al comercio ultramarino con España fue verdaderamente un momento crucial, aún cuando el descenso comercial a través de la sierra sureña no fue ni mucho menos repentino.

Las tendencias cambiantes a nivel regional, por lo que respecta al intercambio comercial en el plano local y provincial, viéronse menos afectadas directamente. Las zonas que sufrían un déficit crónico de granos o de carne tenían que adquirir los productos procedentes de los vecinos mejor situados a cambio de productos artesanales u otros artículos. Allí también había grupos de mineros dispersos, trabajadores de los obrajes y de las plantaciones azucareras quienes tenían que ser alimentados y vestidos. Así, que en esta clase de comercio, no sólo participaron las grandes y pequeñas haciendas, sino que también lo hicieron las comunidades indígenas.

Del propio intercambio comercial se derivaron necesidades especiales. Algunas regiones se especializaron en el suministro de mulas y en los instrumentos de los arrieros para llevar a cabo el transporte. Éstas sirvieron en las rutas terrestres, entre el puerto nórdico de Paita y la ciudad de Lima, y entre Cuzco, Arequipa, Arica y Potosí. Las mulas procedentes del Río de la Plata se compraban en las ferias de Salta, Jujuy y Coporaque. Un informe de un viajero, que data de 1770, proporciona una imagen muy viva de este gigantesco comercio, el cual transportaba anualmente entre 50.000 y 60.000 mulas a las tierras altas, para ser usadas como medio de transporte así como también en las minas.[8]

A principios del siglo XVII, la ciudad de Quito fue descrita como un centro comercial activo y un punto de paso obligatorio para aquellos que viajaban entre Nueva Granada y Perú. Pero era extremadamente dificultoso traer y llevar mer-

---

8. «Concolorcorvo», *El lazarillo de ciegos caminantes desde Buenos Aires hasta Lima* [1773], Buenos Aires, 1942, pp. 112-161.

cancías entre Quito y Guayaquil, el puerto principal. Del tramo entre el pueblo serrano de Chimbo a Guayaquil se dijo «es del mas mal camino, que ay en el mundo, porque como es montaña y llueue siempre vienen las mulas atollando por el lodo».[9] Tal era el obstáculo que tenían que salvar las exportaciones de tejidos de Quito, las importaciones de vinos y pisco peruanos, el añil mexicano que se necesitaba para teñir los tejidos quiteños, la sal, el arroz y pescado procedentes de Guayas. Todo ello encarecía extremadamente los costos de los fletes. Sólo en las cercanías de Chimbo salía rentable el cultivo del trigo, para luego venderlo en la costa. De otra manera, la agricultura de la sierra meramente servía para cubrir las necesidades de subsistencia local. La extrema dependencia en las exportaciones de tejidos ocasionó una depresión económica hacia finales del siglo XVIII. El cacao de la costa, por otra parte, se mantuvo en los mercados del sur. Si bien era de calidad inferior al que se producía en Nueva España y Venezuela, el cacao de Guayaquil era, no obstante, más barato. Las exportaciones, en 1820, totalizaron 130.000 cargas (11.310 toneladas).

Viniendo de Perú y Quito hasta la provincia de Mérida, en Venezuela, el Camino Real atravesaba Nueva Granada pasando a través de Pasto, Popayán y Bogotá. Este trayecto, con sus terrenos increíblemente accidentados, se realizaba con animales de carga, donde a menudo incluso resbalaban hasta las mulas más resistentes. Los transportistas, tanto de personas como de carga, eran una visión común en las tierras altas de Nueva Granada. Así, la navegación fluvial, cuando era viable, demostró ser más atractiva que el viajar por vía terrestre, a pesar de la lentitud de las embarcaciones (*champanes*), que navegaban a lo largo de los ríos Magdalena y Cauca. En los centros mineros, los precios de los alimentos eran frecuentemente altos. Sin embargo, y a pesar de la inmensa variedad ambiental de Nueva Granada, el comercio interior no se desarrolló mucho, a causa de las dificultades de las comunicaciones. Además, lo obstaculizaba el hecho de que los centros urbanos fueran relativamente pequeños. En la última década del siglo XVII, para dar un ejemplo, incluso los diligentes jesuitas decidieron que no valía la pena cultivar algunas haciendas grandes, en Pamplona, al noroeste, debido a que allí no había mercados para sacar sus productos. Contribuía a ello, el predominio de las exportaciones de oro que desalentaba la producción agrícola para el comercio exterior. En 1788, los bienes agrícolas sólo representaron un 15 por 100 del valor total de las exportaciones de Nueva Granada.

En Venezuela, a diferencia de Nueva Granada, se hizo poco uso de las vías navegables para propósitos comerciales, tales como las del Orinoco, a la vez, las comunicaciones terrestres eran francamente pobres. De este modo, en el interior, la agricultura permaneció principalmente orientada a la subsistencia. El sector exportador estuvo limitado a la costa y a la cordillera adyacente. A principios del siglo XVII, antes de que el cacao pasara a dominar la economía exportadora, se llevaron a cabo algunos intentos de producir para mercados lejanos. Se exportaron pieles a España, se criaron mulas para exportar a Nueva Granada e incluso a Perú, y se expidieron pequeña cantidades de trigo y maíz a Cartagena, La Habana y Santo Domingo. Desde un principio se exportó cacao a España y México,

---

9. Cita de Antonio Vázquez de Espinosa, *Compendio y descripción de las Indias Occidentales*, Washington, D.C., 1948, pp. 339-346.

pero también, vía contrabando, a la isla de Curaçao que, en 1634, había sido ocupada por los holandeses. La solución tardía al predominio del comercio de contrabando, en Venezuela, fue la creación de la Real Compañía de Caracas, en 1728, a la que se le concedió el monopolio de compra y exportación de los productos venezolanos. Con la progresiva disminución del precio del cacao, la Compañía, para evitar la reducción de sus ingresos, forzó a los propietarios de las plantaciones a incrementar la producción. En 1781, la Compañía fue despojada del odioso privilegio del monopolio y Venezuela empezó a disfrutar de la versión borbónica de la libertad de comercio, pero las guerras perturbaron cada vez más las flotas. El cacao cuando se almacena en condiciones húmedas se deteriora con gran rapidez, así que fue reemplazándose progresivamente por otras mercancías de exportación más fácilmente almacenables, como el café, algodón y añil. Además, en estos momentos se asistía al repentino aumento de la demanda de algodón y añil por parte de Inglaterra, que se encontraba en las primeras fases de la revolución industrial.

En Chile, a principios del siglo XVII, en las zonas marginales todavía prevalecía el modelo primitivo de distribución de los productos rurales, característico de los años inmediatos a la conquista. En realidad, los bienes eran distribuidos en las casas de los encomenderos terratenientes, en las ciudades, reduciendo, de este modo, el espacio comercial de los habituales tenderos (pulperos). Por otra parte, el comercio de exportación de sebo a Perú estaba controlado, a mediados de siglo, por los comerciantes que compraban la producción a los estancieros. El valor de las exportaciones anuales, que iban de Santiago a Perú, pasó de 280.000 pesos en 1690-1699, a 1.350.000 en 1800-1809. A finales del siglo XVII, las exportaciones estaban divididas equitativamente entre productos ganaderos y productos agrarios. A principios de la centuria decimonónica, las proporciones eran de 40 y 55 por 100, respectivamente, más los minerales que completaban el resto. A pesar de que los costos laborales eran bajos, los gastos de transporte eran elevados y las ganancias de la mayoría de las haciendas debieron ser bastante modestas. En el caso del Chile central (Maule), en la última década del siglo XVIII, los beneficios alcanzaron en 6,6 por 100. Perú era el único mercado de Chile y el tráfico comercial era llevado a cabo por embarcaciones peruanas. Hasta finales del período colonial, los comerciantes de Lima eran básicamente los que fijaban los precios del trigo.

Hasta mediados del siglo XVIII, al menos en el Río de la Plata, coexistió una economía monetaria externa con una economía natural en la esfera doméstica, caracterizada por el comercio de trueque e incluso el uso de «moneda de la tierra». El desarrollo del comercio noroccidental era claramente dependiente de la minería altoperuana. Las exportaciones anuales de mulas pasaron de 12.000 bestias en 1630, a 20.000 en 1700. Pero a partir de aquí y hasta mediados de siglo, las exportaciones descendieron considerablemente, coincidiendo con el período en el cual la minería estaba en su punto más bajo. No obstante, a finales de la centuria posterior, se alcanzó un nivel de 50.000-60.000 animales.

Mientras tanto, las exportaciones de pieles y otros productos ganaderos a través de Buenos Aires, aunque en cierta medida obstaculizadas por las restricciones legales, lograron su nivel más alto después de las reformas administrativas comerciales de 1776-1778. A partir de estos momentos se confirmó la gradual conquista del mercado altoperuano y se incrementó la ya importante salida de plata vía Buenos Aires. La población de Buenos Aires alcanzó los 22.000 habitantes en 1770, y, en 1810 logró llegar alrededor de los 50.000. A la vez, ascendió la prosperidad de la ciudad. Si bien, por una parte, incrementó el valor del mercado de la ciudad por parte de los productores del interior de vino y trigo, por otra, los fletes de los transportes a través de la pampa, cada vez más elevados, hizo que resultara más conveniente para los habitantes de Buenos Aires importar los suministros del exterior. En el Río de la Plata, las comunicaciones terrestres eran lentas. Los medios de transporte más usuales eran, además de las recuas de mulas, las caravanas de carretas tiradas por bueyes, capaces de defenderse a sí mismas contra los ataques de los indios. El primer tramo, desde Buenos Aires a Córdoba, que un hombre a caballo podía recorrerlo fácilmente en cinco días, en general se tardaba un mes en hacerlo. El tráfico, vía Mendoza a Chile, tenía que cruzar el impresionante paso de Uspallata a 4.000 m de altura.

El ritmo y duración del proceso de conquista varió de un área a otra. Las plantas y animales del Viejo Mundo cambiaron completamente la base de los recursos del continente de América del Sur. Después de un primer período de dependencia de los alimentos indígenas, obtenidos en forma de tributos de encomienda, los españoles se mudaron de los pueblos y establecieron redes de huertas y estancias ganaderas. De este modo, una economía de tipo europeo, basada en el valor de cambio, se impuso sobre la economía indígena tradicional, basada en el valor de uso, en el trabajo colectivo y en la práctica del trueque. El desarrollo de los grandes latifundios estuvo estrechamente relacionado con el descenso de la población nativa americana y el aumento del número de españoles y mestizos y, sobre todo, con la expansión de la minería. Las exportaciones de larga distancia, como por ejemplo el trigo de Chile y el cacao de Venezuela, también fomentaron el surgimiento de grandes fincas. Hacia fines del siglo XVII, las instituciones rurales básicas habían logrado estabilizarse y fijar la pauta para el resto del período colonial. En general, el siglo XVIII presenció la expansión de la agricultura. La tendencia demográfica ascendente amplió los mercados y aseguró un constante suministro de mano de obra, a pesar de los altibajos de la minería. Durante el período colonial, en las posesiones españolas de América del Sur muy raras veces las empresas ganaderas y agrícolas llegaron a ser capaces de explotar su potencialidad máxima, sobre todo debido a que el tamaño del mercado no lo permitía.

La composición de la elite terrateniente no fue homogénea ni estable. Las propiedades territoriales variaron considerablemente entre sí respecto al tamaño, producción, deudas, acceso a los mercados y disponibilidad de mano de obra. La sucesión del patrimonio territorial a través de la herencia parece haber sido menos frecuente que la adquisición territorial mediante compra. La relativa importancia de las haciendas, en comparación a las propiedades de tamaño pequeño y mediano y a las comunidades indígenas, también varió en relación al tiempo y al espacio. Los grandes terratenientes eran, a menudo, simultáneamente funcionarios públicos, comerciantes y mineros que gozaban de un gran poder local, pero, sin embargo, dependían de las fuentes de ingresos no agrícolas o de los créditos de la Iglesia o de los comerciantes urbanos. Los latifundistas orientaron sus explotaciones hacia la obtención de beneficios y sus haciendas se integraron dentro de la economía de mercado, hicieron uso de sistemas laborales coercitivos, aunque, a menudo, paternalistas. Sus empresas no alcanzaron elevados niveles de rentabilidad y su riqueza pocas veces era encauzada hacia usos productivos.

Capítulo 8

ASPECTOS DE LA ECONOMÍA INTERNA DE LA AMÉRICA ESPAÑOLA COLONIAL: FUERZA DE TRABAJO, SISTEMA TRIBUTARIO, DISTRIBUCIÓN E INTERCAMBIOS

Las colonias son estructuradas por los que las gobiernan para beneficiar a la madre patria y a sus clases dirigentes. En este sentido, la magnitud del éxito de los gobernantes las convierte, en palabras de Chaunu, en colonias extrovertidas. Éstas están, al menos en parte, organizadas económicamente para suministrar a otros lugares cantidades significativas de sus productos y materias primas más valiosas y rentables. Gran parte de la historia económica que conocemos sobre la América española colonial ha surgido de los estudios que muestran cómo los españoles intentaban por medio de las colonias cubrir las necesidades de la metrópoli. La conexión marítima, la Carrera de Indias, y el sistema de flotas han sido los temas más enfatizados por la investigación. Estamos bien informados sobre quiénes y cuándo fueron a las Indias, y qué mercancía se transportaba en ambos sentidos a través del Atlántico, pero en especial conocemos la que iba de la América española a España. En la propia Hispanoamérica, los historiadores económicos han permitido que sus intereses, hasta cierto punto, hayan sido influenciados por lo que principalmente interesó a la corona española: minería de oro y plata y agricultura de plantación, ambas base del gran comercio de exportación y del suministro de mano de obra. En cambio, sabemos mucho menos acerca de las instituciones básicas, los propósitos, el sistema y el funcionamiento de la economía interna de la América española colonial. Partiendo de la literatura secundaria disponible, la cual concentra una variedad limitada de temas y de regiones, en este capítulo se examinan tres aspectos de la economía interna: el sistema laboral, el sistema tributario y el comercio interior colonial, tanto local, como de larga distancia.

Sistema laboral

La América española colonial se inició como una sociedad conquistada, y el interés principal de los invasores fue la extracción de riqueza o capital de los conquistados. Durante el período de Conquista y en los años turbulentos que siguieron a la misma, en cada región dicha extracción se llevó a cabo por la incautación directa de los excedentes de metales o piedras preciosas, acumulados previamente. En tiempos en los que todavía no existía un ejército remunerado, ésta tomó la forma de saqueo o botín, aceptado oficialmente como medio de recompensa para los soldados o expedicionarios voluntarios. El ejemplo más conocido es el rescate pagado por Atahualpa al bando de aventureros de Pizarro y el reparto de este botín más tarde.

A medida que la era de la Conquista llegaba a su fin y se agotaban los excedentes, se empezaron a desarrollar medios más sistemáticos de extracción. Uno de los métodos principales fue la explotación directa de la propia población nativa. En las colonias españolas de América, los sistemas de utilización del suministro de mano de obra local varió ampliamente en relación al tiempo y lugar, aunque siempre estuvo presente un determinado principio o forma de organización subyacente. En primer lugar, hubo una estrecha correlación entre la organización sociocultural de las sociedades indígenas y las formas de organización laboral que los colonizadores españoles trataron de imponer a los indios. En sociedades estratificadas complejas, los invasores encontraron condiciones existentes de esclavitud, servidumbre y perpetuidad laboral. En muchos de estos casos, los invasores simplemente eliminaron la cúspide de la pirámide social (reyes, casas reales y gobernantes de grandes regiones) y entonces gobernaron usando aproximadamente los mismos sistemas laborales, pero con gobernantes indígenas de menor categoría, tales como los caciques que sirvieron como administradores. En las áreas dónde la organización social estaba menos avanzada y estratificada y la mano de obra precolombina menos disciplinada y organizada, los grupos conquistadores encontraron que era mucho más difícil de emplearla sistemáticamente. Un ejemplo es el caso de los nómadas que no estaban acostumbrados a la agricultura establecida y a ocupar áreas pobladas. Las regiones dónde ya existía una fuerza de trabajo organizada también eran, generalmente, las áreas con densa población, tales como el México central, las tierras altas de Perú y, en menos grado, las altas planicies y valles alrededor de Quito, Bogotá y Santiago de Guatemala (actual Antigua). En Perú y México, las primeras y sucesivas generaciones de españoles, junto con la densa y organizada población, que ya de por sí constituían un capital acumulado, encontraron metales preciosos, siendo por consiguiente estas áreas las que se colonizaron profundamente, a la vez que se convirtieron en los núcleos centrales del Imperio español de América. Las zonas de clima templado y buenos suelos como las pampas del Río de la Plata y la irónicamente denominada Costa Rica fueron escasamente colonizadas, puesto que éstas carecieron de población aborigen y de metales o piedras preciosas. Las áreas con población densa relativa, las cuales contenían escasas riquezas, algunas veces atrajeron a un pequeño sector de los colonos españoles, pero tales áreas después de la Conquista también fueron, a menudo, las más desafortunadas. Si éstas se encontraban bastante cerca de las zonas que habían atraído a los españoles, pero carecían de mano de obra, entonces la exportación de indios esclavos pasaba a ser la principal industria. En el segundo cuarto del siglo XVI se enviaron muchos nicaragüenses al Perú, y, sobre todo, a Panamá; una vez en estas tierras los utilizaban como esclavos. En una dirección similar, los nativos de Trinidad, Las Bahamas, Florida, Pánuco y del golfo de Honduras fueron usados para repoblar las islas del Caribe. Quizás el caso más notorio fue el de las islas perleras de la costa venezolana. Las islas Margarita y Cubagua atrajeron la atención de los españoles al descubrirse los bancos de ostras perleras en la costa. Los empresarios perleros importaron indios de Trinidad, la menor de las Antillas, y de otros puntos a lo largo de Tierra Firme. La intensa explotación que se llevó a cabo pronto agotó los bancos de ostras, y los indios de las islas perleras pasaron a ser ellos mismos «mercancía» exportable, y así, los encontramos en Panamá y en las Antillas mayores. La versión más amplia de este fenómeno fue el comercio europeo de esclavos desde África a América, que se usó también como medio de reposición de la población cuando desaparecieron los grupos aborígenes.

El esclavismo fue así el primer sistema laboral en casi todas las colonias, pero en la mayoría de las regiones pronto se tendió a contener este proceso. Hubo, sin embargo, breves recrudecimientos de este sistema, algunas veces de manera legal, tal y como ocurrió después de las rebeliones indígenas, pero también los hubo ilegales, como cuando los colonizadores, sedientos de mano de obra, entraron en zonas cercanas todavía sin conquistar y se apoderaron de toda aquella persona que ellos pudieron atrapar. Por razones humanitarias y políticas, la corona se opuso al esclavismo indígena y gradualmente hizo valer su autoridad al respecto. El esclavismo resultó ser demasiado destructivo en regiones como México y Perú, donde los pueblos que practicaban la agricultura sedentaria continuaban siendo importantes. Los españoles que dependían de la mano de obra de los pueblos indígenas se opusieron al traslado arbitrario de trabajadores. Aún en los anárquicos años veinte de México y en los turbulentos treinta y cuarenta de Perú, los dirigentes de los grupos invasores reconocieron la necesidad de crear un sistema de racionamiento o distribución, el cual proveyera gran cantidad de mano de obra al grupo pudiente (y privara en gran escala la mano de obra a los grupos con menos poder), y que evitara conflictos —en este sentido, hubo casos en los que fracasaron notablemente— a la vez que reflejara el estatus del individuo. La Castilla de la Reconquista había conocido tal sistema. La corona había repartido gentes y tierra entre aquellos que eran dignos de tales recompensas. Cristóbal Colón llevó este sistema de «repartimientos» o distribución a las islas, aunque la rápida extinción de la población indígena local impidió allí cualquier elaboración del sistema. Cuando Vicente Yáñez Pinzón negoció un contrato con la corona para la conquista de Puerto Rico (1502), ésta reconoció el repartimiento en el Nuevo Mundo. El mismo año, Fernando V de Castilla aprobó al gobernador fray Nicolás de Ovando concesiones de indios para los colonizadores de La Española. En México y Perú, estos repartimientos, más tarde llamados «encomiendas», pasaron a ser el medio por el cual los primeros conquistadores más prestigiosos y poderosos se distribuyeron entre ellos, de manera más o menos amistosa, la mano de obra, excluyendo, de esta manera, a aquellos que carecían de poder o a los que sólo disponían del recurso del reclamo. Teóricamente, como muestra de gratitud, la corona tenía autoridad para la concesión de encomiendas a los héroes de la Conquista y de las primeras rebeliones que la siguieron. De hecho, muchos conquistadores se vieron excluidos de las primeras distribuciones, mientras que aquellos recién llegados que disponían de mejores conexiones recibieron considerables concesiones. Por ejemplo, en Perú y Nicaragua, se producían violentos enfrentamientos entre los grupos encabezados por Pizarro, Almagro, Pedrarias y Contreras. Se concedían encomiendas, otras se retiraban o se reasignaban de nuevo cada vez que se nombraba a un nuevo «adelantado» o gobernador, tomaba el poder, ejecutaba a su predecesor, moría o era derrotado. El servicio militar de un individuo durante la Conquista, incluso su buena conducta en el cargo o lealtad a la corona fueron, a lo sumo, consideraciones secundarias.

Con el tiempo, sin embargo, fue evidente que en las áreas nucleares donde la corona tenía intereses vitales, la mayoría de los primeros colonizadores cometieron un error táctico aceptando la primacía de la corona respecto a la concesión de mercedes. La encomienda no pasó a ser un dominio feudal como había ambicionado Cortés, sino una disposición contractual por medio de la cual un número determinado de indios tributarios era confiado al cuidado espiritual y material de un español y del clero, con el que éste supuestamente estaba relacionado, a cambio de extraer ciertas cantidades aproximadamente prescritas de trabajadores, bienes o dinero.

La corona sacó partido de su posición reguladora dentro del sistema y su casi absoluto monopolio del patronato, debido a que los colonizadores además de tener una inculcada lealtad, reforzada por la cultura y aspiraciones sociales, necesitaban a la corona para títulos, prestigio, legitimidad, cargos y otros emolumentos. La administración real estuvo bajo presión también de los humanitarios como Bartolomé de Las Casas. Después de un frustrado y casi desastroso intento de abolir el sistema de encomienda, las llamadas Leyes Nuevas, las cuales fueron la principal causa de las guerras civiles en Perú y de la revuelta de Contreras en Nicaragua, la corona restringió y manejó la concesión de encomiendas y recompensas, hasta que en las áreas centrales densamente pobladas, las encomiendas fueron a regañadientes reconocidas por todos como pertenecientes a la corona, y como una concesión temporal de ingresos duradera a lo largo de la vida del receptor y, posiblemente, en forma limitada a la vida de uno o dos de sus sucesores.

El gobierno central llevó a cabo esta política mediante diversas vías de ataque. Una de ellas fue la regulación del sistema tributario. A través de sucesivas leyes, el Estado se apoderó cada vez más de los beneficios de las encomiendas y convirtió la recaudación de éstos en una complicada serie de fases. En este sentido, algunas pequeñas encomiendas pasaron a ser más problemáticas que beneficiosas, y por esta razón revirtieron a la corona. El Estado hizo también intensos esfuerzos para separar a los encomenderos de sus cargos de responsabilidad. Las encomiendas, se recalcó, eran concesiones de ingresos, pero no de vasallos. En las áreas nucleares, se prohibió a los encomenderos quedar o residir en sus encomiendas de indígenas. Los *calpisques*, mayordomos, caciques u otros intermediarios recaudaban los bienes y el dinero y los entregaban a los propietarios absentistas de la encomienda, de esta manera se incrementaba la distancia, legal y psicológica, entre ambos lados. La corona barrió todo vestigio de relación señor y vasallo y, a fines del siglo XVI, las encomiendas de las áreas centrales, pesadamente gravadas y reguladas, se habían casi transformado enteramente en parte del impuesto tributario, en una especie de pensión que iba a parar en gran parte a las viudas y a otros beneméritos indigentes, o a los cortesanos de Madrid, quienes raramente, si no nunca, vieron las Indias, mucho menos a los indígenas que estaban «confiados» a ellos.

Hubo otras fuerzas que contribuyeron al debilitamiento de la encomienda. Una de las más importantes fue la contracción de la población. En los años que sucedieron a la Conquista, desaparecieron millones de indígenas debido a la carencia de inmunidad que tenía esta población respecto a las enfermedades del Viejo Mundo, por la ruptura económica y social que provocó la invasión y por las transformaciones que trajo consigo. De este modo, al estar la encomienda compuesta enteramente de trabajadores indígenas, el descenso de la población tuvo consecuencias catastróficas para la misma. Las encomiendas habían proporcionado a las familias españolas de la primera generación un nivel de vida opulento, e incluso, si la familia nuclear, la cual vivía de las primeras concesiones, no se había desarrollado en una familia extensa, como solía ocurrir, la encomienda podía producir suficiente como para mantener, aunque de manera exigua, a dos generaciones posteriores. A fines del siglo XVI, algunas encomiendas quedaron vacantes o abandonadas y los indios que sobrevivieron en ellas revirtieron a la corona.

Para algunos de los primeros colonizadores, el sistema de encomienda se convirtió en una trampa. Si una familia española era noble o aspiraba a serlo, los costos financieros eran altos. Se pretendió el establecimiento de grandes señoríos, que cada uno incluyera una gran casa, un ejército de criados y parásitos, una gran familia de hijos despilfarradores e hijas consumidoras de dotes, caballos, armas y carruajes y ropas caras. Todo este consumo ostentoso era llevado a cabo de manera sumamente estudiada, cuya máxima prioridad era tratar de evitar por todos los medios cualquier aspecto relacionado con el trabajo o el comercio. Tales familias, que consumían todos los ingresos, quizás incluso destruyendo sustanciosas cantidades de capital o, al menos, convirtiéndolas en un prestigio social pobremente negociable, eran a menudo destruidas por la contracción y restricción de la encomienda, si esperaban demasiado tiempo. Allá por la tercera generación, dichas familias habían caído en tiempos relativamente difíciles, limitados a escribir de manera interminable amargas apelaciones a la corona que contenían hinchadas relaciones de los méritos y servicios de sus antepasados, que habían sido conquistadores y primeros colonizadores, y preguntando resentidamente por qué muchas de las recompensas de la Conquista habían ido a parar a manos de los advenedizos recién llegados.

En muchas de las áreas centrales del Imperio, sin embargo, la encomienda puso las bases de considerables fortunas y, por lo tanto, contribuyó al desarrollo económico y a la formación de una elite rica. Se puede sostener que el hecho de que las primeras encomiendas, al menos en el México central, fueran tan beneficiosas y con tanta disponibilidad de mano de obra hizo que en un principio la tierra y la propiedad territorial carecieran de interés. Algunos de los conquistadores y primeros colonizadores que llegaron al Nuevo Mundo con escasos medios, fueron suficientemente astutos como para apreciar las concesiones, las rentas y las donaciones de mano de obra más o menos gratuita como una oportunidad para un principiante y una posibilidad de inversión. Cortés y Alvarado, para nombrar sólo dos, usaron sus encomiendas para extraer oro, construir barcos, proveer astilleros, e incluso abastecer y tripular esos mismos barcos, y para proveerse de porteadores y soldados de infantería en las tierras recientemente descubiertas. En la segunda y tercera generación, cuando la encomienda se había convertido en un sistema impositivo, los encomenderos astutos percibieron que sus concesiones eran temporales y al final desventajosas. Ellos extrajeron capital de las encomiendas y con la máxima rapidez lo diversificaron fuera de la moribunda institución e invirtieron en minas de plata, comercio, rebaños de ganado, ovejas, mulas o caballos y, sobre todo, tierra. Aunque no hubo una conexión legal entre la encomienda y la propiedad de la tierra, al menos en las zonas más importantes del Imperio, la relación es clara. En numerosos casos, una financió la otra.

Hasta recientemente, los estudios de la encomienda se habían concentrado en torno al México central, Perú y otras áreas importantes del Imperio, tales como Quito y Bogotá. No obstante, los últimos estudios relacionados con las zonas más periféricas del Imperio han aportado resultados sorprendentes. En regiones aisladas como Paraguay, Tucumán y quizás incluso Chile, con poco oro y plata, sin una población agrícola densa, escasamente colonizadas por españoles y de escaso interés para la corona, la encomienda subsistió de manera bastante pujante hasta el final del período colonial. Además, ésta sobrevivió a los efectos de los impuestos y legislación real, o simplemente no los tomó en consideración, conservando algunos de los primerísimos atributos, que incluía el derecho a conmutar tributos por trabajo y usar indios encomendados como fuerza laboral. En el México central, Centroamérica, Perú, Alto Perú, Quito y Nueva Granada, el decadente sistema de encomienda como principal recurso laboral fue, hasta cierto punto, sustituido por diversos tipos de trabajo obligatorio, aunque las dos instituciones coincidieron durante un largo período. La aparición de un sistema rotativo de trabajadores forzados estuvo estrechamente relacionado con el descenso de la población. Si la encomienda fue, en parte, para la elite un medio para controlar y distribuir el principal recurso, la mano de obra, entonces los repartimientos forzosos fueron el modo de racionar la oferta laboral cada vez más escasa. Es obvio, a decir por los nombres que usaron en Perú y México, que estos reclutamientos laborales eran de origen precolombino. El *coatequitl* mexicano y la *mita* peruana fueron, además, ejemplos de la tendencia de los invasores de adoptar las instituciones ya existentes y modificarlas lentamente de acuerdo a las circunstancias. En Nueva Granada, el término quechua también definió el trabajo compulsivo en las minas, pero a otros repartimientos se los llamó «alquileres» o «concertajes» y en muchas partes de América Central la gente usó la palabra castellana «tanda». No obstante, en general, la palabra «repartimiento» fue usada también con otro sentido para definir el reparto o racionamiento de mercancías y servicios. En México, los repartimientos de mano de obra empezaron a funcionar a mediado del siglo XVI, en Guatemala y los Andes hacia 1570, aunque posiblemente antes, y en las tierras altas de Nueva Granada en la última década de la misma centuria.

En principio, el repartimiento laboral fue un trabajo compulsivo pagado, por el cual un porcentaje dado de población indígena masculina, y sana a la vez, estaba obligada a desplazarse para trabajar en proyectos concretos o en lugares determinados. La duración del trabajo, al igual que la escala de salarios y, en general, las condiciones de trabajo estaban especificadas. Al menos en teoría, los repartimientos laborales estaban limitados a proyectos de obras públicas o a trabajos agrícolas o industriales, los cuales eran considerados de interés vital para el bienestar público o estatal. La corona estimó que ciertas tareas eran especialmente nocivas para la salud y bienestar de los indígenas, y así fueron específicamente dispensadas de los repartimientos, al menos en algunos lugares, como por ejemplo, el trabajo en las calderas de azúcar ubicadas en el interior del ingenio o en las plantaciones de índigo. No obstante, la legislación fue a menudo ignorada y, como en muchos otros casos, su cumplimiento fue alterado a través del sistema de multas y sobornos, convirtiendo así el empleo de los indígenas en algunas tareas prohibidas sujeto a multa o impuesto real. Entonces, la legislación prohibitiva real dependía de la importancia de la industria y de la disponibilidad de una oferta laboral alternativa. El trabajo en las minas de mercurio de Huancavelica (Perú) fue casi con toda seguridad la tarea del repartimiento más mortífera de todas, pero ésta era esencial después de que el uso del sistema de «patio» para el refinamiento de la plata pasara a ser importante en las grandes minas de Potosí, y es por eso que se continuaron concediendo repartimientos masivos y organizados hasta finales del período colonial.

A lo largo de su existencia, el repartimiento laboral provocó muchas quejas. Aquellos que criticaban dicha institución señalaban que la proximidad a una gran ciudad o a un centro de trabajo intensivo, tales como Ciudad de México y sus desagües, Potosí y sus minas de plata, las minas de mercurio de Huancavelica o incluso una nueva catedral en construcción, significaba frecuentes reclutamientos laborales forzosos. La otra cara de la moneda era que los indígenas reclamados de zonas lejanas tenían que pasar más tiempo en el viaje para llegar a las zonas de trabajo, y así más tiempo fuera de sus hogares. Los reclutamientos estacionales, tales como los del cultivo de trigo alrededor de Ciudad de México y Puebla y los de larga duración de las minas de plata de Perú y Nueva Granada tuvieron efectos importantes en las comunidades indígenas. Los reclutamientos estacionales de mano de obra para la agricultura, a menudo coincidían con los períodos de actividad agrícola intensa —las épocas de la cosecha del trigo y del maíz eran casi exactamente las mismas— así, los indígenas ausentes encontraban sus siembras arruinadas, parcialmente cosechadas o demasiado costoso lo que tenían que pagar para que las cosecharan otros en su ausencia. Hay algunos casos en que los hacendados españoles se aprovechaban de estas circunstancias, facilitando a los indios trabajadores de repartimiento el volver más pronto a sus casas si renunciaban al sueldo al cual tenían legalmente derecho. De este modo, algunos indios impacientes por sus siembras, escarda, transplante o cosecha aceptaban el ofrecimiento. Las largas ausencias tuvieron incluso repercusiones mayores. De algunos pueblos del Alto Perú se dijo que eran sitios tristes de hombres viejos, mujeres, niños e inválidos. Los hombres, a menudo, volvían enfermos a sus pueblos, especialmente aquellos que estaban integrados en las mitas de Potosí y Huancavelica. Otros nunca regresaban: algunos morían en las minas por exceso de trabajo, enfermedades pulmonares o toxemia, pero muchos más se quedaban en las minas como trabajadores libres, pequeños comerciantes o pequeños fundidores, asimilando la cultura de las sociedades mineras y urbanas; a la vez, había aquellos que pasaron a integrar la clase amorfa llamada de manera diversa castas, cholos, ladinos o mestizos. La consecuente distorsión del potencial sexual en las sociedades indígenas pudo no haber tenido muchas repercusiones en el terreno de la fertilidad —pues en este sentido hubo otros factores mucho más importantes, tales como la dieta, intervalo de nacimientos y epidemias—, pero ésta afectó seriamente algunas formas de producción, estructuras familiares, jerarquías de gobierno indígenas y estado anímico. En algunos pueblos del sur de Nueva España, el reclutamiento agrícola estacional o coatequitl pudo haber ido, hasta cierto punto, en contra del aplastamiento de la pirámide económica y social indígena provocada por la Conquista. Algunos indios relativamente ricos pudieron, a través de pagos, evadir el enrolamiento en el coatequitl, a pesar de algunas protestas de sectores eclesiásticos y funcionarios reales. Los funcionarios indígenas del pueblo podían dispensar a los hombres de sus familias, a sus amigos y a otros, que bien les podían pagar o intercambiar favores. En aquellos pueblos donde los jueces de repartimiento exigían un número determinado de trabajadores para cada rotación y por su pobreza no podían proporcionarlos, tenían que servir en turnos adicionales. En consecuencia, parece que aumentaron las diferencias entre los relativamente ricos y los desposeídos del pueblo.

El repartimiento proporcionó oportunidades económicas limitadas a algunos sectores criollos. Por sus implicaciones con los indios de clase baja, asignaciones de trabajo y pequeña burocracia, el oficio de juez de repartimiento o juez repartidor no implicaba mucho prestigio, pero proporcionaba oportunidades para la acumulación de dinero y bienes. Por un lado, los indios y los pueblos indígenas sobornaban a sus jueces para obtener exenciones; por otro lado, los cabildos españoles y los hacendados trigueros pagaban u ofrecían favores a los mismos para obtener más asignaciones de trabajadores o para acallar a los funcionarios las ilegalidades respecto a las cuestiones salariales, condiciones de trabajo y alargamiento de la temporada laboral. Los criollos de poca categoría competían ferozmente por tales puestos, especialmente en épocas de dificultades económicas, y debido a que el salario en juego era mínimo, corta la duración del cargo y con escaso prestigio, es claro que la posibilidad de obtener dinero en efectivo era lo que predominaba en las mentes de estos criollos. Los agricultores criollos y mestizos también se beneficiaron, especialmente aquellos que sólo necesitaban trabajo estacional. El sistema les proporcionaba fuerza de trabajo subsidiaria, la cual a pesar de las restricciones legales o sobornos que tenían que salvar, les salía probablemente más barata que contratar jornaleros en el mercado libre de trabajo. En general, también, el gobierno local español y los grupos criollos urbanos se beneficiaron de este subsidio laboral. En muchas colonias, la limpieza de las calles (cuando ésta se realizaba), la construcción y limpieza de acueductos y canales de irrigación, la reparación de calles y caminos, la construcción y mantenimiento de edificios públicos, tales como las iglesias, cabildos y cárceles, y los programas de embellecimiento de la ciudad dependieron de los reclutamientos forzosos. Los pueblos de los alrededores de algunas ciudades eran obligados de forma ilegal a proporcionar madera, piedras, provisiones o paja a instituciones públicas o privadas. Esta *corvée* laboral, en algunas partes predominantemente indígenas de Latinoamérica, no desapareció hasta la cuarta o quinta década del siglo xx, aunque todavía aparecen vestigios de ella. El gobierno real, sobre todo, dependió profundamente de la mita tanto para la industria de plata peruana como para las minas de Nueva Granada y, en mucho menor grado, en las de Nueva España.

La longevidad del repartimiento laboral varió ampliamente y dependió de factores locales. La herencia del sistema precolombino proporcionó al repartimiento un impulso considerable. Otros factores de importancia fueron el tamaño y la organización de la fuerza de trabajo, pues se necesitaba un gran número de trabajadores para que valiera la pena hacer uso del sistema; la rapidez con que se desintegró el sistema de encomienda; la conjunción de las minas de plata y oro y la escasez de mano de obra cercana a éstas u otros sistemas de trabajo alternativos, y el grado de competición entre los individuos, y entre éstos y la corona, en relación a los trabajadores disponibles. En el México central, dicho sistema empezó a funcionar desde un principio, y el drenaje realizado por la corona consumió una elevada cantidad de trabajadores. La corona tuvo dos rivales fuertes. En la iniciativa privada agrícola, los españoles, aunque individualmente poderosos, no podían competir con la corona, y de hecho para 1632 ya había sido abolido el repartimiento agrícola. Los hacendados españoles se vieron forzados a hacer uso de otras alternativas laborales, tales como diversas formas de peonaje y mano de obra libre remunerada. El otro rival de la corona, la industria minera de plata de Guanajuato y de más al norte, fue más poderoso y recurrió a la mano de obra contractual libre como medio de atraer trabajadores procedentes de las áreas centrales. Hacia fines del siglo xviii, entre Guanajuato y San Luis Potosí, debía haber medio millón de indios, o más, trabajando muchos de ellos en la minería. En zonas periféricas de México, donde la demanda laboral por parte de la corona era más débil, el repartimiento agrícola duró más tiempo. Éste todavía estaba vigente en Oaxaca en 1700 o incluso más tarde. En América Central, la corona atacó vigorosamente el sistema de encomienda, y hacia 1550 la mayoría de los indígenas parece haber estado bajo control de la corona. Ésta hizo poco uso de la mano de obra indígena, aunque cobró el tributo de manera entusiasta y los funcionarios reales extrajeron, por medios extralegales, gran cantidad de mano de obra y bienes. Por otra parte, los agricultores españoles de los alrededores de Santiago necesitaban mano de obra para los campos trigueros. Las ciudades españolas también solicitaron a la corona reclutamientos laborales para trabajos públicos. Debido a todas estas características locales, el repartimiento sobrevivió más tiempo que en la mayor parte de México, y algunas *corveés* locales destinadas a la construcción de caminos fueron abolidas tan tarde que todavía permanecen en la memoria. En las tierras de Tunja y Bogotá, la presencia de algunas minas implicó una mita, la cual perduró a lo largo del siglo xviii, pero al descender la fuerza de trabajo hubo una dura competencia. En la audiencia de Quito, debido a la existencia de obrajes parece haberse desarrollado un fenómeno similar. Sin embargo «la meca» del reclutamiento laboral forzoso fueron las tierras altas de Perú y del Alto Perú. La principal preocupación de la corona y de los colonos fueron las minas de plata y de mercurio, especialmente Potosí y Huancavelica, que al necesitar un número tan elevado de trabajadores, la demanda de mano de obra sólo podía ser canalizada a través de reclutamientos organizados y masivos. Debido a la importancia que tuvieron las minas para la corona, y a que ésta se enfrentó a una débil presión por parte de otros posibles empresarios, la corona vaciló en interrumpir el sistema en funcionamiento. La gran mita del Potosí sobrevivió hasta las vísperas de la Independencia, a pesar de los amplios debates y recriminaciones que recibió a causa de la severidad y carácter destructivo propio de ésta.

A principios del siglo XVI, los invasores españoles encontraron muchos sistemas de mano de obra atada o semiservil. En el Imperio Inca, una de las instituciones que heredaron fue el *yanaconaje*. En el sistema incaico, los yanaconas habían constituido algunas veces una clase especial de siervos, vinculados más a la tierra y a las familias que a un pueblo o a un grupo en particular. Algunas de las funciones económicas y sociales de los yanaconas todavía permanecen vagas. Es probable que el término también haya sido aplicado a diversas relaciones de clientela, incluso entre la alta nobleza. En todo caso, los españoles ampliaron el sistema e incorporaron a vagabundos y a otros en el mismo. Los yanaconas no eran esclavos y en términos legales no podían ser vendidos individualmente. Sin embargo, ellos y sus familias podían ser vendidos como parte de la tierra a la que pertenecían, y en muchos sentidos aquellos que trabajaban en la agricultura se asemejaban a los siervos adscritos a la gleba. Como en la época de los romanos, los terratenientes pagaban el impuesto asignado a cada cabeza de familia yanacona. A lo largo del período colonial peruano el número de yanaconas aumentó, pues se añadieron a éstos peones endeudados y otra clase de trabajadores atados u obligados. Los indios de los pueblos, gravados por los tributos y por las obligaciones de la mita, a menudo preferían escapar y convertirse en yanaconas como mal menor. Los *mayeques* que encontraron los españoles al llegar a México debieron cumplir una función algo similar a los yanaconas. De todas formas, muchos mayeques se introdujeron en los pueblos. Algunos funcionarios los enviaban de nuevo a sus lugares de origen, donde se convertían en tributarios. Otra categoría de indígenas, al margen de la encomienda y de los pueblos, fue el *naboría*, término originario de las islas. En un principio, los naborías fueron una clase de empleados personales, pero avanzado el siglo XVI el término fue usándose vagamente y, a menudo, la palabra se transformó en «laborío», para describir diversas formas de mano de obra «libre» indígena, una categoría que se desarrolló en México a lo largo del período colonial. Laborío fue un término común para definir a los trabajadores durante el siglo XVIII. Los yanaconas, laboríos, gañanes y otras categorías de trabajadores a sueldo o libres pasaron a ser importantes como recurso laboral para las minas. Hay evidencia de que las minas atrajeron mano de obra de los pueblos indígenas, pasando de esta manera a integrar una de las categorías antes mencionadas. En general, en casi toda la colonia hubo un trasvase de indios de pueblos tributarios, de encomienda y de repartimiento hacia categorías de mano de obra libre. Sin duda, con el paso del tiempo, muchos de los fugitivos de los pueblos también se aculturaron y ellos mismos se clasificaron como mestizos, castas o cholos.

Hasta hace poco, en la historiografía latinoamericana, el peonaje era casi sinónimo de endeudamiento y servidumbre. Esta imagen simple, actualmente se ha desintegrado, aunque todavía no ha surgido una nueva síntesis, si es que ésta es posible. Algunos estudios sobre el peonaje han sido revisados, y bien se puede reafirmar que el peonaje por deudas y las duras condiciones represivas existieron en muchos lugares de trabajo. En el norte de México y en otras partes de la América española abundaban los campos mineros aislados, obrajes, canteras, tienda de raya u otro tipo de comercios. En Nueva España, incluso hasta el sur de Nicaragua, algunos peones eran retenidos en las haciendas a través de deudas. Frecuentemente, estas deudas no eran grandes ni eran utilizadas abiertamente como un mecanismo coercitivo. En algunos lugares, los patrones recurrían a las deudas y adelantos para sacar de apuros a los jornaleros hasta la cosecha del maíz. Estas deudas debían ser liquidadas mediante trabajo temporal en las haciendas cercanas, en talleres u otro tipo de faenas durante el siguiente período en que se necesitaba mano de obra intensiva. En las islas se usaron mecanismos similares una vez que el azúcar pasó a ser dominante en el siglo XVIII. Los adelantos que tomaban los jornaleros azucareros a lo largo de la estación muerta, eran reembolsados durante la época de la zafra o tala de la caña. En otras palabras, la deuda era utilizada a veces para reclutar y disciplinar mano de obra permanente, a menudo en las minas o en las haciendas, aunque los adelantos a cuenta de trabajo futuro eran también usados para atraer jornaleros de los pueblos para trabajo estacional, o para sostener un incipiente proletariado rural libre durante las épocas del año que no eran necesarios en la plantación.

Es posible que la forma más común de peonaje en la América española colonial fuera el acuerdo por medio del cual los campesinos arrendaban pequeñas parcelas en las grandes haciendas. Las familias campesinas construían una choza, cultivaban productos de primera necesidad, tales como maíz, frijoles y patatas, a la vez criaban unos cuantos pollos (conejillos de Indias en los Andes), y con un poco de suerte, hasta un cerdo. El arrendamiento, tanto de la tierra como del uso del agua, se pagaba algunas veces en dinero efectivo o en parte de la producción de las pequeñas unidades agrícolas, a modo de aparcería, aunque ésta no alcanzó en ningún lugar la importancia que más tarde adquiriría en el sur de los Estados Unidos. De manera más frecuente, la renta era pagada mediante una cantidad de trabajo acordada en la hacienda. Donde la tierra agrícola era escasa y la población laboral estaba en crecimiento, los hacendados estaban en condiciones de poder exigir más días de trabajo. Esta situación parece haberse dado en muchas partes de México, América Central, Quito y Perú a mediados y a fines del siglo XVIII. Sin embargo, cuando la demanda de tierra no era acuciante y la mano de obra era escasa, la situación favorecía a la clase trabajadora. La disminución demográfica del siglo XVII y, en los años inmediatos, la sucesión de las epidemias más grandes de todo el período colonial, darían a los trabajadores campesinos estas pequeñas oportunidades. Los acuerdos de arrendamiento de tierra, a pesar de ser contratos entre partes muy desiguales, satisfacían muchas de las necesidades económicas de ambos lados. De este modo, los hacendados, permitiendo el uso de tierras marginales que raramente necesitaban, obtenían fuerza de trabajo sin tener que pagar salarios. Por otro lado, los indígenas y otros campesinos sin tierra arrendaban parcelas de subsistencia sin entregar dinero, y algunas veces obtenían el patrocinio e incluso la protección física del propietario y de sus mayordomos contra los intrusos, tales como los funcionarios reales y locales, levas de trabajadores, bandidos y vagabundos.

Muchos de los mecanismos que dieron lugar a la formación de una mano de obra permanente de peones en las haciendas, labores, obrajes y otros lugares de trabajo no han sido todavía descubiertos. Algunos de ellos fueron de carácter informal y verbal e implicaban diversidad de formas y costumbres locales. El paternalismo era frecuente y abarcaba numerosas vinculaciones económicas y sociales entre peones y empresarios. El «padrinazgo» se usaba por ambas partes para crear lazos de obligatoriedad mutua. El «compadrazgo» sirvió para los mismos propósitos. Los propietarios paternalistas comprometían a los trabajadores a través de ataduras psicológicas. De este modo, los trabajadores recibían un cierto tipo de seguridad social, especialmente para sus hijos, aunque de manera imprecisa. Muchos de los aspectos culturales de la relación económica peón-terrateniente están todavía pendientes de examen. Lo que hasta hoy se sabe es que muchos peones no fueron coaccionados. A finales del siglo XVI y, desde luego, cuando el crecimiento de la población entre las clases bajas empezó a aumentar, desde mediados del siglo XVII en Nueva España y a principios del XVIII en Perú, los poblados indígenas pasaron a ser lugares opresivos en muchas partes de la América española. Los pagos del tributo, las tareas del repartimiento laboral y en los ejidos del pueblo, pagos a las cofradías del pueblo y cajas de comunidad, las exacciones de transeúntes y de los caciques del pueblo y el hambre de tierra en el siglo XVIII convirtieron a las aldeas indígenas más bien en un lugar de donde escapar y no en un sitio donde encontrar protección y cohesión comunitaria. A menudo, los indígenas eligieron libremente la hacienda donde deseaban trabajar. En algunas ocasiones, y cada vez más a fines del período colonial, los jefes indígenas del pueblo presentaron demandas en los tribunales exigiendo el retorno de aquellos que habían huido hacia otros trabajos y residencias. En algunos de estos pleitos, cuando los indios de estas aldeas tuvieron la posibilidad de elección optaron por la hacienda y no por el pueblo.

El cuadro ligeramente más optimista sobre el peonaje presentado arriba, de ninguna manera es aplicable a todas las categorías. Las condiciones horribles existentes en algunas minas causaron muertes, huidas y otras manifestaciones de miseria y desesperación. Igualmente nefastos fueron los obrajes del México central y de los valles alrededor de Quito, Ambato, Latacunga y Riobamba, donde los peones estaban encerrados por la noche, algunas veces encadenados a sus bancos de trabajo, físicamente maltratados, sobreexplotados y retenidos durante años. Los funcionarios jurídicos ayudaban a los propietarios obrajeros, algunas veces conspiraban con ellos, condenando a los infractores de las clases bajas a trabajar en los obrajes. Los obrajes más ricos podían permitirse también tener esclavos, algunas veces como vigilantes o supervisores, de tal modo que en esas unidades de explotación trabajadas por esclavos y convictos se respiraba un ambiente de trabajo más similar a las galeras mediterráneas que a otra cosa. Todas estas categorías —esclavismo, repartimiento, encomienda— y las diversas formas y costumbres regionales eran tan variadas, que todas las generalizaciones, tales como las arribas mencionadas, no cubren muchas situaciones.

La mano de obra libre es una categoría confusa, poco precisa, en cierto modo porque ésta fue relativamente irregular e inadvertida, y, en parte, debido a que fue muy diversa. La fuerza laboral libre se desarrolló a lo largo del período colonial y, después de la Independencia, fue en muchos lugares el segmento más numeroso de la clase trabajadora. Durante la mayor parte del período, el sector de trabajadores libres estuvo casi enteramente compuesto de castas, como por ejemplo, gente de raza mezclada, indígenas aculturados, negros libres y blancos desclasados. El gobierno real y la burocracia local llevaron a cabo una política ambivalente hacia esta población. Después de 1580, la corona intentó recaudar tributos a los negros y a los mulatos libres, pero no de los mestizos. En muchas partes, esto nunca llegó a ponerse en práctica, y poco se recaudó en aquellos lugares donde se hizo, tales como las zonas central y occidental de México. La ambivalencia hacia los libres, pero pobres, se extendió a su ámbito de trabajo. Técnicamente libres, éstos fueron una parte importante de la fuerza de trabajo y tuvieron que trabajar. Las leyes resultantes de esta situación paradójica fijaron que aquellas castas que podían probar que ocupaban un empleo regular y saludable debían permanecer sin ser molestadas, pero aquellas que no podían probarlo debían ser arrestadas y enganchadas para trabajar. La libertad, en otras palabras, no extendió un permiso para imitar las actividades ociosas de las elites. Las castas, por otra parte, tuvieron que soportar el peso de las sospechas. Muchas de ellas no eran de origen español y su posición intermedia era muy inferior a la de los ciudadanos de pleno derecho de la elite. Los españoles se inquietaron por la posibilidad de que alguno de sus miembros pudiera convertirse en desafecto, encabezar rebeliones, provocar problemas entre los indígenas o colaborar con piratas e intrusos extranjeros. Este paradójico panorama empujó a las castas libres hacia determinadas categorías laborales. Los cualificados se convirtieron en artesanos, agrupación intermedia que poseía oficios tan imprescindibles como, por ejemplo, la de los carpinteros, plateros, carreteros o toneleros que no podían ser ignorados o severamente oprimidos. Algunos de estos artesanos especializados pertenecían a gremios, cuyos estatutos se parecían a las instituciones medievales europeas. Los gremios durante los siglos XVI y XVII en las colonias españolas fueron casi todos urbanos y su dominio y funciones representaron un típico elemento de equilibrio en una sociedad altamente jerarquizada. En el sentido positivo, la calidad de miembro de un gremio aseguraba al artesano y a sus aprendices ciertas condiciones mínimas de trabajo, cierta libertad de acción en el mercado en cuanto al lugar de trabajo y empleador, restricción o prohibición de posible competencia, y acceso al reconocimiento del derecho al proceso por infracciones menores o pleitos civiles concernientes a lo jurisdiccional, relativos al trabajo o a las disputas de mercado. Los miembros de un gremio disponían también de un cierto grado de seguridad laboral y seguro de vida. Los artesanos agremiados fueron entusiastas participantes de cofradías y hermandades religiosas, que actuaron como asociaciones funerarias e instituciones crediticias y de ahorro menores. Las cofradías y gremios, con sus fiestas y ceremonias, proporcionaron a los artesanos cualificados una posición dentro de la sociedad, un cierto prestigio y respeto reconocidos. Sin embargo, hubo otra cara de la moneda. Los oficiales trataban de evitar que los gremios sufrieran las amenazas de numerosos rivales, que sus miembros fueran exclusivos más que inclusivos, aunque a cambio, los salarios y otros emolumentos, especialmente los beneficios elevados, fueron reducidos de forma rígida. Muchas gratificaciones, el precio por horas y ganancias extras fueron estrictamente definidos por autoridades superiores; de esta manera reducían cualquier movilidad social importante de parte de los trabajadores libres más cualificados y, a la vez, subvencionaban las necesidades artesanas de las clases altas y de la Iglesia. Esto se basaba principalmente en la idea de un salario justo, tal y como se entendía en la época. No obstante, algunos artesanos lograron una cierta posición social de clase media.

Las castas libres no cualificadas ocuparon empleos intermedios similares. Muchos fueron mayordomos, administradores, capataces y recaudadores de contribuciones y alquileres. Trataron de evitar el trabajo manual en los campos y en los talleres, y realizaban aquellos trabajos que las elites consideraban inaceptables para ellas. Muchas castas libres se convirtieron en pequeños comerciantes, en tratantes (pequeños negociantes locales) y en tratantes de caballerías. Muchos de ellos fueron los agentes de los grandes comerciantes de las ciudades, y muchos, también, contrajeron deudas en dinero y obligaciones diversas —otra forma de endeudamiento esclavizado—. Las haciendas ganaderas proporcionaron a los libres pobres oportunidades de trabajo, al mismo tiempo que les ofrecían la posibilidad de escapar de la desconfianza y hostigamiento cotidiano a los que estaban sometidos en las ciudades y en los puestos de trabajo más disciplinados. El estilo de vida sin control de alguno de estos primeros vaqueros, seminómadas, diestros jinetes, familiarizados con las lanzas, lazos y cuchillos degolladores, alimentó, además, el miedo de los moradores de la ciudad.

Muchos pobres libres e «indios de pueblos» huidos —y, en zonas de monocultivo, trabajadores temporeros, indios viajando entre los pueblos y plantaciones y esclavos negros huidos— reforzaron esta actitud desfavorable, volviéndose más inaceptables socialmente por su estilo de vida. Hacia fines del siglo XVI, el número de vagabundos estaba creciendo y ello preocupaba a las autoridades y a los indígenas de los pueblos. A medida que la escasez de mano de obra empezaba a ser notoria, las autoridades llevaron a cabo intensos esfuerzos para sujetar a los vagabundos, pero cada crisis o interrupción del crecimiento económico incrementaba su número y poco podían hacer las rudimentarias fuerzas policiales de los siglos coloniales. El vagabundeaje, al menos desde la perspectiva de las autoridades, estuvo relacionado con el bandolerismo, la última y más desesperada resolución a la que podía llegar la situación paradójica de los pobres y castas libres. A decir por las impresionantes pruebas y por las periódicas oleadas de ejecuciones en masa de delincuentes, el asalto en las zonas rurales, llevado a cabo por grandes bandas organizadas, era frecuente, y obstaculizaban enormemente el movimiento de los funcionarios, comerciantes y viajeros.

Los esclavos de África llegaron a la América española en alguna de las más tempranas expediciones. En el primer y segundo cuarto del siglo XVI ya los encontramos lavando oro con bateas en los más lucrativos ríos auríferos, o en otros lugares de trabajo donde los beneficios eran sustanciosos o ausente la mano de obra indígena, o ambas cosas a la vez. En general, la adquisición y mantenimiento de los esclavos negros costaba más que la de los indígenas, debido a las distancias y los gastos que todo ello comportaba, y la inexistencia de pueblos de agricultura autosuficiente, donde ellos pudieran regresar durante la estación baja. El crecimiento de la población esclava negra tuvo que aguardar la desaparición o descenso de la población nativa americana. En muchas partes de la América española, los esclavos negros, al igual que los primeros esclavos indígenas de lugares como Las Bahamas e islas perleras, fueron una población sustituta. Ello fue especialmente cierto en las costas e islas caribeñas, aunque también los esclavos fueron mandados al interior, a las montañas. Para México, una estimación aproximada arroja que antes de mediados del siglo XVII ya se habían introducido alrededor de 100.000 esclavos negros. En las grandes ciudades como las de Lima y México, la posesión de esclavos domésticos y de encargados de caballerizas era una muestra de posición y capacidad de consumo ostentoso. Los esclavos también laboraron en los obrajes textiles, en las plantaciones azucareras y en las minas de plata.

Los mejores ejemplos de negros reemplazando a trabajadores indios se encuentran en la zona costera de Venezuela y en la de Chocó de Colombia, áreas tropicales de colonización española dispersa. En Venezuela, los indios de encomienda en un principio fueron suficientes debido al bajo nivel de actividad económica y por la escasa demanda de mercado existente. Venezuela parecía destinada a ser otro Paraguay, pero el desarrollo del monocultivo del cacao y de las exportaciones a México durante el segundo cuarto del siglo XVII transformó todo el panorama. Algunos plantadores extrajeron trabajo de sus indios encomendados y continuaron las batidas de esclavos para lograr una nueva fuerza de trabajo, que realmente fueron constantes hasta alrededor de mediados del siglo XVII y, posiblemente, hasta más adelante. Era obvio que se necesitaba una población sustituta y una nueva organización laboral. A fines del siglo XVII y durante el XVIII, el cacao proporcionaba suficientes excedentes de capital como para permitir la compra de esclavos negros. En las minas de oro del Chocó, a diferencia de Potosí con su amplia y bien organizada mita, los indígenas locales nunca constituyeron una fuerza de trabajo adecuada. Hacia 1700, la mayoría de éstos había muerto o huido, y para reemplazarlos, los empresarios de las minas de oro importaron esclavos negros a través del puerto de Cartagena. A principios del siglo XVIII, a medida que prosperaba la industria minera, se acumuló suficiente capital como para introducir un número cada vez más elevado de esclavos. Alrededor de 1750 no eran raras las cuadrillas de centenares de esclavos. Ambas regiones alrededor de Caracas y del Chocó eran zonas con industrias de exportación provechosas. La agricultura destinada a los mercados locales raramente produjo beneficios suficientemente grandes como para costear la compra de esclavos. En la segunda mitad del siglo XVIII, al elevarse los precios del azúcar europeo, las zonas de Cuba anteriormente dedicadas a la ganadería y un poco al azúcar y al tabaco, fueron transformadas para plantaciones azucareras en gran escala (ingenios) trabajadas por grandes ejércitos de esclavos.

Sería simplista presentar el esclavismo negro en las colonias españolas de América, o en alguna otra parte, como una condición uniforme de servidumbre de trabajo manual, pues muchos esclavos se convirtieron en sirvientes domésticos, artesanos, capataces, pequeños comerciantes y tenderos. Otros dependieron de sus experiencias y atributos culturales anteriores a la esclavitud en África. Los campesinos podrían haber quedado como campesinos, pero algunas gentes de las ciudades y artesanos de África pudieron aprovechar las oportunidades del Nuevo Mundo. La manumisión fue normal. Algunos esclavos desempeñaron oficios remunerativos y acumularon el precio de su libertad. Los amos liberaron esclavos por una amplia variedad de motivos, que iban desde la vejez, sentimiento de culpabilidad y gratitud, hasta los que estaban relacionados con períodos difíciles. En épocas de tensión económica, los propietarios esclavistas los liberaban, deshaciéndose de ellos literalmente, en lugar de alimentarlos y vestirlos. Los amos sin ningún tipo de escrúpulo, algunas veces daban la libertad a la gente mayor o a los enfermos. Los libertos, en la América española, se añadieron a los grandes grupos de castas amorfas, que no eran ni esclavos ni exactamente libres. Éstos fueron especialmente importantes en las islas del Caribe durante el siglo XVIII, creando las bases de lo que podría ser descrito como un estrato articulador de las sociedades locales. Ellos fueron corredores, artesanos, comerciantes locales, transportistas de mercancías y abastecedores de artículos y servicios menospreciados por las elites blancas, por otra parte, no permitidos a la mayoría de esclavos. De este grupo, a fines del siglo XVIII surgieron los líderes de la rebelión haitiana: Toussaint L'Ouverture y Henry Cristophe, Alexander Pétion y Jean-Pierre Boyer.[1]

Sistema tributario

Los diversos sistemas laborales representaron uno de los mecanismos más importantes de extracción de riqueza de la economía colonial hispanoamericana. El otro medio dominante de acumulación y extracción de capital fue el sistema tributario. Durante casi todo el período colonial y, realmente en algunas partes de la América española, hasta fines del siglo XIX, el principal gravamen impuesto a las clases bajas fue el tributo, impuesto individual recaudado casi completamente a los indígenas como símbolo de su condición dominada. Esta contribución por cabeza, que no tenía en cuenta propiedades o salarios, tenía sus orígenes en las capitaciones europeas de la baja Edad Media, tales como la moneda forera que pagaban los campesinos de Castilla. Ésta apareció en el Nuevo Mundo en fecha muy temprana: por ejemplo, las instrucciones dadas al gobernador Ovando de Santo Domingo, en 1501, incluían una orden real para la introducción de dicho sistema. En México, el tributo regular y su recaudación se introdujo a principios de la década de los años treinta del siglo XVI, aunque anteriormente éste ya había existido, basándose en el impuesto de los aztecas que los españoles heredaron. En Perú, el tributo se generalizó, reguló y normalizó durante el régimen del virrey Francisco de Toledo (1569-1581). Más tarde, el tributo constituyó un componente importante del gobierno y administración colonial española en casi todas las partes de las posesiones americanas. Éste mostró una gran adaptabilidad y longevidad, especialmente en aquellas zonas de Sudamérica muy aisladas y económicamente atrasadas, pues en las tierras altas de Bolivia y en algunas zonas de Perú no desapareció hasta los años ochenta de la centuria decimonónica.

En un principio, el tributo se pagaba en su mayor parte a los encomenderos, a quienes se les había concedido el privilegio de cobrarlo y de beneficiarse tam-

---

1. Una discusión adicional en torno a la mano de obra indígena puede encontrarse en Bakewell, *HALC*, III, capítulo 2, y en Gibson, *HALC*, IV, capítulo 6. Para un tratamiento detallado de la esclavitud en la América española colonial, véase Bowser, *HALC*, IV, capítulo 5.

bién de él. A medida que las encomiendas revertían a la corona y la población indígena productiva descendía, el tributo pasó a ser una fuente de ingresos cada vez más importante para la corona, la cual empezó a recaudarlo de manera más cuidadosa y rigurosa. Después de algunos primeros errores y vacilaciones, el tributo fue finalmente adaptado —algunas veces de modo explícito en la legislación, aunque más a menudo no lo estaba—, para empujar a los indígenas hacia ciertos tipos de trabajos y cosechas. Los tributos de Moctezuma y Huáscar estaban compuestos casi enteramente de artículos locales, de las especialidades de cada región tributaria, aunque eran productos básicos como el maíz, frijoles y ropas de algodón los que constituían la parte mas importante del pago. En un principio, los conquistadores españoles hicieron pocos cambios, a excepción de eliminar algunos productos indígenas, tales como plumas, las cuales eran de poca utilidad para ellos. Hacia la década de los años cincuenta del siglo XVI en México, y dos décadas después en Perú, las reglamentaciones tributarias empezaron a desalentar el intrincado policultivo de los indios americanos: las casi orientales y precolombinas chinampas de México y los oasis costeros de Perú. La política general fue planeada para introducir a los agricultores indígenas en la producción de los artículos básicos necesarios en los grandes centros de consumo. Persistieron el maíz, los frijoles y los tejidos de algodón, pero además se introdujeron nuevo productos del Viejo Mundo, tales como el trigo, la lana y los pollos. El objetivo de los españoles fue limitar la producción a uno o dos artículos tributarios por pueblo, aunque algunas especialidades locales, en particular aquellas de gran valor, tales como oro en polvo o cacao, continuaron durante todo el período colonial. De este modo, el tributo jugó un papel importante en la propagación de cultivos y animales nuevos, al principio impopulares. El cultivo de la seda y del trigo, y el ganado —manadas de ovejas y piaras de cerdos— en cierto modo, empezaron a extenderse porque se obligó a los indígenas a pagar sus tributos en este tipo de productos, o a cuidar los campos trigueros o a vigilar el ganado como parte de las obligaciones del pueblo.

Otro de los propósitos de la política tributaria española fue la de comprometer más la economía indígena, severamente desorganizada, en el mercado europeo. Con este objetivo, los encomenderos y funcionarios españoles empezaron a reclamar que parte de los pagos del tributo fueran en moneda; de este modo, los indígenas se vieron forzados a vender sus productos para ganar dinero o su trabajo para obtener salarios. Algunos indígenas que vivían alejados de los centros de actividad económica recorrían largas distancias para ganar dinero con el que pagar sus tributos. Muchos preferían pagar en moneda, pues encontraban esto menos oneroso. El virrey Toledo comprendió rápidamente que los tributos en dinero eran necesarios para poder reclutar gran número de indígenas dentro de las mitas de Potosí y Huancavelica, pero en áreas donde la actividad económica no era tan intensa, y donde no era necesaria tan elevada cantidad de trabajadores, los españoles que de manera harto precipitada propusieron un tributo compuesto únicamente de dinero comprobaron el error que habían cometido. Derivando el tributo hacia un pago completamente monetario, en algunas partes del México central, dada la caída de la población aborigen y la consecuente escasez de productos locales de primera necesidad, las autoridades y encomenderos forzaron a los indígenas a entrar en el mercado, pero la pericia y diligencia de éstos fue demasiado competitiva para el gusto de los comerciantes españoles. La exacción en metálico forzó a los indígenas a huir de sus opresivos pueblos y a convertirse en vagabundos o a buscar protección paternalista en las haciendas, donde, al menos en algunos casos, el propietario haría frente a los pagos del tributo por ellos. Los pagos en efectivo provocaron un acelerado descenso de la producción agrícola, cuyo resultado fue un incremento de la inflación de los precios en las ciudades. En México, donde se impuso el pago del tributo en metálico, pronto fue corregido en favor de una combinación de artículos agrícolas, normalmente maíz, y dinero en efectivo.

El modo en que el tributo fue impuesto, valorado y recaudado provocó una nivelación general de la estructura social indígena, que transformó a los indios precolombinos en campesinos tributarios, lo cual también, al igual que el sistema de reclutamiento de la mita, introdujo alguna diferenciación social. Las autoridades españolas o sus delegados frecuentemente contaron los habitantes de los pueblos, pero tendieron a presentar los resultados de sus cálculos como totales. Cedieron la tarea de recaudación del tributo a los intermediarios, normalmente hereditarios, que eran designados o elegidos «principales» del pueblo. Esta delegación cambió el tributo, que pasó desde ser un impuesto de capitación directa a convertirse en una responsabilidad comunal. El encomendero o corregidor, guiándose normalmente por los censos previos, asignaba una cantidad total de contribución a un pueblo dado y sus anexos o subsidiarios. Los principales de los pueblos recaudaban el tributo como ellos querían o como las circunstancias lo permitían, de aquellos que estaban por debajo de ellos. Algunos eran igualitarios y creían en la cohesividad comunal, extendiendo el gravamen de forma más o menos equitativa. Más a menudo, como muchos pudieron notar, el sistema de cuotas por pueblo indujo a una mayor carga sobre los pobres y fomentó más la tiranía local.

Los tributos indígenas mantuvieron su severidad hasta casi el final del período colonial; así como la población indígena disminuía en un principio para luego lentamente recuperarse, aumentaba la población española y se incrementaban las necesidades financieras e indigencia del gobierno real. Muchos de los que originariamente quedaron eximidos de contribuciones fueron añadidos a los registros, a la vez que se impusieron incrementos temporales, muchos de los cuales luego pasaron a ser permanentes. Por ejemplo, en México, en 1552, se exigió el pago de un tributo adicional para ayudar a pagar la construcción de la catedral, y éste permaneció durante casi dos centurias. A finales del siglo XVI, el «servicio real» y «el tostón», un impuesto de cuatro reales, se añadieron para ayudar con los gastos reales y con los de la ineficaz flota de barlovento para suprimir la piratería en el Caribe. El tostón permaneció hasta prácticamente el final del período colonial. Durante el siglo XVII, fueron numerosas las adiciones locales al tributo, a menudo para financiar obras públicas locales. No hay duda de que el tributo fue una carga odiada.

El tributo también causó problemas a la sociedad española. Con frecuencia, los encomenderos y especialmente la corona recibían los tributos en productos que ellos no necesitaban, pero que podían revender a otros segmentos de la sociedad. La solución, bastante imperfecta, fue un sistema de subasta real y privada, que permitió al tesoro real y a los encomenderos, hambrientos de dinero en efectivo, solucionar el problema de la convertibilidad mediante la venta en metálico del maíz y otros artículos recaudados. Tal sistema, junto a las obvias ineficiencias surgidas de la doble transportación de artículos voluminosos y perecederos, hizo elevar los precios debido a las múltiples transacciones, sin beneficiar, tanto como se podría haber supuesto, a la corona o a la clase encomendera. Estas subastas estuvieron controladas por intermediarios, inevitablemente restringidos en número, puesto que pocos podían satisfacer las grandes sumas de dinero necesarias para participar. Hay evidencia, también, de que estos dueños de la subasta no pujaban unos contra otros y, algunas veces, conspiraban para mantener la puja baja. Al menos de eso se quejaba la corona. Estos intermediarios después de haber comprado los productos básicos, los vendían a aquellos que los necesitaban. Por ejemplo, el maíz, llegaba a los mercados urbanos semanales, tiendas, minas y, de manera menos frecuente, regresaba a los pueblos indígenas. Los intermediarios eran acusados de monopolizadores y de acaparadores. Algunos mantenían artículos como el maíz alejados del mercado esperando que los precios del mismo fueran altos. Esto ocurría, al menos una vez al año, justo antes de iniciarse la época de la cosecha principal. De este modo, los mecanismos de redistribución de los productos del tributo fueron excesivos y caros, y causaron descontentos y dificultades.

Los pagos en metálico también comportaron dificultades. Los indios y los pobres, como en todas las sociedades preindustriales jerárquicamente estructuradas, fueron el terreno tradicional para descargar la moneda de ley inferior a la marcada, recortada o falsificada. Los comerciantes y los ricos, guardaban la buena moneda para el comercio de larga distancia o para las subastas y para hacer frente a las temporadas malas. La moneda inferior que se usaba para pagar a los indígenas, o para comprar sus productos, consecuentemente se convertía en tributo e iba a parar a las cajas reales, con gran animadversión de la burocracia. Parte de esta moneda inferior luego se dirigía a España, manifestación, a primera vista, de un funcionamiento aberrante de la ley a menudo falsamente atribuida a Gresham.[2]

Además de los tributos se impusieron ampliamente en las zonas pobres otros dos sistemas de contribución, o mejor dicho de extorsión. El sistema más común en algunas de las zonas desfavorecidas de la América española fue la «derrama». Bajo esta práctica, los aldeanos indígenas, normalmente mujeres, fueron obligados a preparar materias, generalmente de algodón o lana, para la siguiente etapa o etapas de elaboración. De este modo, el algodón en rama se transformaba en hilo, el hilo en tejido liso, el tejido liso en tejido teñido, etcétera. Las mujeres sometidas a este tipo de industria de *putting out* primitivo estuvieron normalmente mal pagadas o sin pagar, y, de este modo, subvencionaban los costos de la manufactura al comerciante implicado y el precio del artículo al último comprador. El comerciante era, a menudo, el corregidor local o alcalde mayor, pagado de manera miserable, pero con posición social y poder local suficientes como para obligar a los necesitados a trabajar para él; de esta manera, semejantes individuos raramente tenían que hacer inversiones de capital para intensificar este proceso. Las cantidades de algodón o lana que usaban eran normalmente bas-

---

2. Para una discusión adicional, véase Gibson, *HALC*, IV, capítulo 6.

tante pequeñas. El sistema desempeñó una función económica provechosa en zonas pobres, puesto que redujo el precio de la ropa, permitiendo, así, a la gente del pueblo comprar tejidos por debajo de los costos y fletes de cualquiera de los tejidos fabricados en los obrajes o procedentes de Europa o Filipinas. Otros artículos, los cuales sólo necesitaban una o dos etapas de elaboración simple, a veces, participaban de dicho sistema. De esta manera, la derrama hizo aumentar los salarios de los funcionarios (un tipo de subsidio indirecto a la nómina de la corona) e hizo bajar el coste de los productos básicos, tales como la ropa.

La otra forma de imposición o extorsión fue la compra forzosa, es decir, el «reparto de mercancías» o «reparto de efectos». Los alcaldes mayores, corregidores y otros funcionarios de las zonas indígenas, a menudo, al comenzar su mandato, viajaban a los pueblos vendiendo artículos que ellos habían comprado al por mayor en los mercados de las ciudades. Los productos de primera necesidad llegaban de un área a otra donde hicieran falta y los indígenas estaban satisfechos de comprarlos, incluso a precios hinchados. Frecuentemente, sin embargo, estas ventas eran de carácter abusivo y de artículos no solicitados —medias de seda, aceitunas y navajas de afeitar están entre aquellos mencionados—, que eran endosados a los compradores, algunas veces a la fuerza y a precios desorbitantes. Los indígenas revendían estos artículos, o aquellos que ellos no habían usado o echado a perder, en el mercado español, a menudo, a precios inferiores de los que habían pagado, con la esperanza de poder recuperar algunas de sus pérdidas. Para el corregidor, este tipo de transacción suponía, por una parte, un complemento a su salario normal y, por otra parte, un subsidio a su estilo de vida, pagado por la sociedad indígena, el cual rebajaba el coste de los artículos lujosos a la sociedad española. De este modo, la gente de Lima podía comprar algunas sedas de China sin tener que pagar los fletes completos que se cargaban a los productos que llegaban a través del comercio con Manila, o evitar también los beneficios que obtenían los intermediarios entre Manila, Acapulco y Lima.

Los campesinos pobres, predominantemente indígenas, también tenían que sufrir el soborno de los funcionarios locales. Los sueldos eran de miseria, y a la muerte de Felipe II casi todos los puestos locales tuvieron que ser comprados, directa o indirectamente, a través de donaciones a las arcas reales o a algún miembro de la realeza. Estaba completamente asumido por ambos lados que el funcionario recobraría el coste de su puesto, aumentaría su salario y probablemente incrementaría sus ingresos, inversiones y posición extrayendo de su clientela y cargos tanto como el mercado pudiera soportar en forma de cuotas, sobornos, donaciones y gravámenes ilegales. Los supuestos compradores de cargos entendieron este sistema y eran conscientes del precio y de la valía de sus posiciones individuales. El precio de cualquier puesto variaba dependiendo de su potencial como fuente de ingresos. Además, el conocimiento de este sistema incluso se extendió a las clases bajas. En las sociedades con un carácter igualitario, el soborno está mal considerado porque el capital se dirige hacia los estratos más altos de la sociedad de un modo que es considerado inmoral. En sociedades coloniales, no obstante, donde el acceso de las clases bajas a los puestos de poder y decisión está severamente limitado o es casi imposible, el soborno puede jugar un papel extrañamente «democrático». En este sentido, éste fue uno de los pocos medios por el cual los que carecían de poder, cuando poseían algún excedente de bienes o de dinero, podían aminorar la presión de las leyes, e incluso desviarla, no mediante su participación en la promulgación de las mismas, sino suavizando o frenando su aplicación mediante pagos que se efectuaban una vez consumados los hechos. Los indígenas y las castas reconocían que algunas veces el soborno a los funcionarios los ayudaba, y hacía que la corrupción fuese aceptada a regañadientes como un medio de hacer que la sociedad colonial fuera, al menos en algunos casos, más humana. Estos pagos, que procedían esencialmente de los sectores pobres y de las elites locales de categoría inferior, son otro ejemplo de la delegación de los poderes gubernamentales que el Estado hacía a otros. El soborno evitaba al gobierno el problema y parte de los gastos de gobernar. Habría que hacer notar que las clases inferiores, incluidos también los indios, recibían pagos de los que estaban por encima, a cambio de eficacia, trabajo satisfactorio y el cuidado de la maquinaria, ganado y otras propiedades.

Posiblemente, la gratificación más común entre los funcionarios de baja categoría era vivir de la tierra o de cuentas impagadas. Los funcionarios y párrocos cuando viajaban se suponía que no pagaban la manutención, el alojamiento y el forraje de sus caballos y mulas. En las jurisdicciones rurales, estas «visitas» representaban una carga económica considerable, especialmente si el corregidor, cura, prior u obispo era un visitador asiduo. Además, el clero aprovechaba estas breves estancias en los pueblos para celebrar bautismos, confirmaciones, casamientos o funerales para aquellos que habían alcanzado la etapa de la vida representada por este tipo de ceremonias desde la última visita clerical. Cada uno de estos deberes sacerdotales comportaba una cuota prescrita, pero en cambio, muchas otras funciones ocasionales, tales como la catequización de los niños, visitas a los enfermos, oraciones o sermones extras en las iglesias de los pueblos, asistencia y bendición de las fiestas locales, capillas, imágenes o monumentos, no la implicaban. Algunos clérigos empezaron a exigir una cantidad fija de dinero para cada visita, probablemente para cubrir estas misiones. En las zonas pobres, estas cuotas, llamadas de «visitación», de «salutación» y otros nombres locales diversos, no sumaban mucho, aunque un cura enérgico con un buen caballo podía cubrir muchos pueblos y regresar a los mismos demasiado a menudo para el bienestar económico de sus habitantes. En el mismo sentido, al pasar un corregidor podía aprovechar la oportunidad para revisar los libros de cuentas de las «cajas de comunidad», inspeccionar los campos de trigo o maíz apartados para los pagos del tributo, asegurarse de que el ayuntamiento estuviera en buen estado, dar fe de la imparcialidad y legalidad de las elecciones municipales más recientes, etcétera, todo con la perspectiva de obtener un pago monetario al margen de la manutención y alojamiento propios, como también los de sus criados, mulas y caballos.

Durante el siglo XVIII, los indígenas de los pueblos y otros grupos de campesinos pobres trataron de acomodar, evitar o resistir a estos constantes intrusos codiciosos y recaudadores de contribuciones. Si las imposiciones, legales o ilegales, iban más allá de los límites entendidos, algunos se quejaban, alborotaban o se rebelaban, acciones que raramente sobrepasaban los éxitos temporales y, a menudo, daban lugar a represiones severas. Los individuos y, ocasionalmente, los pueblos enteros, huían hacia las fronteras indómitas, o caían en el vagabundeo o en el anonimato de las ciudades. La mayoría de los pueblos intentaron crear sus propios intermediarios o barreras institucionales para ajustarse a la presión económica española. Una de estas instituciones, la caja de comunidad, que era de origen español, pasó a formar parte de la sociedad indígena y se extendió en muchos lugares del Imperio en la segunda mitad del siglo xvi. El propósito de las cajas fue emplear los fondos de la comunidad indígena sobre una base organizada. Éstas se sostenían mediante los gravámenes impuestos a los habitantes de los pueblos y por las tierras destinadas al respecto. Parte del tributo fue desviado hacia las cajas para utilidades de carácter local, tales como las reparaciones de los edificios, pagos a los funcionarios locales o préstamos a la gente del pueblo. A pesar de las prohibiciones legales, algunas cajas eran salteadas constantemente por el clero y funcionarios locales; es por eso que éstas se convirtieron en una carga más para los aldeanos ya profundamente gravados. A causa de estas depredaciones, muchas cajas tenían déficits permanentes, los cuales debían ser pagados por los aldeanos mediante imposiciones forzosas, aunque parece que algunas cajas arrojaron déficits anuales a propósito. Estas porosas cajas del tesoro comunitario estaban perdiendo dinero por algún motivo; pueden haber sido un mecanismo colectivo por medio del cual los indígenas se unían para cubrir los gastos y librarse de las fuerzas intrusas y de los excesivos escrutinios de los funcionarios reales o del clero. Habiendo desviado las atenciones y presiones de más allá de las fronteras del pueblo, estas comunidades contaban con una libertad más amplia para desarrollar sus propias prioridades comunales y culturales.

Las cajas de comunidad financiaban los proyectos del pueblo, incluyendo la restauración de la iglesia y las reparaciones del ayuntamiento, reforzando así la solidaridad del pueblo y el orgullo de la comunidad. Parte del dinero recaudado era devuelto a los habitantes de los pueblos como pago del trabajo realizado. En muchos pueblos de Mesoamérica se requirió apartar ciertos campos para cultivar el trigo y maíz necesario para pagar el tributo. En muchos casos, los indígenas locales, quienes plantaban, escardaban, irrigaban, cosechaban y espigaban estas parcelas, recibían sueldos procedentes de las cajas de comunidad. Los altos funcionarios del pueblo también obtenían pagos al contado provenientes de las cajas, y puede que estos desembolsos hayan tenido alguna importancia en la perpetuación de jerarquías y tradiciones. El ejercicio de una posición superior en las jerarquías del pueblo podía ser una proposición costosa, y muchos indígenas eran comprensiblemente reacios a asumir las cargas económicas que iban asociadas con los cargos. Las recompensas económicas en forma de salarios procedentes de las cajas ayudaron a resolver este problema, aunque, sin duda, gran parte de este dinero iba a parar a manos de los habitantes más prósperos. Algunas cajas pasaron a ser ricas y actuaron como bancos y prestamistas de los indígenas, e incluso de los españoles, poseyeron haciendas, estancias, molinos de harina, ingenios azucareros y talleres, e invirtieron en el comercio mucho más allá de los límites de sus pueblos de origen.

La cofradía o hermandad religiosa fue otra de las instituciones indígenas importantes, adoptada también de la sociedad española, para reunir fondos, no sólo para pagar las ceremonias religiosas de la comunidad (algunas de ellas vistas por las autoridades como idólatras), sino también para pagar las retribuciones a los curas y obispos en concepto de visitas. Algunas cofradías se hundieron bajo la presión económica y religiosa procedente del exterior; otras desempeñaron el papel de corredurías, en parte de manera exitosa; y unas cuantas prosperaron e invirtieron en tierra, rebaños de animales, hipotecas y otros bienes. Por lo tanto, estas cofradías prósperas fueron otra vez objetivos para los oportunistas del exterior.

El tributo y otras imposiciones sobre la sociedad indígena y las reacciones a estas presiones, fueron una gran parte de la historia de los impuestos en la América española, pero de ningún modo lo fueron toda. La corona y sus representantes, con gran imaginación, intentaron gravar a otros grupos y otras actividades, pero con menos éxito. El gobierno no tenía burócratas, sistemas de contabilidad, ni tecnología para imponer gravámenes sistemáticamente, de este modo intentó colocar impuestos simples y generales, esperando obtener lo más óptimo posible de cualquier impuesto dado. Una posibilidad obvia fueron los impuestos sobre el comercio, pero en una época de escasa supervisión de las rutas terrestres, de fuerzas policiales rudimentarias y sin moneda, pesas y medidas estandarizadas, tales imposiciones tenían que ser aleatorias y aproximadas. Uno de los métodos fue el control de los centros naturales y mercantiles por donde se hacía pasar el comercio, pues aquel que se dirigía o procedía de España tenía que entrar y salir sólo a través de unos determinados puertos, tales como el del Callao, Panamá, Portobelo, Cartagena, Veracruz y La Habana. En estos puertos era bastante fácil percibir impuestos con la ayuda de los poderosos consulados locales o gremio de comerciantes, a quienes les gustaba imponer sus propias tarifas de entrada y salida, con gran contrariedad de las provincias secundarias, las cuales no disponían de puertos legales. La evasión era común mediante el soborno de funcionarios, el contrabando que se realizaba a bordo de los barcos legales y aquel que se llevaba a cabo de forma totalmente prohibida, pero a excepción de algunas décadas extremadamente desoladas de mediados del siglo XVII, el tesoro real podía esperar ganancias sustanciales procedentes del almojarifazgo, tal y como se denominó a los impuestos de aduanas. El tesoro intentó imponer aranceles en el comercio interior mediante la instalación de aduanas en los caminos reales y ordenando que ciertos comercios circularan por una determinada ruta permitida. Dos ejemplos de ello fueron la ruta que iba de Tucumán a Potosí, por donde pasaban las mulas, azúcar y otros alimentos que se dirigían a las minas de plata en los altiplanos áridos, y el camino que iba desde Guatemala a Puebla y a Ciudad de México pasando por Chiapas, por el cual durante su apogeo circulaban grandes cantidades de cacao e índigo. La tendencia hacia el control monopolístico de estos congestionados centros comerciales fue también evidente en los niveles inferiores de la sociedad. Los pueblos estratégicamente situados en las rutas comerciales de carácter secundario trataron de imitar a los consulados de Veracruz y Sevilla, colocando un impuesto a los comerciantes de paso por el uso de las instalaciones locales. Cartago, la capital colonial de Costa Rica, estaba situada en la ruta entre Nicaragua y Panamá, ruta que conducía a Panamá las mulas criadas en los pastos de los alrededores de los lagos nicaragüenses, mediante el sistema de acarreo o al «trajín». El cabildo de Cartago exigía un pequeño impuesto por cada mula, mientras se acusaba a los palafreneros o mozos de cuadra y a los dueños de tiendas de alimentación de manipular los precios de sus servicios durante el tiempo que las arrias de mulas permanecían en el pueblo. De vez en cuando, los clanes y camarillas de las ciudades, tales como Guayaquil y Compostela, controlaban los cabildos y a través de ellos todas las regiones y sus productos.

Los derechos de aduana, tanto externos como internos, legales e ilegales no fueron los únicos impuestos que recayeron sobre el comercio. La alcabala o impuesto sobre las ventas, que antes de la Conquista se había usado en Castilla, se difundió en América a finales del siglo XVI. Al principio éste fue aplicado como un impuesto español o europeo, del cual la población indígena estaba teóricamente dispensada, excepto cuando ésta comerciaba con productos europeos, aunque algunos indígenas pagaban elevadas sumas incluso en las ventas del maíz. La alcabala se fijó en un 2 por 100 sobre el precio de venta de los artículos, pero en el siglo XVII se logró doblar esta cantidad. En tiempos de guerra u otra clase de emergencias se aplicaban coeficientes más elevados, que a menudo permanecían, al igual que los tributos, mucho más allá de las emergencias. A fines del siglo XVIII, llegaron a alcanzar un 6 por 100, lo cual provocó varios descontentos y disturbios. Algunos pueblos españoles pequeños demoraron la imposición de la alcabala, secundados por los comerciantes y cabildos para resistir las inspecciones e inscripciones de comerciantes, necesarias para poner el sistema en funcionamiento. Otros pueblos alegaron dificultades o desastres para obtener exenciones temporales. En Quito, cuando finalmente se impuso en 1591, provocó amenazas de motines y sediciones. En Guatemala, donde se ordenó la puesta en práctica del mismo, en 1576, las primeras inscripciones válidas empezaron en 1602. En general, en muchos pueblos la alcabala se impuso como una cantidad global para todo el poblado. El pueblo entonces asignaba la recaudación a un campesino, quien tenía que confiar en cierta manera en las declaraciones juradas de los encomenderos, comerciantes y tenderos, en relación al volumen y valor de las transacciones que éstos habían realizado recién concluido el período de imposición. La autovaloración del nivel de imposición es una forma ineficaz de recaudar dinero. Los artículos básicos, tales como pan, armas, ornamentos religiosos, caballos, donaciones y herencias, estuvieron libres de alcabalas. Entre fraudes, recaudaciones intermitentes, compras y ventas ilegales de los indígenas y conflictos en torno a qué tipo de artículos calificaban y cuáles no, la mayor parte de las alcabalas de las ciudades pequeñas debieron defraudar al tesoro real. Probablemente en las ciudades más grandes, las alcabalas debieron recaudarse de manera más celosa. En el México central, al incrementarse el comercio y la actividad en el siglo XVIII, la alcabala pasó a ser, al igual que el monopolio del tabaco en manos de la corona, una de las ramas económicamente más importantes del tesoro real.

Tanto en América como en España se compraban los puestos gubernamentales —aquellos localizados en comunidades de altos recursos económicos provocaban ofertas que muchas veces excedían a las de sus homólogos respectivos ubicados en comunidades de escasos recursos—, pero este impuesto en forma de anticipo no favorecía a la corona, puesto que una vez el funcionario en cuestión tomaba posesión de su nuevo cargo, la corona ya no tenía acceso a las ganancias frecuentemente elevadas de tales cargos. Para remediar esta situación, el gobierno instituyó dos impuestos brutales sobre la renta de las personas. La «mesada» era el pago del sueldo de un mes que hacía cada vez que un nuevo titular, secular o eclesiástico, tomaba posesión de su nuevo cargo. En relación a los puestos civiles resultaba difícil imponer una contribución debido a que los funcionarios raramente revelaban la verdad de los salarios mensuales que ganaban de sus posiciones. Los «beneficios» eclesiásticos eran de conocimiento público, y así, los clérigos que estaban en posesión de estos cargos eran gravados de manera más precisa. En 1631, la corona aumentó el impuesto de los funcionarios seglares a la mitad del salario del primer año o «media anata» (así, la mesada restante pasó a ser conocida como mesada eclesiástica). Hacia 1754, la corona exigió y el papado aceptó la imposición de media anata a los salarios del clero superior, pero la puesta en funcionamiento de este cambio tardó unos cuantos años, y para la mayoría del clero, la mesada fue el impuesto recaudado durante la mayor parte del siglo XVIII. Algunas veces la media anata era también recaudada de los beneficios obtenidos durante el primer año de las tierras compradas a la corona.

Desde los días de la Reconquista, la corona había reclamado y recibido una parte del botín, especialmente oro y plata en lingotes. En el Nuevo Mundo, esta contribución se convirtió en el quinto real, pero al terminar el período de Conquista, el quinto pasó a ser el impuesto sobre la producción de piedras preciosas, perlas, oro y, sobre todo, plata. Algunas veces para estimular la producción, dicho impuesto se rebajó a un décimo, y en algunos lugares de importancia marginal el gremio local de mineros o el cabildo de la ciudad lograron persuadir a la corona para ser satisfecha con una vigésima parte. Esta fue la situación predominante durante la mayor parte del período colonial en las minas de plata de Honduras y en las de oro situadas entre Popayán y Cali. El quinto real era más fácil de recaudar en las grandes minas o en cualquier mina que usara amalgama de mercurio para la fundición. Las minas de mercurio fueron un monopolio real y, aunque la calidad del mineral de plata era un factor importante, había una correspondencia aproximada entre la cantidad de mercurio usada y la cantidad de plata refinada. La plata, no obstante, es un estímulo considerable para la ingeniosidad humana, así que en las minas de plata era frecuente el fraude. La plata se adulteraba, las barras se cercenaban, los mineros y funcionarios robaban mineral y, de vez en cuando, los funcionarios del gobierno conspiraban en amplios planes de desfalcos al tesoro. Sin embargo, el fraude en las minas donde se usaba el mercurio nunca alcanzó las proporciones al que llegó en las minas donde continuaba usándose el antiguo horno de fundición, que en Alto Perú se llamaban *huayras*. En estas minas, que en muchos casos sólo fueron trabajadas unos pocos meses o durante uno o dos años, incluso el décimo o vigésimo real era muy difícil de recaudar. No obstante, a pesar de estas dificultades, el quinto fue uno de los impuestos más importantes en las posesiones españolas del Nuevo Mundo, que extrajo grandes cantidades de dinero de la mano de obra y de la producción, remitiendo mucha de ésta, quizá la mayor parte, a España, otras partes a la Europa occidental y finalmente al lejano Oriente.

Los monopolios del gobierno, tales como la minería de mercurio antes mencionada, la minería de cobre de Santiago del Prado al este de Cuba a principios del siglo XVII y, sobre todo, el muy remunerativo estanco o monopolio del tabaco, llegaron a ser de gran importancia como fuentes de ingresos. A finales del período colonial, los monopolios de artículos de primera necesidad, tales como la sal, papel, pólvora y tabaco, pasaron a ser extremadamente impopulares entre todas las clases e indujeron sublevaciones, tales como la revuelta de Túpac Amaru y las primeras luchas que dieron lugar a la independencia. El gobierno también arrendaba sus derechos de monopolio, derechos que algunas veces abarcaban regiones enteras, aunque éstas normalmente eran zonas que el gobierno había sido incapaz de desarrollar. Dos ejemplos de ello fueron la Compañía Guipuzcoana y la Compañía de Campeche en el siglo xviii.

La corona estaba obligada por su posición de patrona de la Iglesia a actuar como agencia redistributiva de un impuesto. Recaudaba el diezmo eclesiástico en «frutos de la tierra», que prácticamente abarcaba todos los productos agrícolas y animales domésticos. Normalmente, los indígenas no pagaban el diezmo, excepto en los productos que ellos adquirían y que eran introducidos por los europeos. La corona probablemente encontraba que la recaudación, administración y desembolso de los diezmos era una empresa desventajosa. Ésta se quedaba con una novena parte de los ingresos para cubrir sus gastos, que resultaban prácticamente insuficientes, y gastaba el resto en obispados, cabildos de la catedral, construcción y mantenimiento de iglesias, hospitales, asilos para los pobres, hospicios y escuelas y en el clero regular. El diezmo constituía para la Iglesia un ingreso de riquezas provenientes del sector agrícola, pero parte de éste regresaba, no sólo en el sentido de que la Iglesia satisfacía algunas de las necesidades psicológicas y espirituales de sus fieles, sino también para ayudar a los pobres y enfermos en forma de atención médica primitiva, caridad y hospitalización; y a los ricos en forma de educación, préstamos y acceso a rituales para mostrar su prestigio social. El otro impuesto eclesiástico recaudado por el clero, pero administrado por el gobierno, fue la «santa cruzada», sistema que consistía en la venta de indulgencias cada dos años, el cual rendía beneficios considerables, especialmente en el siglo xviii. En un sentido muy limitado, hubo un intento de convertir las indulgencias en un impuesto sobre la renta o sobre el patrimonio con valoraciones que variaban de dos a diez pesos, dependiendo de la riqueza, clase y casta. En los pueblos, el clero arrendaba la recaudación a los miembros del cabildo catedralicio, y su eficacia y justicia, inclusive dentro de su misma esfera, variaban ampliamente.

Estos impuestos, los cuales pasaron a ser más complicados y numerosos a medida que avanzaba el período colonial —impuestos per cápita a los campesinos, el control de los mercados saturados y el gravamen de los pueblos a través del valor aproximado de sus transacciones comerciales, confiscaciones de los grupos captivos, tales como los funcionarios gubernamentales y clérigos dependientes, los monopolios del gobierno y las ventas de éstos, exacciones para mantener las funciones religiosas del Estado, y la apropiación de una parte del producto de la industria productora de riqueza más espectacular, en este caso la minería de plata—, eran los mismos mecanismos de exacción antiguos, la más obvia fuente de riqueza de los primeros imperios y de los descendientes directos de la tasación imperial romana. Para todo ello no era necesario una gran burocracia, puesto que todos estos impuestos eran arrendados, es decir, el derecho a recaudar un impuesto específico era comprado por un particular, quien recuperaba el coste del cargo mediante la retención de una parte de los impuestos que él recaudaba, o quien acordaba entregar una cantidad específica a las autoridades. A veces la parte que correspondía al arrendatario del derecho de recaudación se determinaba de acuerdo a un porcentaje del total recaudado. Esto provocaba recaudaciones entusiastas y minuciosas. Evidentemente, los arrendatarios de impuestos, que iban desde los hacendados, comerciantes ricos y criollos indigentes hasta calpisques, alcaldes y principales de los pueblos indígenas, recaudaban más de la cuenta, declaraban cantidades inferiores, reducían las cantidades excesivas en la medida de lo posible, al tiempo que cuidaban el grado de amabilidad, indulgencia, apatía, honestidad e indigencia de los funcionarios del tesoro, a quienes ellos tenían que rendir cuentas. No fue hasta el reinado de Carlos III, el primer promotor de una burocracia estatal moderna, que se hicieron vigorosos esfuerzos para reducir la imposición agrícola e incrementar la recaudación mediante funcionarios del Estado, intendentes y subdelegados.

El estado español, un sistema en transición a la búsqueda desesperada de fondos e intentando modernizarse para ello, dedicó considerable atención al problema de cómo hacerse con una parte del capital y de los ingresos de los ricos, una clase que al desempeñar tanto control social y otras funciones para el gobierno tenía que ser consentida. Las composiciones o indultos, pagos que se hacían a la corona una vez consumados los hechos para sobreseer actividades criminales (a menudo, abusos de la fuerza de trabajo), y regularizar los títulos de propiedad de la tierra (normalmente de los indígenas) adquirida de modo controvertido, fueron un generador de escasos beneficios, aunque a menudo caro para el individuo interesado, resultaron ser más una serie de recompensas a los partidarios de los cuales dependía el gobierno.

Lo mejor que el gobierno podía conseguir, dada su relación con la clase alta, era el «donativo gracioso», que consistía en una «donación voluntaria», la cual era en realidad un sistema de gravámenes o confiscaciones negociadas de carácter involuntario, que se parecía a las generosidades reales inglesas. La corona inició esta práctica de petición complicada, algunas veces mediante donaciones, otras a través de créditos, aduciendo como pretexto los gastos de una emergencia o una celebración especial, tales como una guerra o el nacimiento de un heredero real, pero en el reinado de Carlos II la petición se convirtió en un sistema, al que se recurría con regularidad cada unos cuantos años y con un procedimiento de valoración y recaudación reconocido. Los funcionarios locales, a menudo la audiencia, que entonces delegaría la responsabilidad en los corregidores locales, recibieron la orden de gravar a los ricos de cada jurisdicción con una donación. Se elaboraron listas de tales personas con propuestas de cantidades apropiadas, entonces, el corregidor o funcionario local recaudaba estas sumas, o una aproximación de ellas, a veces después de un prolongado período de negociación. Los funcionarios reales no estuvieron exentos y al estar pagados con sueldos demasiado bajos mandaron largas y elaboradas cartas de disculpa a España dando cuenta de sus bajos salarios. La corona tenía algunos medios latentes para amenazar a los funcionarios reales, pero ésta estaba en una posición difícil respecto a los súbditos particulares ricos. A medida que las demandas de donaciones pasaron a ser más frecuentes, serviles y apremiantes, los importunados mostraron cada vez más resistencia a tales desembolsos y la indigente corona se vio obligada a ofrecer incentivos, tales como pensiones, títulos de nobleza, futuras exenciones y liberalización de las ordenanzas gubernamentales para poder re-

caudal. Las consecuencias de estas donaciones fueron contradictorias. Algunas de éstas, a últimos del siglo xvi y principios del xvii, proporcionaron grandes sumas de dinero, las cuales ayudaron a la corona a vencer verdaderas emergencias, tales como la del millón de pesos mandados por el virrey de México en 1629 para compensar la captura llevada a cabo por Piet Heyn de la flota española de la plata. Pero las donaciones fueron también un modo de desinversión, de desplazamiento del capital de las colonias, que a la larga alienó a la clase de la cual dependía la corona. La posición negociadora y financiera de la corona era demasiado débil para transformar estas prácticas en impuestos verdaderos sobre el patrimonio o beneficios, o convertirlos en cualquier utilidad o provecho a largo término.

Distribución e intercambios

Las posesiones españolas de América tuvieron varios sistemas de producción, distribución e intercambio imbricados e interrelacionados, los cuales pasaron por fases de prosperidad y declive, expansión y contracción.

En el nivel más bajo estaban la agricultura campesina y los intercambios en los pueblos. En las pequeñas unidades indígenas, más o menos pueblos comunales, y en los márgenes de las haciendas se producía maíz, frijoles, tubérculos, algo de pulque y chicha, sal, aves de corral y otros pequeños animales domésticos y ropa tejida a mano. A medida que estos artículos básicos fueron necesarios en los grandes mercados, tales como las ciudades españolas, la comunidad indígena jugó el papel principal en los primeros tiempos de la encomienda, aportando grandes cantidades de productos de primera necesidad para vender o, vía tributo, para subastar en las ciudades. Al debilitarse la encomienda, descender la población indígena, y convertirse las ciudades y centros mineros en mercados más grandes y más atractivos, los productores y distribuidores indígenas fueron apartados en grado considerable por campesinos españoles, propietarios de haciendas y obrajes y comerciantes mestizos o españoles. La producción indígena para el mercado fue en gran parte una vez más limitada al nivel de los pueblos. La cantidad total de artículos implicados continuó siendo considerable, pero las cantidades individuales eran pequeñas, circulaban ineficientemente y carecían de medios de cambio. El sistema dependía de la energía y laboriosidad infatigable de los pequeños comerciantes y agricultores indígenas (a menudo la misma persona), dispuestos a viajar largas distancias con pequeñas cantidades en busca de exiguas ganancias. Gran parte del intercambio se hacía mediante trueque o mediante monedas sustitutas, tales como granos de cacao, pastillas de azúcar moreno u hojas de coca. También eran comunes el dinero en su valor más bajo y la moneda falsificada. La cabecera local, o algunas veces un pueblo semivacío que había sido el centro ceremonial precolombino, se convertía en el lugar del mercado semanal. La gente transportaba los artículos a los mercados en sus propias espaldas o en los lomos de las mulas o llamas. En las áreas con más población indígena, los días de mercado cumplían funciones culturales y ceremoniales, las cuales proporcionaban recompensas adicionales a los comerciantes y hacía que el margen de beneficio fuera ligeramente menor. En zonas pobres y marginales de la América española, tales como Paraguay, Tucumán y la Venezuela rural de antes del cacao, con poca población indígena y sin un producto importante que llamara la atención a los españoles, los pocos colonos españoles encontraron que ellos no tenían otra alternativa que la de vivir a costa de la producción indígena. Fue precisamente en tales áreas donde la encomienda pervivió la mayor parte del período colonial.

De vez en cuando, la aparición de un producto atractivo y rentable dentro de la economía campesina o, más frecuentemente, la aparición dentro de la sociedad europea de América, o en la propia Europa, de un mercado para un producto previamente desconocido o ignorado, invitaba a la intrusión. El cacao, el tabaco, las fibras de cactus y, en un sentido un poco distinto, el pulque y las hojas de coca son cultivos típicamente americanos, que desarrollaron valores comerciales dentro de la economía europeizada debido a la transformación de las pautas de distribución, cambios en los gustos o nuevas maneras de usar los productos. Los productores campesinos o indígenas gradualmente perdieron el control del sistema de mercado y algunas veces de la tierra y, también, del proceso productivo.

En algunos sitios y en algunos momentos, los indígenas y otros grupos campesinos fueron capaces de resistir tales intrusiones y adquisiciones mediante muestras de solidaridad comunitaria. Normalmente, los productores campesinos podían limitar, posponer o prever la intrusión sólo a través de la posesión de una producción o de un secreto comercial. Un buen ejemplo de ello es la cochinilla, un tinte que resultaba de un intrincado y habilidoso proceso de fabricación que suponía una simbiótica relación entre humanos, insectos y cactus. Los españoles, e incluso los indios de áreas que no producían cochinilla, no tenían la habilidad ni la paciencia para hacerse cargo de la producción y, dada su naturaleza, la industria fue difícil de racionalizar e intensificar. Las economías de escala en el terreno local fueron contraproducentes y comportaron descensos en la producción. La producción estaba en manos de pequeños productores —en este caso, los indígenas de los pueblos de Oaxaca, la principal zona de cochinilla— y así, la cochinilla se repartía en muchos pequeños mercados de pueblos. Incluso a este nivel, a los grandes comerciantes o empresarios no les compensaba como para comprometerse en el mismo. Los pequeños comerciantes, indígenas o castas, iban a estos mercados de pueblos y acaparaban pequeñas cantidades de tinte y lo mandaban a los grandes comerciantes. Ello no quiere decir que las relaciones en estos mercados de pueblo fueran más justas o más igualitarias, pues estos pequeños comerciantes, arrieros o los indios principales más cosmopolitas, a menudo el principal vínculo entre la economía campesina y las economías de mercado más grandes, estafaban, engatusaban y coaccionaban tanto como podían. Éstos eran despreciados, tanto por los españoles situados en el nivel más alto, como por los indígenas en el más bajo, tal y como los sobrenombres burlones de mercachifles o quebrantahuesos muestran. De este modo, los españoles a través de los intermediarios pudieron sacar provecho de la cochinilla y reunirla en suficiente cantidad como para convertirla en un artículo comercial significativo en plazas tan lejanas como Amsterdam y Londres, pero ellos no pudieron asumir o controlar completamente el proceso de producción, y el sistema de comercialización los frustró hasta fines del período colonial. Zonas como Oaxaca, que disponían de un comercio y de secretos de comercialización, los cuales excluían a los no indios, lograron mantener su identidad india. Oaxaca, sin embargo, debe ser considerado como una excepción. La mayoría de las áreas campesinas que producían o comercializaban artículos, los cuales eran de gran valor, sufrieron intrusiones masivas que comportaron grandes transformaciones tanto en sus sistemas de producción y comercialización como en sus propias culturas.

Hacia principios del siglo XVII, la expansión de los mercados urbanos de carne y cereales (tanto de maíz como de trigo) y otros productos alimentarios de primera necesidad en las zonas más importantes del Imperio, fueron suministrados en su mayor parte no por pueblos indígenas, excepto quizás indirectamente, sino en gran escala por estancias de españoles, criaderos de ovejas y cerdos, haciendas, labores y huertos comerciales. Hacia el siglo XVIII, nueve rutas comerciales conducían a Ciudad de México y permitían introducir en la población centenares de arrias de mulas y carretas de bueyes cargadas de maíz, trigo, ganado, cerdos, pieles, azúcar, vinos y vegetales, al igual que tejidos, tintes y mercancías europeas. Varios miles de mulas entraban cada día en la ciudad, y los pueblos indígenas con zonas de pasto cerca de Ciudad de México se convertían en lugares de estacionamiento donde se dejaba el ganado, y pastaba hasta que se disponían los mataderos de la ciudad. Lima fue también un gran mercado, que a pesar de la limitada tierra agrícola cerca de este oasis desértico y su ubicación costera, permitió a la ciudad atraer algunos productos básicos desde una distancia considerable, un lujo que lógicamente no se podía permitir una isla o ciudades localizadas en las tierras altas, tales como Ciudad de México, Bogotá o Quito. El trigo de Lima procedía del valle central de Chile y de los oasis norteños de la costa peruana; las maderas, cordaje y brea venían de Guayaquil, o incluso de la distante Nicaragua, y el maíz y las patatas que recibía eran originarios de las tierras altas del interior. Sin embargo, Lima fue excepcional, puesto que la mayoría de las capitales regionales españolas de cualquier tamaño dominaron los valles de las tierras altas del interior y crearon cinturones agrícolas alrededor de ellas. Los comerciantes que introducían los artículos básicos en estas ciudades eran españoles o castas que trabajaban por su propia cuenta, o como agentes de los agricultores españoles o de los grandes comerciantes de la ciudad. Una excepción fue el grupo de indios remeros en los canales que conducían a Ciudad de México desde el sur. La construcción, el manejo y arrastre de las canoas eran trabajos duros y habilidosos que los españoles despreciaban.

La distribución de los productos básicos dentro de las grandes ciudades fue siempre un problema. Los comerciantes, hacendados, viticultores y agricultores trigueros compartieron la misma mentalidad colonial, la cual favoreció el monopolio y los estrangulamientos. Ellos tendieron a excluir la competencia y a retener la circulación de productos a la espera de las épocas de escasez y precios elevados. Con toda evidencia, los grupos de hacendados y los agricultores trigueros conspiraban en esta dirección, y las consecuencias, si se dejaba obrar a los monopolizadores con impunidad, eran la escasez, apuros, violentas fluctuaciones de precios, migraciones entre los pobres, mercados caóticos con oleadas de saqueo y disturbios. Las autoridades de las ciudades, audiencias y gobiernos virreinales intervenían para hacer el sistema más justo, evitar escaseces y precios exorbitantes, mantener el orden y la apariencia del control social. Los principales mecanismos usados fueron los coloniales ya conocidos, los cuales ya se han discutido. Las mismas autoridades explotaban los monopolios, o sacaban a subasta el permiso para monopolizar a cambio de entregar una cantidad garantizada de artículos. Los almacenes pertenecientes al gobierno, denominados pósitos o alhóndigas, instituciones que llegaron al Nuevo Mundo a últimos del siglo xvi e inicios del xvii, en un principio funcionaron de modo intermitente durante las épocas de escasez, mediante la confiscación y retención del suministro del maíz indígena que llegaba a la ciudad en forma de tributo, para luego redistribuirlo a precio fijo en los mercados de las ciudades principales. En algunas ciudades, las alhóndigas se convirtieron en una atracción permanente, acaparando porciones establecidas de maíz y otros productos básicos para bajar el precio y controlar las ganancias de los especuladores, intermediarios y monopolizadores. Hasta cierto punto, los propios cabildos se convirtieron en monopolizadores, y en algunos ayuntamientos, especialmente aquellos controlados por camarillas muy unidas, actuaron en el mercado al igual que verdaderos especuladores. El cabildo, normalmente lejos de ser un organismo acaudalado en los pueblos españoles de tamaño mediano y de categoría inferior, a menudo, tomaba prestado fuertes cantidades de dinero para adquirir productos de primera necesidad para la alhóndiga, y luego encontraba tentador recuperar sus desembolsos y, quizás incluso, producir un pequeño excedente para la reconstrucción y proyectos de embellecimiento de la ciudad, mediante el retraso de la redistribución de los productos de los almacenes gubernamentales hasta que el precio fuera justo un poco más favorable.

Algunos productos, tales como carne, leche y verduras, no podían ser almacenados. En estas circunstancias, el gobierno no podía monopolizar la adquisición y redistribución e intentaba simplemente asegurar determinadas provisiones. Esto se realizaba mediante la subasta del derecho de abastecer a los mercados o mataderos de la ciudad. Un hacendado local compraba el derecho exclusivo para abastecer los mataderos de la ciudad, de este modo se aseguraba el monopolio y el derecho a cobrar precios altos. Para el cabildo, el abandonar los precios razonables para asegurar un suministro constante, simplemente significaba una pérdida parcial de sus beneficios. Las víctimas fueron los habitantes de la ciudad que no disponían de medios para pagar precios de monopolio. La mayoría de las ciudades suministraban sus propias manufacturas básicas. Por ejemplo, en 1781, Buenos Aires disponía de 27 panaderías, 139 zapateros, 59 sastres y 76 carpinteros, todos ellos producían para el mercado local.

Las grandes ciudades y las concentraciones de población rural cercanas, también abastecían artículos no perecederos o perecederos de larga duración a los mercados coloniales de larga distancia de Hispanoamérica. Estos intercambios de larga distancia y las rutas comerciales, junto con las redes burocráticas que trasladaban funcionarios de un sitio a otro, fueron los únicos vínculos verdaderos que dieron unidad al Imperio español de América. Pero, como llegaron a demostrar los resultados de las guerras de independencia y los intentos posteriores de crear mercados comunes, estos vínculos fueron más bien, en el mejor de los casos, relaciones efímeras. Si España fue la metrópoli de la Hispanoamérica colonial, entonces el México central fue la metrópoli de numerosas partes del Caribe, de Venezuela, de los extremos norte y sur de la Nueva España continental, de Filipinas, e incluso para muchos propósitos, de la costa occidental de la Suda-

Rutas comerciales interiores

mérica española y de sus interiores cercanos. Más específicamente, Ciudad de México y, en menos grado, Lima, como también Potosí durante buena parte del período colonial, fueron centros económicos dominantes, imanes que atrajeron y sostuvieron áreas de captación amplias y algunas veces distantes. Desde mediados hasta finales del siglo XVIII, a medida que la economía colonial pasaba por un período de renovación profunda de su mercantilismo de *Antiguo Régimen* en búsqueda de un nuevo orden mercantil renovado, y nuevas materias primas y artículos, tales como el azúcar, tabaco y productos animales se convertían en bienes de exportación para los mercados europeos, Buenos Aires, Caracas y La Habana se incorporaron a la lista de los mercados urbanos principales.

En todo momento hasta finales del período colonial, el comercio de larga distancia estuvo regulado o limitado por los factores determinantes de tiempo, distancia, carga, espacio y fletes de transporte que dominaron el comercio entre la América española y Sevilla o Cádiz. En general, el comercio por mar era menos caro y más expeditivo, puesto que desde grandes distancias se podían expedir artículos elevadamente perecederos y con márgenes de beneficio bajos. De modo similar, aunque las diferencias eran normalmente menores, por las rutas a lo largo de los llanos costeros, al menos durante la estación seca, se podía conducir más carga de artículos perecederos que por las rutas a través de las montañas. En cuanto a los productos alimentarios de primera necesidad, por las rutas a través de zonas de clima relativamente templado, se echaban a perder menos artículos que por las que pasaban a través de los trópicos húmedos, áridos y calurosos.

A lo largo del período colonial, empezando ya en la época de Hernán Cortés y de los hermanos Pizarro, el eje colonial de todas estas rutas iba desde Potosí, a través de La Paz y Cuzco, a Lima-El Callao, y de allí costa arriba hacia Panamá y Acapulco y, finalmente, Ciudad de México. La dirección que seguía el movimiento de los productos era más hacia el sur que hacia el norte, en cambio, la circulación del oro y la plata iba más hacia el norte que hacia el sur, pero en ambos extremos existía un suministro de plata suficientemente significativo como para alentar los intercambios y proporcionar incentivos, aunque hubo largos períodos en que las minas de Potosí y las del norte de Ciudad de México no proveían ni oro ni plata suficientes.

Las distancias de este eje colonial, y lo atractivo que resultaban sus mercados principales y el producto más importante, la plata, alentaron el desarrollo de la especialización regional. Algunas de las especializaciones se basaron en los productos anteriores a la Conquista, y las mercancías comerciales que continuaron produciéndose en una escala incrementada durante el período colonial, fue debido a que éstas se adaptaron a los patrones europeizados de demanda. La alfarería de Puebla y Guadalajara y de los valles de Ica y Nazca proporcionaron, no sólo los utensilios de cocina a las ciudades, pueblos y villas, sino también las botijas o jarras para transportar vino, aceite, licor y pulque a larga distancia. El cacao de Colima y Soconusco alimentó el mercado mexicano hasta que otras plantaciones europeas, primero alrededor de Caracas a fines del siglo XVII, y más tarde Guayaquil, tomaron el control del comercio. Algunas de las especializaciones regionales surgieron debido a la carencia significativa de algunos productos cerca de los grandes mercados. Lima no podía cultivar su propio trigo, y tuvo que considerar los pequeños oasis cercanos, pero incluso éstos no fueron suficientes, y en la primera mitad del siglo XVIII, el valle central de Chile, relativamente más cerca que Cuzco, Andahuaylas y Abancay, gracias a su vinculación marítima pasó a ser el principal proveedor de Lima. El árido altiplano alrededor de Potosí se desarrolló poco y sólo pudo proporcionar pasto a unas cuantas ovejas y a los resistentes camélidos americanos. Así, los valles de los alrededores de Cochabamba y Sucre pasaron a ser los graneros de Potosí, y zonas tan lejanas como Mendoza, el lugar donde se criaban las mulas en grandes cantidades, para luego ser conducidas a través de las montañas a las minas. Algunas especializaciones empezaron a surgir gracias a la disponibilidad de materias primas y artesanos especializados. Las fundiciones de Arequipa y Puebla suministraban las campanas y cañones a las iglesias, fuertes, barcos de las ciudades y puertos y a las rutas a lo largo del eje. Otras especializaciones se desarrollaron a causa de la incapacidad europea para proveer muchos artículos imprescindibles a larga distancia. Los infames obrajes textiles o grandes talleres manufactureros del México central y de Quito, los viñedos y olivares del Chile central y de los oasis costeros peruanos, fueron al principio suministradores locales, pero que se extendieron rápidamente cuando España demostró ser logística y económicamente incapaz de cubrir la demanda colonial de tejidos baratos, vinos, licores y aceite.

Las especialidades regionales, a medida que se desarrollaron, compitieron con los productos españoles, incluso en Ciudad de México y en el Caribe. Por ejemplo, el vino peruano hizo disminuir el precio de los suministros de Andalucía en el mercado de Ciudad de México, incluso después de que el gobierno protegiera a los monopolizadores sevillanos con la prohibición de importar a México vino peruano, lo cual forzosamente lo convertía en contrabando y elevaba su precio.

Los obrajes representan la historia exitosa de la industria hispanoamericana colonial y del comercio interamericano de larga distancia. Éstos se desarrollaron en torno a dos centros: los valles de Quito, Otavalo, Riobamba, Ambato, Latacaunga y Alausí, en la sierra ecuatoriana; y, en el México central, de Puebla a Ciudad de México. Los obrajes de Quito suministraban a gran parte de la Sudamérica del Pacífico, a regiones tan distantes como Potosí y Cartagena. Los de México abastecían a Nueva España y a algunas islas del Caribe. Ambas industrias crecieron en importancia a fines del siglo XVI, y duraron a través de varios períodos de prosperidad hasta justo antes de la Independencia. Los obrajes alrededor de Quito dependían de enormes manadas de ovejas —sólo el valle de Ambato sostenía en torno a 600.000— y a fines del siglo XVII vieron amenazada su mano de obra indígena por algunos rivales. La mayor parte de la mano de obra ocupada en los obrajes quiteños era prácticamente reclutada mediante los antiguos mecanismos de la encomienda y repartimiento, aunque también se empleó a esclavos, castas libres y convictos. Hacia 1680, en Quito había unas 30.000 personas ocupadas en los obrajes, representando una media de unos 160 trabajadores por cada industria. Las manufacturas textiles de México tuvieron que soportar una competencia más fuerte, no sólo de los tejidos europeos, sino también de los orientales, además de la competencia por la disposición de la mano de obra que procedía de las minas de plata y de las ciudades mucho más grandes. Como consecuencia, sus obrajes tuvieron que hacer un uso mayor de la mano de obra esclava, convicta y de trabajadores asalariados libres. La lana fue la principal materia usada para la fabricación de tejidos, aunque el algodón fue también ampliamente empleado. Algunos obrajes fueron grandes y emplearon a centenares de trabajadores. En la primera mitad del siglo XVIII, la competencia reavivada de los tejidos europeos como de otros centros del espacio colonial —Cajamarca y Cuzco en Perú, y Querétaro en Nueva España— minaron algo la prosperidad de Quito y de Puebla. Sin embargo, hacia finales de la centuria, éstos habían encontrado de manera exitosa mercados alternativos e iniciaron nuevas formas de fabricación, pero a últimos del período colonial la competencia europea volvió a ser, una vez más, el problema más importante.[3]

---

3. Para una discusión adicional de los obrajes en la América española del siglo XVIII, véase Brading, *HALC*, II, capítulo 3.

El principal eje entre México, Acapulco y El Callao, con su estribación hacia Potosí, también estimuló la construcción naval. A lo largo del período colonial, Guayaquil fue uno de los principales astilleros gracias a sus provisiones de madera dura y brea, pero de vez en cuando otros puertos pequeños, como los de Huatulco, San Blas y Realejo, servían para los mismos fines. Desde el principio, la principal ruta comercial interamericana tuvo estribaciones importantes. De este modo, Ciudad de México, vía el puerto caribeño de Veracruz, comerciaba con las islas y puertos de Tierra Firme. Las rutas entre Veracruz y La Habana —y, a pesar de su posterior arranque, entre Veracruz y La Guayra— pasaron a ser importantes para los transportes de plata, cacao, pieles, tintes y azúcar. La Ciudad de México fue un centro de distribución, no sólo para las enormes extensiones escasamente pobladas del norte del virreinato, sino también para zonas del sur como Chiapas y Yucatán. Los puertos, a lo largo de la ruta marítima que conectaba Acapulco con El Callao, se usaban para comerciar con amplias zonas del interior. Acajutla y Realejo eran los puertos para Centroamérica que servían, no sólo para el intercambio de bienes locales por plata y vino de México y Perú, sino también para el desembarco de productos ilegales procedentes de Perú que luego se dirigían por tierra hacia México para evitar las aduanas, y a la inversa, en estos puertos se cargaban los barcos que se dirigían a Perú con sedas y especias de Filipinas, las cuales habían sido transportadas por tierra de forma ilegal desde Ciudad de México y Acapulco. Los puertos del norte de Perú cumplieron funciones similares: Piura y Santa, no fueron sólo los puertos para Paita y Callejón de Huaylas, sino también los desembarcaderos de artículos ilegales procedentes de México y de Filipinas vía México que intentaban evadir la vigilancia de los aduaneros de El Callao. En una dirección parecida, Guayaquil era el puerto para las tierras altas de alrededor de Quito, y los puertos de La Serena, Valparaíso y Concepción servían al norte, centro y sur de Chile, y a las provincias del interior del otro lado de los Andes, alrededor de Mendoza y San Juan.

Incluso una estribación meridional más importante era la que partía desde el término del eje, Potosí, hacía abajo a través de Salta, Tucumán y Córdoba hasta llegar a Buenos Aires y al depósito de contrabando portugués de Colônia do Sacramento. Algunos de los artículos que circulaban por esta ruta en dirección hacia el norte, por ejemplo los caballos, mulas y ganado de Tucumán, eran enviados para abastecer a los centros argentíferos de manera legal y abierta. No obstante, Buenos Aires, durante unas dos centurias después de su definitivo establecimiento, fue una puerta clandestina para Potosí, una ruta encubierta y más corta desde Europa que la legal a través de Panamá y El Callao. Las manufacturas europeas y algunas de las mercancías de lujo que demandaban los centros mineros en auge, circulaban lentamente por esta larga ruta terrestre. La gran importación mundial era la plata que circulaba ilegalmente en la otra dirección. Desde Buenos Aires, la plata de Potosí pasaba a los comerciantes de Sacramento y Río de Janeiro, y desde allí, no sólo se dirigía a Lisboa, sino que también iba directamente hacia China y hacia la India portuguesa, para financiar allí la intrusión occidental. Desde 1640, al independizarse Portugal de la corona española, hasta alrededor de 1705, este sistema de intercambio comercial sufrió muchas dificultades e interrupciones casi totales, pero a últimos del siglo XVI y principios del XVII, y nuevamente al verse los españoles forzados a dar las concesiones del comercio de esclavos de Buenos Aires a compañías extranjeras, primero francesas y posteriormente inglesas, después de 1702 y 1713, el comercio de plata Potosí-Buenos Aires fue de gran importancia internacional. La plata americana llegaba a Oriente por otra ruta. La estribación más larga del eje de Ciudad de México-Lima-Potosí era la vía que iba desde Acapulco a las Filipinas. En esta ruta se intercambiaban sedas y especias orientales por plata mexicana y peruana, y a pesar de las dificultades de mediados del siglo XVII, parece que produjo grandes beneficios, así los centros argentíferos de la principal ruta del comercio colonial financiaron las actividades europeas y el imperialismo en el Oriente: el extremo de Potosí vía Buenos Aires, portugueses y otros extranjeros; y el extremo mexicano vía las Filipinas y Cantón.

El comercio colonial interior, tanto el sistema que suministraba productos básicos a los mercados de la ciudad, como el sistema de larga distancia que acarreaba plata, tejidos y especialidades regionales, requería medios de articulación. Aquí ya hemos mencionado a tales instituciones como subastas gubernamentales y privadas, pósitos y alhóndigas, gremios de artesanos y comerciantes, y pequeños comerciantes y negociantes quienes reunían pequeñas cantidades de artículos valiosos en los mercados de los pueblos para luego repartirlos a las grandes casas comerciales de la ciudad. Sin embargo, el mecanismo de intercambio dominante, al igual que en la economía de los pueblos y en la Europa occidental, fue la feria. Las ferias más importantes se celebraban en las grandes ciudades; el lugar y tiempo de establecimiento y las normas de funcionamiento interno estuvieron regulados por la ley y los inspectores locales. Otras ferias tenían lugar en puntos donde confluían varios sistemas comerciales. Las ferias más singulares y famosas fueron aquellas que conectaban a los tres sistemas de comercio interior que hemos descrito con el comercio transoceánico oficial realizado por las flotas y diversos barcos con licencia. Estas ferias se celebraban en los puertos oficiales principales o en lugares próximos, especialmente Veracruz, Jalapa y Portobelo. En un sentido curioso, estas ferias, que estaban en lo más alto de la jerarquía de los sistemas comerciales, se parecían considerablemente a aquellas que ocupaban el lugar más bajo. Las ferias indígenas, a menudo, acontecían en pueblos ceremoniales vacíos, que se llenaban durante los dos o tres días de la feria para volver después a la tranquilidad cotidiana. Así también Portobelo y muchos otros puertos tropicales malsanos. Mientras las flotas descargaban y recargaban, la gente llenaba los puertos, alquilaba habitaciones, compraba comida, bebía y pagaba para el transporte precios sumamente elevados. Se improvisaban ciudades con tiendas de campaña y almacenes de lona temporales en las playas cercanas, y la formidable interacción social y comercial daría a estos lugares la apariencia por unos días o semanas de una actividad desenfrenada de sol a sol. Cuando las flotas zarpaban y las recuas de mulas iniciaban su recorrido hacia el interior, estas ciudades se volvían a replegar en pequeños grupos de cabañas, muchas de ellas vacías, en la medida que comerciantes y administradores encabezaban la marcha con poca disimulada prisa hacia lugares más saludables.

Se sabe más sobre los grandes comerciantes de los consulados de Ciudad de México, Veracruz, Lima, Sevilla y Cádiz que de los comerciantes en los dos sistemas intermediarios que abastecían a los mercados importantes del interior. Sin embargo, ha sido estudiado el pequeño grupo de comerciantes de Quito de los últimos años del siglo XVI. Su principal preocupación no fue la distancia, sino el tiempo, más específicamente las jornadas o días de viaje. Otro problema fue la demora de los pagos, retrasando de este modo los beneficios. La obtención de préstamos estaba limitada, así el típico comerciante no podía reinvertir en una empresa nueva sin haber recibido las ganancias de la anterior. Los productos de exportación de Quito fueron principalmente los tejidos, que se expedían a Potosí y Popayán, y el cuero, azúcar y galleta que iban hacia otras direcciones. El vino procedente de Perú y la plata de Potosí constituyeron básicamente el comercio de importación. Algunos comerciantes funcionaban individualmente, pero la mayoría trabajaba conjuntamente a causa de la escasez de capital privado y por la falta relativa de créditos. Algunas veces, los no comerciantes se comprometían con la compañía, proporcionando capital, mulas o mano de obra, a cambio de una participación en los beneficios. La inexistencia de un sistema uniforme de pesas y medidas, las fluctuaciones en los índices y valores, la imposibilidad de conocer la demanda de ciertos artículos en los mercados lejanos y, sobre todo, la ausencia de un producto y una moneda estable, provocaron defraudaciones, demoras y pérdidas. Algunas de estas compañías de comerciantes pasaban meses acumulando el capital necesario y preparándose para las expediciones comerciales. En éstas, a veces se comprometían docenas de comerciantes, y el campo de los alrededores debía ser rastreado en busca de caballos, monturas, contenedores resistentes a la intemperie y forraje. Las caravanas que salían de Quito eran enormes e incluían centenares de mulas. El índice de pérdidas entre esta generación de comerciantes quiteños fue bajo, y los beneficios oscilaban entre un 10 y un 30 por 100, que era una ganacia provechosa en una época de baja inflación y sueldos bastante estables. El tipo de interés que cargaban los prestamistas variaba de acuerdo al destino, la distancia en relación al tiempo y según la riqueza del mercado. La adopción de un crédito para un viaje a Guayaquil costaba a un comerciante un 10 por 100 de interés. El otro extremo era Sevilla, por el cual los prestamistas no estaban dispuestos a arriesgar dinero a menos de un 100 por 100 de interés. Potosí, con sus altos precios y desenfrenados despilfarradores, costaba menos interés que Panamá. Un crédito para mandar mercancías por mar a Cartagena costaba un interés inferior que mandarlas por vía terrestre, a pesar del transbordo en Guayaquil y el cruce del istmo. Los comerciantes reinvertían las ganancias en la empresa siguiente, pero incluso las gastaban más en la compra de tierras, en consumo y en la Iglesia. En Quito, en esa época, los negocios raramente continuaban en la generación posterior y terminaban con grandes divisiones cuando moría el comerciante. Sin duda, en una época de familias grandes, las leyes castellanas de herencia divisible fueron las causantes de tales distribuciones. Los comerciantes parece que no tuvieron un gran apego a sus negocios, ni formaron casas comerciales, ni tampoco esperaban que sus herederos continuaran sus pasos. Sus ganancias podían ser reinvertidas en otras empresas similares o con bastante facilidad sin relación alguna con el comercio. En muchas ciudades comerciales grandes, tales como Ciudad de México y Lima, los negociantes fueron diferentes, pues en éstas hubo familias de comerciantes que persistieron durante dos o tres generaciones y demostraron tener un cierto espíritu de cuerpo y conciencia de clase, en cierto modo debido a la presencia de los consulados. A fines del siglo XVIII, los comerciantes de Veracruz, Buenos Aires, Caracas y La Habana fueron más profesionales y cosmopolitas que sus anteriores colegas del interior. Sin embargo, siempre hubo una marcada tendencia a dejar el comercio para invertir en tierras y vincular las fortunas mediante el establecimiento de mayorazgos.

La historia de los precios y salarios, otro de los aspectos importantes de la producción e intercambio, quizá tampoco ha recibido la atención académica que ésta merece. A mitad de centuria o más después de la Conquista, los precios se elevaron de manera veloz a medida que descendía la población laboral, la minería de plata monetizaba la economía y crecía la población consumidora. Esto debió confundir considerablemente los cálculos de los productores y de los comerciantes, pero normalmente la inflación del siglo XVI obró a su favor en el Nuevo Mundo, si no en el Viejo. Los salarios se elevaron todavía más cuando la mano de obra no relacionada con la esclavitud, encomienda y repartimiento-mita adquirió un ventaja considerable a causa de su creciente escasez. Productores, empresarios y comerciantes tenían que equilibrar estos crecientes costos laborales con las ganancias a adquirir de la inflación de los precios. No sabemos suficiente acerca de esta ecuación, pero aquellos que usaron gran número de trabajadores libres pudieron salir perdiendo ligeramente al final del día. El comercio de larga distancia dio como resultado algunas fluctuaciones violentas de precios, debido a la duración y fletes de transporte que ello implicaba y a causa de la irregularidad del suministro. El hambre, las sequías, las inundaciones, las erupciones volcánicas, las plagas de langosta y las epidemias tuvieron como consecuencia crisis temporales y rápidas subidas de los precios, que de manera frecuente empeoraban por la avidez de los monopolizadores. Por ejemplo, el precio del vino peruano en México variaba considerablemente. Se sabe poco acerca de los salarios, salvo un panorama general de estabilidad durante el siglo XVII que pudo haber disminuido en el XVIII. Aunque probablemente estuvieron rezagados en relación a los precios, especialmente en el México de finales del siglo XVIII, a medida que aumentaba lentamente la población trabajadora, a largo plazo una ventaja adicional para aquellos que empleaban mano de obra remunerada.

La producción e intercambios tenían que estar financiados. Las fuentes de crédito incluían a la Iglesia y sus capellanías o donaciones privadas y beneficios del clero secular, la hacienda real, las cajas de comunidad, gremios, cofradías e individuos privados. Los propios comerciantes prestaban dinero a otros comerciantes, mineros y hacendados. Los especuladores incluso controlaban el mercado en la economía del pueblo mediante el repartimiento de comercio, adelantos de dinero, equipamiento, caballos o mulas a cambio de una participación en la cosecha siguiente. Los préstamos en general eran regularmente a corto plazo y para propósitos específicos, pero las hipotecas de tierra podían durar años y el capital que se cedía era usado para una amplia variedad de inversiones. Las dotes fueron un mecanismo muy frecuente para transferir capital, y financiaron muchas de las expansiones de negocios y empresas. En general, los instrumentos de crédito, tales como letras de cambio y medios de transferir capital y pagos a distancia, fueron más pobres que en la Europa occidental. El hecho de que el mercado de capital y las cantidades de artículos intercambiados fueran relativamente pequeñas, y que éstos no estuvieran respaldados por un sistema e instrumentos de créditos ampliamente aceptados, hacía que el sistema tuviera que estar garantizado mediante un valor acordado, el cual en este contexto cultural había de ser en lingotes de oro o plata, especialmente plata. No todos los sistemas de comercialización estudiados aquí necesitaban el respaldo de una moneda de plata, al menos no en la misma extensión. Los intercambios agrícolas del pueblo usaron el sistema de trueque o monedas substitutas, tales como hojas de coca o granos de cacao. Esto no quiere decir que ésta siempre haya sido una economía simple. Los estudios de diversos nichos ecológicos y zonas complementarias de altitud y especialización de los Andes y en Mesoamérica, han demostrado la existencia de un «archipiélago vertical» de intercambios entre zonas diferentes regidas por medio de la reciprocidad y el trueque, más bien calculadas sobre estrictos y actuales precios de mercado de los productos en cuestión. Algunos de los intercambios mediante el sistema de trueque podían cubrir largas distancias, pero en raras ocasiones comprendían viajes que duraran semanas. El comercio con los mercados urbanos, sin embargo, tenía que estar respaldado por plata, especialmente el de larga distancia y, sobre todo, el comercio con Europa y Oriente. Hay diversos ejemplos de ingeniosos comerciantes que dependían de monedas alternativas. En este sentido, los granos de cacao se usaron en Venezuela, Costa Rica y en la zona rural de México, y las hojas de coca en el Alto Perú. Hay incluso evidencias de que la típica botija de vino o aceite era aceptada como medida de valor, y de este modo pasó a ser un tipo de moneda primitiva que se usaba a lo largo de la costa del Pacífico en los años difíciles de mediados del siglo XVII. Sin embargo, en general, el comercio de larga distancia necesitaba plata y, cuando ésta era escasa, languidecía el comercio.

Antes de 1535, los grupos invasores usaron el trueque o piezas de oro y plata con su peso ya calculado. La corona introdujo un precedente peligroso mediante el intento de monetizar las colonias y al mismo tiempo sacar algunos beneficios. En esta dirección, la corona mandó monedas castellanas al Nuevo Mundo y les dio un valor más elevado que en la propia Castilla. La corona, a menudo, cedió a la tentación de manipular el valor de la moneda, obteniendo beneficios, pero ello tuvo consecuencias desastrosas para el comercio y la seguridad de la sociedad comercial de la América española.

En 1535, se empezó a acuñar en el Nuevo Mundo, y durante la mayor parte del período colonial las colonias produjeron sus propias monedas. Desde un principio, la adulteración, falsificación y cercenamiento de la moneda fueron desenfrenados. Después de mediados del siglo XVI, en México circuló libremente una sospechosa moneda, *tipuzque*, mezcla de oro con cobre de tradición azteca que los españoles heredaron. Más tarde, la acuñación mexicana fue considerada más fiable. En Perú, la adulteración de plata con plomo y estaño databa de antes de la Conquista, y desde muy temprano la acuñación colonial peruana continuó mezclándose de modo similar, y durante la mayor parte del período colonial, la moneda peruana permaneció como objeto de sospecha, comparada con la de México. Las monedas de Potosí eran falsas, y a menudo desechadas. A veces se aceptaba moneda falsificada para transacciones legales, pero con un tipo de descuento. De este modo, desde un punto de vista técnico, tales moneda eran ilegales, pero en la práctica no lo eran.

Durante buena parte de las tres centurias que constituyen nuestro objeto de estudio, la moneda estándar fue el peso fuerte o peso de a ocho, moneda de plata equivalente a ocho reales. En las colonias menores, de manera frecuente, estas monedas eran seccionadas en dos «tostones» o en ocho «trozos» o «reales», usando para ello un cortafríos. La moneda cortada o moneda recortada no inspiraba confianza, pues al partir los pesos, muchas veces los tostones y reales quedaban con un tamaño y peso inferior al correcto. La fragmentación y reducción del tamaño de las monedas condujo a tal deformación de las mismas que el pesaje era una práctica común en los pequeños mercados. El dinero bueno era atesorado o exportado y las monedas de «perulero» fueron las más comunes en América. La corona, los comerciantes españoles y los extranjeros, con sorprendente eficiencia, despojaron a las colonias de moneda de plata, no sólo dirigiéndola hacia Europa sino que vía Buenos Aires iba a Brasil y a la India, y a través de Acapulco hacia el Oriente. Los impuestos se mandaban a Madrid, los funcionarios reales y comerciantes enviaban sustanciales sumas a sus tierras para cuando les llegara el retiro, y los contrabandistas extranjeros, a cambio de los artículos de la Europa occidental y esclavos negros, preferían plata. A medida que descendía la producción argentífera a mediados del siglo XVII, se deterioró el sistema de flotas españolas e incrementó el atesoramiento y contrabando de buena moneda; las colonias, especialmente aquellas de carácter secundario, que estaban en las áreas circundantes del Caribe sufrieron una intensa escasez de circulante, y el que quedó carecía de valor alguno. En la década de los cincuenta del siglo XVII el Estado intervino tratando de apañar la moneda alterada, devaluando las *macacas* peruanas y, al final, retirándolas de la circulación para volverlas a acuñar de nuevo. Sin embargo, ninguna de estas medidas, que sembraron el pánico, funcionaron. La corona abandonó la reforma definitivamente dejando que la situación se resolviera por sí misma. Los restos de moneda alterada se introdujeron en las comunidades de negros libres o indígenas, y después iban a parar al tesoro en forma de pagos del tributo y otros impuestos. El comercio perdió su principal respaldo y quedó aniquilado o transformado en un negocio de carácter local. El trueque de mercancías aumentó, aunque dificultaba los intercambios a larga distancia. Este tipo de crisis monetaria se presentaba de manera frecuente después de la segunda mitad del siglo XVII. Entre 1700 y 1725, una vez más, el sur de México se encontró con dificultades. En 1728, la corona se hizo cargo de las acuñaciones que previamente habían estado arrendadas a compañías privadas, y trató de uniformizar y acuñar la moneda e introducir el acordonamiento en los cantos para obstaculizar los recortes de ésta, todo al parecer con muy poco resultado.

La escasez e inestabilidad de la moneda trajo consigo problemas de convertibilidad, especialmente en las zonas rurales y periféricas. Muchas demandas informan de ricas y poderosas figuras regionales, quienes no podían transferir su capital a centros más convenientes. Un caso típico sería el de un ranchero de Mendoza o de Sonora con miles de cabezas de ganado e incontables hectáreas de tierra, intentando transformar este tipo de riqueza para trasladarse a Ciudad de México, o incluso a Madrid. ¿Cómo podía este personaje, o su viuda, convertir a larga distancia estas propiedades en una moneda fiable o su equivalente?

A lo largo del período colonial, por consiguiente, la acuñación y circulación de la moneda fueron un problema, situación irónica dada la riqueza a raudales que salía de las minas de plata. En las épocas de gran escasez de circulación monetaria, se usaban de nuevo el trueque y la moneda substituta, se acortaban las rutas comerciales a causa de la inexistencia de un acuerdo generalizado de los medios de intercambio y disminuía la seguridad del mercado. En cambio, cuando la buena moneda, la cual disfrutaba de la confianza de los comerciantes, era relativamente abundante, se extendía el comercio de larga distancia e incluso los intercambios a nivel local eran más rápidos y más fáciles. La cantidad de acuñación de plata y las condiciones en que ésta se llevaba a cabo es uno de los indicadores más seguros de la situación económica general en tan temprana y poco sofisticada economía monetaria.

Capítulo 9
EL DESARROLLO URBANO DE LA HISPANOAMÉRICA COLONIAL

La idea urbana

Como ocurre para la mayor parte de la historia colonial de Hispanoamérica, el desarrollo urbano regional tiene dos prehistorias: una indígena, la otra española peninsular. Los conquistadores encontraron muchos núcleos urbanos densamente poblados en Mesoamérica y, en menor medida, en los Andes centrales. Tenochtitlan, la capital azteca, con 150.000 o quizás 300.000 habitantes, se convirtió en la capital virreinal española. El lago Texcoco estaba circundado por ocho ciudades más, mientras que entre los centros regionales periféricos figuraban Cholula, Tlaxcala, Tzin Tzun Tzan, Cempoala, y varios enclaves en Yucatán y Guatemala. En el Imperio Inca, la capital, Cuzco, si bien carecía de la importancia comercial de Tenochtitlan, contaba con más de 100.000 habitantes y ejercía su dominio político sobre varios centros situados a lo largo del camino real, algunos de ellos de origen preincaico: Quito, Cajamarca, Jauja, Vilcas, Huánuco, Bonbón. Estas jerarquías urbanas, a su vez fueron sucesoras de complejos poblamientos tempranos orientados hacia centros como Teotihuacan, Monte Albán, Tajín, las ciudades mayas, Chan Chan y Tiahuanaco.

Aunque los españoles convirtieron algunas ciudades indias, como Tenochtitlan, Cholula o Cuzco, a sus propias necesidades, la distribución espacial y la estructura de los poblados indígenas dejaron una impronta aún más decisiva en el esquema de poblamiento europeo. De hecho, si se trazara la historia urbana de Hispanoamérica sólo hasta finales de siglo xvi, los elementos de continuidad con las sociedades anteriores a la conquista merecerían especial atención. A largo plazo, sin embargo, los preceptos políticos, sociales y económicos de la dominación europea, que implicaban la destribalización, desarraigo y aguda mortalidad de la población indígena, introdujeron muchos vectores nuevos de cambio. Por lo tanto empezaremos por tratar los antecedentes europeos del desarrollo urbano en las Indias. Los modelos precolombinos y sus transformaciones serán considerados más adelante.

Quizá debido a que tradicionalmente se ha venido pensando en Hispanoamérica como un mundo predominantemente agrícola, se ha descuidado hasta ahora el estudio de su historia urbana. Dos notables excepciones son los libros del argentino Juan A. García, quien realizó un estudio sociológico sobre Buenos Aires en su etapa colonial —*La ciudad indiana* (Buenos Aires, 1900)—, y el análisis histórico de las relaciones campo-ciudad en Perú —*La multitud, la ciudad y el campo en la historia del Perú* (Lima, 1929)—, del peruano Jorge Basadre. Sin embargo, lo que acaparó la atención de los especialistas internacionales sobre la historia urbana hispanoamericana no fueron los aspectos sociales o institucionales, sino la controversia sobre aspectos físicos formales. Desde la década

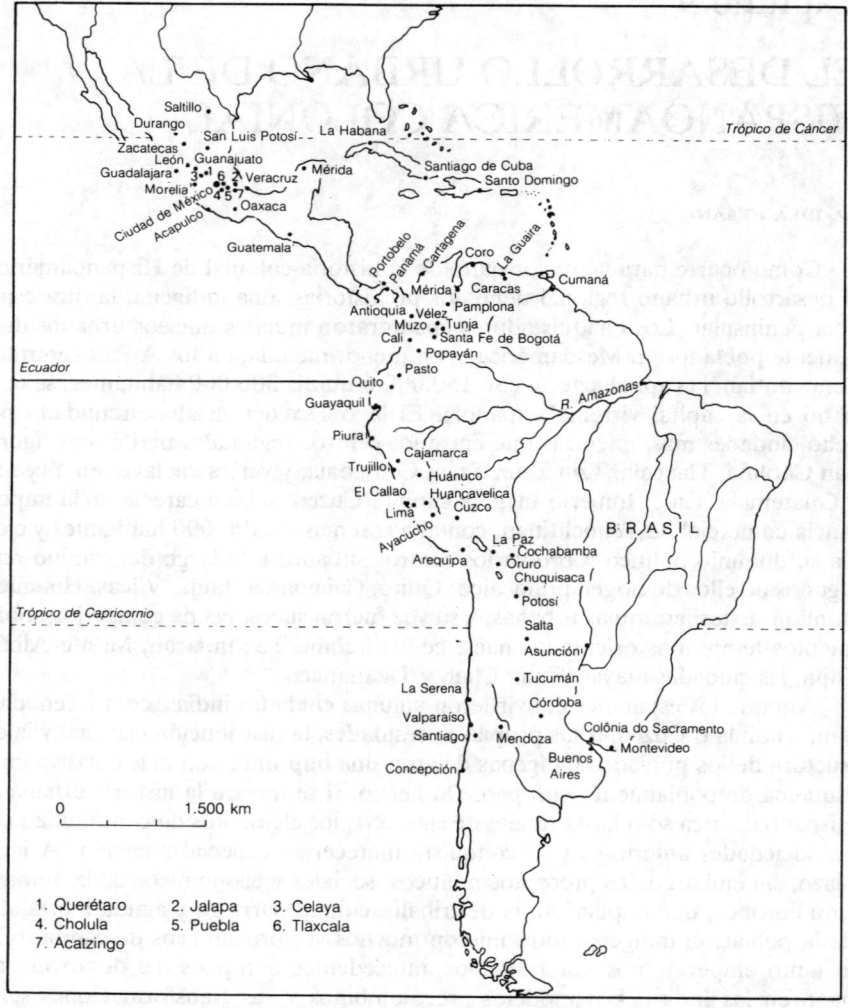

Ciudades y pueblos de la América colonial española

de 1940, los orígenes de la familiar distribución en forma de tablero cuadriculado con sus espaciosas plazas centrales y arquitectura monumental, ha sido objeto de detalladas investigaciones. Hoy en día, este tipo de investigaciones sobre el trazado urbanístico de la «clásica» ciudad hispanoamericana ha sido superado. Del establecimiento de los precedentes formales, se ha pasado a los primeros intentos por reconstruir el proceso institucional y cultural. El planteamiento de tres grupos de hipótesis nos proporciona una aproximación esclarecedora de nuestro tema general.

Primero, algunos han hecho hincapié en que la colonización ultramarina española fue parte de un gran proyecto imperial, hecho posible por la anterior consolidación de España como Estado nacional. El plano cuadricular para las ciudades, que resultaba impracticable para el crecimiento irregular de las ciudades españolas bajomedievales, fue concebido para racionalizar la apropiación del vasto territorio ultramarino. La disposición geométrica simbolizaba la voluntad imperial de dominación, y la necesidad burocrática de imponer el orden y la simetría. Esta interpretación toma como paradigma del urbanismo español en ultramar el plano rectangular de Santa Fe de Granada, ciudad fundada por los Reyes Católicos en 1491, para el asedio final de los musulmanes del sur de España. Se ha querido hacer remontar las influencias de este trazado hasta la Antigüedad, principalmente a Vitrubio, muchos de cuyos preceptos sobre la ciudad ideal están presentes en las ordenanzas de colonización españolas de 1573.[1] También se ha argumentado que los antecedentes de Santa Fe y de las ciudades de las Indias se encuentran en el trazado regular de las ciudades medievales fortificadas del sur de Francia y el noroeste de España. Una tercera interpretación señala hacia la creciente influencia que el Renacimiento italiano o los planos neoclásicos ejercieron sobre la edificación de las ciudades del Nuevo Mundo durante el siglo XVI y posteriormente.

Un segundo punto de vista nos recuerda que los conquistadores españoles y los colonos que les siguieron eran absolutos ignorantes en materia de urbanismo, y que difícilmente podrían haber estado al corriente del origen de los elegantes estilos antiguos, medievales o neorromanos. Sus soluciones urbanísticas eran pragmáticas: poblados mineros improvisados y enmarañados, comprimidas fortificaciones portuarias, sofocantes aldeas rurales, así como centros administrativos espaciosos y ordenados. Cuando la situación geográfica y las circunstancias lo permitían, la cuadrícula era una solución natural y simple muy del agrado de los responsables de efectuar concesiones de tierras de límites inequívocos a colonos ambiciosos y pendencieros. La amplitud de la cuadrícula y de la plaza había sido compatible con la inmensidad de los territorios recién ganados para la Cristiandad. Algunos, incluso aventuran la hipótesis de que esta solución reflejaba la magnificencia de los lugares ceremoniales indígenas, y E. W. Palm sugiere que la configuración monumental de la Tenochtitlan azteca llamó la atención de los urbanistas europeos por la influencia que ejerció sobre la concepción de la «ciudad ideal» de Durero.

Por último, se ha argumentado que, mientras los colonos españoles debían

---

1. *Ordenanzas de descubrimiento, nueva población y pacificación de las Indias, dadas por Felipe II en 1573*, edición facsimilar del Ministerio Español de la Vivienda, Madrid, 1973.

ceder inevitablemente ante las circunstancias, y mientras los legisladores estaban al corriente de los precedentes clásicos, el trazado de las nuevas ciudades era, en última instancia, una forma de expresión cultural inmersa en el fundamento de la tradición. El urbanismo americano estaba en consonancia con ciertos tratados medievales españoles que, a su vez, eran herederos de la obra de santo Tomás de Aquino *De regimine principum*. Gabriel Guarda cree, de hecho, que las ordenanzas de colonización españolas de origen neovitrubiano fueron menos extensamente aplicadas que las de inspiración aristotélico-tomista. En esta argumentación se presta más atención al urbanismo como expresión de la filosofía social que a las bases funcionales o estéticas del mismo. Se nos recuerda que la fundación de una ciudad constituía un acto litúrgico mediante el cual se santificaba una tierra recientemente apropiada. La concepción urbanística era mucho más que un mero ejercicio cartográfico. Servía como vehículo para un trasplante de los criterios sociales, políticos y económicos, y como ejemplificación del «cuerpo místico» que constituía el núcleo del pensamiento político hispano.

Lo que comenzó siendo un debate sobre la genealogía de los trazados urbanísticos, se ha convertido en una discusión sobre un proceso histórico más amplio, de manera que los tres grupos de hipótesis se hacen reconciliables. De todos modos, ciertas proposiciones han sido rechazadas, como, por ejemplo, la afirmación de que la cuadrícula de origen español fuera omnipresente e invariable, o que las teorías neovitrubianas y renacentistas italianas ejercieran una extendida influencia. Pero un punto de vista más amplio muestra que el racionalismo imperial de tradición neorromana no era incompatible con la tradición aristotélica ibero-católica. Ambas quedaron entrelazadas desde, por lo menos, los tiempos del código legal del siglo XIII, *Las Siete Partidas*. Es evidente, además, que esta compleja tradición se adaptó constantemente al espíritu depredador y populista de la conquista; a los imperativos económicos y geográficos; y a la presencia de indios y africanos que, en su conjunto, y a pesar de ser víctimas de altas tasas de mortalidad a causa de las enfermedades y los malos tratos, superaban ampliamente a la población europea. Así pues, las ciudades hispanoamericanas pueden entenderse como un medio de dar forma a la «idea de la ciudad» que, procedente de Europa, establecía una relación dialéctica con las condiciones de vida del Nuevo Mundo.

En las postrimerías de la Edad Media, el ideal urbano hispánico surgía de una fusión de fuentes clásicas y cristianas, reinterpretadas desde el siglo XIII. Sus principales componentes eran los siguientes: 1) el concepto griego de *polis*, comunidad agrourbana basada no en un «contrato» voluntario entre individuos, sino en una entidad «política» de grupos integrados funcionalmente; 2) la noción imperial romana de municipio (*civitas*) como instrumento de «civilización» de las gentes vinculadas al ámbito rural, y de las *civitates* como partes constituyentes del imperio, más aún, de una «Ciudad de la Humanidad» universal; 3) el concepto agustiniano de «Ciudad de Dios» opuesto al de «Ciudad Terrena», oposición paradigmática entre la perfección cristiana y los sórdidos descarríos y pecados de la ciudad terrenal; 4) la quimérica visión de una ciudad edénica dorada o paraíso terrenal, que debía ser descubierta en tierras lejanas, o la de una ciudad futura de pobreza y piedad, que debería erigirse bajo los preceptos de la Iglesia entre las gentes de ultramar recién convertidas a la humildad apostólica.

Al margen de la visión de una ciudad de oro que albergaban las mentes de los conquistadores, solamente los juristas, teólogos y misioneros compartían estos conceptos explícitos de comunidad urbana; pero las premisas en las cuales se basaban subyacían en las mentes de los colonos y de los constructores de ciudades. Este precepto cultural se pone de relieve si se establece una comparación con los puritanos de Nueva Inglaterra. Las congregaciones puritanas, o «ciudades sobre una colina», sin duda conservaban ciertos principios de subordinación social de origen medieval. Sin embargo, todas las relaciones, excepto las paterno-filiales, eran voluntarias y dependían únicamente de un pacto entre las partes contratantes. La comunidad carecía de una identidad «corporativa», en el sentido de que era anterior, o superior, al arreglo contractual de sus miembros. Sobre cada una de las conciencias individuales pesaba, por tanto, una extraordinaria responsabilidad en la tarea de preservar la pureza del «vínculo marital» entre Dios y la congregación. Mientras sus miembros permaneciesen limpios de pecado, la comunidad era una encarnación, no una réplica imperfecta, del orden divino. Además, aquellos que emigrasen de la comunidad paterna podían fundar nuevas congregaciones e iniciar así una relación independiente con Dios. El municipio hispanoamericano, por el contrario, poseía una identidad corporativa en el seno de un sistema imperial basado en la jerarquización de unidades urbanas y de poblados. La composición interna de la ciudad consistía en una serie de grupos étnicos y ocupacionales también entrelazados por criterios jerárquicos muy tenues. La unidad urbana era un microcosmos donde se reproducía el orden imperial y eclesiástico más amplio, y en el cual la responsabilidad de su buen funcionamiento no pesaba sobre las conciencias individuales, sino sobre el buen arbitrio de las elites burocráticas, latifundistas y eclesiásticas. La consecución de una comunidad «libre de pecado» se relegaba a las visiones quiméricas o a las comunidades misioneras, como los jesuitas y los franciscanos, que actuaban como ejemplares o paradigmáticas.

Esta compleja visión de la comunidad urbana deriva de la propia evolución institucional de la España medieval. La organización municipal de tipo «comunal» sólo está presente en el norte de España, a lo largo del Camino de Santiago, dando así respuesta, desde el siglo XI a las necesidades de los viajeros de allende los Pirineos. La experiencia municipal que habría de conformar la colonización ibérica de ultramar no tuvo su origen aquí, sino en el centro de España, durante la lenta repoblación de las tierras arrebatadas a los musulmanes. El término «burgués», con sus implicaciones comerciales, se empleaba raramente en la meseta leonesa y castellana, y no figura en *Las Siete Partidas*. Los habitantes acaudalados de las ciudades eran normalmente denominados «ciudadano» (*civis*), vecino u *omo bueno*. La repoblación fue encabezada en un principio por monasterios o por individuos, a menudo supervisada por la corona. Más tarde, el control sería ejercido por los concejos municipales de los anteriores dominios árabes, por las órdenes militares y por la nobleza. Ciertos grupos de colonos libres recibieron tierras con determinados deberes y privilegios. Fracasó el desarrollo de un sistema municipal «comunal» plenamente floreciente. La administración urbana que regía las actividades rurales quedó ceñida al marco estatal. Las ciudades eran unidades agrourbanas, donde el sector comercial, predominante en el noroeste de Europa, debía rivalizar con intereses militares, eclesiásticos, agrícolas y pastoriles.

En su *Tractado de República* [1521], el trinitario español fray Alonso de Castrillo expresa unas consideraciones significativas sobre las ciudades y los ciudadanos. Refiriéndose a la crisis de la Revuelta de los Comuneros de 1520-1521, Castrillo critica tanto los proyectos imperiales «extranjeros» de Carlos V, como los excesos de las comunidades que le hicieron frente. Se trataba de una tensión entre la estrategia imperial y los intereses locales que ya se había planteado en las nuevas poblaciones españolas del Caribe. Buscando un término medio entre el absolutismo y el constitucionalismo revolucionario, Castrillo recuerda a sus lectores que la ciudad es la más noble de las agrupaciones humanas y que un reino se componía de ciudades, o «repúblicas», sujetas a una jerarquía. Dentro de las ciudades, los asuntos públicos estaban en manos de aquellos ciudadanos más cualificados. De las tres categorías de ciudadanos —caballeros, mercaderes y oficiales— solamente la primera encarnaba propiamente las virtudes cívicas. La ambición corrompía a los mercaderes, mientras que los artesanos estaban limitados por el horizonte de la necesidad. Lo que temía Castrillo, de manera profética, era la confluencia de la codicia de la minoría frente a la indigencia de la mayoría, lo que pondría en peligro el bienestar de la república.

LA ESTRATEGIA URBANA

El proyecto «castellano» de desarrollo urbano no se puso en práctica inmediatamente en La Española, marco inicial del impulso colonizador español en América. Las primeras ciudades —incluidos los intentos desafortunados de La Navidad y La Isabela, fundadas por Colón en su primer y segundo viaje respectivamente, y la subsecuente cadena de centros que cruzaba la isla alcanzando la costa sur de Santo Domingo—, fueron erigidas sobre planos irregulares y no se diferenciaban demasiado de las «factorías» comerciales con que contaban los italianos en el Mediterráneo o los portugueses en África. El propio Colón se refería a menudo al ejemplo portugués. Dos años de experiencia demostraron claramente dos cosas: en primer lugar, que la costa sur era mucho más favorable tanto para las comunicaciones con la Península como para el control del interior y el envío de expediciones a Tierra Firme: en segundo lugar, se hizo evidente la inviabilidad social y económica de utilizar la cadena interior de factorías como fuente de tributos. Las ruinas de La Isabela, abandonada desde 1500, eran, hacia la década de 1520, una confortable guarida, cuyos belicosos habitantes tenían fama de recibir a los incautos visitantes cortándoles la cabeza sin siquiera quitarles el sombrero.

Nicolás de Ovando, que fue destinado como gobernador a Santo Domingo para remediar la torpe administración de la primera década, llevaba instrucciones de fundar nuevas poblaciones teniendo en cuenta las condiciones naturales y la distribución de la población. También se le ordenó que en adelante los cristianos fueran concentrados en municipios, pauta que marcaría el precedente de la segregación de las «villas» españolas respecto de los «pueblos» indígenas. Ovando llegó en abril de 1502 junto con 2.500 colonos. Cuando después de dos meses un huracán destruyó su capital, la reconstruyó en la orilla derecha del Ozama para mejorar las comunicaciones con el interior. El plano de la nueva ciudad fue el primer ejemplo de un trazado geométrico en América. Sin más tardanza, Ovando ideó los patrones para una red de «villas» en La Española, quince de las cuales recibieron los blasones reales en 1508. Algunas se situaron en el oeste y sureste para controlar el trabajo de los indígenas; otras fueron emplazadas cerca de los depósitos auríferos o en zonas adecuadas al desarrollo de la agricultura y la ganadería. La ciudad de Santo Domingo era la capital y también el puerto más importante. Allí confluían las rutas que se dirigían hacia el oeste y hacia el norte. Según parece, la cifra promedio con que se fundaba una ciudad era de 50 vecinos. Algunas ciudades albergaban un hospital, según una planificación regional de asistencia médica. Como coordinador del plan, Ovando escogía los emplazamiento urbanos, controlaba los nombramientos municipales y fijaba la disposición de los «solares» entorno a las plazas.

Al finalizar su mandato, Ovando gobernaba sobre una población europea de entre 8.000 y 10.000 habitantes. Había apuntalado las bases para el desarrollo de una economía regional integrada y promovido la isla como plataforma para la exploración del Caribe. En el momento de su regreso a España en 1509, sus planes no se habían cumplido. No se habían construido caminos apropiados y su decisión de abolir el ineficiente sistema de recaudación tributaria, eliminar los caciques y distribuir los indios a los encomenderos, las minas y la corona, precipitó el derrumbe de la población aborigen. Hacia mediados del siglo XVI, los asentamientos estaban desiertos y la ruta norte-sur que habían establecido los hermanos Colón prevalecía sobre el plan de integración este-oeste proyectado por Ovando. Ello llevaría a la evacuación de las poblaciones del norte y oeste en 1605-1606 y la cesión del sector oeste de La Española a los franceses.

En Cuba, el gobernador Diego Velázquez escogió siete enclaves urbanos, cuyo establecimiento en 1511-1515 obedecía, como en el caso de La Española, al aprovechamiento de los recursos económicos regionales. A diferencia de Santo Domingo, La Habana fue desplazada de la costa sur a la norte, después que el descubrimiento de México acentuase la importancia de la ruta marítima del norte. Con el tiempo, La Habana superaría a Santiago, la capital anterior, y se convertiría en punto de encuentro de todos los convoyes españoles al Caribe.

En la fase caribeña de la conquista, se produjo el triunfo de la unidad municipal como instrumento agrourbano de colonización, y la experiencia de Ovando fue tenida en cuenta por la corona en las instrucciones que en 1513 hizo llegar a Pedrarias Dávila para la colonización de la Castilla de Oro.[2] Para entonces, los obstáculos para el establecimiento de una próspera red de centros eran manifiestos: ausencia de una red viaria utilizable, rápido agotamiento de los recursos mineros, diezma de la población indígena y atractivo de las expediciones a tierra firme. Los inconvenientes de hacer depender la planificación de toda una zona de la supervisión directa de un funcionario al servicio de la corona también eran evidentes. Tanto en Cuba como en La Española, las asambleas de procuradores empezaron muy pronto a hacer valer sus prerrogativas municipales. A pesar de que la corona se opusiese siempre a la consolidación de un tercer estado, las jun-

---

2. Instrucción real de 1513 a Pedrarias Dávila, «Ynstrucción para el governador de Tierra Firme, la qual se le entregó 4 de agosto DXIII», en M. Serrano y Sanz, ed., *Orígenes de la dominación española en América*, Madrid, 1918, pp. CCLXX-XCI.

tas de procuradores de las ciudades sólo se convocaron esporádicamente a lo largo del siglo XVI en Hispanoamérica. En la práctica, era mucho más eficaz para el procurador convertirse en representante municipal en las cortes. Podía de este modo eludir la burocracia y gestionar directamente frente a la corona los remedios para sus quejas.

La acción protagonizada por Hernán Cortés y sus compañeros al negarse a reconocer la autoridad de su inmediato superior, Diego Velázquez, al dar comienzo a las campañas mexicanas, es un clásico ejemplo de cómo las elites municipales podían, llegado el caso, elegir un caudillo a través del cual entraban en relación vasallática con el rey. La llamada «primera carta» que Cortés envió desde Veracruz el 10 de julio de 1519 dirigida a la corona, decía que, aunque Velázquez había enviado la expedición sólo en busca de oro y había ordenado la vuelta inmediata a Cuba, «que lo mejor que a todos nos parecía era que en nombre de vuestras reales altezas se poblase y fundase allí un pueblo en que hubiese justicia, para que en esta tierra tuviesen señorío ...». Cortés decía que «le placía y era contento» de designar los «alcaldes» y «regidores» que a su vez debían nombrarle máxima autoridad judicial y «alcalde mayor», completándose así el proceso de legitimación.[3]

Estas dos vertientes del gobierno de la ciudad —la justicia administrada por alcaldes o magistrados y el «regimiento» en manos de los regidores— tenían sus precedentes en Castilla. En el siglo XIV, la corona había conseguido refrenar la libertad municipal convirtiendo dichos oficios en prebendas («regalías»). En principio, la corona controlaba los regimientos americanos, pero hacía concesiones a los colonos en materia de justicia. Dada la inmensidad del territorio y la diversidad de circunstancias concretas que se planteaban en el Nuevo Mundo, la corona era incapaz de implantar el sistema castellano, viéndose forzada a aceptar varias fórmulas intermedias con tal de reconciliar sus intereses con los de los conquistadores y los colonos. Aunque el municipio se concebía como un elemento inserto en la estructura del Estado, y a pesar de estar el cabildo parcialmente burocratizado, la idea regalista dejaba abierta la posibilidad de conceder regimientos a perpetuidad. Los cabildos gozaban de una considerable autonomía durante los años iniciales, autonomía que no perdieron aquellos cabildos más distantes aún después de imponerse las más altas estructuras del gobierno real.

El cuarto libro de la obra de Bernardo de Vargas Machuca, experimentado caudillo del Nuevo Mundo, *Milicia y descripción de las Indias* [1599], constituye un verdadero manual para fundadores de ciudades.[4] En él se aconseja que los colonos deberían convencer a los indios de sus intenciones pacíficas, al mismo tiempo que regatear los términos de la paz y explotar las rivalidades tribales en beneficio propio. Debería alentarse a los indios para que construyesen casas adecuadas a los propósitos misioneros. La ciudad debería situarse en el centro de la zona para facilitar las incursiones militares y el aprovisionamiento. Debería asi-

---

3. En J. B. Morris, ed., *5 Letters of Cortés to the emperor*, Nueva York, 1962, pp. 1-29 [existen varias ediciones en castellano; para este texto hemos utilizado Hernán Cortés, *Cartas de la Conquista de México*, Madrid, 1985, pp. 23-38].
4. Las instrucciones de B. Vargas Machuca a los fundadores de ciudades se encuentran en el libro 4 de su *Milicia y descripción de las Indias* [1599], 2 vols., Madrid, 1892.

mismo estar situada en un lugar llano y despejado, evitando las hondonadas peligrosas, y cercano a los lugares de abastecimiento de agua y leña. Para fundar una ciudad, el jefe español y el cacique indio debían erigir un tronco de árbol, y el caudillo debía hundir su cuchillo en la madera y proclamar su derecho a gobernar y dar castigo, al tiempo que se imponía la condición de que la ciudad debería ser reedificada en un lugar más adecuado. A continuación declaraba:

> Caballeros, soldados y compañeros míos y los que presentes estáis, aquí señalo horca y cuchillo, fundo y sitio la ciudad de Sevilla, o como la quisiere nombrar, la cual guarde Dios por largos años, con aditamento de reedificarla en la parte que más conviene, la cual en nombre de su majestad, y en su real nombre guardaré y mantendré en paz y justicia a todos los españoles, conquistadores, vecinos y habitantes y forasteros y a todos los naturales, guardando y haciendo tanta justicia al pobre como al rico, al pequeño como al grande, amparando las viudas y huérfanos.

Entonces el caudillo blandía su espada, desafiando a duelo a cualquier posible oponente, abatía algunos arbustos para tomar posesión, y ponía la comunidad bajo la jurisdicción real. Hecho esto, se levantaba una cruz en el lugar donde se construiría más tarde la iglesia, se celebraba una misa para impresionar a los indígenas y se anunciaban los nombramientos del cabildo designados por el caudillo.

Después, el caudillo debía tomar juramento a los jueces para que mantuvieran el orden en nombre del rey, y los soldados que fuesen a residir allí debían dar su palabra de proteger a los habitantes de la ciudad. Entonces se construirían cabañas y tiendas provisionales en la plaza, que debía ser rectangular, aunque adaptada al terreno. Desde la plaza deberían trazarse ocho calles de 8 m de amplitud, de manera que se formasen manzanas de 60 por 75 m, divididas a su vez en cuatro parcelas. La iglesia, el cabildo y la prisión se situarían alrededor de la plaza, asignándose al caudillo y a los principales funcionarios las parcelas restantes. Tras delimitar los solares para la construcción de los conventos, hospitales, el matadero y la carnicería, el caudillo debería parcelar las tierras para los vecinos. Los caciques indígenas suministrarían entonces los trabajadores necesarios para la construcción de los edificios públicos, la nivelación de los espacios abiertos y el cultivo de plantas, bajo la vigilancia de los españoles armados, quienes necesitarían una empalizada para refugiarse en casos de emergencia. Las residencias de los europeos deberían estar comunicadas mediante puertas traseras o mediante corredores, protegidos por muros bajos para una eventual llamada a las armas. La ciudad desplegaría soldados para el reconocimiento de los alrededores, encargados también de conducir los poblados indígenas bajo la tutela de los cristianos, evaluar las posibilidades económicas y elaborar informes para el cabildo, que también debían hacerse llegar a los oficiales superiores. El resto de los consejos se refieren a la colonización de nuevos centros a partir del núcleo original; la asignación de encomiendas según los méritos de los españoles y la disponibilidad de los indígenas; la advertencia a los caudillos de que, por más que tuvieran derecho a un cuarto de las tierras, no abarcaran más de lo que pudiesen apretar; y la necesidad de estimular el interés de los indígenas permitiéndoles la celebración de mercados semanales, alentándoles a producir los artículos de consumo de los europeos, y haciendo la vista gorda cuando, de vez en cuando, cometían alguna ratería. «Así se satisface al indio, se le controla mejor y presta el doble de servicio.»

Por supuesto, la experiencia histórica inspirada en las instrucciones de Vargas Machuca no demostraba siempre un grado de formalismo y premeditación tan elevado. En el informe de un jesuita fechado en 1620, se afirmaba que la fundación de Asunción en la década de 1530 se había llevado a cabo «más por matrimonio que por conquista». Se narra cómo, al remontar los españoles el curso del río Paraguay, los indígenas

> les preguntaban quiénes eran, de dónde venían, adónde iban y qué querían. Los españoles se lo dijeron. Los indios respondieron que no debían ir más allá y que les entregarían a sus hijas para hacerlos parientes suyos porque parecían buena gente. Este trato satisfizo a los españoles y permanecieron allí.[5]

Sin embargo, la obra de Vargas Machuca pone en evidencia tres aspectos: primero, los amplios poderes discrecionales que disfrutaban los caudillos y el principio jerárquico que regía su relación con sus seguidores; segundo, la omnipresencia de la autoridad real y eclesiástica en cualquier nueva empresa municipal; tercero, el papel de los centros urbanos en la apropiación del territorio y el reclutamiento de los indígenas para atender las necesidades económicas de los colonos y para servir a las intenciones políticas y «civilizadoras» del imperio. Con el paso del tiempo, el liderazgo personalista cedió al control de la elite municipal, ejercida con frecuencia desde fuera del mecanismo formal del cabildo. En cierto momento, los historiadores convinieron en la idea de que esta soberanía oligárquica regional, reforzada por los «cabildos abiertos» en épocas de tensión, convirtió al municipio en el único ámbito donde los criollos llegaron a desarrollar su autonomía. Este punto de vista tiene en cuenta la considerable autonomía de que gozaba el patriciado local en las áreas periféricas, pero exagera la discontinuidad que pudiera existir entre la base social y la superestructura del gobierno. Es cierto que los criollos ocupaban puestos de autoridad en el seno de la burocracia real, y también que las propias ciudades no eran enclaves herméticos, sino puntos de tensión entre las ambiciones locales y el proyecto imperial. Es decir, las pretensiones sobre un territorio de aquellos que querían apropiarse de sus frutos y del trabajo indígena se enfrentaban a las pretensiones de la Iglesia y del Estado, suavizadas mediante prebendas y franquicias, que trataban de ganarse la condescendencia de las elites y así absorber la unidad agrourbana dentro de un esquema imperial.

Cuando se define la sociedad y la economía colonial hispanoamericanas como arcaicas y resistentes a los cambios, se olvida frecuentemente que, tras la fase caribeña de la conquista, unos pocos miles de españoles fijaron, en el plazo de dos generaciones, el modelo urbano de un continente y medio, y que éste ha perdurado en gran medida hasta nuestros días. Hacia 1548, se habían creado centros de control urbanos, tanto en la costa como en el interior, desde el alti-

---

5. «Informe de um Jesuíta anônimo», en J. Cortesão, ed., *Jesuítas a bandeirantes no Guairá (1549-1640)*, Río de Janeiro, 1951.

plano mexicano hasta Chile. Muchos de ellos ahora son conocidos como capitales de naciones modernas: Ciudad de México, Ciudad de Panamá (que cambió de emplazamiento en 1671), Bogotá, Quito, Lima, La Paz, Asunción y Santiago. Caracas fue fundada en 1567, mientras que Buenos Aires lo fue definitivamente en 1580, tras haber sido una población de carácter efímero de 1535 a 1541. El vasto alcance del modelo de poblamiento refleja la necesidad de los colonizadores de contar con centros de control para las incursiones en busca de mano de obra indígena y tributos. Sin indios, dice el refrán, no hay Indias. Tras las primeras experiencias, en las Indias españolas se abandonaron los enclaves comerciales, que caracterizaron la expansión en ultramar de portugueses, ingleses y holandeses, y se potenció la apropiación directa de los recursos mineros y agrícolas. En palabras de Constantino Bayle:

> Los conquistadores semejaban los legionarios de Roma, que al retirarse de las campañas se convertían en colonos, con el disfrute de tierras repartidas en premio de sus trabajos militares. El blanco de sus jornadas sometedoras de pueblos estuvo en arraigar ellos en las provincias, en fundar ciudades, en agenciarse medios de vivir con desahogo, como en España. De ahí que no se detuvieran en las costas: que las más de sus fundaciones sean mediterráneas, donde la fertilidad del suelo les permitiera amplia compensación de sus andanzas. El reparto, pues, de tierras entre los vecinos fue de necesidad: complemento indispensable del municipio.[6]

Como expresaba el cronista López de Gómara, «quien no coloniza, no conquista totalmente, y si la tierra no es conquistada sus habitantes no serán convertidos».

Así pues, la colonización se convertía en una tarea de «urbanización», es decir, una estrategia de poblamiento encaminada a la apropiación de los recursos y a la implantación de una jurisdicción. La urbanización, en su sentido demográfico más simple —entendida como aglomeraciones de población que crecen más rápidamente que las zonas adyacentes—, es difícilmente cuantificable para los siglos XVI y XVII, incluso si se limita la atención a las ciudades de europeos existentes en Hispanoamérica. Para empezar, los recuentos efectuados en la época toman como unidad el vecino, es decir, propietarios que tienen bajo su control un séquito o encomienda de indios antes que simples residentes (habitantes o moradores) y transeúntes (estantes), variando enormemente de un lugar a otro la relación vecino-moradores. Por otra parte, en la época en que se establecieron allí las altas jerarquías urbanas, la población indígena —rural y urbana— había sido diezmada de tal manera que los criterios corrientes de urbanización y desurbanización carecían de sentido. Sin embargo, utilizando los recuentos disponibles y estableciendo índices valorativos de las funciones urbanas, es posible extraer ciertas conclusiones acerca del desarrollo urbano durante el período comprendido entre 1580 y 1630 (período durante el cual la población indígena del México central disminuyó desde cerca de dos millones hasta aproximadamente unos 700.000). Durante dicho pequeño lapso de tiempo, parece ser que las grandes ciudades administrativas crecen más deprisa que las pequeñas. Admitiendo da-

---

6. Constantino Bayle, *Los cabildos seculares en la América Española*, Madrid, 1952, pp. 85-86.

tos incompletos, al término de dicho período, éstos indican que en centros de más de 500 vecinos, el número de vecinos se ha incrementado en 6,7 veces, mientras que aquellos de 100 a 500 vecinos habían aumentado sólo una tercera parte. El crecimiento regular iba acompañado, en los centros burocráticos mayores, de servicios, manufacturas y recursos naturales. El crecimiento más dramático tuvo lugar en los puertos más favorecidos (La Habana, Callao), ciudades mineras (Potosí, Oruro, Mérida en Nueva Granada, San Luis Potosí), y centros agrícolas (Atlisco, Querétaro, Santiago de los Valles). Las actividades económicas, sin embargo, tendieron a repercutir solamente a nivel regional o bien a orientarse hacia el proyecto mercantilista español. El modelo urbano más amplio se definió, por aquel entonces, más como un «esquema» de ciudades que como complejo de «sistemas» urbanos interconectados.[7]

La estrategia municipal para apropiarse de los recursos se inspiró en los principios legales romanos, recuperados en la España bajomedieval, que separó el dominio público del privado, confiriendo a la corona, más que al rey en calidad de señor feudal, el derecho de disponer de los recursos naturales, incluyendo la tierra, por «merced real» o «gracia». Una afirmación de la política idealista inicial apareció en una cédula de 1518 que asignaba tierras de cultivo y solares urbanos a perpetuidad a los colonos y sus herederos «en mayor o menor cantidad según la disposición de cada uno para cultivarlos». La cédula considera la unidad municipal como agente distributivo y acentúa las implicaciones políticas y sociales de la corona. Dichas implicaciones habrían de ceder ante el carácter personalista y devastador de la colonización, y con el tiempo tuvieron que rivalizar con los intereses fiscales y económicos de la propia corona al formular su política respecto a la tierra.

La legislación española aportó los fundamentos para tres tipos principales de concesión de tierras. La primera era la «capitulación», mediante la cual se concedían poderes a un cabeza de expedición para fundar ciudades y distribuir tierras durante cuatro u ocho años, según el ritmo del proceso de ocupación efectiva. La segunda era una concesión de tierras vacantes de acuerdo con lo estipulado en los códigos promulgados: por ejemplo, que los fundadores de la ciudad no podían ser propietarios en ciudades ya existentes, que futuros fundadores debían garantizar la presencia de al menos 30 vecinos, y que las nuevas ciudades que se fundaran debían ocupar 4 leguas y distar 5 leguas de los centros preexistentes. Más tarde, a medida que el tesoro real se fue agotando y que las mejores tierras cercanas a las ciudades y a lo largo de las carreteras fueran ocupadas, la corona favoreció cada vez más el valor de cambio de la tierra sobre su valor de uso. En una cédula del 1591, que Ots Capdequí denomina una «reforma agraria», las tierras que no habían sido concedidas a nadie habían de revertir a la corona, según se estipulaba en un tercer tipo de disposiciones, la venta por subasta. Incluso entonces, un cabildo podía conseguir la tenencia colectiva de la tierra como persona jurídica o, en caso de una subasta, aparecer como un simple postor y redistribuir entonces la tierra libremente. El ideal que la corona mantuvo en un principio, de establecer

---

7. Véase J. E. Hardoy y C. Aranovich, «Urbanización en América Hispana entre 1580 y 1630», *Boletín del Centro de Investigaciones Históricas y Estéticas [BCIHE]*, Universidad Central de Venezuela, Caracas, II (1969), pp. 9-89.

colonias agrícolas independientes, fue eclipsado por una concentración latifundista en posición de privilegio frente a los recién llegados y los no propietarios. Los ingresos que esperaba obtener la corona mediante la venta de las tierras no llegaron a recaudarse totalmente, dadas las dificultades para realizar un plano y un deslinde sistemáticos de las tenencias, y también al hecho de que los jueces, formados en el derecho justiniano, eran reacios a dictar normas que amenazasen la propiedad absoluta. En una segunda «reforma agraria», la corona intentó, mediante una «instrucción de 1754», recuperar el control de la venta de tierras y «composiciones», prescribió una política indulgente ante las reivindicaciones de los indios, y exigió la legalización de los títulos de tenencia obtenidos después de 1700. Sin embargo, para entonces los arreglos territoriales establecidos por los cabildos ofrecían una fuerte resistencia al cambio.

La fórmula que perduró, de hecho, no fue un proyecto unitario y rígido, sino toda una serie de alternativas. Muchas fundaciones no pasaron de ser meras tentativas efímeras debido a una elección desafortunada del emplazamiento; a desastres como terremotos, erupciones volcánicas o enfermedades; ataques indígenas; recursos naturales y posibilidades económicas insuficientes; o simplemente el señuelo de nuevas prospecciones. Los fundadores de Jauja, en Perú, estipularon que su primer asentamiento sólo sería ocupado hasta que se encontrara otro más conveniente. Algunas ciudades fueron fundadas seis o incluso más veces. Nueva Burgos, en Nueva Granada, era una verdadera ciudad portátil, transportada a lomos de sus habitantes de aquí para allá, en busca de un lugar donde los indios les dejaran cultivar sus campos en paz. Algunas ciudades se convirtieron en manzanas de la discordia entre caudillos rivales, que se arrebataban su control de unos a otros, redistribuyendo las tierras a sus respectivos favoritos. Otras ciudades tenían jurisdicción sobre territorios mucho más vastos de los que eran capaces de poblar. Buenos Aires tenía pretensiones sobre gran parte de los territorios actuales de Argentina, Quito sobre la totalidad del moderno Ecuador y parte de Colombia, Asunción sobre un radio de más de 500 km.

El estudio realizado sobre Tunja en el siglo XVIII, muestra cómo se desarrolló el plan de poblamiento y se ramificó hasta consolidarse.[8] Fundada en 1559, Tunja fue la segunda ciudad de importancia de las tierras altas de Nueva Granada, sólo superada por Bogotá. En el acta de fundación, se justificaba la elección del emplazamiento porque contaba con «caciques e indios y tierras disponibles para mantener a los españoles». En 1623, la ciudad tenía 476 edificios, incluyendo 20 iglesias y conventos, pero solamente 7 «edificios públicos o industrias». La población ascendía a 3.300 varones españoles adultos y una cifra indeterminada de indios, negros y mestizos. El funcionariado procedía de las 70 familias de encomenderos que ocupaban ostentosas residencias con cubierta de tejas y doble planta rodeando patios interiores, y que lucían en sus fachadas filigranas de piedra y blasones. Los españoles más humildes —mercaderes, maestros artesanos— vivían en casas hacinadas de techumbre de paja. Los no europeos y las castas medias vivían en bohíos fuera del núcleo urbano, y generalmente debían soportar diversas cargas.

---

8. V. Cortés Alonso, «Tunja y sus vecinos», *Revista de Indias*, 25, 99-100 (1965), pp. 155-207.

Se practicaba el comercio en tres niveles. Los quince mercaderes más importantes importaban tejidos finos y modestos objetos de lujo desde España. Estos mismos mercaderes, junto a otros menos importantes, comerciaban por toda Nueva Granada, sirviéndose de los 30 caballos y mulas con que contaba la ciudad para exportar productos agrícolas y ganaderos, frazadas, sandalias, artículos de piel y harina. Dos veces por semana, los *tiangues* abastecían un mercado local de productos locales y de las frazadas de algodón y las cerámicas que confeccionaban los indios. Se han descrito sistemas análogos en Nueva España. Las principales ciudades de Yucatán contaban con mercaderes que actuaban sobre largas distancias, generalmente inmigrantes bien relacionados con los encomenderos; con comerciantes criollos o, a veces, mestizos que abastecían el comercio local y trataban con el campo; y con tratantes, normalmente mestizos, indios o mulatos, que traficaban con las comunidades indígenas. También el comercio de Querétaro operaba en tres niveles: el primero en manos de agentes de Ciudad de México, el segundo actuaba en el ámbito provincial y proporcionaban créditos a la industria y a la agricultura, y el tercero suministraba a la ciudad el género al por menor.

En el caso de Tunja, el estado rudimentario de la manufactura y de las finanzas y la orientación agrícola del patriciado sugieren que el comercio era secundario en la definición funcional de la ciudad. Fueron más decisivas las directrices de los vínculos políticos y de control. La jerarquía social, representada en el estilo arquitectónico basado en círculos concéntricos de Tunja, simbolizaba otras jerarquías, extendidas en el espacio, pero centradas siempre entorno a la plaza. Las funciones políticas se correspondían sutilmente con los tres niveles de la actividad comercial. En primer lugar, Tunja era un punto de equilibrio precario entre las reivindicaciones y favores de la Iglesia y el imperio y el separatismo de los encomenderos, muchos de los cuales descendían de los soldados amotinados que siguieron a Pizarro. Si bien nueve de las mayores encomiendas pertenecían a la corona, no era menos cierto que los encomenderos de Tunja representaban el patriciado más poderoso de Nueva Granada, siendo los únicos capaces de resistirse seriamente a las recaudaciones de impuestos reales de la década de 1590. En segundo lugar, la ciudad era la base administrativa de las ciudades coloniales de su entorno, distando algunas de ellas 150 km. En tercer lugar, Tunja era el centro de control de 161 encomiendas, que comprendían poblados de 80 a 2.000 indios.

Tunja ilustra claramente la manera en que esquemas de dominación sobreimpuestos podían interferirse, produciendo unos patrones de colonización ordenados jerárquicamente. También revela dos aspectos de la historia urbana de Hispanoamérica —relaciones interétnicas y actividad comercial—; esas eran las claves no sólo de la sociedad urbana sino también en la formación de modelos de poblamiento interurbano.

CIUDADES E INDIOS

El objetivo central de la política española de asentamiento era la creación de dos «repúblicas», una de españoles y una de indios. El término «república» denotaba una *polis* agrourbana compuesta o integrada funcionalmente por grupos sociales y ocupacionales insertos en la estructura del imperio, gozando al mismo tiempo de un cierto grado de autogobierno, o al menos de autoadministración. Aunque la noción de dos repúblicas sugiere equidad y, para los indios, significaba oficialmente un armazón protector contra la explotación, la república de indios se convirtió en un eufemismo para encubrir un régimen de destribalización, reglamentación, cristianización, capitación y trabajos forzados. En la práctica, además, lo que apareció no fue la implantación de la *polis*, según la visión abrigada por Las Casas, sino una serie de núcleos urbanos denominados con los términos «pueblos de españoles» y «pueblos de indios». Una cédula de 1551, aparecida después en la *Recopilación*, dispuso que «los indios sean reducidos a pueblos y no vivan divididos y separados por montañas y colinas, desprovistos de todo beneficio espiritual y temporal». Tal como esclarece el estudio de América Central, los pueblos de españoles e indios distaban mucho de ser comparables. La disposición de las casas en los primeros reflejaba una jerarquía social, y la plaza mayor, con sus estructuras distintivas eclesiásticas, administrativas, fiscales y comerciales, identificaba la localización y funciones de la autoridad. En los pueblos de indios, donde las distinciones sociales habían sido borradas o simplificadas notoriamente, el emplazamiento residencial no era indicativo de determinado rango político o social, mientras que la plaza no era sino un «espacio vacío vagamente definido, dominado por una iglesia, su única distinción arquitectónica».[9]

Las implicaciones de la colonización española para los pueblos indígenas de Nueva España están bastante claras. En vísperas de la conquista, las grandes concentraciones urbanas, como Tenochtitlan eran raras, y los indios vivían generalmente en asentamientos pequeños, a menudo contiguos. Los asentamientos mayores tenían un mercado, un templo y residencias para el clero y la nobleza, con agregados para el pueblo llano en el extrarradio. Éstos estaban a menudo fortificados y situados en elevaciones, como refugio para la población de los alrededores en tiempos de guerra. Otros centros eran principalmente ceremoniales, habitados solamente por el clero. En muchas regiones, pequeños agregados compuestos de unas cuantas casas, estaban diseminados por todo un amplio territorio de cultivo.

Durante la generación posterior a la conquista, las devastadoras epidemias, especialmente de viruela y de paperas, tuvieron un efecto mucho más negativo sobre la población indígena —en particular la que se encontraba en centros populosos y en las tierras bajas—, que los esquemas de poblamiento que portaron los españoles. Los conquistadores se apropiaron y reconstruyeron algunas ciudades, como en el caso de Tenochtitlan. Sin embargo, como emplazamiento de las nuevas ciudades se preferían precisamente las regiones de los valles, consideradas por los indios como poco defendibles e inadecuadas. Durante dichos años, los españoles impusieron su visión urbanística, basada más en cambios de localización que en una redefinición institucional. Antes de la conquista, el valle de

---

9. S. D. Markman, «The gridition town plan and the caste system in colonial Central America», en R. P. Schaedel, J. E. Hardoy y N. S. Kinzer, eds., *Urbanization in the Americas from its beginnings to the present*, La Haya, 1978, p. 481.

México estaba formado por numerosas «ciudades-estado» unidas por vínculos culturales y lingüísticos. Éstas se organizaban entorno a una comunidad central de varios miles de habitantes dividida en grupos familiares (*calpullec*), donde residía el soberano local (*tlatoani*; plural *tlatoque*), cuyas comunidades satélite componían un *calpulli* que controlaba el territorio. Esta ciudad-estado, o *altepetl*, era mayor que una aldea y menor que una cuenca fluvial; en palabras de Lockhart, era «no tanto un complejo urbano como una asociación entre grupos de pueblos con un territorio dado», significando el término altepetl «agua y colina» en un principio. Fue sobre esta estructura de grupos de linaje, que los españoles elaboraron su nomenclatura política. Es decir, la comunidad central se convirtió en «cabecera», subdividida a su vez en «barrios», mientras que los agregados del extrarradio se convirtieron en «estancias» o «sujetos». Todo este complejo poblamiento podría denominarse pueblo, aunque careciese de la estructura apiñada y la configuración física asociadas al prototipo español. El llamado pueblo fue a su vez sustraído del lugar que ocupaba dentro de la organización tributaria del Imperio Azteca, e incrustado en la jerarquía administrativa europea de partidos y provincias. Los jefes indios pronto aprendieron las nuevas normas y empezaron a rivalizar en la adquisición de privilegios para sus cabeceras, o bien para que sus sujetos fuesen ascendidos a la categoría de cabecera. El patrón de poblamiento disperso precolombino perduró ampliamente hasta 1550, e incluso se extendió, debido a la huida de grupos indígenas a lugares remotos. Lo que consiguieron los españoles fue acomodar las instituciones peninsulares —la encomienda— a un modelo preexistente de poblamiento y a un sistema de extracción de tributos y de trabajo. Se crearon pueblos de españoles como centros de control suplementarios, mientras los tlatoque, a los cuales los españoles denominaron con el término caribeño caciques, actuaron como intermediarios para los nuevos señores. Se movilizó un contingente considerable de mano de obra indígena para la construcción de obras públicas, iglesias, conventos y centros administrativos de Ciudad de México y los pueblos de españoles.

Este modelo precolombino modificado cedió inevitablemente ante el proyecto más nuclearizado, que desde un principio había preferido la corona española. Hubo una causa de tipo demográfico. La drástica mortalidad sufrida por la población indígena hizo inviable la vida en centros dispersos integrados, y exigió la concentración de los supervivientes en agregados accesibles y maleables. Tras la epidemia de 1545-1548, la corona ordenó explícitamente que se congregase a los indígenas en pueblos de concepción europea junto a enclaves religiosos. La aceptación de estas disposiciones se vio respaldada por las ambiciones, en ocasiones conflictivas, de clérigos y encomenderos, interesados ambos en vigilar de cerca a sus protegidos. Los agentes más eficaces de la hispanización y la cristianización fueron los frailes, mediante creaciones a gran escala de nuevas ciudades, o bien mediante la unión de centros ya existentes o la concentración de una población dispersa. Las ciudades recibieron nombres de santos católicos; se nombraron indios para cargos eclesiásticos menores; y los rituales municipales, las fiestas y las cofradías introdujeron al indio en el calendario cristiano. Ya fuera bajo el mando de los frailes o de los corregidores, las formas municipales españolas —el cabildo y los cargos que lo integraban— fueron ampliamente introducidas. Hacia 1560, la mayoría de las cabeceras originales habían sido trasladadas a lugares llanos, y muchos indígenas diseminados en zonas remotas habían sido redistribuidos en nuevas cabeceras y sujetos.

Tras un nuevo período de devastadoras epidemias (probablemente tifus) y hambres, que duró desde 1576 hasta 1581, la corona intensificó su programa de concentraciones forzosas, aceleradas por el clero y los encomenderos. Al llevarse a término entre 1593 y 1605 los planes de relocalización en toda Nueva España, desaparecieron miles de topónimos, imponiéndose el trazado cuadriculado con su característica plaza central. Sin embargo, la urbanización forzada encontró vigorosas resistencias. En primer lugar, en las concentraciones los indios se hicieron más vulnerables a las enfermedades contagiosas. En segundo lugar, al apropiarse los españoles de los campos abandonados por los indígenas, se creó una nueva institución productiva —la hacienda—, que sustituyó a los pueblos de indios como abastecedores del crecimiento demográfico de los centros urbanos más importantes. Los trabajadores hambrientos y oprimidos por duras disposiciones tributarias fueron retirados al trabajo en las haciendas, que ofrecía mayores medidas de seguridad, a menudo sometidos a este tipo de esclavitud por deudas. De este modo, la estructura corporativa de los municipios indígenas se atrofió a medida que su vida económica se hizo precaria y que el control pasó a manos de los hacendados y de los funcionarios reales. Lentamente estaba tomando forma el binomio latifundio-gran ciudad, que habría de regir durante siglos los patrones de poblamiento y los flujos económicos de extensas zonas de Hispanoamérica. Estos nuevos parámetros para la organización del trabajo y la economía encaminaron la transición del sistema económico precolombino hacia un nuevo modelo que encajaba mejor en el sistema europeo agroganadero, minero y manufacturero, basado en el peonaje y el trabajo asalariado.

El descubrimiento del gran filón argentífero de Zacatecas en 1546, planteó serios problemas de poblamiento, ya que este importante lugar se encontraba en medio del altiplano centro-septentrional, que se extendía hacia el norte hasta la frontera natural del río Lerma, y estaba dominada por las tribus belicosas y seminómadas de los chichimecas. Aunque ciudades de futura importancia como Celaya, León y Saltillo datan de la década de 1570, todos los intentos iniciales para proteger el tráfico de plata a lo largo de las rutas principales, para crear ciudades defensivas y para apaciguar a los indígenas, toparon con dificultades. Hasta después de 1585 no se elaboró una política factible de pacificación, basada en la implantación de un efectivo sistema de misiones y la redistribución de los indígenas sedentarios, especialmente los de Tlaxcala, para establecer comunidades agrícolas modélicas. Hacia principios del siglo XVII, Zacatecas había crecido hasta reunir una población de 1.500 españoles y 3.000 indios, negros y mestizos. Pronto se configuraron poblaciones indígenas, agrupadas por «naciones» de origen, alrededor del trazado disperso del centro de la ciudad.

A pesar de carecer de centros monumentales, las poblaciones chibchas de la sabana de Bogotá eran similares a las de Mesoamérica.[10] La ocupación de la tierra era de tipo disperso y se basaba en las unidades domésticas (*utas*) organiza-

---

10. J. A. y J. E. Villamarín, «Chibcha settlement under Spanish rule, 1537-1810», en D. J. Robinson, ed., *Social fabric and spatial structure in colonial Latin America*, Ann Arbor, 1979, pp. 25-84.

das en *sivin*, que a su vez formaban comunidades encabezadas por un *sijipena*, que se convertiría en el cacique de los españoles. La política de los conquistadores para concentrar a la fuerza a la población encontró fuertes resistencias después de 1549, y hacia 1600, de los 100 asentamientos indígenas con los que aproximadamente contaba la sabana, las tres cuartas partes estaban intactas. El mestizaje y la hispanización de los caciques no se produjo tan pronto como en México. La hacienda ganadera española fue mucho más efectiva que la política real para forzar la recolocación de los indios y expulsarlos de sus tierras por los europeos. Las poblaciones con trazado cuadriculado fueron más corrientes en el siglo XVII, a pesar de que los indios siguieron prefiriendo permanecer en sus hábitats dispersos, dejando la ciudad como marco interminante de las funciones religiosas y fiscales, y como lugar de residencia de los blancos y mestizos.

En cuanto a sus consecuencias sobre los patrones de poblamiento indígenas, la colonización del Perú también fue análoga al caso mexicano, aunque las diferencias en cuanto a las condiciones geográficas y a los recursos, a las instituciones indígenas, y las soluciones concretas adoptadas por la conquista, dieron pie a diferencias significativas. Un rasgo central del sistema urbano implantado en esta zona fue que mientras los españoles ocuparon y reconstruyeron Cuzco, la capital inca, su propia capital fue emplazada en Lima, en la costa. Por otra parte, el auge minero de Potosí, adentrada en las tierras altas, atrajo una población que excedía en mucho la de sus homólogas mexicanas. Hacia 1557, doce años después del descubrimiento de la plata, se registraron 12.000 españoles; hacia 1572, la población había ascendido a 120.000 habitantes de todas las razas, y hacia 1610, en vísperas de la crisis, a 160.000, cifra que convertía a Potosí en la mayor ciudad del hemisfero. A diferencia de México-Tenochtitlan, Cuzco perdió sus funciones políticas y su identificación cosmológica como «ombligo» del mundo incaico, para convertirse en un punto de enlace entre dos nuevos polos de atracción. La preferencia de los españoles por la zona costera y sobre todo por Lima, condicionó lo que Wachtel ha denominado «desestructuración» del dominio andino.

A nivel regional, los españoles se toparon de nuevo con una población dispersa, cuyos territorios eran regidos por linajes (*ayllus*), bajo la supervisión de *curacas*, que se convertirían en los caciques. Sin embargo, el impacto de la economía de mercado europea debió tener unas consecuencias más drásticas en los Andes que en Mesoamérica. En el caso andino, el sistema precolombino de intercambio de productos entre regiones de distinto clima no dependía tanto de las relaciones mercantiles como del control de microhábitats situados a diferentes altitudes, mediante reuniones de grupos de parentesco, y que integraban lo que se ha denominado «archipiélagos verticales» —solución también presente, si bien en un grado rudimentario, entre los chibchas—. En contradicción con estas delicadas redes de producción complementaria, los españoles impusieron sus criterios sobre la tierra como bien de consumo, sobre la exacción tributaria, y sobre la urbanización en núcleos compactos, todo ello intensificado por todos los complementos de la vida urbana europea. Estos criterios recibieron un impulso decisivo gracias a la actuación del virrey Francisco de Toledo (1569-1581), apodado el Solón peruano, quien ordenó, por ejemplo, que 16.000 indios de la provincia de Contisuyu fuesen desplazados desde 445 poblados y concentrados en 45 «reducciones», o que 21.000 indios del Cuzco, repartidos entre 309 poblados, fuesen llevados a 40 reducciones.

Para América Central, es posible trazar la erosión a largo plazo de la dicotomía entre ciudades indígenas y ciudades españolas, a través de la mezcla de razas y del cambio económico. A partir de los contingentes étnicos originarios, el mestizaje produjo una serie de grupos intermedios de mestizos, mulatos y zambos, cuya identidad quedó desdibujada a finales del período colonial en una amalgana indefinida de «pardos» o «ladinos». Las ciudades, tanto españolas como indígenas, al frente de zonas productivas y situadas en lugares favorables para el comercio, atrajeron a grupos étnicos de todas clases, convirtiéndose en «pueblos de ladinos». Si bien las ciudades indígenas aisladas, especialmente las de origen dominico y franciscano, se estancaron conservando sus rasgos iniciales, muchas otras, por ejemplo las de las zonas productoras de índigo en la costa del Pacífico, desarrollaron una población mixta. Dichos centros experimentaron transformaciones arquitectónicas añadiendo arcadas alrededor de la plaza y monumentales construcciones eclesiásticas y civiles. Igualmente, un centro vital español como Santiago de los Caballeros atrajo a una población étnicamente mixta, que fue acomodándose en una progresivamente ampliada traza oficial. Por otra parte, otras ciudades españolas nunca llegaron a prosperar y perdieron el dominio regional que ostentaron un día. En la sabana de Bogotá, los pueblos de indios o «resguardos» vieron cómo se iban infiltrando poco a poco gentes de raza blanca, mestizos y algunos pardos y negros, una transformación que a menudo marcó la conversión de los resguardos en parroquias. El fracaso de la segregación étnica también ha sido descrito por Marzahl en la región de Popayán, zona incluida en los actuales términos de Colombia, donde los latifundios y la minería atrajeron hacia poblaciones indias a muchos individuos de otras razas. En la propia ciudad, los españoles se mezclaron cada vez más con artesanos y pequeños campesinos de extracción indígena o mestiza.

Como sugiere el ejemplo anterior, el principio de las «dos repúblicas» se aplicó internamente en las ciudades biétnicas tanto como a los sistemas con un lugar central y sus satélites. Incluso en una ciudad como Querétaro, donde indios, negros, mestizos y españoles estaban mezclados en el modelo original de residencia, finalmente se desarrollaron barrios en los cuales se conservaron la lengua, costumbres y hábitos familiares indígenas. Un caso típico de segregación lo proporciona Ciudad de México, donde se proyectó una traza central con trece manzanas rectangulares en cada dirección y rodeadas por cuatro barrios indígenas en forma de ele, aunque irregulares, gobernados por oficiales indígenas, y que suponían una reserva de mano de obra para la ciudad central. Siguiendo una evolución inevitable, los límites se desdibujaron debido el mestizaje y a medida que la proporción de indios respecto al número de blancos pasó de ser de diez a uno a mediados del siglo XVI, a ser de uno a dos a finales del siglo XVIII. En varias ocasiones estallaron conflictos con indios y mestizos, como en el caso de las revueltas de 1624 y 1692, dando pie a nuevos intentos de restaurar la distribución dicotómica original. Después del levantamiento de 1692, una comisión en la que figuraba el estudioso Carlos Sigüenza y Góngora informaba sobre los «inconvenientes de vivir los indios en el centro de la ciudad» y de la necesidad de concentrarlos en «sus propios barrios, vicarías y distritos, donde puedan ser organizados para su mejor gobierno, sin que sean admitidos en el centro de la ciudad». Los documentos hablaban de la «insolente libertad» de que gozaban los indios en la ciudad, quienes abandonaban sus casas, entorpeciendo la administración civil y eclesiástica, y dificultando la recaudación de impuestos, y llenaba «esta república» de «vagos, vagabundos, inútiles, insolentes y gente vil», predispuestos al crimen y «confiados en la impunidad que les aseguraban el anonimato y la confusión». Las culpas se atribuían en dos direcciones. Primero, los barrios indios eran infiltrados por negros, mulatos y mestizos, que eran díscolos, deshonestos, ladrones, aficionados al juego y al vicio, los cuales corrompían a los indios, o bien les forzaban a buscarse otro lugar de refugio. Segundo, los españoles que vivían en la traza no dudaban en proteger a los renegados indios, alquilándoles una habitación o una cabaña, obedeciendo a las leyes del compadrazgo y siguiendo un «comportamiento indecente que desafía nuestra paciencia».[11] La tendencia hacia la integración étnica, tanto biológica como espacial, era irreversible. Las nuevas subdivisiones eclesiásticas y civiles a que fue sometida la ciudad a finales del siglo XVIII, sólo aparentemente reforzaron la segregación indígena, pero no introdujeron elemento alguno para restaurarla.

Una reciente investigación sobre Antequera, en el valle de Oaxaca, hace hincapié en el papel de la ciudad como ámbito de integración cultural a lo largo de todo el mundo colonial.[12] Un censo urbano del año 1565 diferenciaba diez categorías étnicas de indígenas, siete de las cuales pertenecían al grupo náhua, distribuidos dentro de la traza, en sus márgenes, en la comunidad satélite de Jalatlaco, o en granjas cercanas. Gradualmente las identidades culturales se difuminaron, a medida que los barrios de indios perdieron su carácter étnico, que las lenguas aborígenes cayeron en desuso, que desapareció la distinción entre la nobleza india y los plebeyos, y que se fueron asentando individuos no indios en Jalatlaco. Los indios, considerados en un principio como «naborías», es decir, como una fuente de trabajo «residente en la ciudad», fueron convertidos en el proletariado urbano de la ciudad. La proliferación de grupos de raza mixta, la mezcla de criollos blancos con las castas de toda la jerarquía ocupacional, y —tras el alza económica regional de la década de 1740— la creciente importancia del estatus económico frente al estatus étnico, llevaron a la desaparición de las distinciones entre colonizados y colonizadores.

A nivel general, resulta evidente que las principales ciudades fueron, en la época de la conquista, amplios ámbitos de mestizaje entre europeos, africanos, e indios, potenciado especialmente por la escasez de mujeres españolas y africanas. C. Esteva Fabregat ha sugerido que la posterior convergencia y estratificación de diversos grupos raciales en castas favoreció «tanto la separación como la autosuficiencia sexual relativa de cada grupo étnico o casta». En una tercera etapa, se erosionó el sistema de castas, en el preciso momento en que la nomenclatura popular para designar la creciente variedad de combinaciones raciales se estaba multiplicando de forma compleja. En las grandes ciudades, dicho proceso se precipitó particularmente debido a las migraciones, a la agitación política y a

---

11. «Sobre los inconvenientes de vivir los indios en el centro de la ciudad», *Boletín del Archivo General de la Nación*, México, D.F., 9, 1 (1938), pp. 1-34.
12. J. K. Chance, *Race and class in colonial Oaxaca*, Stanford, 1978.

los cambios económicos que socavaron las estructuras de la sociedad y nutrieron un nuevo estado psicológico de malestar y agresividad. La inoperancia de las categorías étnicas frente a una distinción más amplia entre «gente decente» y plebe, era un fenómeno urbano que reflejaba una crisis de autoridad, un debilitamiento del control social, y una pujanza de los ánimos reivindicativos entre los sectores «populares». En su estudio sobre las «multitudes» en la historia peruana escrito en 1929, Jorge Basadre propone el siglo XVIII como el momento en que se produjo la transición entre una multitud religiosa y «áulica», que pululaba por las calles de Lima como espectadores y celebrantes, y una multitud que, aunque todavía «prepolitizada», albergaba ánimos más amenazadores, fruto de una mayor frustración. El elemento análogo de Ciudad de México lo constituye la cultura urbana del «leperismo», divulgada a través de los relatos de viajes escritos por extranjeros, y que tomaba su nombre del «lépero», individuo de raza indistinta, descrito como insolente, vagabundo, agresivo con las mujeres y entregado al vicio y a los atentados contra la propiedad.

Se ha intentado detallar la composición racial de las ciudades hispanoamericanas, utilizando como base las estadísticas elaboradas por Alcedo en el *Diccionario de América* de 1789. De las 8.478 poblaciones registradas, 7.884 se consideran como pueblos agrícolas, y 594 como ciudades, villas y centros mineros. Se considera que estos últimos, que representan el 7 por 100 del total, reúnen funciones urbanas significativas basadas en el comercio, los servicios y la industria. Esta división no corresponde a la distinción campo-ciudad en el sentido moderno, puesto que muchos de los llamados centros «urbanos» eran de pequeño tamaño, y todos ellos incluían residentes rurales. Este criterio arbitrario de distribución de la población, respalda la suposición de que el medio urbano era principalmente el hábitat de los blancos y de los grupos mestizos (véase cuadro 1).

Cuadro 1

Población iberoamericana c. 1789 por grupos étnicos y lugar de residencia

	Residentes «urbanos»			Residentes «rurales»			Totales	
	n.º en miles	% pob. urb.	% total grupo étnico	n.º en miles	% pob. rural	% total grupo étnico	n.º en miles	% pob. total
Indios*	1.728	36,8	22,0	6.132	65,3	78,0	7.860	55,8
Blancos	1.670	35,6	51,8	1.553	16,5	48,2	3.223	22,9
Mestizos	666	14,1	64,4	368	3,9	35,6	1.034	7,3
Mulatos	419	8,9	39,1	653	7,0	66,9	1.072	7,6
Negros	214	4,5	23,7	688	7,3	76,3	902	6,4
Totales	4.697	100	33,3	9.394	100	66,7	14.091	100

* Excluidos los «indios bárbaros».
FUENTE: Adaptación de C. Esteva Fabregat, «Población y mestizaje en las ciudades de Iberoamérica: siglo XVIII», en F. de Solano, ed., *Estudios sobre la ciudad iberoamericana*, Madrid, 1975, p. 599. El cuadro contiene errores de aproximación.

En primer lugar, solamente el 20 o el 25 por 100 de los indios y de los negros residían en centros urbanos; en segundo lugar, los blancos y los mestizos representaban el 20 por 100 de la población rural y el 50 por 100 de la población urbana; en tercer lugar, los mulatos representaban más o menos la misma proporción que los negros en el ámbito rural, mientras doblaban su número en las zonas urbanas.

Se ha sugerido que la identificación étnica condujo a la identificación de clase en las grandes ciudades, e incluso a una embrionaria «conciencia de clase» entre los pobres. Esta afirmación parece excesiva si tenemos en cuenta que la conciencia de clase, incluso entre los obreros industriales latinoamericanos del siglo xx, resulta un concepto problemático. Es más plausible afirmar que el período comprendido entre mediados del siglo xviii y mediados del siglo xix fue una época de crecimiento demográfico urbano absoluto, si no necesariamente relativo, y que, especialmente durante los levantamientos independentistas, se produjo una distensión del control social que alentó a los sectores urbanos más pobres a adoptar actitudes contumaces contra la autoridad constituida.

Una generación después de la conquista, los indígenas de Nueva España y del Perú habrían de comprobar hasta qué punto habían perdido toda identificación con los variopintos atributos de sus grupos étnicos, y habían pasado a engrosar el estrato común de los «indios». De forma similar, los variados fenotipos de las castas posteriores dejaron de ser socialmente significativos, para ser absorbidos indistintamente bajo la denominación de «plebe». En ambos casos, la homogeneización de los desposeídos señalaba el fracaso del viejo ideal eclesiástico y jurídico de la «incorporación» social. El sentido de clase era un común sentimiento entre desheredados, antes que un sentimiento de participar en una causa común.

Las ciudades y el comercio

Más de una vez, se ha establecido un contraste entre el ímpetu comercial de las ciudades bajomedievales de la Europa nororiental y las características funciones agroadministrativas de las ciudades de la Hispanoamérica colonial. Las primeras eran enclaves donde cristalizaron formas primitivas de capitalismo comercial. Las segundas eran enclaves centrífugos para la acometida de la tierra y de sus recursos. Las primeras eran campos de cultivo de un nuevo orden económico y jurídico; las segundas eran vehículos para establecer un orden imperial.

El contraste se hace menos rígido cuando se reconoce que, por aquel entonces, el desarrollo comercial adquirió impulso en las Indias a partir de un crecimiento de los mercados locales, se definieron los géneros de consumo comercializables y se incrementaron las oportunidades para el comercio de ultramar. Incluso así, estas tendencias no minaron el viejo orden, y coadyuvaron al surgimiento de una nueva «burguesía», con una ideología distintiva. Los consulados de las grandes ciudades, aunque eran grupos cerrados con espíritu corporativo, eran, en palabras de Veitia Linaje en *Norte de la contratación de las Indias occidentales*, «ayudados, protegidos y favorecidos por los reyes y sus consejeros». En ciudades basadas en economías mixtas como Arequipa y Popayán, las elites tenían el recurso, para mitigar el embate de las dificultades económicas, de diversificar sus actividades entre el comercio, la minería o la agricultura, según cambiasen las condiciones. La Habana colonial, puerto de encuentro de las flotas de regreso a la península, no era una ciudad mercantil, sino de servicios, con sus funciones portuarias, a merced de la confusa organización del sistema de navegación. Para compensar a La Habana por su utilidad en el esquema mercantilista, la corona reconoció los intereses agrarios de sus notables, concediendo a su cabildo —uno de los dos únicos que gozaron en las Indias de dicho privilegio— el derecho a distribuir las tierras de forma directa, sin contar con la aprobación real.

En general, los inmigrantes españoles fueron favorecidos en todas las Indias en las carreras comerciales por encima de los criollos, aunque su capital fuera a menudo reinvertido en propiedades rurales, y en donaciones a la Iglesia. Según parece, Medellín fue una excepción, dadas las escasas posibilidades que allí existían para adquirir tierra de labor; aquí los hijos tendieron a seguir a los padres en la minería o el comercio, actividades que ofrecían ocupaciones de elevado estatus.[13] Pero en el caso de Ciudad de México, tras la década de 1590, aunque hay ejemplos de familias que desarrollaron las actividades comerciales durante dos generaciones, la norma fue la circulación constante de la elite mercantil, más que su consolidación.[14] Incluso en Buenos Aires, la importante ciudad comercial de finales del período colonial, donde las tierras agrícolas más allá de las «quintas» suburbanas no eran aún atractivas para los inversores, los comerciantes, según parece, no constituyeron una clase estable. No sólo porque sus hijos prefiriesen la carrera eclesiástica, militar o burocrática, sino porque las instituciones para el respaldo de las iniciativas comerciales se encontraban en un estado tan rudimentario, y las leyes sobre la herencia ofrecían tan pocas garantías, que las empresas comerciales rara vez sobrevivían más de dos generaciones.[15] Otras ciudades situadas en zonas de crecimiento más lento progresaron aún menos. El viajero Depons pudo comprobar que Caracas, en las postrimerías de la etapa colonial, guardaba más semejanzas con un taller que con un centro comercial; se desconocían las funciones del intercambio, del papel moneda o del descuento. La Habana, a pesar de la vitalidad económica que le conferían las exportaciones de azúcar después de 1760, no dispuso de bancos permanentes hasta la década de 1850. El Guayaquil de 1790, con unas exportaciones de cacao en pleno auge, era una pequeña ciudad de 8.000 habitantes «escasamente familiarizada con las instituciones financieras o con las casas comerciales especializadas».[16] Un estudio sobre el mercado crediticio del siglo XVIII en Guadalajara pone de manifiesto lo que debe entenderse cuando se habla de capacidad financiera arcaica de las ciudades hispanoamericanas.[17] En esta ciudad, el crédito estaba estrechamente

---

13. A. Twinam, «Enterprise and elites: eighteenth-century Medellín», *HAHR*, 59, 3 (1979), pp. 444-475.
14. L. S. Hoberman, «Merchants in seventeenth century Mexico City: a preliminary portrait», *HAHR*, 57, 3 (1977), pp. 479-503.
15. S. M. Socolow, *The merchants of Buenos Aires, 1778-1810*, Cambridge, 1978.
16. M. L. Conniff, «Guayaquil through independence: urban development in a colonial system», *The Americas*, 33, 3 (1977), p. 401.
17. L. L. Greenow, «Spatial dimensions of the credit market in eighteenth century Nueva Galicia», en Robinson, *Social fabric*, pp. 227-279.

controlado por la Iglesia, especialmente a principios de siglo, y ésta poseía un potencial de préstamo derivado de las donaciones legadas para misas, las dotes de los conventos, cofradías, recaudaciones de diezmos y los ingresos procedentes de sus propiedades. Contando con tales reservas, la Iglesia podía ejercer el préstamo con regularidad, mientras que otros individuos —comerciantes, clérigos, viudas— tan sólo llegaron a hacer préstamos una o dos veces en espacio de décadas. El capital circulaba entre un pequeño grupo de hombres de negocios y de clérigos, llegando a los territorios dependientes de la ciudad a través de los hacendados. Prueba de que el mercado del dinero no llegó a tomar impulso a finales del período colonial, es el hecho de que los 892.000 pesos a que ascendían los beneficios proporcionados por el préstamo en Guadalajara durante la década de 1760, descendieron a 773.000 en el período comprendido entre 1801 y 1810.

Aunque ninguna Amsterdam o Filadelfia se erigió en las Indias, un rasgo distintivo de la historia urbana es la variada actividad comercial que aumentó su volumen, ratificando, extendiendo o reorientando el proyecto inicial del imperio y sus soluciones para la conquista. Debido al tamaño del escenario en el que se desarrolló, el episodio más dramático fue el ascenso a la hegemonía comercial de la desolada Buenos Aires, favorecida por su situación estratégica, pero aislada por la política mercantilista española, a expensas de Lima, la Ciudad de los Reyes y capital comercial del virreinato del sur.

Al escribir sobre el «comercio, esplendor y riqueza» de Lima, el observador contemporáneo Bernabé Cobo, en su *Historia de la fundación de Lima*, daba una pequeña muestra de una ciudad donde la estructura de clases, las normas de comportamiento y las decisiones económicas estaban condicionadas por los imperativos comerciales. Hablaba, para ser exactos, del «tremendo volumen» de los negocios y del comercio que tenía como «capital, emporio y permanente feria y bazar» del virreinato y de las regiones cercanas. La mayoría de la población de la ciudad obtenía ingresos suplementarios del comercio con Europa, con China y con Nueva España. Pero la riqueza privada era absorbida por un consumo lujoso y extravagante. Las modestas cuatro o cinco carrozas que pudo contar Cobo al llegar a Lima en 1599, se habían convertido, al cabo de 30 años, en más de 200, todas ellas forradas con seda y oro, y con un valor de 3.000 pesos o más, suma equivalente a los ingresos anuales de un mayorazgo. Incluso los más acaudalados, con fortunas de 300.000 o 400.000 ducados pasaban «esfuerzos y angustias» para mantener «esta pompa vacía». Se consideraba pobres a personas con una riqueza de 20.000 ducados. Una amplia porción de la riqueza de la ciudad se gastaba en muebles y joyas; incluso los indigentes poseían alguna gema o algún plato de oro o de plata. Se calculaba que la provisión de joyas y metales preciosos con que contaba Lima ascendía a 20 millones de ducados, siendo 12 millones la suma invertida en esclavos, y ello tan sólo en atavíos, tapices y artículos de culto. Estaban tan generalizadas las costumbres lujosas en el vestir, que apenas podían distinguirse los grupos sociales. Los mercaderes en España, donde regían leyes suntuarias, estaban encantados con esta lejana demanda de sedas, brocados y telas finas. El mayor volumen de las fortunas de la ciudad estaban depositadas en propiedades (granjas, viñedos, ingenios azucareros, ranchos), obrajes y encomiendas. Pero los ingresos totales obtenidos como fruto de los, aproximadamente, quince mayorazgos, se veían superados con mucho por el millón de ducados que circulaba en salarios de eclesiásticos, burócratas y militares.

Buenos Aires, que había sido abandonada en 1541, fue definitivamente fundada en 1580 como salida atlántica de las poblaciones del interior. A través de su procurador en Madrid, las gentes de la ciudad hicieron sentir sus quejas por la pobreza de la región y por la falta de pólvora, ropas y vino para la misa. El comercio con Perú no era viable porque Tucumán podía abastecerlo de productos agrícolas y ganaderos desde mucho más cerca. Por lo tanto, España autorizó el comercio entre Buenos Aires y Brasil (bajo soberanía española por aquel entonces), primero (1595) para la importación de esclavos destinados a extender la producción agraria, después (1602) para la exportación a Brasil de harina, carne seca y sebo. Los comerciantes obtenían los mayores beneficios de la reexportación de esclavos y productos tropicales hacia Tucumán, puesto que el mercado brasileño era limitado. Pronto apareció una clase acomodada engrosada con los inmigrantes portugueses. Temiendo por sus intereses fiscales, la corona decidió suprimir el comercio con Brasil en 1622, limitando anualmente el tráfico de Buenos Aires con España a dos barcos de 100 toneladas. El contrabando, sin embargo, condenó al fracaso este endeble proyecto encaminado a mantener un puesto estratégico en el estuario del Plata, al mismo tiempo que se coartaba su desarrollo comercial. Acarete du Biscay visitó este puerto en 1658, como relata en su *Account of a voyage up the Rio de la Plata, and thence over land to Peru* (Londres, 1696), allí encontró una ciudad formada por 400 casas de adobe y techumbre de caña y paja, y defendida solamente por un fuerte, también de adobe, y 10 cañones, que no utilizaban más de 12 libras de munición, y 3 compañías de 50 hombres, capitaneadas por los vecinos, y generalmente faltas de hombres, porque los soldados estaban «cansados por la mediocridad de la vida en aquellos desiertos». Las casas, todas ellas de una sola planta, tenían habitaciones espaciosas, patios y huertos y jardines adyacentes. El buey, la caza y la carne de ave eran baratos y abundantes, y mientras que sólo los «salvajes» comían avestruces, las plumas de estos animales servían para confeccionar prácticas sombrillas. Las mejores viviendas estaban «adornadas con cortinajes, cuadros y otros ornamentos y mobiliario de calidad», y en ellas servía gran cantidad de negros, de indios y de mestizos. «Toda la riqueza de estos habitantes proviene del ganado, que se multiplica tan prodigiosamente en esta provincia, que las llanuras están casi cubiertas de él.» En el puerto, Acarete pudo ver no menos de 22 barcos holandeses, cargado cada uno con unas 14.000 pieles, comprados por menos de una corona cada pieza, y que podrían ser vendidas en Europa por cinco veces este valor. En esta época, se seguía enviando ganado vacuno a Perú; pero aunque el comercio del ganado era provechoso, los comerciantes «más notables» eran «aquellos que comerciaban con artículos europeos». El traslado de las aduanas de Córdoba a las ciudades más al norte de Salta y Jujuy en 1676, dio paso al dominio de Buenos Aires sobre el mercado platense.

Los comerciantes de Lima se opusieron a la consolidación de un eje económico Buenos Aires-Tucumán, que pudiese hacer peligrar su dominio comercial en Perú. Se negaron a comprar ganado en la feria de Salta, e intentaron acaparar el mercado de Charcas mediante agentes que interceptaban las mercancías procedentes de Buenos Aires e imponían sus propios precios. Poco a poco, sin embargo, Lima perdió el control comercial del norte de Argentina, Charcas e incluso de Chile. La razón era simple: Buenos Aires era un puerto mucho más accesible que Lima-Callao. Se podía prescindir del caro sistema de las flotas; en estas latitudes, las algas no obstruían tanto el casco de los barcos y había menos piratas; las expediciones terrestres desde Buenos Aires eran menos costosas y problemáticas que vía Panamá; el contrabando no estaba tan controlado en Buenos Aires, y los porteños podían pagar con la plata sustraída al quinto real; por último, desde 1680, se dispuso de Sacramento como inmenso lugar de depósito. En el transcurso del «asiento» británico, desde 1713 a 1739, crecieron las posibilidades de contrabando, las ventas de pieles y de sebo experimentaron un alza repentina, y se transmitieron los métodos comerciales británicos. Las cifras de población hablan por sí solas. Mientras la población de Lima permaneció estancada en 55.000-60.000 habitantes durante un siglo después de 1740, la de Buenos Aires creció de 11.000 a 65.000 habitantes. La promoción de esta ciudad a capital virreinal en 1776 legitimaba una realidad comercial.

La rivalidad entre Lima y Buenos Aires ejemplifica las tendencias comerciales que habrían de remodelar los patrones de poblamiento de todo el continente sur, y que acabarían trasladando su eje económico del Pacífico al Atlántico. Dichas tendencias también actuaron a nivel regional, afectando los destinos de los enclaves agro-administrativos de segundo orden. Aunque las elites de Santiago de Chile basaban su poderío principalmente en el prestigio que les confería la propiedad de la tierra y las carreras políticas, los intereses de los comerciantes de la ciudad consiguieron dominar a los productores de las tres principales regiones económicas de Chile —las de Santiago, La Serena y Concepción—, con el fin de retrasar el crecimiento de las dos últimas, subordinándolas así a un sistema comercial encabezado por Santiago y orientado hacia los abastecedores y los clientes extranjeros.[18] En la región de Popayán, el sistema urbano inicial experimentó una total redefinición, provocada a nivel local por el traslado de los centros mineros y el cambio de la mano de obra indígena por los esclavos africanos; y a nivel externo, por el auge de Cartagena como puerto receptor (en detrimento de Buenaventura) y el desarrollo de manufacturas textiles en la zona de Quito. En el siglo XVII, muchos centros se convirtieron en ciudades fantasma, quedando Popayán, Pasto y Cali como principales soportes urbanos. Popayán tomó la cabeza no por ser un modelo de racionalidad administrativa —puesto que la zona donde se encontraba estaba hendida por una superposición de jurisdicciones civiles, eclesiásticas, fiscales y militares—, sino por su emplazamiento privilegiado para las actividades comerciales, mineras y agropecuarias, lo que a su vez contribuyó a consolidar su papel político.[19]

En Mesoamérica, Ciudad de México es el centro histórico del dominio burocrático, comercial, financiero e industrial. Esta ciudad supo interiorizar, a través de los siglos, una serie de transformaciones, que fueron tomadas como ejemplo por otras tres ciudades de sudamérica: Lima (período del mercantilismo colo-

---

18. M. Carmagnani, *Les mécanismes de la vie économique dans une société coloniale: le Chili (1680-1830)*, París, 1973.
19. P. Marzahl, *Town in the empire: government, politics and society in seventeenth century Popayán*, Austin, 1978.

nial), Buenos Aires (período del capitalismo comercial) y São Paulo (período del desarrollo industrial, financiero y tecnológico). Pero la geografía, recursos y patrones de poblamiento de Nueva España creaban reticencias a la aceptación de formas tan dispersas de organización espacial como la que se daba en los casos de Buenos Aires, São Paulo o Montevideo, que finalmente se impusieron en sus respectivos territorios. Como ha dicho James Lockhart, la occidentalización del México colonial no siguió una pauta clara de etapas concéntricas, «puesto que la actividad de la capital saltaba grandes distancias hasta las zonas de interés, dejando las más cercanas relativamente aisladas e indemnes». Es posible hacer un seguimiento de la resistencia creciente contra las imposiciones «desde fuera» sobre la organización espacial y el trazado de las rutas. Es cierto que las exigencias económicas y administrativas de la madre patria remodelaron las pautas prehispánicas de poblamiento en el altiplano central, o que, en zonas mineras y ganaderas, se impusieron sin más. Esto han escrito Moreno Toscano y Florescano:

> De ahí que algunos novohispanos imaginaron ese sistema como una gran boca sentada en España, que era alimentada por un grueso conducto que corría de México a Cádiz, pasando por Jalapa y Veracruz, el cual a su vez se nutría, por conductos menores, de los centros y ciudades del interior. El sistema de caminos que vinculaba a los centros y ciudades reproducía fielmente ese esquema.[20]

Pero este modelo polarizado contenía tensiones internas y también excepciones. Puebla, fundada como punto de consolidación para españoles más pobres, atrajo pronto a los encomenderos, se hizo con una fuerza de trabajo indígena, convirtiéndose en un centro primordial de distribución de productos agrícolas. El incremento de las funciones administrativas, comerciales, religiosas y (como centro de producción textil) industriales, le permitió organizar su propio territorio, resistiéndose en varios aspectos al dominio de la capital. Un caso similar era Guadalajara, con sus funciones administrativas, comerciales y educativas. Tambíen existía rivalidad entre los comerciantes de Veracruz, que distribuían mercancías importadas a través de la feria de Jalapa y que estaban en conexión con los productores agrícolas de Oaxaca y las costas del golfo, y los comerciantes de Ciudad de México, que pretendían obtener el control sobre el comercio de importación y que insistían en el establecimiento de una ruta comercial hasta la costa a través de Orizaba, marginando a Jalapa. Por último, está el caso del Bajío, próspera región agrícola y minera en la que se desplegaba una red de ciudades especializadas que se resistía a la dominación de cualquiera de las dos grandes ciudades, Guanajuato o Querétaro. Este caso nos brinda el único ejemplo en todo México de una economía regional compleja e integrada internamente. Había establecido una serie de relaciones externas mediante las cuales abastecía Ciudad de México de productos agrícolas y materias primas, mientras que enviaba productos manufacturados al norte de México a cambio de materias primas. Los beneficios obtenidos se acumulaban a nivel local, sin que fuesen absorbidos por la capital.

20. A. Moreno y E. Florescano, «El sector externo y la organización espacial y regional de México (1521-1910)», en J. W. Wilkie, M. C. Meyer y E. Monzón de Wilkie, eds., *Contemporary Mexico*, Berkeley y Los Ángeles, 1976, p. 67.

Llegó un momento en que incluso enclaves agro-administrativos modestos se convirtieron en catalizadores comerciales de su territorio inmediato. Por ejemplo, las funciones de control fiscal, administrativo y sobre la fuerza de trabajo, que ejercía en un principio Antequera sobre las comunidades indígenas de Oaxaca, se vieron complementadas gradualmente con asuntos relacionados con el comercio, a medida que la demanda del mercado y las reservas de capital desarrollaban su poderío. La creciente demanda urbana de pulque y otros artículos de consumo agrícolas y ganaderos no sólo incrementó la producción rural, sino que atrajo a los indios de los poblados, que se asentaron allí temporal o permanentemente. La administración dejó de ser la razón fundamental de la existencia de Antequera. Según William Taylor, «el comercio y las manufacturas asumieron nueva importancia, y la ciudad y el campo de los valles centrales ya habían empezado a formar un sistema regional más fuerte».[21]

Los enclaves urbanos se convirtieron en centros importantes para la implicación en el comercio de las instituciones y la sociedad hispanoamericanas, pero no resultaron vehículos eficaces para la completa difusión del «capitalismo». La propagación del ímpetu comercial desde las ciudades y los pueblos de españoles, por ejemplo, coexistió con el comercio como forma de control y expolio practicado por los corregidores, introduciendo mercancías inútiles a precios exorbitantes en las vulnerables comunidades indígenas. La actividad comercial se orquestaba dentro del marco de un proyecto mercantilista, de los objetivos relacionados con el estatus de las elites, y la administración de prebendas. Los comerciantes urbanos fracasaron en su intento de formar una «clase» coherente y duradera. Al carecer de instrumentos de desarrollo y de instituciones para acrecentar el crédito y la financiación, se veían forzados a mantenerse abiertos a todas las opciones para progresar socialmente y para orientar a sus hijos hacia carreras alternativas. Mario Góngora prefiere referirse a los comerciantes chilenos como elemento «negociante», carente de un carácter realmente mercantil, en pos de un *cursus honorum* que era «parte de una sociedad aristocrática, en oposición a la sociedad mercantil o burguesa». Las ciudades portuarias, tan a menudo campos de cultivo para las innovaciones comerciales, solamente tenían una actividad intermitente (Portobelo, La Habana inicial); o bien actuaban como estibadores de las capitales burocráticas (Veracruz, Callao, Valparaíso), o su liderazgo comercial se veía reforzado por funciones administrativas, eclesiásticas y de servicios (Cartagena, Buenos Aires, Montevideo, La Habana). En la década de 1690, el viajero Gamelli Carreri describió Acapulco, con sus casas provisionales de madera, paja y barro, como un «humilde poblado de pescadores», y no como un gran centro de comercio con Guatemala, Perú y Oriente, y puerto de arribo del galeón de Manila. Cuando llegaban los barcos de Perú, los mercaderes, cargados de millones de pesos para adquirir artículos de lujo orientales, debían albergarse en las chozas de los mulatos de la ciudad.[22]

Las ciudades eran bastiones del orden político español y no conspicuos cen-

---

21. W. B. Taylor, «Town and country in the valley of Oaxaca, 1750-1812», en I. Altman y J. Lockhart, eds., *Provinces of early Mexico*, Berkeley y Los Ángeles, 1976, p. 74.

22. Gamelli Carreri expone sus impresiones sobre el México del siglo XVII en *Las cosas más considerables vistas en la Nueva España*, México, D.F., 1946.

tros de innovación ideológica y programado cambio institucional. Esto ayuda a comprender las difusas características de la protesta de las clases más bajas en los últimos años del período colonial, así como de la descentralización de las estructuras políticas después de proclamarse la independencia, y de la afluencia de poder al ámbito rural. Aun así, sería erróneo concebir el sistema urbano colonial, siguiendo la imagen citada anteriormente, simplemente como una enorme boca situada en España y nutrida por conductos que recorrían las jerarquías urbanas de las Indias. Se configuraron subsistemas semiautónomos, a menudo lo bastante fuertes como para desafiar las prescripciones imperiales. Sin embargo, su vitalidad provenía, no de una «ética capitalista», sino de su éxito en reproducir a escala regional el proyecto metropolitano español, proceso conocido como «interiorización de la metrópolis» o, más tendenciosamente, «colonialismo interior». Un clásico ejemplo de cómo era concebido el papel «desarrollista» de la ciudad, es la solución propuesta por un magistrado de Ciudad de México contra la «enfermedad» de La Española. En 1699, el oidor F. J. de Haro y Monterroso sugirió que la capital Santo Domingo fuese trasladada al interior, reuniendo a la población de una veintena de poblados dispersos y convirtiéndose en sede de la burocracia real, de la universidad y de los colegios. «La corte es la imagen del corazón», escribía, «y como éste, debiera situarse en el centro para que pudiera administrarse justicia y asistencia con la mayor uniformidad y diligencia.» En dichas condiciones,

> la Iglesia, Tribunales y Comunidades arrastran todo consigo. Mercaderes, estudiantes y querellantes se agolpan en las carreteras: sus viajes aumentan el bienestar de muchos; los lugares vecinos se benefician del consumo de sus productos y el Tesoro Real saca provecho de las numerosas posadas y mercados.[23]

Nunca se tuvo en consideración este consejo (aunque apareció una propuesta similar en fechas tan tardías como 1858 en la Constitución de la República Dominicana), pero es expresión significativa de una interpretación de la ciudad como centro patrimonial destinado simultáneamente a fomentar, controlar y jerarquizar las fuerzas impulsoras del cambio económico.

Los cambios de la última etapa colonial

Desde mediados del siglo XVIII hasta la era de la independencia nacional 75 años después, la urbanización de Hispanoamérica guarda relación con tres tendencias: un más rápido crecimiento demográfico, la política reformista de los Borbones, y los cambios económicos.

Tras un siglo o más de haber permanecido estancada en torno a los diez millones de habitantes, la población hispanoamericana se había duplicado hacia 1825. El crecimiento natural llegó con la mejora de las condiciones sanitarias, y

---

23. «Medidas propuestas para poblar sin costo alguno (de) la Real Hacienda de la Isla de Santo Domingo», en E. Rodríguez Demorizi, ed., *Relaciones históricas de Santo Domingo*, Ciudad Trujillo, 1942, pp. 345-359.

la recuperación de la población india contribuyó en gran medida al aumento; también lo hizo la inmigración. Los datos recogidos hasta el momento acerca de los inmigrantes europeos o de los nacidos en Europa y residentes en América, son demasiado fragmentarios como para extraer conclusiones de la valoración de Mörner, quizás demasiado moderada, que cifra en 440.000 el volumen total de españoles que atravesaron el Atlántico entre 1500 y 1650. La afluencia fue ciertamente constante. En cuanto a las importaciones de esclavos africanos, Curtin estableció un promedio de 3.500 anuales para el período de 1601-1760, reflejando un crecimiento a 6.150 para 1761-1810.

CUADRO 2

Poblaciones de las mayores ciudades hispanoamericanas en su relación porcentual con las respectivas poblaciones «nacionales» en años seleccionados

4 mayores ciudades de Argentina	24	(1778)	14	(1817)
4 mayores ciudades de Venezuela	15	(1772)	10	(1810)
3 mayores ciudades de Chile	16	(1758)	9	(1813)
3 mayores ciudades de Cuba	35	(1774)	22	(1817)
2 mayores ciudades de Perú	8	(c. 1760)	7	(1820)
mayor ciudad de México	2,9	(1742)	2,2	(1795)
mayor ciudad de Uruguay	30	(1769)	18	(1829)

El crecimiento general de la población contribuyó al crecimiento urbano, ya fuera de las grandes ciudades, de las pequeñas poblaciones o de los núcleos recién formados en las zonas fronterizas. Sin embargo, se comparan los incrementos de la población de las grandes ciudades con los experimentados por los que habrían de convertirse en respectivos territorios nacionales, se comprueba que el sector urbano decayó durante las décadas anteriores a la independencia. Los totales sobre los que se elaboran los porcentajes del cuadro 2 resultan incompletos, pero la tendencia acumulativa que pone de manifiesto es válida. Las valoraciones relativas a diversos centros secundarios corroboran este declive. Desde 1760 hasta 1784, la población de Trujillo, en la costa peruana, descendió del 56,5 por 100 al 48,1 por 100 del total provincial,[24] mientras que las tres ciudades principales de las tierras altas ecuatorianas —Latacunga, Ambato y Riobamba— pasaba del 9,6 por 100 (1778) al 4,6 por 100 (1825) de la población regional, tendencia asociada, en este caso, a desastres naturales, depresión económica y las guerras de la independencia.[25]

Las fuentes de crecimiento de la población analizadas más arriba, explican parcialmente la pauta de retraso urbanístico. El descenso de las tasas de mortalidad entre los indígenas, repercutió principalmente en las zonas rurales, donde habitaba la mayoría de ellos. Buena parte de las importaciones de esclavos afri-

---

24. K. Coleman, «Provincial urban problems: Trujillo, Peru, 1600-1784», en Robinson, *Social fabric*, pp. 369-408.
25. R. D. F. Bromley, «The role of commerce in the growth of towns in central highland Ecuador 1750-1920», en W. Borah, J. Hardoy y G. A. Stelter, eds., *Urbanization in the Americas: the background in comparative perspective*, Ottawa, 1980, pp. 25-34.

canos tenía como destino las zonas rurales; de hecho, más de la mitad de los esclavos introducidos en Hispanoamérica entre 1774 y 1807 fueron a parar a Cuba, con su floreciente economía azucarera. La inmigración española, cuya afluencia menguó desde los índices iniciales, favoreció presumiblemente los centros urbanos, pero, como ya hemos señalado, los datos sobre éstos son débiles. La erradicación de las comunidades indígenas, la proletarización de los trabajadores rurales y la pobreza de ciertas zonas mineras fueron factores que nutrieron un flujo migratorio interno en dirección a las ciudades; pero las condiciones sanitarias de las ciudades redujeron su impacto en el crecimiento urbano. Hubo un mínimo de 124.000 muertes en Ciudad de México debidas a las epidemias durante el siglo XVIII, y 135.000 en Puebla. La epidemia de viruelas de 1764 que asoló Caracas, esquilmó quizás a una cuarta parte de su población, cifrada en 26.340 habitantes.

Si bien son dispersas las estadísticas que revelan un claro crecimiento urbano, la era borbónica presenció indudablemente un proceso cualitativo de urbanización, plasmado en la creación de servicios, en el trazado urbanístico y en la construcción de elegantes edificios públicos neoclásicos. La vieja política de nucleización urbana se volvió a aplicar, especialmente para la colonización y la defensa de las fronteras. De hecho, generalmente, las medidas reformistas borbónicas favorecieron la descentralización de los sistemas urbanos.

En Ciudad de México hubo varias innovaciones, entre ellas un nuevo acueducto, una ceca, una aduana, una escuela de minas y la Academia de San Carlos. Se prolongó la Alameda, se construyeron paseos sombreados, y se mejoraron los sistemas de vigilancia, pavimentación y alumbrado de las calles. En Lima, la modernización partió de una tabla rasa, consecuencia del devastador terremoto de 1746. En todas las ciudades del virreinato platense, los funcionarios reales restauraron catedrales, pavimentaron las calles, mejoraron los desagües y construyeron escuelas, hospitales, acueductos, puentes, graneros y teatros. Santiago de Chile experimentó una fiebre de construcciones públicas y replanteamiento urbanístico tras la década de 1760, que culminó con el trabajo del arquitecto, ingeniero y urbanista italiano Joaquín Toesca, quien proyecto la catedral, la Casa de la Moneda y los muros de contención del río Mapocho. Consternados por el estado rudimentario en que se encontraban las comunicaciones de sus dominios, los virreyes de Nueva Granada posteriores a 1739 hicieron cuanto pudieron por mejorar el sistema viario cuyo centro era la capital; en la década de 1790, se implantó en Bogotá la primera fuerza policial, se construyeron un cementerio y un teatro, y salió a la luz un periódico.

Fue notable el esfuerzo para la creación de nuevas ciudades en las zonas cada vez más productivas de Chile y el noroeste de Argentina, después de 1735 bajo la Junta de Poblaciones creada al efecto, y desde 1783 a 1797, bajo los auspicios del intendente de Córdoba, marqués de Sobremonte. La nueva política de población se propuso reunir a una población rural dispersa en poblados o ciudades, concentrando a los indios en «reducciones», centros de composición racial mixta. Además de fundarse nuevas ciudades, algunas fueron reorganizadas o incluso reconstruidas y repobladas, mientras otras, como Concepción, fueron trasladadas de lugar. El objetivo de todas estas medidas era contribuir al control escolar y administrativo de la población rural, mejorar la productividad, catequizar a los indios, y reforzar las defensas contra los indios hostiles. En total, arraigaron unas 80 ciudades nuevas. Se emprendieron iniciativas similares en Nueva Granada, como la creación en 1753 de una ciudad exclusivamente para presidiarios a la que se llamó San Antonio, patrón de los delincuentes, o como la autorización a una comunidad de negros fugitivos para que eligiesen a sus propios funcionarios y para no permitir la residencia a ningún blanco, excepto el cura. Casos particulares entre las poblaciones fronterizas en las provincias interiores del norte de México, fueron las 21 misiones establecidas en California entre 1769 y 1823, y el nuevo estilo de presidios, proyectados según el reglamento de 1772. Estos dos elementos, habrían de determinar el futuro trazado de la frontera entre México y Estados Unidos. Aunque no era precisamente moderno, según los parámetros europeos de la época, el sistema de presidios se asentó sobre lo que dos siglos antes había constituido la red de puestos de control en el territorio chichimeca. Eran ahora enormes complejos de cientos de metros cuadrados, cercados por baluartes angulares, y plataformas saledizas para los cañones. Los presidios se convirtieron en centros de internamiento de indios hostiles, pero también atrajeron, además de a las familias de los soldados allí destacados, a familias de blancos, mestizos e indios pacificados, que buscaban protección y mercados para sus productos. En 1779, el de San Antonio, en Texas, con su villa adyacente, reunía a 240 militares, incluidas las familias, y 1.117 civiles.

La creación de nuevas ciudades, misiones y presidios tuvo un doble efecto: la concentración urbana y la descentralización sistemática. Guardando las distancias, equivalía a un resurgimiento de la conquista y la colonización. Sin embargo, esta «descentralización» de finales de la época borbónica no se correspondía con la concepción idealizada por los modernos proyectistas, a través de la cual los centros locales incrementaban su autoridad en la toma de decisiones cotidianas. Se trataba más bien de una política encaminada a disolver las jerarquías emergentes del Nuevo Mundo y someter a sus componentes al control metropolitano. Así pues, después de 1760 se impuso en Nueva España el sistema de intendentes, como medio para incrementar el poder real a expensas de las corporaciones y de los privilegios personales. Con la creación de doce entidades administrativas dependientes del poder real más que de las elites locales, se consiguió interponer entre Ciudad de México y sus distritos una serie de subcapitales dotadas de nuevas funciones administrativas, fiscales y judiciales. Al debilitar el poder virreinal, la corona consiguió la centralización valiéndose de una ostensible descentralización. Una serie de reformas comerciales simultáneas acabaron con el monopolio de Ciudad de México, favoreciendo a los comerciantes de Veracruz y Guadalajara, donde se instalaron consulados independientes en 1795.

Si bien las últimas décadas borbónicas representaron un desafío para las viejas capitales administrativas, los centros que hasta entonces habían sido periféricos vieron acrecentadas y consolidadas sus funciones. En el caso ya tratado de Buenos Aires, su ascenso al rango virreinal legitimó el control comercial que previamente ostentaba sobre su territorio. En el otro extremo del continente, Caracas dependía en mayor grado del respaldo oficial en su marcha hacia la primacía. En vísperas de la independencia, Humboldt observó que la riqueza de Venezuela no estaba «orientada hacia un solo punto» y que tenía varios centros urbanos de «comercio y civilización». Sin embargo, a lo largo de los siglos, algunas ventajas marginales de las que gozaba Caracas, como el clima y la localización, habían contribuido a un incremento paulatino de sus funciones burocráticas y culturales. La evolución de la ciudad puede interpretarse como una interacción entre ventaja económica, favor político y monopolio burocrático. Después de 1750, en palabras de John Lombardi, «el centralismo de Caracas fue creado por el gobierno imperial español para servir a las necesidades económicas y militares de su imperio agonizante». Una serie de decisiones administrativas tomadas entre 1777 y 1803 convirtieron a Caracas en sede de una nueva capitanía general, una audiencia, una intendencia, un consulado y un arzobispado. El control político de Caracas sobre Venezuela seguía siendo problemático en la práctica: las comunicaciones con las zonas rurales, incluso con las más cercanas, eran deficientes y, por otra parte, había otras ciudades con una situación más estratégica para el comercio ultramarino. Pero el crecimiento de sus funciones administrativas confirió a la ciudad un magnetismo que sobrevivió a la confusión de la independencia y al divisionismo político y económico de las primeras décadas de la república, para consolidarse después de 1870 como eje de la integración nacional.

Una fuente importante del cambio de los patrones de asentamiento fue el crecimiento de la producción destinada a la exportación, posibilitada por la expansión de los mercados metropolitanos y por la mayor capacidad y rapidez de las embarcaciones empleadas en el comercio oceánico. Las ciudades portuarias que no eran meros «estibadores», sino que estaban al frente de un territorio productivo, se activaron de una manera particular: el puerto azucarero de La Habana, el puerto exportador de cacao de Guayaquil, el puerto agropecuario de Buenos Aires. También prosperaron muchas ciudades isleñas, como Antequera, que se aprovecharon del comercio de cochinilla y de una revitalización de la industria textil, para evolucionar después de 1740, en palabras de J. K. Chance, «desde una pequeña ciudad agrícola y cerrada, hacia un importante centro comercial exportador de tamaño considerable». Aunque podríamos reseñar muchos más enclaves urbanos que respondieron a estímulos agrícolas, mineros, industriales y comerciales, debemos limitarnos aquí a algunas generalizaciones sobre los efectos penetrantes de la comercialización sobre los patrones de poblamiento.

El siglo XVIII presenció una intensificación y especialización de la producción agropecuaria para los mercados exteriores, que se ha mantenido hasta la actualidad. Esta tendencia comportó varios cambios en el modo de producción: un paso de un sistema basado en la explotación intensiva de la mano de obra a otro basado en una mayor tecnificación, racionalización y capitalización; una reorientación de los beneficios desde el consumo hacia la reinversión en infraestructura productiva; nuevas necesidades de intermediarios, facilidades crediticias y abastecedores en los centros urbanos; y, a excepción de las plantaciones esclavistas, el paso de la sujeción de la fuerza de trabajo, mediante controles paternalistas o coercitivos, a un «proletariado rural» desarraigado y subocupado. Estos cambios tuvieron diversas implicaciones sobre el desarrollo urbano. Los puertos marítimos estratégicos se reactivaron. Las grandes ciudades prosperaron gracias a su actividad comercial y financiera. Los patriciados se sintieron atraídos por los centros urbanos de poder, donde pasaron a engrosar la clientela de las diversiones y los mejorados servicios. En las zonas rurales, sin embargo, las economías de exportación no consiguieron consolidar redes de poblamiento, ya que su poder y sus recursos provenían de las ciudades privilegiadas. Fueron los latifundios, y no las pequeñas poblaciones, los que se beneficiaron de las nuevas diversiones y servicios. La afluencia de artículos de consumo siguió los canales de exportación, debilitando las redes urbanas regionales. Los poblados tradicionales y los resguardos se vieron dislocados, sin ser reemplazados por pequeñas poblaciones comerciales. Los trabajadores rurales que abandonaron sus asentamientos tradicionales, sin ser absorbidos por el peonaje, ganaron movilidad y entraron en la economía monetaria, aunque como emigrantes subempleados, como miembros del lumpen urbano, o como residentes de poblados empobrecidos. Como Woodrow Borah ha descrito, los improvisados asentamientos rurales de finales de la época colonial fueron a menudo producto de «una concentración de habitantes en cruces de caminos, ranchos o haciendas ya existentes», y se adaptaron a las rutas irregulares existentes, sin obedecer a una planificación formal.

Las tendencias que se apuntaban no se han consolidado hasta ahora, y los efectos típicos del sistema urbano exportador, el incremento de la primacía exclusiva del capital y la proletarización de los trabajadores rurales no han tenido una influencia definitiva hasta el período de la integración nacional y la acentuación de la dependencia exportadora de finales del siglo XIX. Una planificador moderno transportado al último período de la Hispanoamérica borbónica bien podría haber aplaudido la descentralización urbana y la política de colonización de la corona. Habría aprobado las florecientes manufacturas en regiones a las afueras de los centros administrativos, como ocurría en el Bajío, en la región de Socorro en Nueva Granada, y las ciudades del interior del virreinato rioplatense. Habría destacado que el crecimiento de las exportaciones va acompañado en muchos lugares por altos niveles y gran diversidad de productos para el consumo doméstico, y luego eso desarrolla la integración económica de las regiones. Habría sido retonificado por el clima de inquietud intelectual y el interés por las ciencias aplicadas que se encontraba en los ambientes urbanos. Podría haberse aventurado a inferir que esas extensas áreas de Hispanoamérica estaban embarcadas en un «desarrollo» económico moderno. Todo lo que son las bases del período borbónico, parecen un pronóstico de lo que no se habría hecho bien en las primeras décadas de la independencia. Las guerras de independencia por sí mismas malograron las mejoras productivas y dañaron muchos centros urbanos. En cuanto las nuevas naciones tomaron forma, la ciudad como centro burocrático del imperio fue desmantelada, y las estructuras políticas, especialmente en los países grandes, fueron reconstruidas desde las provincias, donde la riqueza y el poder fueron mucho más rápidamente reconstituidos. Los éxitos de la manufactura doméstica estaban virtualmente cancelados por los bajos precios de las importaciones extranjeras como también porque las grandes ciudades devinieron en núcleos comerciales de lo que controvertidamente llegó a ser llamado el nuevo «imperialismo informal». Estadísticamente, la «desurbanización» que acabamos de comentar para el siglo XVIII continuó hasta bien entrado el XIX; pero sus causas y significado fueron en muchos sentidos alterados por las guerras de independencia y sus consecuencias.

ENSAYOS BIBLIOGRÁFICOS

1. *La población de la América colonial española*

En *The Population of Latin America. A History*, Berkeley y Los Ángeles, 1974, Nicolás Sánchez-Albornoz traza la evolución general de la población de América Latina: los capítulos 3 y 4 se relacionan con los cambios que ocurrieron durante el período de dominación española. Este trabajo contiene una extensa bibliografía y ha sido sometido a una revisión en su segunda edición en castellano, *La población de América Latina: Desde los tiempos pre-colombinos al año 2000*, Madrid, 1977. El trabajo ya clásico de Ángel Rosenblat, *La población indígena y el mestizaje en América*, vol. I, *La población indígena, 1492-1950*, y vol. II, *El mestizaje y las castas coloniales*, Buenos Aires, 1954, al que obviamente ahora le faltan datos, aún contiene información que sigue siendo útil en relación con la población nativa de América.

Las fuentes para el estudio de la población, recuentos con fines fiscales, registros parroquiales, etc., son abundantes en Hispanoamérica. Los tipos de estadísticas, su calidad y las técnicas de análisis han sido estudiados, en términos generales, en Woodrow Borah, «The historical demography of Latin America: Sources, techniques, controversies, yields», en P. Deprez, ed., *Population and Economics*, Winnipeg, 1970, pp. 173-205; y en su edición castellana «La historia demográfica en América Latina: fuentes, técnicas, controversias, resultados», en *Perspectivas de la historia económica cuantitativa en América Latina*, Bogotá, 1972, pp. 69-87. Una catalogación preliminar de las fuentes ha sido realizada en diversos países, bajo el auspicio del Centro Latinoamericano de Demografía (CELADE), en colaboración con el Consejo Latinoamericano de Ciencias Sociales (CLACSO), y con el título *Fuentes para la demografía histórica de América Latina*, México, D. F., 1975. Véase también C. Arretx *et al.*, *Demografía histórica en América Latina: Fuentes y métodos*, San José de Costa Rica, 1983. En el terreno del proyecto conjunto Oxford-Syracuse, véanse Keith Peachy, «The Revillagigedo census of Mexico, 1790-1794: A background study», *Bulletin of the Society for Latin American Studies*, n.º 25 (1976), pp. 63-80; David J. Robinson y David G. Browning, «The origin and comparability of Peruvian population data, 1776-1815», *JGSWGL*, n.º 14 (1977), pp. 199-222; y D. J. Robinson, ed., *Studies in Spanish American Population History*, Boulder, Colorado, 1981. N. Sánchez-Albornoz, en «Les régistres paroissiaux en Amérique latine: Quelques considérations sur leur exploitation pour la démographie historique», *Revue Suisse d'Histoire*, n.º 17 (1967), pp. 60-71, discute el valor histórico de las fuentes parroquiales, asunto que ha sido sometido a reconsideración por Claude Morin, en *Santa Inés Zacatelco (1646-1812): Contribución a la demografía del México colonial*, México, D. F., 1973, y en Rosemary D. F. Bromley, «Parish registers as a source in Latin American demographic and historical research», *Bulletin of the Society for Latin American Studies*, n.º 19 (1974), pp. 14-21.

La investigación demográfica que se ha llevado a cabo hasta ahora sobre la América española colonial, ha sido evaluada en su totalidad por Borah en «Historical demography», centrándose en el primer siglo después de la conquista. Woodrow Borah y Sherburne F. Cook, «La demografía histórica de América Latina: Necesidades y perspectivas», en *La historia económica en América Latina*, México, D. F., 1972, vol. II, pp. 82-99, avanzan en direcciones sugestivas para investigaciones posteriores. Debería hacerse también una mención de B. H. Slicher van Bath, «De historische demografie van Latijns Amerika: Problemen en resultaten van onderzoek», *Tijdschrift voor Geschiedenis*, n.º 92 (1979), pp. 527-556. Ciro F. S. Cardoso, «La historia demográfica: Su penetración en Latinoamérica y en América central», *ESC*, n.º 9 (1973), pp. 115-128, estudia la evolución moderna de la historia demográfica, con especial referencia a América Central. H. Tovar Pinzón, «Estado actual de los estudios de demografía histórica en Colombia», *Anuario Colombiano de Historia Social y de la Cultura*, n.º 5 (1970), pp. 65-140, realiza un trabajo comparable para Colombia. Con respecto a bibliografías que cubren áreas específicas, Enrique Florescano se ocupa de México en su «Bibliografía de la historia demográfica de México (época prehispánica-1910)», *HM*, n.º 21 (1971-1972), pp. 525-537, mientras que Michael T. Hamerly se ocupa de la región andina en «La demografía histórica de Ecuador, Perú y Bolivia: Una bibliografía preliminar», *Revista del Archivo Histórico del Guayas*, n.º 3 (1974), pp. 24-63. Sobre la migración española a América véase Magnus Mörner, «A bibliography on Spanish migration», en F. Chiappeli, ed., *First Images of America: The Impact of the New World on the Old*, 2 vols., Berkeley y Los Ángeles, 1976, vol. II, pp. 797-804. *Latin American Population History Newsletter* aparece dos veces al año con información sobre los trabajos publicados, los progresos en la investigación y las reuniones científicas.

El debate sobre los efectos negativos que produjo la conquista en la población nativa de América en vísperas de la invasión europea, se enfocó inicialmente en México, debido a las importantes contribuciones de la escuela de Berkeley. Véanse, en particular, F. Cook y W. Borah, «The rate of population change in Central Mexico, 1550-1579», *HAHR*, n.º 37 (1957), pp. 463-470, y *The Indian Population of Central Mexico, 1531-1610*, Berkeley y Los Ángeles, 1960; y W Borah y S. F. Cook, *The aboriginal Population of Central Mexico on the Eve of the Spanish Conquest*, Berkeley y Los Ángeles, 1963, y «Conquest and population: A Demographic approach to Mexican history», *Proceedings of the American Philosophical Society*, n.º 113 (1969), pp. 177-183. Esto dio a su vez cierto nivel a una animada controversia (véase A. Rosenblat, *La población de América en 1492*, México, D. F., 1967) que recientemente ha sido reanimada. Véanse William T. Sanders, «The population of the Central Mexican symbiotic region, the basin of Mexico, and the Teotihuacán valley in the sixteenth century», en William M. Denevan, ed., *The Native Population of the Americas in 1492*, Madison, Wisconsin, 1976, 1992², pp. 85-150; B. H. Slicher van Bath, «The calculation of the population of New Spain, especially for the period before 1570», *BELC*, n.º 24 (1978), pp. 67-95; Rudolph A. Zambardino, «Mexico's population in the sixteenth century: Demographic anomaly or mathematical illusion?», *Journal of Interdisciplinary History*, n.º 11 (1980), pp. 1-27, y se ha extendido a otras regiones de la América española, otra vez partiendo de la iniciativa de S. F. Cook y W. Borah, en *Essays in Population History: Mexico and the Caribbean*, Berkeley y Los Ángeles, 1971-1979, 3 vols., (hay trad cast.: *Ensayo sobre historia de la población: México y el Caribe*, México, D. F., 1971-1979, 3 vols). Denevan, en *Native population*, recapitula el debate y abre nuevas perspectivas. Sobre América Central véanse R. M. Carmack *et al.*, *The Historical Demography of Highland Guatemala*, Albany, Nueva York, 1982; L. Newson, *The Cost of the Conquest: Indian Decline in Honduras under Spanish Rule*, Boulder, Colorado, 1986 (hay trad. cast.: *El costo de la conquista*, Tegucigalpa, 1992), e *Indian Survival in Colonial Nicaragua*, Norman, Oklahoma, 1987; W. R. Fowler, Jr., «La población nativa en El Salvador al momento de la conquista española», *Mesoamérica*, n.º 15 (1988), pp. 79-116. También de gran utilidad para el estudio de los cambios demográficos es el trabajo de W. G. Lovell, *Conquest and Survival in Colonial Guatemala: A Historical Geography of the Cuchumatán Highlands, 1500-1821*, Montreal, 1985, ed. rev., 1992. Sobre los Andes septentrionales, véase Suzanne Austin Alchon, *Native society and Disease in Colonial Ecuador*, Cambridge, 1991 (hay trad. cast.: *Sociedad indígena y enfermedad en el Ecuador colonial*, Quito, 1996). Sobre la población de los Andes centrales existen algunos modernos trabajos de gran importancia. Véanse N. Sánchez-Albornoz, *Indios y tributos en el Alto Perú*, Lima, 1978, y, sobre todo, N. David Cook, *Demographic Collapse: Indian Peru, 1520-1620*, Cambridge, 1981. Para una comparación entre Perú y Nueva España véase Carlos Sempat Assadourian, «La despoblación indígena en el Perú y Nueva España: La formación de la economía colonial», *HM*, n.º 38 (1989), pp. 419-453.

El papel que jugaron las plagas epidémicas en la catástrofe demográfica ha sido destacado en W. Borah, «¿América como modelo? El impacto demográfico de la expansión europea sobre el mundo no europeo», *Cuadernos Americanos*, n.º 6 (1962), pp. 176-185; Henry F. Dobyns, «An outline of Andean epidemic history to 1720», *Bulletin of the History of Medicine*, n.º 37 (1963), pp. 493-515; Alfred W. Crosby, Jr., *The Columbian Exchange: Biological and Cultural Consequences of 1492*, Westport, Connecticut, 1972. Véanse también, F. Guerra, «The earliest American epidemic: The influenza of 1493», *Social Science History*, n.º 12 (1988), pp. 305-325; y E. Florescano y E. Malvido, eds., *Ensayos sobre la historia de las epidemias en México*, México, D. F., 1982, 2 vols. Hasta el momento no hay evaluaciones particulares del impacto de los otros factores que contribuyeron a la catástrofe demográfica.

Sobre la inmigración a América desde otros continentes hay varios trabajos de síntesis. La migración española ha sido minuciosamente inventariada por Peter Boyd-Bowman, en *Índice geobiográfico de cuarenta mil pobladores españoles de América en el Siglo XVI*, vol. I, *1493-1519*, Bogotá, 1964, vol. II, *1520-1539*, México, D. F., 1968; *Patterns of Spanish Emigration to the New World (1493-1580)*, Buffalo, Nueva York, 1973; «Patterns of Spanish emigration to the Indies until 1600», *HAHR*, 56, 4 (1976), pp. 580-604; y, evaluado por M. Mörner, «Spanish migration to the New World prior to 1810: A report on the state of research», en Chiappelli, *First Images of America*, vol. II, pp. 737-782. Véanse también J. L. Martínez, *Pasajeros a Indias: Viajes transatlánticos en el siglo XVI*, Madrid, 1983, e I. Altman, *Emigrants and Society: Extremadura and Spanish America in the Sixteenth Century*, Berkeley, 1989 (hay trad. cast.: *Emigrantes y sociedad: Extremadura y América en el siglo XVI*, Madrid, 1992). Dos grupos específicos de inmigrantes son estudiados en P. Borges Morán, *El envío de misioneros a América durante la época española*, Salamanca, 1977, y J. Marchena Fernández, *Oficiales y soldados en el ejército de América*, Sevilla, 1983. La inmigración a México durante el siglo XVIII ha sido analizada por Charles F. Nunn, *Foreign Immigrants in Early Bourbon Mexico, 1700-1760*, Cambridge, 1979. David A. Brading, «Grupos étnicos, clases y estructura ocupacional en Guanajuato (1972)», *HM*, n.º 21 (1971-1972), pp. 460-480, calcula la proporción de españoles que había alrededor de 1792. Las migraciones africanas son examinadas en Philip Curtin, *The Atlantic Slave Trade: A Census*, Madison, Wisconsin, 1969.

Los amplios movimientos internos de población han sido discutidos recientemente en D. J. Robinson, ed., *Migration in Colonial Spanish America*, Cambridge, 1990, y A. M. Wightman, *Indigenous Migration and Social Change: The Forasteros of Cuzco, 1570-1720*, Durham, Carolina del Norte, 1990. Véase también T. Calvo y G. López, *Movimien-*

tos de población en el Occidente de México, México, D. F., 1988. Estudios anteriores que enfatizan las congregaciones indígenas son H. F. Cline, «Civil congregations of the Indians in New Spain, 1598-1606», *HAHR*, 29, 3 (1949), pp. 349-369; A. Málaga Medina, «Las reducciones en el virreinato del Perú (1532-1580)», *RHA*, n.º 80 (1975), pp. 9-45; Peter Gerhard, «Congregaciones de indios en la Nueva España antes de 1570», *HM*, n.º 26 (1977), pp. 347-395; B. García Martínez, *Los pueblos de la sierra: El poder y el espacio entre los indios del norte de Puebla hasta 1700*, México, D. F., 1987; y Nancy M. Farris, «Nucleation versus dispersal: The dynamics of population movement in colonial Yucatán», *HAHR*, 58, 2 (1978), pp. 187-216. Para el período posterior, véase M. M. Swann, *Migrants in the Mexican North: Mobility, Economy and Society in a Colonial World*, Boulder, Colorado, 1989. La migración mexicana tardía es discutida en C. E. Deive, *Las emigraciones dominicanas a Cuba, 1795-1808*, Santo Domingo, 1989. Para la urbanización véase el noveno ensayo del presente volumen.

Aunque el primer siglo posterior a la conquista sigue suscitando la mayor parte de las investigaciones de la historia de la población, se ha producido un cambio reciente a favor del último período colonial. Esta nueva tendencia se debe, en parte, a la alta calidad de las fuentes del período. Los registros parroquiales de bautismos, entierros y matrimonios de los siglos XVII y XVIII han comenzado a ser investigados. Claude Morin, Thomas Calvo y Elsa Malvido publicaron simultáneamente tres estudios de gran alcance sobre la región de Puebla: *Santa Inés Zacatelco*, ya mencionada, *Acatzingo: Demografía de una parroquia mexicana*, México, D. F., 1973, y «Factores de despoblación y reposición de la población de Cholula (1641-1810)», *HM*, n.º 23 (1973-1974), pp. 52-110. Véase también M. A. Cuenya Mateos, «Evolución demográfica de una parroquia de la Puebla de los Ángeles, 1660-1800», *HM*, n.º 36 (1987), pp. 443-464, y S. L. Brinckmann, «Natalidad y mortalidad en Tecali (Puebla), 1701-1801», *Siglo XIX*, 4, 7 (1989), pp. 219-269. El norte de México en un período posterior es discutido en David A. Brading, *Haciendas and ranchos in the Mexican Bajío: León, 1700-1780*, Cambridge, 1978 (hay trad. cast.: *Haciendas y ranchos del Bajío, León, 1700-1860*, Grijalbo, México, D. F., 1988), y en M. M. Swann, *Tierra Adentro: Settlement and Society in Colonial Durango*, Boulder, Colorado, 1982. Los trabajos basados en los registros parroquiales urbanos han conseguido solamente una cobertura parcial: Lima ha recibido la atención de Claude Mazet, «Population et société à Lime aux XVIᵉ et XVIIᵉ siècles», *Cahiers des Amérciques Latines*, 13-14 (1976), pp. 53-100; Valparaíso de R. Salinas, «Caracteres generales de la evolución demográfica de un centro urbano chileno: Valparaíso, 1685-1830», *Historia*, n.º 10 (1971), pp. 177-204, y una comunidad rural en Chile, estudiada por R. Mellafe y R. Salinas, en *Sociedad y población rural en la formación de Chile actual: La Ligua, 1750-1850*, Santiago de Chile, 1987. Los registros en Lima comienzan muy pronto, en 1562. N. D. Cook se encarga de analizar varias parroquias rurales en la región de Collaguas, donde era habitual registrar los distintos grupos raciales en libros diferentes. Incluso las pequeñas subdivisiones en la doble organización de esta comunidad andina tuvieron registros separados. Véase N. D. Cook, *The People of the Colca Valley: A Population Study*, Boulder, Colorado, 1982; H. Aranguiz Donoso, «Notas para el estudio de una parroquia rural del siglo XVIII: Pelarco, 1786-1796», *Anales de la Facultad de Filosofía y Ciencias de la Educación*, 1969, pp. 37-42; E. F. Love, «Marriage patterns of persons of African descent in a colonial Mexico City parish», *HAHR*, 51, 1 (1971), pp. 79-91; y Marcello Carmagnani, «Demografía y sociedad: La estructura social de los centros mineros del norte de México, 1600-1720», *HM*, n.º 21 (1971-1972), pp. 419-459, comparan los caracteres diferenciales en la conducta de cada uno de los grupos étnicos.

A partir del cálculo de los tributos y de los censos civiles o eclesiásticos, se ha podido estudiar la distribución espacial y social de la población y su incremento o descenso.

No podemos dar detalles aquí de las muchas historias locales de variada importancia, sino sólo de aquellos estudios que cubren un área extensa. Usando censos coloniales tardíos, G. Vollmer, *Bevölkerungspolitik und Bevölkerungsstruktur im Vizekönigreich Peru zu Ende dder Kolonialzeit 1741-1821*, Bad Homburg, 1967, analiza la composición étnica de la población de Perú y su distribución; John V. Lombardi, *People and Places in Colonial Venezuela*, Bloomington, Indiana, 1976, hace lo mismo para Venezuela, utilizando los censos eclesiásticos de la diócesis de Caracas. S. F. Cook y W. Borah, *The Population of the Mixteca Alta, 1520-1960*, Berkeley y Los Ángeles, 1968; M. Carmagnani, «Colonial Latin American demography: Growth of Chilean population, 1700-1830», *Journal of Social History*, n.º 1 (1967), pp. 179-191; R. B. Tyrer, *Historia demográfica y económica de la Audiencia de Quito*, Quito, 1988; M. T. Hamerly, *Historia social y económica de la antigua provincia de Guayaquil, 1763-1842*, Guayaquil, 1973; y C. Morin, *Michoacán en la Nueva España del siglo XVIII: Crecimiento y desigualdad en una economía colonial*, México, D. F., 1979, caracterizan el desarrollo de la población de la Mixteca alta, Chile, Quito, las tierras costeras próximas a Guayaquil, y Michoacán, respectivamente. Véase también D. J. Robinson, ed., *Social Fabric and Spatial Structure in Colonial Latin America*, Ann Abor, Michigan, 1979.

Con el material de los censos también es posible analizar minuciosamente la estructura demográfica de los grupos (familia, fertilidad, mortalidad y movimientos migratorios). E. González y R. Mellafe, «La función de la familia en la historia social hispanoamericana colonial», *Anuario del Instituto de Investigaciones Históricas*, n.º 8 (1965), pp. 57-71, inicia un debate general sobre la familia en la América española, que debe ser complementado con estudios más recientes y más específicos. Cook y Borah, *Essays in Population History*, vol. I (hay trad. cast.: *Ensayos sobre historia de la población*, Siglo XXI, México, 1977-1978, 2 vols.), investigan la transformación de la familia en México, desde los tiempos de la conquista en adelante. Existen datos sobre la evolución de la endogamia en Oaxaca en J. K. Chance, *Race and Class in Colonial Oaxaca*, Stanford, California, 1978 (hay trad. cast.: *Razas y clases en la Oaxaca colonial*, México, D. F., 1982). Algunos temas relacionados se discuten en P. Seed, «The Church and the patriarchal family: Marriage conflicts in sixteenth and seventeenth-century New Spain», *Journal of Family History*, n.º 10 (1985), pp. 284-293; T. Calvo, *La Nueva Galicia en los siglos XVI y XVII*, Guadalajara, 1989; C. Castañeda, *Violación, estupro y sexualidad: Nueva Galicia 1790-1821*, Guadalajara, 1989; E. Malvido, «El abandono de los hijos: Una forma de control del tamaño de la familia y del trabajo indígena: Tula (1683-1730)», *HM*, n.º 116 (1980), pp. 521-561. Una visión de conjunto referida a México es P. Pérez Herrero, «Estructura familiar y evolución económica en México (1700-1850): Antiguas y nuevas hipótesis de investigación», *Boletín de la Asociación de Demografía Histórica*, n.º 8 (1990), pp. 76-109. Las familias coloniales tardías se discuten por S. M. Socolow, *The Merchants of Buenos Aires, 1778-1820: Family and Commerce*, Cambridge, 1978 (hay trad. cast.: *Los mercaderes del Buenos Aires virreinal: familia y comercio*, Buenos Aires, 1991), y por Silvia M. Arrom, *The Women of Mexico City, 1790-1857*, Stanford, California, 1985 (hay trad. cast.: *Las mujeres de la ciudad de México, 1790-1857*, México, D. F., 1988). Las variaciones en la fecundidad son discutidas por Cook y Borah en *Essays in Population history*, vol. II. Nicholas P. Cushner, «Slave mortality and reproduction on Jesuit haciendas in Colonial Peru», *HAHR*, 55, 2 (1975), pp. 177-199, se ocupa de un único grupo, los esclavos, pero contiene una escasa base de datos. Sobre la población y el trabajo en general, véase N. Sánchez-Albornoz, ed., *Población y mano de obra en América Latina*, Madrid, 1985.

Un grupo de demógrafos de la CELADE, ya mencionado (C. Arretx *et al.*, 1983), ha emprendido, de manera experimental, una sofisticada elaboración estadística de los censos y de los registros demográficos. Véanse también C. A. Rabell, «Evaluación del registro de defunciones infantiles: Una crítica a los registros parroquiales de San Luis Potosí, México (1735-1799)», *RMS*, n.º 38 (1976), pp. 171-185; y C. A. Rabell y N. Necochea, «La mortalidad adulta en una parroquia rural novohispana durante el siglo XVIII», *HM*, n.º 36 (1987), pp. 405-442.

Los esfuerzos por reducir la tasa de mortalidad en el siglo XVIII han sido analizados por Donald B. Cooper, *Epidemic Disease in Mexico City, 1761-1813: An Administrative, Social and Medical Study*, Austin, Texas, 1965. M. M. Smith, «The "Real expedición marítima de la vacuna" in New Spain and Guatemala», *Transactions of the American Philosophical Society*, n.º 64 (1974), pp. 1-74, demarca la extensión alcanzada por la vacunación en Nueva España y en Guatemala.

2. *Organización y cambio social*

Es muy raro encontrar una discusión sutil sobre la organización social en la América española. Sin embargo, pueden verse algunos trabajos de James Lockhart, como «Encomienda and hacienda: The evolution of the great estate in the Spanish Indies», *HAHR*, n.º 49 (1969), pp. 411-429; la introducción a Ida Altman y James Lockhart, eds., *Provinces of Early Mexico: Variants of Spanish American Regional Evolution*, Los Ángeles, 1976; y «Capital and province, Spaniard and Indian: The example of late sixteenth-century Toluca», en Altman y Lockhart, *Provinces of Early Mexico*, pp. 99-123. Véanse también Woodrow Borah, «Race and class in Mexico», *Pacific Historical Review*, n.º 23 (1954), pp. 331-342; Enrique Otte, «Träger und Formen der wirtschaftlichen Erschliessung Lateinamerikas im 16. Jahrhundert», *JGSWGL*, n.º 4 (1967), pp. 226-266; y Richard Boyer, «Mexico in the seventeenth century: Transition of a colonial society», *HAHR*, 57, 3 (1977), pp. 454-478. Es posible que los dos últimos artículos tengan una orientación más económica que social. Existen dos trabajos de temática amplia de Magnus Mörner, que cubren toda la América española durante todo el período de la colonia, y que tienen una orientación social, por una parte, y legal, por la otra: *Race Mixture in the History of Latin America*, Boston, 1967 (hay trad. cast.: *La mezcla de razas en la historia de América Latina*, Buenos Aires, 1969), y *La corona española y los foráneos en los pueblos indios de América*, Estocolmo, 1970. Véase también la síntesis preparada por Guillermo Céspedes, *Latin America: The Early Years*, Nueva York, 1974, en la que resume las investigaciones básicas. James Lockhart y Enrique Otte, *Letters and People of the Spanish Indies, Sixteenth century*, Cambridge, 1976, contiene análisis de modelos sociales y procesos generales junto con ejemplos específicos; el trabajo de Otte «Die europäischen Siedler und die Probleme der Neuen Welt», *JGSWGL*, n.º 6 (1969), pp. 1-40, aporta material adicional del mismo tipo. Para una visión más amplia consultar James Lockhart y Stuart B. Schwartz, *Early Latin America: A History of Colonial Spanish America and Brazil*, Cambridge, 1983 (hay trad. cast.: *América Latina en la Edad Moderna. Una historia de la América española y el Brasil coloniales*, Madrid, 1992).

El sorprendente florecimiento de escritos sobre la historia social de Latinoamérica durante sus primeros años, ha tomado la forma de trabajos que son al mismo tiempo específicos y teóricos. Específicos en cuanto que reconstruyen cuidadosamente la evolución de personas u organizaciones particulares, en un tiempo y lugar determinados; y teóricos, en tanto que revelan categorías previamente desconocidas y modelos básicos del proceso social general. James Lockhart, «The social history of colonial Latin America: Evolution and potencial», *LARR*, 7, 1 (1972), pp. 6-45, examina esta literatura hasta aproximadamente 1970, incluyendo notables contribuciones como la de Mario Góngora, *Grupos de conquistadores en Tierra Firme (1509-1530)*, Santiago, 1962, y James Lockhart, *Spanish Peru, 1532-1560*, Madison, Wisconsin, 1968 (hay trad. cast.: *El mundo hispano-peruano (1532-1560)*, FCE, México, D. F., 1982).

Las siguientes referencias corresponden a algunas de las monografías más importantes escritas en este ámbito desde entonces: Mario Góngora, *Encomenderos y estancieros: Estudios acerca de la constitución social aristocrática de Chile después de la conquista, 1580-1600*, Santiago, 1970; P. J. Bakewell, *Silver Mining and Society in Colonial Mexico: Zacatecas, 1546-1700*, Cambridge, 1971 [hay trad. cast.: *Minería y sociedad en el México colonial: Zapatecas (1546-1700)*, México, D. F., 1976]; D. A. Brading, *Miners and Merchants in Bourbon Mexico, 1763-1810*, Cambridge, 1971 [hay trad. cast.: *Mineros y comerciantes en el reino Borbónico (1763-1810)*, FCE, México, D. F., 1971]; James Lockhart, *The Men of Cajamarca: A Social and Biographical Study of the First Conquerors of Peru*, Austin, Texas, 1972; Leon G. Campbell, «A creole establishment: The Audiencia of Lima in the later eighteenth century», *HAHR*, 52, 1 (1972), pp. 1-25; Frederick P. Bowser, *The African Slave in Colonial Peru, 1524-1650*, Stanford, California, 1974 (hay trad. cast.: *El esclavo africano en el Perú colonial, 1524-1650*, México, D. F., 1977); Mario Góngora, «Urban social stratification in colonial Chile», *HAHR*, 55, 3 (1975), pp. 421-448; Peter Marzahl, *Town in the Empire: Government, Politics, and Society in Seventeenth-Century Popayán*, Austin, Texas, 1978; D. A. Brading, *Haciendas and Ranchos in the Mexican Bajío: León, (1700-1860)*, Cambridge, 1978 (hay trad. cast.: *Haciendas y ranchos del Bajío, León, 1700-1860*, Grijalbo, México, 1988); Herman W. Konrad, *A Jesuit Hacienda in Colonial Mexico: Santa Lucía, 1576-1767*, Stanford, California, 1980 (hay trad. cast.: *Una hacienda de los jesuitas en México colonial: Santa Lucía, 1576-1767*, FCE, México, D. F., 1989); Eric Van Young, *Hacienda and Market in Eigteenth-Century Mexico: The Rural Economy of the Guadalajara Region, 1675-1820*, Berkeley y Los Ángeles, 1981 (hay trad. cast.: *La ciudad y el campo en el México del siglo XVIII: la economía rural de la región de Guadalajara, 1675-1820*, FCE, México, D. F., 1989); Ann Twinam, *Miners, Merchants, and Farmers in Colonial Colombia*, Austin, Texas, 1982 (hay trad. cast.: *Mineros, comerciantes y labradores: las raíces del espíritu empresarial en Antioquia, 1763-1810*, Medellín, 1985); Efraín Trelles Aréstegui, *Lucas Martínez Vegaso: Funcionamiento de una encomienda peruana inicial*, Lima, 1982; John E. Kicza, *Colonial Entrepreneurs: Families and Business in Bourbon Mexico City*, Albuquerque, Nuevo México, 1983 (hay trad. cast.: *Empresarios coloniales: familias y negocios en la ciudad de México durante los borbones*, FCE, México, D. F., 1986); Keith A. Davies, *Landowners in Colonial Peru*, Austin, Texas, 1984; Susan E. Ramírez, *Provincial Patriarchs: Land Tenure and the Economics of Power in Colonial Peru*, Albuquerque, Nuevo México, 1986 (hay trad. cast.: *Patriarcas provinciales: la tenencia de la tierra y la economía del poder en el Perú colonial*, Madrid, 1991); John Frederick Schwaller, *The Church and Clergy in Sixteenth-Century Mexico*, Albuquerque, Nuevo México, 1987; Peter Bakewell, *Silver and Entrepreneurship in Seventeenth-Century Potosí: The Life and Times of Antonio López de Quiroga*, Albuquerque, Nuevo México, 1988 (hay trad. cast.: *Plata y empresa en el Potosí del siglo XVII: la vida y época de Antonio López de Quiroga*, Pontevedra, 1988); Ida Altman, *Emigrants and Society: Extremadura and Spanish America in the Sixteenth Century*, Berkeley y Los Ángeles, 1989 (hay trad. cast.: *Emigrantes y sociedad: Extremadura y América en el siglo XVI*, Madrid, 1992); Robert T. Himmerich, *The Encomenderos of New Spain, 1521-1555*, Austin, Texas, 1991. Como lo muestra esta lista, la historia de las zonas rurales juega un papel dominante en esta literatura, pero no se ha olvidado del todo la minería, y el difícil y complejo asunto de la sociedad urbana ha comenzado a recibir cierta atención, aunque seguramente requiera mucha más.

Hasta la década de los 80, esta clase de investigaciones, que en términos generales deberíamos calificar de *career-pattern history*, ha estado orientada fundamentalmente hacia el sector hispánico de la sociedad de la América española, debido, ante todo, a razones técnicas, como la disponibilidad y accesibilidad de las fuentes. Hacia finales de esta década, han comenzado a aparecer libros sobre los indígenas de las regiones centrales, que aunque no son idénticos en el tipo de aproximación a los ya citados, tienen mucho en común: Steve J. Stern, *Peru's Indian Peoples and the Challenge of Spanish Conquest: Huamanga to 1640*, Madidon, Wisconsin, 1982 (hay trad. cast.: *Los pueblos indígenas del Perú y el desafío de la conquista española: Huamanga hasta 1640*, Madrid, 1987); Karen Spalding, *Huarochirí: An Andean Society under Inca and Spanish Rule*, Stanford, California, 1984; Nancy M. Farriss, *Maya Society Under Colonial Rule: The Collective Enterprise of Survival*, Princeton, New Jersey, 1984 (hay trad. cast.: *La sociedad maya bajo el dominio colonial: la empresa colectiva de la supervivencia*, Madrid, 1992); S. L. Cline, *Colonial Culhuacan, 1580-1600*, Albuquerque, Nuevo México, 1986; Robert S. Haskett, *Indigenous Rulers: An Ethnohistory of Town Government in Colonial Cuernavaca*, Albuquerque, Nuevo México, 1991; y James Lockhart, *The Nahuas After the Conquest: A Social and Cultural History of the Indians of Central Mexico, Sixteenth through Eighteenth Centuries*, Stanford, California, 1992 (hay trad. cast.: *Los nahuas después de la conquista: historia social y cultural de los indios del México central, del siglo XVI al XVIII*, FCE, México, D. F., 1999).

Hay otro tipo de trabajos, más globales o estadísticos, que en algunos casos contienen un número considerable de ejemplos anecdóticos, pero sin una mínima atención previa al funcionamiento de las instituciones y a los detalles del contexto social en el que actúan los fenómenos examinados. Esta clase de investigaciones tiende a arrojar mucha menos luz sobre las categorías sociales y los procesos, aunque vistos en relación con el tipo de investigaciones antes citado, pueden sugerir importantes perspectivas y pueden introducirse en ciertas áreas que de otra forma no serían accesibles a la investigación. Véanse, por ejemplo, William B. Taylor, *Landlord and Peasant in Colonial Oaxaca*, Stanford, California, 1972; Germán Colmenares, *Historia económica y social de Colombia, 1537-1719*, Bogotá, 1973; Stephanie Bank, «Patrons, clients, and kin in seventeenth-century Caracas», *HAHR*, 54, 2 (1974), pp. 260-283; Doris M. Ladd, *The Mexican Nobility at Independence, 1780-1826*, Austin, Texas, 1976 (hay trad. cast.: *La nobleza mexicana en la época de la independencia 1780-1826*, FCE, México, D. F., 1984); John V. Lombardi, *People and Places in Colonial Venezuela*, Bloomington, Indiana, 1976; Robert G. Keith, *Conquest and Agrarian Change: The Emergence of the Hacienda System on the Peruvian Coast*, Cambridge, Massachusetts, 1976; Peter Boyd-Bowman, «Patterns of Spanish emigration to the Indies until 1600», *HAHR*, 56, 4 (1976), pp. 580-604; Christon I. Archer, *The Army in Bourbon Mexico, 1760-1810*, Albuquerque, Nuevo México, 1977 [hay trad. cast.: *El ejército en el México borbónico (1760-1810)*, FCE, México, D. F., 1983]; Mark A. Burkholder y D. S. Chandler, *From Impotence to Authority: The Spanish Crown and the American Audiencias, 1687-1808*, Columbia, Missouri, 1977 (hay trad. cast.: *De la impotencia a la autoridad: la Corona española y las audiencias en América, 1687-1808*, FCE, México, D. F., 1984); Susan Migden Socolow, *The Merchants of Buenos Aires, 1778-1810*, Cambridge, 1978 (hay trad. cast.: *Los mercaderes del Buenos Aires virreinal: familia y comercio*, Buenos Aires, 1991); Leon G. Campbell, *The Military and Society in Colonial Peru, 1750-1810*, Filadelfia, 1978; William B. Taylor, *Drinking, Homicide and Rebellion in Colonial Mexican Villages*, Stanford, California, 1979 (hay trad. cast.: *Em-

briaguez, homicidio y rebelión en las poblaciones coloniales mexicanas, FCE, México, D. F., 1987); Julia Hirshberg, «Social experiment in New Spain: A Prosopographical study of the early settlement at Puebla de los Ángeles, 1531-1534», *HAHR*, 59, 1 (1979), pp. 1-33; Lyman L. Johnson, «Manumission in colonial Buenos Aires», *HAHR*, 59, 2 (1979), pp. 258-279; Asunción Lavrin y Edith Couturier, «Dowries and wills: A view of women's socioeconomic role in colonial Guadalajara and Puebla, 1640-1790», *HAHR*, 59, 2 (1979), pp. 280-304; Herbert S. Klein, «The structure of the hacendado class in late eighteenth-century Alto Perú: The Independencia de La Paz», *HAHR*, 60, 2 (1980), pp. 191-212; Michael M. Swann, *Tierra Adentro: Settlement and Society in Colonial Durango*, Boulder, Colorado, 1982; Cheryl English Martin, *Rural Society in Colonial Morelos*, Albuquerque, Nuevo México, 1985; Silvia Marina Arrom, *The Women of Mexico City, 1790-1857*, Stanford, California, 1985 (hay trad. cast.: *Las mujeres de la ciudad de México, 1790-1857*, México, D. F., 1988); Patricia Seed, *To Love, Honor, and Obey in Colonial Mexico: Conflicts over Marriage Choice, 1574-1821*, Stanford, California, 1988 (hay trad. cast.: *Amar, honrar y obedecer en el México colonial: conflictos en torno a la elección matrimonial, 1574-1821*, México, D. F., 1991).

3. *Los africanos en la sociedad de la América española colonial*

Una revisión de estudios académicos recientes, en la que se incluyen trabajos sobre Brasil y sobre las posesiones inglesa, francesa y alemana en el Caribe, y en la que se hace mención a Estados Unidos, con el que las comparaciones pueden ser pertinentes, se encuentra en las excelentes notas bibliográficas que acompañan el trabajo de Herbert S. Klein, *African Slavery in Latin America and the Caribbean*, Nueva York, 1986 (hay trad. cast.: *La esclavitud africana en América Latina y el Caribe*, Madrid, 1986). Un tanto pasados de moda, pero todavía con gran valor por sus perspectivas, son los trabajos de Frederick P. Bowser, «The African in colonial Spanish America: Reflections on research achievements and priorities», *LARR*, 7, 1 (1972), pp. 77-94; y Magnus Mörner, «Recent research on Negro slavery and abolition in Latin America», *LARR*, 13, 2 (1978), pp, 265-289.

Joseph C. Miller comenzó en 1977 su admirable y ambicioso proyecto bibliográfico con la publicación de *Slavery: A Comparative Teaching Bibliography*, Waltham, Massachusetts, 1977, al que le siguió, *Slavery: A Worldwide Bibliography, 1900-1982*, White Plains, Nueva York, 1985. En la revista *Slavery and Abolition* se han publicado suplementos anuales. Véase también la importante compilación hecha por John David Smith, *Black Slavery in the Americas: An Interdisciplinary Bibliography, 1865-1980*, Wesport, Connecticut, 1982, 2 vols. Una orientación sobre las fuentes de archivo se puede encontrar en Miguel Acosta Saignes, «Introducción al estudio de los repositorios documentales sobre los africanos y sus descendientes en América», *América Indígena*, n.º 29 (1969), pp. 727-786.

Se ha publicado un buen número de diccionarios de gran utilidad. Tal vez los más útiles sean, Benjamín Núñez, comp., *Dictionary of Afro-Latin American Civilization*, Westport, Connecticut, 1979; y Thomas M. Stephens, comp., *Dictionary of Latin American Racial and Ethnic Terminology*, Gainesville, Florida, 1989. Véanse también, Robert M. Levine, comp., *Race and Ethnic Relations in Latin America and the Caribbean: An Historical Dictionary and Bibliography*, Metuchen, New Jersey, 1980; y Randall M. Miller y John David Smith, eds., *Dictionary of Afro-American Slavery*, Westport, Connecticut, 1988. La piedra angular de toda una vida de meritorio trabajo académico es la obra de Fernando Romero, *Quimba, fa, malomba négue: Afronegrismos en el Perú*, Lima, 1988.

Antecedentes europeos

Para una excelente visión de conjunto de los antecedentes europeos de la esclavitud en Hispanoamérica, véanse William D. Phillips, Jr., *Slavery from Roman Times to the Early Transatlantic Trade*, Mineápolis, 1985 (hay trad. cast.: *La esclavitud desde la época romana hasta los inicios del comercio transatlántico*, Madrid, 1989); y David Brion Davis, *The Problem of Slavery in Western Culture*, Ithaca, Nueva York, 1966 (hay trad. cast.: *El problema de la esclavitud en la cultura occidental*, Buenos Aires, 1968). Sobre España en los albores de la era del descubrimiento, el trabajo clásico sigue siendo el de Charles Verlinden, *L'esclavage dans l'Europe médiévale, I: Péninsule Ibérique-France*, Brujas, 1955, aunque haya lectores que tal vez prefieran sus ensayos más accesibles reunidos en *The Beginnings of Modern Colonization*, traducidos al inglés por Yvonne Freccero, Ithaca, Nueva York, 1970. Otros trabajos por destacar son Vicente Cortés Alonso, *La esclavitud en Valencia durante el reinado de los Reyes Católicos*, Valencia, 1964; y «Valencia y el comercio de esclavos durante el siglo xv», en Francisco de Solano, ed., *Estudios sobre la abolición de la esclavitud*, Madrid, 1986, pp. 33-85; Antonio Domínguez Ortiz, «La esclavitud en Castilla durante la edad moderna», en Carmelo Viñas y Mey, ed., *Estudios de historia social de España*, Madrid, 1949-1952, pp. 367-428, 2 vols.; Alfonso Franco Silva, *La esclavitud en Sevilla y su tierra a fines de la edad media*, Sevilla, 1979; y «Aspectos diversos sobre la esclavitud en las ciudades andaluzas durante los siglos xv y xvi», en Solano, ed., *Estudios sobre la abolición*, pp. 15-32; y Ruth Pike, «Sevilliam society in the sixteenth century: Slaves and freedmen», *HAHR*, 47, 3 (1967), pp. 344-359. Sobre un primer acercamiento español al comercio de esclavos, véase Manuel Lobo Cabrera, «Ideología y praxis en la proyección comercial y esclavista de Canarias hacia el África Occidental», en Solano, ed., *Estudios sobre la abolición*, pp. 87-102.

El comercio de esclavos

Desde el Tratado de Tordesillas en 1494 hasta el final del período colonial, el comercio de esclavos a Hispanoamérica se realizó en buena parte al margen del comercio oficial español, aunque el comercio en manos de proveedores extranjeros fue objeto de constantes, y en muchos casos, inútiles regulaciones. El clásico informe sobre las políticas españolas adoptadas respecto al comercio de esclavos, es el de Georges Scelle, *La traite négrière aux Indes de Castilla*, París, 1906, 2 vols. Véanse también tres magníficos trabajos generales sobre el comercio entre España y América: Pierre y Huguette Chaunu, *Séville et l'Atlantique (1504-1650)*, París, 1955-1960, 8 vols.; Lutgardo García Fuentes, *El comercio español con América, 1650-1700*, Sevilla, 1980; y Antonio García-Baquero González, *Cádiz y el Atlántico, 1717-1778*, Sevilla, 1976, 2 vols. En estos estudios se mencionan aquellos aspectos del comercio de esclavos que se encuentran dentro del ámbito de los círculos oficiales españoles, especialmente los que se relacionan con el monopolio de los puertos de Sevilla y Cádiz. Con los años, ha aparecido un impresionante número de monografías relacionadas con el comercio de esclavos a Hispanoamérica, incluyendo el comercio de contrabando, y que han utilizado fuentes extranjeras y coloniales, así como también españolas. Algunas de gran interés son Alice Piffer Canabrava, *O comércio português no Rio da Plata, 1580-1640*, Sao Pablo, 1944; Rozendo Sampaio Garcia, «Contribução ao estudo do aprovisionamento de esclavos negros na América espanhola, 1580-1640», *Anais do Museu Paulista*, 16 (1962), pp. 1-46; Herbert S. Klein, *The Middle Passage: Comparative Studies in the Atlantic Slave Trade*, Princeton, New Jersey, 1977;

Eufemio Lorenzo Sanz, *Comercio de España con América en la época de Felipe II*, Valladolid, 1979, pp. 512-542; Jorge Palacios Preciado, *La trata de negros por Cartagena de Indias*, Tunja, Colombia, 1973; Colin A. Palmer, *Human Cargoes: The British Slave Trade to Spanish America, 1700-1739*, Urbana, Illinois, 1981, y su «The company trade and the numerical distribution of slaves to Spanish America, 1703-1739», en Paul E. Lovejoy, ed., *Africans in Bondage: Studies in Slavery and the Slave Trade*, Madison, Wisconsin, 1986, pp. 27-42; Elena F. S. de Studer, *La trata de negros en el Río de la Plata durante el siglo XVIII*, Buenos Aires, 1948; Bibiano Torres Ramírez, *La compañía gaditana de negros*, Sevilla, 1973; Marisa Vega Franco, *El tráfico de esclavos con América, 1663-1674*, Sevilla, 1984; Enriqueta Vila Vilar, *Hispano-América y el comercio de esclavos: Los asientos portugueses*, Sevilla, 1977, y su «La sublevación de Portugal y la trata de negros», *I-AA*, n.° 2 (1976), pp. 171-192; y Geoffrey J. Walker, *Spanish Politics and Imperial Trade, 1700-1789*, Bloomington, Indiana, 1979 (hay trad. cast.: *Política española y comercio colonial, 1700-1789*, Barcelona, 1979).

Es evidente que cualquier cálculo aproximado del volumen del comercio de esclavos hispanoamericano para cualquier región y cualquier período, debe correlacionarse con las cifras estimadas para el comercio en general. A este respecto el estudio clásico es el de Philip D. Curtin, *The Atlantic Slave Trade: A Census*, Madison, Wisconsin, 1969. Los cálculos hechos por Curtin han sido modificados en varios detalles, y los últimos datos pueden encontrarse en Paul E. Loveloy, «The volume of the Atlantic slave trade: A synthesis», *Journal of African History*, n.° 23 (1982), pp. 373-501; y David Eltis, «The sixteenth-century transatlantic slave trade: An annual time series of imports into the Americas broken down by region», *HAHR*, 67, 1 (1987), pp. 109-138. Para una mirada global sobre el comercio durante su apogeo y posterior decadencia, véanse Herbert S. Klein, «Economic aspects of the eighteenth-century Atlantic slave trade», en James D. Tracy, ed., *The Rise of Merchant Empires: Long Distance Trade in the Early Modern World, 1350-1750*, Cambridge, 1990, pp. 287-310; y David Eltis, *Economic Growth and the Ending of the Transatlantic Slave Trade*, Nueva York, 1987.

La postura ambivalente y ambigua de la Iglesia en relación con el comercio de esclavos ha sido poco estudiada, aunque pueden destacarse dos títulos: Alonso de Sandoval, *De Instauranda Aethiopum salute: El mundo de la esclavitud negra en América*, editado por Angel Valtierra, Bogotá, 1956, a partir de la edición sevillana de 1627; y John K. Thornton, «On the trail of Voodoo: African Christianity in Africa and the Americas», *TA*, n.° 44 (1988), pp. 261-278. El trabajo de Sandoval se puede valorar mejor luego de la lectura de la reseña de James F. King, en *HAHR*, n.° 37 (1957), pp. 358-360.

Esclavitud

Respecto al estudio de la esclavitud en el hemisferio occidental, no es exagerado afirmar que el trabajo de Frank Tannenbaum, *Slave and Citizen: The Negro in the Americas*, Nueva York, 1947 (hay trad. cast.: *El negro en las Américas. Esclavo y ciudadano*, Buenos Aires, 1968), produjo una revolución en los círculos académicos. La esclavitud, y cuestiones afines como la manumisión, abolición y las relaciones de raza, se convirtieron en temas dignos de investigaciones serias, reflexiones y, con frecuencia, de acalorados debates. Esto es especialmente cierto en lo que se refiere a la década de los 60, y gran parte del entusiasmo académico producido en estos años ha sido condensado en Laura Foner y Eugene D. Genovese, eds., *Slavery in the New World: A Reader in Comparative History*, Englewood Cliffs, New Jersey, 1969. Buena parte de las investigaciones y reflexiones de las décadas posteriores están sintetizadas (no tan bien como se quisiera respecto a Latinoamérica), en Peter J. Parish, *Slavery: History and Historians*, Nueva York, 1989.

Sobre la esclavitud y las relaciones de raza en Hispanoamérica, las siguientes referencias son dignas de mención: H. Hoetink, *The Two Variants in Caribbean Race Relations. A Contribution to the Sociology of Segmented Societies*, Londres, 1967, y *Slavery and Race Relations in the Americas: Comparative Notes on Their Nature and Nexus*, Nueva York, 1973; Orlando Patterson, *Slavery and Social Death: A Comparative Study*, Cambridge, 1982; tres serios ensayos de Octavio Ianni, Sidney W. Mintz, y Manuel Moreno Fraginals, en Moreno Fraginals, ed., *Africa in Latin America: Essays on History, Culture, and Socialization*, Nueva York, 1984; y Magnus Mörner, «Slavery, race relations and Bourbon reorganisation in the eighteenth century», en James Schofield Saeger, ed., *Essays on Eighteenth Century Race Relations in the Americas*, Bethlehem, Pennsylvania, 1987, pp. 8-30. Debería mencionarse, finalmente, el meticuloso y provocador trabajo de Jack D. Forbes, *Black Africans and Native Americans: Colour, Race, and Caste in the Evolution of Red-Black Peoples*, Oxford, 1988. La discusión sostenida por Forbes en relación con el alcance y con las implicaciones étnicas y culturales de la relación entre los negros y los americanos nativos, ha sido olvidada y subestimada por los especialistas.

La mejor visión de conjunto sobre la esclavitud en la América española colonial, es el trabajo de Klein, *African Slavery*; y de gran valor por sus perspectivas son Philip D. Curtin, *The Rise and Fall of the Plantation Complex: Essays in Atlantic History*, Cambridge, 1990; y Magnus Mörner, «The impact of regional variety on the history of the Afro-Latin Americans», *SECOLAS-Annals*, n.° 9 (1978), pp. 1-13. De gran utilidad actual, aunque pasados de moda, son los trabajos de Leslie B. Rout, Jr., *The African Experience in Spanish America: 1502 to the Present Day*, Nueva York, 1976; y Rolando Mellafe, *La esclavitud en Hispanoamérica*, Buenos Aires, 1964. Magnus Mörner ha logrado ubicar la esclavitud como institución, en un amplio contexto social, a través de tres de sus trabajos: *Race Mixture in the History of Latin America*, Boston, 1967 (hay trad. cast.: *La mezcla de razas en la historia de América Latina*, Buenos Aires, 1969); *Historia social latinoamericana: Nuevos enfoques*, Caracas, 1979; y *Estratificación social hispanoamericana durante el período colonial*, Estocolmo, 1980.

De todas las posesiones americanas de España, sólo en Cuba y, en menor medida, en Puerto Rico, la esclavitud adquirió, durante el turbulento siglo del crepúsculo del imperio, una importancia económica y social fundamentales, y la institución de la esclavitud en estos países ha recibido una impresionante atención académica. Sobre Cuba, los trabajos fundamentales de Fernando Ortiz Fernández, especialmente *Hampa afro-cubana: Los negros esclavos*, La Habana, 1916, todavía pueden ser leídos con provecho, y lo mismo ocurre con los trabajos de Alexander von Humboldt, traducidos y anotados por J. S. Thrasher, *The Island of Cuba*, Nueva York, 1856; y Hubert H. S. Aimes, *A History of Slavery in Cuba, 1511 to 1868*, Nueva York y Londres, 1907. Algunos trabajos académicos más recientes de gran calidad son: Kenneth F. Kiple, *Blacks in Colonial Cuba, 1774-1899*, Gainesville, Florida, 1976; Franklin W. Knight, *Slave Society in Cuba During the Nineteenth Century*, Madison, Wisconsin, 1970; Leví Marrero, *Cuba: Economía y sociedad: Azúcar, ilustración y conciencia, 1763-1868*, Madrid, 1983-1985, 4 vols.; Manuel Moreno Fraginals, *El ingenio: El complejo económico social cubano del azúcar*, La Habana, 1964; y Laird W. Bergad, *Cuban Rural Society in the Nineteenth Century: The Social and Economic History of Monoculture in Matanzas*, Princeton, New Jersey, 1991.

Sobre la esclavitud en Cuba hasta los comienzos del siglo XIX, hay una serie de trabajos que merecen atención: Academia de Ciencias de Cuba, Instituto de Ciencias Históricas, *La esclavitud en Cuba*, La Habana, 1986; Jorge Castellanos e Isabel Castellanos, *Cul-*

tura afrocubana, I: El negro en Cuba, 1492-1844, Miami, 1988; Francisco Castillo Meléndez, «Población y defensa de la isla de Cuba (1650-1700)», *Anuario de Estudios Americanos*, n.º 44 (1987), pp. 1-87; Pedro Deschamps Chapeaux, *El negro en la economía habanera del siglo XIX*, La Habana, 1971; Jack Ericson Eblen, «On the natural increase of slave populations: The example of the Cuban black population, 1775-1900», en Stanley L. Engerman y Eugene D. Genovese, eds., *Race and Slavery in the Western Hemisphere: Quantitative Studies*, Princeton, New Jersey, 1975, pp. 211-248; Roland T. Ely, *Cuando reinaba su majestad el azúcar*, Buenos Aires, 1963; Gwendolyn Midlo Hall, *Social control in Slave Plantation Society: A Comparison of St. Domingue and Cuba*, Baltimore, 1971; Kenneth F. Kiple, *The Caribbean Slave: A Biological History*, Nueva York, 1985; Helbert S. Klein, *Slavery in the Americas: A comparative Study of Virginia and Cuba*, Chicago, 1967; Juan Francisco Manzano, y editado por Edward J. Mullen, *The Life and Poems of a Cuba Slave: Juan Francisco Manzano, 1797-1854*, Hamded, Connecticut, 1981; John Robert McNeill, *Atlantic Empires of France and Spain: Louisbourg and Havana, 1700-1763*, Chapel Hill, Carolina del Norte, 1985; Manuel Moreno Fraginals, *La historia como arma y otros estudios sobre esclavos, ingenios y plantaciones*, Barcelona, 1983; Josef Opatrny, *Antecedentes históricos de la formación de la nación cubana*, Praga, 1986; y Pablo Tornero, «Emigración, población y esclavitud en Cuba (1767-1817)», *Anuario de estudios Americanos*, n.º 44 (1987), pp. 229-280.

Sobre Puerto Rico, el trabajo más completo e informativo es el de Francisco A. Scarano, *Sugar and Slavery in Puerto Rico: The Plantation economy of Ponce, 1800-1850*, Madison, Wisconsin, 1984 (hay trad. cast.: *Haciendas y Barracones: Azúcar y Esclavitud en Ponce Puerto Rico 1800-1850*, Puerto Rico, 1992), que puede considerarse como complemento del clásico estudio de Luis M. Díaz Soler, *Historia de la esclavitud negra en Puerto Rico, 1493-1890*, Río Piedras, 1965². Véanse también: Sidney W. Mintz, *Caribbean Transformations*, Baltimore, 1984; Arturo Morales Carrión, *Auge y decadencia de la trata negrera en Puerto Rico (1820-1860)*, Río Piedras, 1978; los ensayos de José Curet y Andrés Ramos Mattei, en Ramos Mattei, ed., *Azúcar y esclavitud*, Río Piedras, 1982; Ramos Mattei, *La hacienda azucarera: Su crecimiento y crisis en puerto Rico (siglo XIX)*, Río Piedras, 1986²; y Adám Szászdi, «Apuntes sobre la esclavitud en San Juan de Puerto Rico, 1800-1811», *Anuario de estudios Americanos*, n.º 24 (1976), pp. 1.433-1.477.

De las colonias continentales, México es la que ha recibido la mayor atención de la academia. Colin A. Palmer, *Slaves of the White God: Blacks in Mexico, 1570-1650*, Cambridge, Massachusetts, 1976; y Patrick J. Caroll, *Blacks in Colonial Vera Cruz: Race, Ethnicity and Regional Development*, Austin, Texas, 1991, ambos escritos con un magnífico estilo, evocan las realidades de la esclavitud en esta colonia durante su cenit, aunque el trabajo pionero de Gonzalo Aguirre Beltrán, *La población negra de México, 1519-1810*, México, D. F., 1972², todavía puede ser leído con provecho, sobre todo en lo que concierne al período colonial tardío. Información complementaria de gran valor puede encontrarse en J. I. Israel, *Race, Class and Politics in Colonial Mexico, 1610-1670*, Londres, 1975 (hay trad. cast.: *Razas, clases sociales y vida política en el México colonial*, FCE, México, D. F., 1980), y Dennis N. Valdés, «The decline of slavery in Mexico», *TA*, n.º 44 (1987), pp. 167-194. Algunos trabajos más especializados son: Gonzalo Aguirre Beltrán, *Medicina y magia: El proceso de aculturación en la estructura colonial*, México, D. F., 1963; Solange B. de Alberro, «Negros y mulatos en los documentos inquisitoriales: Rechazo e integración», en Elsa Cecilia Frost *et al.*, eds., *El trabajo y los trabajadores en la historia de México*, México, D. F., 1977, pp. 132-161, y «Olvidar o recordar para ser: Españoles, negros y castas en la Nueva España, siglos XVI-XVII», en *La memoria y el olvido*, México, D. F. 1985, pp. 135-144; Peter Boyd-Bowman, «Negro slaves in early colonial

Mexico», *TA*, n.º 26 (1969), pp. 134-151; Geraldo Cardoso, *Negro Slavery in the Sugar plantations of Veracruz and Pernambuco, 1550-1680: a Comparative Study*, Washington, D. C., 1983; Patrick J. Carrol, «Black laborers and their experience in colonial Jalapa», en Frost, *El trabajo*, pp. 119-132, y «Estudio sociodemográfico de personas de sangre negra en Jalapa, 1791», *HM*, n.º 23 (1973), pp. 111-125; Adriana Naceda Chávez-Hita, *Esclavos negros en las haciendas azucareras de Córdoba, Veracruz, 1690-1830*, Veracruz, 1987; Adriana Naceda Chávez-Hita, «Trabajadores esclavos en las haciendas azucareras de Córdoba, Veracruz, 1714-1763», en Frost, *El trabajo*, pp. 162-182; María Elena Cortés Jácome, «La memoria familiar de los negros y mulatos, siglos xvi-xvii», en *La memoria y el olvido*, México, D. F., 1985, pp. 125-134; Cathy Duke, «The family in eighteenth-century plantation society in Mexico», en Vera Rubin y Arthur Tuden, eds., *Comparative Perspectives on slavery in New World Plantation Societies*, Nueva York, 1977, pp. 226-241; Norman F. Martin, «Antecedentes y práctica de la esclavitud negra en la Nueva España del siglo xvi», en Bernardo García Martínez *et al.*, comps., *Historia y sociedad en el mundo de habla española: Homenaje a José Miranda*, México, D. F., 1970, pp. 49-68; Irene Vázquez Valle, «Los habitantes de la ciudad de México vistos a través del censo del año de 1753», tesis doctoral, Colegio de México, 1975; y Gilesa von Wobeser, «Los esclavos negros en México colonial: Las haciendas de Cuernavaca-Cuautla», *JGSWGL*, n.º 23 (1986), pp. 145-171.

Varios estudios sobre la economía colonial mexicana contienen importante información sobre la función que desempeñó el trabajo de los esclavos. Véanse, especialmente, Ward Barrett, *The Sugar Hacienda of the Marqueses del Valle*, Mineápolis, 1970; Lolita Gutiérrez Brockington, *The Leverage of Labor: Managing the Cortés Haciendas in Tehuantepec, 1588-1688*, Durham, Carolina del Norte, 1989; Ursula Ewald, *Estudios sobre la hacienda colonial en México: Las propiedades rurales del colegio de Espíritu Santo en Puebla*, Wiesbaden, 1976; Herman W. Konrad, *A Jesuit Hacienda in Colonial Mexico: Santa Lucía, 1576-1767*, Stanford, California, 1980 (hay trad. cast.: *Una hacienda de los jesuitas en México colonial: Santa Lucía, 1576-1767*, FCE, México, D. F., 1989); Cheryl English Martin, *Rural Society in Colonial Morelos*, Albuquerque, Nuevo México, 1985; P. L. G. van der Meer, «El Colegio de San Andrés y la producción del azúcar en sus haciendas de Xochimancas y Barreto, 1750-1767», en Arij Ouweneel y Cristina Torales Pacheco, comps., *Empresarios, indios y estado: Perfil de la economía mexicana, siglo xviii*, Amsterdam, 1988, pp. 138-164; Claude Morin, *Michoacán en la Nueva España del siglo xviii: Crecimiento y desigualdad en una economía colonial*, México, D. F., 1979; José F. de la Peña, *Oligarquía y propiedad en la Nueva España, 1550-1624*, México, D. F., 1983; Richard J. Salvucci, *Textiles and Capitalism in Mexico: An Economic History of the Obrajes, 1539-1840*, Princeton, New Jersey, 1988 (hay trad. cast.: *Textiles y capitalismo en México. Historia económica de los obrajes, 1539-1840*, Alianza, 1992); Hermes Tovar Pinzón, «Elementos constitutivos de la empresa agraria jesuita en la segunda mitad del siglo xviii en México», en Enrique Florescano, ed., *Haciendas, latifundios y plantaciones en América Latina*, México, D. F., 1975, pp. 132-222; y Gisela von Wobeser, *Hacienda azucarera en la época colonial*, México, D F., 1988.

La esclavitud africana fue más importante y más duradera en Perú de lo que lo fue en México, y nuestro conocimiento de esta institución en el país andino se ha ampliado de manera significativa en los últimos veinte años. Los siguientes trabajos son especialmente importantes: James Lockhart, *Spanish Peru, 1532-1560: A Colonial Society*, Madison, Wisconsin, 1968 (hay trad. cast.: *El mundo hispanoperuano*, México, 1982); Frederick P. Bowser, *The African Slave in Colonial Peru, 1524-1650*, Stanford, California, 1974 (hay trad. cast.: *El esclavo africano en el Perú colonial, 1524-1650*, México, D. F., 1977); Nicholas P. Cushner, *Lords of the Land: Wine and Jesuit Estates of Coastal Peru, 1600-1767*, Albany, Nueva York, 1980; Susan E. Ramírez, *Provincial Patriarchs: Land Tenure and the Economics of Power in Colonial Peru*, Albuquerque, Nuevo México, 1986 (hay trad. cast.: *Patriarcas provinciales: la tenencia de la tierra y la economía del poder en el Perú colonial*, Madrid, 1991); y Alberto Flores Galindo, *Aristocracia y plebe, Lima, 1760-1830: Estructura de clases y sociedad colonial*, Lima, 1984. Christine Hünefeldt está estudiando la esclavitud en Perú durante el siglo XIX, y hasta el momento ha publicado su trabajo, *Mujeres: Esclavitud, emociones y libertad: Lima, 1800-1854*, Lima, 1988.

De igual interés para el estudio de Perú son los siguientes trabajos: Katharine Coleman, «Provincial urban problema: Trujillo, Peru, 1600-1784», en David J. Robinson, ed., *Social Fabric and Spatial Structure in Colonial Latin America*, Ann Arbor, Michigan, 1979, pp. 369-408; Nicholas P. Cushner, «Slave mortality and reproduction on Jesuit haciendas in colonial Peru», *HAHR*, 55, 2 (1975), pp. 177-199; Keith A. Davies, *Landowners in Colonial Peru*, Austin, Texas, 1984; Brian R. Hamnett, «Church wealth in Peru: Estates and loans in the Archdiocese of Lima in the seventeenth century», *JGSWGL*, n.º 10 (1973), pp. 113-132; Emilio Harth-terré, *La presencia del negro en el virreinato del Perú*, Lima, 1971; Susan Ramírez Horton, *The Sugar Estates of the Lambayeque Valley, 1670-1800: A Contribution to Peruvian Agrarian History*, Madison, Wisconsin, 1974; Pablo Macera, «Feudalismo colonial americano: El caso de las haciendas peruanas», en *Trabajos de historia*, Lima, 1977, vol. III, pp. 139-227, «Instrucciones para el manejo de las haciendas jesuitas del Perú (siglos XVII-XVIII)», *Nueva Crónica*, 2, 2 (1966), pp. 5-31, y *Las plantaciones azucareras en el Perú, 1821-1875*, Lima, 1974; Jorge Polo y la Borda, «La hacienda Pachachaca (segunda mitad del siglo XVIII)», *Histórica*, 1, 2 (1977), pp. 223-247; Gabriela Ramos, «Las manufacturas en el Perú colonial: Los obrajes de vidrios en los siglos XVII y XVIII», *Histórica*, n.º 13 (1989), pp. 67-106; Raúl Rivera Serna, «La agricultura y la ganadería en el Perú entre los años 1820 y 1850», *Anuario de Estudios Americanos*, n.º 44 (1987), pp. 477-520; y Jean-Pierre Tardieu, «La pathologie rédhibitoire de l'esclavage en milieu urbain: Lima XVIIeme siècle», *JGSWGL*, n.º 26 (1989), pp. 19-35.

Nuestro conocimiento de la esclavitud africana en Colombia ha aumentado sustancialmente en los últimos años. De especial interés son los tres volúmenes publicados con el título general de *Sociedad y economía en el Valle del Cauca*, Bogotá, 1983; Germán Colmenares, *Cali: Terratenientes, mineros y comerciantes, siglo XVIII*, Bogotá, 1980; Samira Díaz de Zuluaga, *Guerra y economía en las haciendas: Popayán, 1780-1830*; y José Escorcia, *Desarrollo político, social y económico, 1800-1854*, Bogotá, 1983. Estos trabajos adquieren mayor relevancia comparados con otros dos excelentes estudios de David L. Chandler, *Health and Slavery in Colonial Colombia*, Nueva York, 1981; y William F. Sharp, *Slavery on the Spanish Frontier: The Colombian Chocó, 1680-1810*, Norman, Oklahoma, 1976. Dos ensayos de Jaime Jaramillo Uribe que se encuentran en el *Anuario Colombiano de Historia Social y de la Cultura*, mantienen su interés: «Esclavos y señores en la sociedad colombiana del siglo XVIII», n.º 1 (1963), pp. 3-62, y «Mestizaje y diferenciación social en el Nuevo Reino de Granada en la segunda mitad del siglo XVIII», n.º 3 (1965), pp. 21-48. Debe hacerse una especial mención al concienzudo esfuerzo de A. Meiklejohn por comparar las leyes relacionadas con la esclavitud, y la realidad: «The implementation of slave legislation in eighteenth-century New Granada», en Robert Brent Toplin, ed., *Slavery and Race Relations in Latin America*, Wesport, Connecticut, 1974, pp. 176-203.

Otras referencias importantes sobre Colombia durante el período colonial son: Nicolás del Castillo Mathieu, *Esclavos negros en Cartagena y sus aportes léxicos*, Bogotá, 1982; David. L. Chandler, «Family bonds and the bondsman: The slave family in colonial

Colombia», *LARR*, 16, 2 (1981), pp. 107-131; Germán Colmenares, «La economía de los jesuitas en el virreinato de Nueva Granada», en Arnold J. Bauer, comp., *La iglesia en la economía de América Latina, siglos XVI al XIX*, México, D. F., 1986, pp. 389-405, *Haciendas de los jesuitas en el Nuevo Reino de Granada, siglo XVIII*, Bogotá, 1969, y «El trabajo en las haciendas jesuitas en el siglo XVIII», *UN: Revista de la Dirección de Divulgación Cultural*, Universidad Nacional de Colombia, n.° 1 (1968), pp, 175-190; Aquiles Escalante, *El negro en Colombia*, Bogotá, 1964; James F. King, «Negro Slavery in New Granada», en *Greater America: Essays in Honor of Herbert Eugene Bolton*, Berkeley, 1945; Adolfo Meisel R., «Esclavitud, mestizaje y haciendas en la provincia de Cartagena, 1533-1851», *Desarrollo y sociedad*, n.° 4 (1980), pp. 227-277; David Pavy, «The provenience of Colombian Negroes», *Journal of Negro History*, n.° 47 (1967), pp. 36-58; y Robert C. West, *Colonial Placer Mining in Colombia*, Baton Rouge, Louisiana, 1952 (hay trad. cast.: *La minería de aluvión en Colombia durante el período colonial*, Bogotá. 1972).

Sobre Venezuela durante la colonia, el trabajo modelo sigue siendo el de Miguel Acosta Saignes, *Vida de los esclavos negros en Venezuela*, Caracas, 1967, aunque debe ser complementado con algunos trabajos generales más recientes: Robert J. Ferry, *The Colonial Elite of Early Caracas: Formation and Crisis, 1567-1767*, Berkeley, 1989, y «Encomienda, African slavery and agriculture in seventeenth-century Caracas», *HAHR*, 61, 4 (1981), pp. 609-636; y P. Michael McKinley, *Pre-Revolutionary Caracas: Politics, Economy and Society, 1777-1811*, Nueva York, 1986. Algunos otros trabajos que siguen siendo interesantes son: Eduardo Arcila Farías *et al.*, eds., *La obra pía de Chuaco, 1568-1825*, Caracas, 1968; Federico Brito Figueroa, *El problema de tierra y esclavos en la historia de Venezuela*, Caracas, 1973; y Edda O. Samudio A., *Las haciendas del Colegio San Francisco Javier de la Compañía de Jesús en Mérida, 1628-1767*, Mérida, Venezuela, 1985.

Aunque todavía de manera incompleta, la información sobre la esclavitud africana en Argentina ha sido estupendamente ampliada por tres trabajos recientes: George Reid Andrews, *The Afro-Argentines of Buenos Aires, 1800-1900*, Madison, Wisconsin, 1980 (hay trad. cast.: *Los afroargentinos de Buenos Aires*, Buenos Aires, 1989); Nicholas P. Cushner, *Jesuit Ranches and the Agrarian Development of Colonial Argentina, 1650-1767*, Albany, Nueva York, 1983; y Juan Carlos Garavaglia, *Economía, sociedad y regiones*, Buenos Aires, 1987, que es una historia socioeconómica de Argentina durante el siglo XVIII. De igual interés son Samuel Amaral, «Rural production and labour in late colonial Buenos Aires», *JLAS*, 19, 2 (1987), pp. 235-278; Carlos Sempat Assadourian, *El tráfico de esclavos en Córdoba, 1588-1610*, Córdoba, Argentina, 1965, y *El tráfico de esclavos en Córdoba de Angola a Potosí, siglo XVI-XVII*, Córdoba, Argentina, 1966; Jorge Comadrán Ruiz, *Evolución demográfica argentina durante el período hispano, 1535-1810*, Buenos Aires, 1969; Ceferino Garzón Maceda y José Walter Dorflinger, «Esclavos y mulatos en un dominio rural del siglo XVIII en Córdoba: Contribución a la demografía histórica», *Revista de la Universidad Nacional de Córdoba*, n.° 2 (1961), pp. 627-640; Lyman L. Johnson y Susan Migden Socolow, «Population and space in eighteenth century Buenos Aires», en David J. Robinson, ed., *Social Fabric and Spatial Structure in Colonial Latin America*, Ann Arbor, Michigan, 1979, pp. 339-368; José Luis Masini, *La esclavitud negra en Mendoza: Época independiente*, Mendoza, 1962, y *Régimen jurídico de la esclavitud negra en Hispanoamérica hasta 1810*, Mendoza, 1958; Carlos A. Mayo, «Iglesia y esclavitud en el Río de la Plata: el caso de la Orden Betlemita (1748-1822)», *RHA*, n.° 102 (1986), pp. 91-102; Ricardo Rodríguez Molas, «Esclavitud africana, religión y origen étnico», *I-AA*, n.° 14 (1988), pp. 125-147; Ricardo Salvatore y Jonathan C. Brown, «Trade and proletarianization in late colonial Banda Oriental: Evidence from the Estancia de las Vicas, 1791-1805»,

HAHR, 67, 3 (1987), pp. 431-460; y Pedro Santos Martínez, *Historia económica de Mendoza durante el virreinato, 1776-1810*, Madrid, 1961.

La historia de la esclavitud africana en Chile está por hacerse, aunque disponemos de una muy útil visión de conjunto de William F. Sater, «The Black experience in Chile», en Toplin, *Slavery and Race Relations*, pp. 13-50, que puede leerse como complemento de los ya viejos trabajos de Rolando Mellafe, *La introducción de la esclavitud negra en Chile: Tráfico y rutas*, Santiago, 1959; y Gonzalo Vial Correa, *El africano en el reino de Chile: Ensayo histórico-jurídico*, Santiago, 1957. Algunos interesantes fragmentos pueden encontrarse en Horacio Aranguiz Donoso, «Notas para el estudio de la hacienda de Calera de tango, 1685-1783», *Historia*, n.º 6 (1967), pp. 221-262; Gustavo Valdés Bunster, *El poder económico de los jesuitas en Chile (1593-1767)*, Santiago, 1985, en el que se dedican sólo algunas líneas al estudio de la fuerza laboral conformada por esclavos; y Della M. Flusche y Eugene H. Korth, *Forgotten Females: Women of African and Indian Descent in Colonial Chile, 1535-1800*, Detroit, 1983.

La esclavitud en Santo Domingo durante el período colonial ha recibido una considerable atención durante los últimos años. Algunos trabajos de particular interés son: Carlos Esteban Deive, *La esclavitud del negro en Santo Domingo*, Santo Domingo, 1980, 2 vols.; y Rubén Silie, *Economía, esclavitud y población en el siglo XVIII*, Santo Domingo, 1976. Véanse también, Franklyn J. Franco Pichardo, *Los negros, los mulatos y la nación dominicana*, Santo Domingo, 1969; Carlos Larrazábal Blanco, *Los negros y la esclavitud en Santo Domingo*, Santo Domingo, 1967; y María Rosario Sevilla Soler, *Santo Domingo: Tierra de frontera (1750-1800)*, Sevilla, 1980.

En lo que respecta a Centroamérica y, en cierta medida, a Panamá, Murdo J. MacLeod, *Spanish Central America: A Socioeconomic History, 1520-1720*, Berkeley, 1972 (hay trad. cast.: *Historia socio-económica de la América Central española: 1520-1720*, Guatemala, 1980); y Miles L. Wortman, *Government and Society in Central America, 1680-1840*, Nueva York, 1982 (hay trad. cast.: *Gobierno y sociedad en Centro América, 1680-1840*, San José de Costa Rica, 1982), han logrado situar la esclavitud en un amplio contexto socioeconómico. Alfredo Castillero C. se concentra en Panamá, en *La sociedad panameña: Historia de su formación e integración*, Panamá, 1970, mientras que M. A. L. Gudmundson Kristjanson (Lowell Gudmundson), nos ofrece información más interesante en *Estratificación socio-racial y económica de Costa Rica, 1700-1850*, San José de Costa Rica, 1978. Véanse también Oscar R. Aguilar, «La esclavitud en Costa Rica durante el período colonial (hipótesis del trabajo)», *ESC*, n.º 5 (1973), pp. 187-199; Luis A. Diez Castillo, *Los cimarrones y la esclavitud en Panamá*, Panamá, 1968; Quince Duncan y Carlos Meléndez, *El negro en Costa Rica*, San José de Costa Rica, 1972; Rafael Leiva Vivas, *Tráfico de esclavos negros a Honduras*, Tegucigalpa, 1982; y Pedro Tobar Cruz, *La esclavitud del negro en Guatemala*, Guatemala, 1953.

Las siguientes referencias son de especial importancia para otras regiones de Hispanoamérica: sobre Bolivia, véanse Alberto Crespo, *Esclavos negros en Bolivia*, La Paz, 1977; Inge Wolff, «Negerklaverei und Negerhandel in Hochperu 1545-1640», *JGSWGL*, n.º 1 (1964), pp. 157-186, y *Esclavitud negra en el Alto Perú*, Hamburgo, s.f. Sobre Ecuador, véanse Michael L. Conniff, «Guayaquil through Independence: Urban development in a colonial system», *TA*, n.º 33 (1977), pp. 385-410; Nicholas P. Cushner, *Farm and Factory: The Jesuits and the Development of Agrarian Capitalism in Colonial Quito, 1600-1767*, Albany, Nueva York, 1982; Julio Estupiñán Tello, *El negro en Esmeraldas: Apuntes para su estudio*, Quito, 1967; Michael T. Hamerly, *Historia social y económica de la antigua provincia de Guayaquil, 1763-1842*, Guayaquil, 1973; y Norman E. Whitten, Jr., *Black Frontiersmen: A South American Case*. Nueva York, 1974. Sobre Paraguay, Josefina Plá, *Hermano negro: La esclavitud en el Uruguay (1743-1852)*, Montevideo, 1975, es el mejor informe, aunque también pueden consultarse Paulo de Carvalho Neto, *El negro uruguayo hasta la abolición*, Quito, 1965; Ildefonso Pereda Valdés, *El negro en el Uruguay pasado y presente*, Montevideo, 1965; y John Hoyt Williams, «Observations on blacks and bondage in Uruguay, 1800-1836», *TA*, n.º 43 (1987), pp. 411-427. Más allá de cualquier clasificación, pero digno de ser leído, es el trabajo de Paulo de Carvalho Neto, *Estudios afros: Brasil-Paraguay-Uruguay-Ecuador*, Caracas, 1971.

La rebelión de los esclavos

Los problemas del descontento, la lucha y la rebelión de los esclavos han dado lugar a una importante literatura. Dos estupendos trabajos sitúan estos asuntos en la perspectiva de todo el hemisferio: Eugene D. Genovese, *From Rebellion to Revolution*, Baton Rouge, Louisiana, 1979; y Richard Price, ed., *Maroon Societies: Rebel Slave Communities in the Americas*, Garden City, Nueva York, 1973 (hay trad. cast.: *Sociedades cimarronas: comunidades esclavas rebeldes en las Américas*, México, D. F. 1981), en el que se reimprimen varios ensayos sobre Hispanoamérica, véanse pp. 33-103. El mejor informe individual de Hispanoamérica es Carlos Federico Guillot, *Negros rebeldes y negros cimarrones durante el siglo XVI*, Buenos Aires, 1961, mientras que Germán Carrera Damas nos ofrece un interesante esbozo de este tema en «Flight and confrontation», incluido en Moreno Fraginals, *Africa in Latin América*, pp. 23-37.

En varios de los listados regionales que se han citado arriba se tratan los problemas del cimarronaje y la rebelión de los esclavos. Como complemento, se pueden incluir los siguientes trabajos especializados: Carlos Aguirre, «Cimarronaje, bandolerismo y desintegración esclavista: Lima, 1821-1854», en Carlos Aguirre y Charles Walker, eds., *Bandoleros, abigeos y montoneros: Criminalidad y violencia en el Perú, siglos XVIII-XX*, Lima, 1990, pp. 137-182; Roberto Arrazola, *Palenque: Primer pueblo libre de América*, Cartagena, 1970; Miguel Barnet, ed., *Biografía de un Cimarrón*, Barcelona, 1968; Guillermo A. Baralt, *Esclavos rebeldes: Conspiraciones y sublevaciones de esclavos en Puerto Rico, 1795-1873*, Río Piedras, 1982; María del Carmen Borrego Plá, *Palenques de negros en Cartagena de Indias a fines del siglo XVIII*, Sevilla, 1973; Federico Brito Figueroa, *Las insurrecciones de los esclavos negros en la sociedad colonial venezolana*, Caracas, 1961; Patrick Carroll y Aurelio de los Reyes, «Amapa, Oaxaca: Pueblo de cimarrones», *Boletín del Instituto Nacional de Antropología e Historia de México*, 2, 4 (1973), pp. 43-50; Patrick Carroll, «Mandinga: The evolution of a Mexican runaway community, 1735-1827», *CSSH*, n.º 19 (1977), pp. 488-505; Adriana Naveda Chávez-Hita, «La lucha de los negros esclavos en las haciendas azucareras de Córdoba en el siglo XVIII», *Anuario del Centro de Estudios Históricos* (Jalapa), 2 (1980); D. M. Davidson, «Negro slave control and resistance in colonial Mexico, 1519-1650», *HAHR*, 46, 2 (1966), pp. 235-253; Carlos Esteban Deive, *Los cimarrones del Maniel de Neiba: Historia y etnografía*, Santo Domingo, 1985; Aquiles Escalante, «Notas sobre el palenque de San Basilio: Una comunidad negra en Colombia», *Divulgaciones Etnológicas*, Barranquilla, n.º 3 (1954); Carlos Felice Cardot, *Rebeliones, motines y movimientos de masas en el siglo XVIII venezolano, 1730-1781*, Caracas, 1977²; Alberto Flores Galindo, «Bandidos de la Costa», en Aguirre y Walker, eds., *Bandoleros*, pp. 57-68; Gabino La Rosa Corzo, *Los cimarrones de Cuba*, La Habana, 1988; Manuel Lucena Salmoral, «Levantamiento de esclavos en Remedios», *Boletín Cultural Bibliográfico* (Bogotá), 5, 9 (1962), pp. 1.127-1.129; Anthony McFarlane, «*Cimarrones* and *palenques*: Runaways and resistance in colonial Colombia», *Slavery and Abo-*

lition, n.° 6 (1985), pp. 131-151; Benjamín Nistal-Moret, ed., *Esclavos prófugos y cimarrones: Puerto Rico, 1770-1870*, Río Piedras, 1984; Jorge Pinto Rodríguez, «Una rebelión de negros en las costas del Pacífico Sur: El caso de la fragata *Trial* en 1804», *Histórica*, n.° 10 (1986), pp. 139-155; Frederick M. Rodríguez, «Cimarron revolts and pacification in New Spain, the Isthmus of Panama, and colonial Colombia, 1503-1800», tésis doctoral sin publicar, Universidad Loyola de Chicago, 1979; William B. Taylor, «The foundation of Nuestra Señora de Guadalupe de los Morenos de Amapa», *TA*, n.° 26 (1970), pp. 439-446; Ralph H. Vigil, «Negro slaves and rebels in the Spanish possessions, 1503-1558», *The Historian*, n.° 33 (1971), pp. 637-655; y Alain Yacou, «La conspiración de Aponte (1812)», *Historia y sociedad*, n.° 1 (1988), pp. 39-58. Sobre los fugitivos de las colonias inglesas que se refugiaron en territorio español, véase Jane Landers, «Gracia Real de Santa Teresa de Mose: A free Black town in Spanish colonial Florida», *AHR*, n.° 95 (1990), pp. 9-30.

Negros libres

El estatus de las personas libres descendientes de africanos bajo esclavitud, con los años ha recibido cada vez más atención. Para un estudio general sobre Hispanoamérica durante el período colonial hecho por Frederick P. Bowser, y sobre Cuba durante el siglo XIX, hecho por Franklin W. Knight, véase David W. Cohen y Jack P. Greene, eds., *Neither Slave Nor Free: The Freedman of African Descent in the Slave Societies of the New World*, Baltimore, 1972, pp. 19-58, y 278-308, respectivamente. Un tratamiento más extenso por regiones puede encontrarse en Bowser, «The free person of color in Mexico City and Lima: Manumission and opportunity, 1580-1650», en Stanley L. Engerman y Eugene D. Genovese, eds., *Race and Slavery in the Western Hemisphere: Quiantitative Studies*, Princeton, New Jersey, 1975, pp. 331-386; Lowell Gudmundson, *Mechanisms of Social Mobility for the Population of African Descent in Colonial Costa Rica: Manumission and Miscegenation*, Heredia, Costa Rica, 1976; y Lyman L. Johnson, «Manumission in Colonial Buenos Aires, 1776-1810», *HAHR*, 59, 2 (1979), pp. 258-279. John K. Chance sitúa este problema en un amplio contexto social en varios de sus interesantes trabajos: *Race and Class in Colonial Oaxaca*, Stanford, California, 1978 (hay trad. cast.: *Razas y clases en la Oaxaca colonial*, México, D. F., 1982), «The ecology of race and class in late colonial Oaxaca», en David J. Robinson, ed., *Studies in Spanish American Population History*, Boulder, Colorado, 1981, pp. 93-117, y, junto con William B. Taylor, «Estate and class in a colonial city: Oaxaca in 1792», *CSSH*, n.° 19 (1977), pp. 454-487. Véanse también las discusiones posteriores con otros académicos en *CSSH*, n.° 21 (1979), pp. 421-442, y n.° 25 (1983), pp. 703-724. El vacío entre el prejuicio oficial y la realidad social en la clasificación racial y la movilidad socioeconómica, es estudiado en Rodney D. Anderson, «Race and social stratification: A comparison of working-class Spaniards, Indians, and Castas in Guadalajara, Mexico in 1821», *HAHR*, 68, 2 (1988), pp. 209-243; Silvia Marina Arrom, *The Women of Mexico City, 1790-1857*, Stanford, California, 1985 (hay trad. cast.: *Las mujeres de la ciudad de México, 1790-1857*, México, D. F., 1988); Patricia Seed, «Social dimensions of race: Mexico city, 1753», *HAHR*, 62, 4 (1982), pp. 569-606; Michael M. Swann, «The spatial dimension of a social process: Marriage and mobility in late colonial Mexico», en David J. Robinson, ed., *Social Fabric and Spatial Structure in Colonial Latin America*, Ann Arbor, Michigan, 1979, pp. 117-180; y Verena Martinez-Alier, *Marriage, Class and Colour in Nineteenth-Century Cuba*, Nueva York, 1975. Muchas personas de color en libertad utilizaron el servicio militar como la mejor vía de ascenso social. Este tema es el objeto de estudio de George Ried Andrews, «The Afro-Argentine officers of Buenos Aires Province, 1800-1860», *Journal of Negro History*, 64, 2 (1979), pp. 85-100; Christon I. Archer, «Pardos, Indians and the army of New Spain: Inter-relationships and conflicts, 1780-1810», *JLAS*, 6, 2 (1974), pp. 231-255; Leon G. Campbell, *The Military and Society in Colonial Peru, 1750-1810*, Filadelfia, 1978; Allan J. Kuethe, *Cuba, 1753-1815; Crown, Military, and Society*, Knoxville, Tennessee, 1986, y «The status of the free pardo in the disciplined militia of New Granada», *Journal of Negro History*, n.° 56 (1971), pp. 105-117.

Como complemento a las extensas menciones hechas en los trabajos dedicados a la esclavitud, la libertad de los negros también es discutida en Gonzalo Aguirre Beltrán, «The Integration of the Negro into the national society of Mexico», en Magnus Mörner, ed., *Race and Class in Latin America*, Nueva York, 1970, pp. 11-27; Rafael Duharte Jiménez, «Apuntes para la manumisión de esclavos en Santiago de Cuba», *Secuencia*, n.° 13 (1989), pp. 106-116; Lowell Gudmundson, «Black into white in nineteenth-century Spanish America: Afro-American Assimilation in Argentina and Costa Rica», *Slavery and Abolition*, 5, 1 (1984), pp. 34-49; Lyman L. Johnson, «The impact of racial discrimination on Black artisans in colonial Buenos Aires», *Social History*, 6, 3 (1981), pp. 301-316, y «The racial limits of guild solidarity: An example from colonial Buenos Aires», *RHA*, n.° 99 (1985), pp. 7-26; Jay Kinsbruner, «Caste and capitalism in the Caribbean: Residential patterns and house ownership among the free people of color of San Juan, Puerto Rico, 1823-1846», *HAHR*, 70, 3 (1990), pp. 433-461; y Brigida von Mentz, *Pueblos de indios, mulatos y mestizos, 1770-1870: Los campesinos y las transformaciones protoindustriales en el poniente de Morelos*, México, D. F., 1988. Finalmente, para un fascinante estudio de esos esclavos o de sus descendientes que voluntaria o involuntariamente regresaron a África, véase Rodolfo Saracino, *Los que volvieron a África*, La Habana, 1988.

4. *Las sociedades indias bajo dominio español*

El principal trabajo de consulta sobre etnohistoria y, particularmente, sobre la bibliografía etnohistórica de Mesoamérica, es la *Guide to ethnohistorical Sources*, compuesta por los últimos cuatro volúmenes (XII-XV) de Robert Wauchope, ed., *Handbook of Middle American Indinas*, Austin, Texas, 1964-1975. Estos cuatro volúmenes fueron editados por Howard Cline y contienen artículos sobre materiales bibliográficos relevantes, relaciones geográficas, crónicas y sus autores, códices, materiales sobre las tradiciones nativas y europeas, y muchas otras cosas. No existe ninguna guía comparable que haga referencia al material sobre fuentes etnohistóricas de Suramérica. Sin embargo, véase, aunque un poco anticuado, Julian H. Steward, ed., *The Handbook of South American Indians*, especialmente el segundo volumen, Washington, D. C., 1946. Dos breves artículos que revisan la bibliografía y el estado de la investigación hasta aproximadamente 1970, son John V. Murra, «Current research and prospects in Andean ethnohistory», *LARR*, n.° 5 (1970), pp. 3-36; y Karen Spalding, «The colonial Indian: Past and future research perspectives», *LARR*, n.° 7 (1972), pp. 47-76.

Entre los trabajos básicos del control institucional español sobre la población indígena, se encuentra Clarence Haring, *The Spanish Empire in America*, ed. rev., Nueva York, 1963 (hay trad. cast.: *El Imperio hispánico en América*, Buenos Aires, 1966), que sigue siendo un útil sumario general en un solo volumen. Para otros trabajos generales véase el capítulo 5 del primer volumen de esta *América Latina en la época colonial*. Hay un conjunto de escritos en torno a los principales temas: Alberto Mario Salas, *Las armas de la conquista*, Buenos Aires, 1950, en la conquista, la guerra y las armas; Silvio Zavala, *La encomienda indiana*, Madrid, 1935, y *Las instituciones jurídicas en la conquista de América*, Madrid, 1935, ed. rev., 1971; L. B. Simpson, *The Encomienda in New Spain*, 1950, ed. rev., Berkeley, 1966 (hay trad. cast.: *Los conquistadores y el indio americano*, Barcelona, 1970); Guillermo Lohmann Villena, *El corregidor de indios en el Perú bajo los Austrias*, Madrid, 1957; Constantino Bayle, *Los cabildos seculares en la América española*, Madrid, 1952; y muchos otros. El trabajo de Peter Gerhard, *A guide to the Historical Geography of New Spain*, Cambridge, 1972, ed. rev., 1993 (hay trad. cast.: *Geografía histórica de la Nueva España, 1519-1821*, México, D. F., 1986), es fundamental para la historia de las encomiendas, corregimientos, fundaciones de ciudades, e instituciones y acontecimientos locales. Deben considerarse con especial atención los estudios de Lewis Hanke, *The Spanish Struggle for Justice in the Conquest of America*, Filadelfia, 1949 (hay trad. cast.: *La lucha por la justicia en la conquista española de América*, Buenos Aires, 1949), en el que se hace referencia a la campaña en favor del trato justo a los indígenas; y de Edward H. Spicer, *Cycles of Conquest: The Impact of Spain, Mexico and the United States on the Indians of the South-West 1533-1960*, Tucson, Arizona, 1962, donde se examina el tema del contacto entre blancos e indios en el norte de México y el suroeste de Estados Unidos.

El tratamiento clásico del tema de los esfuerzos de los frailes por convertir a los indígenas de México hacia 1570 se encuentra en Robert Ricard, *La «conquête spirituelle» du Mexique*, París, 1933 (hay trad. cast.: *La conquista espiritual de México*, México, D. F., 1947). Gran parte de las conclusiones a las que llega Ricard han sido refutadas. Un interesante e influyente contrapunto se encuentra en J. Jorge Klor de Alva, «Spiritual conflict and accommodation in New Spain: Toward a typology of Aztec responses to Christianity», en *The Inca and Aztec States 1400-1800: Anthropology and History*, editado por G. A. Collier, R. I. Rosaldo y J. D. Wirth, Nueva York, 1982, pp. 345-366. De igual importancia para el estudio de este primer período en la historia de las misiones en Nueva España, es el breve pero importante estudio de Miguel León-Portilla, *Los franciscanos vistos por el hombre náhuatl: Testimonios indígenas del siglo XVI*, México, D. F., 1985; la tan bien recibida nueva edición de la obra de Fray Toribio de Benavente (Motolinia), *Historia de los indios de la Nueva España*, hecha por Georges Baudot, Madrid, 1985; la excelente revisión y traducción inglesa de Mauricio J. Mixco del ya clásico estudio de Nicolau d'Olwer de 1952, *Fray Bernardino de Sahagún, 1499-1590*, Salt Lake City, 1987; y, sobre el mismo tema, un conjunto de interesantes ensayos incluidos en J. Jorge Klor de Alva, H. B. Nicholson y Eloise Quiñones, eds., *The Work of Bernardino de Sahagún, Pioneer Ethnographer of Sixteenth-Century Aztec Mexico*, Austin, Texas, 1988. Igualmente importantes son la edición facsimilar del *Confesionario mayor en la lengua mexicana y castellana* de Alonso de Molina, preparada en México, D. F., 1984, y complementada con un ensayo introductorio de Roberto Moreno; el revolucionario estudio de Louise M. Burkhart, *The Slippery Earth: Nahua-Chirstian Moral Dialogue in sixteenth-century Mexico*, Tucson, Arizona, 1989; y, referido a un período un poco posterior, Hernando Ruiz de Alarcón, *The Treatise of Ruiz de Alarcón (1629)*, editado y traducido por J. R. Andrews y R. Hassing, Norman, Oklahoma, 1984, que sin duda es la traducción inglesa más autorizada de este trabajo de 1629 y que terminó siendo un manual para los confesores de los indios y los extirpadores de idolatría. La literatura histórica existente sobre las misiones en el norte de México y las zonas fronterizas es tan extensa, que no se puede resumir aquí.

La época de las misiones en los Andes es mucho menos conocida que la correspondiente en México. Sin embargo, siguen siendo de utilidad Fernando de Armas Medina,

Cristianización del Perú, Sevilla, 1953; y Antonine Tibesar, *Franciscan Beginings in Colonial Peru (1532-1600)*, Washington, D. C., 1953. Dos discusiones que dan que pensar, sobre temas religiosos en el Perú del siglo XVI, son Sabine MacCormack, «"The Heart Has Its Reasons": Predicaments od Missionary Christianity in early colonial Peru», *HAHR*, 65, 3 (1985), pp. 443-466; y Carlos Sempat Assadourian, «Las rentas reales, el buen gobierno y la hacienda de Dios: El parecer de 1568 de Fray Francisco de Morales sobre la reformación de las Indias temporal y espiritual», *Histórica*, 9, 1 (1985), pp. 75-130. Véase también el estudio de Sabine MacCormack, *Religion in the Andes: Vision and Imagination in Early Colonial Peru*, Princeton, New Jersey, 1991. Pierre Duvios, *La lutte contre les religions autochtones dans le Pérou coloniale. «L'extirpation de l'idolatrie» entre 1532 et 1660*, Lima, 1971, traducido al español como *La destrucción de las religiones andinas*, México, D. F., 1977, continúa siendo un excelente punto de partida para el estudio de los esfuerzos de la Iglesia limeña por extirpar la idolatría durante el siglo XVI y la primera mitad del XVIII.

Algunos trabajos importantes sobre los tributos, la tierra y la mano de obra, desde un punto de vista mayoritariamente español, son: José Miranda, *El tributo indígena en la Nueva España durante el siglo XVI*, México, D. F., 1952; L. B. Simpson, *Exploitation of Land in Central Mexico in the Sixteenth Century*, Berkeley y Los Ángeles, 1952; François Chevalier, *La formation des grands domaines au Mexique: Terre et société aux XVIe-XVIIe siècles*, París, 1952 (hay trad. cast.: *La formación de los latifundios en México. Tierra y sociedad en los siglos XVI y XVII*, FCE, México, D. F., 1975); y la serie de introducciones a los volúmenes editados por Silvio A. Zavala y María Costelo, *Fuentes para la historia del trabajo en Nueva España*, México, D. F., 1939-1946, 8 vols. Un importante trabajo sobre la hacienda en Perú es Robert G. Keith, *Conquest and Agrarian Change: The Emergence of the Hacienda System on the Peruvian Coast*, Cambridge, Massachusetts, 1976. Un estudio general sobre la mano de obra es Juan A. y Judith E. Villamarín, *Indian Labor in Mainland Colonial Spanish America*, Newark, Delaware, 1975. Los artículos de James Lockhart, «Encomienda and hacienda: The evolution of the Great estate in the Spanish Indies», *HAHR*, 49, 3 (1969), pp. 411-429; y Robert G. Keith, «Encomienda, Hacienda and Corregimiento in Spanish America: A structural anaysis», *HAHR*, 51, 3 (1971), pp. 431-446, ofrecen otras líneas de estudio útiles. Para ampliar la información sobre este tema véase el octavo ensayo de este volumen. Sobre las relaciones entre los españoles y los indígenas, véanse el artículo de Elman R. Service, «Indian-European relations in colonial Latin America», *American Anthropologist*, n.° 57 (1955), pp. 411-425, y el tratamiento general que le da Magnus Mörner, en *Race Mixture in the History of Latin Amrerica*, Boston, 1967 (hay trad. cast.: *La mezcla de razas en la historia de América Latina*, Buenos Aires, 1969), son dignos de atención.

El estudio de la sociedad indígena bajo las condiciones del período colonial, debe mucho al trabajo seminal de los demógrafos de California L. B. Simpson, Sherburne F. Cook y Woodrow Borah, comenzado en los años 40 y que continúa hoy. Este trabajo ha sido publicado principalmente en las series Ibero-Americana. Véase el primer ensayo de esta *América Latina en la época colonial*. Borah ha investigado en especial los materiales demográficos originales, en estudios sobre la organización social indígena, los pagos de tributos, la mano de obra y los precios. Algunos de los más importantes trabajos recientes sobre la demografía indígena son las contribuciones de Linda A. Newton al estudio de Centroamérica, *The Cost of Conquest: Indian Decline in Honduras Under Spanish Rule*, Boulder, Colorado, 1987, e *Indian Survival in Colonial Nicaragua*, Norman, Oklahoma, 1987; y, sobre los Andes, Noble David Cook, *Demographic Colapse: Indian Peru, 1520-1620*, Cambridge, 1981; y Suzanne Austin Alchon, *Native Society and Disease in Colo-*

nial Ecuador, Cambridge, 1991 (hay trad. cast.: *Sociedad indígena y enfermedad en el Ecuador colonial*, Quito, 1996).

Pedro Carrasco, Joaquín Galarza, Hans J. Prem y otros, han realizado un interesante trabajo pionero en el análisis de los textos náhuatl y de los códices, vistos como herramientas para la comprensión de la estructura social indígena y de la historia social. Frances Karttunen y James Lockhart también han estudiado la historia colonial del lenguaje náhuatl en *Nahuatl in the Middle Years: Language Contact Phenomena in Texts of the Colonial Period*, Berkeley y Los Ángeles, 1976. Otra contribución importante es la publicación de dos ediciones bilingües (inglés-náhuatl, castellano-náhuatl) de las primeras actas del Cabildo de Tlaxcala: véase James Lockhart, Frances Berdan y Arthur J. O. Anderson, trads. y eds., *The Tlaxcalan Actas: A Compendium of the Records of the Cabildo of Tlaxcala, 1545-1627*, Salt Lake City, 1986; y Eustaquio Celestino Solís *et al.*, trads. y eds., *Actas del Cabildo de Tlaxcala, 1547-1567*, México, D. F., 1985. En la primera publicación se seleccionan veinticinco sesiones, mientras que en la segunda se presentan las actas completas de 184 reuniones del consejo indígena. Ambas ediciones contienen interesantes ensayos históricos. Una obra de consulta de gran valor, que proporciona una cronología de la erudición náhuatl desde 1546 hasta 1980, y un catálogo de los textos náhuatl impresos (unas 2.961 referencias), ha sido preparada por Ascensión H. de León-Portilla, *Tepuztlahcuilolli: Impresos en náhuatl: Historia y bibliografía*, México, D. F., 1988, 2 vols. También de gran interés es el trabajo de James Lockhart, *Nahuas and Spaniards: Postconquest Central Mexican History and Philology*, Stanford, California, 1991.

Algunos acercamientos a la sociedad indígena colonial en zonas particulares de México son Delfina López Sarrelangue, *La nobleza indígena de Pátzcuaro en la época virreinal*, México, D. F., 1965; Charles Gibson, *Tlaxcala in the Sixteenth Century*, New Haven, Connecticut, 1952 (hay trad. cast.: *Tlaxcala en el siglo XVI*, FCE, México, D. F., 1991), y *The Aztecs under Spanish Rule*, Stanford, California, 1964 (hay trad. cast.: *Los Aztecas bajo el dominio español*, México, 1996); William B. Taylor, *Landlord and Peasant in Colonial Oaxaca*, Stanford, California, 1972, y *Drinking, Homicide and Rebellion in Colonial Mexican Villages*, Stanford, 1979 (hay trad. cast.: *Embriaguez, homicidio y rebelión en las poblaciones coloniales mexicanas*, FCE, México, D. F., 1987); la ampliación de la edición original de 1967 del estudio de Ronald Spores sobre la alta Mixteca, *The Mixtecs in Ancient and Colonial Times*, Norman, Oklahoma, 1984; la colección de estudios editada por Ida Altman y James Lockhart, *Provinces of Early Mexico*, Berkeley y Los Ángeles, 1976; y James Lockhart, *The Nahuas after the Conquest. A Social and Cultural History of the Indians of Central Mexico, Sixteenth to Eighteenth Centuries*, Stanford, 1992 (hay trad. cast.: *Los nahuas después de la conquista: historia social y cultural de los indios del México central, del siglo XVI al XVIII*, FCE, México, D. F., 1999). John K. Chance, *Conquest of the Sierra: Spaniards and Indians in colonial Oaxaca*, Norman, Oklahoma, 1989 (hay trad. cast.: *La conquista de la Sierra: Españoles e indígenas de Oaxaca en la época de la Colonia*, México, 1998), es un trabajo en el que su autor amplía su campo de investigación al distrito de Villa Alta, en las tierras negras o cultivables de la Oaxaca rural; S. L. Cline, *Colonial Culhuacán, 1580-1600: a Social History of an Aztec Town*, Albuquerque, Nuevo México, 1986, nos permite comprender mejor el parentesco y la propiedad en la sociedad indígena colonial; y Arij Ouweneel y Simon Miller, eds., *The Indian Community of Colonial Mexico: Fifteen essays on Land Tenure, Corporate Organizations, Ideology and Village Politics*, Amsterdam, 1990. Dos notables estudios de Robert S. Haskett sobre Cuernavaca, determinan el continuismo y las transformaciones de las estructuras políticas nahua en la época colonial: «Indian town government in colonial Cuernavaca: Persistence, adaptation and change», *HAHR*, 67, 2 (1987), pp. 203-231, y «Living in two worlds: Cultural continuity and change among Cuernavaca's ruling elite», *Ethnohistory*, 35, 1 (1988), pp. 34-59. Susan Kellogg determina los patrones heredados del período posterior a la conquista en «Aztec inheritance in sixteenth-century Mexico City: Colonial patterns, prehispanic influences», *Ethnohistory*, 33, 3 (1986), pp. 313-330. También merecen especial atención Serge Gruzinski, *La colonisation de l'imaginaire: Sociétés indigènes et occidentalisation dans le Mexique espagnol, XVIe-XVIIIe siècles*, París, 1988 (hay trad. cast.: *La colonización de lo imaginario: sociedades indígenas y occidentalización en el México español, siglos XVI-XVIII*, FCE, México, D. F., 1991). Los primeros cuatro capítulos del libro del mismo autor *Man-Gods in the Mexican Highlands: Indian Power and Colonial Society, 1520-1800*, Stanford, California, 1989, exploran cuatro extraordinarios estudios de caso de los indígenas en la colonia.

Los estudios sobre el resto de Mesoamérica también han aumentado. En primer lugar, destacamos algunas fuentes primarias de gran utilidad: una nueva edición de la traducción hecha por Ephraim G. Squier en 1860 de Diego García de Palacio, *Letter to the King of Spain: Being a Description of the Ancient Provinces of Guazacapan, Izalco, Cuscatlan and Chuquimula, in the Audiencia of Guatemala*, que está acompañada de notas complementarias de A. von Frantzius y Frank E. Comparato, Culver City, California, 1985, y una edición facsimilar en castellano del original de García de Palacio, editada por María del Carmen León Cázeres, México, D. F., 1983; la memoria de 1639 de Antonio de León Pinelo, traducida y anotada por Doris Zemurray Stone en 1932, *Report Made in the Royal Council of the Indies: On the Pacification and Population of the Provinces of the Manche and Lacandon*, reeditada con algunas notas adicionales de Frank, E. Comparato, Culver City, California, 1986. De la bibliografía secundaria en inglés, Nancy M. Farriss, *Maya Society Under Colonial Rule: The Collective Enterprise of Survival*, Princeton, New Jersey, 1984 (hay trad. cast.: *La sociedad maya bajo el dominio colonial: la empresa colectiva de la supervivencia*, Madrid, 1992); e Inga Clendinnen, *Ambivalent Conquests: Maya and Spaniard in Yucatan, 1517-1570*, Cambridge, 1987, son dos textos esenciales. Un trabajo modelo de geografía histórica es W. George Lovell, *Conquest and Survival in Colonial Guatemala: A Historical Geography of the Cuchumatán Highlands, 1500-1821*, Montreal, 1985. Como complemento, véanse Grant D. Jones, *Maya Resistance to Spanish Rule: Time and History on a Colonial Frontier*, Albuquerque, Nuevo México, 1989; Elías Zamora Acosta, *Los mayas de las tierras altas en el siglo XVI: Tradición y cambio en Guatemala*, Sevilla, 1985; y Severo Martínez Peláez, *Motines de indios: La violencia colonial en Centroamérica y Chiapas*, Puebla, México, 1985, en los que se estudian las diferentes reacciones de las culturas indígenas a la dominación española.

Aunque el alcance de las investigaciones de la Mesoamérica colonial es simplemente admirable, no se puede decir que los estudios contemporáneos sobre la zona andina se hayan quedado rezagados. Los trabajos de este tipo sobre Suramérica comenzaron tarde, aunque las investigaciones recientes están teniendo rápidos progresos. Un estudio pionero fue el de Georg Kubler, «The Quechua in the colonial world», incluido en el segundo volumen (1946) del ya mencionado *Handbook of South american Indians*. Un buen número de estudios sobre el siglo XVI de María Rostworowski de Diez Canseco, particularmente *Estructuras andinas del poder: Ideología religiosa y política*, Lima, 1983, y los ensayos de John V. Murra incluidos en *Formaciones económicas y políticas del mundo andino*, Lima, 1975, junto con la cuidadosa edición hecha por este autor de las *visitas* del siglo XVI, han resultado igualmente influyentes. Nathan Wachtel, *La vision des vaincus*, París, 1971 (hay trad. cast.: *Los vencidos. Los indios del Perú frente a la conquista española, 1530-1570*, Madrid, 1976), es un análisis estructuralista con mucha imaginación, y amplio de espectro, de la vida y el pensamiento indígenas en Perú; y el trabajo ya mencionado de Pierre Duviols *La Lutte contre les religions* (hay trad. cast.: *La destrucción de las religiones andinas* [*Conquista y Colonia*], México, D. F., 1977) ha dejado un muy buen nivel para futuros investigadores. Dentro de la literatura en pleno desarrollo, dos monografías importantes e influyentes son Karen Spalding, *Huarochirí: An andean Society Under Inca and Spanish Rule*, Stanford, California, 1984; y Steve J. Stern, *Peru's Indian Peoples and the Challenge of Spanish Conquest: Huamanga to 1640*, Madison, Wisconsin, 1982 (hay trad. cast.: *Los pueblos indígenas del Perú y el desafío de la conquista española: Huamanga hasta 1640*, Madrid, 1987). La edición crítica de *El primer nueva corónica y buen gobierno* de Guamán Poma de Ayala, preparada por John V. Murra, Rolena Adorno y George L. Urioste, México, D. F., 1980, es una importante fuente primaria. El trabajo de Rolena Adorno, *Guaman Poma: Writing and Resistance in Colonial Peru*, Austin, Texas, 1986, en el que se determinan las influencias de este importante cronista, junto con su ensayo sobre los indios ladinos incluido en el volumen ya mencionado editado por Kenneth J. Andrien y Rolena Adorno, son lecturas bastante gratificantes. Hay dos interesantes ensayos sobre los jefes indios locales en el período colonial, elaborados a partir de las conclusiones a las que llegaron Spalding y Stern sobre este tema, y basados en informaciones sobre la región de Lambayeque, en la costa norte: Susan E. Ramírez, «The *dueño de indios*: Thoughts on the consequences of shifting bases of power of the *curaca de los antiguos* under the Spanish in sisxteenth-century Peru», *HAHR*, 67, 4 (1987), pp. 575-610; y, cambiando un poco la descripción negativa hecha por Guamán Poma del *kuraka* colonial como un oportunista y usurpador, Thierry Saignes, «De la borrachera al retrato: Los caciques andinos entre dos legitimidades -Chacras», *Revista Andina*, 5, 1 (1987), pp. 139-170. Ann M. Wightman, *Indigenous Migration and social Change: The* Foresteros *of Cuzco, 1570-1720*, Durham, Carolina del Norte, 1990, abre nuevos caminos sobre el movimiento indígena y sobre la suerte que corrió la política española de la *reducción*; y la controvertida síntesis de Irene M. Silverblatt, *Moon, Sun and Witches: Gender Ideologies and Class in Inca and Colonial Peru*, Princeton, New Jersey, 1987 (hay trad. cast.: *Luna, Sol y Brujas: Ideologías de Género y Clase en Los Andes Prehispánicos y Coloniales*, Cuzco, 1990), centrada en el poder de la mujer y en los efectos de sucesivas conquistas y fortalecimientos en las mujeres de la zona Andina. Un buen número de excelentes ensayos sobre viejos y nuevos temas, aparece en Kenneth J. Andrien y Rolena Adorno, eds., *Transatlantic Encounters: Europeans and Andeans in the Sixteenth Century*, Berkeley, 1991. Y Bruce Mannheim ha publicado una novedosa y valiosa historia del Quechua hablado en el sur de Perú, en *The Language of the Inka Since the European Invasion*, Austin, Texas, 1991.

En el terreno de las fuentes primarias de fácil acceso, uno de los documentos más importantes sobre la religión y la cultura de los Andes coloniales, y que todavía sigue siendo ignorado fuera de los círculos académicos dedicados al estudio de los Andes, es el llamado *Manuscrito Huarochirí*. Pues bien, ha sido publicado en un gran número de excelentes ediciones críticas: véanse Gérald Taylor, ed. y trad., *Ritos y tradiciones de Huarochirí: Manuscrito quechua de comienzos del siglo XVII*, Lima, 1987, que incluye un interesante estudio biográfico del más famoso extirpador de idolatrías, Francisco de Ávila, escrito por Antonio Acosta; y la traducción y edición inglesas de Frank Salomon y George L. Urioste, *The Huarochirí Manuscript: A Testament of Ancient and Colonial Andean Religion*, Austin, Texas, 1991, contiene un ensayo informativo de Salomon que ayuda a la contextualización del documento. Luis Millones, cuyos artículos de los años 60 y cuya publicación de las *Informaciones* de Cristóbal de Albornoz en 1971 dieron importancia al levantamiento de los Taki Onqoy de 1560, ha agrupado un número significativo de documentos y estudios sobre el todavía fascinante movimiento en la zona central del sur de Perú: *El re-*

torno de las huacas: estudios y documentos sobre el Taki Onqoy, siglo XVI, Lima, 1990. Véase también Henrique Urbano y Pierre Duviols, *C. de Molina, C. de Albornoz: Fábulas y mitos de los Incas*, Madrid, 1989. Otra colección de gran importancia para los estudiosos de la historia religiosa de Perú es el extraordinario conjunto de procesos de idolatría durante el siglo XVII en el arzobispado de Lima, compilado por Pierre Duviols, ed., *Cultura andina y represión: Procesos y visitas de idolatrías y hechicerías Cajatambo, siglo XVII*, Cuzco, 1986. El importante descubrimiento de la totalidad de la crónica de Juan de Betanzos de 1551 sobre Cuzco (se conocían sólo 18 de los 82 capítulos) ha sido publicado como *Suma y narración de los incas*, transcrito y editado por María del Carmen Martín Rubio, Madrid, 1987. Este trabajo se ha hecho a partir del testimonio de la esposa inca de Betanzos, Cuxirimay Ocllo, bautizada Angelina Yupanqui, y se ocupa del período comprendido entre la reorganización del Tahuantinsuyu hecha por el Inca Pachacuti, y el primer período colonial y la conformación del nuevo estado inca.

Tres diferentes tipos de rebelión son el objeto de discusión en Steve J. Stern, ed., *Resistance, Rebellion and Consciousness in the Andean Peasant World (18th to 20th centuries)*, Madison, Wisconsin, 1987, colección en la que se incluye un conjunto de importantes contribuciones a la historiografía de mediados y finales del período colonial. El ensayo introductorio de Stern trata de situar los pueblos andinos en un amplio marco comparativo. También con miras a considerar la insurrección colonial tardía como prólogo de la independencia, Scarlett O'Phelan Godoy ha escrito su trabajo *Rebellions and Revolts in Eighteenth-Century Peru und Upper Peru*, Viena, 1985. Dignos de una especial mención en el contexto de las esperanzas y sueños de este momento de la historia de los Andes coloniales, son los revolucionarios estudios de Alberto Flores Galindo, *Buscando un Inca: Identidad y utopía en los Andes*, La Habana, 1986, Lima, 1987; y Manuel Burga, *Nacimiento de una utopía: Muerte y resurrección de los incas*, Lima, 1988.

Sobre los pueblos de las tierras bajas suramericanas durante los años de la colonia, dentro del gran número de estudios que existen como para ser detallados aquí, véanse especialmente, la importante síntesis hecha por France Marie Renard-Casevitz, Thierry Saignes y A. C. Taylor, eds., *L'Inca, l'espagnol et les sauvages: Rapports entre las sociétés amazoniennes et andines du XVe au XVIIe siècle*, París, 1986; la compilación de fuentes primarias de los grupos que habitaron lo que hoy corresponde al nororiente de Perú y el oriente de Ecuador, Francisco Figueroa *et al.*, *Informes de jesuitas en el Amazonas, 1660-1684*, Iquitos, 1986; y sobre la región que se encuentra más allá del noreste, Neil L. Whitehead, *Lords of the Tiger Spirit: A History of the Caribs in Colonial Venezuela and Guyana, 1498-1820*, Providence, Rhode Island, 1988.

5. *La minería en la Hispanoamérica colonial*

Todavía no existe un libro general sobre la minería en Hispanoamérica durante el período colonial. El único intento en este sentido es el trabajo de Carlos Prieto, *La minería en el Nuevo Mundo*, Revista de Occidente, Madrid, 1968. Sin embargo, D. A. Brading y Harry E. Cross, «Colonial silver mining: Mexico and Peru», *HAHR*, 52, 4 (1972), pp. 545-579; y Alvaro Jara, *Tres ensayos sobre economía minera hispanoamericana*, Santiago, 1966, son dos trabajos que abundan en agudas observaciones. Sobre la producción de la plata durante todo el período colonial, véase Richard. L. Garner, «Long-term silver mining trends in Spanish America: A comparative analysis of Peru and Mexico», *AHR*, 93, 4 (1988), pp. 898-935. Adám Szászdi, «Preliminary estimates of gold and silver production in America, 1501-1610», en Hermann Kellengenz, *Precious Metals in the Age of Expan-*

sion, Stuttgart, 1981, proporciona cálculos más precisos sobre el primer siglo de la colonia. Modesto Bargalló, *La minería y la metalurgia en la América española durante la época colonial*, México, D. F., 1955, se dedica a los aspectos técnicos de la minería y la metalurgia, tema sobre el cual este trabajo sigue siendo el más accesible. Sobre los antecedentes españoles de la minería colonial, véase el riguroso trabajo de Julio Sánchez Gómez, *De minería metalúrgica y comercio de metales: La minería no férrica en el Reino de Castilla, 1450-1610*, Salamanca, 1989, 2 vols.

La bibliografía fundamental es la de Eugenio Maffei y Ramón Rúa Figueroa, *Apuntes para una biblioteca española de libros, folletos y artículos, impresos y manuscritos, relativos al conocimiento y explotación de las riquezas minerales y a las ciencias auxiliares*, Madrid, 1871, 2 vols., con una reimpresión del VI congreso Internacional de Minería, volúmenes II y III, León, 1970. Este trabajo puede complementarse con el de Justo García Morales, *Apuntes para una bibliografía minera española e iberoamericana (1870-1969)*, VI Congreso Internacional de Minería, volumen IV, León, 1970. Una valiosa actualización es la de Frédérique Langue, «Bibliografía minera colonial», *Suplemento de Anuario de Estudios Americanos*, 45, 1 (1988), Sevilla, pp. 137-162.

Solamente existe una importante colección de documentos coloniales especializados en minería: Modesto Bargalló, *La amalgamación de los minerales de la plata en Hispanoamérica colonial*, México, D. F., 1969. Hay varios tratados e historias coloniales sobre la minería, o relacionados con ella, de fácil acceso. Entre éstos cabe destacar: Francisco Xavier de Gamboa, *Comentarios a las Ordenanzas de Minas*, Madrid, 1761, es un buen trabajo sobre asuntos técnicos y legales; Fausto de Elhúyar, *Memoria sobre el influjo de la minería en la Nueva España*, Madrid, 1825, e *Indagaciones sobre la amonedación en la Nueva España*, Madrid, 1816; José Garcés y Equía, *Nueva teórica y práctica del beneficio de los metales*, México, D. F., 1802, con una reimpresión de 1977; Alexander von Humboldt, *Political Essays on the Kingdom of New Spain*, Londres, 1811-1822, 4 vols. (hay trad. cast.: *Ensayo político sobre el Reino de la Nueva España*, México, D. F., 1966). Sobre América del Sur, véase Luis Capoche, *Relación general de la Villa Imperial de Potosí*, Madrid, 1959, que es fundamental para el estudio de Potosí hasta aproximadamente 1585; véanse también sobre Potosí, García de Llanos, *Diccionario y maneras de hablar que se usan en las minas y sus labores, en los ingenios y beneficios de los metales (1609)*, La Paz, 1983; Alvaro Alonso Barba, *Arte de metales*, Madrid, 1640, es un notable tratado del siglo XVII sobre minería escrito por un sacerdote de Charcas; Bartolomé Arzáns de Orsúa y Vela (1676-1738), *Historia de la Villa Imperial de Potosí*, Providence, Rhode Island, 1965; Pedro Vicente Cañere y Domínguez, *Guía histórica, física, política, civil y legal del Gobierno e Intendencia de la Provincia de Potosí* (1787), Potosí, 1952. De igual importancia, Georgius Agricola, *De re metallica* (Basilea, 1556), traducción inglesa, Londres, 1912 (hay trad. cast.: *De re metallica: de la minería y los metales*, Madrid, 1992), con reimpresión en Nueva York, 1950, que es un trabajo muy influyente en Hispanoamérica.

De todas las regiones de Hispanoamérica, tal vez sea Nueva España la que ha atraído la mayor atención de los modernos historiadores de la minería. Henry R. Wagner, «Early silver mining in New Spain», *RHA*, n.º 14 (1942), pp. 49-71, estudia las primeras décadas. Los comienzos del amalgamamiento son analizados en Alan Probert, «Bartolomé de Medina: The patio process and the sixteenth-century silver crisis», *Journal of the West*, n.º 8 (1969), pp. 90-124. Varios distritos individuales han sido estudiados en Robert C. West, *The Mining Community of Northern New Spain: The parral Mining District*, Berkeley y Los Ángeles, 1949; Oscar Alatriste, *Desarrollo de la industria y la comunidad minera de Hidalgo del Parral durante la segunda mitad del siglo XVIII (1765-1810)*, México, D. F., 1983; P. J. Bakewell, *Silver Mining and Society in Colonial Mexico: Zacatecas 1546-*

1700, Cambridge, 1971 (hay trad. cast.: *Minería y sociedad en el México colonial: Zacatecas [1546-1700]*, México, D. F., 1976); Philip L. Hadley, *Minería y sociedad en el centro minero de Santa Eulalia, Chihuahua (1709-1750)*, México, D. F., 1975; D. A. Brading, *Miners and Merhcants in Bourbon Mexico, 1763-1810*, Cambridge, 1971 (hay trad. cast.: *Mineros y comerciantes en el México borbónico [1763-1810]*, México, D. F., 1975), que trata particularmente de Guanajuato pero que también tiene en cuenta otros centros y diversos temas relacionados con la minería. John H. Coatsworth analiza la producción de plata desde una perspectiva económica, en «The Mexican mining industry in the eighteenth century», en Nils Jacobsen y Hans-Jürgen Puhle, eds., *The Economies of Mexico and Peru During the Late colonial Period, 1760-1810*, Berlín, 1986, pp. 26-45. Doris M. Ladd nos ofrece una novedosa historia de la mano de obra en *The Making of a Strike: Mexican Silver Workers in Real del Monte, 1766-1775*, Lincon, Nebraska, 1988 (hay trad. cast.: *Génesis y desarrollo de una huelga. La lucha de los mineros de la plata en Real del Monte, 1766-1775*, México, 1995); y Elinore M. Barrett propone una ruptura respecto a la plata en *The Mexican colonial copper Industry*, Albuquerque, Nuevo México, 1987. Walter Howe, *The Mining Guild of New Spain and Its Tribunal General, 1770-1810*, Cambridge, Massachusetts, 1949, es un trabajo bastante riguroso. El *Ensayo político* de Humboldt todavía es fundamental para el estudio del siglo XVIII. Véase también Miguel León-Portilla et al., *La minería en México*, México, D. F., 1978.

La minería en Centroamérica es tratada por Murdo J. MacLeod en *Spanish Central America: A Socioeconomic History, 1520-1720*, Berkeley y Los Ángeles, 1973 (hay trad. cast.: *Historia socio-económica de América Central*, Guatemala, 1980); y por Linda A. Newson en *The Cost of conquest: Indian Decline in Honduras under Spanish rule*, Boulder, Colorado, 1986, e *Indian Survival in Colonial Nicaragua*, Norman, Oklahoma, 1987. Sobre la Nueva Granada, véanse especialmente Robert C. West, *Colonial Placer Mining in Colombia*, Baton Rouge, Louisiana, 1952 (hay trad. cast.: *La minería de aluvión en Colombia durante el período colonial*, Bogotá. 1972); Germán Colmenares, *Historia económica y social de Colombia, 1537-1719*, Medellín, 1976, y *Cali: Terratenientes, mineros y comerciantes, siglo XVIII*, Cali, 1975; William F. Sharp, *Slavery on the Spanish Frontier: The Colombian Chocó, 1680-1810*, Norman, Oklahoma, 1976; y Ann Twinam, *Miners, Merchants and Farmers in Colonial Colombia*, Austin, Texas, 1982 (hay trad. cast.: *Mineros, comerciantes y labradores: las raíces del espíritu empresarial en Antioquia, 1763-1810*, Medellín, 1985). Sobre Quito se ha escrito muy poco, aunque Aquiles R. Pérez, *Las mitas en la Real Audiencia de Quito*, Quito, 1947, contiene información útil sobre la minería y sobre la mano de obra. Véase también Alfonso Anda Aguirre, *Zaruma en la colonia*, Quito, 1960.

El trabajo más completo sobre la extracción de cobre en Perú (dentro de sus actuales fronteras) es John R. Fisher, *Silver Mines and Silver Miners in Colonial Peru, 1776-1824*, Liverpool, 1977 (hay trad. cast.: *Minas y mineros en el Perú colonial 1776-1824*, Lima, 1977). En Carlos Sempat Assadourian et al., *Minería y espacio económico en los Andes, siglos XVI-XX*, Lima, 1980, se plantean un conjunto de aproximaciones y problemas teóricos sobre el tema. Miguel Molina Martínez, *El Real Tribunal de Minería de Lima (1785-1821)*, Sevilla, 1986, se concentra especialmente en el estudio de la administración minera en Perú durante los últimos años de la colonia, aunque también se refiere a los aspectos operacionales de la extracción de la plata.

En los últimos años Potosí ha llamado mucho la atención de los investigadores, aunque todavía esté por hacerse un trabajo general en el que se dibujen todas las rutas de investigación que se han seguido. Josep María Barnadas, *Charcas, 1535-1565: Orígenes históricos de una sociedad colonial*, La Paz, 1973, es bastante informativo en relación con el estudio de los primeros años de la minería de Chacras, en general, y de Potosí, en particular. La introducción hecha por Lewis Hanke y Gunnar Mendoza L. a la *Historia* de Arzáns, es la propuesta más cercana que se ha hecho hasta ahora a lo que podría ser una historia general de la ciudad. Un trabajo general de hace ya varios años, pero ahora disponible en una traducción castellana, es el de Gwendolin B. Cobb, *Potosí y Huancavelica: Bases aconómicas del Perú, 1545-1640*, La Paz, 1977. El trabajo de los indios en la extracción es el tema de Jeffrey A. Cole, *The Potosí Mita, 1573-1700: Compulsory Indian Labor in the Andes*, Stanford, California, 1985; Peter Bakewell, *Miners of the Red Mountain: Indian Labor in Potosí, 1545-1650*, Albuquerque, Nuevo México, 1984 (hay trad. cast.: *Los mineros de la montaña roja. El trabajo de los indios en Potosí, 1545-1650*, Madrid, 1989); Jorge Basadre, «El régimen de la mita», *Letras*, Lima, 1937, pp. 325-363; y varios trabajos de Enrique Tandeter, dentro de los que cabe destacar, «Forced and free labour in late colonial Potosí», *Past and Present*, n.º 93 (1981), pp. 98-136, y «La producción como actividad popular: "Ladrones de minas" en Potosí», *Nova Americana*, n.º 4 (1981), pp. 43-65. Asuntos como la producción, la tecnología y el capital son ampliamente analizados en Gastón Arduz Eguía, *Ensayos sobre la historia de la minería altoperuana*, Madrid, 1985; y en Peter Bakewell, *Silver and Entrepreneurship in Seventeenth-Century Potosí: The Life and Times of Antonio López de Quiroga*, Albuquerque, Nuevo México, 1988 (hay trad. cast.: *Plata y empresa en el Potosí del siglo XVII: la vida y época de Antonio López de Quiroga*, Pontevedra, 1988). Sobre Potosí en los últimos años de la colonia, véase Rose Marie Buechler, *The Mining Society of Potosí, 1776-1810*, Ann Labor, Michigan, 1981.

Sobre Chile, Ernesto Greve, «Historia de la amalgamación de la plata», *Revista Chilena de Historia y Geografía*, n.º 102 (1943), pp. 158-259, es más general de lo que indica su título. Marcello Carmagnani, en *El salario minero en Chile colonial: Su desarrollo en una sociedad provincial: El Norte Chico, 1690-1800*, Santiago, 1963, describe la minería y el trabajo en un importante distrito rico en oro. El trabajo del mismo autor *Les mécanismes de la vie économique dans une société coloniale: Le Chili, 1680-1830*, París, 1973 (hay trad. cast.: *Los mecanismos económicos en una sociedad señorial. Chile, 1680-1830*, Santiago, 2000) también hacen referencia a la minería. En Luz María Méndez Beltrán, *Instituciones y problemas de la minería en Chile, 1787-1826*, Santiago, 1979, se tratan los problemas de la organización, las finanzas y la tecnología en la minería chilena durante los últimos años de la colonia.

Sobre las minas de mercurio, véase sobre todo M. F. Lang, *El monopolio estatal del mercurio en el México colonial (1550-1710)*, México, D. F., 1977; y Guillermo Lohmann Villena, *Las minas de Huancavelica en los siglos XVI y XVII*, Sevilla, 1949. Sobre la historia social de Huancavelica, el breve trabajo de Carlos Contreras, *La ciudad del mercurio: Huancavelica, 1570-1700*, Lima, 1982, tiene gran valor. Sobre el siglo XVIII, véase Arthur P. Whitaker, *The Huancavelica Mercury Mine*, Cambridge, Massachusetts, 1941; y Antonia Heredia Herrera, *La renta del azógue en Nueva España: 1709-1751*, Sevilla, 1978. Sobre Almadén, véase el estudio de A. Mantilla Tascón, *Historia de las minas de Almadén*, Madrid, 1958, 1987, 2 vols.

6. *Formación y estructura económica de la hacienda en Nueva España*

El estudio de la hacienda como una unidad productiva en la creación de nuevas formas de explotación del suelo y de la mano de obra, es un fenómeno relativamente reciente en México. Lesley B. Simpson, *Exploitation of land in Central Mexico in the Sixteenth century*, Berkeley y Los Ángeles, 1952, ilustra con datos cuantitativos la impresionante conversión temprana de las tierras indígenas en empresas agrícolas y ganaderas, apropiadas y administradas por los españoles. François Chevalier, *La formation des grands domaines au Mexique*, París, 1952 (hay trad. cast.: *La formación de los grandes latifundios en México*, México, D. F., 1956), continuó el interés tradicional en torno a las formas de tenencia de la tierra (como por ejemplo: Helen Phipps, *Some Aspects of the Agrarian Question in Mexico*, Austin, Texas, 1925; George McCutchen McBride, *The Land Systems of Mexico*, Nueva York, 1923; Silvio Zavala, *De encomienda y propiedad territorial en algunas regiones de la América española*, México, D. F., 1940, reimpreso en *Estudios Indianos*, México, D. F., 1948, 1984^2; y Jesús Amaya Tapete Ameca, *Protofundación mexicana*, México, D. F., 1951, que sin duda dio una nueva dimensión a los estudios de la propiedad de la tierra y la agricultura. Chevalier, utilizando una amplia variedad de archivos privados y oficiales, reconstruyó los procesos principales que influyeron en la formación del latifundio, trazó su desarrollo a lo largo del período, y relacionó la expansión de la hacienda con el desarrollo general de la colonia y, en particular, con el establecimiento de una nueva estructura económica.

Aunque todavía el tema dominante sigue siendo el de la propiedad de la tierra, la mayoría de los estudios recientes contienen análisis sobre la producción y la productividad, sistema de trabajo, tecnología, administración, mercado, y otros aspectos de carácter micro y macroeconómico. Una exposición detallada de los temas y los puntos de vista de tales estudios se puede encontrar en la síntesis preparada por Magnus Mörner, «The Spanish American hacienda: A survey of recent research and debate», *HAHR*, 53, 1 (1973), pp. 183-216 (hay trad. cast.: «La hacienda hispanoamericana: examen de las investigaciones y debates recientes», en E. Florescano, comp., *Haciendas, Latifundios y Plantaciones en América Latina*, México, D. F., 1975, pp. 15-48); Reinhard Liehr, «Orígenes, evolución y estructura socioeconómica de la hacienda hispanoamericana», *Anuario de estudios Americanos*, n.º 33 (1976), pp. 527-577; y Eric Van Young, «Mexican rural history since Chevalier», *LARR*, 18, 3 (1983), pp. 5-61, una reseña de treinta años de literatura histórica de la historia rural de México durante la colonia. Véase también, Eric Van Young, «The age of paradox: Mexican agriculture at the end of the colonial period, 1750-1810», en Nils Jacobsen y Hans-Jürgen Puhle, eds., *The economies of Mexico and Peru during the Late Colonial Period, 1760-1810*, Berlín, 1986, que es una excelente mirada de conjunto. El intento por definir de manera más precisa las características económicas de la hacienda, y determinar las diferencias entre ésta y el latifundio, la plantación y otras instituciones, ha sido también reciente. Este intento por llegar a una definición más rigurosa fue iniciado por Eric R. Wolf y Sidney W. Mintz en «Haciendas and plantation in Middle America and the Antilles», *Social and Economic Studies*, n.º 6 (1957), pp. 380-412 (hay trad. cast.: «Haciendas y plantaciones en Mesoamérica y las Antillas», en F. Florescano, comp., *Haciendas, Latifundios...*, pp. 493-531). Aunque de modo irregular, esta cuestión ha sido profundizada en los últimos años. Véanse, por ejemplo, James Lockhart, «Encomienda and hacienda: The evolution of the great estate in the Spanish Indies», *HAHR*, 49, 3 (1969), pp. 411-429; Robert G. Keith, «Encomienda, hacienda and corregimiento in Spanish America: A structural analysis», *HAHR*, 51, 3 (1971), pp. 431-446, y su introducción al trabajo colectivo que él mismo editó, *Haciendas and Plantations in Latin American History*, Nueva York, 1977, pp. 1-35.

Desde 1970, el análisis de los problemas agrícolas durante la colonia ha tomado la forma de estudios regionales, y más específicamente, de monografías centradas en una o más haciendas. A lo largo de estos años han aparecido monografías en las que además de describirse la formación de este tipo de propiedad de la tierra, se han abordado de una manera más profunda los problemas de producción, mano de obra, mercado, e influencia de los terratenientes en la vida política y social de la región. Charles Gibson, en *The Aztecs under Spanish Rule: A History of the Indians of the Valley of Mexico, 1519-1810*, Stanford, California, 1964 (hay trad. cast.: *Los Aztecas bajo el dominio español*, México, D. F., 1996), creó un modelo de análisis académico a nivel regional, que ha sido adoptado por muchos investigadores interesados en cuestiones agrícolas. El trabajo colectivo, *Haciendas, latifundios y plantaciones en América Latina*, México, D. F., 1975, editado por Enrique Florescano, reúne una serie de ensayos en los que se tratan temas como la porpiedad, producción, mano de obra, mercados en diversas propiedades privadas y haciendas jesuitas, siendo estas últimas preferidas por la riqueza y accesibilidad de sus archivos. Ward Barrett publicó uno de los mejores estudios existentes sobre la economía de la hacienda azucarera, *The Sugar Hacienda of the Marqueses del Valle*, Mineápolis, 1970 (hay trad. cast.: *La hacienda azucarera de los marqueses del valle, 1535-1910*, México, D. F., 1977), en el que pone especial atención a los aspectos técnicos y administrativos de la hacienda, así como a los costos laborales y la productividad. Véase también Gisela von Wobeser, *La hacienda azucarera en la época colonial*, México, D. F., 1988. Sin embargo, la mayor parte de los estudios se ha concentrado en las haciendas propiedad de los jesuitas: Ursula Edwald, *Estudios sobre la hacienda colonial en México: Las propiedades rurales del Colegio Espíritu Santo en Puebla*, Wiesbaden, 1970; James D. Riley, *Hacendados jesuitas en México*, México, D. F., 1976; Herman K. Konrad, *A Jesuit Hacienda in Colonial Mexico: Santa Lucía, 1576-1767*, Stanford, California, 1980 (hay trad. cast.: *Una hacienda de los jesuitas en México colonial: Santa Lucía, 1576-1767*, FCE, México, D. F., 1989).

También son numerosos los estudios que examinan la formación y desarrollo de una o más haciendas durante largos períodos. Véanse, por ejemplo, Jan Bazant, *Cinco haciendas mexicanas*, México, D. F., 1974; Edith Boorstein Couturier, *La hacienda de Hueyapan, 1559-1936*, México, D. F., 1976; Enrique Semo, ed., *Siete ensayos sobre la hacienda mexicana, 1780-1880*, México, D. F., 1977. Estas monografías junto con otros estudios de carácter económico han motivado el análisis de los problemas agrarios región por región. William B. Taylor, *Landlord and Peasant in Colonial Oaxaca*, Stanford, California, 1972, es un estudio importante en el que se señala un marcado contraste entre el desarrollo de las propiedades indígenas y las españolas en esta región, y las conclusiones a las que llegaron Chevalier, Gibson y otros autores respecto al centro y norte de México. En cuanto a la extensa región ganadera del norte, Charles H. Harris ha escrito un trabajo fundamental, en el que se traza la historia política, económica y social de un gran latifundio, propiedad de una sola familia, en *A Mexican family empire, The latifundio of the Sánchez Navarro family, 1765-1867*, Austin, Texas, 1975 (hay trad. cast.: *El imperio de la familia Sánchez Navarro, 1765-1867*, Monterrey, 1989). La zona de Puebla-Tlaxcala ha sido objeto de un continuo escrutinio por parte de un grupo de investigadores alemanes, que han publicado estudios tales como el ya citado de Ursula Edwald, o el de Hans J. Prem, *Milpa y hacienda: Tenencia de la tierra indígena y española en la cuenca del Alto Atoyac, Puebla, México 1520-1650*, Wiesbaden, 1978. Entre estos estudios, cabría señalar también el de Herbert J. Nickel, *Soziale Morphologie der Mexikanischen Hacienda*, Wiesbaden, 1978, traducido al castellano como *Morfología social de la hacienda mexicana*, México, D. F., 1988, en el que se nos proporciona un modelo general de la hacienda mexicana y se lo compara con el de Puebla-Tlaxcala. Véase también su *Relaciones de trabajo en las haciendas de Puebla y Tlaxcala, 1740-1914*, México, D. F., 1987. Uno de los mejores trabajos que se han escrito sobre el origen y posterior desarrollo de una hacienda en una región particular es el de Robert Patch, «La formación de estancias y haciendas en yucatán durante la colonia», *Boletín de la Escuela de Ciencias Antropológicas de la Universidad de Yucatán*, julio-agosto, 1976.

Sobre el Bajío, la principal región productora de grano durante los siglos XVII y XVIII, David A. Brading, *Haciendas and ranchos in the Mexican Bajío: León 1700-1860*, Cambridge, 1978 (hay trad. cast.: *Haciendas y ranchos del Bajío, León, 1700-1860*, Grijalbo, México, D. F., 1988), es uno de los primeros estudios que trata la formación de las estancias. En su tesis doctoral aún sin publicar, «Creole Mexico: Spanish elites, haciendas and Indian towns, 1750-1810», Universidad de Texas, 1976, John Tutino examina la estratificación social de los terratenientes y la relación entre las haciendas y los pueblos en la zona central de México. Claude Morin estudia estas relaciones, además de la producción agrícola y la situación de los trabajadores indígenas, en *Michoacán en la Nueva España del siglo XVIII*, México, D. F., 1979. Uno de los mejores estudios realizados sobre la economía agrícola regional es el de Eric Van Young, *Hacienda and Market in Eighteenth-Century Mexico: The Rural economy of the Guadalajara region, 1675-1820*, Los Ángeles, 1981 (hay trad. cast.: *La ciudad y el campo en el México del siglo XVIII: la economía rural de la región de Guadalajara, 1675-1820*, FCE, México, D. F., 1989), en el que se considera la producción, mano de obra, mercado y sistema de hacienda en la región de Guadalajara. Ida Altman y James Lockhart, eds., *Provinces of early Mexico*, Berkeley y Los Ángeles, 1976, reúne una serie de ensayos regionales que describen los procesos agrarios, la formación de las haciendas y la relación entre éstas y los pueblos indígenas de Yucatán, Oaxaca, Toluca, Tlaxcala, el Valle de México, Querétaro, Zacatecas y Coahuila.

Los libros de Chevalier y Simpson mencionados anteriormente, proporcionan la mejor información en torno a la expansión de la ganadería y la formación de las estancias ganaderas y haciendas en el siglo XVI. William H. Dusenberry, *The Mexican Meseta: The Administration of ranching in Colonial Mexico*, Urbana, Illinois, 1963, nos ofrece un análisis general de la organización creada por los ganaderos con el objeto de regular la migración temporal, los derechos de pastoreo, los asuntos legales y la matanza del ganado. Ramón M.ª Serrera, *Guadalajara, cuidad ganadera: estudio regional novohispano, 1760-1805*, Sevilla, 1977, contiene un análisis de la cría de ganado, caballos, mulas y ovejas, de la función económica de estas actividades en la región, y de las grandes familias estancieras. Véase también, Cuauhtémoc Esparza Sánchez, *Historia de la ganadería en Zacatecas, 1532-1911*, Zacatecas, 1988.

Algunos de los trabajos ya mencionados tratan sobre los cambios en el paisaje agrario producidos por el desarrollo de las haciendas y los ranchos, y por la introducción de nuevos cultivos y animales. Alejandra Moreno Toscano nos proporciona un panorama general de estos cambios en su *Geografía económica de México: siglo XVI*, México, D. F., 1968. Peter Gerhard ha estudiado con gran detalle los efectos de las políticas que obligaron a los pueblos indígenas a fundirse en unidades más grandes: véanse «Congregaciones de indios en la Nueva España antes de 1570», *HM*, n.º 26 (1976- 1977), pp. 347-395, y «La evolución del pueblo rural mexicano: 1519-1975», *HM*, n.º 24 (1974-1975), pp. 566-578.

La transformación de grandes extensiones de tierra indígena en fincas pertenecientes a españoles impuso nuevas formas de explotación del suelo, basadas en nuevos sistemas de trabajo que a su vez dieron origen a un nuevo tipo de relaciones entre trabajadores y terratenientes. Entre 1929 y 1950, diversos estudios presentaron un primer enfoque del desarrollo cronológico de los sistemas de trabajo agrícola y algunas de sus características principales: Lesley B. Simpson, *The Encomienda: Forced Native Labor in the Spanish colonia, 1492-1550*, Berkeley y Los Ángeles, 1938 y 1940, y *The encomienda of New Spain*, Berkeley y Los Ángeles, 1950; Silvio Zavala y María Castelo, eds., *Fuentes para la historia del trabajo en Nueva España, 1552-1805*, 8 vols., México, D. F., 1939-1946, 1980².

Véase también Silvio Zavala, *El servicio personal de los indios en la Nueva España, siglo XVI*, México, D. F., 1984-1989, 4 vols., que contiene material de gran importancia para el estudio de la mano de obra indígena en la agricultura y ganadería españolas.

Basándose en estos estudios y en los de Gonzalo Aguirre Beltrán sobre la importación de esclavos negros (*La población negra de México, 1519-1810*, México, D. F., 1940), y de George Kubler sobre los efectos de la crisis demográfica en el suministro de mano de obra indígena, *Mexican Architecture in the sixteenth century*, New Haven, Connecticut, 1948 (hay trad. cast.: *Arquitectura mexicana del siglo XVI*, FCE, México, D. F., 1983), así como en la investigación sobre las epidemias y catástrofes demográficas del siglo XVI que él mismo llevó a cabo con S. F. Cook, W. Borah mostró, en su importante estudio *New Spain's Century of Depression*, Berkeley y Los Ángeles, 1951 (hay trad. cast.: *El siglo de la depresión en Nueva España*, México, D. F., 1975), en qué medida el descenso de la población indígena, junto con el crecimiento de la española, fueron fenómenos decisivos en la transformación estructural de la economía colonial durante el siglo XVI, que pasó de ser una economía basada fundamentalmente en el tributo, a una basada en la hacienda y el peonaje. Según Borah, la pérdida de fuerza de trabajo, que sin duda fue uno de los sostenes de la sociedad colonial, produjo una crisis económica general, la organización del trabajo en diferentes niveles (concretamente la creación del campesinado sin tierra), y nuevas formas de producción y circulación de productos agrícolas.

Charles Gibson, en *The Aztecs under Spanish rule*, realizó el estudio más exhaustivo que se conoce hasta ahora sobre la mano de obra indígena en cualquiera de las regiones. El análisis de los sistemas de mano de obra agrícola en el Valle de México, le ha permitido sugerir que el peonaje por deudas en esta región ya no era predominante a finales del siglo XVIII, y que cambiaron los métodos de coerción utilizados en un comienzo para retener a los trabajadores, debido a la transformación de la hacienda en una institución que ofrecía salarios regulares a lo largo del año, una vida atractiva y condiciones sociales para aquellos indígenas que habían perdido sus tierras, o habían cortado todo vínculo con su comunidad de origen. Esta hipótesis ha sido formulada en casi todos los estudios recientes en los que se tratan los temas de la hacienda y la mano de obra agrícola, pero ninguno de ellos ha demostrado de forma convincente que el peonaje por deudas y la coerción política dejaran de ser importantes como métodos de retener trabajadores en las haciendas. Los estudios en torno a las haciendas mencionados anteriormente, confirman más bien que la práctica de retener los salarios persistió, y prueban que el trabajador no siempre recibía el salario en metálico, sino en facilidades de crédito y diferentes artículos, lo que finalmente demuestra la presencia de presiones políticas y sociales que reducían la libertad de movimiento y empleo del trabajador.

Estudios más recientes como el de John Tutino, «Life and labor on north Mexican haciendas: The Querétaro-San Luis Potosí region: 1775-1810», o el de E. Florescano, «Evaluación y síntesis de las ponencias sobre el trabajo colonial», en *El trabajo y los trabajadores en la historia de México*, México, D. F., 1979, pp. 339-377, y pp. 756-797, respectivamente, muestran que los trabajadores permanentes en las haciendas, o peones, constituyeron un nuevo grupo social, producto de la mezcla racial, de la aculturación y de los cambios económicos sufridos a lo largo de los siglos XVI y XVII. Por otra parte, la mayoría de los temporeros procedían de los pueblos indígenas (véase, E. Florescano, Isabel González Sánchez *et al.*, *La clase obrera en la historia de México: De la colonia al imperio*, México, D. F., 1980). Sobre la coacción laboral, véase también un artículo de Susan M. Deeds, «Rural work in Nueva Vizcaya: Forms of labor coercion on the periphery», *HAHR*, 63, 3 (1989), pp. 425-449.

Hasta los años sesenta la suposición predominante en los estudios agrícolas era que la hacienda representaba una unidad autosuficiente de tipo feudal y no de carácter comercial. Esta tesis ha sido reemplazada por nuevas interpretaciones que muestran que la hacienda se originó con la introducción de la economía mercantil, y que su desarrollo fue paralelo al incremento de los intercambios y las nuevas posibilidades del mercado. En *Precios del maíz y crisis agrícolas en México, 1708-1810*, México, D. F., 1969, E. Florescano estudió los principales mecanismos que regularon la demanda y disponibilidad del grano en los mercados urbanos, y relacionó las fluctuaciones de los precios del maíz con las crisis agrícolas y las temporadas de escasez. Estudios posteriores han confirmado la presencia de tales mecanismos en varias regiones: véanse los trabajos ya citados de D. A. Brading sobre León, y Eric Van Young sobre Guadalajara, y sobre las zona minera, véase Richard L. Garner, «Zacatecas, 1750-1821: The study of a late colonial Mexican city», tesis doctoral sin publicar, Universidad de Michigan, 1970.

Las bases teóricas que permitieron una interpretación económica más profunda de la relación entre agricultura, mercado y sistema económico dominante, han sido aportadas por los estudios marxistas, en particular, por el trabajo de Witold Kula, *An economic Theory of the Feudal System*, edición original polaca de 1962, Londres, 1976 (hay trad. cast.: *Teoría económica del sistema feudal*, Buenos Aires, 1974). Inspirados por éste y otros estudios marxistas, Carlos Sempat Assadourian, Angel Palerm y Marcello Carmagnani, entre otros, han tratado de diferentes maneras el problema de la articulación de la economía colonial con el sistema mundial; las características con las que se le dio forma al desarrollo de la economía mercantil durante la colonia; y el papel secundario que jugó en este desarrollo la agricultura, comparado con el desempeñado por la producción minera. Sobre estos temas véanse los estudios de dichos autores incluidos en E. Florescano, ed., *Ensayos sobre el desarrollo económico de México y América Latina 1500-1975*, México, D. F., 1979. Véase también Arij Ouweneel, «The agrarian cycle as a catalyst of economic development in eighteenth-century central Mexico: The arable estate, Indian villages and proto-industrialisation in the central highland valleys», *I-AA*, 15, 3 (1989), pp. 399-417.

La dependencia de los productores primarios respecto a las fluctuaciones cíclicas y estacionales del mercado (véanse Florescano, *Precios*; Brading, *Haciendas and ranchos*; Van Young, *Hacienda and market*; Garner, «Zacatecas, 1750-1821»), produjo incluso una mayor dependencia del capital comercial entre los agricultores y ganaderos. Durante el siglo XVIII esta dependencia se expresó en los principales centros urbanos y mineros, a través de la dominación de los mecanismos de circulación de los productos agrícolas, y del control de las posibilidades del mercado por parte del sector de los comerciantes. Sobre esto, véanse los estudios ya mencionados de Van Young; Harris, *A Mexican Family empire*; Tutino, «Creole Mexico»; y también el trabajo de Marco Bellingeri, *Las haciendas en México: El caso de San Antonio Teochatlaco, 1800-1920*, México, D. F., 1980.

Los estudios que se reseñan a continuación muestran la gradual erosión del poder de los productores primarios frente al crédito y al capital acumulado por los comerciantes, y la formación de una pequeña pero poderosa oligarquía de familias notables, entre las que predominaron los comerciantes. Véanse así, sobre los créditos otorgados por las instituciones religiosas a los productores y comerciantes, Asunción Lavrin, «El capital eclesiástico y las élites sociales en Nueva España a fines del siglo XVIII», documento presentado en el V Simposio de Historia Económica de América Latina, 1978; Linda Greenow, *Credit and Socio-economic Change in Colonial Mexico: Loans and Mortgages in Guadalajara, 1720-1820*, Boulder, Colorado, 1983; sobre el crédito y las relaciones familiares en el seno de la élite colonial de la Guadalajara del siglo XVIII y comienzos del XIX, R. B. Linley, *Haciendas and Economic Development: Guadalajara, Mexico, at Independence*, Austin, Texas, 1983 (hay trad. cast.: *Las haciendas y el desarrollo económico, Guadala-*

jara, México, en la época de la Independencia, México, D. F., 1987); sobre la contracción de las deudas entre los propietarios de haciendas, Gisela von Wobeser, *San Carlos Borromeo: Endeudamiento de una hacienda colonial, 1608-1729*, México, D. F., 1980; sobre la contracción de la riqueza y de la tierra en el sector comercial, J. Tutino, «Creole Mexico»; y en torno a la aristocracia colonial, Doris Ladd, *The Mexican Nobility at Independence*, Austin, Texas, 1976 (hay trad. cast.: *La nobleza mexicana en la época de la Independencia, 1780-1826*, FCE, México, D. F., 1984).

Finalmente, John Turino, *From Insurrection to Revolution in Mexico: Social Bases of Agrarian Violence, 1750-1940*, Princeton, New Jersey, 1986, estudia las raíces agrarias de las rebeliones de los indígenas y campesinos en México durante los siglos XVIII y XIX.

7. *Economía rural y sociedad colonial*

La historia rural de la América del Sur española finalmente comenzó a recibir cierta atención por parte de los historiadores durante los años 70. Gran parte de la investigación, incluso actualmente, está centrada más en el estudio de las grandes propiedades que en el de los minifundios y comunidades. Véanse Magnus Mörner, «The Spanish American hacienda: A survey of recent research and debate», *HAHR*, 53, 2 (1973), pp. 183-216; los artículos de Reinhard Liehr en H. J. Puhle, ed., *Lateinamerika: Historische Realität und Dependencia-Theorien*, Hamburgo, 1976, pp. 105-146; y H. Pietschmann, en G. Siebenmann, ed., *Die lateinamerikansche Hacienda: Ihre rolle in der Geschichte von Wirtschaft und Gesellschaft*, Diessenhofen, 1979, pp. 37-48. Cristóbal Kay aporta perspectivas interesantes en «Desarrollo comparativo del sistema señorial europeo y del sistema de hacienda latinoamericano», *Anuario de Estudios Americanos*, n.º 31 (1976), pp. 681-723. Hasta ahora, la tecnología y productividad agrícolas durante el período colonial han recibido muy poca atención. Un estudio antiguo, pero todavía importante en torno a los aspectos legales, es el de J. M. Ots Capdequí, *El régimen de la tierra en la América española durante el período colonial*, Ciudad Trujillo, 1946.

V. Roel Pineda aporta un panorama general de la historia rural peruana en *Historia social y económica de la Colonia*, Lima, 1970. Algunas monografías más recientes son: R. G. Keith, *Conquest and Agrarian Change: The Emergence of the Hacienda System on the Peruvian Coast*, Cambridge, Massachusetts, 1976; Keith A. Davies, *Landowners in Colonial Peru*, Austin, Texas, 1984, que se concentra en Arequipa; S. E. Ramírez-Horton, *Provincial Patriarchs: Land Tenure and the Economies of Power in Colonial Peru*, Albuquerque, Nuevo México, 1986 (hay trad. cast.: *Patriarcas provinciales: la tenencia de la tierra y la economía del poder en el Perú colonial*, Madrid, 1991), sobre la provincia de Lambayeque; y M. Mörner, *Perfil de la sociedad rural del Cuzco a fines de la colonia*, Lima, 1978. A un nivel más local, véanse Nils Jacobsen «Land tenure and society in the Peruvian Altiplano: Azángaro, 1770-1820», tesis doctoral sin publicar, Universidad de California, Berkeley, 1982; y el admirable trabajo de Luis Miguel Glave e Isabel Remy, *Estructura agraria y vida rural en una región andina: Ollantaitambo entre los siglos XVII-XIX*, Cuzco, 1983. Véase también Isabel Remy, «Historia agraria cusqueña: Balance y perspectivas», en Alberto Chirif, Nelson Manrique y Benjamín Quijandria, eds., *Perú: El problema agrario en debate*, Lima, 1990, pp. 63-85. Un trabajo pionero relacionado con la producción costera es el de María Rostworowski de Diez Canseco, *Recursos naturales renovables y pesca: siglos XVI y XVII*, Lima, 1981. El valle de Chancay ha sido estudiado en diversas contribuciones de J. Matos Mar y otros. En el segundo volumen de *Trabajos de historia*, Lima, 1977, 4 vols., Pablo Macera estudia las haciendas jesuitas y la historia de la producción azucarera. Véase también Nicholas P. Cushner, *Lords of the Land: Sugar, Wine and Jesuit Estates of Coastal Peru 1600-1767*, Albany, Nueva York, 1980. Sobre la mano de obra, véase Frederick P. Bowser, *The African Slave in Colonial Peru, 1524-1650*, Stanford, California, 1974 (hay trad. cast.: *El esclavo africano en el Perú colonial, 1524-1650*, México, D. F., 1977); sobre el papel que jugaron los indígenas como mano de obra y en el comercio, véase K. Spalding, *De indio a campesino: Cambios en la estructura social del Perú colonial*, Lima, 1974. El suministro de alimentos es analizado en O. Febres Villaroel, «La crisis agrícola en el Perú en el último tercio del siglo XVIII», *Revista Histórica*, n.º 27 (Lima, 1964), pp. 102-199; y en Demetrio Ramos, *Trigo chileno, navieros del Callao y hacendados limeños entre la crisis agrícola del siglo XVIII y la comercial de la primera mitad del siglo XVIII*, Madrid, 1967. Sobre el comercio de cacao y vino véase L. M. Glave, «Trajines: Un capítulo en la formación del mercado interno colonial», *Revista Andina*, 1, 1 (Cuzco, 1983), pp. 9-76. La irrigación es estudiada por H. Villanueva U. y J. Sherbondy, eds., *Cuzco: Agua y poder*, Cuzco, 1979.

Hasta el momento, tal vez el trabajo más serio sobre la historia rural del alto Perú (Bolivia) es B. Larson, *Colonialism and Agrarian Transformation in Bolivia: Cochabamba, 1550-1900*, Princeton, New Jersey, 1988 (hay trad. cast.: *Colonialismo y transfomación agraria en Bolivia*, La Paz, 1992). Nicolás Sánchez-Albornoz trata los aspectos laborales en *Indios y tributos en el Alto Perú*, Lima, 1978. Varios aspectos del mercadeo de los productos rurales son retomados en Olivia Harris, B. Larson y E. Tandeter, eds., *La participación indígena en los mercados surandinos: Estrategias y reproducción social, siglos XVI a XX*, La Paz, 1987; y, centrado en la hierba mate, Juan Carlos Garavaglia, *Mercado interno y economía colonial*, México, D. F., 1983. Una visión de conjunto se encuentra en Carlos Sempat Assadourian, *El sistema de la economía colonial: El mercado interior, regiones y espacio económico*, México, D. F., 1983. En la revista *Avances* (La Paz, 1978-) han aparecido varios artículos de S. Rivera Cusicanqui y otros. Véanse también Daniel J. Santamaría, «La propiedad de la tierra y la condición social del indio en el Alto Perú, 1780-1810», *DE*, 17, 6 (1977), pp. 253-271. Un estudio pionero es el de E. Tandeter y N. Wachtel, «Precios y producción agraria: Potosí y Charcas en el siglo XVIII», *DE*, 29, 90 (1983), pp. 197-230. A un nivel local, merece ser mencionado el breve estudio *Siporo: Historia de una hacienda boliviana*, La Paz, 1984, de Alberto Crespo y su equipo de trabajo.

Mario Góngora fue pionero en el estudio de la historia rural chilena. Dentro de sus trabajos se encuentran: *Origen de los «inquilinos» de Chile Central*, Santiago, 1960; *Evolución de la propiedad rural en el Valle del Puanque*, Santiago, 1956 (escrito con J. Borde); *Encomenderos y estancieros: Estudios acerca de la constitución social aristocrática de Chile después de la Conquista, 1580-1660*, Santiago, 1970; *Studies in the Colonial History of Spanish America*, Cambridge, 1975. Véanse también Rafael Baraona, Roberto Santana y Ximena Aranda, *Valle de Putaendo: estudio de estructura agraria*, Santiago, 1961; y R. Mellafe, «Latifundio y poder rural en Chile de los siglos XVII y XVIII», *Cuadernos de Historia*, vol. I, Santiago, 1981, pp. 87-108. Una contribución importante y única es la de M. Carmagnani, *Les mécanismes de la vie économique dans un société coloniale: Le Chile, 1680-1830*, París, 1973 (hay trad. cast.: *Los mecanismos económicos en una sociedad señorial. Chile, 1680-1830*, Santiago, 2000).

Para una visión breve sobre la historia rural del Río de la Plata, véanse C. Sempat Assadourian, G. Beato y J. C. Chiaramonte, *Argentina: De la conquista a la Independencia*, Buenos Aires, 1972; H. C. E. Giberti, *Historia económica de la ganadería argentina*, Buenos Aires, 1961; y A. R. Castellanos, *Breve historia de la ganadería en el Uruguay*, Mondevideo, 1971. Pedro Santos Marínez, *Historia económica de Mendoza durante el Vi-*

rreinato, 1776-1810, Madrid, 1961; y Ernesto J. A. Maeder, *Historia económica de Corrientes en el período virreinal, 1776-1810*, Buenos Aires, 1981, son importantes trabajos en el campo de la historia regional. C. Garzón Maceda, *Economía del Tucumán: Economía natural y economía monetaria: siglos XVI, XVII, XVIII*, Córdoba, Argentina, 1968, es otro penetrante estudio de interés general. J. L. Mora Mérida, *Historia social de Paraguay, 1600-1650*, Sevilla, 1973, también está relacionado con la historia rural. Sobre las misiones jesuitas, véanse M. Mörner, *Actividades políticas y económicas de los jesuitas en el Río de la Plata: La era de los Habsburgos*, Buenos Aires, 1968, junto con su artículo sobre la competencia del ganado cimarrón uruguayo incluido en la *Revista Portuguesa de História*, n.º 9 (1961); y Nicholas P. Cushner, *Jesuit Ranches and the Agrarian Development of Colonial Argentina, 1650-1767*, Albany, Nueva York, 1983. Véanse también E. A. Coni, *Historia de las vaquerías de Río de la Plata, 1555-1750*, Buenos Aires, 1956; y los artículos de J. C. Garaviglia y T. Halperín Donghi, en Enrique Florescano, ed., *Haciendas, latifundios y plantaciones en América Latina*, México, D. F., 1975. S. M. Socolow, «Economic activities of the *porteño* merchants: The viceregal period», *HAHR*, 55, 1 (1975), pp. 1-24; y J. C. Garaviglia, «Economic growth and regional differentiation: The River Plate region at the end of the eighteenth century», *HAHR*, 65, 1 (1985), pp. 51-89, también son trabajos de gran utilidad.

La audiencia de Quito (Ecuador) está todavía poco explorada. Más información sobre la historia rural y social de lo que el título sugiere puede encontrarse en Segundo Moreno Yáñez, *Sublevaciones indígenas en la Audiencia de Quito, comienzos del siglo XVIII hasta finales de la Colonia*, Bonn, 1976. Véase también Galo Ramón V., *La resistencia andina: Cayambe 1500-1800*, Quito, 1987. Sobre la industria textil rural, véase J. Ortiz de la Tabla Ducasse, «Obrajes y obrajeros del Quito colonial», *Anuario de Estudios Americanos*, n.º 39 (Sevilla, 1982), pp. 341-365. Véase igualmente Segundo Moreno Yáñez y U. Oberem, *Contribución a la etnohistoria ecuatoriana*, Otavalo, 1981. Sobre la costa, véanse María Luisa Laviana Cuetos, *Guayaquil en siglo XVIII: Recursos naturales y desarrollo económico*, Sevilla, 1987; y M. T. Hamerly, *Historia social y económica de la antigua provincia de Guayaquil, 1763-1842*, Guayaquil, 1973.

Sobre Colombia, el sociólogo Orlando Fals Borda fue pionero en la historia rural. Véanse *El hombre y la tierra en Boyacá*, Botogá, 1957, y su artículo «Indian congregations in the New Kingdom of Granada: Land Tenure Aspects, 1595-1850», *TA*, 13, 4 (1957), pp. 331-351. Sobre las comunidades indígenas, véase un artículo de T. Gómez en *Caravelle: Cahiers du Monde Hispanique et Luso-Brésilien*, n.º 27, Toulouse, 1977. La principales contribuciones de Germán Colmenares incluyen *Haciendas de los jesuitas en el Nuevo Reino de Granada, siglo XVIII*, Bogotá, 1969, e *Historia económica y social de Colombia, 1537-1719*, Bogotá, 1973. Véase también el extraordinario trabajo de G. Colmenares y Zamira Díaz de Zuloaga, *Sociedad y economía en el Valle del Cauca*, vol. I, Cali: *Terratenientes, mineros y comerciantes: siglo XVIII*, Bogotá, 1983, vol. 2, *Guerra y economía en las haciendas: Popayán 1780-1830*, Bogotá, 1983. Sobre Antioquia durante el siglo XVIII, véase Ann Twinam, *Miners, Merchants and Farmers in Colonial Colombia*, Austin, Texas, 1982 (hay trad. cast.: *Mineros, comerciantes y labradores: las raíces del espíritu empresarial en Antioquia, 1763-1810*, Medellín, 1985). También véanse J. A. Villamarín, «Haciendas en la Sabana de Bogotá, Colombia, en la época colonial: 1539-1810», en Florescano, ed., *Haciendas, latifundios y plantaciones*, y las contribuciones al *Anuario Colombiano de Historia Social y de la Cultura* (1963-).

E. Arcila Farías, en su estudio pionero *Economía colonial de Venezuela*, México, D. F., 1946, trata principalmente sobre la comercialización. Para un enfoque más amplio, véanse Federico Brito Figueroa, *Estructura económica de Venezuela colonial*, Caracas,

1963; y el análisis hecho desde un punto de vista estrictamente marxista de P. Michael McKinley, *Pre-Revolutionary Caracas: Politics, economy and Society, 1777-1811*, Cambridge, 1985, en el que se estudia no solamente la ciudad, sino las provincias que tienen muy poca importancia económica. Un excelente estudio sobre Venezuela durante los últimos años del período colonial y los primeros del nacional es el de M. Izard, *La agricultura venezolana en una época de transición*, Caracas, 1972.

8. *Aspectos de la economía interna de la América española colonial*

No hay estudios generales satisfactorios sobre las economías de la América española colonial. Un trabajo provocador, serio, aunque con una interpretación marxista anticuada, es el de Sergio Bagú, *Economía de la sociedad colonial: ensayo de historia comparada de América Latina*, Buenos Aires, 1949. Otro estudio igualmente anticuado es el de Emilio A. Coni, *Agricultura, comercio e industria coloniales (siglo XVI-XVIII)*, Buenos Aires, 1941. Un estudio más moderno, pero menos estimulante, es el de Demetrio Ramos, *Minería y comercio interprovincial en Hispanoamérica (siglos XVI, XVII y XVIII)*, Valladolid, 1970. Véase también el trabajo más reciente de Juan Carlos Vedoya, *Historia social y económica de la colonia, siglos XVI, XVII y XVIII*, Tandil, Argentina, 1985. Una síntesis útil sobre las economías del bajo y alto Perú durante el período colonial es el de Jaime R. Ríos Burga, *Ciclos productivos en el espacio peruano colonial, siglos XVI-XIX: Una aproximación a una síntesis cuantitativa*, Lima, 1986, mientras que una contribución importante al estudio de Nueva España y Perú durante los últimos años de la colonia es Nils Jacobsen y Hans-Jürgen Puhle, eds., *The Economies of Mexico and Peru during the Late Colonial Period, 1760-1810*, Berlín, 1986. Una historia económica muy bien documentada de Paraguay durante la colonia es la de Bautista Rivarola Paoli, *La economía colonial*, Asunción, 1986. Material útil sobre las instituciones económicas puede encontrarse en C. H. Haring, *The Spanish Empire in America*, Nueva York, 1947 (hay trad. cast.: *El Imperio Hispánico en América*, Buenos Aires, 1966). Un estudio con un énfasis muy distinto, tal y como lo sugiere el título, es el pequeño libro de Stanley J. y Barbara H. Stein, *The colonial heritage of Latin America: essays on economic dependence in perspective*, Nueva York, 1970 (hay trad. cast.: *La herencia de América Latina*, México, D. F., 1970). Sobre la vinculación con el Océano Atlántico, el comercio atlántico y la economía atlántica en general, véase el octavo capítulo del primer volumen de esta *América Latina en la época colonial*.

Mano de obra

Una síntesis práctica de los sistemas laborales indígenas durante la colonia es la de Juan A. y Judith E. Villamarín, *Indian Labor in Mainland Colonial Spanish America*, Bewark, Delaware, 1975. Nicolás Sánchez-Albornoz, ed., *Población y mano de obra en América Latina*, Madrid, 1985, también proporciona una visión de conjunto. La evolución de estos sistemas laborales puede ser captada mediante la lectura continua de las introducciones de los diversos volúmenes de Silvio Zavala y María Castelo, eds., *Fuentes para la historia del trabajo en Nueva españa, 1552-1805*, 8 vols., México, D. F., 1939-1946. Los lectores deberían consultar también de Zavala, *El servicio personal de los indios en el Perú (extractos del siglo XVI, XVII, XVIII)*, 3 vols., México, D. F., 1978-1980, que contiene una extensa discusión sobre la encomienda, mita y peonaje peruanos; y los volúmenes complementarios de este mismo autor, *El servicio de los indios en Nueva España*, vol I:

1521-1550; vol. 2: *1550-1575*, México, D. F., 1984-1985. Una edición facsimilar de las confirmaciones reales de encomiendas, oficios y casos que fueron compilados entre 1629 y 1635 por Antonio de León Pinedo, ha sido publicada como *Tratado de confirmaciones reales de encomiendas, oficios y casos, en que se requieren para las Indias Occidentales*, editado por Eduardo Arcila Farías, Caracas, 1979. En José Miranda, *La función económica del encomendero en los orígenes del régimen colonial: Nueva España, 1523-1531*, México, D. F., 1965, se discute en qué medida la decadencia de la encomienda fue consecuencia de la pérdida de la población y la legislación real, y cómo algunos comerciantes la usaron como un mecanismo para la diversificación y acumulación del capital. Robert T. Himmerich, *The Encomenderos of New Spain, 1521-1555*, Austin, Texas, 1991, es una prosopografía de un encomendero tardío.

La vinculación entre la encomienda y la tenencia de la tierra en general es discutida en dos ensayos muy distintos: James Lockhart, «Encomienda and hacienda: The evolution of the great estate in the Spanish Indies», *HAHR*, 49, 3 (1969), pp. 411-429; y Robert G. Keith, «Encomienda, hacienda and corregimiento in Spanish America: A structural analysis», *HAHR*, 51, 3 (1971), pp. 431-446. El pionero en los estudios sobre el peonaje es, una vez más, Silvio Zavala, en «Los orígenes coloniales del peonaje en México», *TE*, n.º 10 (1943-1944), pp. 711-748. Véanse también Genaro V. Vázquez, *Legislación del trabajo en vagabundos en la Nueva España, siglo XVI*, México, D. F., 1957; Richard Konetzke, «Los mestizos en la legislación colonial», *Revista de Estudios Políticos*, 112-114 (1960), pp. 113-130, y pp. 179-215; y Karen Spalding, *De indio a campesino: Cambios en la estructura social del Perú colonial*, Lima, 1974. Para la literatura en torno a la esclavitud negra, véase el tercer ensayo del presente volumen de *América Latina en la época colonial*.

Jesús Ruvalcaba Mercado, *Agricultura india en Cempoala, Tepeapulco y Tulancingo, siglo XVI*, México, D. F., 1985, es un estudio comparativo referente a las transformaciones de las prácticas laborales y la tenencia de la tierra en ciudades nahuas de gran importancia de México central en el siglo XVI. Lolita Gutiérrez Brockington, *The Leverage of Labor: Managing the Cortés Haciendas in Tehuantepec, 1588-1688*, Durham, Carolina del Norte, 1989, se concentra en el estudio de las primeras haciendas mexicanas. Algunos puntos de partida para el estudio de los últimos años se pueden encontrar en la recopilación de Arij Ouweneel y Cristina Torales Pacheco, comps., *Empresarios, indios y estado: Perfil de la economía mexicana, siglo XVIII*, Amsterdam, 1988; en el detallado estudio de Claude Morin, *Michoacán en la Nueva España del siglo XVIII: Crecimiento y desigualdad en una economía colonial*, México, D. F., 1979; y en Doris M. Ladd, *The Making of a Strike: Mexican Silver Workers' Struggles in Real del Monte, 1766-1775*, Lincoln, Nebraska, 1988 (hay trad. cast.: *Génesis y desarrollo de una huelga. La lucha de los mineros de la plata en Real del Monte, 1766-1775*, México, D. F., 1995). Sobre Perú, los siguientes estudios merecen una mención especial: Susan Ramírez, *Provincial Patriarchs: Land Tenure and the Economies of Power in Colonial Peru*, Albuquerque, Nuevo México, 1986 (hay trad. cast.: *Patriarcas provinciales: la tenencia de la tierra y la economía del poder en el Perú colonial*, Madrid, 1991), en el que se analizan con detalle los orígenes y la evolución de las haciendas en Lambayeque, una región costera del norte; Keith Davies, *Landowners in Colonial Peru*, Austin, Texas, 1984, se concentra en la región meridional de Arequipa; y, también de gran utilidad, los diversos estudios de Nicholas P. Cushner sobre las haciendas jesuitas. Con relación al estudio de las minas, Peter Bakewell, *Miners of the Red Mountain: Indian Labor in Potosí, 1545-1650*, Albuquerque, Nuevo México, 1985 (hay trad. cast.: *Los mineros de la montaña roja. El trabajo de los indios en Potosí, 1545-1650*, Madrid, 1989); y Jeffrey A. Cole, *The Potosí Mita, 1573-1700: Compulsory Indian Labor in the Andes*, Stanford, California, 1985, son una combinación esencial. Para más bibliografía sobre la minería véase el quinto ensayo del presente volumen de *América Latina en la época colonial*. Para el estudio de los desplazamientos y las migraciones véanse David J. Robinson, ed., *Migration in Colonial Spanish America*, Cambridge, 1990; y Ann M. Wightman, *Indigenous Migration and Social Change: The Forasteros of Cuzco, 1520-1720*, Durham, Carolina del Norte, 1990. Una muy buena investigación sobre el trabajo forzado indígena en doce ciudades en la Mérida de los primeros años del siglo XVII, es la de Edda O. Samudio Azpúrua, *El trabajo y los trabajadores en Mérida colonial: Fuentes para su estudio*, San Cristóbal, Venezuela, 1984. Véase también Robson Brines Tyrer, *Historia demográfica y económica de la audiencia de Quito: Población indígena e industria textil, 1600-1800*, Quito, 1988.

Sistemas tributarios

Gabriel Ardant es la máxima autoridad en el estudio de los sistemas tributarios. Véase, por ejemplo, su enorme trabajo *Théorie sociologique du l'impôt*, París, 1965, 2 vols. José Miranda resume la historia y economías de los tributos indígenas en México, en *El tributo indígena en la Nueva España durante el siglo XVI*, México, D. F., 1952. Nicolás Sánchez-Albornoz cubre un período posterior y más largo, incluyendo los tributos del siglo XIX posteriores a la independencia, en *Indios y tributos en el Alto Perú*, Lima, 1978. El estudio de Ronald Escobedo Mansilla, *El tributo indígena en el Perú, siglos XVI y XVII*, Pamplona, 1979, es minucioso, aunque carece de interpretación e imaginación.

El tema de las *derramas* y *repartimientos de mercancías* carece de una historia y un análisis detallados. Mientras tanto, un buen estudio sobre los repartimientos de fines del período colonial en Perú, es el de A. Moreno Cebrián, *El corregidor de indios y la economía peruana en el siglo XVIII: Los repartos forzosos de mercancías*, Madrid, 1977. Véase también Jurgen Golte, *Repartos y rebeliones: Tupac Amaru y las contradicciones de la economía colonial*, Lima, 1980. Igualmente carecemos de trabajos definitivos sobre aquellas instituciones específicas que los indios adoptaron de inmediato, como *la caja de comunidad* y la *cofradía*. Existen dos tesis doctorales inéditas que contienen una extensa información: Francis Joseph Brooks, «Parish and cofradía in eighteenth century Mexico», Princeton University, 1976; y Gary Wendell Graff, «Cofradías in the new kingdom of Granada: Lay fraternities in a Spanish American frontier society, 1600-1755», University of Wisconsin, 1973. Véanse también Gonzalo Aguirre Beltrán, *Formas de gobierno indígena*, México, D. F., 1953; Pedro Carrasco, «The civil religious hierarchy in Mesoamerican communities: Pre-Spanish background and colonial development», *American Anthropologist*, n.º 63 (1961), pp. 483-497; determinadas partes del impresionante estudio de Pierre Duviols, *La lutte contre les religions autochtones dans le Perú colonial*, París, 1971; y José Miranda y Silvio Zavala, «Instituciones indígenas en la colonia», en A. Caso, ed., *Métodos y resultados de la política indigenista en México*, México, D. F., 1954, pp. 29-167.

Distribución e intercambio

Para los consulados véase, por ejemplo, Germán O. E. Tjarks, *El consulado de Buenos Aires, y sus proyecciones en la historia del Río de la Plata*, Buenos Aires, 1962, 2 vols.; y el antiguo trabajo de Robert S. Smith, *The Spanish Guild Merchant: A History of the Consulado, 1250-1700*, Durham, Carolina del Norte, 1940. Los estancos o monopolios gubernamentales han sido objeto de una serie de investigaciones por parte de la Escuela de Estudios Hispanoamericanos de Sevilla. El trabajo más reciente es el de José Jesús Hernández Palomo, *La renta del pulque en Nueva España, 1663-1810*, Sevilla, 1979. Las rentas de la corona están estudiadas de manera exhaustiva por Francisco Garrardo y Fernández, en *Origen, progresos y estado de las rentas de la corona de España, su gobierno y administración*, Madrid, 1805-1808, 8 vols.

Existen varios estudios bastante conocidos en los que se discuten la economía indígena y el sistema de mercados, tales como Charles Gibson, *The Aztecs under Spanish rule: a History of the Indians if the Valley of Mexico, 1519-1810*, Stanford, California, 1964 (hay trad. cast.: *Los Aztecas bajo el dominio español*, México, D. F., 1996); Josep M. Barnadas, *Charcas, 1535-1565: Orígenes históricos de una sociedad colonial*, La Paz, 1973; y Magnus Mörner, *La corona española y los foráneos en los pueblos de indios de América*, Estocolomo, 1970. Sobre el posible territorio de influencia de las rutas comerciales en México central, véase Ross Hassing, *Trade, Tribute and Transportation: The Sixteenth-Century Political economy of the Valley of Mexico*, Norman, Oklahoma, 1985. Lawrence H. Feldman, *A Tumpline Ecomomy: Production and Distribution Systems in Sixteenth-Century Eastern Guatemala*, Culver City, California, 1985, es un estudio bastante útil sobre la producción y distribución de artículos en esta temprana región colonial de Centroamérica. Olivia Harris, Brooke Larson y Enrique Tandeter, eds., *La participación indígena en los mercados surandinos: Estrategias y reproducción social, siglos XVI a XX*, La Paz, 1987, es un importante estudio reciente sobre la integración de la región andina a la economía mercantil. Véase también, Rossana Barragán Romano, «En torno al modelo comunal mercantil: El caso de Mizque, Cochabamba, en el siglo XVII», *Chungara*, n.º 15 (1985), pp. 125-141.

Los siguientes estudios pueden proporcionar una introducción al estudio del comercio interregional, las rutas y los mercados: Woodrow Borah, *Early Colonial Trade and Navigation Between Mexico and Peru*, Berkeley y Los Ángeles, 1954; Marcello Carmagnani, *Les mécanismes de la vie économique dans une société coloniale: Le Chili (1680-1830)*, París, 1973 (hay trad. cast.: *Los mecanismos económicos en una sociedad señorial. Chile, 1680-1830*, Santiago, 2000); Manuel Moryra y Paz Soldán, *El comercio de exportación en el Pacífico a comienzos del siglo XVIII*, Lima, 1944; y María Encarnación Rodríguez Vicente, *El tribunal del consulado de Lima en la primera mitad del siglo XVII*, Madrid, 1960. Lawrence A. Clayton reseña algunos de los estudios existentes sobre el comercio en el Pacífico, en «Trade and navigation in the seventeenth century viceroyalty of Peru», *JALS*, 7, 1 (1975), pp. 1-21, y nos ofrece un buen retrato de los astilleros y puertos coloniales en *Caulkers and Carpenters in a New World: The Shipyards of Colonial Guayaquil*, Athens, Ohio, 1980. Sobre la ruta Potosí-Buenos Aires existe una bibliografía abundante, aunque un tanto dispersa. De gran utilidad son los trabajos de Mario Rodríguez, «Dom Pedro of Braganza and Colônia do Sacramento, 1680-1705», *HAHR*, 38, 2 (1958), pp. 180-208; y Sergio Villalobos R., *Comercio y contrabando en el Río de la Plata y Chile, 1700-1811*, Buenos Aires, 1965. Una entretenida crónica de viaje entre Buenos Aires y Lima es Calixto Bustamante Carlos Inca, alias «Concolorcorvo», *El lazarillo: A Guide for Inexperienced Travelers between Buenos Aires and Lima, 1773*, traducido al inglés por Walter D. Kline, Bloomington, Indiana, 1965 (ed. cast.: *El lazarillo de ciegos caminantes*, Madrid, 1980). Véase también Zacarías Moutoukias, *Contrabando y control colonial en el siglo XVII: Buenos Aires, el Atlántico y el espacio peruano*, Buenos Aires, 1988. José Ignacio de Pombo, *Comercio y contrabando en Cartagena de Indias, 2 de junio de 1800*, Bogotá, 1986, es un interesante ensayo escrito por un mercader criollo, sobre por qué floreció el comercio ilegal durante los últimos años del siglo XVIII. Las ferias son estudiadas en Manuel Carrera Stampa, «Las ferias novohispanas», *HM*, n.º 2 (1952-1953), pp. 319-342, trabajo en el que también se incluyen mapas de las rutas comerciales; y Allyn C. Loosley, «The Puerto Bello fairs», *HAHR*, n.° 13 (1933), pp. 314-335. Enrique Vila Vilar, «Las ferias de Portobelo: Apariencia y realidad del comercio con Indias», *Lotería*, n.° 358 (enero-febrero, 1986), pp. 39-93, es un artículo revolucionario en el que se cuestiona si en efecto las ferias de Portobelo fueron un indicador exacto de comercio, y en el que se analizan rutas alternativas. Carrera Stampa escribió también un trabajo pionero en el estudio de los gremios: véase *Los gremios mexicanos: La organización gremial en Nueva españa, 1521-1810*, México, D. F., 1954.

La literatura sobre los comerciantes es amplia, especialmente en lo referente al siglo XVIII. Sobre los primeros grupos de comerciantes, en general poco conocidos, John C. Super ha escrito un artículo, «Partnership and profit in the early Andean trades: The experiences of Quito merchants, 1580-1610», *JLAS*, 11, 2 (1979), pp. 265-281. Sobre los primeros años, el trabajo de Louisa Schell Hoberman es importante: véase *Mexico's Merchant Elite, 1590-1660: Silver, State and Society*, Durham, Carolina del Norte, 1991. Los estudios sobre las industrias coloniales también son abundantes. Sobre los obrajes textiles, véanse John C. Super, «Querétaro obrajes: Industry and society in provincial Mexico 1600-1810», *HAHR*, 56, 2 (1976), pp. 197-216; Robson Tyrer, «The demographic and economic history of the Audiencia de Quito: Indian population and the textile industry 1600-1810», tesis doctoral, Universidad de California, Berkeley, 1976 (hay trad. cast., Quito, 1988); Javier Ortiz de la Tabla Ducasse, «El obraje colonial ecuatoriano: Aproximación a su estudio», *Revista de Indias*, n.° 27 (1977), pp. 471-541; G. P. C. Thomson, *Puebla de los Ángeles: Industry and Society in a Mexican City*, Boulder, Colorado, 1989; Richard J. Salvucci, *Textiles and Capitalism in Mexico: An Economic History of the Obrajes, 1539-1840*, Princeton, New Jersey, 1987 (hay trad. cast.: *Textiles y capitalismo en México. Historia económica de los obrajes, 1539-1840*, Alianza, 1992); y Carmen Viqueira y José I. Urquiola, *Los obrajes en la Nueva España*, México, D. F., 1990.

Investigadores como Eduardo Arcila Farías se han interesado en el estudio de otras industrias coloniales. Véanse de este autor la descripción que hace de la industria del cacao en Venezuela, en *Economía colonial de Venezuela*, México, D. F., 1946, y del comercio de esta ciudad con Veracruz, en *Comercio entre Venezuela y México en los siglos XVI y XVII*, México, D. F., 1959; véanse igualmente, Manuel Rubio Sánchez, *Historia del añil o xiquilite en Centroamérica*, San Salvador, 1976, 1978, 2 vols.; y John E. Kicza, «The pulque trade of late colonial Mexico City», *TA*, n.° 27 (1980), pp. 193-221. Existe un censo de los pequeños manufactureros de Buenos Aires en Lyman L. Johnson, «The entrepreneurial reorganization of an artisan trade: The bakers of Buenos Aires, 1770-1820», *TA*, n.° 27 (1980), pp. 139-160. Sobre otros empresarios individuales y grupos recursivos, véase María Cristina Torales, ed., *La compañía de comercio de Francisco Ignacio de Yraeta, 1767-1797: Cinco ensayos*, México, D. F., 1985, 2 vols.; John E. Kicza, *Colonial Entrepreneurs: Families and Business in Bourbon Mexico City*, Albuquerque, Nuevo México, 1989 (hay trad. cast.: *Empresarios coloniales: familias y negocios en la ciudad de México durante los borbones*, FCE, México, D. F., 1986); Lyman L. Johnson, «The racial limits of Guild solidarity: An example from colonial Buenos Aires», *RHA*, n.° 99 (1985), pp. 7-26; y Jay Kinsbruner, *Petty Capitalism in Spanish America: The Pulperos of Puebla, Mecico City, Caracas and Buenos Aires*, Boulder, Colorado, 1987.

La inflación de los precios durante el siglo XVI fue objeto de estudio por parte de Woodrow Borah y Sherburne Cook, en *Price Trends of Some Basic Commodities in Central Mexico, 1531-1570*, Berkeley y Los Ángeles, 1958. Enrique Florescano trata la misma problemática pero centrándose en la última centuria del período colonial, en *Precios del maíz y crisis agrícolas en México, 1708-1810*, México, D. F., 1969. Una muy útil síntesis de la literatura más reciente sobre los movimientos de los precios se encuentra en Ruggiero Romano, «Algunas consideraciones sobre la historia de precios en América colonial», *HISLA: Revista Latinoamericana de Historia Económica y Social*, 7, 1 (1986), pp. 65-103; y varios ensayos importantes han aparecido en la reciente recopilación hecha por Lyman L. Johnson y Enrique Tandeter, eds., *Essays on the Price History of Eighteenth-Century Latin America*, Albuquerque, Nuevo México, 1990 (hay trad. cast.: *Economías coloniales: precios y salarios en América Latina, siglo XVIII*, FCE, México, D. F., 1992).

Para puntos de vista opuestos sobre la crisis del siglo XVII, véase Woodrow Borah, *New Spain's century of Depression*, Berkeley y Los Ángeles, 1951 (hay trad. cast.: *El siglo de la depresión en Nueva españa*, México, D. F., 1975); y John Lynch, *The Hispanic World in Crisis and Change, 1598-1700*, Oxford, 1992 (hay trad. cast.: *Los Austrias, (1516-1700)*, Crítica, Barcelona, 2000). Sin embargo, el debate sigue adelante. Por ejemplo, un trabajo en el que se estudia el deterioro de la economía dominicana en el siglo XVII, es el de Frank Peña Pérez, *Cien años de miseria en Santo Domingo, 1600-1700*, Santo Domingo, 1985.

El auge colonial del siglo XVIII y los reveses parciales acontecidos durante el período previo a la independencia han sido estudiados en muchos de los trabajos ya citados. La otra cara del auge económico durante el siglo XVIII está excelentemente sintetizada en D. A. Brading, *Haciendas and Ranchos in the Mexican Bajío: León, 1700-1860*, Cambridge, 1978 (hay trad. cast.: *Haciendas y ranchos del Bajío, León, 1700-1860*, Grijalbo, México, 1988). Véase también, Eric Van Young, *Hacienda and Market in eighteenth century Mexico: The Rural Economy of the Guadalajara region, 1675-1820*, Berkeley y Los Ángeles, 1981 (hay trad. cast.: *La ciudad y el campo en el México del siglo XVIII: la economía rural de la región de Guadalajara, 1675-1820*, FCE, México, D. F., 1989). Otros trabajos sobre la economía de los últimos años del período colonial son: el análisis de la provincia de Antioquia hecho por Ann Twinam en *Miners, Merchants and Farmers in Colonial Colombia*, Austin, Texas, 1982 (hay trad. cast.: *Mineros, comerciantes y labradores: las raíces del espíritu empresarial en Antioquia, 1763-1810*, Medellín, 1985); María Luisa Laviana Cuetos, *Guayaquil en el siglo XVIII: recursos naturales y desarrollo económico*, Sevilla, 1987; Armando de Ramón y José Manuel Larraín, *Orígenes de la vida económica chilena, 1659-1808*, Santiago de Chile, 1982; y Jerry W. Cooney, *Economía y sociedad en la intendencia del Paraguay*, Asunción, 1990.

9. *El desarrollo urbano de la Hispanoamérica colonial*

Colecciones y guías

Las actas del Noveno Simposio sobre Urbanización en América Latina desde sus orígenes hasta nuestros días (simposio mantenido desde 1966, y concebido originalmente como las reuniones del Congreso Internacional de Americanistas), arrojan una amplia visión de la investigación contemporánea sobre la historia urbana de América Latina. Éstas incluyen algo más de 200 comunicaciones escritas desde diferentes disciplinas, extendiéndose desde la época precolombina hasta el presente, y desde estudios de casos hasta exposiciones ampliamente conceptuales y revisiones bibliográficas. Cerca de la tercera parte están dedicadas al estudio de la América española colonial. Las publicaciones correspondientes son: J. E. Hardoy y R. P. Schaedel, eds., *El proceso de urbanización en América desde sus orígenes hasta nuestros días*, Buenos Aires, 1969; J. E. Hardoy, E. W. Palm y R. P. Schaedel, eds., «The proces of urbanization in America since its origins to the present time», en *Verhandlungen des XXXVIII: Internationalen Amerikanistenkongresssess*, 4, Stuttgart y Munich, 1972, pp. 9-318; R. P. Schaedel et al., *Urbanización y proceso social en América*, Lima, 1972; J. E. Hardoy y R. P. Schaedel, eds., *Las ciudades de América Latina y sus áreas de influencia a través de la historia*, Buenos Aires, 1975; J. E. Hardoy y R. P. Schaedel, eds., *Asentamientos urbanos y organización socioproductiva en la historia de América Latina*, Buenos Aires, 1977; J. E. Hardoy, R. M. Morse y R. P. Schaedel, eds., *Ensayos histórico-sociales sobre la urbanización en América Latina*, Buenos Aires, 1978; W. Borah, J. Hardoy y G. A. Stelter, eds., *Urbanization in the Americas: The Background in Comparative Perspective*, edición especial de *Urban History Review*, Ottawa, 1980; R. M. Morse y J. E. Hardoy, eds., *Cultura urbana latinoamericana*, Buenos Aires, 1985; J. E. Hardoy y R. M. Morse, eds., *Nuevas perspectivas en los estudios sobre historia urbana latinoamericana*, Buenos Aires, 1989. La versión inglesa de 21 comunicaciones de los primeros cuatro simposios fue publicada en R. P. Schaedel, J. E. Hardoy y N. S. Kinzer, eds., *Urbanization in the Americas from Its Beginnings to the Present*, La Haya, 1978. Seis comunicaciones del sexto Simposio aparecieron en *Comparative Urban Research*, 8, 1 (1980).

Otras recopilaciones incluyen: R. Altamira y Crevea et al., *Contribuciones a la historia municipal de América*, México, D. F., 1951; F. de Solano, ed., *Estudios sobre la ciudad iberoamericana*, Madrid, 1975; D. J. Robinson, ed., *Social Fabric and Spatial Structure in Colonial Latin America*, Ann Arbor, Michigan, 1979; y las recopilaciones documentales en F. Domínguez Compañy, *La vida de las pequeñas ciudades hispanoamericanas de la conquista, 1494-1549*, Madrid, 1978, *Ordenanzas municipales hispanoamericanas*, Madrid y Caracas, 1982, y *Política de poblamiento de España en América: La fundación de ciudades*, Madrid, 1984.

La bibliografía básica para el estudio de la urbanización es la de F. de Solano et al., *El proceso urbano iberoamericano desde sus orígenes hasta los principios del siglo XIX: estudio bibliográfico*, Madrid, 1973-1974, que contiene más de 1.800 registros para los períodos precolombino y colonial (también en Solano, *Estudios*, pp. 727-866). J. E. Hardoy et al., *Urbanización en América Latina: Una bibliografía sobre su historia*, Buenos Aires, 1975 y 1977, 2 vols., también cubre la urbanización precolombina y el período colonial. Para fuentes municipales, véase A. Millares Carlo, *Los archivos municipales de Latinoamérica: Libros de actas y colecciones documentales, apuntes bibliográficos*, Maracaibo, 1961. Algunas publicaciones de investigaciones son: S. M. Socolow y L. L. Johnson, «Urbanisation in colonial Latin America», *Journal of Urban History*, 8, 1 (1981), pp. 27-59; W. Borah, «Trends in recent studies of colonial Latin American cities», *HAHR*, 64, 3 (1984), pp. 535-554; y F. Bronner, «Urban Society in colonial Spanish America: Research trends», *LARR*, 21, 1 (1986), pp. 7-72.

Antecedentes

Los volúmenes de Solano et al., *El proceso urbano*, y Hardoy et al., *Urbanización*, cubren las investigaciones precolombinas. J. E. Hardoy, *Pre-Colombian Cities*, Nueva York, 1973, es una muy buena visión general con amplias referencias.

Sobre los antecedentes españoles véanse: E. A. Gutkind, *International History of city Development*, vol. III: *Urban Development in Southern Europe: Spain and Portugal*, Nueva York, 1967; A. García y Bellino et al., *Resumen histórico del urbanismo en España*, Madrid, 1968[2]; L. García de Valdeavellano, *Sobre los burgos y los burgueses de la España medieval*, Madrid, 1960; J. M. Font y Rius, «Les villes dans l'Espagne du Moyen

Age», en Société Jean Bodin, *La ville* I, Bruselas, 1954, pp. 263-295; J. Vicens Vives, *Historia económica de España*, Madrid, 1959, sección sobre «economía urbana»; J. A. Maravall, *Las comunidades de Castilla*, Madrid, 1970²; A. Alvarez de Morales, *Las hermandades: expresión del movimiento comunero en España*, Valladolid, 1974; R. Richard, «La Plaza Mayor en Espagne et en Amérique espagnole», *AESC*, 2, 4 (1947), pp. 433-438; Ruth Pike, *Aristocrats and traders: Sevilliam Society in the Sixteenth Century*, Ithaca, Nueva York, 1972 (hay trad. cast.: *Aristócratas y comerciantes: la sociedad sevillana en el siglo XVI*, Barcelona, 1978). Algunos de los temas incluidos en la primera sección de este capítulo están ampliados en R. M. Morse, «A prolegomenon to Latin American urban history», *HAHR*, 52, 3 (1972), pp. 359-394.

Cartografía e iconografía

J. E. Hardoy examina las publicaciones y fuentes manuscritas en «La cartografía urbana en América Latina durante el período colonial: Un análisis de fuentes», en Hardoy, Morse y Schaedel, eds., *Ensayos*, pp. 19-58. Véanse también, Diego Angulo Iñiguez, *Planos de monumentos arquitectónicos de América y Filipinas existentes en el Archivo de Indias*, Sevilla, 1933, 3 vols.; F. Cueca Goitia y L. Torres Balbás, *Planos de ciudades iberoamericanas y filipinas existentes en el Archivo de Indias*, Madrid, 1951, 2 vols. La Comisión de Estudios Históricos de Obras Públicas y Urbanismo en España, ha publicado un documento magníficamente ilustrado en *Puertos y fortificaciones en América y Filipinas*, Madrid, 1985.

Estudios generales

Si la historia urbana se construye a partir de «modelos de población», si aceptamos el lugar central que ocuparon las ciudades en la colonización española, y si consideranos que los centros urbanos están relacionados con las economías regional y transatlántica, entonces las fuentes para la historia urbana comienzan casi simultáneamente con la historia general de la América española. La bibliografía citada anteriormente ofrece algunos de esos materiales.

Dos amplios estudios humanísticos que resaltan la importancia de los orígenes coloniales son J. L. Romero, *Latinoamérica: Las ciudades y las ideas*, Buenos Aires, 1976; y A. Rama, *La ciudad letrada*, Hanover, 1984. Varios aspectos generales han sido planteados en R. M. Morse, «Some characteristics of Latin American urban history», *AHR*, 67, 2 (1962), pp. 317-338; G. A. Kubler, «Cities and culture in the colonial period in Latin America», *Diogenes*, n.° 47 (1964), pp. 53-62; C. Sempat Assadourian, *El sistema de la economía colonial*, México, D. F., 1983; y J. K. Chance, «The colonial Latin American city: Preindustrial or capitalist», *Urban Anthropology*, 4, 3 (1975), pp. 211-228. Louisa Schell Hoberman y Susan M. Socolow, eds., *Cities and Society in Colonial Latin America*, Albuquerque, Nuevo México, 1986 (hay trad. cast.: *Ciudades y sociedad en Latinoamérica colonial*, Buenos Aires, 1992), se centra en la historia social. Los procesos de urbanización hacia 1630 se pueden seguir en J. M. Houston, «The foundation of colonial towns in Hispanic America», en R. P. Beckinsale y J. M. Houston, eds., *Urbanization and Its Problems*, Oxford, 1968, pp. 352-390; y J. E., Hardoy y C. Aranovich, «Urbanización en América Hispana entre 1580 y 1630», *BCHIE*, n.° 11 (1969), pp. 9-89. G. Céspedes del Castillo describe la rivalidad entre Lima y Buenos Aires en *Lima y Buenos Aires*, Sevilla,

1947. K. Davis adopta un punto de vista comparativo entre los hemisferios, en «Colonial expansion and urban diffusion in the Americas», *International Journal of Comparative Sociology*, 1, 1 (1960), pp. 43-66, mientras que R. R. Reed muestra en qué medida la experiencia española en el Nuevo Mundo influyó en la urbanización de Filipinas, en *Colonial Manila: The Context of Hispanic Urbanism and Process of Morphogenesis*, Berkeley y Los Ángeles, 1978.

C. Bayle proporciona un estudio documentado de la vida municipal y de las instituciones en *Los Cabildos seculares en la América Española*, Madrid, 1952, al igual que F. Domínguez Compañy en *Estudios sobre las instituciones locales hispanoamericanas*, Caracas, 1981. M. Góngora estudia el contexto legal de los gobiernos municipales en *El estado en el derecho indiano*, Santiago de Chile, 1951, y de manera más resumida, en *Studies in the Colonial History of Spanish America*, Cambridge, 1975, pp. 98-119. J. M. Ots Capdequí, *España en América: El régimen de tierras en la época colonial*, México, D. F., 1959, muestra la importancia de las municipalidades en el control y distribución de la tierra. Para los cabildos, véanse A. Muro Orejón, «El ayuntamiento de Sevilla: Modelo de los municipios americanos», *Anales de la Universidad Hispalense*, 21, 1 (1960), pp. 69-85; y F. X. Tabia, *El cabildo abierto colonial*, Madrid, 1966.

W. Borah revisa la voluminosa literatura existente sobre la adecuación de los indígenas a la vida urbana bajo la dominación española, en «Aspectos demográficos y físicos de la transición del mundo aborigen al mundo colonial», en Hardoy, Morse y Schaedel, eds., *Ensayos*, pp. 59-89. Véanse también, C. Bayle, «Cabildos de indios en América Española», *Missionalia Hispanica*, 8, 22 (1951), pp. 5-35; M. Mörner, *La corona española y los foráneos en los pueblos de indios de América*, Estocolmo, 1970; F. de Solano, «Urbanización y municipalización de la población indígena», en Solano, ed., *Estudios*, pp. 241-268.

W. Borah también hace una valoración de la recurrente controversia de la literatura sobre el diseño urbano de la América española en «European cultural influence in the formation of the first plan for urban centres that has lasted to our time», en Schaedel *et al.*, *Urbanización*, pp. 157-190. Véase también el capítulo de G. M. Foster «Cities, towns, and villages: The grid-plan puzzle», en su *Culture and Conquest: America's Spanish Heritage*, Chicago, 1960, pp. 34-49 (hay trad. cast.: *Cultura y conquista. La herencia española de América*, México, D. F., 1985²); G. Guarda, *Santo Tomás de Aquino y las fuentes del urbanismo indiano*, Santiago de Chile, 1965; E. W. Palm, «La ville espagnole au nouveau monde dans la première moitié du XVIe siècle», *La découverte de l'Amérique, 10e Stage International d'Études Humanistes*, París, 1968; L. Benevolo, «Las nuevas ciudades fundadas en el siglo XVI en América Latina», *BCIHE*, n.° 9 (1969), pp. 117-136; L. M. Zawiska, «Fundación de las ciudades hispanoamericanas», *BCIHE*, n.° 13 (1972), pp. 88-128; D. P. Crouch, D. J. Carr y A. I. Mundigo, *Spanish City Planning in North America*, Cambridge, Massachusetts, 1982, en el que se analizan las ordenanzas de planificación urbana de las Leyes de Indias; G. Kubler, «Open-grid town plans in Europe and America», en Schaedel, Hardoy y Kinzer, eds., *Urbanization*, pp. 327-342.

Sobre otros aspectos véanse F. Domínguez Compañy, «Actas de fundación de ciudades hispanoamericanas», *RHA*, n.° 83 (1977), pp. 19-51; R. Archila, «La medicina y la higiene en la ciudad», en Solano, *Estudios*, pp. 655-685; F. de Solano, «An introduction to the study of provisioning in the colonial city»; y G. Gasparini, «The colonial city as a center for the spread of architectural and pictorical schools», ambos en Schaedel, Hardoy y Kinzer, eds., *Urbanization*, pp. 99-129 y 269-281 respectivamente. F. W. Knight y P. K. Liss, eds., *Atlantic Port Cities: Economy, Culture and Society in the Atlantic World, 1650-1850*, Knoxville, 1991, contiene capítulos sobre La Habana, Veracruz, Cartagena y Buenos Aires.

Estudios Regionales

Las Antillas

C. O. Sauer presenta un relato coherente, con buenos mapas, de la fundación española de ciudades en las Antillas y Tierra Firme en 1519, en *The Early Spanish Main*, Berkeley y Los Ángeles, 1966 (hay trad. cast.: *Descubrimiento y dominación española del Caribe*, FCE, México, D. F., 1984). J. M. F de Arrate y Acosta, *Llave del Nuevo Mundo*, México, D. F., 1949, es un relato descriptivo e histórico de La Habana hecho por un concejal de la ciudad, escrito en la década de 1750, y publicado por primera vez en 1830. E. W. Palm, *Los monumentos arquitectónicos de la Española, con una introducción a América*, Ciudad Trujillo, 1955, 2 vols., es un estudio casi definitivo sobre el tema, y trata de una manera amplia los orígenes de la urbanización en el Nuevo Mundo. Véase también J. Pérez de Tudela, «La quiebra de la factoría y el nuevo poblamiento de la Española», *Revista de Indias*, n.º 60 (1955), pp. 197-252; J. Artiles, *La Habana de Velázquez*, La Habana, 1946; I. A. Wright, *Historia documentada de San Cristóbal de la Habana en el siglo XVI*, La Habana, 1927, 2 vols., *Historia documentada de San Cristóbal de la Habana en la primera mitad del siglo XVII*, La Habana, 1930, y *Santiago de Cuba and Its District (1607-1640)*, Madrid, 1918; F. Moya Pons, *Historia colonial de Santo Domingo*, Santiago, República Dominicana, 1977³; C. Dobal, *Santiago en los albores del siglo XVI: El solar de Jacagua*, Santiago, República Dominicana, 1985; Adolfo de Hostos, *Ciudad murada, ensayo acerca del proceso de la civilización en la ciudad española de San Juan Bautista de Puerto Rico*, La Habana, 1948; A. Sepúlveda Rivera, *San Juan: Historia ilustrada de su desarrollo urbano, 1508-1898*, San Juan de Puerto Rico, 1989; M. A. Castro de Dávila, «The place of San Juan de Puerto Rico among Hispanic American cities», *Revista Interamericana*, 6, 2 (1976), pp. 156-173.

Mesoamérica

C. Gibson estudia la reorientación de las ciudades precolombinas y los patrones de asentamiento bajo la dominación española en México, en *Tlaxcala in the Sixteenth Century*, New Haven, Connecticut, 1952 (hay trad. cast.: *Tlaxcala en el siglo XVI*, FCE, México, D. F., 1991), *The Aztecs Under Spanish Rule*, Stanford, California, 1964 (hay trad. cast.: *Los Aztecas bajo el dominio español*, México, 1996), especialmente los capítulos «Towns», «The City», y «Spanish-Indian institutions and colonial urbanism in New Spain», en Hardoy y Schaedel, eds., *El proceso*, pp. 225-239. Este tema también figura en estudios de las tres mayores regiones de México, en I. Altman y J. Lockhart, eds., *Provinces of Early Mexico*, Berkeley y Los Ángeles, 1976. Robert S. Haskett, «Indian town government in colonial Cuernavaca: Persistence, adaptation and change», *HAHR*, 67, 2 (1987), pp. 203-231; y Susan Kellog, «Aztec inheritance in sixteenth century Mexico city: Colonial patterns, prehispanic influences», *Ethnohistory*, 33, 3 (1986), pp. 313-330, estudian el continuismo y las transformaciones de las estructuras políticas nahuas en los entornos urbanos del período colonial. Sidney David Markman, «Extinción, fosilización y transformación de los "pueblos de indios" del Reino de Guatemala», *Mesoamérica*, 8, 14 (1987), pp. 407-427, proporciona una visión histórica de conjunto de las ciudades indígenas en la Centroamérica colonial. Un examen cuidadoso y la aplicación de los primeros y más importantes censos, se encuentran en Herbert R. Harvey, «Household and family structure in colonial Tepetlaoztoc: An analysis of the Códice Santa María Asunción», *Estudios de Cultura Náhuatl*, n.º 18 (1986), pp. 275-294. A. Moreno Toscano y E. Florescano, «El sector externo y la organización espacial y regional de México (1521-1910)», en J. W. Wilkie, M. C. Meyer y E. Monzón de Wilkie, eds., *Contemporary Mexico*, Berkeley y Los Ángeles, 1976, pp. 62-96, relaciona los cambios en los sistemas urbanos con los cambios en la economía, las políticas y los sistemas de transporte públicos. G. Kubler, *Mexican Architecture of the Sixteenth Century*, New Haven, Connecticut, 1948, 2 vols. (hay trad. cast.: *Arquitectura mexicana en el siglo xvi*, FCE, México, D. F., 1983), aporta bastante al estudio de la demografía y la organización formal urbana. Igualmente importante es el estudio de Sidney David Markman, *Architecture and urbanization in Colonial Chiapas*, Mexico, Filadelfia, 1984 (hay trad. cast.: *Arquitectura y urbanización en el Chiapas colonial*, México, 1993). M. Giménez Fernández, *Hernán Cortés y su revolución comunera*, Sevilla, 1948, muestra el uso estratégico que hizo Cortés de la organización municipal. P. W. Powell estudia el desafío especial que representó el asentamiento urbano en la frontera Chichimeca, en *Soldiers, Indians, and Silver: The Northward Advance of Spain, 1550-1600*, Berkeley y Los Ángeles, 1952 (hay trad. cast.: *La guerra chichimeca: 1550-1600*, FCE, México, D. F., 1997). La urbanización en Centroamérica se estudia en M. J. MacLeod, *Spanish Central America: A Socioeconomic History 1520-1720*, Berkeley y Los Ángeles, 1973 (hay trad. cast.: *Historia socio-económica de la América Central española: 1520-1720*, Guatemala, 1980); y, de manera más categórica, en S. D. Markman, *Colonial Architecture of Antigua Guatemala*, Filadelfia, 1966, y en varias de sus comunicaciones en el Simposio sobre urbanización en América Latina, antes citadas. Sobre las zonas fronterizas, véase Gilbert R. Cruz, *Let There Be Towns: Spanish Municipal Origins in the American Southwest, 1610-1810*, College Station, Texas, 1989.

Sobre Ciudad de México, véase M. Toussaint, F. Gómez de Orozco y J. Fernández, *Planos de la ciudad de México, siglos xvi y xvii*, México, D. F., 1938; E. W. Palm, «Tenochtitlán y la ciudad ideal de Durero», *Journal de la Société des Américanistes*, número especial 40 (1951), pp. 59-66; S. B. Schwartz, «Cities of empire: Mexico and Bahia in the sixteenth century», *JIAS*, 11, 4 (1969), pp. 616-637; E. Poulain, *Vie économique et sociale à Mexico d'après les «Actas del cabildo de la ciudad de México», 1594-1616*, Caen, 1966; R. E. Boyer, *La gran inundación: vida y sociedad en la ciudad de México (1629-1638)*, México, D. F., 1975; L. S. Hoberman, «Merchants in seventeenth-century Mexico City: A preliminary portrait», *HAHR*, 57, 3 (1977), pp. 479-503; R. Feijóo «El tumulto de 1624» y «El tumulto de 1692», *HM*, 14, 1 (1964), pp. 42-70, y 14, 4 (1965), pp. 656-679, respectivamente; M. Alvarado Morales, «El cabildo y regimiento de la ciudad de México en el siglo xvii: Un ejemplo de oligarquía criolla», *HM*, n.º 28 (1979), pp. 489-514; G. Porras Muñoz, *El gobierno de la ciudad de México en el siglo xvi*, México, D. F., 1982.

Sobre otros pueblos y ciudades, véanse J. MacAndrew, *The Open-air Churches of Sixteenth-Century Mexico*, Cambridge, Massachusetts, 1965; F. Chevalier, «Signification sociale de la fondation de Puebla de los Ángeles», *RHA*, n.º 23 (1947), pp. 105-130; J. Hirschberg, «La fundación de Puebla de los Ángeles: Mito y realidad», *HM*, 28, 2 (1978), pp. 185-223; F. Marín-Tamayo, *La división racial en Puebla de los Ángeles bajo el régimen colonial*, Puebla, 1960; J. Bazant, «Evolution of the textile industry of Puebla, 1544-1845», *CSSH*, 7, 1 (1964), pp. 56-69; M. Carmagnani, «Demografía y sociedad: La estructura social de los centros mineros del norte de México», *HM*, n.º 21 (1970-1971), pp. 419-459; P. J. Bakewell, *Silver, Mining and Society in Colonial Mexico: Zacatecas 1546-1700*, Cambridge, 1971 (hay trad. cast.: *Minería y sociedad en el México colonial: Zapatecas [1546-1700]*, México, D. F., 1976); J. K. Chance, *Race and Class in Colonial Oaxaca*, Stanford, California, 1978 (hay trad. cast.: *Razas y clases en la Oaxaca colonial*,

México, D. F., 1982); E. Chinchilla Aguilar, *El ayuntamiento colonial de la ciudad de Guatemala*, Guatemala, 1961; C. Lutz, *Historia sociodemográfica de Santiago de Guatemala, 1541-1773*, Antigua, 1982; S. Webre, «Water and Society in a Spanish-American city: Santiago de Guatemala, 1555-1773», *HAHR*, 70, 1 (1990), pp. 57-84.

El norte de América del Sur

J. A. y J. E. Villamarín detallan el proceso de adaptación de los patrones de asentamiento en la sabana de Bogotá, en «Chibcha settlement under Spanish rule: 1537-1810», en Robinson, ed., *Social Fabric*, pp. 25-84. Otros estudios regionales son: A. Castillero, *Políticas de poblamiento en Castilla del oro y Veragua en los orígenes de la colonización*, Panamá, 1972; C. Martínez, *Apuntes sobre el urbanismo en el Nuevo Reino de Granada*, Bogotá, 1967; Damián Ramírez Gómez, *Descubrimiento, fundación, historia del Departamento de Antioquia*, Medellín, 1984; G. Gasparini, «Formación de ciudades coloniales en Venezuela, siglo XVI», *BCIHE*, n.º 10 (1968), pp. 9-43; A. Perea, *Historia de la organización de pueblos antiguos en Venezuela*, Madrid, 1964, 3 vols. Sobre las hazañas de un fundador véase Diego Garcés Giraldo, *Sebastián de Belalcázar, fundador de ciudades, 1490-1551: estudio biográfico*, Cali, 1986. José Ignacio Avellaneda, «The men of Nikolaus Federmann: Conquerors of the New Kingdom of Granada», *TA*, 43, 4 (1987), pp. 385-394, es un estudio prosopográfico de los 106 hombres que cofundaron Bogotá.

Sobre algunos pueblos y ciudades en particular, véase C. Verlinden, «Santa María la Antigua del Darién, première "ville" coloniale de la Tierra Firme américaine», *RHA*, n.º 45 (1948), pp. 1-48; A. Rubio, *Esquema para un análisis de geografía urbana de la primitiva ciudad de Panamá, Panamá la Vieja, 1519-1671*, Panamá, 1947; G. Gasparini, *Caracas colonial*, Buenos Aires, 1969; P. M. Arcaya, *El cabildo de Caracas*, Caracas, 1965; J. V. Lombardi, «The rise of Caracas as a primate city», en Robinson, ed., *Social Fabric*, pp. 433-472; S. Blank, «Patrons, clients, and kin in seventeenth-century Caracas», *HAHR*, 54, 2 (1974), pp. 260-283; E. Marco Dorta, *Cartagena de Indias: Puerto y plaza fuerte*, Madrid, 1960; G. Arboleda, *Historia de Cali*, Cali, 1956², 3 vols.; G. Colmenares, *Cali: Terratenientes, mineros y comerciantes*, Bogotá, 1980; V. Cortés Alonso, «Tunja y sus vecinos», *Revista de Indias*, 25, 99-100 (1965), pp. 155-207; P. Marzahl, *Town in the Empire: Government, Politics, and Society in Seventeenth Century Popayán*, Austin, Texas, 1978; Néstor Madrid-Malo, *Barranquilla, el alba de una ciudad*, Bogotá, 1986; Virgilio Tosta, *Historia de Barinas, Vol. I: 1577-1800*, Caracas, 1986.

América del Sur: costa oeste y los Andes

J. Basadre escribió un análisis clásico de los cambios en los modelos de asentamiento y sus implicaciones políticas, desde el incanato hasta nuestros días, en *La multitud, la ciudad y el campo en la historia del Perú*, Lima, 1929. Un estudio reciente, bastante provocador, sobre la consolidación de las formas arquitectónicas en la construcción de iglesias y la fundación de pueblos durante los primeros años del período colonial peruano, es el de Valerie Frase, *The Architecture of Conquest: Building in the Viceroyalty of Peru, 1535-1635*, Cambridge, 1990. G. Lohmann Villena estudia el papel clave que desempeñaron los corregidores en *El corregidor de indios en el Perú bajo los Austrias*, Madrid, 1957. Nuevos especialistas ofrecen interesantes claves en J. V. Murra, *Formaciones económicas y políticas del mundo andino*, Lima, 1975, especialmente el capítulo titulado «El control vertical de un máximo de pisos ecológicos en la economía de las sociedades andinas»; N. Wachtel, *Sociedad e ideología*, Lima, 1973; K. Spalding, *De indio a campesino*, Lima, 1974; M. A. Durán Montero, *Fundación de ciudades en el Perú durante el siglo XVI: Estudio urbanístico*, Sevilla, 1979; Keith A. Davies, *Landowners in Colonial Peru*, Austin, Texas, 1984, que se centra en el estudio de Arequipa y su región. T. Gisbert estudia los patrones de asentamiento de los períodos precolombino y colonial en su muy bien ilustrada *Historia de la vivienda y los asentamientos humanos en Bolivia*, México, D. F., 1988. Algunos estudios administrativos incluyen J. P. Moore, *The Cabildo in Peru under the Habsburgs*, Durham, Carolina del Norte, 1954; y J. Aemparte, *El cabildo en Chile colonial*, Santiago, 1966²; G. Guarda resalta los determinantes militares para Chile en *Influencia militar en las ciudades del Reino de Chile*, Santiago, 1967; M. Carmagnani destaca los factores económicos en «Formación de un mercado compulsivo y el papel de los mercaderes: La región de Santiago de Chile (1559-1600)», *JGSWGL*, n.º 12 (1975), pp. 104-133, y *Les mécanismes de la vie économique dans une société coloniale: Le Chile, 1580-1830*, París, 1973 (hay trad. cast.: *Los mecanismos económicos en una sociedad señorial. Chili, 1680-1830*, Santiago, 2000); y M. Góngora estudia la estructura social en «Urban social stratification in colonial Chile», *HAHR*, 55, 3 (1975), pp. 421-448.

Sobre algunas ciudades en particular véanse J. C. Super, «Partnership and profit in the early Andean trade. The experiences of Quito merchants, 1580-1610», *JLAS*, 11, 2 (1979), pp. 265-281; M. L. Conniff, «Guayaquil through independence: Urban development in a colonial system», *TA*, 33, 3 (1977), pp. 385-410; J. Bromley y J. Barbagelata, *Evolución urbana de la ciudad de Lima*, Lima, 1945; M. Colin, *Le cuzco à la fin du XVIIe et au début du XVIIIe siècle*, París, 1966; la excelente edición de G. Lohmann Villena, Lima, 1984, de *Relación descriptiva de la ciudad y provincia de Truxillo del Perú* (1763), 2 vols., del corregidor Miguel Feijóo de Sosa; B. Arzáns de Orsúa y Vela, *Historia de la Villa Imperial de Potosí*, La Haya, 1956; A. Crespo R., *Historia de la ciudad de La Paz, siglo XVII*, Lima, 1961; J. M. Barnadas, *Charcas, 1535-1565: Orígenes históricos de una sociedad colonial*, La Paz, 1925; J. Urquidi Zambrano, *La urbanización de la ciudad de Cochabamba*, Cochabamba, 1967; R. Martínez Lemoine, «Desarrollo urbano de Santiago (1541-1941)», *Revista Paraguaya de Sociología*, 15, 42-43 (1978), 57-90; y A. de Ramón, *La ciudad de Santiago entre 1650 y 1700*, Santiago, 1975.

La región del Río de la Plata

J. E. Hardoy y L. A. Romero nos ofrecen una síntesis de la historia urbana de Argentina, junto con una crítica de sus fuentes, en «La ciudad argentina en el período precensal (1516-1869)», *Revista de la Sociedad Interamericana de Planificación*, 5, 17 (1971), pp. 16-39. J. Comadrán Ruiz presenta el contexto demográfico en *Evolución demográfica argentina en el período hispano (1535-1810)*, Buenos Aires, 1969. Un estudio clásico de la Buenos Aires colonial, publicado por primera vez en 1900, e influido por el sociólogo Le Play, es J. A. García, *La ciudad indiana*, en sus *Obras completas*, 2 vols., Buenos Aires, 1955, vol. I, pp. 283-475. Véanse también A. Razori, *Historia de la ciudad argentina*, Buenos Aires, 1945, 3 vols.; R. Levillier, *Descubrimiento y población del norte de Argentina por españoles del Perú*, Buenos Aires, 1943; R. Zorraquín Becú, «Los cabildos argentinos», *Revista de la facultad de Derecho y Ciencias Sociales*, 11, 47 (1956), pp. 95-156; R. Zabala y E. de Gandía, *Historia de la ciudad de Buenos Aires*, Buenos Aires, 1936-1937, 2 vols.; N. Besio Moreno, *Buenos Aires, puerto del Río de la Plata: estudio crítico de su población 1536-1936*, Buenos Aires, 1939; J. Comadrán Ruiz, «Nacimiento y desarrollo de los núcleos urbanos y del poblamiento de la campaña del país de Cuyo durante la época hispana (1551-1810)», *Anuario de Estudios Americanos*, n.° 19 (1952), pp. 145-246; J. Álvarez, *Historia de Rosario (1689-1939)*, Buenos Aires, 1943; L. E. Azarola Gil, *Los orígenes de Montevideo, 1607-1749*, Buenos Aires, 1933; F. R. Moreno, *La ciudad de Asunción*, Buenos Aires, 1926; R. Gutiérrez, «Estructura urbana de las misiones jesuíticas del Paraguay», en Hardoy y Schaedel, eds., *Asentamientos*, pp. 129-153; y Alfredo Viola, *Origen de algunos pueblos del Paraguay*, Asunción, 1986.

El período colonial tardío

En general, hay dos síntesis concisas: W. Borah, «Latin American cities in the eighteenth century: A sketch», en Borah, Hardoy y Stelter, eds., *Urbanization*, pp. 7-14; y D. A. Brading, «The city in Bourbon Spanish America: elite and masses», *Comparative Urban Research*, 8, 1 (1980), pp. 71-85. Un examen del tema acompañado de un aparato estadístico sobre América Latina en general y ocho países en particular, entre 1750 y 1920, se encuentra en R. M. Morse, *Las ciudades latinoamericanas*, 2 vols., México, D. F., 1973, vol. II; las estadísticas urbanas también se encuentran en el artículo de Borah ya citado, y en R. E. Boyer y K. A. Davies, *Urbanization in 19th-century Latin America: Statistics and Sources*, Los Ángeles, 1973. E. M. Lahmeyer Lobo estudia los gremios de comerciantes urbanos en *Aspectos da atuação dos consulados de Sevilha, Cádiz e da América Hispânica na evolução econômica do século XVIII*, Río de Janeiro, 1965. C. Esteva Fabregat cuantifica la composición racial tanto rural como urbana en «Población y mestizaje en las ciudades de Iberoamérica: siglo XVIII», en Solano, ed., *Estudios*, pp. 551-604.

Para las Antillas y México, véanse M. Nunes Dias, *O comércio livre entre Havana e os pôrtos de Espanha (1778-1789)*, Sao Pablo, 1965; A. R. Caro de Delago, *El cabildo o régimen municipal puertorriqueño en el siglo XVIII*, San Juan de Puerto Rico, 1965; Jean Saint-Vil, «Villes et bourgs de Saint Dominique au XVIIIeme siècle», *Conjonction*, n.° 138 (1978), pp. 5-32; A. Moreno Toscano, «Regional economy and urbanization: Three examples of the relationship between cities and regions in New Spain at the end of the eighteenth century», en Schaedel, Hardoy y Kinzer, eds., *Urbanization*, pp. 399-424; D. A. Brading, *Miners and Merchants in Bourgon Mexico 1763-1810*, Cambridge, 1971 (hay trad. cast.: *Mineros y comerciantes en el reino Borbónico [1763-1810]*, FCE, México, D. F., 1971); F. de la Maza, *La ciudad de México en el siglo XVIII*, México, D. F., 1968; J. E. Kicza, *Colonial Entrepreneurs: Families and Business in Bourbon Mexico City*, Albuquerque, Nuevo México, 1983 (hay trad. cast.: *Empresarios coloniales: familias y negocios en la ciudad de México durante los borbones*, FCE, México, D. F., 1986); M. D. Morales, «Estructura urbana y distribución de la propiedad en la Ciudad de México en 1813», *HM*, n.° 25 (1976), pp. 363-402; E. Báez Macías, «Planos y censos de la ciudad de México 1753», *Boletín del Archivo General de la Nación*, 7, 1-2 (1966), pp. 407-484; A. Moreno Toscano y J. González Angulo, «Cambios en la estructura interna de la ciudad de México (1753-1882)», en Hardoy y Schaedel, eds., *Asentamientos*, pp. 171-195; D. B. Cooper, *Epidemic Disease in Mexico City 1761-1813*, Austin, Texas, 1965; R. Liehr, *Ayuntamiento y oligarquía en Puebla, 1787-1810*, México, D. F., 1971, 2 vols.; L. L. Greenow, «Spatial dimensions of the credit market in eighteenth-century Nueva Galicia», en Robinson, ed., *Social Fabric*, pp. 227-279; E. Van Young, «Urban market and hinterland: Guadalajara and its region in the eighteenth century», *HAHR*, 59, 4 (1979), pp. 593-635; R. D. Anderson, «Race and social stratification: A comparison of working-class Spaniards, Indians, and Castas in Guadalajara, Mexico in 1821», *HAHR*, 68, 2 (1988), pp. 209-243: D.

E. López Sarrelangue, *Una villa mexicana en el siglo XVIII*, México, D. F., 1966; M. L. Moorhead, *The Presidio: bastion of the Spanish borderlands*, Norman, Oklahoma, 1975.

Sobre América del Sur, véanse A. Twinam, «Enterprise and elites: Eighteenth-century Medellín», *HAHR*, 59, 3 (1979), pp. 444-475; A. McFarlane, «The "Rebellion of the Barrios": Urban insurrection in Bourbon Quito», *HAHR*, 69, 2 (1989), pp. 283-330; J. P. Moore, *The cabildo in Peru under the Bourbons*, Durham, Carolina del Norte, 1966; V. A. Barriga, ed., *Memorias para la historia de Arequipa, 1786-1796*, Arequipa, 1941-1948, 3 vols.; A. Moreno Cebrián, «Cuarteles, barrios y calles de Lima a fines del siglo XVIII», *JGSWGL*, n.° 18 (1981), pp. 97-161; L. Durand Flórez, *Criollos en conflicto: Cuzco después de Tupac Amaru*, Lima, 1985; J. de Mesa y T. Gisbert, «La Paz en el siglo XVIII», *BCIHE*, n.° 20 (1975), pp. 22-92; Enrique Tandeter, «Trabajo forzado y trabajo libre en el Potosí colonial tardío», *Estudios CEDES*, 3, 6 (1980); G. Gurada, *La ciudad chilena del siglo XVIII*, Buenos Aires, 1968; Santiago Lorenzo, *Origen de las ciudades chilenas: Las fundaciones del siglo XVIII*, Santiago de Chile, 1983; G. Guarda, *Conjuntos urbanos histórico-arquitectónicos de Valdivia, siglos XVIII-XIX*, Santiago de Chile, 1980; G. O. Tjarks, *El consulado de Buenos Aires y sus proyecciones en la historia del Río de la Plata*, Buenos Aires, 1962, 2 vols.; J. L. Moreno, «La estructura social y demográfica de la ciudad de Buenos Aires en el año de 1778», *Anuario del Instituto de Investigaciones Históricas*, Universidad Nacional del Litoral, n.° 8 (1965), pp. 151-170; S. M. Socolow, *The Merchants of Buenos Aires, 1778-1810*, Cambridge, 1978 (hay trad. cast.: *Los mercaderes del Buenos Aires virreinal: familia y comercio*, Buenos Aires, 1991), y *The Bureaucrats of Buenos Aires, 1769-1810*, Durham, Carolina del Norte, 1988; L. L. Johnson y S. M. Socolow, «Population and space in eighteenth century Buenos Aires», en Robinson, ed., *Social Fabric*, pp. 339-368; F. J. Cervera y M. Gallardo, «Santa Fe, 1765-1830: Historia y demografía», *Anuario del Instituto de Investigaicones Históricas*, n.° 9 (1966-1967), pp. 39-66; P. S. Martínez Constanzo, *Historia económica de Mendoza durante el virreinato, 1776-1810*, Madrid, 1961; D. J. Robinson y T. Thomas, «New towns in eighteenth century Argentina», *JLAS*, 6, 1 (1974), pp. 1-33; R. Gutiérrez, *Estructura socio-política, sistema productivo y resultante espacial en las misiones jesuíticas del Paraguay durante el siglo XVIII*, Resistencia, 1974; tres artículos de la *Revista Paraguaya de Sociología*, 15, 42-43 (1978); R. E. Velázquez, «Poblamiento del Paraguay en el siglo XVIII», pp. 175-189; M. Lombardi, «El proceso de urbanización en el Uruguay en los siglos XVIII y XIX», pp. 9-45; y J. Rial, A. M. Cocchi y J. Klaczko, «Proceso de asentamientos urbanos en el Uruguay: siglos XVIII y XIX», pp. 91-114.

Se puede encontrar bastante información sobre las condiciones de la urbanización colonial tardía en el norte de América del Sur y México, en F. Depons, *Voyage à la partie orientale de la Terre-firme dans l'Amérique Méridionale (1801-1804)*, París, 1806, 3 vols. (hay trad. cast.: *Viaje a la parte oriental de Tierra Firme en la América Meridional*, Caracas, 1960, 2 vols.); A. von Humboldt y A. Bonpland, *Personal Narrative of Travels to the Equinoctial Regions of the New Continent during the Years 1799-1804*, Londres, 1814-1829, 7 vols.; y también de Humboldt, *Political essay on the Kingdom of New Spain*, Londres, 1811, 4 vols. (hay trad. cast.: *Ensayo político sobre el Reino de la Nueva España*, México, D. F., 1966).

ÍNDICE ALFABÉTICO

Abancay, región y valle de, 212
Acapulco, 22, 250, 263, 265, 300
Acosta, padre, 176
africanos, 51-52, 80-82, 85-96, 152-153, 185, 244-245; *véanse también* cimarrones, ladinos
Agricola, Georgius: *De re metallica*, 138, 140
Alcedo: *Diccionario de América*, 293
Alfonso X el Sabio: *Las siete partidas*, 93, 276, 277
alhóndigas, 261
Almadén, minas de, 145, 156, 166, 168
Alvarado, 236
amalgama de la plata, 140-142, 164-165
Amazonas, río, 102
Ambato: 302; región de, 242
Antequera (México), 292, 300
Antioquia: 86; región minera de, 153, 171
Aquino, Santo Tomás de: *De regimine principum*, 276
Arequipa: 211; región de, 226, 263
Asunción, 217, 283, 285
Atlisco, 284
avío, 159-160
aztecas, 148

Bajío, *véase* El Bajío
Balmis, Francisco Javier de, 25
Barba, Álvaro Alonso, 142
Bargalló, Modesto, 141-142
Basadre, Jorge: *La multitud, la ciudad y el campo en la historia del Perú*, 274, 293
Bayle, Constantino, 283
Biscay, Acarete du: *Account of a voyage up the Rio de la Plata, and thence over land to Peru*, 297
Bogotá: 221-222, 283, 285, 303; audiencia de, 20; región de, 232, 239
Borah, W., 10, 27, 306
Borbones, 158
Born, barón von, 142
Boyd-Bowman, P.: *Índice geobiográfico*, 18
Boyer, Jean-Pierre, 246
Brasil, 297
Buenos Aires: 17, 218, 226, 228-229, 261, 262, 265-266, 283, 285, 295, 296, 297-298, 300, 305; región de, 26, 72, 83
Burgos, leyes de (1512), 23

cabeceras (unidades de agrupación indígena), 105-107, 288
cabildos, 107-109, 180, 261, 282
Cabo Verde, islas de, 21
caciques, 106-107, 124-125, 232
Cajamarca, 264
cajas de comunidad, 251-252
Calca y Lares, 221
Cali, 298
California, 31, 304
Camino Real, 212, 227
Cañete, marqués de, virrey del Perú, 11
Carabaya, minas de, 133
Caracas, 20, 32, 215, 245, 262, 263, 283, 295, 304-305
Carlos de Gante, I de España y V del Sacro Imperio, 278
Carlos II, rey de España, 257
Carlos III, rey de España, 257
Carlos IV, rey de España, 89
Carrera de Indias, 231
Carreri, Gamelli, 300
Cartagena (Colombia), 21, 82, 83, 253, 300
Cartago (Costa Rica), 253
Castelfuerte, marqués de, virrey del Perú, 15
Castrillo, Fray Alonso de, *Tractado de República*, 278
Castrovirreina, minas de, 133
Catálogo de pasajeros a Indias, 18
Cauca, río, 206, 214, 222, 227
Celaya, 289
Cerro de Pasco, 169, 170, 211
chacras, 207
Chancay, valle de, 211
Chance, J. K., 305
Charcas: audiencia de, 20; región minera de, 26, 133, 143, 155, 156, 166, 170, 172; *véanse también* Oruro; Potosí
Chaunu, Huguette y Pierre, 18, 21
chibchas, 289-290
chichimecas, 128, 289
Chile, región de, 48, 74, 216-217, 223, 226, 228, 236
Chimbo, 227
China, 265
Chincha, islas, 220

Chocó, región minera del, 86, 95, 153, 171, 245
Chucuito, 11
Chuquisaca, obispado de, 28
Cieza de León, Pedro, 220, 225
cimarrones, 92-93
Ciudad de México: 24, 57, 72, 87, 88, 93, 94, 120, 158, 160, 190, 195-196, 197, 198, 200, 237, 260, 262, 263, 265, 283, 291, 293, 295, 298, 299, 303, 304; Academia de San Carlos, 303; Alameda, 303; escuela Santa Cruz de Tlatelolco, 123-124
ciudades, 34-35, 273-306
Clavero, Pedro, 82
coatequitl, *véase* mita
Cobo, Bernabé: *Historia de la fundación de Lima*, 296
Cochabamba, región de, 212-213, 263
cofradías, 113, 252-253
Colima, región de, 263
Colón, Cristóbal, 233, 278
Colônia do Sacramento, *véase* Sacramento
comercio: 39-40, 294-301; comerciantes, 203-204, 266-268; *véase también* tratantes
compadrazgo, 54, 93, 242
Compañía de Campeche, 256
Compañía de Jesús, 81, 90, 129, 209-210, 211, 212, 214-215, 218
Compañía del Mar (o de los Mares) del Sur, 30, 83
Compañía Guipuzcoana, 256
Compañía Holandesa de las Indias Occidentales, 172
Concepción: 265, 303; región de, 223, 298
Condorcanqui, José Gabriel (Túpac Amaru), 128, 256
congregación, 122
consolidación, 70-73
Contisuyu, provincia de, 290-291
Contreras, 234
Cook, S. F., 10, 27
Copacabana (Perú), 112
Córdoba, Fray Pedro de, 15
Coro, 92
Coronado, 102
Cortés, Hernán, 16, 20, 131, 147, 176, 179, 236, 280; *Cartas*, 280
créditos, 198-204, 209, 268-269
criollos, 77-78, 238
Cristophe, Henry, 246
Cuba, isla de, 17, 30, 84, 96, 102, 245, 279, 303
Cubagua, isla de, 233
Cuernavaca, valle de, 175-176
curacas, 109-110
Curtin, Philip D., 21, 30, 79, 84, 302
Cuzco: 212, 221, 263, 264, 273, 290; región de, 221, 226, 291

Dávila, Pedrarías, 279
De la Torre, 30
Depons, viajero, 295
derramas, 249-250
desplazamientos, 62-64
Díez de San Miguel, 11
donativo gracioso, 257-258
Durango, distrito de, 167

El Bajío, 29, 175, 182, 188, 190, 194, 198, 299, 306
El Callao, *véase* Lima
encomiendas, 103-104, 115-116, 184-185, 206, 233-236
Enríquez de Almansa, Martín, virrey de Nueva España, 183
esclavitud, 43-44, 49, 79-82, 85-93, 96-97, 115-116, 148, 185, 233, 244-246; *véase también* manumisión
Esmeraldas, 221
españoles, 53, 77
Esquilache, virrey, 150
estancias, 176, 207

Fagoaga, familia, 160
familia, 35-37, 59
ferias, 266
Fernando V, rey de Castilla, 233
Filipinas, islas, 22
Florescano, E., 299
Fugger, banqueros, 143
fundición de la plata, 143, 167

Gamio, Manuel: *La población del valle de Teotihuacán*, 101
García, Juan A.: *La ciudad indiana*, 274
González, padre, 90
gremios, 243-244
Guadalajara: 72, 197, 198, 295-296, 299; región de, 175, 190, 194, 263; audiencia de, 20
Guadalupe, 112
Guanajuato: 32, 72, 197; minas de, 133, 168-169, 239; *véase también* La Valenciana de Guanajuato
Guatemala, región de, 32, 147-148, 254
Guayaquil: 227, 263, 265, 295, 305; región de, 28, 221

haciendas, 175-204, 208-209, 289
Haití, 84
Haring, C., 161-163
Haro y Monterroso, F. J. de, 301
Henríquez, Luis, visitador, 23
Heyn, almirante Piet, 258
Honduras: región de, 14; minas de, 255
Huancavelica, minas de, 133, 138, 145, 147, 150, 154, 156, 165, 166, 169, 212, 237, 239, 247
Huánuco, 15
Huáscar, 11, 247
Huayna Cápac, 16
Humboldt, Alexander von, 100, 129, 136, 137, 140, 169, 304

Idrija, minas de, 145, 167, 168
impuestos: alcabala, 254; diezmo, 256; mesada, 254-255; quinto real, 255; santa cruzada, 256
incas, 11, 148

ÍNDICE ALFABÉTICO   361

India portuguesa, 265
indios, 44-50, 51-52, 55, 77, 99-130, 147-150, 155-156, 184-190, 209, 213-214, 233, 237-238, 246-252, 286-294; *véanse también* cabeceras; cabildos; caciques; cajas de comunidad; cofradías; curacas; derramas; esclavitud; mita; obrajes; peonaje; repartimientos; repúblicas; sobornos; tributos
inmigrantes, 67-69

Jala, conde de, 198
Jalapa, 266
Jara, Álvaro, 161-164
Jauja, 285
Jequetepeque, valle de, 211
Junta de Población Blanca, 30
Junta de Poblaciones, 303

L'Ouverture, Toussaint, 246
La Española, 10, 16, 45, 56, 102, 278-279
La Habana, 253, 262, 279, 284, 295, 300, 305
La Isabela, 278
La Navidad, 278
La Paz: 263, 283; obispado de, 28
La Serena: 265; región de, 223, 298
La Valenciana de Guanajuato, compañía minera, 137, 138, 168-169
Lacatunga, región de, 242
ladinos, 51-52, 90-91, 291
Lambayeque, región de, 208, 220, 226
Larrazábal, visitador, 29
Las Casas, Fray Bartolomé de: 15, 20, 234; *Breve relación de la destrucción de las Indias Occidentales*, 12-13
Latacunga, 302
Legazpi, 22
León (México), 23, 26, 289
léperos, 293
Leyes Nuevas, 234
Lima: 26, 28, 64, 87, 90, 94, 158, 211, 250, 260, 262, 263, 283, 290, 296-298, 303; audiencia de, 20; Colegio del Príncipe, 124; El Callao, 253, 263, 265, 284, 300
Linaje, Veitia: *Norte de la contratación de las Indias occidentales*, 294
Lisboa, 265
Lombardi, John, 305
López de Gomara, 283
López de Quiroga, Antonio, 155
López de Velasco, Juan: 20; *Geografía y descripción universal de las Indias*, 19

Magdalena, río, 205, 206, 222, 227
Manila, 250
manumisión, 93-95
Mapocho, río, 303
Maracaibo, golfo de, 31
Margarita, isla, 233
matrimonios, 54
mayeques, 240
mayorazgo, 202, 208

mayordomos, 41, 244
Medellín, 295
Medina, Bartolomé de, 140
Mendoza, región de, 206, 263
mercedes, 206-207
Mérida (México), 64, 72
Mérida (Venezuela), 284
mestizaje: 51-52, 291, 292-293; mestizos, 55, 59-61
México, *véase* Nueva España
México, valle de, 117, 198, 288
Michoacán, 28, 94
misiones, 49-50, 129
mita (o repartimiento laboral), 117-118, 147-150, 152, 155-156, 185-186, 207, 213, 236-239
mitayos, *véase* mita
Moctezuma II, rey mexica, 247
monedas, 269-271
Montesclaros, marqués de, virrey de Nueva España y del Perú, 23
Montevideo, 218, 300
Morelia, 95, 175
Moreno, A., 299
Mörner, Magnus, 18, 20, 302
Motolinía, Fray Toribio de, 14
Muzo, región de, 14

naboría-yanacona, 45, 56-58, 62, 118, 150-151, 185, 207, 213, 240, 292
Nazca, región de, 220
negros, *véase* africanos
Nicaragua, región de, 13-14
nobles, 37-38
Nombre de Dios, 21
Nueva Burgos, 285
Nueva España, virreinato de, 10, 27, 28, 31-32, 107-108, 109, 118, 133, 139-140, 147, 152, 158, 163-164, 167-169, 171, 175-204, 232, 239, 241, 248, 254, 261-262, 264, 287, 298-299
Nueva Granada, virreinato de, 15, 28, 31, 133, 153, 163-164, 170-171, 214-215, 222, 227, 285-286, 304
Nuevo México, región de, 103, 171-172

Oaxaca: 175, 197, 239; región de, 259-260
obrajes, 120, 195-196, 242, 264
Orellana, 102
Orellana, contador de retasas, 28
Orinoco, río, 28, 206
Oruro: 284; minas de, 150, 157, 166, 169
Ots Capdequí, 284
Ovando, Fray Nicolás de, gobernador de La Española, 233, 246, 278-279

Pachachaca, hacienda, 212
Pachuca, minas de, 133, 165
padrinazgo, 242
palenques, 93
Panamá, 253, 263, 283
Paraguay, región del, 29, 48, 60, 104, 206, 217, 225, 236, 259

Paraguay, río, 282
Pasto, 298
Patagonia, región de la, 30
plebeyos, 38
peonaje, 119, 188, 240-241
Perú, virreinato del, 86, 103, 104, 109-110, 117, 133, 143, 156, 158, 163-164, 172, 210-214, 224-225, 232, 239, 264
Pétion, Alexander, 246
Pichuichuro, hacienda de, 212
Pinzón, Vicente Yáñez, 233
Piura, 265
Pizarro, Francisco, 16, 21
Pizarro, Gonzalo, 133
Plata, estuario de la, 297
Popayán: 86, 298; región minera de, 153, 171, 291, 298
Porres, san Martín de, 91
Portillo, padre, 90
Portobelo, 253, 266, 300
Potosí: 19, 284; minas de, 63, 117, 133, 134, 137, 138, 139-140, 142, 147, 148-149, 151, 152, 154, 155-156, 157, 159, 160, 164-166, 169, 207, 213, 225, 237, 239-240, 247, 262, 263, 265-266, 267, 290
profesiones letradas, 39
propiedad: 41-42, 120-123, 180-184, 206-210; propietarios, 39, 41, 186-190, 202-203, 208, 229-230
Puebla: 57, 190, 196, 197, 299; región de, 23, 28, 175, 237, 263, 264
Puebla de los Ángeles, 180
Puerto Rico, isla de, 30, 96, 233
Puno, región de, 212, 226
Putaendo, valle de, 217

Querétaro, 72, 175, 195, 264, 284, 291
Quito: 31, 226-227, 254, 267, 283, 285; audiencia de, 20, 25, 213-214, 221, 239; región de, 232, 242, 264

Ramírez, intendente, 30
Real Compañía de Caracas, 215, 228
Recopilación de las leyes de Indias, 287
Regla, conde de, 198
Riobamba: 302; región de, 242
repartimientos (o repartos de mercancías), 126-127, 236, 250
repúblicas, 286-287
Rimac, valle de, 211
Río de Janeiro, 265
Río de la Plata: región de, 14, 28, 48, 72, 158, 205, 217-218, 223, 225, 228, 229; virreinato de, 170, 226, 306

Sacramento, 265, 298
Saltillo, 289
Salvany, José, 25
San Antonio, 304
San Antonio (Estados Unidos), 304
San Juan del Río, 175

San Luis de Potosí (México), minas de, 133, 137, 239, 284
San Miguel, 195
Sanders, William T., 10
Sandoval, Alonso de: 90; *De instauranda Aethiopium salute*, 82
Santa: 265; región de, 15
Santa Bárbara, minas de, 133
Santa Fe (Argentina), 218
Santa Fe, comunidades utópicas de, 124
Santa Fe de Granada, 275
Santa Fe de Nuevo México, 73
santa hermandad, 92
Santiago de Chile: 72, 217, 283, 298, 303; Casa de la Moneda, 303; región de, 223, 298
Santiago de Guatemala (actual Antigua), 232, 239
Santiago de los Caballeros, 291
Santiago de los Valles, 284
Santiago del Prado, minas de, 255
Santo Domingo: 15, 31, 278-279, 301; audiencia de, 20
Santo Domingo (tercio occidental de La Española), 215; *véase también* Haití
Santo Tomé, 21
Seler, Eduard, 101
Selva Alegre, marqués de, 213
Sevilla: 19; Archivo de Indias, 18, 161
Sigüenza y Góngora, Carlos, 291-292
sirvientes, 40
sistema del rato, 136-137
sobornos, 250-251
Sobremonte, marqués de, intendente de Córdoba, 303
sociedad colonial, 33-78
Soconusco, región de, 263
Socorro, región de, 306
Sonneschmidt, Friedrich, 142
Sucesión, guerra de, 83
Sucre, valle de, 263
Sultepec, minas de, 133, 143
Superunda, conde de, virrey del Perú, 29

Tannenbaum, Frank: *Slave and Citizen: the Negro in the Americas*, 88-89
Taxco, minas de, 133, 165
Tehuantepec, istmo de: 10; minas del, 147
Tenochtitlan, 275, 287
Tepeapulco, región de, 183
Texcoco, lago, 273
Tlapujahua, minas de, 133
Tlaxcala, región de, 23, 71, 175, 289
Toesca, Joaquín, 303
Toledo, Francisco de, virrey del Perú, 11-12, 23, 28, 148-149, 150, 246, 247, 290
Toluca, región de, 71, 72, 183
Tordesillas, tratado de (1494), 82
trabajadores: asalariados, 152; permanentes, 41, 185, 188, 242; temporeros, 42, 185, 188
tratantes, 40
Treinta Años, guerra de los (1618-1648), 83
tributos, 113-115, 218, 246-249
trueque, 269

Trujillo (Perú), 302
Tucumán, región de, 206, 223, 236, 259
Tunja: 285-286; región de, 239
Túpac Amaru, *véase* Condorcanqui, José Gabriel
tupí, 47

Utrecht, tratado de (1713), 83

Valladolid (México), 190, 197
Vallehumbroso, marqués de, 212
Valparaíso, 26, 265, 300
Vargas Machuca, Bernardo de: *Milicia y descripción de las Indias*, 280-282
Vasco de Quiroga, 124
Vázquez de Espinosa, Antonio: 20; *Compendio y descripción de las Indias Occidentales*, 20
Velasco, Luis de, virrey de Nueva España, 23, 183, 185

Velázquez, Diego, gobernador de Cuba, 279, 280
Venezuela, región de, 32, 48, 216, 222-223, 225, 227-228, 245, 259
Veracruz: 17, 21, 83, 253, 265, 266, 300; región de, 176
Vicuñas, guerra de las, 19
Vitrubio, 275
voladura, 167-168, 169

yanaconas, *véase* naboría-yanacona
Yapuyú, misión de, 224
Yucatán, 14, 17, 27, 28, 104, 285

Zacatecas: 72, 197; minas de, 133, 151, 152, 154, 157, 165, 167, 289
Zacatelco, 24, 26
Zumpango, minas de, 133

ÍNDICE DE FIGURAS

5.1.	Vista esquemática de un molino hidráulico de cuño	139
5.2.	Producción quinquenal de mercurio, 1570-1820	146
5.3a.	Producción quinquenal de plata. Nueva España: las grandes minas del norte, 1565-1820	162
5.3b.	Producción quinquenal de plata. Nueva España: las minas medianas, 1595-1810	162
5.3c.	Producción quinquenal de plata. Nueva España: las minas menores 1730-1815	164
5.4.	Producción quinquenal de plata en Chile, Perú y Charcas: las minas mayores, 1550-1824	165
5.5.	Registro de la producción de oro por quinquenio en las principales minas, 1530-1820	166
6.1.	Caballerías de tierras agrícolas concedidas a los españoles, 1536-1620	180
6.2.	Estancias de ganado vacuno concedidas a los españoles, 1536-1620	182
6.3.	Estancias de ganado bovino concedidas a los españoles, 1536-1620	183
6.4.	Estancias de ganado bovino concedidas a los indios, 1550-1620 .	184

ÍNDICE DE CUADROS

5.1. Vista esquemática de un molino hidráulico de cuño 139
5.1. Estimaciones de Haring sobre las cantidades de oro y plata producidas en Hispanoamérica hasta 1560 163
5.2. Estimaciones de Jara sobre las cantidades de oro y plata producidas en Hispanoamérica desde 1531 hasta 1600 163
9.1. Población iberoamericana c. 1789 por grupos étnicos y lugar de residencia 293
9.2. Poblaciones de las mayores ciudades hispanoamericanas en su relación porcentual con las respectivas poblaciones «nacionales» en años seleccionados 302

ÍNDICE DE MAPAS

Principales distritos mineros de la América del Sur hispana 132
Principales distritos mineros de Nueva España 135
La difusión de la economía ganadera en México y América Central durante el período colonial 177
Minería y agricultura en el norte de Nueva España: siglos XVII y XVIII . 178
Rutas comerciales interiores 262
Ciudades y pueblos de la América colonial española 274

ÍNDICE

Prefacio, por LESLIE BETHELL 7

Capítulo 1. *La población de la América colonial española,* por NICOLÁS SÁNCHEZ-ALBORNOZ 9
La población autóctona: derrumbe demográfico 9
Inmigración y asentamiento 17
Recuperación demográfica 23
La inmigración en el siglo XVIII 29

Capítulo 2. *Organización y cambio social en la América española colonial,* por JAMES LOCKHART 33
Estructura de la sociedad española americana 34
Las dinámicas del cambio social 62

Capítulo 3. *Los africanos en la sociedad de la América española colonial,* por FREDERICK P. BOWSER 79

Capítulo 4. *Las sociedades indias bajo el dominio español,* por CHARLES GIBSON 99
Los contactos iniciales y las instituciones coloniales 101
Estructuras políticas 105
Religión 111
Tributos 113
Mano de obra 115
Tierras 120
Aculturación 123

Capítulo 5. *La minería en la Hispanoamérica colonial,* por PETER BAKEWELL 131
Técnicas extractivas 136
Procesos de transformación 138
Materias primas 144
Sistemas de trabajo 147
Condiciones de trabajo 153

Repercusiones sociales	154
La minería y el Estado	156
El capital	158
La producción de plata	161
La producción de oro	170

Capítulo 6. *Formación y estructura económica de la hacienda en Nueva España*, por ENRIQUE FLORESCANO 175
    Transformación económica 175
    Distribución de la tierra 179
    Mano de obra 184
    El mercado y el funcionamiento económico de la hacienda . . . 190
    El crédito 198

Capítulo 7. *Economía rural y sociedad colonial en las posesiones españolas de Sudamérica*, por MAGNUS MÖRNER 205
    Tenencia de la tierra, fuentes de capital y mano de obra . . . 206
    Producción 218
    Mercados y actividad comercial 224

Capítulo 8. *Aspectos de la economía interna de la América española colonial: fuerza de trabajo, sistema tributario, distribución e intercambios*, por MURDO J. MACLEOD 231
    Sistema laboral 232
    Sistema tributario 246
    Distribución e intercambios 258

Capítulo 9. *El desarrollo urbano de la Hispanoamérica colonial*, por RICHARD M. MORSE 273
    La idea urbana 273
    La estrategia urbana 278
    Ciudades e indios 286
    Las ciudades y el comercio 294
    Los cambios de la última etapa colonial 301

Ensayos bibliográficos 307
Índice alfabético 359
Índice de figuras 365
Índice de cuadros y mapas 367

Esta obra, publicada por CRÍTICA, S. L.,
se acabó de imprimir
en los talleres de A & M Gràfic,
el 30 de octubre de 2002